T0277624

MÁS MALAS LENGUAS

Barbarismos, desbarres, palabros, redundancias,
sinsentidos y demás barrabasadas

JUAN DOMINGO ARGÜELLES

MÁS MALAS LENGUAS

Barbarismos, desbarres, palabros, redundancias,
sinsentidos y demás barrabasadas

OCEANO

MÁS MALAS LENGUAS
Barbarismos, desbarres, palabros, redundancias,
sinsentidos y demás barrabasadas

© 2023, Juan Domingo Argüelles

Diseño de portada: Ivonne Murillo
Fotografía del autor: Rosy Hernández

D. R. © 2023, Editorial Océano de México, S.A. de C.V.
Guillermo Barroso 17-5, Col. Industrial Las Armas
Tlalnepantla de Baz, 54080, Estado de México
info@oceano.com.mx

Primera edición: 2023

ISBN: 978-607-557-771-5

Impreso en México / Printed in Mexico

ÍNDICE

La lengua convencional, la coloquial, está hogaño del todo vacía de sustancia y consistencia antropológica. ¿Le queda acaso alguna autoridad? ¿Tiene la lengua algún carácter dialógico en sentido metafísico? Me parece que ella es puro desecho y chachareo agotado. Todo se dirige al vacío. [...] Se puede incluso afirmar que la lengua ha devenido puramente política: no alcanza jamás profundidad humana.

GOTTFRIED BENN

Vivimos hoy una crisis aguda de las lenguas. Antaño consideradas como tesoros, caen en desestima, cada cual saquea la suya, como se hace con la tierra. Nuestros ancestros campesinos, de quienes a veces encontramos cartas, se expresaban con más elegancia y claridad que la clase dominante de hoy en día.

MICHEL SERRES

No me asusta la inclusión de palabras extranjeras en el habla cotidiana ni su aceptación en las páginas del diccionario. Lo que en realidad me espanta es la destrucción continua de la armonía, de la melodía en la frase castellana. Esto es, el trastorno de la estructura sintáctica que nos lleva, a través del galimatías, a verdaderos trastornos espirituales. Sobre todo cuando nos los administran diariamente y con tal intensidad los periódicos, el radio y la televisión. ¡Cuántas calcas del inglés mal traducido se repiten oralmente y por escrito!

JUAN JOSÉ ARREOLA

El de la Real Academia Española, ese asombroso diccionario del que cada nueva edición hace añorar la anterior.

PAUL GROUSSAC

La mierda escrita no huele.

ROLAND BARTHES

PRÓLOGO

Un nuevo analfabetismo: el analfabetismo profesional

José G. Moreno de Alba (1940-2013) precisó la razón más importante para defender el buen uso de la lengua: *su unidad*. Esta "unidad", en el sentido de "unión o conformidad", propicia una mejor comunicación y un mayor entendimiento entre los hablantes y escribientes. Explicó el lingüista y lexicógrafo mexicano: "Una de las más evidentes ventajas de contar con una normatividad lingüística, aceptada por todos, es la unidad del idioma. Y quizá donde esto se manifiesta con mayor claridad es en la ortografía. Así se trate, en su mayoría, de reglas arbitrarias, las normas ortográficas garantizan, en este nivel, la unidad de la lengua".

Si hoy son evidentes y palpables los atentados a la lengua española es porque se reflejan, sobre todo, en las faltas de ortografía, sin que sean de menor importancia, por supuesto, la incapacidad sintáctica, la precariedad de vocabulario, el uso y el abuso de anglicismos y el desconocimiento del significado de las palabras y de su uso adecuado para expresar ideas. Estos problemas no son nuevos, pero se agravaron a partir de la segunda mitad del siglo xx, cuando las instancias institucionales encargadas de normar y proteger, justamente, la "unidad de la lengua", fueron renunciando, poco a poco, a su función normativa, para entregarse a una muy cómoda y despreocupada labor descriptiva.

Que la gente hable y escriba a su capricho no quiere decir que tenga razón. La tendrá, únicamente, cuando su capricho sea compartido por la generalidad de los hablantes y escribientes de su lengua, ya que entonces se convertirá en norma para todos. En esto consiste la evolución del idioma, impuesta siempre por la realidad del uso. Incluso el arte literario más ficticio tiene como asidero la realidad y, a veces, se da el lujo y la licencia de transformar el idioma, pero salvo algún neologismo afortunado, muy poco influye dicho arte en el uso cotidiano del idioma, a partir de sus "vanguardismos" y "novedades" (falta de puntuación, ausencia de mayúsculas, usos caprichosos de signos ortográficos, etcétera) que muy pronto se vuelven antiguallas y que, por lo demás, no aportan nada ni siquiera a la comunicación estética.

En los poemas de Pablo Neruda, por ejemplo, seguirán apareciendo (quién sabe hasta cuándo) sus preguntas y sus exclamaciones sin los signos iniciales de interrogación y admiración, como calco del inglés (¡él, tan antiimperialista!). Pero ello no modificó ni el uso ni la norma de escribir, en español, las preguntas entre dos signos interrogativos (¿?) y las exclamaciones entre dos admirativos (¡!): "¿Quién ha mentido?" y no "Quién ha mentido?", "¡Azul fortificado!" y no "Azul fortificado!". Con Neruda, el idioma español ganó muchísimo, pero no por cierto con estas caprichosas ingenuidades que alcanzan extremos torpemente absurdos; por ejemplo, cuando diez o veinte versos constituyen una larga pregunta, de la que sólo es posible darnos cuenta de que lo es cuando llegamos al final del último verso que cierra con el signo de interrogación (¡jamás abierto al principio!).

Lo mismo hay que decir de la "j" antojadiza que Juan Ramón Jiménez impuso en su poesía para homologarla con el uso simple de la "g" ante "e" e "i": "antolojía" en lugar de "antología", "elejía" en lugar de "elegía", "lijera" en lugar de "ligera", "májico" en lugar de "mágico", etcétera. Nada ganaron con ello ni la poesía ni la lengua. Pero el capricho del poeta español sigue en sus libros... aunque ya no tanto, por fortuna, pues más de un editor sensato ya se ha decidido a eliminar tal aberración.

Y que el "vanguardismo" lleve incluso a escribir el nombre de un poeta estadounidense (Edward Estlin Cummings) sin puntuación y con minúsculas (**e e cummings**) es otra licencia poética extrema que no modifica en absoluto a la lengua inglesa y que, en el caso del español, únicamente los editores poco sensatos obedecen al pie de la letra, pues para todos los demás el nombre correcto de este poeta es E. E. Cummings, tal como aparece hasta en las mejores ediciones estadounidenses e inglesas en los últimos años.

Esto quiere decir que ni siquiera los grandes escritores, por muy extraordinarios que sean, pueden imponer (más allá de los límites de sus obras) sus usos particulares y sus códigos personales al idioma en general. Son los hablantes (a veces, ni siquiera los escribientes) los que modifican el idioma, y esto a lo largo de mucho tiempo, en una lenta evolución que nada tiene que ver ni con licencias literarias ni con caprichos políticos, moralismos, ideologías y presiones de sectores que alteran, sólo por un instante, y por motivos ajenos a la lengua, la lógica del idioma, de cualquier idioma, cuyo poder de resiliencia lo devuelve, más pronto que tarde, a la "normalidad", esto es, a su cualidad o condición de normal, pero también a su forma que sirve de norma o regla, pues un idioma sin reglas, sin normas, deja, simplemente, de ser un sistema, ¡y no hay idiomas así!, pues los códigos idiomáticos impiden siempre el caos.

Cuando los hablantes y escribientes evitan las normas o ni siquiera las conocen, lo que tenemos son disparates, barbarismos, errores ortográficos, fallas de ortoepía y demás malezas en el idioma. Y debemos señalarlos por el bien de la comunicación y de la lógica gramatical y lingüística, pero, especialmente, para consolidar la unidad del idioma y, con ello, el patrimonio cultural que nos sirve para entendernos claramente, evitando en todo lo posible la ambigüedad, la confusión, la incomunicación.

Los hábitos y los vicios se afianzan a tal grado en nosotros que eliminarlos resulta muy difícil. Y en el uso del lenguaje, hábitos y vicios son aún más empecinados por su carácter cotidiano, por su frecuencia. Hoy no son muchas las personas que saben qué es una anfibología y que, por tanto, comprenden que no es lo mismo decir y escribir "Rock en tu idioma sinfónico" que "Rock sinfónico en tu idioma". Parece lo mismo, pero no lo es. En el primer caso, lo sinfónico es el idioma, en el segundo, lo sinfónico es el rock. Pero así hablamos hoy y así escribimos, y no nos damos por enterados de que estamos expresando lo contrario de lo que queremos dar a entender.

En sus mejores tiempos, cuando pensaba y escribía con independencia y libertad y, en consecuencia, con el mayor rigor crítico, antes de ser académico y director de la Academia Mexicana de la Lengua (las instituciones acaban "institucionalizando" a las personas que se dejan "institucionalizar"), José G. Moreno de Alba sentenció: "En aspectos *ortográficos* la Academia no debe limitarse a comprobar costumbres o hábitos, sino que debe fijar reglas claras; o, en todo caso, después de la comprobación debe decidirse por una *norma*, voz que aquí tiene el significado de 'regla que obliga por igual' a todos los que escriban en español. En otras palabras, una *regla ortográfica* no puede, por definición, ser *potestativa*, pues en tal caso pierde precisamente su carácter de regla. [...] Si una regla obligatoria tiene como resultado la unidad lingüística, una regla potestativa ocasiona precisamente lo contrario".

Años más tarde, ya "institucionalizado" en la Academia Mexicana de la Lengua, Moreno de Alba se dedicó a contradecirse para quedar bien con la Real Academia Española a la que le dio por "modernizarse" con tonterías y paparruchas. Si una academia de la lengua únicamente sirve para "registrar", "consignar" y "describir" los usos del habla y la escritura, y no para guiar al hablante y al escribiente, entonces que cierre sus puertas y que sus integrantes se dediquen a la costura o a la repostería; al cabo que cada cual tiene la potestad, aplaudida por las academias de la lengua, de escribir como se le pegue la gana, aunque empobrezca, cada vez más, el idioma y socave la unidad lingüística.

Pero ¿cuándo empezó este deterioro del idioma que hoy llega a grados patológicos, esto es, a enfermedad lingüística? Podemos estar seguros de que hasta la primera mitad del siglo xx las personas se esforzaban en hablar y escribir con *corrección*, no sólo para darse a entender mucho mejor, sino porque el ser competente en el idioma era indispensable desde la educación básica, y por eso había médicos que escribían bien, abogados que escribían bien, ingenieros que escribían bien, profesores que escribían bien, etcétera, pero hoy no escriben bien ni siquiera los graduados en letras y, muchas veces, ni siquiera los escritores celebrados y galardonados. La evidencia más notoria del uso incompetente del idioma no está en los individuos que no pasaron por la universidad, sino en los profesionistas, de las más diversas carreras, que incluso han alcanzado doctorados y posdoctorados, y no saben utilizar, con corrección, el idioma. Es a esto a lo que se puede llamar, sin exageración ninguna, el analfabetismo profesional, que alcanza extremos escandalosos en la mayor parte de los profesores de educación básica.

Un ejercicio ejemplar y concluyente

Entre los primeros estudios para constatar este problema está el del lingüista español José Polo, recogido en la primera parte de su libro *Ortografía y ciencia del lenguaje* (1974). En 1970, el doctor Polo dirigió un curso experimental con quinientos alumnos del primer año de la Facultad de Filosofía y Letras de la Universidad Complutense, de Madrid. Una parte del curso incluyó ortografía y ejercicios de puntuación y separación silábica. Lo revelador vino cuando se les dictó, para que escribieran, 35 palabras, "escogidas con vista a posibles errores". He aquí la lista: 1 = *desahuciar*, 2 = *exhausto*, 3 = *exuberancia*, 4 = *ilación*, 5 = *hibernación*, 6 = *bovino*, 7 = *víbora*, 8 = *bóveda*, 9 = *verbena*, 10 = *vendaval*, 11 = *lavabo*, 12 = *breva*, 13 = *brebaje*, 14 = *toalla*, 15 = *exégesis*, 16 = *para ti*, 17 = *sintaxis*, 18 = *superfluo*, 19 = *Feijoo*, 20 = *aljibe*, 21 = *berenjena*, 22 = *objeción*, 23 = *ictericia*, 24 = *vestigio*, 25 = *absorber*, 26 = *ábside*, 27 = *gavilla*, 28 = *exhibe*, 29 = *prohíbe*, 30 = *cónyuge*, 31 = *tenue*, 32 = *ahuyentar*, 33 = *expectativa*, 34 = *zahúrda*, 35 = *eccema*.

El examen no incluyó la definición o el significado aproximado de dichas palabras, sólo la ortografía. Entre esos quinientos alumnos del primer año de Filosofía y Letras, ninguno escribió correctamente las 35 palabras, pero hubo uno (el más aventajado) que sólo cometió un error, y, después de él, siete con cuatro errores, que constituyeron la élite. "El grueso de los estudiantes osciló entre 15 y 24 palabras mal; es decir, que hubo algunos casos extremos —o 'más extremos'— hasta con 28 y 30 errores". Entre las formas erróneas escritas por estos estudiantes de Filosofía y Letras, Polo consigna los siguientes engendros: *histericia, esausto, ivernación, verengena, berbena, breba, auyentar, hauyentar, vovino, bívora, hexégesis, exibir, iptericia, escema, esuverancia, ténue, sintáxis, espectativa, exema, algive, desauciar, excema, objección, supérfluo, exséjeci, para tí, ilacción, adsorver, exáhusto, exsuberancia, vóbeda, tohalla, eshibe, exérgesis, hictericia, intericia, conyuge*.

Queda claro, a partir de los resultados de este ejercicio, que muchos de los quinientos estudiantes universitarios escribían por primera vez algunas de estas palabras, no sabían ni su ortografía ni mucho menos su significado y no las habían visto escritas jamás debido a una falta alarmante de cultura lectora, ¡tratándose incluso de estudiantes de Filosofía y Letras! Pero faltaba lo peor. Escribe el doctor Polo: "En el curso 1970-71 hicimos el mismo experimento con alumnos a un año de distancia de acabar la especialidad de Lingüística Hispánica dentro de la Facultad de Filosofía y Letras de la mencionada universidad madrileña. Se les dictó 50 palabras de cultura general para el contexto del estudiante. Resultados: de esas 50 palabras, 30 fueron mal escritas por un alumno; 26/1, 24/1, 21/1, 20/1, 19/2, 17/4, 15/2, 14/2, 13/2, 11/1, 9/4, 8/2, 7/1, 6/5, 1/1".

La conclusión de José Polo no puede ser otra: "No estará de más advertir que en estos mismos estudiantes aparecían, en trabajos hechos fuera de clase, gran variedad de errores de puntuación, acentuación, etc., aparte, naturalmente, de los más graves, sintácticos y léxicos. También hemos contemplado tales bellezas en tesis de Licenciatura y de Doctorado; digamos que, incluso en esta clase de trabajos coronadores del paso por la Madre Nutricia, lo normal es encontrar errores ortográficos netos (no los discutibles) de puntuación y de acentuación. A la vista de los resultados —todo un señor doctor—, deberá pensarse que esas cuestiones de la ortografía más sistematizable (puntuación y acentuación) son normalmente tan complejas, que habremos de crear cursillos posdoctorales para proveer a la gente con tan sibilinas herramientas, casi 'ciencias ocultas'. Muchos de los profesores de Lengua Española (diremos sólo de enseñanza media, por si acaso) no son conscientes de su deficiente ortografía, por más que les parezca increíble que todo lo 'narrado' en este capítulo pueda ser verdad (ajena). Habrá ocasión de mostrar más explícitamente esta idea, que ahora, dicha así, podría escandalizar. Como preparación remota, acabaremos este epígrafe con las siguientes palabras de Américo Castro: 'Las Facultades de Letras son fundamentalmente ágrafas. Se puede salir de ellas con el título de doctor, escribiendo con los pies e incluso con faltas de ortografía'".

Pero este ejemplo no es privativo de España. Por lo menos desde las últimas tres décadas del siglo xx (cuando las academias y las universidades descuidaron y descarrilaron la normativa del idioma por una falsa idea de libertad "democrática" de expresión), el español, en todos los países donde es lengua nativa, sufre una involución cuyas causas son múltiples, pero, entre las principales, hay tres señaladas por la doctora Hilda Basulto: "Aumento de los medios de difusión audiovisuales, que tienden a evitar esfuerzos de análisis en la escritura; disminución (comparativamente) de la costumbre de leer por entretenimiento o vocación las buenas obras, constructivas idiomáticamente; y sustitución de lecturas de fondo por historietas y fotonovelas, que descuidan absolutamente el esfuerzo de la corrección expresiva en aras del argumento".

Tal como ironiza José Polo, estamos instalados ya (¡y desde cuándo!) en la era de "los nuevos analfabetos", para decirlo con la atinada expresión de Pedro Salinas. Más aún, vivimos en una sociedad que no entiende, ni le interesa entender, por qué es importante la defensa de la lengua frente a la corrupción que la agobia. Ignorar las normas idiomáticas es socavar nuestra cultura de la comunicación, pero también la de la creación estética. Que los gobernantes demagógicos, cuando se equivocan al hablar (y se equivocan todos los días y a cada rato, además de explayarse en ello), "argumenten" que los critican porque hablan como lo hace "el pueblo" es tener en muy baja estima al pueblo... en lugar de proveerlo y proveerse de mayor cultura lingüística. Si, por ejemplo, el presidente de un país habla tan mal, y además se enorgullece por ello, ha de creerse en el mundo que toda su nación habla igual que él.

En cuanto a la ortografía, particularmente, como afirmó Moreno de Alba, que es donde se manifiesta con mayor claridad la exigencia de la unidad lingüística, digamos con José Polo que vivimos en una sociedad *disortográfica*, sin conciencia de la función social de expresarnos correctamente; en gran medida porque hoy, y desde hace al menos medio siglo, "no existe presión social para enderezar el entuerto" ni siquiera en las universidades donde, por el contrario, el idioma se politiza, se ideologiza y se deforma por razones ajenas a la lógica. Obviamente, no se mejora, pues la corrección idiomática se menosprecia, se infravalora, en tanto que se sobrevalora la corrección política. La ideología dominante importa más que la lógica expresiva. Todo ello conduce a una pobreza intelectual cada vez más acentuada.

Lo más grave es que, con las faltas de la lengua, hoy pasa lo mismo que con las faltas sociales: se agravan y se multiplican por la indiferencia y la impunidad. Mal haríamos, por supuesto, si nos importaran más las faltas que se cometen en el idioma que las faltas y los crímenes que se cometen en la sociedad. Pero es que, en el fondo, ambas cosas son parte de lo mismo, si lo vemos con la mirada crítica y certera de Fernando Lázaro Carreter: "El descrédito social que se seguía en tiempos no muy lejanos para quien cometía faltas [ortográficas], se ha trocado hoy en indiferencia. Se dice que todo el mundo las comete, y que, en realidad, ninguna gravedad encierran. Hasta dentro del sistema educativo han perdido valor".

Esto último, que apuntó Fernando Lázaro Carreter, lo confirma, fehacientemente, José Polo, en el segundo capítulo ("Por el mundo de las letras") de *Ortografía y ciencia del lenguaje*. Ahí muestra, especialmente, a qué grado una gran cantidad de libros (publicados bajo sellos editoriales de gran prestigio) utilizados como manuales universitarios de diversas carreras y materias, entre ellas las de lengua española y lingüística, está llena no sólo de erratas, sino, sobre todo —y es lo más lamentable— de faltas de ortografía y errores de puntuación y de sintaxis, cometidos (desde el autor hasta el traductor, el editor, el diseñador y el corrector) por personas que egresaron de las universidades.

No sin desazón, Polo comenta: "Puesto que de la universidad [los profesionistas] salen prácticamente como entran en lo que atañe a ortografía ('eso no debe enseñarse en la universidad', por un lado; y, por otro, no la tienen en cuenta, realmente, a la hora de corregir exámenes, por mucho que, de palabra, algunos digan que sí: al final, la casa sin barrer), [se] comprenderá como un hecho coherente —aunque, desde luego, no justificable— el que se vea escrito lo que se ve. Si salen así de los centros superiores de cultura y nadie les enseña después —ya con el título, ¿para qué?—, es normal que entre las diversas modalidades de 'intelectual' —autor, traductor, corrector de pruebas, etc.— se fabriquen monstruitos".

En 1974, José Polo estimaba que, si uno de los requisitos para ingresar a la carrera universitaria, fuese un examen de ortografía, probablemente, el 98 por ciento de los estudiantes sería rechazado. Y concluía que, ante el conformismo (y muchas veces el cinismo) de los licenciados, maestros y doctores que se preguntan para qué deben aprender a escribir bien si eso lo resuelven, a fin de cuentas, los especialistas y editores que han de enfrentarse a sus galimatías, y ante el fracaso de los pasos previos de la educación del español, debería ser la universidad la que se haga cargo de enseñarles lo que no aprendieron en la primaria, el ciclo medio y el bachillerato.

De otro modo, concluye el lingüista, lo coherente sería suspender o reprobar a quienes, aunque hayan asimilado el contenido de una carrera o de un curso, no sepan expresar, con corrección ortográfica y sintáctica, eso que supuestamente asimilaron. Parece rigorista y hasta impiadoso, pero lo otro es más bien absurdo: tener profesionistas más o menos "competentes" en su campo, pero, al mismo tiempo, "incompetentes" en su idioma. Y lo peor de todo es que, estos incompetentes en su idioma, sigan en lo suyo (la ignorancia) sin tomarse siquiera la molestia de consultar un diccionario.

Menosprecio nativo y alabanza extranjera

Un joven turista estadounidense grabó un video en TikTok en el que se queja del modo siguiente (obviamente, en inglés): "Recientemente fui a Ciudad de México y la gente allí no habla nada de inglés. Pensarías que, con todo el turismo, eso sería lo primero que harían. Pero no; hasta en los restaurantes todos los menús estaban en español. Tuve que usar aplicaciones para traducir todo. Me gusta México, pero tienen que mejorar eso. Considerando lo cerca que está México de Estados Unidos pensé que harían un mayor esfuerzo para hablar inglés".

Lo que puede ser sólo una torpe ingenuidad del joven turista, revela algo más grave que esto: racismo, xenofobia, discriminación y complejo de superioridad a partir de la lengua. No es la primera vez que alguien se queja del idioma en relación con México, pero incluso en Estados Unidos son muchas las personas supremacistas que agreden verbal y hasta físicamente a las personas (generalmente a los latinoamericanos y, entre ellos, muchos mexicanos) que no hablan inglés. Las noticias son abundantes al respecto; basta con asomarse a internet para comprobarlo.

No le pasó por la cabeza a este joven estadounidense hacerse él mismo el reclamo de manera inversa: dado lo cerca que está Estados Unidos de México y dado que hay mucha población en ese país que habla español (alrededor de 60 millones de habitantes: el 18.4% de la población, sin incluir la de Puerto Rico), también él debería reprocharse no hacer más esfuerzo para hablar español, que es la segunda lengua nativa más hablada en el mundo, con 475 millones de hablantes; más de cien millones de diferencia con respecto al inglés, que es la tercera lengua nativa más hablada, con 373 millones de hablantes.

Por supuesto, dominar varias lenguas o, al menos, un par o tres es bueno para cualquier persona, independientemente de su nacionalidad, pero al panorama anterior hay que agregar el menosprecio de los propios hablantes y escribientes por su lengua nativa y la alabanza muy especial, muy satisfactoria y orgullosa del idioma extranjero que es, por excelencia, el inglés. Siendo éste, por antonomasia, el idioma de internet y de los medios digitales en general, los prejuicios y el sentimiento de inferioridad han llevado a los hispanohablantes a desdeñar su propia lengua: por esto la llenan de anglicismos que no vienen al caso, de calcos innecesarios, y además se sienten exquisitos y felices de su anglofilia. Que ya una gran cantidad de personas diga y escriba "aperturar" en lugar de "abrir", y "accesar" en lugar de "acceder", muestra a qué grado se corrompe el español en boca de quienes lo consideran un idioma inferior al inglés.

En cierta forma, esos hispanohablantes nativos que se avergüenzan de su lengua y privilegian el inglés, contribuyen a la rabiosa discriminación que, lo mismo en Estados Unidos que en más de un país europeo, no sólo es racial, sino también idiomática. El idioma español es rechazado y vilipendiado, y sus hablantes son agredidos y despreciados, como cuando, en 2018, el abogado Aaron Schlossberg, de 44 años, en un restaurante de Nueva York, agredió verbalmente a dos empleados ¡por hablar en español!

Existe un video de ello. El racista manotea y grita (obviamente, en inglés): "¡Esto es Estados Unidos! ¡Yo pago su seguridad social, yo pago para que puedan estar aquí! ¡Lo menos que pueden hacer es hablar inglés! Apuesto a que no tienen documentos. Así que mi próxima llamada será a ICE (la policía migratoria), para que cada uno sea echado de mi país". A otra persona, este enfermo xenófobo le grita: "¡Eres un jodido extranjero feo, así que vete a la mierda!".

Esta xenofobia, que es a la vez aporofobia y fascismo, centra su reclamo en el idioma; pero lo peor de todo es que hemos sido nosotros, los hispanohablantes, los primeros en desdeñar el español y en rendirle culto al inglés que, bien sabemos, es hoy una lengua franca, utilísima, pero que, por un sentimiento de inferioridad, consideramos "superior" a nuestro idioma nativo. Una cosa es indiscutible: son pocos los que comprenden la relevancia de la lengua como un componente importantísimo del patrimonio cultural. En la mayor parte de las naciones, la identidad de la cultura tiene sus cimientos especialmente en la lengua nativa. Los franceses se sienten en particular franceses porque hablan y escriben en francés, y no tienen ningún sentimiento de inferioridad frente al inglés u otras lenguas, aunque puedan aprenderlas y aun dominarlas.

Pero en México tenemos un anglicismo a tal grado patológico que la educación oficial privilegia el inglés antes que el español; en todo caso, pone gran énfasis en una escolarización bilingüe: además del español, indispensablemente el inglés. Casi ningún extranjero de visita en México, cuya lengua nativa sea el inglés (y, especialmente, de Estados Unidos), piensa, ni por un momento, que debe hablar en español para comunicarse con los mexicanos. En cambio, los mexicanos, y sobre todo los altos funcionarios (entre ellos, más de un presidente), lo primero que hacen en Estados Unidos es hablar en mal inglés en los foros internacionales. Puede dar risa el inglés tarzanesco con el que pretenden comunicarse, pero también produce una gran vergüenza ver y escuchar a esos compatriotas haciendo el más grande ridículo tartajeando un idioma que no sólo no dominan, sino que ni siquiera conocen. El resultado es que, en México, se habla y se escribe en mal español y en mal inglés, no obstante, en todo caso, al sistema educativo le preocupa que los alumnos sean "competentes" en inglés, aunque no así en español, por lo que con frecuencia somos testigos de la incompetencia que alcanzan.

Así como en Estados Unidos desprecian nuestro idioma y a quienes lo hablan, en México no son pocos los que hacen lo mismo: ¡desprecian el idioma propio!, un idioma que, por lo demás, ni siquiera está legitimado como "lengua oficial" en México. ¿Y por qué ocurre esto? Porque el inglés nos parece muy *nice*, muy "hermoso", muy "prestigiado". Nos avergonzamos de nuestra lengua, a pesar de que el español es la segunda lengua nativa más importante en el mundo, hablada y escrita en más de veinte países por más de 585 millones de personas, únicamente superada por el chino, y siendo, además, la cuarta lengua en importancia a nivel mundial, por el número global de hablantes (nativos y no nativos), sólo después del inglés, el chino y el hindi.

En realidad, los nativos hispanohablantes en México nos avergonzamos de nuestro idioma más aún que los que se avergüenzan de hablar un idioma indígena en México. El colmo: hoy hasta los chicanos pochos que cantan profesionalmente en español, en el género denominado "regional mexicano", ¡exigen en México que les hablen en inglés!, porque ellos se comunican en este idioma, ¡pese a saber español!

El anglicismo patológico es prueba de ello, y ya no sólo en el vocabulario, sino también en la sintaxis. Con dos años que hayan pasado en una estancia académica en Estados Unidos o Inglaterra, regresan los profesionistas cargados de anglicismos y, en cuanto a la sintaxis, con un angloñol o gringoñol que rebasa con mucho el pochismo. Y, a decir verdad, la Real Academia Española (RAE) y sus —según dice— "academias hermanas" no ayudan mucho que digamos. Además de perezosas se han vuelto anglófilas y les ha dado por la loca idea de que su trabajo consiste, básicamente, en recoger y poner en un repertorio (que llaman diccionario) los términos que utilizan no ya sólo las mayorías que legitiman el uso de la lengua, sino también las cosas más peregrinas que dicen o escriben tres o cuatro gatos y que les parecen indispensables de documentar. Han renunciado a la tarea más ardua y se han quedado con la más facilona. En realidad, si ésta es la tarea que han elegido los académicos de la lengua, más les vale dedicarse, como dijera Montaigne, a jugar a la pelota.

La Real Academia Española (RAE) y su diccionario (DRAE)

El *Diccionario de la lengua española* de la RAE, conocido también como DRAE, no es un diccionario de uso, sino uno normativo y, siendo así, no es únicamente el concentrado de palabras que usa la sociedad hispanohablante, y no es tampoco un simple diccionario descriptivo. Su función, su vocación, desde sus orígenes, es normar la lengua, por más que los académicos digan hoy que no es su obligación hacer esto, sino sólo reflejar el uso del idioma. Para únicamente "recoger" y meter en un depósito, bien está el que levanta la basura y la echa en un bote, es decir, el basurero. Lo importante de una academia de la lengua como la RAE (que, además, absurdamente, en su denominación oficial, no dice que sea "de la lengua") no es simplemente recoger palabras y definirlas, sino investigarlas, limpiarlas y fijarlas, y así constituirse en una buena guía de los hablantes y escribientes del español o castellano.

En defensa ciega de la Real Academia Española y, secundando o justificando a los académicos madrileños, hay quienes afirman que el diccionario que hace esta institución no "admite" ni "omite" palabras o términos en sus páginas, sino que sólo "recoge" los usos lingüísticos de la sociedad. Si así fuese no estaríamos refiriéndonos a un diccionario normativo que tiene sus orígenes en el denominado *Diccionario de Autoridades* (hecho por la propia RAE) ni de una academia que tiene por lema "Limpia, fija y da esplendor". Si "limpia" y "da esplendor" es porque no admite mugre, y, si "fija", es porque prescribe y guía.

Prueba de que la RAE norma y no sólo "recoge" los usos lingüísticos es el hecho de querer imponer el uso del adverbio "sólo" sin tilde (exactamente con la forma del adjetivo "solo", porque así se usa en España), del mismo modo que prescribe eliminar la tilde en el sustantivo "guión", y autoriza la grafía "Catar" para el nombre de la na- ción árabe que, según la nomenclatura de la ONU, se escribe "Qatar". Esto último es válido, de acuerdo con la gramática y la ortografía españolas, pero entonces que la RAE no nos venga con el cuento de que únicamente "recoge" (como el recolector de basu- ra) los "usos lingüísticos". Para esto no se necesita una academia de la lengua, repleta, además, de gente que se dedica a la escritura a la que, por lo visto, no se le toma pa- recer cuando se hace el diccionario, pues no pocos se muestran sorprendidos de tanta tontería que en esas páginas se aloja. Si, en diciembre de 2018, la RAE anunció la in- clusión, en la versión electrónica de su *Diccionario*, de los términos "meme", "selfi" (adaptación del inglés *selfie*) y "viral" ("dicho de un mensaje o de un contenido que se difunde con gran rapidez en las redes sociales a través de internet"), esto comprueba que no sólo recoge los usos lingüísticos de la gente, pues "selfi" es una adaptación gráfica del inglés, para que la gente ya no use más el anglicismo crudo *selfie*.

Que los grupos conservadores, moralistas, neopuritanos y fanáticos —sean de izquierda o de derecha (que, para el caso, es lo mismo, puesto que es imposible dis- tinguir unos de otros) y de cualquier orientación sectaria— pretendan imponer o eliminar términos del idioma, por un prurito de "fundamentalismo democrático", tan en boga, es un asunto de chantaje al que no se deben prestar quienes hacen un diccionario que se respete como tal. Así como las agrupaciones feministas exigen la desaparición de términos y acepciones que consideran sexistas, asociaciones contra la cacería ¡exigen!, por ejemplo, que desaparezca el refrán "matar dos pájaros de un tiro" y los integrantes del movimiento antitaurino exigen la desaparición del dicho "no hay quinto malo". ¡Qué ingenuidad y qué coco más duro! Estos términos, expre- siones y acepciones únicamente desaparecerán cuando la sociedad quiera, no cuan- do una agrupación lo exija. La gente, la ciudadanía, a diferencia de los gobernantes (siempre acomodaticios), seguirá hablando y escribiendo como se le pegue la gana, sin que esto quiera decir que siempre tiene razón. En términos numéricos de la "de- mocracia" ("ese abuso de la estadística", diría Borges), un barbarismo deja de serlo cuando la sociedad lo impone por amplia mayoría y no cuando unos cuantos o unos miles lo usen a su antojo.

Tiene mucho sentido que en Francia desapareciera, por ley, en 2012, en los for- mularios oficiales el término *mademoiselle* (literalmente, "señorita") porque este uso se contraponía a *madame* (literalmente, "señora") en casillas de documentos oficia- les en las que las mujeres francesas debían elegir una u otra según fueran casadas (*madame*) o solteras (*mademoiselle*). Ciertas organizaciones de mujeres y no sólo fe- ministas "consideraron que la casilla de 'señorita' suponía una intromisión de la pri- vacidad de las mujeres al pedir que indicaran su estado civil". Pero lo mismo podría

aplicarse para los hombres: ¡qué demonios les importa a las autoridades y concreta-
mente al gobierno si uno es casado, soltero, amancebado o lo que se le pegue la gana!
¿Por qué tendría qué informarlo? Al rato exigirán saber si usamos calzones o no.

Pero de esta decisión y de la anterior que no se saquen conclusiones apresuradas
para todos los idiomas. El término "señorita" en español puede dejar de utilizarse,
porque además lo recomienda la ONU, en los formatos oficiales, pero al menos en
México seguirá usándose en el habla diaria, porque "señorita" (azafata, mesera, enfer-
mera, profesora, mujer que atiende en un mostrador, etcétera) es un término de
cortesía que se aplica a la mujer y no como dice el DRAE "un término de cortesía que
se aplica a la mujer **soltera**". ¿Cómo demonios podemos saber si es "soltera", es decir,
que **no está casada** (y no como dice el DRAE: "que **no se ha casado**"), por muy joven que
sea, si no se lo hemos preguntado? Por ello, en México, hay mujeres maduras y no
casadas a quienes si se les dice "señoras" se ofenden bastante y replican: "¡Señorita!,
¡aunque le cueste más trabajo!" o "¡señorita, aunque se tarde un poquito más!".

Por otra parte, en mayo de 2021, en Francia, las autoridades dieron también otro
gran ejemplo al prohibir oficialmente en las escuelas la utilización del lenguaje inclusivo o de género, con sus duplicaciones y desdoblamientos, por considerar que
esta forma de torcer y retorcer el idioma dificulta el aprendizaje del francés y es un
obstáculo para la lectura y la comprensión de la escritura, especialmente en la niñez
y muy en particular en aquellos alumnos que padecen problemas de lento aprendizaje. El ministro francés de Educación, al anunciar el veto a esta forma caprichosa de
modificar el idioma desde el empoderamiento ideológico, estableció que "se prohíbe
en los colegios el uso de la escritura inclusiva que utiliza el punto medio para revelar
simultáneamente las formas femenina y masculina de una palabra usada en masculino cuando se usa en un sentido genérico", y añadió: "nuestra lengua es un precioso
tesoro que tenemos la vocación de compartir con todos nuestros alumnos, en su belleza y fluidez, sin rencillas y sin instrumentalizaciones".

¡Bravo, por Francia!, porque hoy, y desde hace tiempo, es una de las pocas naciones que asumen su lengua como "un precioso tesoro", esto es, como el patrimonio
cultural que, desde hace siglos, exigen cuidar con esmero. En su indispensable *Historia de la mierda* (*Histoire de la merde*, en su edición original francesa, publicada en
1978), Dominique Laporte nos recuerda de dónde proviene ese esmero en el cultivo
de la lengua francesa, la cual se remonta a 1549, cuando el poeta Joachim Du Bellay
(amigo fraternal de Pierre de Ronsard), publicó en París *La Défense et illustration de la
langue françoyse*, que se convirtió en un manifiesto en favor del idioma francés, con
la siguiente y vigorosa argumentación:

"Puedo decir de nuestra lengua que empieza ahora a florecer, sin fructificar, o mejor aún, que como una planta o vergueta que, lejos de aportar todo el fruto que podría

producir, no ha florecido todavía. Y ello, ciertamente, no por defecto de su Naturaleza, apta también para engendrar, sino de los demás, es decir, por culpa de aquellos que, teniéndola a su cuidado, no la han trabajado lo bastante, como una planta salvaje a la que se deja envejecer y casi morir en el mismo Desierto en donde empezó a nacer, sin regarla jamás ni podarla, ni defenderla de Zarzas y Espinos que la ahogan".

Para que el alegato en favor de la lengua francesa fuese más severo y concluyente, o, como dijera nuestro poeta Ramón López Velarde, para "que el contraste nos hiera", Du Bellay opuso al descuido del francés el cultivo esmerado del latín, con las siguientes razones inobjetables:

"Si los antiguos romanos hubieran sido tan negligentes en el cultivo de su lengua cuando empezó a pulular, en tan breve tiempo, por cierto, no hubiera llegado a ser tan grande. Pero ellos, a la manera de los buenos agricultores, la han trasplantado primero de un lugar salvaje a otro doméstico y luego, con el fin de que fructificara lo antes y lo mejor posible, podaron sus ramas inútiles y le injertaron las ramas expansivas y domésticas, magistralmente sacadas de la lengua griega, las cuales se injertaron y se hicieron semejantes a su tronco hasta tal punto que en adelante no parecerán ya adoptivas, sino naturales. De ahí nacieron en la lengua latina esas flores y esos coloreados frutos de tan gran elocuencia".

En otras palabras, concluye Laporte, de la alquimia de la lengua que exige enriquecer, magnificar y sublimar, se obtiene el oro: la joya del idioma. Y, quienes hablamos y escribimos español, no debemos olvidar que la madre de nuestra lengua es el latín: esa lengua productora de "esas flores y esos coloreados frutos de tan gran elocuencia". Lo que ocurre con el español, hoy, es que ni a los encargados de cuidar el tesoro lingüístico (las academias de la lengua, obviamente) les importa realizar su tarea.

Javier Marías tuvo toda la razón cuando afirmó que la Academia, en este caso, la RAE (de la que él formó parte hasta su muerte), "por un lado recoge, registra y refleja lo que los hablantes sancionan mayoritariamente; y, por otro, aconseja, sugiere, orienta e intenta poner orden para que sigan existiendo unas convenciones mínimas —un pacto entre los hablantes— que nos permitan entendernos. Eso es (más o menos) todo". Ojalá que, mínimamente, así lo asumieran todos los académicos madrileños y la institución en su conjunto. Por supuesto, en este tema, no todos los académicos son tan claridosos como Marías y Arturo Pérez-Reverte, con quienes se puede estar incluso en desacuerdo, pero a partir de razones y no de fundamentalismos.

Marías expresa, claramente, lo que muchos pensamos en relación con este tema, al enfrentar el "fundamentalismo democrático" de las sectas extremistas de izquierdas o derechas (lo mismo da): "Es absurdo, además de dictatorial, que diferentes grupos —sean feministas, regionales o étnicos— pretendan, o incluso exijan, que la RAE incorpore tal o cual palabra a su gusto, suprima del *Diccionario* aquella otra de su desagrado o 'consagre' el uso de cualquier disparate o burrada que les sean gratos a dichos grupos. La Academia no puede borrar el vocablo 'judiada', por ejemplo, por mucho que su origen nos resulte antipático o condenable. Se puede intentar desterrarlo del uso actual, podemos procurar evitarlo por sus connotaciones evidentes, pero no somos nadie, ni siquiera la RAE, para quitarle a nuestra lengua un término que, nos guste o no, ha existido y es historia y se encuentra en textos clásicos".

El problema es que la RAE, a contracorriente de sus académicos Javier Marías y Pérez-Reverte, ha cedido más de una vez a estos chantajes, y ha eliminado términos y acepciones porque a un determinado grupo le ofenden. Al rato, los gallegos exigirán que se elimine el sustantivo femenino "gallegada" ("palabra o acción de gallegos") y los grupos indígenas exigirán que desaparezca el sustantivo femenino "indiada" ("muchedumbre de indios") y lo mismo pasará con los sustantivos "negrada" y "negrería" ("conjunto o reunión de negros"). ¿Ganaremos algo con ello? ¡Nada! Esos términos desaparecerán del diccionario cuando desaparezcan del uso cotidiano, y ni siquiera inmediatamente si son necesarios para la comprensión de un contexto histórico. Así de simple. Todo diccionario de la lengua que se respete tiene obligación de consignar lo real, no de escamotearlo. ¿Qué va a hacer la Real Academia Española si un día todos los "pendejos" salimos en muchedumbre a exigir que elimine de su diccionario las primeras dos acepciones del adjetivo y sustantivo "pendejo"? Por si ello fuera poco, en la Real Academia Española, como bien advirtió Borges, "de una deficiencia hacen ley", sobre todo si la deficiencia es española.

En su preámbulo a la edición de 2014, el DRAE dice, tibiamente, lo que debe decir con toda firmeza: "Por diversos cauces recibe la corporación consultas y sugerencias de los usuarios, y se esfuerza por que ninguna quede desatendida. Una vez más, sin embargo —pues ya lo hizo en el preámbulo de la edición anterior—, necesita referirse aquí la Academia a las frecuentes demandas que recibe para eliminar del Diccionario ciertas palabras o acepciones que, en el sentir de algunos, o reflejan realidades sociales que se consideran superadas, o resultan hirientes para determinadas sensibilidades. La corporación examina con cuidado todos los casos que se le plantean, procura aquilatar al máximo las definiciones para que no resulten gratuitamente sesgadas u ofensivas, pero no siempre puede atender a algunas propuestas de supresión, pues los sentidos implicados han estado hasta hace poco o siguen estando perfectamente vigentes en la comunidad social".

Dicho de otro modo, con la claridad y firmeza a las que no se atreve el DRAE: mientras haya "pendejos" (tontos, estúpidos, cobardes, pusilánimes), este adjetivo y sustantivo no se omitirá jamás del diccionario, por mucho que los "pendejos" así lo exigieran en masa universal, marchando por las calles de las grandes ciudades del mundo, y desde ahora podemos asegurar que permanecerá en sus páginas hasta la eternidad, pues los "pendejos" no se acabarían con únicamente omitirlos en el diccionario; lo que es más, se incrementarían con los académicos que participaran en autorizar tal omisión.

Es increíble que gente inteligentísima, o que se supone que lo es, no sepa que las palabras, en el habla y en la escritura, son solamente representaciones y que, por ello, como escribió Stephen Vizinczey, "¡la obscenidad no está en las palabras, sino en los hechos!", al igual que la verdad y la mentira, la bondad y la maldad, la ética y la inmoralidad o falta de escrúpulos. Exigir que ciertas palabras desaparezcan de los diccionarios es, por lo tanto, un indicio de estupidez, más que de inteligencia. Los diccionarios son la representación de los hechos, el reflejo de las acciones. Hay que leer *El mundo como voluntad y representación*, de Schopenhauer, para comprender que lo único que posee existencia real o verdadera es la cosa en sí, o la voluntad: todo lo demás es representación. O, dicho por John Locke, en su tratado *Del abuso de las palabras*, "habría muchas menos disputas en el mundo si las palabras se tomasen por lo que son: solamente signos de nuestras ideas, no las cosas mismas".

Otra verdad innegable: cuando no hay guía, cuando no hay norma y cuando no hay buenas razones para fijar una forma determinada en el idioma, lo que se consigue es la desorientación y, en no pocos casos, la necedad de hablantes y escribientes. He presenciado discusiones, casi de duelo armado, porque alguien, incluso ante pruebas contundentes, se niega a aceptar que se equivocó, y retuerce la lógica, ofrece "explicaciones" y sienta cátedra de sofista con tal de "probar" que está en lo correcto. En temas del idioma, como en otros, tener razón no debería ser lo importante; más importante es ser razonable para llegar a la verdad. El problema no es sólo idiomático, sino de vanidad. La gente necia (que hace de su ignorancia una extraña erudición) suele ser arrogante y narcisista incluso en sus sinrazones. ¡Cualquier cosa antes que aceptar que se equivoca! Por ello, cuando se equivoca, no sólo es contumaz, sino también recalcitrantemente zoquete y obtusa. Aunque le demuestren fehacientemente que se equivoca, sigue neceando. La gente es capaz de inventar cualquier cosa antes que aceptar que la cagó, porque, por un prurito de vanidad, y por un ego del tamaño de su susceptibilidad, aceptar eso (y, en consecuencia, corregirse) va en contra de su narcisista idea de perfección. ¡Antes muerto que equivocado!

El Diccionario de "mexicanismos" de la Academia Mexicana de la Lengua

Dado que en las siguientes páginas abordamos más de una vez términos que incluye y define muy mal, o que no incluye, el *Diccionario de mexicanismos* (DM) de la Academia Mexicana de la Lengua (AMI), anticiparemos algo al respecto. Este diccionario

es, en gran medida, un repertorio de disparates que la AML legitima como "mexicanismos". Incluye, por ejemplo, el barbarismo "sumatoria" cuando en realidad se
trata de una "suma" ("operación matemática de sumar" y "resultado de añadir a una
cantidad otra u otras homogéneas"); se da vuelo con voces coloquiales y eufemísticas como "mayate" y "mayatex" (de las que no dice que son vulgares, malsonantes y
despectivas), porque son las que recuerdan los becarios y alumnos de servicio social,
pero nada dice de "pechonalidad" (juego de palabras: de "pecho" y "personalidad" y
que el *Urban Dictionary* en línea define como "atributo que designa unos grandes
senos [de silicona] para compensar una falta de personalidad"), que no registran,
porque no recuerdan o no conocen los aprendices, pero que tiene en Google 175 000
resultados.

Por otra parte, omite, entre otras voces, el sustantivo "tilcuate", que sí incluye
Guido Gómez de Silva en su *Diccionario breve de mexicanismos*, con la siguiente definición: "**tilcuate** (Del náhuatl *tliltic* 'negro' [literalmente = 'como tizne, de *tlilli* 'tizne',
'tinta', más *coatl* 'serpiente'.) f. Culebra acuática muy oscura". No sólo esto: "tilcuate" es una voz que registran tanto el *Índice de mexicanismos* como el *Diccionario del
náhuatl en el español de México*, coordinado por Carlos Montemayor, donde leemos
lo siguiente: "**tilcuate**. Culebra no venenosa [*Drymarchon corais* o *D. melanurus*] que
presenta un color dorsal gris oscuro y que puede alcanzar una longitud de casi dos
metros; está usualmente asociada a cuerpos de agua. *Tlil-cóatl*. De *tlíltic*, negro, *cóatl*,
serpiente". Por supuesto, el mexicanismo "tilcuate" no está en las páginas del DRAE,
porque no es de uso amplio (11 900 resultados en Google), ¡pero tendría que estar en
cualquier diccionario de mexicanismos!, y la razón no es menor: además de su recto
significado, *Tilcuate* es el apodo de uno de los personajes de la novela *Pedro Páramo*,
llamado Damasio, a quien el cacique Pedro Páramo le encarga enrolarse en la Revolución, a cambio de un rancho y del ganado que pueda cuidar su mujer. Hay que
imaginar cómo sería ese personaje si le decían el *Tilcuate*. Por ello, la voz "tilcuate"
es indispensable en cualquier diccionario de mexicanismos, para utilidad del lector
y, especialmente, del estudiante. A cambio de omitir una voz tan importante, el DM
de la AML incluye voces tan relevantes, han de creer sus redactores, como "pelionero"
(deformación fonética de "peleonero"), propio de la falta de ortoepía, pero, si a esas
vamos, tendría que incluir también "callejiar", peliar", "golpiar", "hinchao", "miar",
"mión", "miona", "pasiar", "culiar" y un sinfín de barbarismos que, además, tienen
mucho más uso que "pelionero". Por cierto, el 21 de febrero de 2019, una usuaria dudosa se dirigió a @RAEinforma en los siguientes términos: "tengo una pregunta
¿culear o culiar?", y #RAEconsultas le respondió al siguiente día: "Aunque la grafía
primigenia y más culta [sobre todo ¡más culta!] es 'culear', existe también la variante
'culiar', de carácter más popular" [¡y con casi tres millones de resultados en Google!].

Cuando la directora del DM, Concepción Company Company —de quien no dudamos acerca de su capacidad profesional, pero sí de su vigilancia de la obra— hace elogio (es decir, autoelogio) del DM y de los colaboradores que participaron en él, uno se alarma, o sonríe, al ver los resultados: "Por otro lado, incorporamos también el habla espontánea de hablantes nativos, en diferentes situaciones comunicativas y sociales, tomando como base su competencia lingüística, memoria, agudos oídos y creatividad del equipo de colaboradores, previa constatación con las fuentes lexicográficas de contraste".

¿Tendríamos que celebrar que la "competencia lingüística, memoria, agudos oídos y creatividad del equipo de colaboradores" del DM nos entregue locuciones coloquiales como "de a pechito" que define como "sin preocupación y sin prisa", y da un ejemplo: "Ahórrate problemas con el jefe y mejor llévatela **de a pechito**"? Este significado, probablemente, es el que pusieron en práctica los colaboradores del DM ante la doctora Company Company. Se la llevaron de a pechito en el trabajo, tal como ellos entendían dicha locución adverbial. Pero dicha locución es irrelevante y casi inexistente en su uso, a diferencia de la locución verbal coloquial "ponerse de a pechito", que el mismo DM define del siguiente modo: "Exponerse a una situación perjudicial: *Te pusiste de a pechito para que te asaltaran*"; mucho mejor definida en el *Diccionario de variantes del español*, en línea: "**de a pechito**. Ponerse en situación vulnerable". Y un ejemplo: *Ese ojete estaba esperando un pretexto para joderte, y tú te pusiste de a pechito.* "Ponerse de a pechito" no es otra cosa que facilitar a otro la tarea de vulnerarte, dañarte, perjudicarte. Es un símil relacionado con la cacería: el ave o la presa en general da la ocasión perfecta poniéndose de frente por descuido; lo que aprovecha el cazador para dispararle en la situación ideal que deseaba. Esto es, con toda precisión, "ponerse de a pechito". En cambio, "llevársela de a pechito", inestimable contribución de la "competencia lingüística, memoria, agudos oídos y creatividad" del equipo de colaboradores del DM, es tan inusual que apenas tiene treinta resultados en Google.

Hay también cosas que únicamente son malos chistes de algún cómico de la televisión, pero que el DM denomina sustantivo femenino popular, coloquial y festivo. Es el caso de "lonjevidad", como sinónimo de "gordura", y hasta pone el ejemplo: *Tu lonjevidad ya no te deja caminar.* Obviamente, es una derivación de "lonja" o "llanta" ("rollo adiposo que se forma generalmente alrededor de la cintura", DM); de ahí el adjetivo coloquial "lonjudo" ("referido a alguien, que tiene muchas lonjas", DM). ¿Pero quién demonios escribe "lonjevidad" en México? Por lo visto, los becarios y alumnos de servicio social que colaboraron en el DM se pusieron muy creativos, luego de ver programas de los comediantes de la televisión. Lo único que les faltó en esta página fue incluir, como mexicanismo, a "Lindsay Lonjas" que por lo menos en internet, en el motor de búsqueda de Google, tiene varios centenares de resultados, pero el término "lonjevidad", con el sentido de "gordura", no pasa de cinco registros, pues en todos los demás casos, por el contexto, se trata de faltas de ortografía y no de un uso festivo y coloquial deliberado. Por otra parte, considerar "mexicanismo" la contracción jergal del adverbio "entonces", "entons" (¡sí, "entons" como "mexicanismo"!), es una barbaridad únicamente explicable por el hecho de que el equipo de redacción de ese bodrio tenga entre sus fuentes bibliográficas "serias" (¡junto a Guido Gómez de Silva, Luis Fernando Lara y Francisco J. Santamaría!) las ocurrencias y tonterías del señor Armando Hoyos, alias Eugenio Derbez. Legitimar los usos erróneos es confundir a los hablantes y escribientes del español en México. ¿Por qué no incluir, *entons*, el sustantivo "miarda" (distorsión de "mierda"), usado en la península de Yucatán, mayoritariamente, en lugar de "mierda", con 126 000 resultados en el buscador de Google? Ejemplo: *Olor a **miarda** rompemadres* (frase viral de mi afamado paisano Adrián Martínez).

Si tomamos en cuenta la enorme cantidad de barbarismos y necedades que incluye el DM con la categoría de "mexicanismos", no habría razón para no poner también las grafías bárbaras "diferiencia", "dijieron", "fuímonos" (no por el correcto pretérito "nos fuimos", sino por el equívoco presente "nos vamos"), "lléguemos", "muéramos", "trompezar" (es decir, irse de bruces y caer de trompa), "váyamos" y "váyansen" que se usan en México con especial vigor y, ya de paso, los gerundios barbáricos "quisiendo", "supiendo", "supongando", "tuviendo", etcétera; y, para no dejar, las conjugaciones "fuistes", "hicistes", "llegastes", "comistes", "cagastes" y todos los demás de la misma hechura. Y éste es el diccionario acerca del cual se vanaglorian con loas impúdicas sus hacedores: "El hecho de que dos académicas de la Comisión de Lexicografía de la Academia Mexicana de la Lengua sean hablantes nativas de español castellano a la vez que casi nativas del español mexicano facilitó en parte la tarea de investigación del contraste". Ahora entendemos muchas cosas. A partir de esta declaración, no exenta de ingenuidad, se ponen realmente "de a pechito".

Aceptar que el verbo intransitivo y pronominal "alentar", "alentarse" significa "perder algo o alguien velocidad" y "atontarse alguien", no es cosa de gente que proteja el idioma como patrimonio cultural, sino de gente sin criterio. "Lentificar" y "ralentizar" son los verbos correctos para el caso. Con esta misma sinrazón legitiman "vertir", como variante mexicana de "verter", aunque se trate de una tontería ortográfica con la que ni siquiera son congruentes, pues tendrían que legitimar también "esparcer" como variante de "esparcir", "expander" como variante de "expandir" y "tañir" como variante de "tañer". Y, ya entrados en gastos, "estriñir" y "extreñir" como variantes mexicanas de "estreñir". Lo cierto es que tanto "vertir" como "esparcer" y "expander" son barbarismos aquí y en cualquier parte donde se hable y se escriba español. Y si en un diccionario se incluye como "mexicanismo" la voz paródica "arbano", equivalente a "hermano", popularizada en las películas cómicas con Joa-quín Pardavé, y se define como "persona de origen árabe o descendiente", estamos perdidos, pues tendrían que incluir también al "baisano Jalil" y, de paso, por qué no, a "Ben Halam El Amí".

Por otra parte, ¿cuál fue el criterio, si es que existe uno, para incluir el marginal sustantivo femenino "chingamurria" ("cosa de poco valor"), que el mismo DM admi-te como "poco usado" (¡con apenas tres resultados en Google!) y, en cambio, excluir el también sustantivo femenino "chingamusa" (con casi quinientos resultados en Google), que Eli de Gortari, en su *Silabario de palabrejas*, define como "cosa de escasa importancia" o "tontería", pero cuyo uso, con sentido irónico, pertenece al ámbito literario? Si en el DM se incluye el poco usado "chingamurria" tendría que incluirse el más utilizado "chingamusa" que, por lo demás, tiene un linaje literario. Efraín Huerta lo usa en su "Manifiesto nalgaísta": "poetas inmensos reyes del eliotazgo/ baratarios y pancistas/ grandísimos quijotes de su tiznadísima chingamusa". Y Juan José Arreola refiere que Carlos Pellicer le dio a ordenar y a pasar en limpio sus ma-nuscritos de *Práctica de vuelo* con la siguiente frase: "Aquí tiene la chingamusa". El mismo Pellicer, al referirse al Parque-Museo La Venta, por él creado, dice en una car-ta que dirige a Alfonso Reyes: "Porque mira, Alfonsito: Cuando yo, hace cinco años, pensé en la chingamusa ésta, me dije: ¡a ver qué sale! Y, claro, lo que ha salido es una cosa tremenda, pero deliciosa. Es la obra de mi vida". Carlos Pellicer López me informa del estribillo epigramático que le compusieron a su tío los estudiantes de la Secundaria 4: "chimichanga, más chingamusa, más voluntad de joder: Pellicer". Y José Chávez Morado realizó una serigrafía que se intitula, ni más ni menos, *La chingamusa* (1990).

Otro ejemplo: pierden el tiempo los hacedores del DM en las entradas "chicoleada", "chicolear", "chicoleo" y "chicolero", términos que ellos mismos admiten que son poco usados y que remiten todos ellos a "hacer gestos de cariño", pero nada dicen del senti-do del verbo transitivo "chicolear", el adjetivo "chicoleado" y el sustantivo "chicoleo" de uso habitual en la península de Yucatán para referirse a "agitar" un envase tapado que contiene un líquido, o menear el contenido líquido dentro de un recipiente, en parti-cular en un vaso. Ejemplos: *No **chicolees** la Coca-Cola; Deja de **chicolear** el chocolate.* Es un regionalismo, más que un mexicanismo, como tantos que hay en el país, y como tantos que recoge el DM, sin criterio alguno, pero al menos el "chicoleo" de la península de Yucatán tiene miles de resultados en el buscador de Google, en tanto que las entra-das "chicoleras" con el significado de "hacer gestos de cariño" arrojan cero resultados hasta en los ejemplos que pone el DM: *El bebé sonríe cuando le hago **chicoleadas**; No **chi-colees** tanto a los niños; Tu papá es muy **chicolero** con sus nietos*, y, por si fuera poco, este "chicoleo" apenas si se diferencia en un matiz con la acción española de "chicolear":

decir piropos o donaires un hombre a una mujer; coloquialismo de uso también restringido que quizá algún día usaron los tatarabuelitos de los académicos de hoy.

Por cierto, el DM es pródigo en mayismos, pero el problema es que sus redactores no saben definirlos, porque no investigaron lo suficiente; además: incluye una buena cantidad de términos muy poco usados y omite otros que se utilizan frecuentemente en toda la península de Yucatán, como en el caso del verbo "chicolear" y del también transitivo "anolar", ¡que incluso recoge el DRAE!: "Del maya *nol*, "roer". Méx. Roer, chupar". Mal definido y con errónea etimología, pero ahí está, ¡en el DRAE!, en tanto que para el DM no existe. En el *Diccionario introductorio español-maya, maya-español*, de Javier Abelardo Gómez Navarrete, se documenta que este verbo transitivo, "anolar" significa "desgastar un dulce [o un caramelo sólido] en la boca, moviéndolo de lado a lado" y su correcta etimología es *nóol*. Ejemplo: *Deja de **anolar** tantos dulces porque se te van a picar las muelas.* Cuando se "anola" no se "roe", sino que se desgasta con la saliva y con el movimiento, dentro de la boca, el dulce o el caramelo macizo. "Roerlo" equivaldría a desgastarlo con los dientes. Ni siquiera sospechan en la Academia Mexicana de la Lengua que el verbo "anolar" tiene más de 30 000 resultados en el motor de búsqueda de Google. Pero si los hacedores del DM, de la AML, no tienen ni la más remota idea de lo que es un "kodzito" (que, estrictamente, es una tortilla de maíz muy firmemente enrollada y frita, rellena de aire y bañada en una deliciosa salsa espolvoreada de queso), y son capaces de decir que se rellena de alimentos (¡como si fuera un taco o una flauta!), entonces no hay que esperar casi nada de ellos y deberían dedicarse a otra cosa, aunque no, por cierto, a hacer kodzitos.

El *Diccionario de mexicanismos* de la AML está muy lejos de ser una guía para los hablantes y escribientes, y ahí donde no hay guía, no hay ayuda, no hay apoyo; y ahí donde se deja todo a la voluntad soberana del hablante y el escribiente, se daña la lengua, y no se le protege. Si todo es potestativo, ¿para qué queremos a las academias de la lengua? Raúl Prieto Riodelaloza lo dijo muy bien: "Más beneficios nos han dado las academias de repostería". Cuando uno encuentra términos como "putiflais", para referirse a una "prostituta", tiene derecho a sospechar que el *Diccionario de mexicanismos* de la AML lo hicieron personas que estaban de vena humorística y que han de creer que existe una ópera que se intitula *Madama Putiflais*. ¿"Putiflais" es un mexicanismo y merece estar en un diccionario? ¡Si apenas tiene 200 resultados en Google y la mayor parte de ellos no se refiere a "prostituta" sino a "homosexual varón" y no sólo en México, sino hasta en España y Colombia! Y además es una palabra aguda, no llana o grave, por lo cual debe llevar tilde: "Putifláis" y no "putiflais".

Gabriel Zaid concluyó que el DM, de la Academia Mexicana de la Lengua, "es una obra de aprendices no supervisados", pues hay en sus páginas cientos de cosas hilarantes que "no es creíble que su Comisión de Lexicografía y el pleno de la Academia hayan aprobado". Zaid pone varios ejemplos, pero señalar todas las barbaridades que contienen las 648 páginas de esta chambonada parece cuento interminable. Es innegable que los becarios de lexicografía y los alumnos de servicio social se sirvieron con la cuchara grande. Hay cosas tan risibles como la siguiente: "**miercocteles**. M. coloq/ fest. Miércoles". Es decir, según el DM, "miercocteles" es un sustantivo masculino, coloquial y festivo, sinónimo de "miércoles", tercer día de la semana. ¡Pero no es así! El término, en efecto coloquial y festivo, pertenece a lo que podríamos denominar la "semana del borracho" (y borracho puede ser lo mismo el ebrio ocasional que quien se embriaga habitualmente). Mediante el juego de palabras, el "ebrio consuitinerario" (esta gracejada se les pasó a los becarios) lleva del siguiente modo la agenda de su particular semana: "gluglunes" ("lunes"), "mamartes" ("martes"), "miercolitros" y "miercocteles" ("miércoles"), "jueveles" o "juebebes" ("jueves"), "beviernes" o "bebiernes" ("viernes"), "sabadrink" o "sabadrinks" ("sábado") y "dormingo" o "pomingo" ("domingo"). Por ello alguien dice en la oficina: *Hoy es **beviernes**, ¡vámonos de peda!* Una de las mayores ridiculeces que hace el DM al incluir "miercocteles" es la de omitir todos los demás días de la jocosa semana de los bebedores, pues únicamente para ese sustantivo festivo tiene una entrada y, por demás, ¡mal definida! Los demás sustantivos coloquiales y festivos de la "semana del borracho" ¡no están en ese lexicón que la Academia Mexicana de la Lengua anunció como el parto de los montes!, lo cual demuestra que a los aprendices y a sus jefes les hace falta más calle.

Hay que ser de veras muy chambones para incluir "miercocteles" (3100 resultados en Google) y omitir los demás días de la semana de estos localismos urbanos. ¿Por qué sólo uno? ¡Por supina ignorancia!, pues incluso entre los demás coloquialismos festivos de esta especie casi todos tienen más resultados que "miercocteles" en Google: "gluglunes": 1580; "mamartes": 10800; "miercolitros": 11200; "juevebes": 94400; "juebebes": 66100; "beviernes": 38400"; "bebiernes": 14500; "sabadrink": 69700; "sabadrinks": 13500; "dormingo": 45200; "pomingo": 31500.

De este tipo de desatinos el DM de la AML está ahíto. No es necesario levantar una piedra, en sus páginas, para encontrar al tlaconete; a simple vista aparece la baba y, en medio de ella, el animal. No explica nada y cuando trata de explicar es peor. Un ejemplo: "¡miércoles! INTERJ. supran. pop/coloq/euf. Expresa enfado o contrariedad: '¡Miércoles!, ya rayé el coche'". Sí, pero "¡miércoles!" es eufemismo por "¡mierda!", interjección que explica la contrariedad o el enfado, pero esto ni siquiera lo menciona el DM. Otro ejemplo en la misma página: "**milete**. M. Billete de mil pesos: 'Me debes un milete'". ¿En dónde diablos, en México, en qué parte así sea insignificante de nuestro territorio nacional, se le dice "milete" al "billete de mil pesos" que, por lo demás, ya prácticamente no tiene circulación? Será tal vez en la Academia Mexicana de la Lengua donde les pagan con "miletes" y no con "quinientones". Si buscamos en

Google con la siguiente frase: **"milete" billete de mil pesos**, aparecen ¡36 resultados!, y ¡sólo uno! se refiere al supuesto "mexicanismo" que habrá inventado un becario o un alumno de servicio social, mientras los integrantes de la Comisión de Lexicografía de la AML se echaban una siesta luego de exigir silencio de la siguiente manera: "¡Cayetano la trompeta!". Y es que, probablemente, sólo en la AML dicen esta "expresión coloquial y festiva" que, según el DM, "se usa para exigir a alguien que guarde silencio". Y hasta ponen un ejemplo: "¡Niño! ¡Cayetano la trompeta!, si no, te vas a tu cuarto castigado". Es de risa loca, pues tal expresión ni siquiera aparece en la tercera edición del *Índice de mexicanismos* (2000) preparado por la propia Academia Mexicana de la Lengua, ¡y el resultado en el buscador de Google es uno!

Mas que "mexicanismos", lo que en gran número incluye el DM de la AML son localismos de diversas partes de México cuyas características son las faltas de ortografía y ortoepía, la ignorancia de la lengua, la falta de lógica y, especialmente, la limitación en el significado recto del idioma. Los defectos más notorios de obras lexicográficas como el *Diccionario panhispánico de dudas* y el *Diccionario de mexicanismos* de la AML son su carencia de rigor, su ausencia de criterio y su manga ancha para todo. No sirven para guiar al hablante y al escribiente. En el *Panhispánico* se llega al extremo de poner como modélicos a escritores que, por más premios que obtengan en España y Latinoamérica, necesitan urgentemente asistir a un taller de redacción, ortografía y lectura. En el caso del *Diccionario de mexicanismos* de la AML, se trata de un repertorio de disparates, barrabasadas, desbarres, ocurrencias y faltas de ortoepía y ortografía que se legitiman como mexicanismos. En realidad, es más un diccionario de pendejadas y torpezas del idioma español hablado y escrito en México que un diccionario de mexicanismos.

Es de una enorme irresponsabilidad legitimar como "mexicanismos" los barbarismos, vulgarismos, palabros, desbarres, barrabasadas y demás torpezas fonéticas y gráficas que lo mismo tienen hasta cuatro o cinco grafías "registradas" en el DM de la AML, sin que los "especialistas" de ésta opten por la recomendación de una más que de otras, y ya no se diga que opten por desautorizar el uso de barbarismos evidentes. A los redactores de este diccionario les faltó conocer la realidad antes que la teoría. La teoría se conoce en las aulas, los libros y los cubículos; la realidad, en la calle: especialmente en donde el habla está viva.

Frente al chambón DM, insuperable, en su rigor, investigación y criterio, sigue siendo el *Diccionario del español usual en México*, dirigido por Luis Fernando Lara. Éste sí es un verdadero diccionario de mexicanismos y del español que se usa en México, el cual podemos complementar con el *Diccionario breve de mexicanismos*, de Guido Gómez de Silva, que, pese a sus yerros, es realmente de mexicanismos y no de barbarismos.

Purismo, no: lógica y claridad

De los mejores tiempos de Moreno de Alba es esta atinada observación: "Lo que se pretende cuando se recomienda evitar un barbarismo es simplemente obtener la mayor precisión posible al hablar y al escribir. El rehusarse a decir una cosa por otra tiene que ver no con el purismo sino con la claridad y la lógica". Y es que, así como la costumbre puede hacer la norma en cosas torcidas, que quedarán torcidas para siempre, en el entendido de que *la costumbre se hace ley*, del mismo modo la norma en usos certeros, correctos, sensatos y bien argumentados puede influir en los hablantes y escribientes a fin de evitar barrabasadas y disparates.

El deber de fijar normas, después de una investigación exhaustiva, luego de un trabajo serio, les corresponde a las academias de la lengua que, sin embargo, hoy están muy lejos de cumplir satisfactoriamente con dicha tarea, pues lo mismo sus directivos que sus miembros escurren el bulto con el chambón argumento de privilegiar lo descriptivo y no lo normativo ni lo correctivo. ¿Para qué sirve una academia de la lengua que renuncia a su obligación de prestarles un servicio al hablante y al escribiente a fin de que eviten decir y escribir tonterías? Como bien lo señaló Moreno de Alba, la tarea normativa y, a la vez, correctiva, nada tiene que ver con "purismo", sino con el uso adecuado y acertado de la lengua para que los hispanohablantes nos comprendamos mejor. El propósito de este nuevo y último tomo de lexicografía básica, *Más malas lenguas*, es ayudar a mejorar el uso del español a quienes todavía creen que el idioma es uno de los principales componentes del patrimonio cultural tangible e intangible.

Hoy hay quienes hablan y escriben de "multiasesinos y multihomicidas seriales". Hay quienes se dedican "a destapar corcholatas" y ni se enteran de la burrada que han dicho (¡porque lo que destapan es una botella, retirando la corcholata!). Y el gobierno actual de México creó y luego desapareció el inservible y, además, redundante Instituto de Salud para el Bienestar (INSABI), cuando la noción del sustantivo masculino "bienestar" ("estado de la persona en el que se le hace sensible el buen funcionamiento de su actividad somática y psíquica": DRAE) ya está implícita en el sustantivo femenino salud: "estado en que el ser orgánico ejerce normalmente todas sus funciones" (DRAE). Así como la noticia no está en que un perro muerda a un hombre, sino en que un hombre muerda a un perro, la noticia no está en crear un instituto de salud "para el bienestar", sino en uno "para el malestar". Es comprensible: ¡son políticos y, por añadidura, pésimos!

Una narradora mexicana de un partido de futbol de la Champions League dice, por la televisión, que el delantero tal pateó desde fuera del área y puso el balón en el fondo de las redes, y que el portero nada pudo hacer porque fue un golazo colocado como con un guante. ¿Como con un guante? ¡Dios santísimo! Pero si le pegó con el pie, no con la mano. Tenemos que imaginar a este futbolista utilizando guantes en las patas, ¡pero a esto se le llaman calcetines! ¡Vaya licencia "poética"! En esto, las cronistas de futbol no son diferentes a sus colegas los cronistas. Nada más democrático que el reparto de la ignorancia.

Michel Serres ha advertido: "No hay nada en el intelecto que no haya estado primero en los sentidos: lo sensible permanece. Aunque transformado comporta lo invariable. Uno se interesa sólo en lo que permanece de lo sensual en el intelecto, en lo que subsiste, en general. El verbo vuela, lo escrito permanece", y añade que "esto significa que el intelecto ha recogido lo que queda de los sentidos, que éste se convierte, pues, en una memoria, un almacén, un banco de datos". Y concluye: "La lengua misma lo dice y lo enseña habiendo retenido con exactitud su relación con el mundo".

Esto demuestra que el uso correcto de la lengua no es arbitrario como muchos suponen, sino lógico, y que cuando atentamos contra la lógica del idioma, la arbitrariedad nos incomunica. Ejemplo: "No es falso, pero no es verdadero", expresión que ni siquiera llega a sofisma; es burrada idiomática en que la lógica se ha perdido para siempre, y todo con el fin de normalizar la confusión y la mentira por disposición y obligación políticas, y hay quienes se prestan a ello por un salario, confiados, seguramente, a la inminencia del olvido. Ningún aliado es mejor que el olvido para decir y hacer pendejadas, sobre todo con la protección del poder político.

Hoy, en una gran parte del mundo el poder político preferido es la caquistocracia: el gobierno ejercido por los peores, con mucho auge en América Latina. El despotismo ilustrado es una antigualla; hoy tenemos el despotismo no ilustrado: inculto, analfabeto, ignaro y pedestre. Uno de estos déspotas menos ilustrados de la galaxia es el venezolano Nicolás Maduro, sujeto que ignora incluso el significado de "sos", la señal universal de socorro, definida en el *Libro de estilo* del diario español *El País*, como "señal internacional de gran peligro", que el mundo adoptó en 1906 "por su simplicidad para ser radiada en código Morse".

Pues bien: este autócrata que ha sumido en la ruina a Venezuela, el bruto de los "millones y millonas", de "los liceos y liceas", de "los libros y libras", de los "alertas y alertos", el de "los cinco puntos cardinales", el del "autosuicidio colectivo", el de "ni un milímetro de segundo", el de "las 35 horas del día", en cierta ocasión se acercó a un autobús que, en un costado exterior mostraba el grafiti "SOS VENEZUELA" (súplica de ayuda internacional, grito de auxilio de los sojuzgados). ¿Y qué dijo el jumento cuando vio aquello? Rebuznó lo siguiente, arropado por los aplausos y las loas de sus lacayos: "Se les va a salir la baba a *los anclas* [presentadores de noticias] de CNN cuando vean esto: 'SOS Venezuela'. Yo te diría, fascista: ¡vos no sos Venezuela, vos sos gringo!, en tu mente, en tu maldad; ¡vos no sos Venezuela, fascista!". Esto es no entender nada y ostentar, orgullosamente, la ignorancia ante el mundo. Si del verbo "ser" se trata, como supone equivocadamente el tirano de Venezuela, habría que decirle: "Nicolás Maduro, sos un bruto, sos un burro", pues, sin duda, el coco más duro es el de Maduro (aunque haya muchos que le compitan muy de cerca).

Por lo demás, no nos cansaremos de decirlo: el mal llamado lenguaje inclusivo (tan del gusto de los gobernantes como el mismo Maduro) es, en realidad, excluyente, porque, desde que surgió, es un lenguaje jergal, especialmente escrito y no hablado, que utilizan ciertos sectores de las altas esferas del poder político y de los sectores académicos convencidos de la falacia de que, si cambia el lenguaje, esto hará que cambie la realidad, cuando es justamente al revés: es necesario y urgente cambiar la realidad en la que vive la mitad de la población mundial, esto es, las mujeres, y muy probablemente con ello cambiará el idioma, aunque no sea con desdoblamientos de género, redundancias y anfibologías.

Como ha dicho el director de la RAE, Santiago Muñoz Machado, "el desdoblamiento altera la economía del idioma y estropea una lengua hermosa". Esto mismo concluyeron las autoridades educativas y culturales de Francia cuando prohibieron en los liceos la enseñanza del francés con el sesgo del "lenguaje inclusivo". Si ya es difícil enseñar una lengua, con sus reglas básicas y sus leyes lógicas, imposible es conseguir en la infancia el aprendizaje de una lengua que rompe las reglas lógicas y opta por los caprichos.

Por último, y volviendo a citar al director de la RAE, "no nos encontramos en la calle a la gente que utilice eso que se llama lenguaje inclusivo"; no nos la topamos por ningún lado. De ahí que resulte sorprendente que quienes lo exigen a las instancias educativas (¡y a veces son los propios gobernantes zafios y necios quienes toman la iniciativa!) ignoren que la lengua es un constructo cultural vivo y, por tanto, cambiante, y que son los hablantes en general, es decir, la mayor parte de ellos, quienes, a lo largo de los siglos, han hecho que la lengua cambie; y no por cierto los grupos de presión o de choque o los gobiernos demagogos que desean instaurar un idioma a la moda, o una jerga para consentir intereses de corrección política, ¡pero de incorrección lingüística!, sin que pase por el natural y dilatado desarrollo común de sus hablantes. No saben estas personas que toda lengua evoluciona con el progreso material e inmaterial de sus hablantes y que, hasta ahora, no existe un solo ejemplo de un idioma que haya evolucionado y ni siquiera involucionado por coerción de unos cuantos o, lo que es más ridículo, por decreto. Los usos jergales del idioma no son inclusivos, sino excluyentes: como las germanías.

Agradecimientos

Con *Más malas lenguas* cierro la trilogía dedicada a la lexicografía básica publicada en la que es mi casa editorial desde hace ya más de dos décadas. Quiero decir con esto que no emprenderé otro volumen en esta materia tan apasionante como fatigosa. Cierro este ciclo con el gusto de haber contribuido, mínimamente, a resolver las dudas de algunos hispanohablantes que todavía confían en mejorar su expresión lingüística. A los que carecen de este interés no tengo nada que decirles porque, por principio, este libro no está destinado a ellos. Me dirijo a unos pocos miles.

Parafraseando y citando a Nietzsche, éste es un libro dirigido a personas que todavía creen que reflexionar es provechoso y digno: esas personas que aún no han olvidado pensar cuando leen y que conocen el secreto de leer entre líneas; "más aún: [que] tienen una naturaleza tan pródiga, que siguen reflexionando sobre lo que han leído, tal vez mucho después de haber dejado el libro. Y todo eso, no para escribir una recensión u otro libro, sino simplemente por reflexionar".

Agradezco a Rogelio Villarreal Cueva, director general de Océano de México, y a Guadalupe Ordaz, coordinadora editorial, haber confiado en este proyecto. También a Adriana Cataño, por el limpio diseño y el apoyo en el cuidado editorial de éste y de los volúmenes anteriores, y a Miliett Alcántar y Luis Carlos Fuentes, por la minuciosa revisión de pruebas para evitar erratas, errores y horrores. Al final, pero no al último, a Rosy, por todo el tiempo que la he distraído con este trabajo que hoy concluyo.

Nietzsche te guarde, lector, y que su reflexión te guíe y te contagie, en un mundo que ha perdido la brújula y que, por ello, entre otras cosas, extravía el idioma todos los días y a toda hora. Y no olvides nunca la certeza que animó a Antón Chéjov a ser el gran lector y escritor que fue, a ser el gran lector y escritor que es (porque en su obra está vivo): "cuanto mayor sea la cultura, más rica será una lengua".

CONCEPTOS Y SIGLAS FRECUENTES EN ESTE LIBRO

CONCEPTOS

acento (prosódico). SUSTANTIVO MASCULINO. Relieve que en la pronunciación se da a una sílaba distinguiéndola de las demás por una mayor intensidad, una mayor duración o un tono más alto.

adjetivo. SUSTANTIVO MASCULINO. (Del latín *adiectīvus*.) Clase de palabras cuyos elementos modifican a un sustantivo o se predican de él, y denotan cualidades, propiedades y relaciones de diversa naturaleza. Ejemplo: "disparatado", en la frase "término disparatado".

adverbio. SUSTANTIVO MASCULINO. (Del latín *adverbium*.) Clase de palabras cuyos elementos son invariables y tónicos, están dotados generalmente de significado léxico y modifican el significado de varias categorías, principalmente de un verbo, de un adjetivo, de una oración o de una palabra de la misma clase. Ejemplo: "disparatadamente", en la frase "escribe **disparatadamente**".

aféresis. SUSTANTIVO FEMENINO. (Del griego *aphaíresis*.). Supresión de algún sonido al principio de un vocablo, como en "norabuena" por "enhorabuena".

afijo. ADJETIVO Y SUSTANTIVO. Dicho de un morfema: que aparece ligado en una posición fija con respecto a la base a la que se adjunta. Ejemplos: "**orto**grafía", "anglo**filia**".

anfibología. SUSTANTIVO FEMENINO. Vicio de la palabra, cláusula o manera de hablar que desembocan en un doble sentido o en un equívoco de interpretación, como en "el dulce lamentar de dos pastores" (Garcilaso de la Vega), "lo disfrutó mucho veinte años atrás", "me confundí yo" y "me gusta la Merlos". En retórica es el empleo voluntario de voces o cláusulas de doble sentido, como en "y mi voz que madura/ y mi voz quemadura/ y mi bosque madura/ y mi voz quema dura" (Xavier Villaurrutia). Con un uso coloquial, festivo y escarnecedor, pero igualmente retórico, en México se le denomina "albur" ("juego de palabras de doble sentido con connotación sexual"), deformación de "calambur" (del francés *calembour*: "agrupación de varias sílabas de modo que alteren el significado de las palabras a que pertenecen: *Este es conde y disimula*"), como en "el coyote cojo de las nalgas pintas", "Alma Marcela Rico Silva", "¿te gusta a ti eso?", "Salomé Terán Doblado", "Élber Galarga a sus órdenes" y "Élber González para servirle". Cabe advertir que, en este tipo de construcciones verbales del ingenio vulgar, son indispensables un contexto y un código comunes para lograr el efecto deseado. Inofensiva es en España la frase "cogí el yate", que, sin embargo, al cambiar el orden de los factores (esto es, de la sintaxis) altera su sentido (la semántica) y se convierte, en México, en un escarnio machista de muy eficaz ofensa sexual: "el yate cogí", variante del no menos eficaz y malévolo "el yate va entrar" por el inofensivo "va entrar el yate".

anfibológico. ADJETIVO. Que tiene o implica anfibología.

anglicismo. SUSTANTIVO MASCULINO. (De *ánglico* e *-ismo*.) Giro o modo de hablar propio de la lengua inglesa. Vocablo o giro de la lengua inglesa empleado en otra.

anglicista. ADJETIVO Y SUSTANTIVO. Que emplea anglicismos.

anglofilia. SUSTANTIVO FEMENINO. (De *anglo* y *-filia*.) Simpatía o admiración por lo inglés.

anglófilo. ADJETIVO Y SUSTANTIVO. Que simpatiza con lo inglés o lo admira.

antónimo. ADJETIVO Y SUSTANTIVO. Dicho de una palabra: que, respecto de otra, expresa una idea opuesta o contraria, como "prefijo" frente a "sufijo", "correcto" frente a "incorrecto".

apocopar. VERBO TRANSITIVO. Hacer uso de la apócope. Ejemplo: *Bicicleta es un sustantivo que es frecuente apocopar como **bici**.*

apócope. SUSTANTIVO FEMENINO. (Del latín tardío *apocŏpe* y éste del griego *apokopé*.) Supresión de algún sonido al final de un vocablo, como en "algún" por "alguno", "ningún" por "ninguno", "gran" por "grande", "cien", por "ciento", "muy" por "mucho" "san" por "santo".

átono. ADJETIVO. Que no tiene acento prosódico, como en los pronombres "me", "te" y "se".

barbaridad. SUSTANTIVO FEMENINO. Dicho o hecho necio o temerario.

barbarismo. SUSTANTIVO MASCULINO. (Del latín *barbarismus*, y éste del griego *barbarismós*.) Incorrección lingüística que consiste en pronunciar o escribir mal las palabras, o en emplear vocablos impropios para lo que se desea dar a entender. También, extranjerismo no incorporado totalmente al idioma.

barrabasada. SUSTANTIVO FEMENINO COLOQUIAL. Desaguisado, disparate, acción que produce gran daño o perjuicio.

cacofonía. SUSTANTIVO FEMENINO. (Del griego *kakophōnía*.) Disonancia que resulta de la inarmónica combinación de los elementos acústicos de la palabra, como en "la arca" en lugar de "**el ar**ca".

cacografía. SUSTANTIVO FEMENINO. (Del griego *kakós*, "malo" y *-grafía*.) Escritura contra las normas de la ortografía, como en "agora" en lugar de "ahora".

castellano. SUSTANTIVO MASCULINO. (Del latín *castellānus*: "perteneciente al castillo".) Lengua española, especialmente cuando se quiere distinguir de alguna otra lengua vernácula de España.

castizo. ADJETIVO. (De *casta* e *-izo*.) Dicho del lenguaje: puro y sin mezcla de voces ni giros extraños.

chabacano. ADJETIVO. Grosero o de mal gusto.

contrasentido. SUSTANTIVO MASCULINO. Despropósito, disparate.

desbarre. SUSTANTIVO MASCULINO. Acción y efecto de desbarrar: discurrir fuera de razón.

diéresis. SUSTANTIVO FEMENINO. (Del latín *diaerĕsis*, y éste del griego *diaíresis*: división.) Signo ortográfico (¨) que se sitúa sobre la "u" en las sílabas *gue, gui*, para indicar que dicha vocal debe pronunciarse, como en "cigüeña" y "pingüino".

dislate. SUSTANTIVO MASCULINO. Disparate.

disparatado. ADJETIVO. Dicho de una persona: que disparata. Contrario a la razón.

disparatar. VERBO INTRANSITIVO. Decir o hacer algo fuera de razón o regla.

disparate. SUSTANTIVO MASCULINO. Hecho o dicho disparatado.

enclítico. ADJETIVO. Dicho de una palabra átona, especialmente de un pronombre personal: que se pronuncia formando grupo acentual con la palabra tónica precedente, como en "díselo" y "tornose".

epiceno. ADJETIVO. (Del latín *epicoenus*, y éste del griego *epíkoinos*: literalmente, "común".) Dicho de un nombre animado: que, con un solo género gramatical, puede designar seres de uno y otro sexo, como "abeja", "hormiga", "jirafa", "lince", "pantera" y "víctima".

español. SUSTANTIVO MASCULINO. (Del occitano *espaignol*, y éste del latín medieval *Hispaniolus*: "de Hispania", España.) Lengua romance que se habla, como idioma nativo, en España, gran parte de América, Filipinas y Guinea Ecuatorial.

etimología. SUSTANTIVO FEMENINO. (Del latín *etymologĭa*, y éste del griego *etymología*.) Origen de las palabras, razón de su existencia, de su significación y de su forma. Ejemplo: la etimología latina de la palabra "aguijón" es *aculeus*, derivada de *acus*, "aguja".

eufemismo. SUSTANTIVO MASCULINO. (Del latín *euphemismus*, y éste del griego *euphēmismós*.) Palabra que se juzga inofensiva o socialmente aceptable para sustituir a otra cuyo uso o significado el hablante considera vulgar, indelicado, ofensivo o tabú. (Llevada al extremo de la corrección política conduce a un enmascaramiento de la realidad.) Ejemplo: "afroamericano" en lugar de "negro".

extranjerismo. SUSTANTIVO MASCULINO. Préstamo lingüístico, especialmente el no adaptado.

extranjerizante. ADJETIVO. Que tiende a lo extranjero o lo imita.

fonética. SUSTANTIVO FEMENINO. Conjunto de los sonidos de un idioma. También, parte de la gramática que estudia los mecanismos de producción, transmisión y percepción de la señal sonora que constituye el habla.

galicismo. SUSTANTIVO MASCULINO. (Del francés *gallicisme*.) Giro o modo de hablar propio de la lengua francesa. Vocablo o giro de la lengua francesa empleado en otra.

galicista. ADJETIVO Y SUSTANTIVO. Persona que incurre frecuentemente en galicismos, hablando o escribiendo.

galimatías. SUSTANTIVO MASCULINO COLOQUIAL. Lenguaje oscuro por la impropiedad de la frase o por la confusión de las ideas.

hiato. SUSTANTIVO MASCULINO. (Del latín *hiătus*.) Secuencia de dos vocales que se pronuncian en sílabas distintas, como en "maíz" y "raíz": *ma-íz*, *ra-íz*.

homofonía. SUSTANTIVO FEMENINO. Cualidad de homófono.

homófono. ADJETIVO Y SUSTANTIVO. Dicho de una palabra: que suena igual que otra, pero que tiene distinto significado y puede tener distinta grafía, como "incipiente" e "insipiente", "tubo" y "tuvo".

imperativo. ADJETIVO Y SUSTANTIVO. Se aplica al modo verbal empleado para expresar mandato, como en "canta", "corre", "salta".

indicativo. ADJETIVO Y SUSTANTIVO. Se aplica al modo verbal propio de la forma enunciativa, asertiva o aseverativa, como en "yo canto", "tú corres", "él salta".

jerigonza. SUSTANTIVO FEMENINO. (Del occitano *gergons*.) Lenguaje especial de algunos gremios. Lenguaje de mal gusto, complicado y difícil de entender.

lengua. SUSTANTIVO FEMENINO. (Del latín *lingua*.) Sistema de comunicación verbal y casi siempre escrito, propio de una comunidad humana.

lengua romance. SUSTANTIVO. (Del latín *Romanĭce*: "en el idioma de los romanos".) Lengua derivada del latín, como el español, el catalán, el gallego, el italiano y el francés, entre otros.

mamarrachada. SUSTANTIVO FEMENINO COLOQUIAL. Acción desconcertada y ridícula.

mexicanismo. SUSTANTIVO MASCULINO. Palabra o uso propios del español hablado en México. Ejemplos: "ajolote", "chilaquiles", "nopal", "tlaconete", "tlacoyo".

ortoepía. SUSTANTIVO FEMENINO. Arte de pronunciar correctamente. Ejemplos de faltas de ortoepía: decir "váyamos" en lugar de "vayamos", "entendist**es**" en lugar de "entendiste", "ler" en lugar de "leer".

ortografía. SUSTANTIVO FEMENINO. Conjunto de normas que regulan la escritura de una lengua. También, forma correcta de escribir respetando las normas de la ortografía. Ejemplos de faltas de ortografía: escribir "inflacción" en lugar de "inflación", "iva" en vez de "iba", "**cocreta**" en lugar de "**croqueta**".

palabra. SUSTANTIVO FEMENINO. (Del latín *parabŏla*, "comparación, proverbio", y éste del griego *parabolé*.) Unidad lingüística, dotada generalmente de significado, que se separa de las demás mediante pausas potenciales en la pronunciación y blancos en la escritura. Ejemplos: "a", "es", "uno", "casa", "salir", "comida", "molinos", "página", "cuéntamelo".

palabra átona. Aquella inacentuada, generalmente de significado gramatical y no léxico, como el artículo, la preposición y la conjunción: "a", "al", "de", "del", "la", "los", "mis", "o", "para", "por", "y", etcétera.

palabra aguda u oxítona. Aquella cuya sílaba tónica es la última, como en "adiós", "amor", "balón", colibrí", "desliz", "español", "tomar".

palabra comodín o comodín léxico. Aquella que se emplea, por pobreza de lenguaje, con muchos sentidos reemplazando a otras más adecuadas y de mayor precisión en el contexto; por ejemplo, el anglicismo "look", en lugar de "apariencia", "aspecto" o "imagen", como en "cambio de look", "nuevo look", "look diferente", "su moderno look", etcétera.

palabra homógrafa. Aquella que tiene la misma grafía que otra, como en "**competencia**", de "competir" ("disputa o contienda entre dos o más personas sobre algo") y "**competencia**", de "competer" ("incumbencia; pericia, aptitud o idoneidad para hacer algo o intervenir en un asunto determinado").

palabra llana o grave o paroxítona. Aquella cuya sílaba tónica es la penúltima, como en "ángel", "árbol", "**bella**", "**carne**", "**foca**", "**Jaime**", "**lima**", "resina", "sentencia", "taquicardia", "ultimátum".

palabra esdrújula o proparoxítona. Aquella cuya sílaba tónica es la antepenúltima (y, siendo así, siempre tendrá más de dos sílabas e invariablemente lleva tilde), como en "ángeles", "antepenúltimo", "cardúmenes", "clásico", "página", "penúltimo", "técnico", "típico", "único", "zócalo".

palabra sobreesdrújula o superproparoxítona. Aquella cuya sílaba tónica es anterior a la antepenúltima sílaba (y, en consecuencia, tiene más de tres sílabas e invariablemente lleva tilde), como en "cómaselo", "corrígemelo", "cuéntamelo", "dándomelo", "demuéstramelo", "díganoslo", "imagíneselo", "rompiéndosela", "tráemelo", "sácaselo".

palabra tónica. Aquella que se pronuncia con acento y que, en general, tiene significado léxico, como el adjetivo, el sustantivo, el verbo y gran parte de los adverbios: "bella" (adjetivo), "cartero" (sustantivo), "defender" (verbo), "mucho" (adverbio).

palabro. SUSTANTIVO MASCULINO COLOQUIAL. Palabra o expresión rara o mal dicha, como "agarofobia" en lugar de "agorafobia", "apoyar el cáncer" en lugar de "apoyar la lucha contra el cáncer", "areopuerto" en lugar de "aeropuerto", "erupto" y "eruto" en lugar de "eructo", "costelación" en lugar de "constelación", "cosmopólita" en lugar de "cosmopolita", "cuartada" en lugar de "coartada", "erudicción" en lugar de "erudición", "inflacción" en lugar de "inflación".

patochada. SUSTANTIVO FEMENINO. (De *pata*.) Disparate, despropósito, dicho necio o grosero.

paráfrasis. SUSTANTIVO FEMENINO. (Del latín *paraphrăsis*, y éste del griego *paráphrasis*.) Explicación o interpretación amplificativa de un texto para ilustrarlo o hacerlo más claro o inteligible. También, traducción en verso en la cual se imita el original, sin verterlo con escrupulosa exactitud. Asimismo, frase que, imitando en su estructura otra conocida, se formula con palabras diferentes, como en "Parafraseando a Julio César que dijo vine, vi, vencí; yo vine, vi y perdí". [No confundir con "perífrasis".]

pendejada. SUSTANTIVO FEMENINO COLOQUIAL. Tontería: dicho o hecho tonto.

pendejismo. SUSTANTIVO MASCULINO COLOQUIAL. Burrada: dicho o hecho necio o brutal.

perífrasis. SUSTANTIVO FEMENINO. (Del latín *periphrăsis*, y éste del griego *períphrasis*.) Expresión pluriverbal cuyo significado se asimila parcialmente al de una unidad léxica, como "echar una conversada" en vez de "conversar". También, expresión, por medio de un rodeo verbal, de algo que se habría podido decir con menos palabras o con una sola, como en "**lo que viene siendo** la Fórmula Uno", en lugar de "la Fórmula Uno". [No confundir con "paráfrasis".]

perogrullada. SUSTANTIVO FEMENINO COLOQUIAL. Verdad o certeza que, por notoriamente sabida, es necedad o simpleza decirla, como en "los viejos ya no son niños".

Perogrullo. SUSTANTIVO MASCULINO. Personaje ficticio a quien se atribuye presentar obviedades de manera sentenciosa. Una verdad de Perogrullo es, por ejemplo, "ha amanecido porque es de día".

piadosismo. SUSTANTIVO MASCULINO. (De *piadoso*, y éste de *piedad*.) Eufemismo disparatado, por su inexactitud o ausencia de lógica, utilizado por motivos de corrección política. Ejemplo: "adulto mayor" en lugar de "anciano" o "viejo". (En la lógica de nuestro idioma no existen los "adultos menores".)

pleonasmo. SUSTANTIVO MASCULINO. (Del latín tardío *pleonasmus*, y éste del griego *pleonasmós*.) En retórica, empleo en la oración de uno o más vocablos, innecesarios para que tenga sentido completo, pero con los cuales (a veces; no siempre) se añade expresividad a lo dicho.

pochismo. SUSTANTIVO MASCULINO. Modo de pensar o de actuar propio de un pocho. También, anglicismo introducido al español por los pochos.

pocho. ADJETIVO Y SUSTANTIVO. Dicho de un mexicano: que adopta costumbres o modales de los estadounidenses.

prefijo. ADJETIVO Y SUSTANTIVO. (Del latín *praefixus*: colocar delante.) Dicho de un afijo: que va antepuesto principalmente a la raíz, como en "**sin**sentido", "**ultra**corrección".

proclítico. ADJETIVO. Dicho de una palabra átona, especialmente de un pronombre personal: que se pronuncia formando grupo acentual con la palabra tónica que la sigue, como en *se lo dices, se volvió*.

pronombre. SUSTANTIVO MASCULINO. (Del latín *pronōmen*.) Clase de palabras cuyos elementos hacen las veces del sustantivo o del sintagma nominal y que se emplean para referirse a las personas, los animales o las cosas sin nombrarlos. Ejemplo: en la frase "entre todas las **redundancias**, **ésta** es la peor".

rebuznancia. SUSTANTIVO FEMENINO. (De "rebuznar": "dar rebuznos".) Redundancia, pero a lo bestia.

redundancia. SUSTANTIVO FEMENINO. (Del latín *redundantia*.) Uso vicioso de la lengua. Repetición innecesaria o excesiva de una palabra o concepto, sin aportar nada al sentido de lo expresado y que, por el contrario, demuestra ignorancia en el significado del concepto principal. Ejemplo: "acceso de entrada".

semántica. SUSTANTIVO FEMENINO. (Del griego *sēmantikós*: significativo.) Significado de una unidad lingüística.

sinalefa. SUSTANTIVO FEMENINO. (Del latín tardío *synaloepha*, y éste del griego *synaloiphé*: confundir, mezclar.) Unión en una única sílaba de dos o más vocales contiguas, pertenecientes a una misma palabra o a palabras diferentes, como en "caleidoscopio" o en "mut**uo** interés".

sinónimo. ADJETIVO Y SUSTANTIVO. (Del latín *synonӯmus*, y éste del griego *synónymos*.) Dicho de una palabra o de una expresión: que, respecto de otra, tiene el mismo significado o muy parecido, como "desbarre" y "dislate".

sinsentido. SUSTANTIVO MASCULINO. Cosa absurda y que no tiene explicación.

solecismo. SUSTANTIVO MASCULINO. (Del latín *soloecismus*, y éste del griego *soloikismós*.) Falta de sintaxis; error cometido contra las normas de algún idioma. Ejemplo: "**le** dijo a los niños" en lugar de "**les** dijo a los niños".

subjuntivo. ADJETIVO Y SUSTANTIVO. (Del latín *subiunctīvus*.) Se aplica al modo verbal empleado para expresar la acción como dudosa, posible, deseada o necesaria, como en *que yo cante, que tú corras, que él salte*.

sufijo. ADJETIVO Y SUSTANTIVO. (Del latín *suffixus*: fijar por debajo.) Dicho de un afijo: que va pospuesto a la base léxica, como en "adverbi**al**", "gramatic**al**", "nomin**al**", "mamarrach**ada**".

superlativo. ADJETIVO Y SUSTANTIVO. (Del latín *superlatīvus*.) En gramática, el que expresa una cualidad en alto grado; por ejemplo, dice María Moliner, el superlativo absoluto de **cansado** es **cansadísimo**.

sustantivo. SUSTANTIVO MASCULINO. Nombre. Aquello de lo que se habla. Ejemplo: "disparate", en la frase "lo que está diciendo es un **disparate**".

tautología. SUSTANTIVO FEMENINO. (Del griego *tautología*.) Acumulación innecesaria e inútil de una palabra o expresión a otra cuyo significado ya se aportó desde el primer término de la enunciación, como en "**justicia justa y recta**". Redundancia, repetición. A decir de María Moliner, "significa lo mismo que 'pleonasmo', pero se emplea con significado más despectivo". También: "frase en que se comete tautología, y, en lógica, proposición verdadera independientemente del valor de su contenido", como en "el **triángulo** tiene **tres ángulos**", "los **solteros** son las personas **no casadas**", "Dios **existe** o **no existe**".

tautológico. ADJETIVO. Perteneciente o relativo a la tautología, o que la incluye.

tilde (acento ortográfico). SUSTANTIVO FEMENINO. Acento. Signo ortográfico español
(´) para marcar el relieve en el sonido de una sílaba o para diferenciar monosílabos homófonos, como en "baúl", "Raúl", "mí" y "té".

tónico. ADJETIVO. Que tiene acento prosódico u ortográfico, como en "ángel", "camino", "murciélago".

ultracorrección. SUSTANTIVO FEMENINO. Deformación de una palabra por equivocado
prurito de corrección, según el modelo de otras, como en "inflacción" en vez del
correcto "inflación", por influjo de "transacción".

verbo. SUSTANTIVO MASCULINO. (Del latín *verbum*: palabra.) Clase de palabras cuyos
elementos pueden tener variación de persona, número, tiempo, modo y aspecto,
como "disparatar" y "desbarrar": *yo disparato, tú disparatas, él disparata, nosotros
disparatamos, ustedes disparatan, ellos disparatan; yo desbarré, tú desbarraste, él des-
barró, nosotros desbarramos, ustedes desbarraron, ellos desbarraron.*

verbo auxiliar. El que se usa para formar los tiempos de otros verbos, como "ser",
"estar" y "haber". Ejemplos: "**Estar disparatando** todo el tiempo", "**Haber desba-
rrado** ayer".

verbo impersonal. El que se emplea generalmente en tercera persona del singular
de todos los tiempos y modos, simples y compuestos, y en infinitivo y gerundio,
sin referencia ninguna a sujeto léxico elíptico o expreso. Ejemplo: "**Había** muchos
disparates en su texto".

verbo intransitivo. El que se construye sin complemento directo y cuya acción realizada por el sujeto no recae sobre un objeto o persona, como "nacer", "morir",
"correr", "ir", "yacer". Ejemplo: "Ese camino **va** hasta el pueblo".

verbo irregular. El que sufre variaciones en la raíz, en las terminaciones o en ambas, como "acertar", "coger" y "contar". Ejemplos: "Yo a**cier**to, ellos a**cer**taron"; "yo
co**j**o, ellos co**gi**eron"; "yo c**uen**to, ustedes c**on**taron".

verbo pronominal. Aquel en el que el infinitivo termina con el pronombre reflexivo
"se", como "amar**se**", "equivocar**se**", "peinar**se**". Ejemplo: "**Se** equivocó y, después,
volvió a equivocar**se**".

verbo reflexivo. Aquel en el que la acción del sujeto recae sobre él mismo, y en su
conjugación se incluye al menos, invariablemente, un pronombre reflexivo (*me, te,
se, lo, los, la, las, le, les, nos*). Ejemplo: "**Se** tornó (o **tornose**) cada vez más huraño".

verbo regular. Aquel en el que la raíz permanece invariable y toma las terminaciones
de los verbos modelo. Ejemplo: *Yo canto, tú cantas, él canta, nosotros cantamos, ustedes cantan, ellos cantan.*

verbo transitivo. El que se construye con complemento directo y cuya acción realizada por el sujeto recae sobre otra persona o cosa, como "amar", "decir", "leer",

"escribir", "cantar". Ejemplos: "Jorge **leyó un libro** horrible", "Agustín Lara **componía y cantaba boleros**", "Rosy **ama a sus hijos**".

zarandaja. SUSTANTIVO FEMENINO COLOQUIAL. Cosa menuda, sin valor, o de importancia muy secundaria.

zoquete. SUSTANTIVO MASCULINO COLOQUIAL. Persona tarda en comprender.

SIGLAS Y DENOMINACIONES ABREVIADAS DE OBRAS E INSTITUCIONES

AML. Academia Mexicana de la Lengua.

Clave. *Clave: diccionario de uso del español actual.*

DBM. *Diccionario breve de mexicanismos.*

DEUM. *Diccionario del español usual en México*, de El Colegio de México.

DGA. *Diccionario general de americanismos.*

DM. *Diccionario de mexicanismos*, de la Academia Mexicana de la Lengua.

DRAE. *Diccionario [de la lengua española]*, de la Real Academia Española. (También "diccionario académico".)

DUE. *Diccionario de uso del español*, de María Moliner.

Panhispánico. *Diccionario panhispánico de dudas.*

RAE. Real Academia Española.

A

1. ¿*a drede?*, a propósito, adrede, ¿*apropósito?*, ¿*drede?*, propósito
Si "drede" significara algo en español podría admitirse la expresión "a drede", pero lo cierto es que "drede" no significa nada en nuestra lengua y, por tanto, escribir "a drede" en lugar de "adrede" es un desbarre que suelen cometer lo mismo cultos que incultos. "Adrede" (en una sola palabra) es un adverbio que significa "a propósito", "con intención deliberada", pero del mismo modo que es un disparate escribir "apropósito" (en una sola palabra) como equivalente de "adrede", lo es también escribir "a drede" (en dos palabras). La explicación es muy sencilla: el término "propósito" es un sustantivo masculino que significa "ánimo o intención de hacer o no hacer algo" (DRAE). De ahí que la locución adverbial "a propósito" signifique "voluntaria" o "deliberadamente". Ejemplo: *Actuó mal, pero dijo que no fue a propósito*. Este mismo ejemplo sirve para la frase de igual significación: *Actuó mal, pero dijo que no fue adrede*. Especula la RAE que "adrede" proviene del catalán *adret*. Sólo es una especulación: no hay suficiente prueba para afirmarlo. De cualquier forma, no es admisible escribir "a drede" (como se escribe "a propósito") porque "drede" no es sinónimo de "propósito". Por otra parte, sí existe, en español, el término "apropósito" pero únicamente como sustantivo masculino que designa una "pieza teatral breve escrita al hilo de un hecho o circunstancia" (DRAE).

Muchas personas creen que "a drede" se debe escribir en dos palabras, puesto que "a propósito" se escribe en dos. Están equivocadas. Lo mismo en la escritura cotidiana que en publicaciones impresas y electrónicas este desbarre es cada día más habitual. En *Intolerancia Diario*, publicación mexicana, un comentarista escribe lo siguiente:

♀ "Y resultó que el Ministerio Público no supo integrar bien la averiguación previa o lo hizo **a drede**".

Quiso escribir que el ministerio público

♂ no supo integrar la averiguación previa o la integró mal **adrede**.

✍ He aquí más ejemplos de este desbarre, tomados de internet y de publicaciones impresas (incluso libros): "Menem destruyó la industria nacional **a drede**", "olvidan **a drede** que hubo una cruel posguerra", "ni **a drede** se puede ser más intrascendente", "si lo intentas hacer **a drede** no sale", "cómo dañar un archivo **a drede**", "lo estás haciendo **a drede** y lo sabes", "listas de espera hechas **a drede** para cobrar", "cuando lo vi fallar incluso llegué a pensar que lo hizo **a drede**", "no pienso que Trump lo haga **a drede**", "nomás de **a drede** y por pura venganza", "parece que lo hacen **a drede**", "nunca sabemos a ciencia cierta si se trata de algo hecho **a drede**".

☞ Google: 43 500 resultados de "a drede". ☒

2. a favor, *¿a favor de la discapacidad?*, discapacidad, discapacitado, discapacitados, en favor, *¿en favor de la discapacidad?*, favor

¿Se puede estar, filantrópicamente, "a favor de la discapacidad"? No parece mucho altruismo ni mucha bondad. Lo que ocurre es que quienes usan tal expresión quieren referirse a lo contrario, pero no saben cómo hacerlo. Escuchamos, por ejemplo, un anuncio en la radio que dice: "Este concierto se hace **a favor de la discapacidad auditiva**". ¡Vaya paradoja! No, señores: ese concierto se hace, y es lo que quieren decir, en beneficio de quienes padecen discapacidad auditiva, o bien a favor de los programas para atender la discapacidad auditiva y, mejor aún, ¡a favor de los discapacitados auditivos!, pues todo lo que se haga "a favor de la discapacidad" es para que la "discapacidad" aumente, se acentúe, triunfe; veamos por qué. La locución adverbial "a favor" (también "en favor") significa "en beneficio y utilidad de alguien o algo" (DRAE). El diccionario académico ofrece el siguiente ejemplo: *Se sacrificaron **a favor** del proyecto*. Por lo que respecta al sustantivo femenino "discapacidad", éste tiene dos acepciones en el DRAE: "Condición de discapacitado" y "manifestación de una discapacidad". Ejemplos del diccionario: *Percibe una prestación por su **discapacidad**; Personas con **discapacidades** en las extremidades*. El adjetivo y sustantivo "discapacitado" (calco del inglés *disabled*) significa lo siguiente: "Dicho de una persona: Que padece una disminución física, sensorial o psíquica que la incapacita total o parcialmente para el trabajo o para otras tareas ordinarias de la vida". Ejemplo: *Sufrió un accidente automovilístico y quedó **discapacitado** de las extremidades inferiores*. El eufemismo, que es una forma de irse por las ramas, y ocultar la verdad, por motivos de corrección política, tornó a los "discapacitados" en "personas con capacidades diferentes". El problema de este piadosismo es que atenta no sólo contra la claridad y la precisión de la lengua, sino contra la más elemental lógica. ¿Personas con capacidades diferentes? ¡Todas lo somos! Por ejemplo, unas pueden tener capacidad para correr cien metros planos en menos de diez segundos y otras tener capacidad para ser boxeadores profesionales, pero no tenerla para ser bailarines o toreros, pues el sustantivo femenino "capacidad" (del latín *capacĭtas, capacitātis*) significa "cualidad de capaz" y el adjetivo "capaz" (del latín *capax, capācis*) se aplica a quien es "apto, con talento o cualidades para algo". Queda claro que una persona tetrapléjica (que padece "parálisis de las cuatro extremidades") no es capaz de ninguna de esas actividades, y, por ello, estrictamente, es una persona "discapacitada" o con "discapacidad" motriz. Que se diga de ella que posee "capacidades diferentes" es incluso más una ofensa que un acto piadoso. Visto lo anterior, queda claro que las acciones altruistas y filantrópicas no se realizan "a favor de la discapacidad", sino "a favor de los discapacitados" o bien, si no se les quiere nombrar así, a favor de las personas que padecen o sufren discapacidad. ¿Por qué la gente duda y se confunde cuando quiere decir "a favor de los **discapacitados auditivos**"? Porque el piadosismo (no la piedad) introduce un ruido en el idioma que le impide utilizar el término "discapacitados", y entonces opta por el sustantivo "discapacidad", y termina diciendo justamente lo contrario de lo que quiso decir. Los términos tabús que se ha inventado el lenguaje político, desde la demagogia y la mala conciencia, impiden a las personas confiar en la lógica del idioma. No se hace algo "a favor del cáncer", sino a favor de los enfermos de cáncer; no se trabaja "a favor de la enfermedad", sino a favor de los enfermos. Pero la corrección política ha dado origen a una epidemia de eufemismos que obra a manera de censura y autocensura al momento nombrar rectamente las cosas.

Este contrasentido se abre paso en nuestro idioma por culpa de los medios escritos y audiovisuales. En el diario mexicano *El Sol de Puebla* leemos que

♀ "desde el 2011 la Fundación MVS Radio trabaja **a favor de la discapacidad auditiva**".

No es, nada más, el diario el que yerra, sino también, y, sobre todo, la Fundación MVS Radio, que todo el tiempo divulga, en sus anuncios, que trabaja "a favor de la discapacidad auditiva". No, señores, su trabajo altruista es

☝ **a favor de quienes padecen discapacidad auditiva.**

✐ Van unos pocos ejemplos de este contrasentido que está haciendo de las suyas, desde hace años, en nuestro idioma: "Primera Muestra de Innovación **a Favor de la Discapacidad**", "ingeniería **a favor de la discapacidad**", "solicitan mejoras legislativas **a favor de la discapacidad**", "una acción pública **a favor de la discapacidad**", "materia de política **a favor de la discapacidad**", "cadena humana **a favor de la discapacidad**" (una cadena de gente bienintencionada que jamás consulta el diccionario), "trabajo desarrollado **en favor de la discapacidad**", "políticas públicas **en favor de la discapacidad**", "una nueva cultura **en favor de la discapacidad**", "una jornada de rugby **a favor de la discapacidad intelectual**", "actos y jornadas **a favor de la discapacidad intelectual**", "danza y música en la gala **a favor de la discapacidad intelectual**", "muestra su lado más solidario **a favor de la discapacidad intelectual**", "concierto solidario **a favor de la discapacidad intelectual**", "Edith Márquez en concierto **a favor de la discapacidad auditiva**", "una promesa de año nuevo **a favor de la discapacidad auditiva**", "se trata de impulsar un programa integral **a favor de la discapacidad auditiva**", "realizará una aportación de 500 mil pesos para ayudar a una campaña **a favor de la discapacidad auditiva**", "proyectos **a favor de la discapacidad auditiva**", "organizaciones que trabajan **en favor de la discapacidad intelectual**", "semana **en favor de la discapacidad intelectual**", "viaja en bicicleta **en favor de la discapacidad**

intelectual" y, como siempre hay algo peor: "el director de la RAE, premiado por CERMI por su labor de investigación social **en favor de la discapacidad**".

☞ Google: 1 140 000 resultados de "a favor de la discapacidad"; 562 000 de "en favor de la discapacidad"; 109 000 de "a favor de la discapacidad intelectual"; 83 300 de "en favor de la discapacidad intelectual"; 58 200 de "a favor de la discapacidad auditiva". ☒

☞ Google: 3 030 000 resultados de "a favor de las personas con discapacidad"; 2 400 000 de "en favor de las personas con discapacidad"; 2 090 000 de "en beneficio de las personas con discapacidad"; 2 060 000 de "en beneficio de las personas con discapacidad"; 1 920 000 de "en beneficio de personas con discapacidad"; 287 000 de "a favor de los discapacitados"; 186 000 de "a favor de las personas con discapacidad intelectual"; 154 000 de "en favor de los discapacitados"; 150 000 de "a favor de las personas con discapacidad física"; 150 000 de "en favor de las personas con discapacidad intelectual"; 140 000 de "a favor de las personas con discapacidad auditiva"; 121 000 de "en beneficio de discapacitados"; 116 000 de "en beneficio de personas discapacitadas"; 87 800 de "en favor de las personas con discapacidad física"; 55 300 de "en favor de las personas con discapacidad auditiva"; 2 420 de "a favor de quienes padecen alguna discapacidad". ☑

3. a fortiori, a fuerza, a huevo, con mayor razón, obligadamente

La locución adverbial latina *a fortiori* se traduce literalmente en español como "por un motivo más fuerte" y significa "con mayor razón" o "con mayor motivo". Es utilizada especialmente en la filosofía y el derecho para "subrayar la validez reforzada de las razones por las que un determinado concepto es verdad" (Ángela María Zanoner, *Frases latinas*). Ejemplo: *Si soy dueño de mi vida, a fortiori soy libre de cuidar o no de mi salud*. Frase que también admite la siguiente construcción: "Si soy dueño de mi vida, **con mayor razón** soy libre de cuidar o no de mi salud". En su libro *La felicidad, desesperadamente*, André Comte-Sponville escribe: "Toda sabiduría es de alegría; toda alegría es alegría de amar. Éste es el ánimo del spinozismo, pero también de toda sabiduría verdadera. Incluso en Platón, o en Sócrates, y *a fortiori* en Aristóteles, o en Epicuro, los momentos de sabiduría están de este lado. Del lado de la alegría, del lado del amor". Este "*a fortiori*" de Comte-Sponville quiere decir lo siguiente: "Incluso en Platón, o en Sócrates, y **con mayor razón** en Aristóteles, o en Epicuro", etcétera. Nada tiene que ver con la interpretación mexicana de "a fuerza", "por la fuerza" o "a huevo", aunque el DRAE y el DM consignen esta acepción calificándola de "festiva". En realidad, se trata de un barbarismo que se extendió en el habla mexicana, producto de la ignorancia en los mismos ámbitos cultos de la lengua. El tal "sentido festivo" de la locución adverbial *a fortiori* en el habla mexicana lo que revela, en realidad, es la ignorancia de su verdadero significado. En *Mil palabras*, Gabriel Zaid documenta que la locución "a huevo" ("a fuerza", "claro que sí", "necesariamente") es también un latinismo (de la locución latina *opus est* con el significado de "es necesario"), pero sin relación con *a fortiori*. Y, evidentemente, ni "a huevo" ni el festivo "a fortiori" son mexicanismos, aunque así los bautice y los "confirme" la Academia Mexicana de la Lengua en su *Diccionario de mexicanismos*.

No llamemos "mexicanismo" a lo que es simplemente un uso del español en México. En todo caso, "a fortiori", con el significado de "a huevo", "obligadamente" (y no, como afirman el DRAE y el DM, con sentido "festivo"), se trata de un barbarismo que pasó del habla a la escritura y hoy lo podemos encontrar lo mismo en internet que en publicaciones impresas. En el portal digital *Política al Día*, del estado mexicano de Veracruz, el entonces secretario de Gobierno de dicha entidad se soltó, orondo, la siguiente barbaridad:

♀ "Nada se hizo *a fortiori* y mucho menos sin el aval ciudadano que significa tener una democracia representativa en la que el voto y la voz de los mexicanos se expresan en el Congreso de la Unión, a través de Diputados y Senadores electos por voluntad popular".

¿Dónde está el sentido "festivo" del "a fortiori" en este uso del político y funcionario veracruzano? En ningún lado. El señor está convencido de que *a fortiori* significa —sin ninguna intención festiva— "a la fuerza", "por la fuerza", "obligadamente" o "a huevo". Pero, más allá de que sea mentira lo que él quiso decir y escribir (porque, además, lo escribió), lo correcto, en buen español, es afirmar que (y así lo quiso decir):

♂ nada se hizo **a la fuerza** y mucho menos sin el aval ciudadano, etcétera.

✐ Al igual que él, en México hay mucha gente que está convencida de que la locución latina *a fortiori* significa "a huevo", y no precisamente en tono festivo o con intención irónica. He aquí otros ejemplos tomados de internet y de diarios impresos: "yo lo hice *a fortiori* (por ovarios) hace tres meses y pude hacerlo o sea que no es imposible" (claro que no es imposible, lo que haya hecho esta mujer; lo imposible realmente es que consulte un diccionario), "vas a tener que ir a trabajar *a fortiori*", "se obliga al hombre a estudiar y trabajar *a fortiori* en aras del bienestar", "tienen que trabajar *a fortiori*", "las universidades deben hacerlo *a fortiori*", "favorecer casi *a fortiori*", "obligado *a fortiori*", "la ley no puede obligar *a fortiori*", "van incluidos los estudiantes o profesionistas que lo hacen porque deben hacerlo *a fortiori*", "ventajas: tranquilidad económica y no tener que trabajar *a fortiori*", "¿no debiera hacerlo *a fortiori*?", "aunque ahora afirme que lo hizo *a fortiori*", etcétera.

☞ Google: 6 320 resultados de "hacerlo *a fortiori*". ☒

4. a gusto, ¿*agusto*?, al gusto, ¿*algusto*?, gusto

La locución adverbial "a gusto" es utilizada para expresar que alguien se siente satisfecho o con agrado en lo que le conviene. Ejemplo: *Estoy muy **a gusto** en mi trabajo.*

La locución adverbial "al gusto" es utilizada, especial aunque no exclusivamente, en relación con los alimentos ("filete **al gusto**", "camarones **al gusto**", "huevos **al gusto**", etcétera), indicando que éstos se servirán con la preparación o el sazón que prefiera el comensal. Ejemplo: *En el menú del restaurante había filete de pescado **al gusto***. Pero ni "a gusto" ni "al gusto" admiten las formas "agusto" y "algusto", dislates en el español escrito. Dicho de otro modo, "a gusto" y "al gusto" no son palabras compuestas, sino locuciones adverbiales que deben escribirse siempre en dos vocablos. Reducidas en una sola palabra ("agusto" y "algusto") estas locuciones son disparates incultos, pero tienen tal influencia que ya se han filtrado en publicaciones impresas y, por supuesto, en internet.

En el idioma coloquial existen muchos negocios de comida denominados "Algusto", pero el disparate va más allá, porque un sello editorial español lleva por nombre "Algusto", lo mismo que una feria gastronómica. Por ello no debe extrañarnos que una fábrica de pelucas se anuncie del siguiente modo:

♀ "Se hacen **pelucas postizas algusto** del cliente".

En buen español debieron anunciar que hacen

♂ pelucas **al gusto** del cliente.

⌀ Que sean "postizas" es obvio que lo son, si son pelucas, pues "postizo" es lo que no es natural ni propio, sino agregado o sobrepuesto. Y no hay nada más postizo, en la cabeza, que una peluca, aunque haya sido confeccionada con el cabello de otra persona. Doble disparate, pues, en dicho anuncio. Por lo demás, igual si se tratara de un nombre propio no muy común (es decir, el apellido Algusto), no es lo mismo Paco Algusto que "al gusto de Paco". He aquí algunos ejemplos de estos disparates: "vinagre blanco y sal **algusto**", "mantequilla y sal y pimienta **algusto**", "aceite de oliva **algusto**", "estoy **agusto** aquí", "me siento **agusto**", "me siento muy **agusto** contigo", "yo entonces me sentía muy **agusto** así", etcétera.

☞ Google: 364 000 resultados de "algusto"; 80 800 de "estar agusto"; 26 600 de "me siento muy agusto"; 25 900 de "me siento agusto"; 14 200 de "sentirse agusto"; 9 020 de "comer agusto"; 7 600 de "vivir agusto". ⊠

5. a la gáver, a la verga, ¡ALV!, ¡Alv!, alv, verga

Luego del sismo de 8.2 grados que ocasionó muchos daños en México y sacudió a la capital del país el 7 de septiembre de 2017, previsiblemente surgieron los "memes", uno de ellos con la imagen del monumento del Ángel de la Independencia, moviéndose al compás de las ondas sísmicas, y con la leyenda "Alv!" junto a un emoji que representa susto. Fue muy gracioso que el diario británico *Daily Mirror* desatara la abreviación "¡Alv!" con la locución de despedida "¡Asta la vista!". Independientemente de la falta de ortografía ("asta" por "hasta"), la publicación británica pagó el costo de ignorar el temperamento de los mexicanos, líderes mundiales en memes y chocarreros hasta en los peores momentos, pero especialmente después de los sustos. Desde hace varios años, con internet, y en particular con las redes sociales, entre las abreviaciones de palabras y expresiones (TQM por *te quiero mucho*, TMB por *te mando besos, también* y *tweet me back*: tuitéame de vuelta), se volvió infaltable la locución interjectiva (lleve o no signos de admiración) "¡ALV!", con sus variantes "¡Alv!" y "alv", cuyo significado literal es "¡A la verga!". Sin complemento alguno, esta locución interjectiva denota, casi siempre, dos cosas: sorpresa desagradable o temor ante un peligro o gran riesgo, ya sea como sujeto que recibe la acción o simplemente como testigo. Ante ello se exclama: "¡A la verga!". Y la comprensión de tal dicho la ofrece el contexto. Por ello, ante el fuerte sismo del 7 de septiembre de 2017 (que fue el contexto), la locución interjectiva, en el meme y junto al emoji que representa susto, lo dijo todo: "¡A la verga!", muy parecida a "¡Puta madre!", "¡Ay, cabrón!", con el complemento sobreentendido: "¡qué fuerte (¡qué culero!) estuvo este temblor!". También se usa con complemento explícito: "¡A la verga!" (con las autoridades, con el gobierno, con el presidente, con el vecino, con los partidos políticos, con los diputados, con los senadores, con los comerciantes, con los candidatos independientes, con los taxistas, con los microbuseros, con los narcos, con los delincuentes, con el jefe, con los compañeros de trabajo, con el profesor de matemáticas, con la maestra de inglés, con la exnovia, con el exmarido, etcétera; cuando estamos hartos de ellos o incluso de "eso": sea lo que fuere lo que nos molesta, deseando su desaparición). Asimismo, en última instancia, la locución denota el fin de todo: "¡A la verga!" con todos, porque, ineluctablemente, ¡ya nos llevó la verga!, ¡ya nos cargó la verga! y ¡ya nos vamos todos a la verga!; metafóricamente, al panteón, al infierno, o al menos al inframundo, al peor lugar posible e imposible: a donde no quisiéramos ir (pero tarde o temprano iremos), y al que quisiéramos que se fueran todos aquellos que nos tienen ¡hasta la madre!, ¡hasta la verga! Ejemplos: ¡*A la verga con mi exmujer!*; ¡*A la verga con mi exmarido!*; ¡*A la verga con el profe de matemáticas!*; ¡*A la verga con ese cabrón!* En otras palabras, más dulces, "¡que desaparezcan de mi vida!". Ejemplo: *Hace tiempo que no veo a Fulano*, dice uno, y su interlocutor le responde: ¿*No te enteraste?*: ¡*Ya se fue **a la verga***, *ya se lo cargó la chingada!, ¡piró, chupó faros!* "A la verga" se abrevia con las siglas "ALV", que se leen reponiendo la expresión a la que reemplazan. "¡ALV!": "¡**A la verga** y sin escalas!". Derivadas de esta locución interjectiva son las expresiones festivas y albureras: "¡Al averno!" y "¡Al haber gatos no hay ratones!". Por supuesto "irse a la verga" para no volver más es morir o, dicho con la estupenda locución verbal mexicanista, "chupar faros". Si Nezahualcóyotl viviera entre nosotros, tal vez hubiera añadido un último verso a su célebre poema: "¿A dónde iremos/ donde la muerte no existe?/ Mas, ¿por esto viviré llorando?/ Que tu corazón se enderece:/ aquí nadie vivirá para siempre./ Aun los príncipes a morir vinieron,/ hay incineramiento de gente./ Que tu corazón se enderece:/ aquí nadie vivirá para siempre./ ¡Todos nos iremos a la verga!". En otras palabras, a todos nos va a llevar la chingada. El *Diccionario de mexicanismos* de la AML define la locución interjectiva "¡a la verga!" como coloquial, popular y vulgar, que "se usa para expresar enojo, desaprobación o rechazo". Y pone un ejemplo: *¡A la verga con mi suegra!* Aunque el DM no se equivoque esta vez, su definición es incompleta. Le falta informar sobre un uso importantísimo de la locución que es, justamente, el que motivó la confusión del *Daily Mirror*. Además de usarse para expresar "enojo, desaprobación o rechazo", "¡ALV!" sirve también para expresar miedo, susto, pánico. Ejemplo: ¡ALV!, *qué culero estuvo el temblor.* De hecho, como ya explicamos, el meme que exhibió la ignorancia británica del significado de la locución "¡Alv!" tiene como refuerzo expresivo el emoji ya mencionado, que representa a alguien sudando frío, espantado, zurrándose de miedo. Por ello, otra mexicanísima locución interjectiva equivalente a "¡ALV!" es "¡Puta madre!" (con su variante "¡puta madres!"), con una muy parecida carga enfática. Ejemplo: *¡Puta madre!, qué culero estuvo el temblor.* Por cierto, esta locución se incluye en el DM de la AML, también incompletamente en su significado: "Expresa admiración o sorpresa, generalmente desagradables", leemos. Sí, pero, además, expresa susto, miedo, pavor. Ejemplo: *¡Puta madre!, casi me cago del susto.* Los mismos internautas que han hecho viral la abreviatura "¡ALV!" han propuesto significados burlescos alternativos para que ni los británicos del *Daily Mirror* ni otros extranjeros se sientan avergonzados por hacer el ridículo al ignorar el significado preciso de la abreviación. Entre estos significados destacan los siguientes: "¡Acábate las verduras!", "¡Auxilio, los veganos!", "A la veracruzana" y "¡A la victoria!". Pero, para no volver a cagarla, deben saber también que la locución interjectiva "¡A la verga!", abreviada "¡ALV!", tiene asimismo su variante eufemística "¡A la gáver!" que, aunque minoritaria comparada con la recta expresión, conduce al mismo sitio, esto es "¡a la verga!", pero sin abreviación: por el camino más largo y con algo de modosidad, propia de mosquitas muertas. Y no hay que olvidar otro de los significados más comunes en México de la expresión "a la verga": denota que algo ya se echó a perder y no tiene remedio. Ejemplos: *Esto ya se fue a la verga* (transcripción fina: esto ya valió madres), que es como decir que se hizo mierda.

☞ Google: 29 200 000 resultados de "ALV", "Alv" y "alv"; 20 600 000 de "a la verga"; 45 500 de "a la gáver". ☑

6. a lontananza, distancia, en lontananza, lejanía, lontananza
El sustantivo femenino "lontananza" (del italiano *lontananza*) tiene una acepción específica en la pintura: "Términos de un cuadro más distantes del plano principal"

(DRAE), o bien "conjunto de los términos más distantes del principal en un cuadro" (DUE). Ejemplo: *En la lontananza de* La Monalisa *se observa un paisaje.* En italiano suele utilizarse con un sentido amplio de "lejanía" o "distancia". Ejemplo: *La lontananza influisce sulla qualità dell'istruzione.* / *La lejanía afecta la calidad de la educación.* La popular canción "La lontananza", de Domenico Modugno, se traduce en español como "La distancia", y su verso "la lontananza sai è come il vento" se traduce, literalmente, como "la distancia, sabes, es como el viento" o, menos literalmente, "sabes que la distancia es como el viento". De ahí la locución adverbial "en lontananza", que significa "a lo lejos" y que se utiliza para referirse a "las cosas que, por estar muy lejanas, apenas se pueden distinguir" (DRAE). Ejemplo de María Moliner en el DUE: *Se ve un barco en lontananza.* Los españoles prefieren "en lontananza" en lugar de "a lontananza", pero no hay error en utilizar esta última forma, pues aunque en italiano esta locución es *in lontananza,* su traducción y adaptación en español admite lo mismo "en la lejanía" o "en la distancia" que, por supuesto, "a lo lejos" o "a la distancia". A propósito de la locución adverbial "a lo lejos", leemos lo siguiente en el diccionario académico: "A larga distancia, o desde larga distancia". Ejemplo: *A lo lejos, apenas podía distinguirla.* Dicho lo anterior, "en lontananza" y "a lontananza" son construcciones equivalentes. La variante "a lontananza" tiene incluso la ventaja de ser más literaria, menos coloquial. Ejemplo: *A lontananza se veían los barcos que se acercaban al puerto,* que es lo mismo que decir *A lo lejos se veían los barcos que se acercaban al puerto,* y también *A la distancia se veían los barcos que se acercaban al puerto.* El hecho de que la forma más utilizada sea "en lontananza" no deslegitima en absoluto la forma minoritaria "a lontananza". He aquí algunos ejemplos: "mirando **a lontananza**", "mirada **a lontananza**: lecturas para niños", "era apenas un punto **a lontananza**", "cubierto por matorrales **a lontananza**", "viendo **a lontananza**", "mujer mirando **a lontananza**", "me gusta mirar **a lontananza**", "se quedó mirando **a lontananza** a través de los cristales", "**a lontananza** se aprecia un camino amarillo", "solo, desde mi ventana, miré venir en aquella tarde gris **a lontananza** un cortejo fúnebre", "una nueva forma de ver **a lontananza**".

☞ Google: 205 000 resultados de "en lontananza"; 25 800 de "a lontananza". ☑

7. a menos que, al menos, ¿*almenos?*, menos

Cualquiera podría decir que no hay diferencia alguna entre las expresiones "al menos" y "a menos que". Sin embargo, sí la hay, tanto en matiz como gramaticalmente. "Menos" es un adverbio comparativo que significa inferioridad o disminución. Ejemplo: *El partido fue menos emocionante de lo que imaginamos.* "Al menos" es locución conjuntiva que se usa para denotar una excepción o salvedad, y es equivalente de "por lo menos" o "a lo menos". Ejemplo: *No hubo ninguna buena jugada, **al menos** yo no la vi* (o ***por lo menos** yo no la vi*). En cambio, "a menos que", pese a ser también locución conjuntiva, se usa con el significado condicional de "a no ser que". Ejemplo: ***A menos que** se caiga el cielo* (o *a no ser que se caiga el cielo*) *llegaré temprano a la cita*. Es barbarismo muy frecuente confundir la locución "al menos" (cuando va acompañada de la conjunción "que") con la locución "a menos que". Es correcto decir y escribir: *Nunca hubo una gran emoción, **al menos que** yo recuerde* (o ***por lo menos** que yo recuerde*), pero incorrecto decir y escribir ***Al menos que** se caiga el cielo*, que no denota el sentido condicional de "a no ser que", sino que tiene sentido afirmativo de "por lo menos", y resulta obvio que no tienen el mismo significado "**a no ser que** se caiga el cielo" que "**por lo menos que** se caiga el cielo". Las personas que no distinguen matices en el idioma son las que menos comprenden los significados.

Es barbarismo inculto, pero muy abundante en publicaciones impresas y en internet (también con la forma "**almenos**") y no resulta extraño encontrarlo en los usos cultos del idioma. Existe una canción que se intitula

♀ "*Al menos*".

Pero que debe intitularse

♂ **A menos que.**

✍ Pues en donde no hay error es, precisamente, en la voz de quien canta, que dice claramente: "**A menos que** se caiga el cielo y todas las estrellas dejen de existir.../ **A menos que** vaya al infierno..." Lo que ocurre es que, incluso quienes transcriben la letra en internet escriben: "**al menos que**". Pablo Neruda lo dice muy bien: "Si nada nos salva de la muerte, **al menos que** el amor nos salve de la vida". Esto es que "por lo menos" el amor nos salve.

☞ Google: 1 900 000 resultados de "almenos"; 90 900 de "almenos que"; 14 700 de "al menos que vaya al infierno"; 5 100 de "al menos que se caiga el cielo". ☒

☞ Google: 279 000 000 de resultados de "a menos"; 200 000 000 de "al menos"; 134 000 000 de "a menos que". ☑

8. ¿*a parte?*, apartar, aparte

El término "aparte" es un adjetivo que significa diferente, distinto o singular. He aquí el ejemplo que pone el DRAE: *Góngora es un caso **aparte** en la poesía española*. También tiene uso de adverbio, con el sentido de "apartar" (separar, desunir, dividir). Ejemplo: *Tanto le gustaba aquel objeto que decidió ponerlo **aparte***. Asimismo, se usa como locución preposicional, "aparte de", con el siguiente significado: "fuera de", "además de". Ejemplo: *¡**Aparte de** ojete, pendejo!* El error con este término se da en la escritura (culta e inculta) al separar la preposición y el sustantivo: "a parte". El sustantivo femenino "parte" significa porción de un todo, pero lo mismo el adjetivo que el adverbio y la locución preposicional deben escribirse juntando la preposición "a" con el sustantivo "parte": en una sola palabra (esto es, con grafía simple) y no en dos. La Fundación BBVA precisa lo siguiente: "Cuestión diferente es la secuencia **a parte**, combinación presente en frases como 'Esas leyes dejan indefensos **a parte** de los ciudadanos' (equivalente a 'una parte de los ciudadanos'), 'Esa actitud no nos llevará **a parte** alguna' y 'La nueva pavimentación mejorará las infraestructuras del municipio, puesto que la calle lo atraviesa de parte **a parte**'".

Por supuesto, no es lo mismo decir y escribir que "en la oficina, en tareas delicadas, hay que poner **aparte** lo personal" que "en la oficina, en tareas delicadas, hay que poner **a parte** del personal". Mucha gente no sabe distinguir esto y, por ello, lo mismo en la escritura cotidiana que en publicaciones impresas y de internet abunda el desbarre de escribir "a parte" cuando lo que se desea escribir es "aparte". En el diario español *El País* leemos lo siguiente, en una crónica sobre el multimillonario Lukas Walton del "clan familiar que controla el imperio comercial Walmart":

♀ "La mitad de su legado **lo** puso **a parte** para **destinarlo** a obras benéficas".

Si es "la mitad", no puede ser masculino, sino femenino, además de que el uso de "a parte" es erróneo. Por tanto, quiso escribir el redactor de esta información que

☞ la mitad de su legado **la** puso **aparte** para **destinarla** a obras benéficas.

🖉 En una página española de Facebook se informa que "**a parte** de esto se están preparando dos conferencias con temáticas bien diferentes pero no por ello menos interesantes". Quiso escribir el redactor de esta información que **aparte** de esto (lo que sea) se están preparando dos conferencias, etcétera. Obviamente, si las conferencias las imparte el redactor de este mensaje, es bueno prevenirse: no vaya a resultar que, aparte de sus yerros ortográficos, no sepa ni hablar. Van otros ejemplos de este dislate: "**A parte** de esto guarda las distancias", "pero, **a parte** de esto le faltan más actividades", "**a parte** de esto, tengo otros síntomas", "**a parte** de esto, también participaron de una dinámica de grupos", "**a parte** de esto, debes tener una rutina de ejercicios", "**a parte** de esto, también se deben tener otros factores en cuenta", "**a parte** de esto, contiene vitamina C", "**a parte** de eso, puedes salir o ir a ver los monumentos", "**a parte** de eso creo que hemos llevado la Compañía bastante bien" (sí, cómo no), "**a parte** de eso, tengo en mí todos los sueños del mundo" (ojalá que uno de esos sueños tenga que ver con consultar el diccionario de vez en cuando), "México representa un caso **a parte**", "ese es un caso **a parte**", "pero esto es un caso **a parte**", "**a parte** de todo pendejo", "**a parte** de corrupto, pendejo", "poner **a parte** las preocupaciones", "poner **a parte** el contenido del vaso", "la podrían **poner a parte**", "revisar el importe que desea **poner a parte**", "podéis poner **a parte** un aliño de aceite de oliva", etcétera.

☞ En Google: 4 590 000 resultados de "a parte de esto"; 2 740 000 de "a parte de eso"; 902 000 de "un caso a parte". ☒

9. a por, por

Los españoles no renunciarán al uso, ya generalizado en ellos hasta en la literatura y en sus traducciones literarias de exportación (lo cual ya es el colmo), de la doble preposición "a por" ("ir **a por** agua", "ir **a por** el campeonato", "ir **a por** la liga", "salgo **a por** el pan", "volvió **a por** el paraguas", etcétera); más aún cuando este coloquialismo de pésimo gusto ha sido legitimado por la RAE. Hasta los lingüistas y los lexicógrafos más inteligentes necean y se desgarran las vestiduras en defensa de la supuesta corrección del "a por". Pero se trata no sólo de una afectación, sino de una torpeza gramatical y de una testarudez ilógica; veamos por qué. En la entrada correspondiente a la preposición "por" (del latín *pro*), en el DRAE leemos lo siguiente (acepción 22): "úsase en lugar de la preposición *a* y el verbo *traer* u otro: *Ir por leña, por vino, por pan*". Ejemplos: *Pedro fue por Leña, Rodrigo fue por agua, Micaela fue por pan*. Esto es lo usual en prácticamente todos los países de lengua española, con excepción de España, en donde dicen (y escriben): *Ir a por leña, ir a por vino, ir a por pan*", y llegan a extremos ridículos como el siguiente, que es un titular del diario *El Mundo*: "El Atlético, con Griezmann, **a por** su tercera Europa League". Y es, precisamente, en el deporte, y en particular en el futbol, donde el "a por" se esmera. Respecto de esta viciosa yuxtaposición de preposiciones, María Moliner dice lo siguiente en el DUE: "La legitimidad del empleo de esta expresión con el significado de 'a buscar' o 'a traer' ('fue a por agua') está en litigio: algunos gramáticos la condenan expresamente como solecismo; pero no faltan gramáticos y escritores, por ejemplo Azorín y Unamuno, que no encuentran fundada esa condenación o que no se someten a ella. Se aduce en su favor que al español no repugna el uso conjunto de dos preposiciones cuando hay una suma lógica de sus significados ('por detrás', 'por entre las nubes', 'de entre los escombros')". Moliner incluso señala la yuxtaposición "de por", con el ejemplo *Vengo de por agua*, lo cual también se da, exclusivamente, en España, ya que no en los demás países de lengua española. Con el sentido de "ir en busca de alguien", pone el ejemplo *Voy a su casa a por él*. Todo esto es ridículo, pero, por lo visto, los españoles no renunciarán a esta ridiculez. Al menos, Moliner advierte: "Las personas instruidas lo evitan aun sin tener conciencia del veto de algunos gramáticos". En sus *Minucias del lenguaje*, José G. Moreno de Alba, consigna que Samuel Gili Gaya, en su *Curso superior de sintaxis española*, "califica de solecismo vulgar el *a por*" y afirma que su uso no se da frecuentemente "en la lengua literaria y entre personas cultas". Pero, a despecho de la lógica de Gili Gaya, sus paisanos han llevado al extremo este uso hasta en la literatura, y resulta frecuente leer en autores y traductores españoles expresiones como "salí **a por** tu padre" y "fue **a por** su hijo". Manuel Seco, en su *Diccionario de dudas y dificultades de la lengua española*, defiende el uso del "a por" y argumenta que también "fue defendido por Unamuno y Benavente, y por Casares [y Pérez Galdós], a pesar de las reservas de muchos escritores y hablantes". Concluye Seco: "Es evidente la ventaja expresiva que posee *a por*: *Fui por ella* es ambiguo, pues podría ser 'fui a causa de ella' o 'fui a buscarla; *Fui a por ella* es solamente 'fui a buscarla'". Pero, ¡por Dios santo!, ¿cuál es la ambigüedad que se evita, en la expresión "ir **a por** agua"? ¿Acaso alguien, lerdísimo, podría suponer que se fue nadando ("por agua") el tipo que únicamente fue a traer un vaso de agua? En España, donde los académicos le suprimieron la tilde diacrítica al adverbio "sólo", cuyo fin era distinguirlo del adjetivo "solo" (*Estaré **sólo** un mes* [**solamente** un mes]; *Estaré **solo** un mes* [solo, **sin compañía**], ¡"incluso en casos de ambigüedad"! (como lo establece, textualmente, la RAE en su *Ortografía*), se necea de lo lindo para defender su forma dialectal "a por", ¡con el argumento de evitar ambigüedades! Así, en el *Diccionario de español urgente*, de la agencia EFE, leemos esto: "Hay quien piensa que es incorrecto en español el uso de la secuencia *a por*. Sin embargo, este uso es correcto y contribuye a evitar ambigüedades que pueden producirse si se suprime la preposición *a*". Y se añade la siguiente información: "Leonardo Gómez Torrego [obviamente, un español, que se apoya en los argumentos de Manuel Seco], en su *Manual de español correcto*, explica que la ambigüedad es aún mayor [que la que hace notar Seco], pues *Voy **por** mi hermano* puede significar tres cosas: 'voy a buscarlo', 'voy porque me lo ha pedido' y 'voy en su lugar'". ¡Lo que sea con tal de defender su querido **a por**!, aunque, como ya vimos, las ambigüedades que provoca la falta de tilde diacrítica en el adverbio "solo" no les preocupen en absoluto. Además, si uno quiere expresar claramente esos tres significados, ¡basta con decirlos y punto!: *Voy a buscar a mi hermano*, *Mi hermano me pidió que fuera*, *Voy en lugar de mi hermano*. ¡Y, con ello, nos dejamos de jaladas! José Martínez de Sousa, lexicógrafo casi siempre razonable, también se la jala en este caso, defendiendo el "a por" en su *Diccionario de usos y dudas del español actual*. Escribe: "La Academia considera incorrectas frases como *Ir **a por** dinero* y otras semejantes formadas con *a por*. Sin embargo, permite otras agrupaciones similares, como *de a*, *de por*, *hasta con*, *hasta por*, *por entre*, etc. No solo [nótese la falta de tilde en **solo**] no debe considerarse incorrecta, sino incluso imprescindible para establecer la necesaria diferencia entre *ir **por** dinero* (porque a uno le pagan) e *ir **a por** dinero* (a buscar dinero)". En realidad, ya pasó el tiempo en que la RAE consideró incorrecto este uso, pues hoy dice que "no hay razones lingüísticas para condenar el uso de *a por*, tan legítimo como el de otras combinaciones de preposiciones nunca censuradas", y, para dar mayor fuerza a su autorización, en este caso hasta insiste en la ventaja de utilizar el "a por" ¡para evitar ambigüedades! Orgullosa la Academia por las ambigüedades que se evitan con su "a por", no se percata siquiera de su incongruencia y su esquizofrenia cuando eliminó la tilde diacrítica del adverbio "sólo" incluso en casos de ambigüedad. No distingue la RAE entre *Me vine (o me corrí) **sólo** tres veces*, es decir, únicamente tres veces, de *Me vine (o me corrí)* **solo** *tres veces*, o sea solito, **sin compañía**, en soledad, a limpia (o sucia) mano onanista. En el primer caso, el sujeto no necesariamente practicaba con frenesí el solitario placer de la manuela, pues bien podía estar acompañado de alguien en el momento de sus venidas o corridas; en el segundo caso queda claro que se masturbó tres veces, en solitario. Por fortuna, esta dialectal secuencia de preposiciones "a por", propia de España, no han conseguido exportarla los españoles ni imponerla los académicos de Madrid en el español de América. Ellos seguirán allá neceando con este españolismo ciertamente ridículo (¡dizque para evitar ambigüedades!), y en los demás países de lengua española seguiremos con nuestras necedades nativas, aunque también tratando de privilegiar el sentido común y la lógica, para no decir y escribir tantas tonterías como las que autoriza y legitima la Real Academia Española, siempre y cuando se trate de tonterías de España.

☞ Google: 6 520 000 resultados de "¡a por el título!"; 3 680 000 de "¡a por ellos!"; 2 810 000 de "¡a por la victoria!"; 2 510 000 de "¡a por la liga!"; 2 430 000 de "¡a por la copa!"; 1 500 000 de "¡a por el triunfo!"; 1 330 000 de "a por el campeonato"; 1 110 000 de "a por el pan"; 386 600 de "¡a por la Champions!"; 368 000 de "a por agua"; 143 000 de "ir a por agua"; 128 000 de "voy a por agua"; 83 500 de "fue a por agua"; 35 800 de "ve a por agua"; 24 700 de "a por leña"; 17 300 de "a por vino"; 12 900 de "ir a por leña".

10. a todas, *¿a todas y a todos?*, a todos, *¿a todos y a todas?*, *¿buenos días a todas y a todos?*, *¿gracias a todas y a todos?*, todas, todos

Más allá del hoy generalizado uso duplicativo del "todos y todas" o "todas y todos", que, por corrección política del "lenguaje incluyente", se ha vuelto un vicio aceptado del idioma en ciertos estratos cultos, es importante advertir que este pronombre indefinido masculino y femenino plural ("todos", "todas"), del latín *totus* ("todo entero") es también una muletilla, un cliché, y, por tanto, un término innecesario, lo mismo en el habla que en la escritura. Tiene sentido decir y escribir *La limpieza de la ciudad nos concierne* **a todos** (y este "todos" abarca a la totalidad de las personas y no únicamente a los varones), pero podemos ver que, en ciertas fórmulas de cortesía y protocolo, nada se agrega si decimos, por ejemplo, ante un auditorio, *Buenos días* **a todos** o, peor aún, *Buenos días* **a todos y a todas**, pues basta con decir *Buenos días*, fórmula de cortesía y urbanidad que se dirige a todo el auditorio, de una manera implícita. ¿Quién podría decir que, en ese saludo, siendo parte del público, no se le incluyó? ¡Nadie! Por ello, es absurdo, y afectado, insistir en que dicho saludo se dirige "a todos" y, peor aún, "a todos y a todas". Si nos parece frío o parco, digamos entonces *Muy buenos días*, pero nada ganamos con agregar "a todos" y, peor aún, "a todos y a todas". Hay un afán de énfasis inútil en un protocolo de tal naturaleza, que sólo se entiende, como necesidad, en el vendedor que quiere impresionar al cliente con anuncios como los siguientes: *Suscríbete ahora y disfruta de **todos** los beneficios, Tu reservación te da derecho a **todos** los beneficios con los que contamos en el hotel, Ven y aprovecha **todos** los beneficios de esta promoción.* El "todos" de los vendedores hace creer a los clientes que los beneficios son "muchos" o "muchísimos", aunque sean pocos: si se elimina el pronombre indefinido se dice lo mismo, pero lo que se ofrece no parece demasiado. Veamos: *Suscríbete ahora y disfruta de los beneficios, Tu reservación te da derecho a los beneficios con los que contamos en el hotel, Ven y aprovecha los beneficios de esta promoción.* En el caso del saludo protocolario o de cortesía ("buenos días", "buenas tardes", "buenas noches"), ante un público escaso o numeroso, ¿qué sentido tiene agregar a la fórmula simple (que ya abarca, innegablemente, **a toda la concurrencia**) el remate machacón "a todos", "a todas" y, peor aún, "a todos y a todas" o "a todas y a todos"? ¿Acaso este saludo, en su fórmula simple, puede entenderse que va dirigido a un segmento, a una parte del público, y no a la totalidad? Por supuesto que no: queda claro que quien, delante de un micrófono, dice "buenos días", "buenas tardes", "buenas noches" ¡se dirige a todos!, a la totalidad del público, pues no habría manera de que fuese de otro modo, a menos que se precisara con algo así: *Buenas noches **a todos**, con excepción del pendejo barbón que está en la primera fila y que lleva una camisa azul con corbata rosa.* De igual modo, la despedida enfática con el pronombre indefinido es ridículamente redundante: *Gracias **a todos**, Gracias **a todos** y **a todas**, Gracias **a todas** y **a todos*** (no descartemos que pronto se diga *Gracias **a todísimos** y **a todísimas***). Basta con decir "gracias", pero si esto parece parco, frío o poco amable (¡hasta dónde hemos llegado con el piadosismo, el eufemismo y la corrección política!), se puede amplificar con "muchas gracias" (*thank you very much*, como en inglés), y asunto arreglado.

☞ Google: 187 000 000 de resultados de "gracias a todos"; 55 400 000 de "gracias a todas"; 6 210 000 de "buenos días a todos"; 1 760 000 de "buenos días a todas"; 366 000 de "gracias a todos y a todas"; 170 000 de "gracias a todas y a todos"; 121 000 de "buenos días a todos y a todas"; 54 500 de "buenos días a todas y a todos". ☒

II. ¿*a todo terreno*?, terreno, ¿*todo terreno*?, todoterreno

Así como no es lo mismo "todo poderoso" que "todopoderoso", tampoco es lo mismo "todo terreno" que "todoterreno". En español, los nombres compuestos deben ir siempre con grafía simple, como en "abrecartas", "cortaúñas", "minifalda", "sacacorchos", "todopoderoso", "todoterreno", etcétera. El término "todoterreno" es un adjetivo y sustantivo que tiene tres acepciones en el DRAE: "Dicho de un vehículo:

que sirve para circular por zonas escarpadas e irregulares"; "dicho de una persona: capaz de realizar múltiples funciones", y "que se adapta a todo tipo de lugar". Ejemplos: *Se trata de un automóvil **todoterreno**; Tiene un asistente muy capaz y **todoterreno**.* En cambio, en dos palabras, "todo terreno" carece de significado en tanto no sea la secuencia que forme parte de un contexto oracional, como en los siguientes ejemplos: ***Todo terreno** que permanezca baldío por más de diez años será reclamado por la municipalidad; **Todo terreno** sin cercar es muy fácilmente invadido.* A veces, erróneamente también, se agrega la preposición "a" y se forma la expresión "a todo terreno", que carece de significado a menos que la secuencia esté en un contexto oracional como el siguiente: *Este cultivo se adapta **a todo terreno**.* Aunque nos refiramos a lo mismo, debe distinguirse, gramaticalmente, entre *Vehículos extremos **todoterreno*** y *Vehículos extremos **para todo terreno***, ambas frases son correctas y equivalentes porque están construidas conforme a las reglas gramaticales. Lo erróneo es escribir: *Vehículos extremos **todo terreno***, porque en esta frase ni el adjetivo "todo" ni el sustantivo "terreno" están contextualizados siguiendo las reglas de la lógica gramatical. La mayor parte de las personas que utiliza "todo terreno", en dos palabras, generalmente quiere darle uso de adjetivo o sustantivo compuesto, pero ignora la regla básica de la formación de palabras compuestas en español: toda palabra compuesta debe escribirse con grafía simple. Y quienes a la incorrección "todo terreno", la anteceden de la preposición "a" cometen doble yerro, a menos que le den un contexto lógico. Ejemplo: *Esta máquina se adapta **a todo terreno*** es lo mismo que decir "a cualquier terreno", pero si no posee un contexto parecido, forzosamente explícito, se trata de una idea incompleta. No es lo mismo decir y escribir *A **todo terreno** le llega su lluviecita*, que simplemente, y sin expresar el qué, decir y escribir *A **todo terreno***. En este último caso se impone la pregunta: ¿A todo terreno **qué**?

En el caso del correcto "todoterreno" se trata de un término compuesto que ingresó al español proveniente de la lengua inglesa. En inglés, se escribe *all terrain* (pronunciación aproximada, *altirrein*), pero en español se debe traducir como "todoterreno" (en una sola palabra), de acuerdo con las reglas de formación de los términos compuestos en nuestro idioma. El periodismo impreso y las páginas de internet están ahítos de la forma errónea "todo terreno" (con su variante "todo-terreno", con guión intermedio). En el diario mexicano *Milenio* leemos el siguiente encabezado:

♀ "Mexicanos crean patineta eléctrica y **todo terreno**".

Quiso informar el diario que

♂ "mexicanos crean patineta eléctrica **todoterreno**.

✑ He aquí más ejemplos de este dislate: "las mejores bicicletas **todo terreno**", "bicicletas **todo terreno** en oferta", "compra bicicletas **todo terreno** on line", "increíbles vehículos **todo** terreno", "la seguridad de los vehículos **todo terreno**", "las cuatrimotos podrían considerarse como vehículos **todo terreno**", "estudiantes del IPN crean automóvil **todo terreno**", "automóvil **todo terreno** de segunda mano", "el nuevo automóvil **todo terreno**", "ocho consejos para ser la persona **todo terreno**", "para una persona **todo terreno** lo que sobra es camino" (y lo que le falta es un diccionario), "Gabriela, una ingeniera **todo terreno**". En el caso de "a todo terreno" es necesario distinguir si se usa en un contexto oracional o simplemente se trata de disparates como en los siguiente ejemplos: "Aventuras **a todo terreno**", "una mujer **a todo terreno**", "show **a todo terreno**", "es una bisabuela **a todo terreno**", "atletas locales **a todo terreno**", "mujeres de hoy día somos **a todo terreno**" (no, señoras, en todo caso: actualmente las mujeres somos todoterreno, o, mejor aún, somos mujeres todoterreno; tampoco "todoterrenas", ¿eh?), "una exhibición **a todo terreno**", "bicicletas **a todo terreno**" y cientos de miles de disparates parecidos.

☞ En Google: 4 100 000 resultados de "vehículos todo terreno"; 765 000 de "bicicletas todo terreno"; 485 000 de "vehículo todo terreno"; 469 000 de "bicicleta todo terreno"; 76 700 de "camioneta todo terreno"; 49 400 de "automóvil todo terreno; 39 800 de "coche todo terreno"; 38 600 de "coches todo terreno"; 37 900 de "carro todo terreno"; 35 000 de "camionetas todo terreno"; 15 400 de "automóviles todo terreno"; 13 100 de "motocicleta todo terreno"; 11 600 de "carros todo terreno"; 10 200 de "motocicletas todo terreno"; 5 720 de "persona todo terreno"; 2 910 de "personas todo terreno". ☒

12. abate, ¿*abate lenguas?*, abatelenguas, abatir, bajalenguas, bajar, lengua, lenguas
Es necesario repetirlo: los sustantivos compuestos, en español, siempre se escriben con grafía simple; esto quiere decir que se representan en una sola palabra, aunque estén constituidos por dos o más conceptos. Es el caso del nombre compuesto "abatelenguas", que no está incluido en el diccionario de la RAE (¡y tampoco en el *Diccionario de mexicanismos* de la AML!, a pesar de su uso muy extendido en México no sólo en el ámbito médico), pero que es correcto en su construcción. El sustantivo masculino "abatelenguas" designa a la espátula o paletilla de madera, plástico, aluminio u otro material que utilizan los médicos para contener la lengua del paciente mientras le exploran la cavidad bucal y, especialmente, el fondo de ésta. Ejemplo: *El médico utilizó el abatelenguas y pudo ver que Fulano tenía inflamada la laringe*. En su edición de 2014, el diccionario de la RAE únicamente incluye el término "bajalenguas" (sinónimo de "abatelenguas") como sustantivo masculino que se usa en Argentina, Chile, Ecuador, Perú y Uruguay, definiéndolo como el "instrumento plano y estrecho, de madera u otro material, que se emplea para bajar la lengua al explorar la cavidad bucal". El término sudamericano es equivalente al mexicano: el instrumento en cuestión, baja, contiene o abate la lengua. El término "abatelenguas" está formado por el verbo transitivo "abatir" ("hacer que algo caiga o descienda"; "inclinar, tumbar") y el sustantivo femenino "lengua" (en plural): "órgano muscular situado en la cavidad de la boca de

los vertebrados y que sirve para gustación, para deglutir y para modular los sonidos que les son propios" (DRAE). En España, al "bajalenguas" o "abatelenguas" le dicen simplemente "espátula", pero la definición de este término en el diccionario de la RAE es demasiado amplia y no define exactamente el instrumento de uso médico, sino la paleta o paletilla que usan los farmacéuticos y pintores para mezclar sustancias. El significado del sustantivo "espátula" es tan amplio que la definición del DRAE es más bien una indefinición. (Por cierto, en México, los "abatelenguas" también tienen otros usos; en especial se utilizan para realizar manualidades u objetos decorativos.) Aunque no esté en el diccionario de la Real Academia Española (¡ni en el DM de la AML que, sin embargo, incluye en sus páginas "aguadito" ¡porque, según sus autores así se le dice en México a la vagina!), "abatelenguas" es un perfecto sustantivo compuesto, pero es un dislate escribirlo en dos vocablos: "abate lenguas", porque, como ya dijimos, los sustantivos compuestos en español se representan en una sola palabra (ejemplos: "abrecartas", "cortaúñas", "portaequipajes", "sacacorchos") y casi siempre en plural; pero porque, además, el término "abate" no es únicamente la tercera persona del singular del presente de indicativo del verbo "abatir" (él abate), sino también el sustantivo masculino (del italiano *abate*) que se aplicaba a los clérigos con órdenes menores y que se aplica a los clérigos en Francia e Italia, según lo define María Moliner en su *Diccionario de uso del español*. Quien escribe "abate lengua" es posible que se quiera referir a un abate apellidado o apodado Lengua, como los célebres el abate Marchena, el abate Mendoza y el abate Prévost, precursores del abate Lacola.

Ni siquiera es necesario poner un guión corto en este sustantivo compuesto. Debe ir con grafía simple. Pero muchos escribientes del español, incluidos los del ámbito médico, no lo saben. Los mismos fabricantes y vendedores lo ignoran, pues en un anuncio en internet leemos lo siguiente:

♀ "**Abate lenguas** de plástico importado. Ideal para evitar que el paciente se lastime. Fabricada en poliuretano de alta resistencia".

La incoherencia gramatical es evidente, pero más allá de esto lo que el anunciante desea ofrecer no es otra cosa que

♂ **abatelenguas**.

✎ Más ejemplos, tomados de publicaciones impresas y de internet: "**abate lenguas** clásico", "**abate lenguas** de madera", "soporte de **abate lenguas** con iluminador", "**abate lenguas** de metal", "directorio de proveedores de **abate lenguas**", "dispersar la muestra con el **abate lenguas**", "tipos de **abate lenguas**", "una casita de **abate lenguas** y palitos de paleta", "recipiente porta **abate lenguas**", "101 mejores imágenes de **abate lenguas**", "sacando un **abate lenguas** de su bolsillo", "**abate lengua** con aroma y sabor", "mejores 80 imágenes de manualidades con **abate lengua**" y, como siempre hay algo peor: "como aser un carrito de **abate lengua**".

☞ Google: 121 000 resultados de "baja lengua"; 93 100 de "baja lenguas"; 17 400 de "abate lenguas"; 3 660 de "abate lengua". ☒

☞ Google: 289 000 resultados de "bajalenguas"; 266 000 de "abatelenguas"; 27 500 de "bajalengua"; 12 000 de "abatelengua". ☑

13. abdomen, abdominal, abdominales, ¿*abs*?, ¿*las abdominales*?, los abdominales

El diccionario de la RAE incluye en sus páginas el concepto ABS (del alemán *ABS*, sigla de *Antiblockiersystem*: "sistema antibloqueo") y lo define, para el ámbito de la mecánica, como "sistema electrónico de control de un vehículo que evita el bloqueo de las ruedas por exceso de frenado". Ejemplo: *Sistema de frenos ABS: qué es y cómo funciona.* Pero, hasta dónde puede llegar la tontería en la farándula y en el ámbito del deporte, que ahora resulta que "abs" es abreviatura o falso acrónimo de "abdominales". Otra barbaridad es darle, en el deporte, con la anuencia de la Academia Mexicana de la Lengua y de su desastroso *Diccionario de mexicanismos*, al sustantivo masculino plural "abdominales" el género femenino, a pesar de que se refiere a músculos y a ejercicios, es decir a **los** músculos abdominales y a **los** ejercicios que se realizan para fortalecer dichos músculos. Para beneplácito de la AML y del pobre DM, los medios impresos y de internet están llenos de "**las** abdominales". Al tratarse de ejercicios, resulta obvio que son "**los** abdominales", esto es **los** ejercicios abdominales y no "**las** ejercicios abdominales". Incluso el diccionario de la RAE, que suele ser tan equívoco y que la caga a cada rato, es muy claro al señalar que, como sustantivo plural "abdominales" es masculino: "dicho de un ejercicio: que sirve para desarrollar, fortalecer y mantener en buen estado los músculos abdominales". Por lo general, en el uso del sustantivo en plural se evita el artículo determinado (ejemplo: *Aparato para **abdominales***), pero esto no quiere decir que su género sea femenino; es masculino: "**los** abdominales" y no "**las** abdominales". Como adjetivo, "abdominal" es lo perteneciente o relativo al abdomen. Ejemplo: *Sufrió severos daños en la cavidad **abdominal**.*

Lo más grave es que los amantes del pochismo piensan que escribir "abdominales" es muy cansado, ¡mucho más cansado que hacer ejercicios abdominales!, y por ello imitan el idiota acrónimo *abs* del inglés. Las publicaciones periódicas impresas y las páginas de internet están ahítas de esta barbaridad. En la cultísima revista mexicana *Quién* leemos el siguiente encabezado:

♀ "Belinda revela el secreto para lograr sus **abs** de acero".

No se refiere la revista al sistema de frenado de Belinda. Más bien "revela el secreto" de esta cantante (con lo cual ya podemos dormir tranquilos)

♂ para tener tan duros los músculos **abdominales**.

✐ Lo cierto es que esta jalada de llamar "abs" a los abdominales es cosa común en este tipo de publicaciones y en internet, y de milagro la Academia Mexicana de la Lengua no le ha dado legitimidad de "mexicanismo". He aquí otros ejemplos: "La Guzmán sorprende: enseña sus **abs**", "Naya Rivera nos muestra sus **abs**", "Jessica Simpson presume sus **abs**", "Presume Britney sus **abs**", "Shakira presume sus **abs** en comercial", "a ellos les gusta presumir sus **abs** en Instagram", "Sandra Echeverría y sus **abs** de impacto", "ejercicios para definir o tener perfectos **abs**", "presume tus perfectos **abs**", "tiene unos **abs** de lavadero", "increíbles pectorales y **abs** de lavadero", "la dieta de Kate Hudson para tener unas **abs** de infarto", "cómo hacer **las** abdominales", "un gran ejercicio para **las** abdominales", "la forma correcta de hacer **las** abdominales", "cómo lograr **unas** abdominales de acero", "el secreto de **unas buenas** abdominales", etcétera.

☞ Google: 1 020 000 resultados de "abs de acero"; 223 000 de "sus abs"; 119 000 de "las abdominales"; 39 700 de "unas abdominales"; 13 400 de "unas abs"; 10 800 de "abs de lavadero"; 8 350 de "abdominales perfectas"; 1 700 de "abs perfectas". ☒

☞ Google: 1 050 000 resultados de "los abdominales"; 160 000 de "unos abdominales"; 120 000 de "abdominales perfectos"; 6 480 de "abdominales bien marcados". ☑

14. absoluta, absolutamente, ¿absolutamente a todos?, ¿absolutamente idéntico?, ¿absolutamente igual?, ¿absolutamente todos?, absoluto

El adjetivo "absoluto" (del latín *absolūtus*) significa, en su tercera acepción, "entero, total, completo". Ejemplos del DRAE: Silencio **absoluto**, Olvido **absoluto**. De ahí el adverbio "absolutamente": "De manera absoluta". Ejemplo: *Absolutamente silencioso*, *Absolutamente olvidado*. El problema con este adverbio es que cometemos el pecado de redundancia cuando lo combinamos con pronombres y adjetivos que ya contienen el concepto de totalidad o completitud; veamos por qué. El adjetivo y pronombre indefinido "todo", "todos" (del latín *totus*: "todo entero") "indica la totalidad de los miembros del conjunto" o el "conjunto integral de los componentes" (DRAE). Ejemplo: *Llegaron* **todos**. Por ello, es redundante decir y escribir *Llegaron* **absolutamente todos**, puesto que el adjetivo "absoluto" y el adverbio "absolutamente" ya indican la totalidad, la completitud. Es también el caso del adjetivo "idéntico" (del latín medieval *identicus*): "que es igual que otro con que se compara". Ejemplo: *Esta fotografía es* **idéntica** *a la otra*. Pero si algo ya es "idéntico" a otra cosa, está de más agregar el adverbio "absolutamente", como en el siguiente enunciado redundante: *Esta fotografía es* **absolutamente idéntica** *a la otra*. Lo mismo ocurre con el adjetivo y adverbio "igual" (del latín *aequālis*): "que tiene las mismas características" o "de la misma manera" (DRAE). Ejemplo: *Este fruto es* **igual** *al otro*. Si una cosa ya es "igual" a otra (con las mismas características, de la misma manera), es redundante añadir el adverbio "absolutamente", como en *Este fruto es* **absolutamente igual** *al otro*. Convengamos en que, a veces, necesitamos de ciertos énfasis para hacer más concluyentes nuestras afirmaciones o nuestras negaciones, pero si el énfasis se realiza con términos equivalentes, en lo que caemos es en la redundancia, en la forma viciosa de usar el idioma sin saber el exacto significado de los vocablos utilizados.

En su momento, quien fuera presidente de México, Enrique Peña Nieto, expresó:

♀ "Hay algo que a todos, **absolutamente a todos** los mexicanos, nos une y nos convoca".

Si **todos** ya es **todos**, esto es **la totalidad**, basta con decir y escribir:

♂ Hay algo que **a todos** los mexicanos nos une y nos convoca.

✎ He aquí más ejemplos de estas redundancias que, por muy enfática intención que tengan, resultan chocantes: "Buenos días a todos, **absolutamente a todos**", "queremos integrar **absolutamente a todos** los sectores", "a todos, **absolutamente a todos**, muchísimas gracias", "tenían que entrar y matar **absolutamente a todos**", "felicidades **absolutamente a todos**", "el reclamo es extensivo a todos, **absolutamente a todos**", "volvería a actuar **absolutamente igual**", "una suma igual, **absolutamente igual**", "mi vida está **absolutamente igual** que cuando empecé", "eran **absolutamente iguales**", "las mujeres son **absolutamente iguales** a los hombres", "**entera y absolutamente iguales**" (doble redundancia), "17 famosos que son **absolutamente idénticos**", "no pueden ser **absolutamente idénticas**", "de un modo **absolutamente idéntico**".

☞ Google: 1 860 000 resultados de "absolutamente todos"; 421 000 de "absolutamente a todos"; 202 000 de "absolutamente a todas"; 95 500 de "absolutamente igual"; 28 200 de "absolutamente idénticos"; 25 800 de "absolutamente iguales"; 20 800 de "absolutamente idénticas"; 10 800 de "absolutamente idéntico". ☒

15. acabar, alcanzar el orgasmo, correrse, eyacular, orgasmo, venirse

El DRAE, tan panhispánico, tan cínico y, a la vez, tan hipócrita, jamás marca, como "castellanismos" o "españolismos", las formas dialectales del castellano hablado o escrito en España. En cambio, se afana no sólo en marcar sino en estigmatizar los americanismos, dejando con ello en claro que el idioma español de España es rector en tanto que el de América es una simple variante. Así, en el verbo pronominal "correrse", en la acepción 44, informa que se usa en sentido coloquial para referirse a "eyacular o experimentar el orgasmo". En ningún momento marca este uso como "castellanismo" o "españolismo", y no pone ni siquiera un ejemplo. Pero aquí va uno: *Me cuesta sacar la polla y me corro dentro*. En México, el término coloquial sinónimo de "correrse", es "venirse", que el DRAE ni siquiera registra y que, sorprendentemente, tampoco está en las páginas del *Diccionario del español usual en México*, pero sí en el *Diccionario de mexicanismos* de la AML, aunque definido inexactamente: "**venirse**. INTR. PRNL. supran. coloq/obsc/euf. Eyacular, expulsar un hombre semen: *Mi exmarido se venía muy rápido*". En realidad, "venirse" no es algo exclusivo del varón (al expulsar el semen o eyacular), sino también propio de la mujer (al alcanzar el orgasmo). Ejemplo: *Ella se vino varias veces.* Definitivamente, el mexicanismo "venirse", al igual que el españolismo "correrse", no se aplica únicamente a la acción de "expulsar el semen" o "eyacular" (propio del hombre y del macho), sino también a "alcanzar el orgasmo" o el "clímax" en el caso de la mujer. El DM lo da como "supranacional", lo que quiere decir que se utiliza en otros países de América, pero Francisco J. Santamaría no lo registra en su *Diccionario general de americanismos*. En cambio, Santamaría incluye en el DGA el verbo transitivo "acabar" con la siguiente acepción: "En Chile, eyacular, en el coito". De ahí lo tomó la RAE para ponerlo en la vigésima segunda edición (2001) de su mamotreto, con la siguiente definición en la acepción número 13: "coloq. *Arg., Cuba, El Salv., Nic., Ur.* y *Ven.* Alcanzar el orgasmo". Pero no ofrece ni un maldito ejemplo, y lo más sorprendente es que, entre los seis países en los que, según el DRAE, se utiliza "acabar" como equivalente a "alcanzar el orgasmo", no se incluye a Chile, país en cuyo español lo encontró Santamaría. Si se investiga en internet podrá advertirse que la voz coloquial "acabar", en los países donde se utiliza con connotación sexual, adquiere mayor sentido en la expresión "acabar juntos", esto es "llegar", "irse" o "venirse" al mismo tiempo que la pareja. En el foro virtual *Enfemenino* se ofrecen algunas equivalencias de "llegar al orgasmo", por medio de ejemplos precisos: "¡Ahhh, ya acabé!" (Venezuela), "¡Ay, ya me vine!" (Colombia), "¡Me voy, me fui, acabo!" (Chile), "¡Ya acabo, ya acabo, ah, ya acabé!" (Argentina). En 2014, en su vigesimotercera edición, el DRAE, seguramente con la venia de la Academia Mexicana de la Lengua, añadió a México en el uso de esa forma coloquial que ni siquiera es mencionada en ese bote de cascajo llamado *Diccionario panhispánico de dudas*. Guido Gómez de Silva, en su *Diccionario breve de mexicanismos*, incluye el verbo "acabar" pero en ningún momento con connotación sexual. La razón es muy sencilla: en México ¡no utilizamos el verbo "acabar" para referirnos, con él, de manera coloquial, a "alcanzar el orgasmo"! Tal vez alguien, en el equipo de redacción del *Diccionario de mexicanismos* de la AML, en lugar de decir que "se vino", dice "acabé" cuando "alcanza el orgasmo", puesto que en la página cuatro de ese lexicón se informa que este verbo intransitivo es un mexicanismo supranacional, coloquial y obsceno para referirse a "alcanzar el orgasmo". La pregunta es: ¿alguien más en México, aparte de algún miembro del equipo de redacción del DM, le da esta connotación sexual al verbo "acabar" cuando alcanza el orgasmo? Por supuesto, sabemos que alguien puede decir "llegué", "terminé", "me vine", "me corrí", "me mojé", "acabé" inclusive, cuando alcanza el orgasmo, porque el orgasmo es justamente la acción de culminar ("dar cima o fin a una tarea", "llegar al grado más elevado"), tal como lo admite el propio DRAE ("**orgasmo**. Del griego *orgasmós*. m. Culminación del placer sexual"), pero en México el verbo "acabar" no se utiliza con connotación sexual específica equivalente a "alcanzar el orgasmo" o "venirse". Los académicos mexicanos de la lengua se confunden de geografía... y de lengua. Además, nunca incluyen un solo ejemplo de este uso que, según ellos, es un mexicanismo. Entre los diversos sinónimos que tiene el verbo "acabar", quizá nadie dirá (ni siquiera en la Academia Mexicana de la Lengua) que "concluyó", "finiquitó", "saldó", "completó", "liquidó" o "ultimó" el coito como si de una conferencia se tratara. Así como en España alguien puede "correrse una juerga" y, además, "correrse en esa juerga", igualmente en México alguien puede "acabar su tarea" y, después irse con alguien y "acabar eyaculando", esto es "venirse", pero nadie entenderá qué fue lo que hizo si sólo dice que "acabó", sin explicar qué es lo que acabó. En todo caso se dará a entender si dice: "acabo de coger", aunque ello no implicará, por fuerza, que haya alcanzado el orgasmo. Antonio Tello, en su *Gran diccionario erótico de voces de España e Hispanoamérica*, recoge el verbo "acabar" como sinónimo de "eyacular", y lo define del siguiente modo: "directo apunte del fin de la expulsión del líquido seminal en Argentina y Chile referido a orgasmo gozoso en pareja, pero no a la polución solitaria". Siendo así, un pajillero, chaquetero o puñetero, en Chile y en Argentina, no puede presumir de "haber acabado", ni siquiera si, con su manita, alcanza el orgasmo y expulsa el semen. Y esto, a fin de no discriminar, sería lo mismo para la mujer que alcanza el clímax en el placer sexual solitario. Lo cierto es que en México no utilizamos el verbo "acabar" con un explícito, y ni siquiera implícito, sentido sexual. Si uno dice o escribe: ¡Ay, qué felicidad, acabé bien rico!, el enunciado es tan anfibológico que pueden suponerse muchas cosas, y quizá ninguna tenga que ver con eyacular o alcanzar el orgasmo. En cambio, no habrá ninguna duda, para nadie en México, si ese enunciado se transforma en la siguiente frase: ¡Ay, qué rico me vine! A los redactores del DM les hace falta salir un poco a la calle: airearse, escuchar la conversación de los boleros, los albures de los tiangueros, las charlas de las fritangueras; que se junten no sólo con académicos, que lean no únicamente manuales de lexicología y tratados de lingüística, y, particularmente, que no crean en todo lo que dice la RAE ni confíen en todo lo que se hace en la AML, incluido su diccionario. En México, una criatura sentada en su bacinica llama a gritos a su madre para que la ayude en el menester de limpiarse el culo: "¡Mamá, ya acabé!". ¿A qué se refiere la criatura? Muy simple: ha terminado de cagar. Entre otros usos, quizá porque no seamos muy originales, éste es uno de los que le damos, desde niños, al verbo "acabar". Todos conocemos el chistorete del niño que grita lo mismo para decir que ya terminó la tarea escolar: "¡Mamá, ya acabé!", y el hermano mayor, con malicia, le responde: "¡Pues límpiate!". Que no quiera la Academia Mexicana de la Lengua tomarnos el pelo: "acabar", en México, no tiene prácticamente connotación sexual, a menos que se le contextualice. El verbo "acabar" en México puede servir hasta para "acabar de rezar". Ejemplo: *Ya acabé miz rezos; ya me voy a dormir.* El mexicanismo supranacional para referirse al orgasmo es el verbo intransitivo "venirse", que, además, al igual que el españolismo "correrse", no es exclusivo para la eyaculación, sino también para el clímax de la mujer. Pero esto no lo saben en la Academia Mexicana de la Lengua.

☞ Google: 874 000 resultados de "él se vino"; 480 000 de "ella se vino"; 107 000 de "se vino adentro"; 78 500 de "me vine en su boca"; 58 100 de "se vino en mi boca"; 47 800 de "se vino adentro de mí"; 23 800 de "me vine varias veces"; 18 900 de "dejé que se viniera"; 8 230 de "se vino varias veces"; 4 090 de "me vine afuera"; 2 100 de "me vine muy pronto"; 1 980 de "me vine antes que ella"; 1 760 de "me vine antes que él"; 1 210 de "me vine bien sabroso". ☑

16. accidente, ¿*accidente fortuito*?, accidentes, ¿*accidentes fortuitos*?, fortuito

Ningún accidente puede ser premeditado, pero ¿qué hay de los accidentes fortuitos? ¿Puede decirse o escribirse "accidente fortuito" o "fortuito accidente" sin caer en una escandalosa rebuznancia? Muchas personas utilizan estas expresiones porque no tienen la costumbre de consultar el diccionario; veamos. El sustantivo masculino "accidente" (del latín *accĭdens, accidentis*) significa "suceso eventual que altera el orden regular de las cosas". Ejemplo: *Sufrió un grave accidente en el trabajo*. De ahí el adjetivo "accidental": "casual, contingente". Ejemplo: *El descubrimiento de la penicilina fue accidental*, es decir "fortuito" (del latín *fortuĭtus*), adjetivo que se aplica a lo "que sucede inopinada y casualmente" (DRAE). Ejemplo: *El descubrimiento de la penicilina fue fortuito*. Los adjetivos "accidental", "casual", "contingente" y "fortuito" son sinónimos, y otros hermanos suyos son "circunstancial", "imprevisto" e "inopinado". Quiere esto decir que no hay "accidente" que no sea "fortuito" y que, por tanto, es una tontería redundante y garrafal decir y escribir "accidente fortuito", construcción muy parecida en su torpeza a "acceso de entrada". Esta redundancia (tan ridícula como "bajar para abajo", "subir para arriba", "entrar adentro" y "salir afuera") se ha ido abriendo camino en el español escrito luego de haber hecho escuela en el habla cotidiana. El buscador urgente de dudas Fundéu BBVA hace una precisión al respecto: "En la lengua general, la expresión *accidente fortuito* es redundante, ya que un accidente es siempre algo inesperado, un suceso eventual, y *fortuito* denota que algo sucede casualmente. Sin embargo, en el mundo legal y el de los seguros, *accidente fortuito* tiene un significado específico: es el accidente inevitable, aquel en el que las partes implicadas no tienen culpa ni, por lo tanto, responsabilidad. Solo en ese sentido es apropiado hablar de *accidente fortuito*". Será el sereno, pero lo cierto es que ese mundo legal, en tándem con el de los seguros, no es precisamente un ambiente en el que tengamos que depositar nuestra confianza en relación con el idioma (¡ni en otras cosas!). Ahí también abundan las personas que difícilmente consultan un diccionario. Si no usan la lógica, peor para ellos (y mucho peor para nosotros, si les hacemos caso o si caemos en sus garras). También, en ese mismo ámbito, se refieren, leguleyamente y con auxilio de psicólogos mercenarios, al "suicidio involuntario" (¡como si los hubiera!) para los efectos de cubrir o no una póliza.

La aberración "accidente fortuito" ya aparece en publicaciones impresas (diarios, revistas, libros inclusive) y tiene su reino en internet. Podría pensarse que se trata únicamente de un disparate "específico" (del mundo legal y de los seguros), pero no es así: personas que no pertenecen a este ámbito y que poseen doctorados y posdoctorados en las más diversas profesiones suelen utilizarlo con mucho salero, sin inmutarse un ápice, y en el periodismo ya está haciendo escuela. En la publicación electrónica *20 Minutos*, de España, leemos el siguiente titular:

♀ "Fallece un cazador en Forzaleche al sufrir un **accidente fortuito** con su escopeta".

Lo que se quiso informar, con corrección, es que

♂ **accidentalmente**, un cazador se pegó un tiro con su escopeta, y falleció.

✎ Hay miles de ejemplos de esta tontería redundante. He aquí algunos: "un motorista sufre un **accidente fortuito**", "¿un **accidente fortuito** o provocado?", "omisión de socorro tras **accidente fortuito**", "**accidente fortuito** deja un muerto en la séptima etapa del Rally", "se agrava la pena según el riesgo se produzca en **accidente fortuito** o por imprudencia" (sí, por la imprudencia de no consultar el diccionario), "el contagio de Teresa Romero fue un **accidente fortuito**" (¡qué bueno que no fue un "accidente premeditado"!), "no creo que muriera de un **accidente fortuito**", "**accidentes fortuitos**, laborales y negligencias médicas", "**accidentes fortuitos**, consecuencias inesperadas", "investigan dos **accidentes fortuitos**", "lesiones o **accidentes fortuitos** en baloncesto" y, como siempre hay algo peor: "el resultado de esta ecuación terminó siendo un **accidente de lo más fortuito**" y "un **accidente de lo más fortuito** hizo perder la vida a un niño de 12 años". Muy probablemente, en el mundo legal y de los seguros no se conoce la lógica, o quizá se trate de "otra lógica" (la del dinero) que suele utilizarse, casi siempre, en contra de los ingenuos que adquirimos las pólizas.

☞ Google: 52 300 resultados de "accidente fortuito"; 44 600 de "accidentes fortuitos"; 13 900 de "fortuito accidente". ☒

17. acentos en nombres propios

Se dice, con entera razón, que hay gente que no sabe escribir ni siquiera su nombre. Así es. Los nombres y apellidos en español pueden estar entre lo más descabellado y ser muy desafortunados para el individuo que los padece por obvia fatalidad, pero de cualquier forma no están al margen de las reglas de acentuación. Así, leeremos *oskár* ahí donde alguien escribió "Oscar" en tanto no le imponga la tilde a la "ó", es decir "Óscar". Quienes tienen por nombre "Anahi" que no pretendan que, en español, leamos *anaí*, sino *anái*. Si no se le pone tilde a la "í" es imposible leer "Anahí" (palabra aguda). En un sentido inverso, es innecesario y, por tanto, incorrecto, acentuar "Ambríz", "Echaníz", "Galavíz", "Galáz", "Ortíz" y "Ruíz", entre otros terminados en "z", pues aun sin la tilde se pronuncian del mismo modo: "Ambriz", "Echaniz", "Galaviz", "Galaz", "Ortiz" y "Ruiz", como cualquier palabra aguda del español terminada en "z", con excepción de aquellas en las que es necesario romper un diptongo: ("maíz", "raíz": *ma-íz, ra-íz*). No es el caso, por ejemplo, de "Albéniz", que es una palabra llana o grave, puesto que lleva tilde en la penúltima sílaba. Hay quienes incluso acentúan el monosílabo "Juán", por lo cual habría que mandarlos a la educación básica nocturna aunque ya tengan licenciaturas, maestrías y doctorados. Y especialmente habría que enviar a estudiar párvulos a las personas que trabajan en el Registro Civil y que tantas atrocidades cometen con la ortografía de los nombres propios.

En publicaciones impresas y en internet se cuentan por millones los que no saben escribir ni su nombre ni sus apellidos. Y no son pocos los que se refieren al presidente mexicano

☟ "Adolfo **Ruíz Cortínes**",

cuando en realidad quieren referirse a

☝ Adolfo **Ruiz Cortines**.

✎ Pues así como "Ruiz" no requiere tilde, ésta tampoco es necesaria en "Cortines", que es una palabra llana o grave sin necesidad de tilde. Muchos periódicos se refirieron a la boda de "Anahi" (en realidad, "Anahí") con el entonces gobernador de Chiapas Manuel Velasco Coello, el mismo político que, ignorante del uso de la diéresis, firmó su campaña electoral como "El Guero" cuando en realidad quería firmarla (de acuerdo con su apodo) como "El Güero".

☞ Google: 16 700 000 resultados de "Anahi"; 10 300 000 de "Ruíz"; 6 200 000 de "Ortíz"; 1 240 000 de "Juán"; 141 000 de "Ordáz"; 75 300 de "Ambríz"; 54 100 de "Galáz"; 29 600 de "Galavíz". ☒

18. acierto, atinar, *¿atino?*, desatinar, desatino, tino

Un locutor de la radio se deshace en elogios hacia el presidente de la república, a quien se le postra para lo que usted mande, señor presidente, y habla del "atino" aquí y del "atino" allá que ha tenido su gobierno. Querrá decir "acierto", pero él está convencido de que, además, habla con mucha propiedad en su zalamería. El sustantivo masculino "atino" está en desuso; lo correcto es "tino" (acierto o destreza para dar en el blanco, cordura, buen juicio, etcétera). Ejemplo (aunque no sea verdad es lo que quiso decir el locutor): *Enrique Peña Nieto ha conducido el país con mucho* ***tino***. Existe su antónimo "desatino" (falta de tino, tiento o acierto; locura, despropósito o error). Ejemplo (que sí es verdad): *No hay modo de llevar la cuenta de los tantísimos* ***desatinos*** *del gobierno de Peña Nieto*. El término "atino" únicamente tiene uso hoy como primera persona del singular del presente de indicativo del verbo "atinar" (acertar): *yo atino*. Ejemplo: **No *atino* a comprender cómo hay gente capaz de lamerles las patas a los políticos**. En conclusión, más allá de la rastrera zalamería (esto es una redundancia) del locutor radiofónico, si él así lo quiere está bien que se ponga de tapete ante Peña Nieto y celebre sus supuestos "aciertos", pero no, por cierto, sus "atinos".

No es el único despistado. Otros hablantes y escribientes del español también creen que se dice y se escribe "atino" y no "tino" en el caso del sustantivo cuyo sinónimo es "acierto". En la Coordinación de Comunicación Social del Senado de la República, en México, el presidente de la Mesa Directiva dijo lo siguiente, con mucha zalamería:

♀ "Esta es una institución [el Banco de México] que fue conducida con mucho **atino** por el doctor Carstens".

Quiso decir el senador Ernesto Cordero Arroyo que

♂ el Banco de México fue conducido con mucho **tino** por el doctor Carstens.

🖉 Otros ejemplos de este mismo desbarre: "el **atino** de los letreros", "la visión y el **atino** de fundar la asociación", "tuvo el **atino** de recordar su legado", "supo dirigir la asociación con gran **atino**", "reconocieron el gran **atino** que tuvo el alcalde", "un **atino**, la elaboración del presupuesto base cero" (otro zalamero, sin duda), "esto sería un gran **atino**", "es un **atino** lo hecho por Grupo Radio Centro", "un **atino** más del Tec de Misantla", "Ana Isabel Allende fue un **atino** del CEN del PRI", "infraestructura y desarrollo económico **atinos** de Moreno Valle" (un zalamero más), "después de muchos **atinos** y desaciertos", etcétera.

☞ Google: 110 000 resultados de "atinos"; 12 900 de "el atino"; 7 750 de "gran atino"; 7 130 de "un atino". ⊠

19. acosada, acosado, acosador, acosar

La RAE no registra en su mamotreto el término "acosado", participio adjetivo del verbo "acosar" ("apremiar de forma insistente a alguien con molestias o requerimientos", DRAE) que también tiene uso de sustantivo. Ejemplos: *La mujer **acosada** denunció a su jefe por abusos*; *Por pena, el **acosado** prefirió no presentar denuncia*. Sin embargo, sí incluye el adjetivo y sustantivo "acosador" (que acosa). El participio "acosado", como adjetivo y sustantivo, se refiere a quien recibe las acciones del "acosador". Más ejemplos: *La mujer **acosada** denunció a su patrón por tocamientos sexuales*; *El **acosado** se mostró débil y accedió a las exigencias de su abusador*. Los académicos madrileños, americanos y filipinos andan en las nubes buscando tontería y media para incluir en el mamotreto de Madrid, pero pasan de noche sobre las cosas importantes. Deben creer que "amigovio" y "papichulo" son términos mucho más esenciales que "acosado". Que Dios los perdone, porque nosotros no. El término "acosado" y su femenino más sus plurales ("acosada", "acosadas", "acosados") son muy utilizados en nuestra lengua como para ignorarlos tan olímpicamente. Aunque el DRAE no lo incluya en sus páginas, este adjetivo y sustantivo es del todo correcto para referirse a una realidad cada vez más habitual, por desgracia: "mujeres **acosadas**", "niñas **acosadas**", "trabajadoras **acosadas**", "trabajadores **acosados**", etcétera, y hasta una película existe con el título *Acosada*, pero en la RAE no se dan por enterados. A los académicos háblenles de "amigovios" y "papichulos", y se muestran entonces interesadísimos.

☞ Google: 2 180 000 resultados de "acosada"; 2 110 000 de "acosado"; 680 000 de "acosadas"; 669 000 de "acosados"; 121 000 de "mujer acosada"; 89 900 de "fue acosada"; 38 200 de "mujeres acosadas"; 13 000 de "ha sido acosado"; 11 600 de "ha sido acosada"; 6 610 de "jóvenes acosadas"; 4 830 de "mujer fue acosada"; 2 390 de "menores acosados". ☑

20. acoso, acoso escolar, acoso laboral, acoso sexual, buleada, buleado, bulear, bulin, ¿*bullying*?, ciberacoso, ¿*ciberbullying*?, intimidación
La voz inglesa *bullying* (pronunciada *búlin*) se traduce, literalmente, en español como "acoso" o "intimidación", pues en inglés el sustantivo *bully* significa "peleonero" o "bravucón", y el verbo transitivo *to bully* significa "intimidar", "tiranizar" y "forzar a alguien a que haga algo". Como podemos ver, para todo esto tenemos términos en español con el significado exacto. Pero el anglicismo *bullying* se ha universalizado, especialmente a partir del auge de internet, y aunque el "acoso escolar" y la "intimidación" en los más diversos ambientes (el "acoso laboral" y el "acoso sexual", por ejemplo), por parte de los "abusones", "peleoneros" y "bravucones", han existido siempre, hoy estos fenómenos tienen más visibilidad con las herramientas digitales, e incluso las formas agresivas y violentas de los "peleoneros" y "bravucones" se han trasladado a las plataformas de internet en lo que se ha dado en llamar *ciberbullying*, que en español puede traducirse perfecta y literalmente como "ciberacoso". Los redactores del *Diccionario de la lengua española*, de la RAE, que hacen fiesta cuando incluyen ñoñeces como "amigovio" y "papichulo", no destinan un poquito de su tiempo a estudiar y considerar que, por las características globales de internet, términos como *bullying* y *ciberbullying* ya no saldrán de nuestro idioma, por más que lo deseemos. Por tanto, antes de que millones de personas comenzaran a escribir las más absurdas grafías a partir de estas voces inglesas, pudieron prever este fenómeno y llevar a cabo las adaptaciones gráficas (y no lo hicieron) "bulin" y "ciberbulin", más allá de las aconsejables traducciones "acoso" y "ciberacoso". Hay que entender que estos anglicismos, ya adoptados en nuestro idioma (y en cualquier otro idioma), no van a dejar su lugar, donde ya se hallan cómodamente instalados, a los términos equivalentes en español. Lo importante era, y es, ofrecerles a los hablantes y escribientes las

formas más aceptables para representar gráficamente estos neologismos, y éstas son, sin duda, "bulin" y "ciberbulin", con la perfecta adaptación castellana y su exacta fonética. (No confundir con "bulín", palabra aguda, con dos significados en el DRAE, muy distintos a "bulin".) Adelantándose, por supuesto, a las academias, los hablantes y escribientes del español han derivado de ahí el verbo transitivo "bulear", el sustantivo "buleo", el adjetivo y sustantivo "buleador" y el adjetivo "buleado", pero no siempre saben representarlos gráficamente, en tanto la RAE y sus hermanastras de América y Filipinas andan en las nubes. He aquí el presente de indicativo del verbo "bulear": *yo buleo, tú buleas, él bulea, nosotros buleamos, ustedes bulean, ellos bulean.* Participio: "buleado"; gerundio: "buleando". Es exactamente el mismo fenómeno de las adaptaciones en español de la marca registrada Twitter: "tuit", "tuitear", "tuiteo" y "tuitero" (que sí recoge el DRAE en su edición de 2014). En lugar de perder el tiempo con zarandajas, los académicos de la RAE y los redactores del DRAE bien pudieran prestar los mejores servicios a los hablantes y escribientes del español, guiándolos en el buen uso del idioma, incluso en el caso de los préstamos y las adaptaciones provenientes de otras lenguas y, hoy, muy especialmente del inglés informático. Hasta con la misma palabra *bullying* los hablantes y escribientes del español tropiezan, con grafías erróneas como "bulling", "bullyng", "buling" y el verbo derivado "bulear" que escriben con el dígrafo "ll" ("bullear") que no se pronuncia como tal ni en inglés ni en español. Por supuesto, además de las traducciones "acoso" y "ciberacoso", se puede optar por escribir *bullying* y *ciberbullying* con las cursivas de rigor que empleamos en nuestro idioma para los extranjerismos. Pero ni el DRAE ni el *Diccionario de mexicanismos*, de la AML, tan lleno de pochismos y anglicismos, recogen los términos originales en inglés ni mucho menos sus adaptaciones en español. Estos diccionarios bien merecen ser "buleados" y "troleados" hasta que se pongan las pilas. Hay muchísimos ejemplos del buen uso de las adaptaciones de "bulin", "bulear" y sus derivados; he aquí unos pocos: "Le hacen **bulin** las niñas", "a mí también me hacen **bulin**", "compañeros le hacen **bulin**", "cuando te hacen **bulin**", "amigas le hacen **bulin** al novio porque es feo", "con razón le hacen **bulin**", "está harta de que la **buleen**", "no la **buleen**", "se siente tan raro que no la **buleen** a una", "**bulear** y ser **buleado**", "lo mataron por **bulear** al hijo de un narco", "acusa a maestros de **bulear** a su hijo", "este es el perfil del niño **buleador**", "niños **buleadores**: agresores y víctimas", "combatir el **ciberbulin**", "nos enseñó unos videos de **ciberbulin**", etcétera.

☞ Google: 4 390 000 resultados de "bulling"; 993 000 de "bullyng"; 477 000 de "buling"; 36 700 de "bulleado"; 34 300 de "bulleados"; 27 300 de "bullear"; 8 490 de "bulleando"; 700 de "bulleada"; 6 800 de "bulleador"; 6 440 de "bulleadora"; 3 400 de "bulleadas"; 3 390 de "bulleadores". ☒

☞ Google: 3 110 000 resultados de "el *bullying*"; 285 000 de "el *ciberbullying*"; 119 000 de "buleen"; 91 600 de "el bulin"; 26 900 de "bulear"; 25 200 de "buleador"; 24 600 de "buleado"; 7 950 de "hacen bulin"; 6 030 de "buleada"; 5 810 de "buleados"; 5 550 de "buleadores"; 4 410 de "buleando"; 2 190 de "buleadora"; 1 000 de "buleadas"; 264 de "ciberbulin". ☑

☞ Google: 31 800 000 resultados de "acoso"; 5 570 000 de "intimidación"; 3 890 000 de "acoso escolar"; 2 530 000 de "ciberacoso". ☑☑

21. actual, ¿*actual presente*?, actualidad, actualmente, ¿el *actual presente*?, presente, ¿*su actual presente*?

Si existiese un "actual presente", tendría que existir un "actual pasado" o un "actual anterior". Nunca deja de sorprender la capacidad que tiene mucha gente para echar a perder el idioma. ¿Qué demonios debemos entender con eso del "actual presente" si todo "presente" es, por definición, "actual"? Precisémoslo. En la primera acepción del diccionario académico, el adjetivo "actual" (del latín *actuālis*) significa lo siguiente: "Dicho del tiempo en que se está: **presente**". Ejemplo: *La época **actual** no es para estar optimistas*. De ahí el sustantivo femenino "actualidad", cuyo significado es "tiempo presente". Ejemplo: *La **actualidad** no es para estar optimistas*. De ahí también el adverbio "actualmente" que significa "en el tiempo **actual** (presente)". Ejemplo: ***Actualmente** no podemos estar optimistas*. En cuanto al adjetivo y sustantivo masculino "presente" (del latín *praesens, praesentis*), su significado es: "Dicho del tiempo: Que es aquel en que está quien habla" (DRAE). Ejemplo: *El **presente** no es para estar optimistas*. Como podemos comprobar, los términos "actual" y "presente" son sinónimos o equivalentes. Pero bastó que alguien, en los ámbitos de las finanzas, los espectáculos y los deportes, lanzara el rebuzno "actual presente" para que muchos comenzaran a imitarlo. Decir y escribir "actual presente", "el actual presente" y "su actual presente" es cometer redundancia más que bruta porque ambos términos, como ya vimos, significan lo mismo. ¡No hay un "actual pasado" o un "actual anterior": todo el presente es actual y toda actualidad es presente! ¡Qué manía ésta de joder el idioma nada más por dárselas de "originales"! Al rato se hablará y escribirá del "actual futuro". Eso sí: nadie quiere abrir un diccionario.

En *Yahoo! Deportes*, el redactor Alfonso Zúñiga nos entregó la siguiente perla el 26 de abril de 2021:

♀ "Chicharito aclara que **su actual presente** no se puede comparar con el 2020".

¿Así lo habrá dicho el famoso "Chicharito" Hernández? Es probable. Pero si así lo expresó y al redactor no le sorprendió escucharlo, esto quiere decir que ambos creen que hay un "presente" que no es "actual", sino "anterior" (¡por ejemplo, el "presente" de 2020, visto desde el "presente" de 2021!). Lo que el "Chicharito" y el redactor quisieron decir (con precisión y claridad), pero no supieron cómo hacerlo, es que

☙ **en la actualidad** está mejor, o incomparablemente mejor, que en 2020.

🖉 Unos pocos ejemplos de esta rebuznancia que tendría que figurar en las más exigentes antologías del pendejismo: "Destacan el **actual presente** que tiene Pumas en el Guardianes 2020 de la Liga MX", "Ismael Cuspiel y el **actual presente** de La Academia Asociación Deportiva", "el hecho de que el futuro exista cambia nuestro **actual presente** (¡metafísico estáis!), "las influencias del pasado en el momento **actual presente**", "los hechos que forjaron nuestro **actual presente**", "los eventos históricos que han sucedido para vivir el **actual presente**", "el arquero del Betis alabó el **actual presente** de la seleccionada nacional", "el **actual presente** del partido", "cada vez más se piensa el **actual presente** mexicano", "múltiples quejas con motivo de diversas irregularidades detectadas en el **actual presente** proceso electoral", "breve reseña histórica de la afectación de este tipo de problema desde la antigüedad hasta el **actual presente**", "pasado reciente, el **actual presente** y el conjetural futuro" (¡qué maravilla!), "historia larga del pasado milenario con el **actual presente**", "él vive atrapado en un período de tiempo muy alejado a su **actual presente**", "hasta su **actual presente**, en el que dirigirá a la selección de su país", "el cantante conversó con Meganoticias sobre su **actual presente** alejado de su familia", "comentó su **actual presente** en el FC Barcelona y sus aspiraciones con la camiseta culé" y, como siempre hay algo peor: "siente las mismas emociones que entonces ya que 'su Alma Perdida' resuena y reactiva todas las emociones sentidas en aquel momento, somatizándolas en el cuerpo físico que ahora posee en su **actual presente**".

☞ Google: 45 100 resultados de "actual presente"; 9 580 de "el actual presente"; 4 420 de "su actual presente". ⊠

22. acupuntura, acupuntura con abejas, ¿acupuntura con agujas?, ¿acupuntura con balines?, ¿acupuntura con imanes?, ¿acupuntura sin agujas?, aguja, agujas

El DRAE define del siguiente modo el sustantivo femenino "acupuntura" (del latín *acus*, "aguja", y *punctūra*, "punzada": literalmente, "punzada con aguja"): "Técnica terapéutica consistente en clavar agujas en puntos determinados del cuerpo humano". Ejemplo: *Para aliviar sus dolores musculares, fue sometido a un tratamiento de acupuntura.* Dado que el término "acupuntura" incluye en su composición el sustantivo femenino "aguja" ("barra pequeña y puntiaguda, de metal, hueso o madera"), decir y escribir "acupuntura con agujas" puede resultar una redundancia, a menos que, por necesidad de precisión, de añada un calificativo al sustantivo "agujas", como en *Acupuntura con agujas de oro*, *Acupuntura con agujas de plata*, *Acupuntura con agujas nuevas*, *Acupuntura con agujas de marfil*, etcétera. Pero si decimos y escribimos, simplemente, *Tratamiento de acupuntura con agujas*, estamos cayendo en el más profundo abismo de la redundancia bruta, pues todo tratamiento o terapia de "acupuntura" exige "agujas". Por ello, también, es una burrada decir y escribir el sinsentido "acupuntura sin agujas", pues, si no se utilizan agujas, no hay modo de hacer una "acupuntura". No redundantes, pero también disparatadas, por su sinsentido, son las expresiones "acupuntura con balines", "acupuntura con imanes", "acupuntura con los dedos" (no se llama "acupuntura", sino "digitopuntura"), "acupuntura con semillas", "acupuntura con ventosas" y otras barbaridades, pues aunque la técnica consista en poner balines, imanes, dedos, semillas, ventosas, etcétera, en los lugares del cuerpo donde suelen aplicarse las agujas, al no haber agujas (*acus*), esos tratamientos no pueden denominarse "acupuntura"; son, simplemente, "terapias" con balines, dedos, imanes, semillas, ventosas y demás. Puede admitirse la expresión "acupuntura con abejas", dado que esta terapia consiste en aplicar los aguijones de las abejas vivas en determinados puntos del cuerpo. El sustantivo masculino "aguijón" (del latín *aculeus*, derivado de *acus*, "aguja") puede ser equivalente de "aguja", de acuerdo con las dos principales acepciones del DRAE: "Punta o extremo puntiagudo del palo con que se aguija" y "órgano punzante, generalmente con veneno, que tienen en el abdomen algunos arácnidos, como los escorpiones, y algunos insectos himenópteros, como la avispa". [*Pregunta lógica y necesaria para el* DRAE: *lo que tienen en el abdomen ¿es el órgano punzante o es el veneno? ¿Acaso los escorpiones y las avispas tienen el órgano punzante en el abdomen?*]

Decir y escribir "acupuntura con balines", "acupuntura con imanes" y "acupuntura sin agujas" es tanto como decir y escribir "bicicleta con una rueda" y "bicicleta sin ruedas". No hay que ser necios. Pero a mucha gente le tiene sin cuidado la lógica. Esta jalada de la "acupuntura sin agujas" se popularizó en Chile y se ha extendido a los demás países de lengua española. En el diario chileno *El Mercurio* leemos el siguiente titular:

♀ "Libera las emociones negativas con la técnica de la **acupuntura sin agujas**".

¡Si no hay agujas, no hay acupuntura! Este tratamiento alternativo se llama, en inglés, *Emotional Freedom Technique* (EFT), por lo que el diario debió informar, en español, lo siguiente:

♂ Elimina las emociones negativas con la **técnica de liberación emocional**. (Cualquier cosa que sea esta jalada.)

🖉 ¡Qué "acupuntura sin agujas" ni qué ojo de hacha! ¡Y tampoco existe la "acupuntura" con balines, con imanes o con semillas! He aquí algunos ejemplos de estas tarugadas: "**Acupuntura con balines** de piedritas", "**acupuntura con balines** para bajar de peso", "**acupuntura con balines o semillas**", "terapia de **acupuntura con balines**", "**acupuntura con balines** para combatir el estrés", "la **acupuntura sin agujas** que poco a poco toma vuelo en Chile", "**acupuntura sin agujas** para equilibrar emociones", "**acupuntura sin agujas** shiatsu", "**acupuntura con imanes**, éxito asegurado", "**acupuntura con imanes** para bajar de peso", "de cuento chino a **acupuntura con imanes**", "**acupuntura con semillas** de mostaza", "**acupuntura con semillas** a precios económicos", "pudieron colocarse **acupuntura con semillas**", "aplicación de **acupuntura con semillas** de nabo" (en todo caso, es una acupuntura del nabo), etcétera.

☞ Google: 46 900 resultados de "acupuntura con balines"; 46 800 de "acupuntura con semillas"; 40 900 de "acupuntura sin agujas"; 8 980 de "acupuntura con imanes". ☒

☞ Google: 530 000 resultados de "digitopuntura"; 1 360 de "acupuntura con abejas". ☑

23. aderezo, aderezos, consejo, consejos, dip, dips, información, orientación, pin, pines, pista, pistas, salsa, salsas, sugerencia, sugerencias, tip, tips
La anglicista Real Academia Española se afana y ufana en incluir en el DRAE voces inglesas incluso marginales nada más porque se usan en algunas regiones de España, pero no procede de la misma manera cuando los anglicismos, ya aclimatados y perfectamente adaptados, se usan con amplitud en América. Por ello —porque no tienen uso en territorio español—, no ha incorporado a las páginas del diccionario académico los anglicismos crudos *dip* y *tip*, ya adaptados y adoptados en América. Hay que enfatizar que un extranjerismo o préstamo en nuestra lengua se hace necesario y a veces indispensable cuando no existe, en español, un equivalente exacto. Esto es lo que ocurre con las voces inglesas *dip* y *tip*. En el caso del primero, este sustantivo masculino puede traducirse como "aderezo", pero es una salsa cremosa para untar sumergiendo en ella un alimento sólido: pan, galletas, totopos, tostadas, etcétera. Y es así como se usa en México, porque el "dip", a diferencia de las salsas casi siempre líquidas (con las que se mojan los tacos, las tortas ahogadas, las ensaladas verdes y otros alimentos), es espeso o cremoso, untuoso, para aplicarlo y extenderlo sobre una superficie sólida, más que para mojar los alimentos. Lo más parecido a un "dip" es el "guacamole", sustantivo masculino que el *Diccionario de mexicanismos* de la AML define del siguiente modo: "Salsa espesa que se prepara con aguacate molido o picado, al que se agrega cebolla, jitomate y chile". Y hay que poner mucha atención en las primeras dos palabras de la definición: "salsa espesa", que poco o nada tiene que ver con las salsas de jitomate o tomate verde (o de cáscara), que son líquidas o semilíquidas porque sirven para mojar, bañar o empapar los alimentos; por ejemplo, los deliciosos tacos, las sublimes enchiladas y los portentosos chilaquiles, alimentos hechos con la materia primera indispensable que es la tortilla de maíz. En México se hacen "dips" (tal es el plural de "dip"; al igual que "chips" es el plural de "chip") de queso, cebolla, alcachofa, atún, verduras, espinacas, salmón, berenjena y de lo que usted quiera y mande. Y el término "dip" (con su plural "dips") está tan aclimatado en México que nadie confundiría un "dip" con una "salsa". La "salsa" se utiliza para mojar los alimentos, porque, como ya advertimos, es especialmente líquida o casi líquida; el "dip", en cambio, se unta, y a veces se extiende sobre la superficie del alimento sólido que se sumerge en él. Tal es la diferencia. ¡Sencillísima!

Ejemplos: *El **dip** de alcachofa quedó sabrosísimo; Quisimos hacer un rico **dip** de salmón, pero nos salió un batidillo incomible; Tres deliciosos **dips** de queso para botanear.* En cuanto a la voz inglesa *tip*, sustantivo masculino, se traduce al español, como "consejo", "orientación", "sugerencia, "información" o "pista". Ejemplos: *Let me give you a tip* ("Déjame que te dé un consejo"); *I've got a hop tip for the 3:30* ("Me han dado una buena información para la carrera de las tres y media"). Al igual que el anglicismo crudo *dip*, *tip* (con su plural *tips*) es ampliamente utilizado en América y en especial en México; por ello está incluido tanto en el *Diccionario breve de mexicanismos*, de Guido Gómez de Silva, como en el *Diccionario de mexicanismos* de la Academia Mexicana de la Lengua. El primero lo define como un sustantivo masculino que significa "consejo" o "información"; el segundo, como "información práctica y valiosa", y ofrece un ejemplo: *Dame unos **tips** para mi viaje a Guatemala.* Valga lo de "información práctica", pero tanto como que también sea "valiosa" es del todo una exageración. En realidad, un "tip" es un simple detalle o un dato de quien sugiere o recomienda cierto comportamiento, alguna actitud o la forma más sencilla de conseguir algo; es, para decirlo pronto, una opinión orientadora si realmente alguien le tiene confianza a quien opina y aconseja cosas como la siguiente: *Le voy a dar unos **tips** buenísimos para cuando desembarque en el aeropuerto de Barajas y pase por Migración.* Puede tratarse de un fanfarrón que le está tirando un farol y ¡ay! de usted si le hace caso. Los "tips" contienen información simple. Ejemplos: "**Tips** para cocinar un pavo jugoso y dorado", "**tips** de decoración de interiores", "**tips** fáciles para pelar las nueces", "**tips** financieros para *millennials*", "ocho **tips** para no engordar en Navidad", "diez **tips** para eliminar el acné". Información práctica, sí, pero ¿valiosa? El buscador urgente de dudas de la Fundéu RAE es más sensato al definir "tip" como "consejo o dato práctico" (simplísimo), pues esto es exactamente. No imaginamos al presidente Biden dándole "tips" a Putin para gobernar mejor. Eso sí sería información "valiosa" y hasta reservada. Como ya advertimos, ni "dip" ni "tip" están recogidos en el DRAE y ni siquiera en el *Diccionario panhispánico de dudas*, a pesar de ser dos anglicismos aclimatados en América y a pesar, sobre todo, de ser términos que no tienen equivalentes exactos en español, sino tan sólo aproximados. No es lo mismo un consejo que un tip; no es lo mismo una salsa que un dip. La economía de la lengua también se impone en ambos casos: "dip" y "tip" y sus respectivos plurales son monosílabos y la ley del menor esfuerzo, que rige también la lengua, opta por ellos. Si en el diccionario académico ya está incluido el sustantivo masculino "pin", con su plural "pines" (porque los sustantivos terminados en "n" forman su plural añadiendo la terminación "-es"), del inglés *pin*: "insignia o adorno pequeño que se lleva prendido en la ropa" (DRAE), [sí, claro, ¡pero en la ropa que cubre el pecho y en especial en la solapa o a la altura del pectoral, pero nunca en la bragueta, señores académicos!], ¿por qué no incluir "dip" y "tip"? ¡Ah!, claro, por supuesto, porque "pin" se usa en España y también en América, en tanto que "dip" y "tip" son, esencialmente, americanismos. A esto la Real Academia Española le llama "panhispanismo" y se queda muy ufana. Que nos tenga sin cuidado: usemos "dip" y "tip" y sus respectivos plurales ("dips" y "tips") como términos válidos en nuestra lengua. Son préstamos del inglés que no poseen equivalentes en nuestro idioma.

☞ Google: 512 000 resultados de "los pins"; 106 000 de "pins de metal"; 62 500 de "pins personalizados"; 45 300 de "pins de oro"; 21 600 de "pins para ropa"; 21 000 de "pins de broche"; 10 300 de "pins de Harry Potter"; 7 950 de "unos pins"; 3 070 de "esos pins". ☒

☞ Google: 2 330 000 000 de resultados de "información"; 347 000 000 de "salsa"; 318 000 000 de resultados de "consejos"; 263 000 000 de "consejo"; 250 000 000 de "pines"; 222 000 000 de "pista"; 123 000 000 de "sugerencias"; 107 000 000 de "orientación"; 73 500 000 de "pistas"; 37 300 000 de "sugerencia"; 23 100 000 de "salsas"; 8 550 000 de "aderezos"; 8 070 000 de "aderezo"; 4 590 000 de "un pin"; 3 830 000 de "el pin". ☑

☞ Google: 25 800 000 resultados de "tips para..."; 12 000 000 de de "un tip"; 9 660 000 de "tips de belleza"; 9 210 000 de "tips de cocina"; 1 990 000 de "tips de maquillaje"; 1 70 000 de "tip para..."; 1 320 000 de "dip de..."; 1 030 000 de "unos tips"; 731 000 de "tips para bajar de peso"; 684 000 de "tips para ligar"; 674 000 de "tips de viajes"; 537 000 de "tips para cocinar"; 481 000 de "el dip"; 297 000 de "tips para bajar la presión"; 256 000 de "tips para ojos"; 222 000 de "un dip"; 168 000 de "tips para asar"; 147 000 de "tip para ligar"; 117 000 de "dips de..."; 94 400 de "el mejor tip"; 44 200 de "delicioso dip"; 42 900 de "tips para la cruda"; 19 400 de "rico dip"; 9 890 de "deliciosos dips"; 7 940 de "dips fáciles"; 7 630 de "mejores dips"; 7 320 de "dips para botanear"; 6 830 de "un tip infalible"; 5 310 de "el mejor dip". ☑

24. adjetivos en lugar de adverbios para modificar verbos

Muchos de los despropósitos y atentados contra la lengua española se deben hoy al consentimiento que empresas privadas e instituciones públicas han dado a los publicistas para que hagan y deshagan con el idioma como se les pegue la gana. Y si en un sector existe un pésimo uso de la lengua española es, justamente, en el de la publicidad; sin omitir que, antaño, tuvimos grandes publicistas con muy amplio conocimiento del idioma, como Salvador Novo y Eulalio Ferrer, entre otros. Los publicistas de hoy son autores de expresiones tales como "Come **sano**" (¡sin miedo al albur!), "Vive **sano**", "Piensa **sano**", "Elige **inteligente**", "Vive **inteligente**", "Vota **libre**", "Piensa **positivo**" y otras barrabasadas parecidas. ¿Y por qué son barrabasadas? Porque tales expresiones exigen el uso de adverbios y no de adjetivos para que tengan sentido lógico y gramatical. Lo correcto es "Come **sanamente**", "Vive **sanamente**", "Elige **inteligentemente**", "Vive **inteligentemente**", "Vota **libremente**", "Piensa **positivamente**";

veamos por qué. El "adjetivo", como lo define el DRAE, es la "clase de palabras cuyos elementos modifican a un sustantivo o se predican de él, y denotan cualidades, propiedades y relaciones de diversa naturaleza" (DRAE). Un ejemplo de adjetivo del diccionario académico es "inteligente", como en la siguiente expresión: *Eulalio Ferrer fue un **publicista inteligente** y de gran formación intelectual*. En este ejemplo, el adjetivo ("inteligente") modifica al sustantivo ("publicista"), tal como lo establece la norma gramatical. Un "adverbio", en cambio, es la "clase de palabras cuyos elementos son invariables y tónicos, están dotados generalmente de significado léxico y modifican el significado de varias categorías, principalmente de un verbo, de un adjetivo, de una oración o de una palabra de la misma clase" (DRAE). Ejemplo: *Eulalio Ferrer **trabajó inteligentemente** en la publicidad*. En este enunciado el adverbio ("inteligentemente") modifica al verbo ("trabajó"), como lo dicta la norma gramatical. Puede también, el adverbio, modificar a un adjetivo, como en el siguiente caso: *Hacerlo es **demasiado peligroso***; e incluso a otro adverbio, como en el siguiente ejemplo: ***Muy astutamente** se hizo pendejo*. Por todo lo dicho, utilizar un adjetivo como modificador de un verbo es un despropósito producto de ignorar las normas del idioma. Cabe decir que existe el "adjetivo adverbial" que es una clase de palabra "que expresa un significado análogo al de los adverbios con los que se relacionan" (DRAE). Ejemplo del diccionario académico: *El **actual** presidente*. También existe el "adverbio adjetival" que es aquel que "presenta la forma de un adjetivo masculino singular". Ejemplo del DRAE: *No hables tan **alto***, donde el término "alto", que es un adjetivo masculino singular, hace las veces de adverbio. Si un adjetivo admite, de manera natural en nuestra lengua, la desinencia "-mente" que caracteriza al más amplio grupo de adverbios en el idioma español, será ésta la forma correcta de modificar al verbo que se desee emplear. Ejemplos: *Es una **persona ética**; Es una persona que **piensa éticamente***. En el primer caso el adjetivo ("ética") modifica al sustantivo ("persona"); en el segundo, el adverbio ("éticamente") modifica, como es la norma, al verbo ("piensa"). La barbaridad es decir y escribir: "**Piensa ético**", que es como para castigar al hablante y escribiente a anotar en un cuaderno un millón de veces la frase: "No debo confundir el adverbio con el adjetivo".

En el libro *Estrategias de comunicación política: análisis del spot televisivo de ataque en la competencia electoral* (Flacso, México), el autor, Ramón Alberto Lugo Rodríguez, pone el ejemplo de un eslogan de campaña política:

♀ "**VOTA LIBRE**".

Los creativos de tal campaña, que no saben utilizar el idioma, debieron escribir:

♂ **Vota libremente**.

✎ Este tipo de barrabasada es, como ya advertimos, propio del ámbito de la publicidad comercial y política, pero no es raro en el periodismo. He aquí algunos pocos ejemplos tomados de

publicaciones impresas y de internet: "Las claves para **comer sano** siempre", "aprender a **comer sano**", "**comer sano** no es más caro", "8 tips para **comer sano** todos los días", "guía práctica para **comer sano**", "cómo organizarte para **comer sano** toda la semana", "consejos para
comer sano en la cuaresma", "dieta para **comer sano**", "cuídate y **come sano**", "**come sano** y
muévete", "**come sano** y contribuirás a preservar el planeta", "**come sano** de una vez por todas"
(sin importarles el albur), "cómo **pensar positivo** y desarrollar una nueva actitud", "¿por qué es
importante **pensar positivo?**", "entrena tu cerebro para **pensar positivo**", "el poder de **pensar
positivo**", "5 tips para enseñar a tu cerebro a **pensar positivo**", "los asombrosos resultados de
pensar positivo", "aprende a **pensar positivo** en familia", "**piensa positivo** y actúa con estrategias poderosas", "**piensa positivo, actúa positivo**", "hasta los cojones con el '**piensa positivo**'",
"**piensa positivo** es un reto diario", "**piensa positivo**: vive más y mejor", "*Caldo de pollo para
el alma. Piensa positivo*" (título de un libro de autoayuda), "**piensa positivo**; hazlo en grande",
"actívate y **vive sano**", "Programa **Vive Sano**", "come bien, **vive sano**", "se lanzó plataforma
Vota Inteligente para las próximas elecciones", "**vota inteligente**: descubre con un *click* quién es
tu candidato", "presentan **Vota Inteligente** a la comunidad", "**vota libre**, es decir vota informado", "**vota libre, vota independiente**", "**vota libre** para creerte libre", "**vota libre** para que no te
roben la conciencia", "**vive inteligente**, vive con bienestar", "**piensa sano** y sanarás", "piensa diferente, **piensa sano**", "**elige inteligente** cuando te quedes en Sheffield", "¡**elige inteligente**, elige
Massai!", "**vota responsable**, Pedro Pablo Kuczynski", "campaña **Vota Responsable**", "**Piensa
joven**: La empresa continúa", "Únete: **disfruta inteligente**" y, como siempre hay algo peor, una
anfibología desaforadamente alburera: "**come sano** y muévete", etcétera.

☞ Google: 5 230 000 resultados de "comer sano"; 679 000 de "come sano"; 331 000 de
"pensar positivo"; 327 000 de "piensa positivo"; 323 000 de "vive sano", 97 600 resultados
de "piensa joven"; 61 400 de "vota inteligente"; 17 400 de "disfruta inteligente"; 11 600 de "vota
libre"; 11 100 de "vive inteligente"; 6 620 de "piensa sano"; 4 660 de "vota responsable"; 4 150
de "elige inteligente". ☒

25. adjunto, agregado, archivo adjunto, ¿*attachment?*, correo, correo electrónico, do-
cumento adjunto, ¿*email?*

La voz inglesa *attachment* puede traducirse como "agregado", "vínculo" o "adjunto".
También significa "atadura" o "unión", como lo precisa el *Libro de estilo* del diario español *El País*. Pero, justamente porque existe traducción al español, perfectamente
aceptada, debe dejar de usarse el anglicismo crudo para referirse a "todo aquello que
se envía anejo a un cibermensaje", o correo electrónico, que, también, por vicio anglicista, algunos nombran *email*. Lo adecuado y correcto, en español, es "archivo adjunto",
"documento adjunto", "anexo" y hasta, abreviadamente, "adjunto", como recomienda
el *Libro de estilo*. Hay que evitar estos anglicismos brutos que nada tienen que hacer
en nuestro idioma, puesto que los términos equivalentes son comprendidos en

general. "Archivo adjunto" y "correo electrónico" son los términos adecuados, que podemos abreviar con las voces "adjunto" y "correo". ¡Y todos nos entendemos a la perfección! Esto en cuanto a la informática, pero, en el colmo del ridículo, también, en el ámbito político y de la diplomacia, hay quienes se refieren al "Attachment consular", al "Attachment de la embajada" y al "Attachment militar", cuando perfectamente se puede decir y escribir "agregado consular", "agregado de la embajada" y agregado militar". ¡Dejémonos de jaladas!

En internet, los hispanohablantes cada vez son más anglicistas, innecesariamente. Ahí leemos, por ejemplo:

♀ "Las 10 ventajas de la comunicación por **email**".

Querrán decir

♂ por **correo electrónico**.

🖋 He aquí unos poquísimos ejemplos entre las cantidades monstruosas de estos usos absurdos: "Cómo vender lo que quieras por **email** con 3 simples **emails**", "7 formas de atender a clientes por **email**", "cómo hacer publicidad por **email**", "encuestas por **email**", "cómo enviar currículum por **email**", "¿cómo redactar el asunto de un **email** para que se lea?", "cómo escribir un **email** para que te contesten", "¿cómo redactar un **email** de presentación?", "¿cómo encontrar el **email** de una persona?", "el **email** ya no es un medio de comunicación seguro", "cómo enviar un **email** correctamente", "el mejor momento para enviar un **email**", "enviar un **email** a un cliente sin permiso puede ser ilegal", "los 11 peores errores que cometes al mandar un **email**", "seis consejos para enviar un **email** a un inversor", "cómo enviar un **attachment**", "adjuntar un **attachment**" (evidente redundancia), "URL para acceder a un **attachment**", "el **attachment** del **mail** cumple 20 años" (¡qué bonito hablamos y escribimos en español!), "no me llega el **attachment**", "enviar PDF como un **attachment**", "cómo solucionar errores de **attachment**", "a pesar de que llega el **email**, no llega el **attachment**", "no me llega el **attachment**" y, como siempre hay algo peor en la redundancia, "en el **attachment se adjunta** algún documento hecho en PDF, Word, PowerPoint u otro programa".

☞ Google: 152 000 000 de resultados de "por email"; 80 300 000 de "un email"; 14 600 000 de "el email"; 4 400 000 de "enviar un email"; 228 000 de "mandar un email"; 15 200 de "un attachment"; 9 060 de "el attachment"; 6 040 de "como attachment". ⊠

26. aforo, ¿aforo máximo?, ¿aforo mínimo?, máximo, ¿máximo aforo?, mínimo, ¿mínimo aforo?

A partir de las medidas de confinamiento que tomaron los diversos países, sobre todo entre 2020 y 2021, como consecuencia de la pandemia por SARS-CoV-2, mejor conocida como covid-19, aumentó el uso del término "aforo". Este sustantivo masculino posee dos acepciones en el diccionario académico: "Acción y efecto de aforar" y "número máximo autorizado de personas que puede admitir un recinto destinado a espectáculos u otros actos públicos". Y agrega un mexicanismo: "capacidad de un barril u otro recipiente", exactamente así definido también por el *Diccionario de mexicanismos* de la AML, pero definido mucho mejor en el *Diccionario del español usual en México*: "cálculo que se hace de la cantidad de agua, líquido o gas que circula por una corriente o tubería, o de la capacidad de un recipiente". El verbo transitivo "aforar" tiene siete acepciones en el DUE, de las cuales las primeras cuatro son de carácter general: "Cubrir bien los lados del escenario del teatro o las partes que deben ocultarse al público", "calcular la cantidad de agua que lleva una corriente", "calcular la cantidad y valor de los géneros existentes en un depósito" y "calcular la capacidad de un receptáculo o local". Respecto de esta última cabe el siguiente ejemplo: *El **aforo** del teatro municipal es de 600 personas.* Todo bien hasta aquí. El problema está en la forma redundante que utilizan muchas personas al agregarle el adjetivo "máximo" al sustantivo "aforo". "Máximo", del latín *maxĭmus*, significa, de acuerdo con el DRAE, "más grande que cualquier otro en su especie", y se usa también como sustantivo, con el siguiente significado: "límite superior o extremo a que puede llegar algo". Ejemplos: *Dio su **máximo** esfuerzo para ganar la carrera*; *Fue el único que alcanzó el **máximo** nivel exigido*; *Es el **máximo** goleador de la liga*; *En su disciplina y posición es lo **máximo**.* Si en vez de decir y escribir que *El **aforo** del teatro municipal es de 600 personas*, decimos y escribimos que *El **aforo máximo** del teatro municipal es de 600 personas*, cometemos una horrible redundancia, puesto que la definición del sustantivo "aforo", como ya vimos, es el "**número máximo** autorizado de personas que puede admitir un recinto". Siendo así, el término "aforo" ya contiene en sí mismo el concepto de "límite superior o extremo a que puede llegar algo". Incluso escritores y periodistas dicen y escriben "aforo máximo" y "máximo aforo" porque, por pereza, jamás han consultado en el diccionario (con el cual parece que están peleados) el significado de "aforo". Si consultaran el significado de dicho término sabrían también que el "aforo" no puede ser "mínimo", puesto que ya es "máximo"; por tanto, decir y escribir "aforo mínimo" o "mínimo aforo" es caer en el sinsentido, en el absurdo.

En el diario español *El Independiente*, del 17 de abril de 2021, leemos el siguiente titular:

♀ "Madrid autoriza el festival taurino del 2 de mayo en Las Ventas y fija en 6.000 personas el **aforo máximo**".

Quiso informar con corrección, sin rebuznancia, dicho diario español, que

♂ Madrid autoriza el festival taurino de 2 de mayo en Las Ventas, pero fija el **aforo** en seis mil personas.

✒ Queda claro, o debería quedar claro, que no hay "aforos mínimos" porque los "aforos" siempre son "máximos", desde la definición misma. Si los escritores y los periodistas, además de otros profesionales de la escritura, no consultan jamás el diccionario, mucho menos lo hacen otras personas que siguen suponiendo, equivocadamente, por culpa de los escritores y los periodistas, que las expresiones "aforo máximo" y "aforo mínimo" no sólo son correctas, sino también precisas y de impecable estilo. He aquí algunos pocos ejemplos de esta bárbara redundancia y del no menos bárbaro sinsentido, reproducidos de publicaciones impresas y electrónicas: "Cómo calcular el **aforo máximo** de mi local", "el **aforo máximo** es de 20 personas al aire libre", "¿cómo calcular el **aforo máximo** por covid-19 en el lugar de trabajo?", "Puerto Rico reduce al 30% el **aforo máximo** en comercios", "el **aforo máximo** será de 25 personas", "**aforo máximo** permitido para los negocios", "cDMX solo permitirá un **aforo máximo** del 30% en las tiendas", "alcanza su **aforo máximo** a los 10 minutos de abrir", "al aire libre se establece un **aforo máximo** del 65%", "con un **aforo mínimo**, nunca antes visto", "con el **aforo mínimo** para la votación", "el **aforo mínimo** para los encuentros de la Champions League", "reabrirán casinos en Edomex con **aforo mínimo**", "casinos podrán abrir con **aforos máximos** de 100 personas", "conoce los **aforos máximos** para Semana Santa", "Gobierno permite **aforos máximos** de 20 personas para cultos religiosos", "el **máximo aforo** permitido será del 50%", "de esta forma podrás obtener el **máximo aforo** teórico de tu establecimiento" (ahora los aforos son "teóricos"), "**máximo aforo** de personas en una playa", "**aforos mínimos** al 25%", "Puebla con **aforos mínimos** y cortinas abajo", "se establecen **aforos mínimos** en el reinicio de algunas actividades", "**mínimo aforo** vehicular en Av. Río San Joaquín", "se mantiene operación de cines con un **mínimo aforo**", "creo que no hay un **mínimo aforo** por covid", etcétera.

☞ Google: 781 000 resultados de "aforo máximo"; 55 300 de "aforo mínimo"; 31 500 de "aforos máximos"; 13 000 de "máximo aforo"; 6 710 de "aforos mínimos"; 3 610 de "mínimo aforo". ☒

27. afro, ¿*afro americano?*, ¿*afro antillano?*, ¿*afro asiático?*, ¿*afro caribeño?*, ¿*afro cubano?*, ¿*afro mexicano?*, afroamericano, afroantillano, afroasiático, afrocaribeño, afrocubano, afromexicano

El término "afro" es un adjetivo que se aplica a lo perteneciente o relativo a las costumbres y usos africanos. Ejemplo: *Interpretaron una danza tipo afro*. Pero "afro-" es también un elemento compositivo que significa "africano" y que por lo tanto, en un término compuesto, debe ir unido a la palabra que modifica, con la forma de grafía simple: "afroamericano" y no "afro americano", "afroantillano" y no "afro antillano", "afroasiático" y no "afro asiático", "afrocaribeño" y no "afro caribeño", "afrocubano" y no "afro cubano", "afromexicano" y no "afro mexicano", etcétera. No hay razón siquiera para poner guión intermedio, pues en todos estos casos se trata de adjetivos complementarios y no opuestos. Lo correcto es escribir, por ejemplo: *El pueblo afrocubano conserva sus elementos originarios.* Cabe señalar que estas palabras compuestas no tienen ningún parentesco con "Afrodita" y "afrodisíaco", términos de origen griego en los que "afro" no es un prefijo.

Lo mismo en publicaciones impresas que en internet es frecuente la utilización incorrecta de los términos compuestos con el elemento "afro-", relativo a África. Leemos, por ejemplo, en un portal electrónico que

♀ "Nat King Cole fue el primer **afro americano** en tener su propio programa de radio".

Debió escribirse, con corrección, que

☌ El cantante Nat King Cole fue el primer **afroamericano** que tuvo su propio programa de radio.

✐ He aquí otros ejemplos de este abundante desbarre escrito: "un **Afro-Americano** en la Casa Blanca", "policía mata de un disparo a un **afro americano** en Wisconsin", "otro **Afro-Americano** es muerto a manos de un policía", "la champeta, género musical **afro caribeño**", "ritmos **afro caribeños**", "hoy se celebra el Festival **Afro Caribeño**", "Museo **Afro Antillano** de Panamá", "léxicos del inglés criollo **afro-antillano**", "el alma de lo **afro cubano**", "el arte **Afro-cubano**", "México reconoce a los **afro-mexicanos** en su nuevo censo", "el pueblo **afro mexicano** y su reconocimiento constitucional", "Vicente Guerrero, el primer presidente **afro-mexicano**", "Encuentro **Afro Mexicano**", "pueblo **negro-afro-mexicano**", "el pueblo **Afro-Mexicano** y los migrantes afrodescendientes", etcétera.

☞ Google: 2 260 000 resultados de "afro americano"; 640 000 de "afro-americanos"; 124 000 de "afro cubano"; 177 000 de "afro americanas"; 36 000 de "afro mexicanos"; 30 100 de "afro caribeña"; 26 200 de "afro cubanos"; 22 500 de "afro asiático"; 20 300 de "afro cubanas"; 19 900 de "afro antillano"; 18 900 de "música afro cubana"; 15 300 de "afro antillana"; 14 100 de "religión afro cubana"; 13 900 de "afro caribeño"; 9 620 de "afro caribeñas"; 6 200 de "afro mexicanas"; 5 990 de "afro europea"; 5 470 de "afro mexicano"; 4 710 de "afro europeo"; 4 200 de "afro antillanas"; 3 800 de "afro mexicana". ☒

☞ Google: 8 250 000 resultados de "afroamericano"; 3 570 000 de "afroamericana"; 1 730 000 de "afroamericanos"; 942 000 de "afroamericanas"; 266 000 de "afrocubana"; 183 000 de "afrocubano"; 125 000 de "afrocubanos"; 97 200 de "afroantillana"; 64 500 de "afromexicanos"; 64 300 de "afroantillanos"; 61 700 de "afrocubanas"; 40 200 de "afroantillano"; 30 000 de "afroasiático"; 29 100 de "afrocaribeño"; 28 000 de "afrocaribeñas"; 26 600 de "afromexicanas"; 26 200 de "afrocaribeños"; 22 900 de "afroasiáticos"; 22 500 de "afroasiática"; 18 500 de "afromexicana"; 15 800 de "afroasiáticas"; 15 500 de "afromexicanas"; 10 200 de "afroantillanas"; 7 790 de "afroeuropea"; 6 220 de "afroeuropeos"; 5 440 de "afroeuropeo". ☑

28. agnóstico, ateo

El adjetivo "agnóstico" proviene del griego *agnostos* ("ignoto") y se refiere a quien profesa el "agnosticismo" y a lo perteneciente o relativo a él. El sustantivo masculino "agnosticismo" se aplica a la "actitud filosófica que declara inaccesible al entendimiento humano todo conocimiento de lo divino y de lo que trasciende la experiencia" (DRAE). Lo "ignoto" es precisamente lo desconocido o, en otras palabras, "lo no conocido ni descubierto". Ejemplo: *En términos de religión, soy un **agnóstico**, pues todo lo divino me resulta inaccesible.* "Ateo", en cambio, es un adjetivo compuesto del latín *atheus* (*a+theus*: *a-*, "sin"; *theus*, "dios"), literalmente, "sin dios". Por ello, este adjetivo califica a quien niega la existencia de cualquier dios. De ahí el sustantivo "ateísmo": condición de ateo. Ejemplo: *¿**Ateo**? No lo sé. Ni siquiera estamos seguros de que Dios no exista* (Jorge Luis Borges). Las personas que no suelen consultar el diccionario, suponen que "agnóstico" y "ateo" son sinónimos, y muchos de los que declaran no creer en ningún dios afirman que son "agnósticos" cuando en realidad quieren decir que son "ateos" o que rechazan totalmente la existencia de un dios.

Suele ser disparate común de personas más o menos cultas y de incultos que suponen que son cultos de la misma manera que suponen que son "agnósticos". Dice orgulloso un internauta:

♀ "Yo soy **agnóstico**, no creo en Dios".

Si de veras no cree en Dios, debió decir y escribir:

♂ Soy **ateo**: no creo en Dios.

✎ Las publicaciones impresas y las páginas de internet están llenas de "ateos" que se dicen "agnósticos" y que muy probablemente, confundidos como están, también crean que son "agnósicos" (que padecen "agnosia", es decir, alteración de la percepción que los incapacita "para reconocer personas, objetos o sensaciones que antes les eran familiares"). "Yo, personalmente, soy **agnóstico, no creo en Dios**", dice otro despistado, y uno más añade: "puesto que los **agnósticos no creen en Dios**, son ateos". Lo que les hace falta a estas personas es acudir de vez en cuando a un diccionario, y sacudir de su alacena mental todas las necedades que han acumulado a causa de no verificar lo que dicen y escriben. Una cosa es ser "agnóstico" y otra, muy distinta, es ser ateo. El ateísmo no es equivalente del agnosticismo. Como ya vimos, el ateo niega la existencia de cualquier dios, en tanto que el agnóstico piensa que lo divino es inaccesible al entendimiento. No es lo mismo, por supuesto, pero pedirles a las personas que consulten de vez en cuando el diccionario (¡aunque lo tengan frente a sus narices en sus dispositivos digitales!) parece hoy pedirles demasiado. Por ello, nunca es más cierto que, en este caso, la mayoría de los ateos lo es gracias a Dios.

☞ Google: 8040 resultados de "soy agnóstico, no creo en Dios"; 2420 de "los agnósticos no creen en Dios"; 1270 de "un agnóstico no cree en Dios"; 1180 de "agnóstico, sin dios". ⊠

29. ahijada, ahijado, ahijar, ¿aijada?, ¿aijado?

Sorprende que la Academia Mexicana de la Lengua no incluya, en su *Diccionario de mexicanismos*, las voces con faltas ortográficas "aijada" y "aijado", si es capaz de incluir "agora" (con el significado de "ahora") y "amaciato" (por "amasiato"). Dado que tanta barbaridad incluye ahí, quién sabe por qué discriminó estas cacografías que se usan tanto o más que otras barrabasadas que sí aloja en las páginas de esa compilación de barbaridades. En el DRAE se consigna la voz "aijada" como sustantivo femenino equivalente a "aguijada" (del latín vulgar *aquileata*), sustantivo femenino que significa "vara larga que en un extremo tiene una punta de hierro con que los boyeros pican a la yunta". No dudamos que los boyeros pronuncien, con falta de ortoepía, "aijada" en lugar de "aguijada", pero es obvio que se refieren a la "aguijada", es decir, a esa vara con punta con la que pican a los bueyes. Pero otro es el caso que se da en México y en otros países de lengua española con las voces "aijada" y "aijado" (con faltas ortográficas), en lugar de las correctas grafías "ahijada" y "ahijado". ¿Tendrán alguna vez, en el DRAE y en el DM, su entrada correspondiente estas erróneas representaciones gráficas? Es probable, a juzgar por las tonterías que suelen incluir. Pero lo correcto es "**ahijada**" y "**ahijado**" (del participio de *ahijar*), sustantivo que se da a la "persona que es apadrinada o amadrinada por otra en su bautizo" y "persona que recibe protección, favor o asistencia de su valedor" (DRAE). Ejemplos: *Es su **ahijada**, pues la apadrinaron en su bautizo*, *Tienen un **ahijado** muy ingrato*. De acuerdo con el DRAE, el verbo transitivo "ahijar" (del latín tardío *affiliāre*, derivado del latín *filius*, "hijo") posee la siguiente acepción principal: "Dicho de un animal: Acoger una cría ajena". Y no dice nada en relación con el animal racional llamado "hombre". Tenemos que suponer, entonces, que los que apadrinan y amadrinan, y los ahijados y ahijadas, según el DRAE, pertenecen, sin más (esto es, sin ningún matiz), al reino animal. Pero lo que no dicen los animales madrileños del DRAE, lo dice María Moliner en el DUE: "**ahijar**. Adoptar: tomar como hijo a uno que no lo es naturalmente". Ejemplo del DUE: *Se ha **ahijado** a un sobrino suyo*. "Se aplica también a animales", precisa Moliner. Se necesita ser muy bestia para definir el verbo "ahijar" refiriéndose únicamente a animales. Sea como fuere, "ahijada" y "ahijado" se escriben, correctamente, con "h" intermedia, puesto que provienen del sustantivo "hijo", y omitir esa "h" es pecado de ortografía, abundante, por cierto, lo mismo en internet que en publicaciones impresas. El verbo "ahijar" es parecido al también verbo transitivo "prohijar" (del latín *pro*, "por" y *filius*, hijo): "Adoptar a alguien como hijo" y "acoger como propias las opiniones o doctrinas ajenas". En este caso, la barbaridad sería escribir proijar, error que, por cierto, muy poca gente comete.

Hablantes y escribientes especialmente en internet se han encargado de desfigurar el idioma, a tal grado que ahora las "aijadas" y los "aijados" dan como consecuencia a los padrinos y a los compadres, a las madrinas y a las comadres. En una novela, traducida en Madrid, leemos lo siguiente:

♀ "Eileen, la recepcionista, y mi **aijada** para más señas, te vio llegar al hotel".
Quiso decir la traductora que la tal Eileen es
♂ **ahijada** del personaje que la menciona.

✎ Más ejemplos de esta barbaridad, reproducidos lo mismo de publicaciones impresas que de internet: "El bautizo de mi **aijado**", "me fascina el **aijado** del diablo", "que pase el primo del hijo del **aijado** de la cuñada", "el **aijado** es bien mamón", "madrina y **aijado**", "Paco y sus **aijados**", "Los **Aijados** Restaurante", "un saludo a los **aijados**", "tengo que comprarle un hermoso vestido a mi **aijada**", "Sarita es mi **aijada**", "quiero felicitar a mi **aijada** Lorena", "esta es mi **aijada**", "mi **aijada** hace hoy la comunión", "arruinó la vida de mi **aijada**", "qué buena que está mi **aijada**", "la pequeña era su **aijada**", "ha viajado al estado de Oaxaca para visitar a su **aijada**", "después de todo soy su **aijada**", "ella vive con su **aijada**", "se comprometieron a velar por la buena educación espiritual de su **aijada**", "había llegado para ver el nacimiento de su **aijada**", "celebraron los quince años de su **aijada**", "quería a su **aijada** pero estaba obsesionada con la perfección", "mi **aijadita** hermosa", "nuestra **aijadita**", "con su **aijadita**", etcétera.

☞ Google: 439 000 resultados de "aijado"; 293 000 de "mi aijado"; 42 000 de "mi aijada"; 37 900 de "mis aijados"; 16 600 de "aijados"; 12 000 de "su aijada"; 1 270 de "aijadita". ☒

☞ Google: 5 130 000 resultados de "ahijado"; 1 460 000 de "ahijada"; 530 000 de "ahijados"; 98 500 de "ahijadas"; 33 400 de "ahijadita". ☑

30. ahora, ahorita, ahoritita, ahorititita, en un instante, en un minutito, en un minuto, en un momentito, en un momento, instante, minutito, minuto, momentito, momento

Nada dice el DRAE de los diminutivos del adverbio demostrativo "ahora", cuyo significado es "en este momento o en el tiempo actual". Le deja esta chamba al *Diccionario panhispánico de dudas*, donde leemos lo siguiente: "**ahorita**. Diminutivo de *ahora*, usado frecuentemente en el habla coloquial de amplias zonas de América. Aún más coloquial es la variante *horita*. Ambas formas admiten sufijos diminutivos: *ahoritita, ahoritica, horitita*. No son correctas las grafías sin *h*: *aorita, orita*. En Puerto Rico y la República Dominicana se distingue entre *ahora* ('en este momento') y *ahorita* ('dentro de un rato')". Se supone que la Academia Mexicana de la Lengua participó en la redacción del malhadado *Panhispánico* y, pese a ello, cuando se aclara que hay una distinción entre el "ahora" (en este momento) y el "ahorita" (dentro de un rato), este uso sólo se precisa para los hablantes de Puerto Rico y República Dominicana, pero no para México. Se especifica para dos países que juntos suman poco menos de 15 millones de habitantes, pero no para México, ¡con casi 130 millones!, donde el "ahorita", el "ahoritita" y el "ahorititita" significan exactamente "al rato" o "después", para distinguirlos del "ahora" que significa "en el acto". ¿Qué debemos entender que hacen los "académicos hermanos" de América cuando trabajan en colaboración con los españoles? No lo sabemos; lo sabe Dios. Lo cierto es que la particular significación del "ahorita" americano no le importa al DRAE (porque en España no se usa) y se la deja de tarea al *Panhispánico* que presume su panhispanismo con la Asociación de Academias de la Lengua Española por delante, pero donde la AML parece que no tiene nada que decir. Si hay un país donde se usa el "ahorita", el "ahoritita" y el ahorititita" con sentido de dilación oponiéndolos al "ahora", que significa "en el acto", ése es justamente México. Más aún: en México, estos diminutivos del adverbio demostrativo "ahora" equivalen a las locuciones "en un momento" y "en un instante", del todo ambiguas y subjetivas porque dependen de lo que cada cual desea entender —según su conveniencia— por "momento" y por "instante". Cuando alguien en México dice "ahorita", "ahoritita", "ahorititita", "en un momento", "en un instante" ya nos chingamos, pues debe saberse que no se abocará "de inmediato" a lo que ha de realizar. De acuerdo con el diccionario académico, la primera acepción del sustantivo masculino "momento" (del latín *momentum*) significa "porción de tiempo muy breve". Ejemplo: *Lo vi sólo por un **momento***. En cuanto al sustantivo masculino "instante" (del latín *instans, instantis*), su significado es "porción brevísima de tiempo". Ejemplo: *Apenas si lo vi por un **instante***. Estas definiciones exigirían que las locuciones "en un instante" y "en un momento" equivaliesen a la locución latina adverbial *ipso facto*, es decir "ahora mismo", "en el acto", "inmediatamente" y, sin embargo, en México, significan todo lo contrario: "después", "al rato". Aún más desvergonzada en su ambigüedad es la locución "en un momentito", pues con ella se quiere decir que la cosa a realizarse, a tratarse, a resolverse, tardará muchísimo más. De mil amores en México, los güevones usarían, si fuese el caso, "en un instantito", para, con ello, no darle al interesado prácticamente ninguna esperanza de celeridad. México es, por deficiencia —ya que no por excelencia— el país del "ahorita", el "ahoritita", el "ahorititita", el "en un momento", el "en un momentito", el "en un instante". Y las cosas siempre pueden ir de mal en peor, pues equivalentes de esas expresiones que no indican celeridad, sino tardanza, son las locuciones "en un minuto" y "en un minutito", que jamás corresponden ni a sesenta segundos ni a sesenta segunditos, sino al tiempo que cada cual determine, según sean su temperamento o su interés. El colmo es cuando alguien dice con redundancia: *Espéreme un **momentito**, **ahorititita** lo atiendo; **ahorita** estoy con usted*. Quien recibe tal mensaje tendrá que esperar sentado y, de preferencia, ponerse unos cómodos cojines debajo de las nalgas. Que la Academia Mexicana de la Lengua no tenga nada que decir a este respecto, ¡ni siquiera en el *Diccionario panhispánico de dudas!*, delata que su chamba la dejó para "ahorita": el "ahorita" del chambón

Diccionario de mexicanismos ("después, dentro de un momento, en seguida") que no recoge en sus páginas ¡ni el "ahoritita" ni mucho menos el "ahorititita"! Ah, pero eso sí, los redactores del DM fueron muy prolijos para incluir barbaridades como "agora", "aguadito", "allicito" y "amaciato" (sí, ¡"amaciato"!, con falta de ortografía), entre otros localismos que deben utilizarse especialmente, y con mucho salero, entre los académicos mexicanos, sus ayudantes y sus informantes.

☞ Google: 20 200 000 resultados de "ahorita"; 602 000 de "en un momentito"; 255 000 de "ahorititita"; 243 000 de "en un minutito"; 130 000 de "ahoritita"; 9 360 de "ahorita estoy con usted"; 1 180 de "ahorita le atiendo". ☑

31. ajolote, rana, ¿ranacuajo?, renacuajo, sapo

El "ajolote" o "axolotl" (en náhuatl) es el fenotipo de un anfibio caudado (es decir, con cauda, con cola). Pertenece a la familia de los ambistomátidos (*Ambystoma mexicanum*) que es endémica de México, y su nombre en náhuatl significa "monstruo acuático". Ejemplo: *El jarabe de* **ajolote** *es un suplemento alimenticio*. El "ajolote" se encuentra en peligro de extinción en su hábitat natural de los lagos de la Ciudad de México, y nada tiene que ver con el "renacuajo" que es el término correcto para denominar a las larvas de los anfibios anuros (es decir, sin cola): la rana y el sapo.

Aunque la Real Academia Española y la Academia Mexicana de la Lengua legitimen que el término "ajolote" se aplique a los "renacuajos" o larvas de rana (en el DM, absurdamente, la primera acepción es para la "larva de rana"), el "ajolote" no es un "renacuajo" (por ultracorrección o por barbarismo hay quien lo denomina "ranacuajo"). El habla popular de México, que denomina "ajolotes" a las larvas de la rana, ha creado el equívoco y ha difundido este disparate. En internet un memorialista escribe:

♀ "En los charcos había miles de **ajolotes**".

En realidad, quiso decir que

♂ en los charcos había miles de **renacuajos** o de **larvas de rana**.

✐ La razón es muy sencilla: los "ajolotes" no habitan en los charcos, sino en los lagos, y especialmente en algunos lagos (el de Xochimilco, en particular). Y no es tanta su abundancia como para encontrarlos por miles en un pequeño cuerpo de agua, es decir en un mísero charco. Es cierto que, en su cuento "El hombre", de *El Llano en llamas*, Juan Rulfo escribe lo siguiente a propósito de su protagonista: "Lo vi beber agua y luego hacer buches como quien está enjuagándose la boca; pero lo que pasaba era que se había tragado un buen puño de ajolotes, porque el charco donde se puso a sorber era bajito y estaba plagado de ajolotes". Pero no es Rulfo el que lo dice, sino el personaje que narra (un borreguero para más señas) utilizando los más típicos giros del habla popular. Rulfo, al igual que Julio Cortázar (que, en su libro *Final del juego*, le dedica un cuento al "ajolote", con la denominación náhuatl, "Axolotl"), sabía distinguir entre un "ajolote" y un "renacuajo" o "larva de rana". Cortázar evoca así al "axolotl": "Los ojos de oro [de las criaturas rosadas] seguían ardiendo con su dulce, terrible luz; seguían mirándome desde una profundidad insondable que me daba vértigo". Ese "axolotl", que lo cautiva en el Jardin des Plantes de París, no se parece en nada a un oscuro renacuajo. Por cierto, la grafía "axolote" es también un disparate. En español, el nombre correcto de este anfibio endémico de México (que tiene la capacidad de regenerar sus extremidades e incluso partes de sus órganos vitales) es "ajolote". Los "renacuajos" o "larvas de rana" no tienen ningún parentesco con el *axolot*, y estrictamente no se llaman "ajolotes" aunque así se les conozca en el habla popular.

☞ Google: 33 500 resultados de "ranacuajo"; 6 850 de "ranacuajos"; 3 260 de "miles de ajolotes en un charco". ☒

☞ Google: 2 410 000 de resultados de "ajolote"; 1 010 000 de "renacuajo"; 547 000 de "renacuajos"; 475 000 de "ajolotes"; 1 550 de "renacuajos en un charco". ☑

32. al chas, al chas chas, ¿al chaz?, ¿al chaz chaz?

La locución adverbial "al chas chas" es americanismo que significa "al contado" o "en efectivo". Ejemplo: *Pagó su televisor al chas chas.* La palabra "chas" se repite, pero no debe ponerse coma intermedia. A decir del DRAE y del *Diccionario breve de mexicanismos*, de Guido Gómez de Silva, se trata de un mexicanismo de carácter supranacional, ya que se utiliza también en varios países de Centroamérica. Muy probablemente es una expresión derivada, por deformación, de la voz inglesa *cash* (pronunciada *kash*), que significa "efectivo" y, con mayor precisión, "dinero en efectivo", como en la frase *to pay in cash*: "pagar al contado o en efectivo". Gómez de Silva agrega una acepción: "dando y dando, inmediatamente". Esto quiere decir que no únicamente se paga algo en efectivo o al contado, sino que, al comprarse algo "al chas chas", el vendedor queda obligado a la reciprocidad de entregar la mercancía inmediatamente o, como bien lo precisa Gómez de Silva, "dando y dando". En 1942, Francisco J. Santamaría registra dicha locución en el *Diccionario general de americanismos* y la define del siguiente modo: "En Méjico, al contado, peso sobre peso". En 1947, el puertorriqueño Félix Fano, en su *Índice gramatical*, registra la locución "al cash" ("al contado") y pone un ejemplo: *Lo compré al cash.* "Al cash" se convirtió en "al chas" y luego derivó en "al chas chas". Lo que no admite duda es que la forma correcta de la locución es "**al chas chas**" y no "**al chaz chaz**", y, en todo caso, "**al chas**", pero no "**al chaz**". La "z" no tiene cabida en la grafía "chas". Por lo general, la palabra "chas" exige repetirse en la locución, sin ningún signo intermedio, para tener sentido. Tanto "**al chaz chaz**" como "**al chaz, chaz**" y "**al chaz**" son incorrecciones y, más exactamente, faltas ortográficas, aunque al DM de la AML le dé lo mismo "chas" que "chaz". Nada tiene que hacer la "z" en esta locución si su raíz, bastante probable, es la voz inglesa *cash*.

Estas formas incorrectas se han extendido en nuestro idioma, producto de la ignorancia de los anunciantes de las tiendas departamentales en México, pero también de la ignorancia de autores, correctores y editores que escriben y publican libros, pero que jamás consultan el diccionario. Así, en el libro mexicano *Pequeño cerdo capitalista*, leemos lo siguiente:

♀ "mínimo el enganche o el total del precio del inmueble, si lo compraste **al chaz chaz**".

Debió escribirse y publicarse:

♂ mínimamente, el enganche, o bien el total del precio del inmueble, si lo compraste **al chas chas**.

✎ Las tiendas departamentales tienen precios más bajos para compras "**al chaz chaz**". Así lo escriben, y es por ello que este dislate se ha ido extendiendo al grado de ya superar el uso correcto "**al chas chas**". Y si ahora tenemos un *Diccionario de mexicanismos* de la AML que avala todo y no precisa nada, entonces hasta el tuerto DRAE es rey. He aquí otros ejemplos de este error: "burócrata arregla golpe **al chaz chaz**", "PJ pagó **al chaz chaz** adeudo con pensiones", "ahorrará pagando **al chaz chaz**", "tienes que pagar **al chaz chaz**", "si no tienes lana **al chaz chaz** no te preocupes", "ya sea con tarjeta de crédito o **al chaz chaz**", "lo mejor es pagar **al chaz chaz**", "super precio **al chaz chaz**", "nos costó 18 mil pesos **al chaz chaz**", "los locatarios podrán pagar **al chaz chaz**", "chocó y pagó al **chaz chaz**", "precios **al chaz chaz** ya incluyen el IVA", "super precios **al chaz** en Distrito Federal", "nada como pagar al **chaz**".

☞ Google: 7 820 resultados de "al chaz"; 6 790 de "al chaz chaz". ☒
☞ Google: 14 200 resultados de "al chas"; 5 950 de "al chas chas". ☑

33. al día siguiente, día, *¿el día después?*, *¿el día después de mañana?*, el día siguiente, un día después

¿Cuál es "el día después de mañana"? Pasado mañana, sin duda, como se dice normalmente en español. En nuestro idioma, la expresión "el día después de mañana" es una aberración. Lo que ocurre es que estamos invadidos por la lepra del anglicismo, el pochismo y, además de todo, el mal inglés, hablado y escrito, en gran medida porque un sector muy influyente de nuestra sociedad, en la que se incluyen los gobernantes, no muy despiertos, por cierto, insiste en que nos volvamos gringos y hablemos y escribamos en mal inglés o en pésimo español a partir de la gramática inglesa. Y justamente porque no sabemos ni hablar ni escribir correctamente en español, ahora nos da por decir "el día después", cuando es obvio que se trata del "día siguiente". El día siguiente de hoy es mañana y el día que sigue al de mañana es pasado mañana. Pero recordemos que una malísima película gringa sensacionalista, *The Day After Tomorrow*, se intituló torpemente en España como *El día de mañana* (similar en la fórmula torpe de "el día de hoy" y "el día de ayer") y en Latinoamérica, peor aún, como *El día después de mañana*. La lógica gramatical del español exigía traducciones, sensatas, de perfecta construcción, para mejor comprensión, como *Al día siguiente* o *Un día después*. Ya suficientemente idiota es en inglés *The Day After Tomorrow* si no se entiende literalmente como *Pasado mañana*. El término "después" es un adverbio que significa "detrás o a continuación" (DRAE). Ejemplo del propio DRAE: *El ejemplo va **después** de la definición*. En su segunda acepción significa "más tarde o con posterioridad". Ejemplo: *Te veré **después***. El término "siguiente" es un adjetivo (participio activo del verbo "seguir"): "que sigue, que es ulterior o posterior" (DRAE). Según la definición de María Moliner, "se aplica al que o lo que sigue; que está o va inmediatamente después". Ejemplos del DUE: *La página **siguiente***; *El día **siguiente***. Con la preposición "a" más el artículo determinado ("el") hacemos la contracción "al" y la lógica exige que con el sustantivo masculino "día" (del latín *dies*), "período de 24 horas", digamos y escribamos ***Al día siguiente***, pero no, por supuesto, ***Al día después***. En inglés, a la píldora contraceptiva o anticonceptiva de emergencia se le conoce popularmente como *Morning after pill*, cuya desafortunada traducción literal en español es "píldora del día después". Gramatical, y lógicamente, es mucho mejor la traducción "píldora del día siguiente". Y, por cierto, lo del "día siguiente" no es tan exacto, pues esta píldora puede funcionar contra el embarazo si se administra incluso al quinto día (o en las 120 horas siguientes) de las relaciones sexuales sin preservativo. Sea como fuere, en español, lo natural es decir y escribir, con artículo determinado, "**el** día siguiente", y con artículo indeterminado, "**un** día después". Por tanto, en la gramática española, es más lógico decir y escribir "píldora del día siguiente" que "píldora del día después" (en todo caso sería "píldora de un día después"). No todo lo que relumbra en inglés es oro, más aún cuando se nos olvida que nuestro idioma es el español y que no debemos imitar servilmente las formas sintácticas y gramaticales de un idioma muy diferente al nuestro que, además, en general, ni siquiera conocemos bien.

☞ Google: 382 000 resultados de "el día después de mañana". ☒
☞ Google: 45 800 000 de resultados de "el día siguiente"; 10 900 000 de "un día después"; 254 000 de "píldora del día después"; 20 200 de "píldoras del día después". ☑
☞ Google: 122 000 resultados de "píldora del día siguiente"; 13 400 de "píldoras del día siguiente". ☑☑

34. álbum, *¿álbum blanco?*, albúmenes, álbumes, albúmina, *¿álbums?*, *¿álbun?*, *¿álbunes?*
En la escuela secundaria un despistado profesor nos enseñó que el plural de "álbum" era "albúmenes", y nos obligaba a pluralizar de esa forma tan bárbara. Desgració para

siempre a muchas generaciones. Su confusión tenía que ver con la "clara del huevo"; veamos por qué. El sustantivo masculino "álbum" (del latín *album*: "encerado blanco") es una palabra llana o grave (con acento ortográfico en la penúltima sílaba), y aunque, por regla general, los plurales de las palabras terminadas en "m" se forman añadiendo la terminación "-s" (de "currículum", "currículums; de "fórum", "fórums"; de "referéndum", "referéndums"), existen dos excepciones a esta regla: "álbumes", y no "álbums", y "clubes" (aunque también se admite "clubs"). El caso de "filmes" no corresponde a esta excepción, pues no es el plural de *film* (película, cinta cinematográfica), que es anglicismo crudo, sino de "filme", forma castellanizada de dicho anglicismo. El sustantivo "álbum" tiene en el DRAE cuatro acepciones: "Libro en blanco, comúnmente apaisado, y encuadernado con más o menos lujo, cuyas hojas se llenan con breves composiciones literarias, sentencias, máximas, piezas de música, firmas, retratos, etc.", "libro en blanco de hojas dobles, con una o más aberturas de forma regular, a manera de marcos para colocar en ellas fotografías, acuarelas, grabados, etc.", "disco o conjunto de discos sonoros, de larga duración" y "estuche o carpeta con uno o más discos sonoros". Ejemplos: *El poema está escrito en el* álbum *de la Señorita S.*, *Incluyó la nueva imagen en su* álbum *de fotos*, *Compró un* álbum *de música clásica*. Pero, como ya vimos, en relación con el plural, éste no es "álbums" ni mucho menos "albúmenes", sino "álbumes". Ejemplos: *Los poemas están escritos en los* álbumes *de la señorita S. y la señora R.*, *Incluyeron las nuevas imágenes en sus* álbumes *de fotos*, *Compraron* álbumes *de música clásica*. El plural "albúmenes" no corresponde al sustantivo "álbum", sino al sustantivo masculino "albumen" (del latín *albūmen, albumĭnis*: "clara de huevo"), cuyo significado es "clara de huevo, compuesta principalmente de albúmina" (DRAE); de ahí el sustantivo femenino "albúmina" (plural: "albúminas"): "Proteína soluble en agua, característica de la clara de huevo y presente en la mayoría de los organismos" (DRAE). Ejemplos: *Hay que separar la yema del* **albumen**; *La* **albúmina** *se encuentra en gran proporción en el plasma sanguíneo*. En conclusión, "albúmenes" no es plural de "álbum" (libro, cuaderno, disco o conjunto de discos sonoros), sino de "albumen" (clara de huevo). Tampoco se debe cometer el despropósito de pluralizar "álbum" como "álbunes", pues la desinencia "m" no admite ser modificada por "n". En consecuencia, otros disparates son escribir "albun" y "álbun". Un caso curioso de redundancia es el sustantivo "álbum blanco" (en inglés *The White Album*), que así se conoce, mundialmente, el disco doble de la banda inglesa The Beatles, publicado el 22 de noviembre de 1968, con una portada blanca carente de imágenes y textos, con excepción del nombre de la banda en relieve, es decir, también en blanco. Pero si la etimología latina de "álbum" (*album*) es equivalente a "blanco" (de ahí el adjetivo "albo", del latín *albus*: "blanco"), aunque "álbum" tenga como uno de sus significados "disco o conjunto de discos sonoros", el sustantivo "álbum blanco" es redundante, más allá de que hoy sea imposible renunciar a tan curiosa combinación surgida de la necesidad de nombrar un "álbum" de música muy célebre carente de título. Por tanto, el error no es tanto decir y escribir "álbum blanco", sino decir y escribir "albúmenes", "álbums" y "álbunes" como plurales de "álbum", además de deformar el singular "álbum" en "albun" y "álbun".

Estas incorrecciones abundan en el habla y en la escritura, con una enorme divulgación en publicaciones impresas y en internet. En el sitio digital colombiano *The Clinic* leemos el siguiente titular:

♀ "Las mejores portadas de *álbums* inspiradas en la ciencia".

En correcto español debió escribirse:

♂ Las mejores portadas de **álbumes** inspiradas en la ciencia.

🖉 He aquí otros ejemplos de estos desbarres: "**Álbums**, discos y discografías", "15 **álbums** que cumplen 15 años", "**álbums** latinos que dejaron huella", "el nuevo ciclo de lanzamiento de **álbums** en internet", "portadas de **álbums** que son obras de arte", "los mejores **álbums** del 2016", "**albunes** de reggaetón", "**albunes** de graduación", "**albunes** completos de música", "Distribuidora Andaluza de **Albunes**", "**álbunes** con canciones", "mejores 100 imágenes de **álbunes** en Pinterest", "dibujos y pinturas en **álbunes** del siglo xix", "descargar **albúmenes** de fotos completos", "**albúmenes** de One Direction", "**albúmenes** y canciones más populares de 2015", "bajar **albumenes** completos de música", "tres **albumenes** para archivar monedas", "**albun** con fotos y videos", "decorados de **albun** para quinceañeras", "**albun** de la vida", "**albun** de mi primera comunión", "investigar un tema para elaborar un **álbun**", "nuestro nuevo **álbun** está muy cerca: Joe Perry de Aerosmith", "poema en el **álbun** de una señora que pedía versos largos y cortos", "Ana Bárbara... ¡y su **álbun** de recuerdos!", etcétera.

☞ Google: 1730000 resultados de "albun"; 1010000 de "álbums"; 892000 de "albunes"; 283000 de "álbunes"; 175000 de "álbun"; 15800 de "albumenes"; 1430 de "albúmenes de fotos"; 1000 de "albúmenes completos". ☒

☞ Google: 54200000 resultados de "álbumes". ☑

☞ Google: 1980000 resultados de "*The White Album*"; 109000 de "Álbum blanco".

35. *Alexia*, un extraño nombre propio

Es frecuente que los padres impongan a sus hijos nombres poco convencionales cuando no extravagantes o francamente desafortunados, y no nos referimos, en el caso de los nombres de mujeres, a que les llamen "Fe", "Esperanza" y "Caridad" ni tampoco "Paciencia", "Amor" y "Felicidad". Que a los hijos varones les pongan por nombre "Lucifer", y a las mujeres "Gárgola" o "Gorgona" bien podría conducir a lamentables parricidios si los hijos deducen de ello que sus padres los odiaban de veras. Quizá nadie se atrevería a llamar "Sífilis" a su hija ni "Herpes" a su hijo. Pero hay un caso extrañísimo: el de "Alexia", cuya eufonía no está a discusión, pero cuyo significado, seguramente, ignoran los progenitores. Este término se ha convertido, en los últimos años, en un popular nombre propio de mujer, pero debe saberse (tan sólo para no ignorarlo) que, como sustantivo común femenino, "alexia" (del alemán *Alexie*, y éste formado sobre el griego *á*, "sin", y *léxis*, "habla, dicción") significa "imposibilidad de leer causada por una lesión del cerebro" (DRAE). Ejemplo: *La alexia sin agrafia es la incapacidad de leer pero no de escribir, como consecuencia de un infarto cerebral occipital*. Este padecimiento es familiar de la "dislexia" (del latín científico *dyslexia*): "Dificultad en el aprendizaje de la lectura o la escritura, frecuentemente asociada con trastornos de la coordinación motora" e "incapacidad parcial o total para comprender lo que se lee causada por una lesión cerebral" (DRAE). De ahí el adjetivo "disléxico": "perteneciente o relativo a la dislexia", y "dicho de una persona: que padece dislexia". Lo curioso es que nadie le impone a una hija el nombre propio de "Dislexia" (sería indelicado), ¿pero cómo sí el de "Alexia"? La respuesta reside, con mucha probabilidad, en el hecho de que el femenino "Alexia" lo derivan los padres del masculino "Alex", nombre propio de varón que también se ha popularizado. Pero, en todo caso, el femenino natural tendría que ser "Alexa" y no "Alexia", como de "Agustín", "Agustina"; "de Ángel", "Ángela"; "de "Damián", "Damiana"; de "Valentín", "Valentina". Deben saberlo los progenitores: ese término ("Alexia") que les suena tan bonito es, al menos en español, el nombre de una patología, de una enfermedad. Basta con hacer una búsqueda en internet de este nombre, con veintidós de los apellidos más comunes en español, para tener una clara idea de la popularidad de "Alexia", que en realidad es deformación de "Alexa", aunque en los nombres propios hoy se hayan perdido, quizá para siempre, las reglas estrictas de derivación.

☞ Google: 105 000 resultados de "Alexia González"; 90 600 de "Alexia López"; 74 300 de "Alexia Rodríguez"; 61 200 de "Alexia Gómez"; 52 900 de "Alexia García"; 44 700 de "Alexia Torres"; 43 900 de "Alexia Martínez; 40 500 de "Alexia Hernández"; 39 900 de "Alexia Flores"; 36 700 de "Alexia Fernández"; 31 500 de "Alexia Sánchez"; 22 500 de "Alexia Pérez"; 22 300 de "Alexia Romero"; 21 200 de "Alexia Ruiz"; 20 200 de "Alexia Vega"; 20 000 de "Alexia Díaz"; 19 300 de "Alexia Ramírez"; 17 200 de "Alexia Álvarez"; 16 600 de "Alexia Ortiz"; 9 070 de "Alexia Rivera"; 7 270 de "Alexia Ávila"; 5 100 de "Alexia Medina".

☞ Google: 1 380 000 resultados de "Alexa Vega"; 176 000 de "Alexa Rivera"; 126 000 de "Alexa González"; 112 000 de "Alexa García"; 108 000 de "Alexa Martínez"; 95 000 de "Alexa Rodríguez"; 94 000 de "Alexa Hernández"; 73 000 de "Alexa Ramírez"; 59 000 de "Alexa Torres"; 56 700 de "Alexa Pérez"; 52 300 de "Alexa Díaz"; 49 200 de "Alexa Sánchez"; 45 700 de "Alexa Gómez"; 43 100 de "Alexa Flores"; 37 500 de "Alexa Medina"; 28 000 de "Alexa Fernández"; 26 100 de "Alexa López"; 25 600 de "Alexa Ortiz"; 24 300 de "Alexa Álvarez"; 21 100 de "Alexa Ruiz"; 21 100 de "Alexa Romero"; 7 900 de "Alexa Ávila".

36. ¿*Ali Baba*?, Alí Babá, baba, ¿*babá*?

"Baba" (del latín vulgar *baba*) es una palabra llana o grave que no necesita tilde porque termina en vocal, y significa, como sustantivo femenino, "saliva espesa y abundante que fluye a veces de la boca humana y de la de algunos mamíferos" (DRAE; obviamente esta definición es algo idiota porque los humanos también somos mamíferos). Pero si le ponemos acento ortográfico a esta palabra la convertimos en palabra aguda y sonará "babá", que nada tiene que ver con "baba". Pues bien: el célebre personaje del libro *Las mil y una noches* no se llama "Alibaba" ni tampoco Ali Baba", sino "Alí Babá" (con dos palabras agudas). Scheherazada le cuenta al rey Schahriar, entre las noches 851 y 860, la "Historia de Alí Babá y los cuarenta ladrones". Durante estas diez noches, Scheherazada va tejiendo su relato que comienza del siguiente modo (en la traducción española de Vicente Blasco Ibáñez): "He llegado a saber, ¡oh rey afortunado!, que por los años de hace mucho tiempo y en los días del pasado ido, había en una ciudad, entre las ciudades de Persia, dos hermanos, uno de los cuales se llamaba Kassim y el otro Alí Babá". A lo largo del extenso relato jamás se habla de un tal "Alibaba" o "Ali Baba", sino de "Alí Babá". En español, "Alí" y "Babá" son palabras agudas y cada una representa un nombre; por ello tanto es tontería decir y escribir "Ali Baba" (como dos palabras llanas), como decir y escribir "Alibaba" (como una sola palabra llana) e incluso "Alibabá" (como una sola palabra aguda).

En la española Casa del Libro se anuncia el volumen

♀ "***Ali Baba*** *y los 40 ladrones*".

Lo que quiere anunciar la Casa del Libro es la edición de

♂ ***Alí Babá*** *y los 40 ladrones*.

∥ Cabe precisar que, aunque exista un gran consorcio chino llamado *Alibaba*, dedicado al comercio electrónico en internet, es obvio que tal denominación nada tiene que ver con el idioma español. El gran problema de los hablantes y escribientes del español es no saber acentuar: ignoran las reglas elementales de la acentuación.

☞ Google: 294000 resultados de "Ali Baba y los 40 ladrones"; 203000 de "Ali Baba y los cuarenta ladrones"; 41900 de "Alibaba y los cuarenta ladrones"; 17300 de "historia de Alibaba"; 12600 de "Alibabá y los cuarenta ladrones"; 12200 de "cuento de Alibaba". ☒

37. ¿*almibar*?, almíbar

"Almíbar" (del árabe hispánico *almíba*, néctar de membrillo) es un sustantivo masculino que María Moliner define del siguiente modo: "cocimiento de azúcar en agua, al que se dan diferentes concentraciones, que tiene diferentes aplicaciones en confitería". En un sentido amplio es "cosa excesivamente dulce" (DUE). Ejemplos: *Melocotones en* ***almíbar***. De ahí el adjetivo "almibarado" ("empalagoso o excesivamente dulce"), y el verbo "almibarar" ("cubrir con almíbar"). Ejemplo: *Su escritura es **almi-barada**, al igual que su trato, visiblemente hipócrita, que todo lo intenta **almibarar***. Lo importante es saber que el sustantivo "almíbar" es una palabra llana o grave y no aguda; por tanto, siempre debe llevar tilde en la penúltima sílaba. No ponérsela, y escribir "almibar", como suelen hacer cientos de miles de personas, es una falta ortográfica. Su plural es "almíbares", palabra esdrújula.

Este dislate es abundante no únicamente en el español inculto, sino también entre profesionistas, y asoma la nariz lo mismo en publicaciones impresas que electrónicas. Leemos, por ejemplo, acerca de

♀ "frutas en **almibar**".

Querrán decir y escribir:

♂ frutas en **almíbar**.

🖉 Un montón de gente no sabe acentuar "almíbar" ni "almíbares". He aquí unos pocos ejemplos de esta incapacidad: "guayabas en **almibar**", "**almibar** casero", **almibar** de piña", "tejocotes en **almibar**", "frutas enlatadas en **almibar**", "**almibar** de arándanos", "peras especiadas en **almibar**", "elaboración de **almibares**", "**almibares** mexicanos".

☞ Google: 1 620 000 resultados de "almibar"; 49 200 de almibares". ☒

☞ Google: 3 330 000 resultados de "almíbar"; 119 000 de "almíbares". ☑

38. alocución, alocuciones, discurso, discursos

"Alocución" (del latín *allocutĭo, allocutiōnis*) es un sustantivo femenino que el diccionario académico define del siguiente modo: "Discurso o razonamiento breve por lo común y dirigido por un superior a sus inferiores, secuaces o súbditos". En ello coincide María Moliner: "Discurso, generalmente breve, hecho por un superior, por ejemplo un jefe militar, a sus subordinados, o por una persona con autoridad" (DUE). Ejemplo: *El jefe de la oficina pronunció una **alocución** con motivo del día del empleado*. Dos cosas son importantes en esta definición: la brevedad de lo que se dice y la calidad jerárquica (de un superior a sus subordinados) de quien dirige las palabras. Por tanto, no hay que confundir la "alocución" con el discurso en general, pues éste, en un sentido amplio, significa "razonamiento o exposición de cierta amplitud sobre algún tema, que se lee o pronuncia en público" (DRAE). Ejemplo: *El presidente de Estados Unidos dio un **discurso** en la ONU*. Una "alocución" puede ser tan breve como la que dirige, en el vestidor, un entrenador de futbol a los jugadores, antes de comenzar el partido, para motivar al equipo: "El fútbol es la vida. Si yo lucho, lucharé en mi vida; si soy un cobarde, lo seré en mi vida. Ahí fuera hay que meter las piernas a muerte, porque nos estamos jugando la vida". Dicho de otro modo, toda "alocución" es un discurso, pero no todo "discurso" es una "alocución". Si el presidente de Estados

Unidos habla en la ONU, pronuncia un discurso, no da una alocución, pues quienes lo escuchan y le aplauden no son sus subordinados ni sus inferiores ni sus súbditos ni sus secuaces, aunque pudieran parecerlo. Además, el discurso en la ONU, por muy breve que sea, excede siempre los límites de una "alocución". De ahí que sea una burrada, especialmente de periodistas, afirmar que el presidente Equis o Zeta pronunció una alocución en la ONU, la Unesco u otro organismo internacional. No se trata de una "alocución", sino de un "discurso".

Es una torpeza de periodistas, pero también de otros profesionistas y, sobre todo, de políticos y comentaristas de la política. En el diario argentino *Tiempo* leemos la siguiente tontería:

♀ "En su quinta **alocución** en la ONU la presidenta de Argentina, Cristina Fernández, reiteró el reclamo para que el Reino Unido se siente a dialogar por las Malvinas".

La impresentable señora Cristina Fernández no pronunció ninguna alocución, porque quienes la escucharon no eran sus inferiores ni sus súbditos ni mucho menos sus secuaces (que éstos están en Argentina), y, además, habló durante más de diez minutos; por ello, lo que pronunció fue

☂ un **discurso** ante la ONU.

🖉 Por supuesto, muchos argentinos tienen el ego tan grande que suponen que todos son sus inferiores o sus súbditos y por eso dan por hecho que sus presidentes pronuncian alocuciones en la ONU. Pero no sólo ellos. Abundan en todos los países quienes no saben distinguir entre una "alocución" y un "discurso". He aquí algunos ejemplos tomados de publicaciones impresas y de internet: "Antes de su **alocución en la ONU**, el Papa rindió homenaje a los empleados de la ONU que han muerto en función" (pues ni que fueran sus empleados), "Cristina Fernández dedica el tiempo de su **alocución en la ONU** para explicar los 'fondos buitres'", "presidente Danilo Medina cancela **alocución en la ONU**", "la actriz de *Harry Potter* fue aplaudida en su **alocución en la ONU**", "Vladimir Putin durante su **alocución en la ONU**", "Nicolás Maduro en su **alocución en la ONU**", "Bono en su **alocución en el Senado**", "Virginia Romero durante su **alocución en el Senado**", etcétera.

☞ Google: 19 500 resultados de "alocución en la ONU"; 13 500 de "alocución en el Senado"; 3 260 de "alocución ante la ONU"; 2 160 de "alocución ante el Senado". ☒

39. anatema, el anatema, ¿la anatema?

Aunque la desinencia "a", en sustantivos, adjetivos y artículos, suele ser, en general, marca del femenino, existen sustantivos terminados en "a" cuyo género es masculino. Se trata, por lo general, de términos eruditos y cultismos de raíz griega. Es el caso del sustantivo masculino "anatema" (del latín tardío *anathĕma*, y éste el griego *anáthema*: objeto maldito, maldición) que significa, literalmente, maldición, condena, excomunión. Pero es **el** anatema y no **la** anatema; **un** anatema y no **una** anatema. Ejemplo: "¿Qué importa la palabra que me nombra/ si es indiviso y uno **el anatema**?" (Jorge Luis Borges, "Poema de los dones"). Siendo un cultismo, el yerro de tornar femenino este sustantivo corresponde a hablantes y escribientes del ámbito culto de la lengua. Olvidan estas personas que, en nuestra lengua, hay varios sustantivos masculinos terminados en "a", provenientes del griego y en cuyo género nunca se equivocan, como "dilema", "idioma", "lema", "problema", "sistema", "tema", "teorema", etcétera. Nunca dirían ni escribirían **la** dilema, **la** problema, **la** sistema, **la** tema. Por ello, no deberían, tampoco, decir y escribir **la** anatema, aunque sus sinónimos "condena", "excomunión" y "maldición" sean sustantivos femeninos.

También los "eruditos" y los "cultos" se equivocan. En *elDiario.es* una columnista escribe lo siguiente:

♀ "un trabajo a jornada completa o **la anatema** del paro o la miseria".

La columnista debió escribir:

♂ un trabajo a jornada completa o **el anatema** del paro o la miseria.

🖉 He aquí otros ejemplos, en publicaciones impresas y electrónicas, de este desbarre culto: "En el Antiguo Testamento de la Biblia, **la anatema** es la condena al exterminio de las personas o cosas afectadas por la maldición atribuida a Dios", "Profecía de Iniquidad Ungidos por **la Anatema**", "evidenciada por **la anatema** generacional", "como también **la anatema** a determinados materiales", "han sido liberadas de **la anatema**", "el humor y la creatividad, el sarcasmo y el adjetivo filoso, la sátira y **la anatema** figuraban en su mochila", "esta interpretación teatral del crepúsculo le valió **la anatema** de las academias", "¿cómo pueden lanzar **la anatema** sobre unos y otros, sin pruebas?", "liberarse de **la anatema** que les profirieron sus detractores", "se puede lanzar **la anatema** sobre aquella generación de universitarios", "era parte de **la anatema**, pero sólo porque alguien o algo ajeno a su voluntad había decidido que fuera así", "las excomuniones y **las anatemas**", "edicto general de la fe y de **las anatemas**", "**las anatemas** y satanizaciones", "**las anatemas** y risas de sus contemporáneos", "hay que disparar todas **las anatemas** de condena", "**las anatemas** contra el sistema", etcétera.

☞ Google: 25 300 resultados de "la anatema"; 5 000 de "una anatema"; 1 500 de "las anatemas; 1 000 de "esa anatema". ☒

☞ Google: 118 000 resultados de "el anatema"; 112 000 de "un anatema"; 41 200 de "los anatemas"; 7 440 de "este anatema". ☑

40. anega, anegar, ¿*aniega*?

Aunque mucha gente crea lo contrario, el verbo transitivo "anegar" (del latín *necāre*), que significa "inundar", tiene carácter regular, es decir, no sufre de modificación alguna en su raíz y terminaciones. Por tanto, su modelo de conjugación es el verbo regular "pagar", y no sigue el modelo de irregularidad de, por ejemplo, "acertar". Siendo así, lo correcto es decir y escribir "anega" y "anego" y no "aniega" ni "aniego". Tiene también uso pronominal: "anegarse". Ejemplo: *Con cualquier pinche lluviecita aquí las calles se anegan.* De ahí los sustantivos "anegación" y "anegamiento" ("acción y efecto de anegar o anegarse"). Ejemplo: *El* **anegamiento** *en la Ciudad de México se produce con cualquier pinche lluviecita.* De ahí también los adjetivos "anegable" (que se puede anegar) y "anegadizo" ("que se anega con frecuencia"). Ejemplos: *El oriente de la ciudad es* **anegable** *y casi navegable; El centro es* **anegadizo.**

El desbarre de conjugar el verbo "anegar" como irregular tiene que ver con la ultracorrección, y abunda lo mismo en publicaciones impresas que en internet, además de que tiene una amplísima difusión en el habla. ¡Y únicamente por puro milagro no lo incluye como "mexicanismo" el DM de la AML! Los yerros se cometen en los presentes de indicativo y subjuntivo y en los imperativos. (En algunos países, el sustantivo "anegamiento" ha derivado en la variante "aniego", que ya registra el DRAE.) En el diario mexicano de Veracruz *El Dictamen* leemos el siguiente encabezado:

⚲ "**Se aniega** zona comercial de Minatitlán".

Quiso informar el diario que

⚬ **se anega** zona comercial de Minatitlán.

✎ He aquí otros ejemplos de este desbarre culto y popular: "escuela **se aniega**", "torrencial lluvia **aniega** las calles", "desborde de río **aniega** otro pueblo australiano", "Santa María **se aniega** en el olvido de autoridades", "tormenta **aniega** la ruta 50", "un cerro se desliza y las casas **se aniegan**", "se derrumba barda y **aniegan** cultivos", "intensas lluvias **aniegan** las calles de Macuspana" (que ya estaban, de por sí, bastante anegadas con las barrabasadas de los López Obrador), "las fuertes lluvias **aniegan** viviendas", "hay un paseo fluvial que impide que **se aniegue**", "su principal temor es que **se aniegüen** las viviendas".

☞ Google: 198 000 resultados de "aniego"; 22 600 de "aniega"; 7 750 de "aniegue"; 5 560 de "aniegan"; 2 480 de "aniegüen"; 1 580 de "aniegas". ☒

41. antagonismo, antagonista, antagonizar

El verbo transitivo "antagonizar" (pugnar contra la acción de alguien o algo; oponer resistencia, mostrar rivalidad) no está en las páginas del diccionario de 2014 de la Real Academia Española. No hay razón lógica ni gramatical; lo que ocurre es que la RAE anda siempre afanada fatigando los ambientes del futbol, la moda, los espectáculos y la farándula para luego incluir en su mamotreto zarandajas como "amigovio" y "papichulo", olvidándose de lo importante. En nuestro idioma, "antagonizar" es un verbo perfectamente derivado del sustantivo masculino "antagonismo" y del adjetivo y sustantivo "antagonista". El sustantivo "antagonismo" (del griego *antagōnismós*) significa "contrariedad, rivalidad, oposición sustancial o habitual, especialmente en doctrinas y opiniones" (DRAE). Ejemplo: *Mostró su* **antagonismo** *en relación con las ideas neoliberales.* El adjetivo y sustantivo "antagonista" (del latín tardío *antagonista*, y éste del griego *antagōnistés*) se aplica a quien "pugna contra la acción de algo o se opone a ella". Ejemplo: *Es un* **antagonista** *del neoliberalismo.* Por ello, al haber dejado fuera, en 2014, el verbo "antagonizar", los académicos madrileños mostraron su incongruencia, pues ya entonces formaba parte del habla y de la escritura en nuestro idioma y cuyo presente de indicativo se conjuga del siguiente modo: *yo antagonizo, tú antagonizas, él antagoniza, nosotros antagonizamos, ustedes antagonizan, ellos antagonizan.* Ejemplo: *Hay que ser razonables para no* **antagonizar** *todo el tiempo con las personas que piensan muy diferente a uno.* Aunque varios años después lo incluyeron en su versión en línea, en la edición impresa del tricentenario (2014) delataron preferir zarandajas, porque "antagonizar" comparte la etimología con "agonizar" y "protagonizar". El verbo intransitivo "agonizar" (del latín tardío *agonizāre*, y éste del griego *agōnízesthai*: combatir, luchar) tiene tres acepciones principales según el mismo DRAE: "Dicho de un enfermo: estar en la agonía; dicho de una cosa: extinguirse o terminarse; sufrir angustiosamente". Ejemplos: *El enfermo* **agonizaba** *con terrible sufrimiento*; *El siglo xx* **agonizó** *entre estertores de violencia.* De ahí el sustantivo femenino "agonía" (del latín tardío *agonĭa* y éste del griego *agōnía*: lucha, combate, angustia) que tiene cinco acepciones en el DRAE: "Angustia y congoja del moribundo, estado que precede a la muerte; pena o aflicción extremada; angustia o congoja provocadas por conflictos espirituales; ansia o deseo vehemente; lucha, contienda". Ejemplos: *Su* **agonía** *fue lenta y muy dolorosa*; *Sentía una* **agonía** *profunda por la pérdida de la fe.* De ahí también el adjetivo "agónico" (del latín tardío *agonĭcus*): "Que se halla en la agonía de la muerte; propio de la agonía del moribundo; que lucha; perteneciente o relativo a la lucha" (DRAE). Ejemplos: *Se sabía* **agónico** *y abandonado*; **Agónico**, *luchaba con todas sus fuerzas, las últimas que le quedaban.* Pero también de ahí el adjetivo y sustantivo "agonista" (del latín tardío *agonista*, y éste del griego *agōnistés*: competidor, combatiente), que significa "luchador" y "cada uno de los personajes que se enfrentan en la trama de un texto literario" (DRAE). Ejemplo: *El mundo de los héroes es el de los personajes trágicos, el de los* **agonistas** *de la voluntad.* Se usa también en el ámbito de la bioquímica, la farmacia y los medicamentos: "Dicho de un compuesto, como una hormona, un neurotransmisor, una enzima, un medicamento, etc.: que incrementa la actividad de otro" (DRAE). Ejemplo: *Hay efectos secundarios en el uso de los* **agonistas** *dopaminérgicos en el tratamiento de la enfermedad de Parkinson.* Tiene también un uso específico en anatomía: "Dicho de un músculo: que efectúa un determinado movimiento, por oposición al que obra el movimiento contrario o antagonista" (DRAE). Ejemplo: *El músculo* **antagonista** *tiene una función protectora, pues impide el estiramiento* *excesivo del músculo principal o* **agonista**. En cuanto al verbo transitivo "protagonizar" (derivado regresivo de *protagonista*, por analogía con el par formado por *agonista* y *agonizar*), dos de sus acepciones son: "Ser protagonista de una obra literaria, teatral o cinematográfica" y "desempeñar el papel más importante en cualquier hecho o acción" (DRAE). Ejemplos: *Monica Bellucci* **protagoniza** *la película* Malena; *Winston Churchill* **protagonizó** *un momento clave en el desenlace de la Segunda Guerra Mundial*. De ahí el adjetivo "protagónico": protagonista, que desempeña un papel protagónico. Ejemplo: *Churchill cumplió un papel* **protagónico** *en el desenlace de la Segunda Guerra Mundial*. El adjetivo y sustantivo "protagonista" tiene dos acepciones principales: "En una obra teatral, literaria o cinematográfica, personaje principal de la acción; persona o cosa que en un suceso cualquiera desempeña la parte principal" DRAE). Ejemplo: *Monica Bellucci es la inolvidable* **protagonista** *de la película* Malena. También tenemos el sustantivo masculino "protagonismo", con dos acepciones: condición de protagonista y "afán de mostrarse como la persona más calificada y necesaria en determinada actividad, independientemente de que se posean o no méritos que lo justifiquen" (DRAE). Ejemplos: *Su* **protagonismo** *es indiscutible y admirable; Lo que molesta es su* **protagonismo** *en todo momento*. En el primer ejemplo hay un sentido positivo o neutro; en el segundo, es evidente el sentido negativo. Dicho ya todo esto, debemos reiterar que fue una gran tontería de la Real Academia Española haberle cerrado las puertas del DRAE, en 2014, al verbo transitivo "antagonizar", un verbo perfectamente castellano, perfectamente español y ya adaptado, desde hace mucho tiempo, en nuestro idioma, como en los siguientes ejemplos del todo correctos: "los efectos de **antagonizar** el bloqueo neuromuscular", "pronto Hollande comenzará a **antagonizar** con sus seguidores por incumplir muchas de sus promesas de campaña", "se aleja la posibilidad de crear conflictos y **antagonizar**", "la religión **antagoniza** con el desarrollo de la humanidad", "**antagoniza** el efecto de la metoclopramida sobre la actividad gastrointestinal", "la igualdad de género es un principio que no **antagoniza** con otras posturas políticas igualmente razonables", "Estados Unidos y Venezuela **antagonizan** en Asamblea de la OEA", "hacer algo positivo con un esfuerzo mancomunado, no **antagonizando**, sino cooperando", "Lammenais **antagonizó** con el intelectual chileno Francisco Bilbao", "Rubio y Trump **antagonizaron** abiertamente durante las elecciones primarias de su partido". La tardía inclusión del verbo "antagonizar", en la versión en línea del DRAE, no exime a los académicos madrileños; más bien, los delata.

☞ Google: 235 000 resultados de "antagoniza"; 201 000 de "antagonizar"; 99 200 de "antagonizan"; 37 500 de "antagonizando"; 11 400 de "antagonizó"; 5 200 de "antagonizaron". ☑

42. antes, después, donde, ¿donde estuvimos antes?, estar, estuvimos

Si "estuvimos" (tiempo pasado del verbo intransitivo "estar": "permanecer o hallarse en este o aquel lugar") se sobreentiende que es "antes", ya que es imposible que sea "después". Por ello, aunque resulte válido y se pueda alegar un propósito de énfasis en el habla, resulta una redundancia imperdonable en la escritura algo como lo siguiente: *Volvimos al lugar **donde estuvimos antes**.* ¡Ni modo que después! Y, peor aún: *Volvimos al lugar **donde ya estuvimos antes**,* con doble redundancia, pues el adverbio "ya" (del latín *iam*) significa, en su acepción principal, "en tiempo u ocasión pasados" (DRAE). Un autor que se precie de conocer el idioma tendría que escribir simplemente, y con elegancia: *Volvimos al lugar,* y punto. Los giros redundantes y enfáticos del habla resultan muchas veces incontrolables debido a la fuerza del hábito, pero, tratándose de la escritura, siempre es posible detenernos a examinar lo que dejaremos plasmado en un texto. Entonces, este tipo de construcción pleonástica es sólo reprochable, de forma severa, en los literatos. Por ello, es obvio que se trata de una redundancia del ámbito literario. En una novela argentina contemporánea leemos lo siguiente: "Volvamos al edificio **donde estuvimos antes** y hablaré con los oficiales". En un taller básico de redacción, le hubieran enseñado al autor que dicho enunciado podría mejorar de dos maneras: "Volvamos al edificio y hablaré con los oficiales" o, en su defecto, "Volvamos al edificio donde estuvimos y hablaré con los oficiales". Queda claro que la primera es la más adecuada para expresar lo que se desea. En una traducción al español de *Frankenstein o el moderno Prometeo* leemos lo siguiente: "Volvimos al lugar con antorchas". Ni Mary Shelley, la autora, ni el traductor, si es bueno, hubieran escrito: "Volvimos al lugar, **donde estuvimos antes**, con antorchas". Otro ejemplo afortunado ("Volvimos al lugar de donde nunca debimos salir"), con su forma errada ("Volvimos al lugar **donde estuvimos antes** del que nunca debimos salir").

Una obra coreográfica lleva por título:

♀ "Llévame al lugar **donde estuvimos antes**".

Por supuesto que si "estuvimos" fue antes. Lo correcto:

♂ Llévame al lugar **donde estuvimos**.

🖉 Veamos unos pocos ejemplos de este vicio pleonástico en la literatura actual: "Nos veremos en el tejado, **donde estuvimos antes**", "fuimos al parque **donde estuvimos antes**", "nos lleva al pueblo **donde estuvimos antes**", "a una cuadra de **donde estuvimos antes**", "volvemos a **donde estuvimos antes**", "avanzar hacia la habitación del órgano **donde estuvimos antes**", "volver a donde **ya estuvimos antes**", "lo que hemos hecho ha sido volver **donde ya estuvimos antes**" y, como siempre hay algo peor: "cambia el directorio **último donde estuvimos antes** del actual".

☞ Google: 4 680 resultados de "donde estuvimos antes". ☒

☞ Google: 421 000 resultados de "donde estuvimos". ☑

43. antigua, ¿antigüa?, ¿antiguisima?, ¿antiguísima?, ¿antigüísima?, ¿antiguisimo?, ¿antiguísimo?, ¿antigüísimo?, antiguo, ¿antigüo?, antiquísima, antiquísimo

El superlativo del adjetivo y sustantivo "antiguo" (del latín *antīquus*: "que existe desde hace mucho tiempo") es el irregular: "antiquísimo" ("muy antiguo"); de ningún modo, "antigüísimo" ni, mucho menos, "antiguisimo" (sin diéresis y sin tilde). Del mismo modo que mucha gente ignora las reglas de uso de la tilde, ignora también las reglas de uso de la diéresis. Por ello escribe, erradamente, "antigüo", con innecesaria diéresis (hay casi un millón de resultados en Google de esta aberración) y, también, bárbaramente, "antiguedad", sin la necesaria diéresis (hay millones de resultados en Google de esta zoquetería). Y como esa gente tampoco consulta el diccionario, supone que "antiguisimo", con sus variantes, es el superlativo del correcto "antiguo". La mayor parte de la gente cree que una tilde y una diéresis de más o de menos no alteran nada. Por eso escriben y hablan con los pies. Quede claro, de una vez y para siempre, que el superlativo de "antiguo" es "antiquísimo".

En internet, en la página de Mercado Libre, se anuncia un

♀ "reloj a cuerda **antiguisimo**".

Quisieron decir los anunciantes:

◊ **antiquísimo** reloj de cuerda.

✎ Van unos pocos ejemplos de estas barbaridades: "Video **antiguisimo**", "**antiguisimo** y destruido", "**album antiguisimo**", "**baul antiguisimo**", "hotel **antiguisimo**", "canción **antiguisima**", "**antiguisima** plancha de **carbon**", "mesa ajedrez **antiguisima**", "este edificio, por ser tan **antigüísimo**", "un juego **antigüísimo**", "éste sí que es **antigüísimo**", "ciudad **antiguísima**", etcétera.

☞ Google: 10 500 resultados de "antiguisimo"; 4 830 de "antiguisima"; 4 310 de "antiguísima"; 3 250 de "antiguísimo"; 2 320 de "antigüísimo". ☒

44. apagafuegos, bombera, bomberas, bombero, bomberos, tragahumo, tragahumos, ¿vulcano?, ¿vulcanos?

Les dio a los medios de información, lo mismo impresos que electrónicos, y a los gobiernos mismos, escribir y hablar de "vulcanos" para referirse a los "bomberos", es decir, a los que tienen por oficio apagar incendios. No contentos con decirles "tragahumo" o "tragahumos", eufemismos tolerables, aunque cursis y ridículos, ahora son "vulcanos". ¡Vaya inexactitud mitológica! A tal grado es una tontería que ni el DRAE ¡ni el *Diccionario de mexicanismos*!, de la AML, registran este palabro en sus páginas, y eso que el *Diccionario de mexicanismos* está lleno de tarugadas. Si vamos a las páginas del DRAE y consultamos el sustantivo "bombero", sabremos, desde la acepción principal, que se denomina así a la "persona que tiene por oficio extinguir incendios y prestar ayuda en otros siniestros". Ejemplo: *Los **bomberos** se ocuparon de extinguir el incendio y rescatar a algunas personas atrapadas en sus departamentos.* Y si son mujeres quienes realizan este oficio, obviamente son "bomberas". ¿Y por qué se les llama "bomberos"? Muy simple: porque los "bomberos" apagan el fuego con sus mangueras que, activadas por "bombas" ("máquinas o artefactos para impulsar agua u otro líquido en una dirección determinada": DRAE), lanzan chorros de agua a gran distancia y con gran potencia. ¡Nada que ver con la mitología!, en la que Vulcano (del latín *Vulcanus*) es el dios romano del fuego y la destrucción, y "patrón de los oficios relacionados con los hornos". Dicho en otras palabras, Vulcano no apaga fuegos, sino que los crea para destruir. No sabemos quién fue el primer periodista, tan "sabio" en mitología, que usó el término "vulcano" como sinónimo de "bombero", pero en México esto bastó para que un individuo se autonombrara o lo nombraran "Jefe Vulcano", en el Heroico Cuerpo de Bomberos de la capital de México, y también para que los gobiernos (federal, estatales y municipales) se refieran absurdamente a los "bomberos" denominándolos "vulcanos". Pero ¿cómo podrían llamarse "vulcanos" los "bomberos" (así sea metafóricamente) si su tarea es apagar el fuego y no generarlo? Esto es de lo más absurdo, pero así se comporta el periodismo... y así también le hacen coro las autoridades. Lo cierto es que, si fuese válido en español el sustantivo "vulcano", no sería un sinónimo de "bombero", sino su antónimo, es decir, su contrario. Vulcano es un incendiario y no un "apagafuegos". Sería el patrono de los pirómanos y no de los bomberos: esto es, de quienes padecen la tendencia patológica a provocar incendios, y no de quienes tienen por oficio el de extinguirlos.

En el *Diario de México* leemos el siguiente encabezado:

♀ "Hoy es Día del Bombero y nosotros mandamos un fuerte abrazo a todos los **vulcanos**".

¡Qué absurdo!: si es el Día del Bombero, los abrazos deben enviarse, obviamente, no a los pirómanos o a quienes provocan incendios con la bendición del dios Vulcano, sino, por el contrario, a quienes los combaten y apagan, es decir, a los

♦ **bomberos.**

✐ He aquí algunos ejemplos de esta tontería que, en México, se está extendiendo como el fuego sobre hierba seca: "Jefe **Vulcano** deja el Cuerpo de Bomberos de la CDMX", "adiós al Jefe **Vulcano**, el bombero que no tomó vacaciones", "Jefe **Vulcano**, bombero 'apagado' por su sindicato", "**Vulcano** no es un dios romano, es un héroe mexicano", "el **vulcano** famoso en redes sociales de la CDMX", "conseguimos una entrevista con el Jefe **Vulcano**", "los **vulcanos** debieron subir 868 escalones", "los **vulcanos** no sólo atienden incendios", "Sheinbaum Pardo informó que para 2022 los **vulcanos** de la Ciudad de México recibirán un aumento salarial", "entregan estímulos económicos y uniformes a los **vulcanos**", "**vulcanos** de la UNAM celebraron con deporte el Día del Bombero", "te recordamos el número de emergencia de los **vulcanos**", "miembros del cuerpo de **vulcanos**", "los **vulcanos** municipales", etcétera.

☜ Google: 134 000 de "vulcano" (bombero); 32 400 de "vulcanos" (bomberos). ☒

☜ Google: 146 000 de "apagafuegos"; 31 800 de "tragahumo"; 23 700 de "tragahumos". ☑

☜ Google: 61 600 000 resultados de "bomberos"; 20 500 000 de "bombero"; 9 420 000 de "cuerpo de bomberos"; 709 000 de "bombera"; 317 000 de "bomberas". ☑☑

45. apartamento, apartamiento, compartimento, compartimiento, departamento, *¿departamiento?*

Nos puede parecer increíble la existencia de hablantes y escribientes del español que dicen y escriben "departamiento", que carece de todo significado en nuestro idioma, en vez del correcto sustantivo "departamento". Deja de parecernos increíble cuando nos percatamos de que mucha gente dice y escribe también "apartamiento", en vez de "apartamento", y "compartimiento", en lugar de "compartimento". Según el diccionario de la RAE hubo un tiempo en que el sustantivo masculino "departimiento" (no "departamiento"), hoy en desuso, significó "división", "separación" y "demarcación", justamente los usos que tiene el sustantivo masculino "departamento": cada una de las partes en que se divide un territorio cualquiera, una institución, un edificio, etcétera. Ejemplos: *Medellín es la capital del **departamento** colombiano de Antioquia*; *Presentó su queja en el **Departamento** de Asuntos Agrarios*. El diccionario de la RAE acepta lo mismo "apartamiento" que "apartamento" con los significados de piso o vivienda, pero lo cierto es que prácticamente sólo en España se le dice "apartamiento" al "apartamento" (que en México también se conoce como "departamento"). En realidad, la recta significación del sustantivo masculino "apartamiento" es la acción y efecto del verbo transitivo apartar: separar, desunir, dividir. Ejemplo: *Con su **apartamiento** de la sociedad quiso mostrar todo su rechazo a ella*. Por lo que respecta al sustantivo masculino "compartimento" éste se refiere a "cada parte de aquellas en que se ha dividido un espacio, como un edificio, un vagón de viajeros, etcétera" (DRAE). Ejemplo: *Viajó en el **compartimento** del barco asignado a los viajeros de primera clase*. Pero el DRAE también admite "compartimiento", cuyo uso es más generalizado en México que en España. Ejemplo: *Le tocó viajar en el **compartimiento** de tercera*. Aunque en el mamotreto de la RAE quede claro, entonces, que los sustantivos "apartamiento" y "compartimiento" son correctos, al igual que "apartamento" y "compartimento", para referirnos a vivienda y a espacio, de ningún modo, es correcto "departamiento" en lugar de "departamento", que no es otra cosa que un barbarismo.

En Perú, la empresa Tripadvisor renta o alquila un

☟ "**Departamiento** superior con vista a piscina".

En realidad, lo que ofrece o lo que debería ofrecer, en buen español es un
⏺ **departamento** superior.

🖊 Entendamos que, para "apartamiento", está incluso el "apartamiento preventivo" que los
jueces pueden ordenar a fin de tener vigilados a ciertos delincuentes, aunque también signifique piso o vivienda, al igual que "apartamento" y "departamento", pero de ningún modo
es correcto el vocablo "departamiento", barbarismo que la gente deriva de "apartamiento" y
"compartimiento". He aquí algunos ejemplos de esta grandísima barbaridad: "**Departamiento**
en venta en Valle Poniente", "**departamiento** en venta de remate bancario", "**departamiento** de
70 metros cuadrados cálido y luminoso", "**departamiento** en Condominio Lago de Chapala",
"**departamiento** de veteranos de Estados Unidos", "lindo **departamiento** en Santiago", "**departamiento** en venta", "el **Departamiento** por la Igualdad d Oportunidades", "el **Departamiento**
Jurídico", "**Departamiento** de Informática", "Punta Morelos 5 **departamientos** en la Punta Zica-
tela", "**departamientos** y pensión para autos", "escenarios para los **departamientos**", "¡invierte
en un **departamiento** en la Colonia Americana!", "busco un **departamiento** con baño individual", "alquilo **departamiento** de un ambiente en Mar del Plata", etcétera.

☞ Google: 98 800 resultados de "departamiento"; 11 000 de "el departamiento"; 10 200 de
"departamientos"; 2 810 de "los departamientos"; 1 450 de "un departamiento". ⊠

46. ¿*apollar*?, apoyar
"Apollar" es un término que carece de significado en español. "Apoyar", en cambio,
es un verbo transitivo que significa hacer que algo descanse sobre otra cosa, y favorecer, proteger o ayudar. Ejemplos: *Apoyó los codos sobre la mesa; El candidato de la
ultraderecha está seguro de que lo van a apoyar los neonazis*. En los países donde los
sonidos de la "y" y el dígrafo "ll" se diferencian perfectamente, es improbable que se
produzca el barbarismo que consiste en escribir "apollar" en vez de "apoyar", pero
en aquellos donde "ll" y "y" representan el mismo fonema (que son los más en todo
el ámbito hispanoamericano), el barbarismo "apollar" es abundante en la lengua escrita, lo mismo impresa que electrónica.

En la página *blaugranas.com* se les pide lo siguiente a los hinchas del equipo español Barcelona:

♀ "¡Todos al Nou Camp a **apollar** al Barça!".

Lo curioso es que el estadio se llama Camp Nou y no Nou Camp, y, además, lo que
esos aficionados *blaugranas* (es decir, del equipo de futbol Barcelona) quieren pedir
a sus correligionarios es que

⏺ ¡todos los hinchas del Barcelona acudan a **apoyar** al equipo en el Camp Nou!

✐ Son grandes las cantidades del barbarismo "apollar", y sus conjugaciones y derivados: "apollo", "apollando", "apollado", "apollé", "apóllanos", "apollamos", "apóllame", etcétera. Como el verbo "apoyar" se ha vuelto de uso generalizado entre políticos, burócratas, sindicatos, electores y todos aquellos que piden u ofrecen "apollo", el barbarismo se ha multiplicado con expresiones como "bríndame tu **apollo**", "dame tu **apollo**", "quiero tu **apollo**", etcétera. La única manera real de "apollar" a alguien es dándole un pollo o ayudándolo a poner una pollería.

☞ Google: 476 000 resultados de "apollar"; 151 000 de "mi apollo"; 139 000 de "apolla-mos"; 136 000 de "apollando"; 47 700 de "te apollamos"; 35 900 de "tu apollo"; 22 600 de "con mi apollo"; 18 900 de "cuento con tu apollo"; 5 620 de "apóllanos". ☒

47. arder, ¿*arder en llamas?*, fuego, incendio, llamas

Una persona puede, cursimente, "arder en deseos", pero si nos referimos a una cosa que se quema o se consume por el fuego, ¿es necesario decir que "arde en llamas"? El verbo intransitivo "arder" (del latín *ardēre*) tiene la siguiente acepción principal en el DRAE: "Sufrir la acción del fuego". Ejemplo: *Ardió una vivienda y en ella murieron todos sus habitantes*. Acepciones secundarias son las siguientes: "Experimentar una sensación de calor muy intenso en una parte del cuerpo" (ejemplo: *Me arde la lengua*); "dicho de una cosa: estar muy caliente, despedir mucho calor" (ejemplo: *Ardía la arena*), y "experimentar una pasión o un sentimiento muy intensos" (ejemplo: *Arder en deseos*). Visto lo anterior, resulta claro que la expresión "arder en llamas" es redundante, y bastante ridícula, aunque sea de uso frecuente en el periodismo y aunque algunos escritores la denominen pleonasmo para vestirla elegantemente de retórica. En un contexto determinado, basta y sobra con decir y escribir "arder" para que se comprenda que algo ha sufrido o está sufriendo la acción del fuego; agregar "en llamas" es del todo innecesario.

Por supuesto es una expresión favorita de los periodistas de nota roja y no tan roja. En el diario mexicano *Debate* leemos el siguiente encabezado:

♀ "Así **ardió en llamas** el Museo Nacional, el más grande de Latinoamérica".

Tan fácil que es decir y escribir:

♂ **Incendio consume** el Museo Nacional en Río de Janeiro.

✐ Lo que ocurre es que si los periodistas no utilizan su "arder en llamas" se sienten helados en su "estilo". He aquí unos pocos ejemplos de esta ridiculez redundante, todos ellos titulares o encabezados de diarios impresos de Latinoamérica: "Pipa **arde en llamas** en la autopista de sol", "conocido y concurrido restaurante de Boca del Río **arde en llamas**", "fábrica de plásticos **arde en llamas**", "**arde en llamas** finca", "**arde en llamas** iglesia de 150 años", "hallan cadáver dentro de un bote **ardiendo en llamas**", "colisión dejó a un auto **ardiendo en llamas**", "dos autos amanecieron **ardiendo en llamas** en Paraná", "graban teléfono Galaxy **ardiendo en llamas**", "intenta robar gasolinera y termina **ardiendo en llamas**", "camión de transporte de personal **ardió en llamas**", "bus del transporte público **ardió en llamas**", "parte del colegio **ardió en llamas**", "**ardió en llamas** histórico edificio ponceño", "contenedor de basura **ardió en llamas**", "por un rayo, un campo **ardió en llamas**", "vivienda **ardió en llamas** y una familia quedó en la calle", "cabello de Miss África 2018 **ardió en llamas** en plena coronación", "furgón estuvo a punto de **arder en llamas**", "edificio de la Plaza San Martín volvió a **arder en llamas**", "vuelve a **arder en llamas** Plaza del Mercado", "pastizales **arden en llamas**", "**arden en llamas** viviendas endebles", "**arden en llamas** casas de madera", etcétera.

☞ Google: 440 000 resultados de "arde en llamas"; 176 000 de "ardía en llamas"; 145 000 de "ardió en llamas"; 139 000 de "ardiendo en llamas"; 81 400 de "arder en llamas"; 31 200 de "arden en llamas"; 15 300 de "ardían en llamas"; 26 400 de "ardieron en llamas"; 4 720 de "arderán en llamas". ☒

48. ¿arta?, ¿artas?, ¿arto?, ¿artos?, harta, hartas, harto, hartos

Hay quienes creen que si la "h" es muda no tiene caso escribirla en ninguna palabra con excepción de aquellas donde está precedida por la "c" y suena "ch", como en charro, Chema, chicle, chozno y chunga. Es el caso del adjetivo "harto" (del latín *fartus*, henchido) cuya principal acepción es "fastidiado" o "cansado", y que, utilizado como sustantivo, significa "que tiene saciado el apetito de comer o beber" (DRAE). Ejemplos: *Estoy **harto** de las novelas sobre narcos; Anoche comí y bebí hasta quedar **harto***. En varios países se utiliza con el sentido de "abundante" o referido a una gran cantidad. Ejemplo: *Eran **hartos** cabrones y preferimos echarnos a correr*. Como verbo pronominal, "hartarse" significa saciarse, pero también fastidiarse, cansarse. Ejemplo: *Uno llega a **hartarse** de tanto bodrio novelesco sobre narcotráfico; preferible es **hartarse** de papas fritas*. Está también el sustantivo masculino "hartazgo": acción y efecto de hartar o hartarse. Ejemplo: *Tragué papas fritas hasta el **hartazgo** mientras me **hartaba** de una novela sobre narcos*. Lo que ocurre es que muchos escribientes incultos del español se "hartan" pero sin "h", es decir se "artan", forma bárbara de "hartarse" y de destruir el idioma.

Internet, sobre todo, está lleno de estos "artos". Un irritado internauta escribe:

👎 "¡estoy **arto** de todo esto!".

Quiso escribir:

👍 ¡estoy **harto** de todo esto!

🖊 Cabe decir que "arto" es un sustantivo que se da a varias plantas espinosas, como la cambronera (no confundir con la cabronera que no es planta, pero que bien podría designar a una punta de cabrones). Lo importante es saber que lo mismo el verbo "hartar" que el adjetivo "arto" y todos sus derivados se escriben con "h" inicial. No hacerlo es un disparate propio de quienes ya nos hartan con su desdén por el buen uso del idioma. He aquí algunos ejemplos de internautas que declaran su "artazgo" o, peor aún, su "artasgo": "estoy **arto** de tramposos", "estoy **arto** de los que insultan", "estoy **arto** de leer que java es una mierda", "estoy **arto** de oír que el dinero no es lo más importante", "estoy **arta** de la gente", "estoy **arta** de vivir así", "ya me tienen **arto** los mensajes de texto", "ya me tienen **arto** con que no era penal", "las cadenas de Facebook me tienen **arta**", "me tienen **arta** estos putos estereotipos", "comienzo a **artarme** de todo esto", "puedes comer hasta **artarte**", "hasta **artarse** de comer", "aburrida hasta **artarse**", "ante el **artazgo**, pobladores matan al ladrón", "me podrían insultar hasta el **artazgo**", "comer hasta el **artasgo**", "**artasgo** en contra de las autoridades", "son **artos** los rumores", "son **artos** putos", "son **artos** los casos de corrupción", "son **artos** los ejemplos que puedes ofrecerles", "no son todos pero son **artos**", "si son **artos** renten una carpa o un buen camping", "ya son **artos** días", etcétera.

☞ Google: 155 000 resultados de "estoy arto"; 127 000 de "estamos artos"; 83 900 de "estoy arta"; 41 000 de "ya estoy arto"; 27 900 de "ya estoy arta"; 25 700 de "ya estamos artos"; 24 500 de "me tienen arta"; 22 900 de "me tienen arto"; 17 700 de "artarse"; 13 200 de "artasgo"; 12 900 de "ya me tienen arta"; 12 800 de "artazgo"; 8 920 de "son artos"; 7 230 de "ya me tienen arto"; 5 610 de "artarme"; 5 390 de "nos tienen artos"; 4 840 de "son artas"; 4 790 de "estamos artas"; 2 640 de "nos tiene artos". ☒

49. artritis y artrosis son sustantivos femeninos

Especialmente en el ámbito inculto de la lengua el sustantivo femenino "artritis" (del latín tardío *arthrītis*, y éste del griego *arthrîtis*, derivado de *árthron*, "articulación") se utiliza, erróneamente, con artículo determinado masculino: "**el** artritis", en lugar de "**la** artritis". El DRAE define el término como "inflamación de las articulaciones" y especifica que la "artritis reumatoide" es la "enfermedad crónica de las articulaciones, con inflamación de la membrana sinovial y progresiva deformidad de los huesos, especialmente patente en las manos". Ejemplo: *De acuerdo con las estadísticas, la artritis reumatoide afecta más a las mujeres que a los hombres.* Debe saberse que, en español, los sustantivos femeninos que inician con "a" tónica (incluidos los precedidos de "h") suelen cambiar, en el habla y en la escritura, el artículo determinado en singular "la" (femenino) por "el" (masculino), a fin de evitar la cacofonía. Son los casos de "agua", "águila", "haba", "habla", "hacha", "hada", entre otros. Ejemplos: *El agua estaba sucia; El águila es majestuosa; El alma muerta; El haba puede ser indigesta; El habla influye en la escritura; El hacha estaba muy afilada; El hada madrina le cumplió su deseo.* Estos ejemplos demuestran, además, que, con excepción del artículo determinado en singular, los adjetivos y otro tipo de palabras que modifican a estos sustantivos no cambian su género. Por ello se observa la evidente incorrección si decimos o escribimos "el agua **sucio**", "el águila **majestuoso**", "el alma **desgraciado**", "el haba indigesto", "el hacha **afilado**" o "el hada **madrino**". Y si el artículo se usa en plural, estos sustantivos que empiezan con "a" o con la secuencia "ha" tónicas, recuperan su marca femenina. Ejemplos: *Las aguas estaban* **sucias**; *Las águilas son* **majestuosas**; *Las almas* **muertas**; *Las habas pueden ser* **indigestas**; *Las hablas influyen en la escritura*; *Las hachas estaban muy* **afiladas**; *Las hadas* **madrinas**. Esta regla se aplica también para el caso del apócope "un" (de "uno", "una"), utilizado como artículo indeterminado: en singular, "**un agua**", "**un águila**", "**un alma**" "**un haba**", "**un habla**", "**un hacha**" y "**un hada**", pero en plural "**unas aguas**", "**unas águilas**", "**unas almas**", "**unas habas**", "**unas hablas**", "**unas hachas**" y "**unas hadas**". Visto lo anterior, cabe advertir que los sustantivos que empiezan con "a" o con la secuencia "ha" átonas (es decir, sin acento gráfico o prosódico) llevan los artículos determinado e indeterminado en singular que les corresponden, según sean femeninos o masculinos. Por ello es un barbarismo decir y escribir "**el artritis**", pues el sustantivo "artritis" es femenino y su vocal tónica es la primera "i" y no la "a". Por tanto, no hay ninguna razón para modificarla con el artículo determinado masculino en singular. Siempre será "**la artritis**". En menor medida, los hablantes y escribientes del español modifican también con artículo determinado masculino el sustantivo femenino "artrosis" (del latín científico *arthrosis*, y éste del griego árthrōsis, "articulación"): "Alteración patológica de las articulaciones, de carácter degenerativo y no inflamatorio. Suele producir deformaciones muy visibles en la articulación a que afecta, y entonces recibe el nombre de artrosis deformante". Ejemplo: *La* **artrosis** *deformante de los dedos es la más frecuente.* Seguramente, en muchos casos, "el artritis" los llevó a "el artrosis". Que Dios los perdone, porque nosotros no.

Incluso en publicaciones impresas (diarios, libros, revistas), aunque mucho más en el habla y en internet, estos barbarismos hacen de las suyas. En el diario nicaragüense *La Prensa* leemos el siguiente encabezado:

♀ "Lady Gaga entre **el artritis** y su lesión de cadera".

Con corrección, el diario nicaragüense debió informar lo siguiente a sus lectores:

♂ Lady Gaga: Entre **la artritis** y una lesión de cadera.

🖉 He aquí más ejemplos de este barbarismo: "**el artritis** es uno de los síntomas más comunes del lupus", "remedios caseros para **el artritis** reumatoide", "la FDA lo aprobó para **el artritis**", "la cura para **el artritis** y muchas otras enfermedades", "cómo atacar la causa principal que origina **el artritis**", "jornada de actividad física para prevenir **el artritis**", "sesiones de terapia para **el artritis**", "**el artritis** reumatoide es una enfermedad inflamatoria autoinmune", "**el artritis** es una de las principales causas de incapacidad", "**el artritis** necesita de tratamiento multidisciplinar", "método para curar la causa principal que ocasiona **el artritis**", "**el artritis** es una dolencia que afecta no sólo articulaciones", "qué se puede tomar para **el artrosis** de cadera", "**el artrosis** cervical es una enfermedad de degeneración articular", "el dolor articular está provocado por

el artrosis", "pilates para **el artrosis**", "el deporte, la mejor arma contra **el artrosis**", "**el artrosis** y la osteoporosis son dos tipos de problemas óseos y articulares", "terapias para **el artrosis**", etcétera.

☞ Google: 66 800 resultados de "el artritis"; 23 500 de "el artrosis". ☒

50. arveja, chicharito, ¿*chicharo*?, chícharo, guisante

El término "chicharo" carece de significado en español. En cambio, "chícharo" (del mozárabe *číčaro* y éste del latín *cicer, cicĕris*) es un sustantivo masculino con el que se conoce también a la arveja o guisante, una leguminosa propia de la cuenca mediterránea. Se trata de una palabra esdrújula y, por tanto, debe llevar tilde en la antepenúltima sílaba. Si no se acentúa de este modo y se escribe "chicharo", ésta es, erróneamente, palabra llana o grave. Por supuesto, todos los hablantes del español pronuncian "chícharo", con la forma esdrújula, incluidos los que escriben "chicharo" (que no son pocos). Esto revela cuán grande es la ignorancia de las reglas ortográficas y, muy especialmente, de las normas de acentuación. Por supuesto, el diminutivo, "chicharito", es una palabra llana o grave y, por lo mismo, no debe llevar tilde.

Que una gran cantidad de escribientes del español no sepa acentuar "chícharo" es tan sólo un indicio de la incapacidad para distinguir entre una palabra esdrújula y una llana o grave. Este desbarre tiene su mayor uso en internet, pero tampoco es extraño en publicaciones impresas. En el portal electrónico de *ESPN Deportes* leemos el siguiente encabezado:

♀ "**Chicharo** es el 2° más eficiente en Europa en los últimos 100 días".

Y se refiere la nota al futbolista mexicano Javier Hernández, alias *El Chicharito*; por lo cual debió informarse que

♻ *El Chícharo* (en realidad, "el Chicharito") Hernández es el segundo futbolista más eficiente en Europa en los últimos cien días.

🖉 El apodo del futbolista mexicano Javier Hernández Balcázar es *El Chicharito* y no *El Chícharo*, pero ya que no se desea utilizar el diminutivo, si se escribe "Chícharo" es indispensable ponerle la tilde (en la antepenúltima sílaba) que exige toda palabra esdrújula. "Chicharito" (el diminutivo) es una palabra llana o grave, como ya hemos dicho, y no requiere de tilde, pero "chícharo", dado que es esdrújula, debe llevarla siempre. He aquí otros ejemplos de este desbarre ya demasiado extendido entre los escribientes del español que no tienen ni la más remota idea de las reglas de acentuación: "recetas de **chicharo**", "semilla para siembra de **chicharo**", "descubre los beneficios de la **proteina** de **chicharo**" (si no se sabe acentuar "chícharo", menos se sabrá acentuar "proteína"), "**Chicharo** y Fabián nunca imaginaron rivalizar", "**proteina** concentrada de **chicharo**", "**Chicharo** y Marco Fabián calientan enfrentamiento", "pescado en salsa de **chicharo**", "arveja, guisantes o **chicharos**", "sopa de **chicharos**", "**chicharos** para Radio Motorola", "potaje de **chicharos**", "ensalada de **chicharos** y jamón", "**chicharos** verdes", "**chicharos** chinos", "Javier El **Chicharo** Hernández", "la princesa y el **chicharo**", "el **chicharo** y la lenteja".

☞ Google: 124 000 resultados de "el chicharo". ☒

☞ Google: 127 000 resultados de "el chícharo". ☑

51. asomar, asomarse, ¿*asomarse al exterior?*, asomarse al interior

El verbo transitivo "asomar" significa "sacar o mostrar algo por una abertura o por detrás de alguna parte". Si tomamos en cuenta que el verbo transitivo "sacar" significa "poner algo fuera", resulta obvio que "asomarse" ya contiene la idea de exterioridad. Ejemplo del DRAE: *Asomar la cabeza a la ventana.* Tiene también uso pronominal ("asomarse"). Ejemplos: *Asomarse por la ventana; Se asomó al balcón y les mentó la madre.* Dado que "asomar" lleva implícito el sentido de "sacar o mostrar algo" y dado que "sacar" es "poner algo fuera", se admite, lógicamente, que esta acción se realiza siempre hacia el exterior: *fuera de, detrás de,* pues el adjetivo "exterior" se aplica a aquello "que está por la parte de fuera", y el sustantivo femenino "exterioridad" es la "cosa exterior o externa". Siendo así es una redundancia decir y escribir "asomarse al exterior", puesto que basta con decir y escribir "asomarse". Sin embargo, esta lógica, aparentemente incontestable, presenta un problema con el opuesto "asomarse al interior", pues lo cierto es que no es para nada descabellado decir y escribir, por ejemplo, *Empujó suavemente la puerta y se asomó al interior de la casa.* El sentido es válido, puesto que se muestra algo (en este caso, la cara, la cabeza) "por una abertura o por detrás de alguna parte" (tal como lo especifica el DRAE), pero se hace desde el exterior de algo (en este ejemplo, desde fuera de una casa). Por consiguiente, si aplicamos la lógica, "asomarse al exterior" es una redundancia si, en el contexto, basta y sobra con decir "asomarse", pero esto no excluye que sea posible "asomarse al interior" (de una cueva, de una vivienda, de un barranco, de un tren, de un automóvil, etcétera). Quienes afirman, enfáticamente, que "asomarse al interior" es también una expresión redundante, no están empleando del todo la lógica. La frase escrita junto a las ventanillas de los trenes "Prohibido asomarse al exterior" es sin duda redundante, pues tiene perfecto sentido si eliminamos en ella las últimas dos palabras, porque, en el contexto, quien lee el aviso lo hace en tanto está adentro del tren. Suficiente es decir y escribir, entonces, "Prohibido asomarse". La expresión redundante ha servido a algunos autores, plenamente conscientes del absurdo, para ironizar o proponer una lectura sarcástica en canciones, obras de teatro, novelas, etcétera. Recordemos que una de las películas más famosas de Luis Buñuel, *Un perro andaluz* (*Un Chien andalou*) estuvo a punto de llamarse (según lo refieren Salvador Dalí y el propio Buñuel), *Prohibido asomarse al exterior* (*Défense de se pencher à l'extérieur*, un aviso muy común en los trenes de Francia). Pero esto no implica, necesariamente, que la acción de "asomarse" sólo pueda hacerse desde adentro y hacia fuera. Pensemos, lógicamente, si la frase contraria "Prohibido asomarse al interior" estuviese escrita en la parte externa de las ventanillas del tren. Sería, también, una redundancia, porque bastaría con escribir "Prohibido asomarse", pero esta acción (la de "asomarse") se realizaría (con toda lógica) desde fuera del tren y hacia el interior del vagón si la ventanilla estuviese abierta. Quiere decir esto que el sentido siempre estará dado por el contexto. ¿Qué debemos entender cuando leemos, por ejemplo, *Abrió la puerta y se asomó*? No necesariamente que el sujeto realizó la acción desde adentro de la casa, pues muy bien pudo abrir la puerta desde fuera y asomarse al interior de la casa. Normalmente, el contexto exigiría un complemento. Por ejemplo: *Abrió la puerta y se asomó a la calle*, o bien *Abrió la puerta y se asomó para cerciorarse de que no había nadie en casa*. En el primer ejemplo, el sujeto se asoma de adentro hacia fuera; en el segundo, desde el exterior hacia dentro. Resulta obvio que el aviso "Prohibido asomarse al exterior" es un galicismo redundante, pero no siempre el pronominal "asomarse" implica hacerlo desde el exterior. Por ello, sin el preciso contexto, es insuficiente decir y escribir "asomarse", puesto que lo podemos hacer desde fuera o desde dentro. Pongamos un caso real. En un libro leemos lo siguiente: "Lucas saltaba hasta agarrarse al barrote de su pequeña ventana y se encaramaba para **asomarse al exterior**". Dado que el contexto nos muestra a Lucas en el interior de una celda, el remate "al exterior" sale sobrando; bastaba con decir que el personaje se aferraba a un barrote para **asomarse** (obviamente al exterior) por la pequeña ventana. Pero, en oposición, podemos poner ejemplos, no necesariamente incorrectos, de "asomarse al interior". Helos aquí, sin pecado alguno de redundancia: "en el umbral, Bartholomew se detuvo y **se asomó al interior de la casa**", "Hathaway frunció el ceño y **se asomó al interior de la casa**", "**se asomó al interior de la casa** y vio una habitación en donde unos hombres estaban contando el dinero", "la mujer **se asomó al interior de la casa** y gritó", "un hombre corpulento **se asomó al interior del coche** y remarcó la amenaza del arma", "luego **se asomó al interior del coche** para darle los buenos días a los muchachos", "abrió la portezuela y **se asomó al interior del coche**", "**se asomó al interior del vehículo** y lo miró desconcertado". Como ya hemos dicho, todo depende del contexto en el que se usa el verbo pronominal "asomarse". Hay que evitar la redundancia, pero en lo que no hay duda, si usamos la lógica, es en el hecho de que "asomarse" lleva implícito hacerlo "detrás de algo", pero no necesariamente, y siempre, al exterior de algo. En sentido figurado, puede uno asomarse incluso al interior de su persona, lo cual también es peligroso, como muy bien lo cantó Luis Eduardo Aute.

☞ Google: 9070 resultados de "peligroso asomarse al exterior"; 1460 de "prohibido asomarse al exterior"; 1000 de "no asomarse al exterior". ☒

☞ Google: 73 900 de "asomarse al interior"; 16 600 de "se asomó al interior"; 14 100 de "se asomó al interior de la casa"; 5 680 de "se asomó al interior del coche"; 4 610 de "se asomó al interior del vehículo". ☑

52. ¿*asotado*?, azotado, azotar

"Asotado" no tiene ningún significado en español. "Azotado", en cambio, es el participio del verbo transitivo "azotar": dar golpes en algo o a alguien; caer y golpearse contra el suelo; golpear violentamente las olas o el viento, entre otros significados. Ejemplo: *El sultán ordenó que el hombre fuese **azotado** en la plaza.* Obviamente, "asotado" es un barbarismo escrito ahí donde las personas ignoran que "azotar", "azote", "azotaina" y "azotado" se escriben invariablemente con "z" y jamás con "s". Si "asotado" pudiera significar algo en español tendríamos que tomar como referencia el sustantivo "sota" que es una carta de la baraja española. En este sentido, alguien "asotado" sería entonces aquel jugador de baraja a quien, en la partida, le tocasen todas las sotas, es decir los naipes número 10 de cada palo (oros, copas, espadas y bastos), que son los que tienen estampados un paje. Lo cierto es que la gente escribe "asotado" en vez de "azotado" por desconocimiento del idioma. En español no hay verbo "asotar" ni sustantivo "asote". Pero este barbarismo escrito posee una profusión que delata, sin duda, cuán grande es la ignorancia ortográfica. Internet es el paraíso de los "asotados". En un blog especializado en temas sociales leemos:

♀ "La pobreza ha **asotado** a nuestro país desde hace mucho tiempo".

Debió escribirse correctamente:

♂ La pobreza ha **azotado** a nuestro país desde hace mucho tiempo.

✐ Ser "azotado" es una cosa (recibir azotes) y estar "azotado" es otra: en México estar "azotado" es estar loco, desesperado o angustiado. Que valga, pues, estar "azotado" (como mero mexicanismo), pero que nadie justifique sus carencias ortográficas con el pretexto de su locura, desesperación o angustia, es decir, de su "azote". Más ejemplos de este disparate: "Jesús es **asotado**", "impresionantes tornados han **asotado** USA", "el clima ha **asotado** a la ciudad en estos días", "México está siendo **asotado** por dos fenómenos meteorológicos", "**asotes** a Jesús", "recibió 40 **asotes**", "no te **asotes**: ven y conoce una adolescencia feliz", "no te **asotes** ni te deprimas", "el **asote** del gobierno", "el **asote** de Dios".

☞ Google: 28 900 resultados de "asotado"; 27 000 de "asotes"; 19 100 de "no te asotes"; 4 580 de "el asote". ☒

53. asumir es un verbo que exige complemento

Decir y escribir que "el presidente electo asumirá en diciembre" no es decir nada, pues la pregunta lógica sería: ¿qué chingados asumirá en diciembre el presidente electo? La respuesta es sencilla, pero a la vez es indispensable precisarla: **asumirá el poder, el gobierno, la administración pública, la presidencia, el cargo presidencial**, etcétera. Hay que decir explícitamente aquello que se asume. El verbo transitivo "asumir" (del latín *assumĕre*), en su acepción principal, significa "atraer a sí, tomar para sí". Ejemplo: *Asumo la responsabilidad que me corresponde.* En su acepción secundaria tiene el significado, algo parecido al anterior, el de "hacerse cargo, responsabilizarse de algo, aceptarlo" (DRAE). Ejemplo: *El presidente electo **asumirá** el poder en diciembre.* Quiere esto decir que el verbo "asumir" exige, ineludiblemente, un complemento (*lo que se asume*), pues, de otro modo, se pretende dar como implícita una acción que no se enuncia. Un gobernante, por ejemplo, como hemos dicho, asume el poder, asume el gobierno, asume la administración, asume la presidencia, pero no "asume", simplemente, porque esto no es decir nada. No sólo en el periodismo (aunque sí mucho en él), sino también ya en la jerga de politólogos, politicólogos, economistas, historiadores, sociólogos y académicos, en general, suele emplearse el verbo "asumir", con este sentido, sin precisar jamás el *qué* de la "asunción" (del latín *assumptio, assumptiōnis*), sustantivo femenino que significa "acción y efecto de asumir". Ejemplo: *La **asunción** al poder del presidente electo será en diciembre.* Es correcto decir y escribir *Los retos que **asumirá** el presidente electo*, pero es errónea la construcción *El 15 de agosto **asumirá** el presidente electo*. En el primer caso se precisa que, el presidente electo, asumirá ciertos retos; en el segundo, no se precisa qué es lo que asumirá el 15 de agosto.

Como ya advertimos, el periodismo está lleno de este uso incorrecto que da por supuesto, en el verbo "asumir", lo que no se enuncia. En el titular de un portal electrónico argentino leemos lo siguiente:

♀ "Hoy **asume el Presidente** electo en Ecuador, Lenín Moreno".

Debió informarse, con corrección que

♂ Lenín Moreno **asume** hoy **la Presidencia** de Ecuador.

✐ He aquí algunos ejemplos de este uso erróneo muy difundido en el periodismo y en la academia: "**Asumió** el presidente interino de Pakistán", "**asumió** el presidente de Brasil", "**asumió** el presidente ruso", "**asumió** el Presidente Constitucional", "**asumió** el presidente de la OPIP", "**asumió** el presidente de México", "**asumió** el presidente Funes Cartagena", "**asumió** el presidente del Consejo Escolar", "**asume** el presidente de la Suprema Corte", "**asume** el presidente más joven de la historia" (¿y qué carajos asume dicho presidente?), "**asume** el presidente del Congreso", "mañana **asume** el presidente Jair Bolsonaro", "**asume** el presidente interino de Haití", "**asume** el presidente de Kirguizistán", etcétera.

☞ Google: 2 330 000 resultados de "asumió el presidente"; 1 600 000 de "asume el presidente"; 676 000 de "asumirá el presidente". ☒

☞ Google: 3 180 000 resultados de "asume la presidencia", 3 020 000 de "asumió la presidencia"; 2 680 000 de "asume el poder"; 563 000 de "asumirá la presidencia"; 408 000 de "asume el mandato". ☑

54. atañe, atañer, atravesar, atraviesa

Se usa mucho en Argentina, pero ya ha comenzado a filtrarse en los ámbitos sobre todo académicos de México y otros países de habla española. Nos referimos a la errónea utilización del verbo "atravesar" como sinónimo de "atañer", "concernir" o "afectar". Es frecuente en psicología, en enunciados como el siguiente: *Lo cultural constituye, instituye y **atraviesa** a la familia que adopta.* El verbo transitivo "atravesar" tiene múltiples acepciones, pero significa, principalmente, "pasar de un lado al lado opuesto de una cosa y ponerse algo o alguien de un lado al opuesto de una cosa interceptando el paso" (DRAE). Ejemplos: ***Atravesó** a nado el río; Se le **atravesó** un buey en el camino.* Pero no hay en español ni una sola acepción de "atravesar" que pueda parecer sinónimo del verbo intransitivo y defectivo "atañer": tener una cosa aplicación a alguien o a cierto caso; afectar, concernir, corresponder, incumbir. El horrible uso de "atravesar" para referirse a concernir, afectar, atañer e incumbir es casi una derivación abusiva de la tecnocrática significación del adjetivo "transversal" (que se halla o se extiende atravesado de un lado a otro) y que, según el diccionario de la RAE, en psicología, se dice de "un método de análisis: que estudia la estructura de un problema en un momento dado", o bien, en el ámbito académico en general, "que se cruza en dirección perpendicular con aquello de que se trata" o que "atañe a distintos ámbitos o disciplinas en lugar de un problema concreto".

Sea como fuere, este sentido tecnocrático que se le da al verbo "atravesar" es una tontería. En un libro del Fondo de Cultura Económica, en México, leemos lo siguiente:

♀ "Cometido que no sólo **atraviesa** a la familia y a la escuela como espacios [...], sino también a escritores y a editores".

Tan fácil que es decir que

♂ tal cometido no sólo **concierne, atañe o afecta** a la familia y a la escuela, sino también a escritores y editores.

✐ Es obvio que la tecnocracia está haciendo estragos en el idioma español, y lo peor es que el lenguaje académico ha adoptado mil y una barbaridades de esa tecnocracia. He aquí otros ejemplos del ámbito profesional y especialmente profesoral: "una cuestión social que **atraviesa** a la universidad", "la estética de una obra que **atraviesa** a la cultura", "un fenómeno musical que **atraviesa** a la cultura", "en este marco de crisis que **atraviesa** a la educación en general", "la lectura es una práctica cultural que se comparte, y en este sentido puede proponerse su transversalidad: **atraviesa** a la escuela y la excede", "la crisis del país **atraviesa** a la escuela" (que no es lo mismo que decir, correctamente, "la crisis **por la que atraviesan** el país y la escuela").

☞ Google: 132 000 resultados de "atraviesa a la familia"; 101 000 de "atraviesa a la universidad"; 56 400 de "atraviesa a la cultura"; 44 600 de "atraviesa a la educación"; 25 300 de "atraviesa a la escuela". ☒

55. audiencia, auditorio, público

Aunque suele creerse que "audiencia" es únicamente correcto si con ello se designa al grupo de oyentes, y "auditorio" lo es sólo si se aplica al espacio físico donde se reúnen los oyentes, hay que precisar que ambos términos son sinónimos, esto es, equivalentes, para referirse al concurso de los oyentes. Sí, así, como lo oye. No hay pecado en ello, por más que haya personas que se muestren muy "entendidas" en su diferencia. Vayamos al diccionario de María Moliner, donde leemos: "audiencia (del lat. *audientĭa*): conjunto de personas que atienden un programa de radio o televisión en un momento determinado. Auditorio: conjunto de oyentes, particularmente de asistentes a un espectáculo, conferencia, etc.". Y, en la entrada correspondiente a "auditorio" (del latín *auditorĭum*), Moliner informa que es el "conjunto de oyentes", y añade: "particularmente, de asistentes a un concierto, conferencia, etc."; también designa la "sala destinada a conciertos, conferencias, etc.". Y ofrece como sinónimo el sustantivo "público" (del latín *publĭcus*), que el DRAE define como "conjunto de personas que forman una colectividad" y "conjunto de las personas reunidas en determinado lugar para asistir a un espectáculo o con otro fin semejante". Por su parte, el DRAE define el sustantivo femenino "audiencia" como el "público que atiende los programas de radio y televisión o que asiste a un acto o espectáculo", y ofrece el sinónimo "auditorio" ("concurso de oyentes"). Queda claro, entonces, que sólo siendo muy tiquismiquis y afectado alguien censurará al hablante y escribiente que utilice, indistintamente, los términos "audiencia" y "auditorio" para referirse al público oyente de la radio y al público reunido en una sala para presenciar un espectáculo o una conferencia. Es indistinto, también, referirse a la "teleaudiencia" y al "teleauditorio" en el caso del público de la televisión, a pesar de que sean términos compuestos que no están recogidos en el DRAE. En resumidas cuentas, "audiencia" y "auditorio" valen para lo mismo, como en los siguientes ejemplos: *Un saludo a la **audiencia** de tu programa* y *Buenos días al **auditorio** que sigue este programa*, refiriéndose en ambos casos a un programa de radio.

☞ Google: 732 000 000 de resultados de "público"; 108 000 000 de "audiencia"; 47 300 000 de "auditorio"; 237 000 de "teleaudiencia"; 23 500 de "teleauditorio". ☑

56. audiolibro, audiolibros, libro, libros

Brincó de satisfacción, y lo anunció con trompetas y panderetas, la Real Academia Española cuando incluyó en su mamotreto impreso en 2014 los términos "amigovio" y "papichulo", porque le parecieron palabras indispensables de definir. Pero, pese a que varios años después la incluyó en su versión en línea, pasó de largo frente a la palabra "audiolibro", mucho más importante que aquéllas en términos de utilidad cultural. ¡Ni siquiera en la entrada "libro" del DRAE, de gran prolijidad, hubo alguna línea para el pobre "audiolibro"! ¡Vaya, ni siquiera en el *Panhispánico*, tan lleno de cascajo, hecho para recoger la basura que la Real Academia Española arroja desde las calles Felipe IV y Academia hacia la calle Serrano! Y, por supuesto, dado que ni el DRAE ni el *Panhispánico* se dignaron incluir el sustantivo "audiolibro", tampoco lo hizo el *Diccionario de mexicanismos* de la AML que incluye, en cambio, miles de formas dialectales parecidas a "audiolibro" que, al igual que ésta, no son mexicanismos, sino voces del español usual en México. ¡Ah!, pero en cambio, en el DM, bien que aparece "basura" ("persona despreciable"), ¡como mexicanismo despectivo supranacional!, con el siguiente ejemplo: *Quien lo haya hecho es una* **basura**. Esto no es un mexicanismo ni nada que se le parezca, porque, si así fuera, los académicos mexicanos también tendrían que haber incluido (¡y no lo hicieron!) el sustantivo "mierda" que se usa en español (en varios países hispanohablantes) con el mismo sentido metafórico e hiperbólico de "basura". Ejemplo: *Quien lo haya hecho es una* **mierda**. Así de graves son las cosas en estos lexicones. Si la palabra "audiolibro" ya existe, está bien formada como sustantivo compuesto, y el *Clave: diccionario de uso del español actual* lo define (aunque incompletamente) desde 1997, ¿por qué omitirla? Leemos en el *Clave*: "**audiolibro**. s. m. Casete que contiene la grabación de la lectura de una obra literaria". Y pone un ejemplo: *Muchos actores importantes graban* **audiolibros** *de las novelas más representativas de la literatura*. Lo cierto es que el "audiolibro" (de "audio-", elemento compositivo que significa "sonido" o "audición", y "libro", obra científica o literaria impresa o contenida en algún otro soporte) pasó del casete (cinta magnética) al disco compacto y puede perfectamente migrar a otro dispositivo, por ejemplo la memoria USB, y no por ello deja de ser "audiolibro": un libro cuyo contenido se escucha y no se lee o, mejor aún: un libro que se aprovecha por medio de la audición y no por medio de la lectura convencional, esto es de la decodificación textual mediante el paso de los ojos sobre el papel o la pantalla. El "audiolibro" es un libro leído en voz alta, un libro hablado, para que, por medio de una grabación (en el formato tecnológico que sea) lo escuche una persona de la misma manera que puede escuchar música. Esto es un "audiolibro", muy útil especialmente para las personas carentes del sentido de la vista, pero no de la audición. Aunque este término compuesto no esté registrado ni en el DRAE (en su última edición impresa) ni en el *Panhispánico* ni en otros (sí lo está en el *Clave*, como ya vimos) es legítimo, válido y muy bien utilizado, como en los pocos ejemplos que ponemos a continuación, entre los cientos de miles y las decenas de millones que hay en publicaciones impresas y en internet: "Google estrena sección de **audiolibros**", "nuestro catálogo de **audiolibros**", "los diez mejores sitios para descargar **audiolibros** de forma legal", "diecisiete sitios para escuchar, descargar y comprar **audiolibros**", "el imparable fenómeno de los **audio-libros**" (nota informativa del diario español *El País*), "**audiolibros**: un modo de leer cada vez más popular", "**audiolibros** en la biblioteca electrónica del Instituto Cervantes: escucha en español las mejores obras de la literatura" (y esta información está, sí, en el sitio virtual de dicho instituto), "8 **audiolibros** que cambiarán tu vida", "**audiolibros** de la Suprema Corte de Justicia de la Nación", "**audiolibros** en Amazon", "Un **audiolibro** es la grabación de los contenidos de un libro leídos en voz alta" (*Wikipedia*), "controversia y ventajas del **audiolibro**", "**audiolibro**: el negocio del siglo XXI", "consigue un **audiolibro** gratis", "el **audiolibro** se populariza en las apps", "**audiolibro** *Canek* de Ermilo Abreu Gómez en Radio Educación", "**audiolibro** *El segundo sexo* de Simone de Beauvoir", "graban estudiantes **audiolibro**", "*El lazarillo de Tormes*, **audiolibro**", "**audiolibro** de la obra *Miserias de la guerra*, de Pío Baroja", "te sorprenderá lo que un **audiolibro** puede hacer a tu cerebro", "el **audiolibro** o libro hablado", etcétera.

☞ Google: 65 500 000 resultados de "audiolibros"; 18 400 000 de "audiolibro". ☑

57. auriga, ¿áuriga?, cuadriga, ¿cuádriga?

Tanto "auriga" como "cuadriga" son palabras llanas o graves: con acento prosódico en la penúltima sílaba. Transformarlas en palabras esdrújulas delata que también los cultos son alérgicos a la consulta del diccionario, pues es obvio que tanto "auriga" como "cuadriga", por su carácter erudito, son términos propios del español culto. No hay "áurigas" ni "cuádrigas"; lo que hay son "aurigas" y "cuadrigas". El sustantivo masculino "auriga" (del latín *aurīga*) significa "hombres que en las antiguas Grecia y Roma gobernaba los caballos de los carros en las carreras de circo" y, en un sentido poético o figurado, se dice del hombre que gobierna las caballerías de un carruaje". Ejemplo: *El **auriga** de Delfos*. Decir y escribir "áuriga" es cometer un barbarismo. Por otra parte, "cuádriga" es un barbarismo por "cuadriga" (del latín *quadrīga*), sustantivo femenino que tiene dos acepciones en el DRAE: "Carro tirado por cuatro caballos de frente, y especialmente usado en la Antigüedad para las carreras del circo y en los triunfos; conjunto de cuatro caballos que tiraban de la cuadriga". En consecuencia, al igual que "auriga", se trata de una palabra llana o grave: con acento prosódico en la penúltima sílaba ("cuadriga"). Si se le pone la tilde en la primera "a" la convertimos en una palabra esdrújula: con acento en la antepenúltima sílaba ("cuádriga"), y en un disparate del habla y de la escritura.

Como ya advertimos, se trata de yerros del ámbito culto, pues es en este ámbito donde tienen uso exclusivo, lo mismo en publicaciones impresas que en internet. En el diario español *El País* leemos el siguiente titular y, para que la cuña apriete, el sumario que repite la barbaridad:

♀ "Restauración de una **cuádriga**. La **cuádriga** del Arco del Triunfo de la plaza de la Moncloa será desmontada para su restauración, costeada por Bellas Artes".

En ambos casos se debió escribir

♂ **cuadriga**.

✐ He aquí otros ejemplos de estos dislates cultos: "la constelación de **Áuriga**", "colección **Áuriga**" (¡una colección de libros!), "diálogo entre Arjuna y su **áuriga**" (en este caso sería un diálogo entre Arjona y su áuriga), "el **áuriga** de Delfos", "el **áuriga** de Hispania", "Calle del **Áuriga** (en Madrid), "Edificio **Áuriga**" (sí, también en España: en Córdoba), "la metáfora del **áuriga**", "Ben-Hur regresa cabalgando sobre una **cuádriga**", "arco del triunfo con una **cuádriga** veneciana", "**cuádriga** romana en bronce", "una antigua **cuádriga** del imperio romano", "**Cuádriga** de la Victoria sobre la Puerta de Brandemburgo en Berlín", "el circo romano y las carreras de **cuádrigas**", "vuelven las carreras de **cuádrigas** a orillas del Guadalquivir", "de las **cuádrigas** y las catapultas al circo romano", "bello mural de carreras de **cuádrigas**".

☞ Google: 47 600 resultados de "cuádriga"; 32 000 de "cuádrigas"; 6 510 de "áuriga"; 2 550 de "áurigas". ☒

58. auto-, ¿*auto ayuda*?, ¿*auto consumo*?, ¿*auto crítica*?, ¿*auto denominado*?, ¿*auto estima*?, autoayuda, autoconsumo, autocrítica, autodenominado, autoestima
El elemento compositivo "auto-" significa "propio" o "por uno mismo". Dado que se trata de un prefijo (que va antepuesto), debe escribirse uniéndolo siempre al término que modifica. Ejemplos: autoayuda, autobiográfico, autobomba, autocensura, autoconsumo, autocrítica, autodenominado, autoestima, etcétera. Son desbarres, muy comunes, escribir el prefijo "auto-" separándolo del término modificado, como en "auto ayuda", "auto consumo", "auto crítica", "auto denominado" y "auto estima", entre otros, o poniendo un guión intermedio entre palabras, del todo innecesario, como en "auto-ayuda", "auto-consumo", "auto-crítica", "auto-denominado" y "auto-estima". El guión intermedio sólo se utiliza, por regla ortográfica, en los términos compuestos que representan oposición, como en "guerra ruso-japonesa" o en "poesía épico-lírica".

Esta regla gramatical la ignoran incluso profesionistas. Los desbarres consignados aquí son sólo cinco de los más comunes que llevan el elemento compositivo "auto-". Hay muchos más, pero éstos ejemplifican la enorme ignorancia que existe sobre el buen uso del español escrito.

Lo mismo en publicaciones impresas que en internet nos topamos todos los días con estas incapacidades gramaticales y ortográficas. En la sección de economía del diario español *El País* leemos el siguiente titular:

♀ "Suplementación con **auto consumo** gana terreno en ganadería".

Quiso informar el diario que

☝ la suplementación con **autoconsumo** gana terreno en la ganadería.

✐ En un libro de autoayuda (**auto ayuda** o **auto-ayuda**, escriben quienes no consultan el diccionario) se asegura que "lo opuesto a la **auto-crítica** es la **auto-estima**". En otro libro, éste de literatura y filosofía, se habla de un "ingeniero químico **auto-denominado** ingeniero cómico". Pero no estamos para chistes tontos mientras leamos en un diario de Colombia acerca del "**auto denominado** candidato presidencial Jorge Tarud". Tonterías sin fin.

☞ Google: 5 610 000 resultados de "auto estima"; 660 000 de "auto ayuda"; 246 000 de "auto crítica"; 244 000 de "auto consumo"; 205 000 de "auto criticar"; 114 000 de "auto denominado"; 42 200 de "auto crítico"; 33 900 de "auto denominados"; 31 500 de "auto críticas"; 31 000 de "auto estimas"; 27 500 de "auto denominada"; 18 800 de "auto críticos"; 18 100 de "auto consumos"; 8 860 de "auto consumir"; 6 430 de "auto denominar"; 5 960 de "auto criticarse"; 4 220 de "auto denominadas". ☒

59. auto, ¿*auto divertido*?, ¿*auto muy divertido*?, automóvil, ¿*automóvil divertido*?, ¿*automóvil muy divertido*?, coche, ¿*coche divertido*?, ¿*coche muy divertido*?, vehículo, ¿*vehículo divertido*?, ¿*vehículo muy divertido*?

Hay expresiones en la lengua española que simplemente son absurdas. Un viaje, un espectáculo, unas vacaciones, un partido de futbol, un programa de televisión, un libro, un perro, un gato, etcétera, pueden ser divertidos, muy divertidos, divertidísimos inclusive, pero ¿cómo podría ser "divertido" un auto, es decir, un automóvil, un vehículo automotor? La pregunta se impone porque a mucha gente especializada en automóviles (que los vende, los anuncia, los publicita, los conduce) le ha dado por decir y escribir que tal automóvil (y aquí la marca y el modelo) es "divertido" y "muy divertido". ¿Sabrá, acaso, toda esta gente, el significado del verbo "divertir" y del adjetivo "divertido"? Muy probablemente no. Porque hasta reparar un coche (para aquellos a los que les gusta la reparación) puede ser muy divertido, pero ¿cómo, por sí mismo, un vehículo automotor podría ser divertido? Se trata de una tontería. Entendámonos: el verbo transitivo "divertir" (del latín *divertĕre*) significa "entretener, recrear", y posee también uso pronominal: "divertirse". Ejemplos: *El propósito de esta obra es **divertir**; La película **me divirtió** muchísimo; **Me divertí** increíblemente en las vacaciones*. De ahí el adjetivo "divertido" (participio de "divertir"): "que divierte" y, además, "alegre, festivo y de buen humor" (DRAE). Ejemplos: *La película estuvo **muy divertida**; Las vacaciones* *fueron **divertidísimas**; Es una persona **muy divertida**.* Pero ¿un coche? Fernando Lázaro Carreter, en *El dardo en la palabra*, mostró su sorpresa hace ya algunos años ante tamaño disparate nacido en España y luego expandido a todo el orbe hispanohablante. Escribió: "Creo haber descubierto el vocablo de nuestro tiempo: es este primaveral adjetivo que ahora se está adhiriendo a los más insólitos compañeros. Hay colores *divertidos*, relojes, corbatas, pisos, broches, pantalones...: todo, absolutamente todo puede ser *divertido*". Y es, por supuesto, una barrabasada. Se confunde lo "placentero" o lo "cómodo" o "confortable" con lo "divertido". Un vino es sabroso, placentero, exquisito, y puede ser agrio, verde, corriente e incluso asqueroso, pero no "divertido". Divertido puede ser el individuo que lo paladea y lo ingiere, y más divertido aún si el vino lo pone de mejor humor, lo alegra como nunca y, con ello, se desinhibe y comienza a relatar cosas divertidas, a comportarse divertidamente hasta que todos se divierten viéndolo gatear bajo la mesa. Un automóvil puede ser "cómodo", "bien diseñado", "confortable", "elegante", "potente" (por la fuerza de su motor), incluso "magnífico", como corresponde a este objeto, pero no "divertido". Sin embargo, los mismos que dicen "primer concepto automotriz" ("primer" y "concepto" poseen género masculino, y "automotriz", ¡género femenino!), se refieren a los "automóviles divertidos". Lo cierto es que, más que divertir, dan grima los especialistas de la industria del automóvil que todo el tiempo hablan de autos, automóviles, coches y vehículos "divertidos". Podrían divertirnos de no ser porque están atropellando el idioma. El "placer" (agrado, gusto, goce o disfrute físico o espiritual) puede incluir la diversión y el entretenimiento, y lo "placentero" implica lo agradable, apacible y alegre. Un auto puede significar, para quien lo tiene o simplemente lo desea, agradabilidad y alegría, pero éstos no son atributos inherentes del automóvil, sino goce o disfrute físico o espiritual de quien posee el automóvil o desea poseerlo. Una cosa es que sea "divertido" e incluso "muy divertido" conducirlo, o (forzando la sintaxis) "divertido de conducir", y otra muy diferente y bárbara que el coche sea, en sí mismo, "divertido" o "muy divertido". ¿Coche divertido? ¡Sólo el "Cupido motorizado"!

Lo que revelan los "automóviles muy divertidos" es que hay mucha gente que, cada vez más, cree que son personas, seres vivos, por el hecho de ser "automóviles". Se les atribuye acciones, emociones y sentimientos; y hay gente que los quiere, ¡los adora!, más que a los integrantes de su familia. Las páginas de internet, los programas de radio y televisión y las publicaciones impresas han comenzado a llenarse de "automóviles muy divertidos". A propósito del Ford Focus RS, en un portal de internet leemos:

♀ "Por poco más de 40.000 euros tendrás un **coche muy divertido**".

Lo correcto, en todo caso, es decir y escribir, forzando la sintaxis:

♂ Por poco más de 40.000 euros tendrás un **coche muy divertido de conducir**.

🖋 He aquí más ejemplos de esta barbaridad que está de moda: "**Coche divertido** pero racional" (¡ah, chingá!), "**coche divertido** 4 plazas con maletero para perro", "**coche divertido** de alta calidad", "Honda S660: todo lo que le pides a un **coche divertido**" (puedes pedirle que te cuente chistes), "**coche** pequeño, **divertido** y diferente, el Suzuki Swift Sport", "¿qué hace a un **coche divertido?**" (que esté siempre de buen humor), "¿por qué un **Subaru** es **divertido** y seguro de conducir?" (es divertido cuando cuenta chistes y es seguro de conducir si no está borracho), "Las diferencias entre un **coche divertido** y una Top Fuel Dragster", "es un **coche muy divertido** y con combo trackstar de 80 amp", "un **coche muy divertido** y potente", "un Miata es un **coche muy divertido**", "están de acuerdo en que es un **coche muy divertido**", "el Opel Corsa OPC, deportivo y **divertido**", "en general es un **coche muy divertido** y eficaz", "el Porsche 718 Cayman es un **coche muy divertido**", "el Dodge Nitro es un **auto muy divertido**" (siempre de muy buen humor y echando bromas), "el SEAT Ibiza FR sigue siendo un **auto muy divertido** y ágil", "todo esto lo hace un **auto muy divertido**", "el Twizy de Renault MX, un **auto muy divertido** que atrae miradas y regala sonrisas" (mejor decir que es un auto ridículo del que todos se ríen), "Pontiac Matiz es un **auto muy divertido**", "un turbo deportivo es un **auto muy divertido** y peligroso" (sobre todo cuando se emborracha el conductor), "el **Honda S660 luce muy divertido** con tan solo 64 cv" (tiene una sonrisa de faro a faro), "lo convierten de un sedán confortable a un **automóvil divertido** y ágil", "se desplazaban por las avenidas y calles en **automóviles divertidos**" (¡y eso que no se desplazaban por las aceras!), "he tenido mi AMC Javelin año 1973 por nueve años y admito que ha sido un **vehículo muy divertido**" (sobre todo cuando no está enojado), "Ford FIGO, un **automóvil muy divertido** y dinámico" y, como siempre hay algo peor: "el **Abarth 124 Spider es un automóvil muy divertido y transgresor**" (¡transgresor, además de muy divertido!, ¡vaya caso!).

☞ Google: 2 040 000 resultados de "coche divertido"; 41 000 de "coche muy divertido"; 28 000 de "vehículo divertido"; 21 100 de "auto divertido"; 13 100 de "vehículo muy divertido"; 8 560 de "auto muy divertido"; 7 690 de "automóvil divertido"; 4 950 de "automóviles divertidos"; 2 150 de "automóvil muy divertido". ☒

60. *¿autobaño?, ¿autolavado?*, bañar, lavar

¿De dónde demonios sacó el diccionario de la Real Academia Española la peregrina idea de que en México se usa mayoritariamente el sustantivo compuesto "autobaño" para referirnos a la "instalación para el lavado de automóviles"? ¿Y qué dice de esto la simpática y apática Academia Mexicana de la Lengua (AML) que, cómo estará la cosa, ni siquiera incluye esta palabreja en su *Diccionario de mexicanismos* tan lleno de cacografías? Se usa, por ejemplo, en Jalisco, pero no mucho más allá. Siendo entonces un localismo jalisciense o muy regional del occidente de México, ¿por qué darle una entrada en el DRAE? El sustantivo que utilizamos en México, mayoritariamente, para denominar la instalación para el lavado de automóviles es el palabro "autolavado" y no el palabro "autobaño". Los dos sustantivos son horribles, pero el más torpe es "autobaño", pues a los automóviles se les lava, no se les baña. "Lavar" (del latín *lavāre*) es un verbo transitivo con la siguiente acepción principal: "limpiar algo con agua u otro líquido" (DRAE). Ejemplo: *Llevó a **lavar** su coche y, de paso, dejó su traje en la **lavandería**.* En cambio, "bañar" (del latín *balneāre*) es un verbo transitivo que tiene las siguientes acepciones muy precisas: "meter a alguien en el agua o en otro líquido, generalmente para lavarlo, para refrescarlo o con fines medicinales; sumergir algo en un líquido, y dicho del agua: humedecer, regar o tocar algo". En ninguna de estas tres acepciones podemos incluir el localismo jalisciense "autobaño", pues es obvio que nadie sumerge en agua un automóvil para lavarlo ni simplemente lo humedece. En cuanto al principal significado de "bañar" (meter a alguien en el agua), el verbo se aplica a personas y no a cosas, a tal grado que su uso mayoritario es pronominal: "bañarse". Ejemplo: *Yo **me baño** cada quince días (dijo el español): lo necesite o no lo necesite. Pues yo (dijo el otro), sólo una vez por mes, porque no sudo.* Si la RAE y la AML querían incluir en el DRAE un neologismo mexicano (esto es, un mexicanismo) para la acción de lavar automóviles en un establecimiento ex profeso, éste es "autolavado" que es horrible y anfibológico, pues propiamente, por ejemplo, un "autolavado" intestinal sería aquel en el que alguien, por mano propia, se introduce la cánula en el ano para aplicarse un enema o lavativa. ¡Esto sí sería un "autolavado" y no el hecho de llevar el automóvil a un establecimiento para que lo laven! Como sea, este mexicanismo disparatado ya llegó para quedarse en nuestra lengua, pero que tampoco nos tomen el pelo los académicos españoles y mexicanos incluyendo en el mamotreto de la RAE el minoritario, espantoso y equívoco "autobaño", en lugar del mayoritario, horrible y anfibológico "autolavado". Basta con ver, simplemente, las estadísticas de su uso en internet para saber cuál es el más utilizado.

☞ Google: 2 880 000 resultados de "autolavado"; 322 000 de "autolavados"; 43 000 de "autobaños"; 36 300 de "autobaño".

61. autonombrarse, nombrarse

El verbo aceptado por la Real Academia Española es "autodenominarse", pronominal que significa "denominarse a sí mismo" (DRAE). "Autonombrarse" no está registrado en el diccionario académico. Sin embargo, es un perfecto sinónimo de "autodenominarse"; veamos por qué. "Denominar" (del latín *denomināre*) es un verbo transitivo que significa "nombrar, señalar o distinguir con un título particular a alguien o algo". Y se usa también como pronominal: "denominarse". El también transitivo verbo "nombrar" (del latín *nomināre*) tiene tres acepciones en el DRAE: "decir el nombre de alguien o algo", "hacer mención particular, generalmente honorífica de alguien o algo", y "elegir o señalar a alguien para un cargo, un empleo u otra cosa". Y, en este caso, el diccionario académico no admite el uso pronominal: "nombrarse". Sin embargo, resulta obvio que tanto "autodenominarse" como "autonombrarse" comparten etimologías y definiciones. Por tanto, da lo mismo decir y escribir *Se **autodenominó** el Gran Chingón* que decir y escribir *Se **autonombró** el Gran Chingón*, aunque esto no le guste a doña Real Academia Española. Con plena lógica, el uso ha vuelto pronominal el verbo "nombrar" ("nombrarse") y la anciana Real Academia Española ni se ha enterado de ello, ocupada como está en documentar y legitimar zarandajas. En conclusión, el verbo pronominal "autonombrarse" (nombrarse o denominarse a sí mismo) no es incorrecto, sino sinónimo de "autodenominarse", más allá de que el DRAE no lo incluya en sus páginas y ni siquiera acepte el pronominal simple "nombrarse".

☞ Google: 79 900 resultados de "se autonombró"; 78 000 de "autonombrado"; 50 000 de "autonombrados"; 49 100 de "autonombrada"; 29 400 de "autonombrarse"; 7 060 de "autonombradas"; 5 610 de "autonombrar"; 4 260 de "autonombrándose"; 3 340 de "se han autonombrado". ☑

62. autopsia, autopsiar, biopsia, biopsiar

Del sustantivo femenino "autopsia" (del latín científico *autopsia* y éste del griego *autopsía*) que significa "examen anatómico de un cadáver" (DRAE) o "examen de un cadáver para investigar las causas de la muerte" (DUE), los profesionales del ámbito médico forense han derivado (quizá por influencia del portugués) el verbo transitivo "autopsiar" (*yo autopsio, tú autopsias, él autopsia, nosotros autopsiamos, ustedes autopsian, ellos autopsian*, etcétera) que la Real Academia Española no recoge en su diccionario, pero que posee todas las características de un verbo en español perfectamente derivado. Ejemplo: *Durante el pasado curso tuvimos ocasión de **autopsiar** uno de estos casos.* Un ejemplo del uso del sustantivo es el siguiente: *Tuvieron que hacer la **autopsia** para saber las causas de la muerte del cantante.* Asimismo, del sustantivo femenino "biopsia" ("extracción y examen de una muestra de tejido tomada de un ser vivo, con fines diagnósticos", DRAE), los médicos y demás profesionales del ámbito clínico han derivado el verbo "biopsiar", que tampoco recoge el DRAE, pero que tiene todas las características de un verbo transitivo en español (*yo biopsio, tú biopsias, él biopsia, nosotros biopsiamos, ustedes biopsian, ellos biopsian*, etcétera) referido a la acción de realizar una biopsia. Ejemplo: *No se recomienda **biopsiar** zonas aparentemente normales.* El término latino *biopsia* proviene del griego *bíos*, vida, y *opsía*, vista, y se llama "biopsia" también a la muestra de tejido extraída. Ejemplos: *Le practicaron una **biopsia**; La **biopsia** reveló que el quiste es benigno.* Tanto "autopsiar" como "biopsiar" tienen perfecto sentido y están adecuadamente derivados de acuerdo con las reglas de la lengua española. Pero será el uso el que les dé legitimidad en nuestro idioma. Lo cierto es que ya se utilizan entre los profesionales de la medicina. Tarde o temprano la Real Academia Española tendrá que admitirlos en su diccionario que, por lo demás, está lleno de restos lingüísticos a los que ya ni siquiera es necesario practicarles la autopsia. He aquí algunos ejemplos del uso de estos verbos que, aunque proscritos por la RAE, no podemos considerar incorrectos ni disparatados: "ha habido complicaciones para **autopsiar** los cuerpos", "los estudiantes suelen ser informados sobre el cuerpo a **autopsiar** antes de la práctica", "Cuvier se encargó de **autopsiar** y disecar el cadáver", "tenía yo que **autopsiar** diariamente antes de la comida", "podían **autopsiar** sin permiso", "el Hospital General renueva su ecógrafo para **biopsiar** y tratar tumores", "se puede ver, valorar y **biopsiar** un fibroma", "determinadas partes de la próstata son muy difíciles de **biopsiar**", "la elección del sitio a **biopsiar** es de fundamental importancia", "si existen adenopatías se suelen **biopsiar**", "no existen indicaciones estrictas a seguir para **biopsiar** las vesículas seminales", "existen dos técnicas para **biopsiar** la próstata".

☞ Google: 85 200 resultados de "biopsiar"; 53 700 de "biopsian"; 7 090 de "autopsiar"; 4 830 de "autopsian". ☑

63. autosugestión, ¿autosugestionarse?, sugestionar, sugestionarse

¿Por qué el DRAE y el DUE admiten el verbo pronominal "autosugestionarse" si ya "sugestionarse" es al mismo tiempo pronominal y reflexivo? Obviamente, por el vicio redundante español. Tiene sentido y plena lógica el sustantivo femenino "autosugestión", que el DRAE define del siguiente modo: "Sugestión que nace espontáneamente en una persona, independientemente de toda influencia extraña". Ejemplo: *Dijo padecer una autosugestión*. Pero no lo tiene el verbo "autosugestionarse", más bien redundante, que el diccionario académico define así: "Sugestionarse a sí mismo, experimentar autosugestión". Y no lo tiene por un sencillo motivo: existe, para el caso, el verbo pronominal y a la vez reflexivo "sugestionarse", es decir, exacta y literalmente, experimentar sugestión propia, pues el pronombre reflexivo "se", que modifica al verbo transitivo "sugestionar", implica forzosamente que la acción que realiza el sujeto recae sobre él mismo, como en "cagarse" y "masturbarse". Nadie en su sano juicio conjugaría los falsos verbos "autocagarse" y "automasturbarse", pues el elemento compositivo "auto-" (del griego *auto-*), como hemos visto, es un prefijo que significa "propio" o "por uno mismo" y, siendo así, uno "se caga", "se masturba" y, por supuesto, "se sugestiona", obviamente *por uno mismo*, ¡ni modo que no!: por ano propio, por mano propia y por mente propia. No es el caso del verbo "autocompadecerse" (compadecerse de uno mismo), derivado del sustantivo "autocompasión"

(compasión hacia uno mismo) y de su sinónimo "autoconmiserarse" (compadecerse uno mismo del mal que padece), derivado del sustantivo "autoconmiseración" (compasión que se tiene del propio mal que se padece), aunque ni "autoconmiserarse" ni "autoconmiseración" estén admitidos por la incongruente Real Academia Española. Según el DRAE, el verbo transitivo "sugestionar" tiene tres acepciones: "Dicho de una persona: inspirar a otra hipnotizada palabras o actos involuntarios", "dominar la voluntad de alguien, llevándolo a obrar en determinado sentido" y "fascinar a alguien, provocar su admiración o entusiasmo". Para estas tres acepciones, el DRAE acota que el verbo también se usa como pronominal: "sugestionarse". Pero si esto es así, no tiene mucho caso agregarle a ese pronominal el elemento compositivo "auto-" ("por uno mismo"). Si el sustantivo femenino "sugestión" es la acción y efecto de sugestionar, la sugestión siempre es inducida por alguien, y cuando no es así y surge espontáneamente en la propia persona que la padece, sin influencia de otra, a ello se le llama "sugestionarse": experimentar "autosugestión" (o "sugestión" por uno mismo). Ejemplo: *Fulano **se sugestionó** por temores infundados*, que no es lo mismo que decir o escribir *A Fulano **lo sugestionaron** por temores infundados*. En el primer caso la "sugestión" es obra del propio sujeto; en el segundo, alguien le crea la "sugestión". Menos evidente que "autosuicidarse", "autosugestionarse" es un verbo redundante, aunque lo legitime la Real Academia Española y no lo ponga en duda María Moliner. Basta con usar la lógica para darse cuenta.

Con la anuencia de la RAE, el uso del falso verbo "autosugestionarse" se ha ido imponiendo en el español, a despecho de la lógica. Está, por supuesto, en internet y en muchas publicaciones impresas. Los escritores lo conjugan con gran salero y donaire. Un internauta escribe:

♀ "**Yo me autosugestiono** diciéndome que nunca **me** enfermo".

Sin redundancias pudo perfectamente decir y escribir:

♻ **me sugestiono** para no enfermarme.

✎ He aquí otros ejemplos de este verbo redundante que tiene el aval del DRAE: "la técnica consiste en **autosugestionarse** conscientemente", "la clave está en **autosugestionarse**", "esto significa **autosugestionarse**", "**autosugestionarse** de que vas a conseguir resultados", "el canal ascendió a la posición principal por **autosugestionarse**" (¡ah, chingá!; ¿el canal se autosugestionó?), "pronunciar estas palabras no es **autosugestionarse** o hacerse ilusiones", "a ellos les sirve para **autosugestionarse** de que obran bien" (¡maravillosa solución para el estreñimiento!), "**se autosugestiona** y se precipita al reino de los sueños", "torpemente **se autosugestiona** pensando", "el necio **se autosugestiona** de científico", "me lo creo hasta un punto que **me autosugestiono**", "**me autosugestiono** positivamente", "**yo me autosugestiono** para seguir adelante", "**me autosugestiono** para mitigar los malestares", "¡vamos, que **me autosugestiono** y me **autoconvenzo!**" y, como siempre hay algo peor: "**yo me autosugestiono solo**" y "**yo mismo me autosugestiono**".

☞ Google: 9 750 resultados de "autosugestionarse"; 8 770 de "autosugestiona"; 4 120 de "se autosugestiona"; 1 790 de "autosugestionar"; 1 640 de "autosugestiono"; 1 360 de "se autosugestionan"; 1 000 de "autosugestionó"; 761 de "me autosugestiono". ☒

☞ Google: 130 000 resultados de "sugestionar"; 27 600 de "sugestionarse"; 18 100 de "se sugestiona"; 9 210 de "me sugestiono"; 9 090 de "se sugestionan"; 7 660 de "no me sugestiono"; 6 800 de "me sugestioné"; 3 710 de "me estoy sugestionando"; 1 460 de "se sugestionó". ☑

64. avalorar, avaluación, avaluar, avalúo, avalúos, evaluación, evaluaciones, evaluar, evalúo, ¿evalúos?, tasar, valorar, valorizar, valuación, valuar

Los verbos transitivos "evaluar" y "valuar" poseen significados distintos, aunque sus diferencias parezcan simples matices. De acuerdo con el diccionario académico, "evaluar" (del francés *évaluer*) tiene las siguientes acepciones: "Señalar el valor de algo", "estimar, apreciar, calcular el valor de algo" y "estimar los conocimientos, aptitudes y rendimiento de los alumnos". Ejemplo del DRAE: *Evaluó los daños de la inundación en varios millones de pesos*. De ahí el sustantivo femenino "evaluación": acción y efecto de evaluar y "examen escolar". Ejemplo del DRAE: *Hoy tengo la evaluación de matemáticas*. En cambio, el también verbo transitivo "valuar" es sinónimo de "valorar" y su significado específico, y técnico, es "señalar el precio". Ejemplo: *Antes de vender su casa pagó para que la valuaran*. De ahí el sustantivo femenino "valuación" (acción y efecto de valuar) y el sustantivo "valuador" ("persona que tiene por oficio valuar"). Ejemplo: *El valuador le dio a la propiedad una valuación que al comprador le pareció desproporcionada*. El sustantivo femenino "valuación" tiene como sinónimo el de "valoración" ("acción y efecto de valorar"), y el verbo transitivo "valorar" (de *valor*) tiene como acepción principal "señalar el precio de algo", por lo cual es sinónimo no sólo de "valuar", sino también de "valorizar", verbo transitivo cuya acepción principal es "valorar o señalar el precio". Ejemplos: *Le valoraron su casa en tres millones de pesos*; *Le valorizaron su propiedad muy por debajo de lo que él esperaba*. De ahí también que otro sinónimo de "valuación" y "valoración" sea "valorización" ("acción y efecto de valorizar"). Ejemplo: *No estuvo de acuerdo con la baja valorización de su propiedad*. Del verbo transitivo "valuar" derivó la variante "avaluar", también verbo transitivo, y los sustantivos "avaluación" y "avalúo", sinónimos de "valuación". De forma parecida, de "valorar" se desprendió la variante "avalorar", verbo transitivo cuya acepción principal es "dar valor o precio a algo". Cabe señalar que el verbo castellano por excelencia es "valuar", que se recoge ya en el tomo sexto del *Diccionario de Autoridades* (1739) con la siguiente definición: "Tassar, señalar, ú determinar el precio, ú estimación de alguna cosa". Y pone un ejemplo: *Valuándose su hacienda por más de setenta mil ducados.* Por ello, otro verbo transitivo de la misma familia es "tasar" (del latín *taxāre*), cuya acepción principal en el diccionario académico es "fijar oficialmente el precio máximo o mínimo de una mercancía", y la secundaria, "graduar el precio o valor de una cosa o un trabajo". Hasta aquí no hay equívoco, pero éste se presenta cuando las personas confunden los verbos "avaluar" y "evaluar", lo mismo que el sustantivo "avalúo" (plural: "avalúos") con la primera persona del singular del presente de indicativo del verbo "evaluar": "evalúo", "yo evalúo". Ni "avaluar" es lo mismo que "evaluar" ni "avalúo" es lo mismo que "evalúo". Cuando alguien afirma, por ejemplo: *Hay que hacer un **evalúo** cuando compras una casa*, queda claro que lo que pretende decir es: *Hay que hacer un **avalúo** cuando compras una casa*, pues confunde la primera persona del singular del presente de indicativo del verbo "evaluar" con el sustantivo "avalúo". Es correcto preguntar, por ejemplo: *¿Cómo **evalúo** a mis alumnos a distancia?*, pero es una tontería decir y escribir: *¿Cómo **avalúo** a mis alumnos a distancia?* La razón es sencilla de explicar y ojalá fuese sencilla de comprender: a los alumnos se les "evalúa", esto es, se les examina para luego ponerles una calificación en función de sus conocimientos, pero no se les pone un precio, que esto último es lo que corresponde al significado de los verbos "avaluar", "tasar" y "valuar". Debe quedar muy claro el hecho de que "avalúo" es siempre el sustantivo cuyos sinónimos son "valuación", "valoración" y "valorización", en tanto que "evalúo" no es un sustantivo, sino la persona y el tiempo ya precisados, líneas arriba, del verbo "evaluar". Por ello es un barbarismo también el falso plural "evalúos". En nuestro idioma, "evalúo" no es nunca un sustantivo: el sustantivo es "evaluación", que no es sinónimo de "avalúo" ni de su plural "avalúos".

No son pocas las personas para quienes esto es incomprensible. Hasta en el medio periodístico abunda esta confusión. En el diario mexicano *La Jornada*, el corresponsal en Michoacán informa que

♀ "El **evalúo** oficial de los predios es de 638 millones de pesos, pero podrían estar debajo de su valor real".

No. Lo correcto es decir y escribir que

♂ el **avalúo** oficial de los predios es de 638 millones, etcétera.

🖉 Van aquí unos pocos ejemplos de estos yerros que son las consecuencias de no distinguir entre un sustantivo ("avalúo") y un verbo ("evaluar": "yo evalúo"): "La inspección y el **evalúo** cuando compras una casa", "el **evalúo** de la propiedad", "arroja 14 millones de pesos el **evalúo** de tierras", "consultoría por producto para el **evalúo** de tierras", "no existen datos sobre el **evalúo** estimativo del inmueble", "se realizó el **evalúo** de una vivienda unifamiliar", "¿cuál es la diferencia entre el **evalúo** y la inspección de la casa?" (la diferencia es el diccionario), "López Obrador enfatizó que busca vender el avión presidencial sin malbaratarlo y recordó que el

evalúo lo cotizó en 2,500 millones de pesos", "qué valores debemos saber identificar en el **evalúo** de casas usadas", "solicitan para la escrituración un **evalúo** catastral", "un **evalúo** de las
tierras agrícolas", "hay que hacer un **evalúo** cuando compras una casa", "un **evalúo** del gobierno mexicano cotizó la aeronave en 2,500 millones de pesos", "un **evalúo** que se realizó en el
sexenio de Enrique Peña Nieto", "señaló que la dependencia no hace los **evalúos**", "realización
de los **evalúos** para entrar en una negociación". ¡Y basta!

☞ Google: 20 000 resultados de "el evalúo"; 8 000 de "un evalúo"; 1 000 de "evalúos". ☒

☞ Google: 456 000 000 de resultados de "evaluación"; 66 100 000 de "evaluaciones";
64 600 000 de "evaluar"; 63 200 000 de "valorar"; 15 100 000 de "valorizar"; 4 530 000 de "avalúo"; 3 870 000 de "tasar"; 3 160 000 de "avalúos"; 1 400 000 de "valuar"; 1 110 000 de
"avaluar". ☑

65. ¿*average*?, promedio

Si existe en español el sustantivo "promedio", ¿por qué demonios utilizar la voz inglesa *average*? Por brutos y ridículos. En el beisbol, por ejemplo, debemos hablar y
escribir no del *average* de bateo, sino del promedio de bateo, y en el futbol, no del *gol
average*, sino del promedio de goles. *Average* no es una palabra de nuestro idioma,
es un sustantivo de la lengua inglesa que se traduce como "media" o "promedio".
Y, para que no andemos de payasos dizque muy versados en inglés, hay que saber
que el sustantivo masculino "promedio" proviene del latín *pro medio* cuya traducción
literal es "por término medio". Tiene dos acepciones muy claras en nuestro idioma:
"punto en que algo se divide por la mitad o casi por la mitad" y "cantidad igual o más
próxima a la media aritmética" (DRAE). Ejemplo: *En el cuarto curso, el niño Mariano
Rajoy tuvo una **puntuación media** de 5.1 con calificaciones deficientes en lectura, escritura,
lengua española y geografía e historia.* De ahí el verbo transitivo "promediar": repartir
algo en dos partes iguales o casi iguales, o bien determinar el promedio. Ejemplo:
*Guía para **promediar** la asignatura de español.* No importa que los cronistas y comentaristas deportivos de la radio, la televisión y la prensa escrita se esmeren en decir y
en escribir *average* (además de todo, mal pronunciado: *averásh*), lo realmente importante es que nosotros digamos y escribamos, en buen español, "promedio".

Un comentarista deportivo de la televisión mexicana se llena la boca con la siguiente expresión:

♀ "Es el pelotero con el mejor **average** de bateo al final de una temporada".

Por comer tantas hamburguesas se le olvidaron el español y los frijoles. Debió
decir que el pelotero o beisbolista al que se refiere es quien

♂ tiene el mejor **promedio** de bateo al final de una temporada.

✐ La palabreja *average* que, como ya advertimos, ni siquiera saben pronunciar correctamente en inglés (su pronunciación aproximada sería *abrich*) inunda el palabrerío de los comentaristas deportivos que ahora hablan y escriben de "gol average" o "golaverage", que ni es inglés ni es español (en inglés se escribe *goal average*), con la bendición de la RAE en su *Diccionario panhispánico de dudas* que lo castellaniza como "golaveraje", nada más porque en España así lo dicen y repiten como locos los futboleros que lo único que saben a ciencia cierta es que el balón es redondo. Pero no sólo son los fanaticazos del deporte los que están locos por esta palabreja. En un libro dizque científico leemos que "el **average** de los latidos del corazón en una hora iguala a 4,320". He aquí más usos idiotas de este terminajo anglicista: "el Madrid pierde hasta el **average** en Grecia", "el Barcelona gana el partido y el **average**", "vamos a luchar por ganar el **average**", "el Barcelona cae en Moscú pero salva el **average**", "Albert Pujols tuvo un **average** de .244", "ninguno exhibe un **average** altísimo", "el Barça, líder por **gol-average**", "el **gol-average** puede ser un factor clave", "disputó 28 encuentros y dejó un bajo **average**".

☞ Google: 147 000 resultados de "un average"; 104 000 de "el average"; 73 300 de "gol average"; 45 800 de "golaverage"; 29 400 de "average de bateo"; 4 280 de "average de goles"; 1 330 de "bajo average"; 1 230 de "el más alto average". ☒

66. ¿*avergonzante*?, avergonzar, vergonzoso, vergüenza

El término "avergonzante", no incluido en el DRAE ni en ningún otro diccionario de la lengua española, se ha ido abriendo camino en nuestro idioma. Se trata de un barbarismo periodístico. Lo correcto es "vergonzoso", adjetivo que se aplica a lo que causa vergüenza, y también, lo mismo como adjetivo que como sustantivo, a alguien "que se avergüenza con facilidad" (DRAE). Ejemplos: *Es vergonzoso que los ministerios públicos no atiendan a las víctimas de un delito; El niño no saluda porque es muy vergonzoso*. En realidad, "avergonzante" es un término sin significado alguno, aunque los periodistas quieran darle el de "vergonzoso", y no hay que confundirlo con "vergonzante", adjetivo que se aplica al individuo que, pese a su pobreza, "por vergüenza, no pide limosna públicamente" (DUE). De ahí el adverbio "vergonzantemente" que María Moliner define así: "Se dice de la manera de hacer una cosa cuando no se hace abiertamente, sino como con vergüenza". Ejemplo: *Se comportó vergonzantemente en este asunto*. El sustantivo femenino "vergüenza" significa en sus dos principales acepciones "sentimiento penoso de pérdida de dignidad, por alguna falta cometida por uno mismo o por persona con quien uno está ligado, o por una humillación o un insulto sufridos" y "estimación de la propia dignidad" (DUE). Ejemplos: *Sentí una enorme vergüenza ante su horrible comportamiento; Si tiene vergüenza, no volverá por aquí*. El verbo transitivo y pronominal "avergonzar", "avergonzarse" significa "causar vergüenza" y "tener vergüenza o sentirla" (DRAE). Ejemplos: *Su comportamiento es para avergonzar a cualquiera; Ni siquiera se avergonzó por su comportamiento*. Es un verbo irregular que se conjuga como "almorzar" y su participio adjetivo es "avergonzado" y no "avergonzante" ni mucho menos "vergonzante", que es correcto, pero que tiene otro significado. Ejemplo: *Ni siquiera se sintió* **avergonzado** *por su horrible comportamiento*. En conclusión, "avergonzante" es un barbarismo por el correcto "vergonzoso".

Se trata, como ya dijimos, de un dislate propio del periodismo. Abunda en internet, pero ya se ha extendido a las publicaciones impresas. En el diario costarricense *La República* leemos el siguiente encabezado:

  ♀ "El costo de la regulación sí es **avergonzante**".

Quiso informar el diario, en buen español, que

  ♂ "El costo de la regulación es **vergonzoso**", es decir que causa vergüenza.

🖉 He aquí otros ejemplos de este desbarre periodístico cuya influencia se ha trasladado al habla y a la escritura de todos los días: "Lo que hizo esta mujer es **avergonzante**", "es lamentable y **avergonzante** el fallo", "promete combatir la **avergonzante** tasa de paro", "estamos de huelga porque la situación es **avergonzante**", "fue el momento más **avergonzante** de la ceremonia", "la ignorancia más **avergonzante** a cargo de la educación en México", "**avergonzante** el trato a la mujer en la asamblea", "la trata de personas es un delito **avergonzante**", "Las medidas **avergonzantes** y la dignidad humana" (encabezado del diario español *El País*), "las cosas más **avergonzantes**", "situaciones **avergonzantes**", "confesiones **avergonzantes**", etcétera.

  ☞ Google: 45 300 resultados de "avergonzante"; 18 100 de "avergonzantes"; 3 880 de "es avergonzante". ☒

B

67. bajar, bajar mamey, bajarle, bajarle dos rayitas

El *Diccionario de mexicanismos* de la AML es un ejemplo de ineptitud que, ojalá, no haga discípulos. Especialmente las formas coloquiales, festivas, albureras y obscenas (en las que casi todos los mexicanos somos especialistas) tienen definiciones tan erradas que se nota, a leguas, que la gente que participó en ese engendro no conoce más idioma que el de las aulas y el de los cubículos académicos. Si al menos se hubiesen asesorado con algún bolero, algún albañil o algún diablero de la Central de Abastos esas voces tan mal definidas serían un dechado de exactitud; pero no. Por desgracia, el DM es el resultado "y en muy buena medida [de] la competencia lingüística, memoria, agudos oídos y creatividad del equipo de colaboradores, previa constatación con las fuentes lexicográficas de contraste", tal como se enorgullece en decirlo la directora de ese lexicón, Concepción Company Company, quien tiró a la basura su prestigio con tal engendro. En cuanto a las "fuentes de contraste", tal vez se refiera la directora a los libros de Eugenio Derbez. Lo cierto es que en la entrada correspondiente al verbo transitivo "bajar", al referirse a la locución verbal ("popular, obscena y eufemística") "bajar mamey", ese creativo equipo de colaboradores asegura lo siguiente: "Practicar sexo oral, **particularmente a un hombre**: 'Convence a tu novia de que baje mamey'". ¡Qué ingenuidad, qué candor! En cualquiera de los varios diccionarios de voces populares y obscenas (que se pueden consultar fácilmente en internet), la locución "bajar mamey" significa practicar el *cunnilingus*. Pero el *cunnilingus* (del latín *cunnilingus*: "que lame la vulva") únicamente puede practicarse a la mujer, pues el varón carece de "vulva" ("conjunto de las partes que rodean la abertura externa de la vagina", DRAE). Es obvio que, en México y en otros países de América, el término "mamey" es eufemismo de "mamar", pero no exclusivamente como dice el DRAE de "hacer una felación", sino también, y especialmente, de chupar o succionar el coño, la vulva y, por las características del fruto, cuando éste es abierto o cortado, por su sensual parecido, a la vulva, al coño también se le dice "mamey" y "papaya". De ahí que la locución "bajar mamey" no sea "practicar sexo oral, **particularmente a un hombre**", sino todo lo contrario: "particularmente a una mujer", tal como lo define el *Diccionario del español usual en México*: "*Bajar mamey* o *bajarse a mamar, a chupar*, etc. (*Groser*). **Chuparle el sexo a una mujer** o chuparle el sexo a alguien". Los redactores del DM creen que la locución verbal ("supranacional, popular, obscena, eufemística y festiva") "bajar al pozo" ("practicar sexo oral a una mujer: 'Ayer Margarita me pidió que bajara al pozo'") es una expresión antónima de "bajar mamey", cuando en realidad son locuciones sinónimas. Aunque una de las acepciones principales y más obvias del sustantivo masculino "pozo" (del latín *puteus*) sea "hoyo profundo", con un poco más de imaginación poética, el "mamey" resulta evocador de los genitales femeninos. Además, en México, en sentido coloquial y obsceno, para referirse a la "felación" ("estimulación bucal del pene", DRAE), se usa preferentemente el sustantivo "mamada", ¡que es la primera acepción que el propio DM ofrece en la entrada respectiva!: "Felación: 'Después de una buena mamada hasta te relajas'". Tal parece que los redactores del DM tienen preferencia obsesiva con la felación cuando oyen o leen el verbo "mamar". Probablemente han de creer que "practicar el sexo oral" es hablar de él en el cubículo, y que eso es hacer el *cubiculingus*.

Pero, además, entre los diversos significados del verbo "bajar" que ofrece el *Diccionario de mexicanismos*, en la entrada específica de "bajarle", no hay ni una sola referencia a la locución, ésta sí mexicanísima, "bajarle dos rayitas", o sea: invitar a alguien, de manera sarcástica, irónica, burlesca o llena de hastío, a tranquilizarse, a atemperar sus reclamos, a disminuir el volumen de su voz o, en otras palabras, a "bajarle de huevos", locución ésta que sí incluye el DM con la siguiente definición: "Aminorar la intensidad de lo dicho, no exagerar: 'Ya bájale de huevos, estás pasándote de la raya'". Lo cierto es que "bajarle de huevos" y "bajarle dos rayitas" son locuciones sinónimas, emparentadas, sólo lejanamente, con la minoritaria y muy mamila "bajarle de espuma a su chocolate o a tu chocolate" (también incluida en el DM y que significa "no exageres"), pero con apenas medio centenar de resultados en Google. La locución verbal "bajarle dos rayitas" hace alusión a la representación digital que aparece en las pantallas y marca el volumen: en dicho sentido, "bajarle dos rayitas" es disminuir el volumen de la voz o la intensidad de algo y, muy especialmente, el reclamo impertinente y retador o las formas iracundas, ofuscadas o impulsivas de alguien en relación con otra persona. Ejemplo: ¡Óyeme, cabrón: tampoco soy tu pendejo; ya *bájale dos rayitas o te parto la madre!* Su equivalente es: "calma tu ira, reduce tu irritación, bájale a tu enojo", dicho por alguien que ya no está dispuesto a aceptar formas agresivas u hostiles de reclamo o protesta. Pero los redactores del DM, embobados con la barra de comedias de la televisión, prefirieron incluir en las páginas de ese esperpento la minoritaria locución "bájale de espuma a tu chocolate". He aquí algunos pocos ejemplos de la más que significativa locución "bajarle dos rayitas" y sus derivados, que se usan lo mismo en el habla que en la escritura, en el tianguis, en el metro o en el periodismo y en la política: "Inician recorridos brigadas de la campaña **Bájale Dos Rayitas**", "**bájale dos rayitas** a tu preocupación", "evaluarán la campaña **Bájale**

Dos Rayitas", "**bájale dos rayitas**, pinche menso", "**bájale dos rayitas** a tu intensidad", "mi paciencia tiene un límite y contigo se me está agotando Güey, así que **bájale dos rayitas**", "**bájale dos rayitas** a tu neurosis", "nomás **bájale dos rayitas**", "**bájale dos rayitas** al sermón", "**bájale dos rayitas** le dijo el luchador antes de darle santa golpiza", "no la chingues, **bájale dos rayitas**", "Donald Trump **le baja dos rayitas**", "*El Bronco* **le baja dos rayitas**", "equipo de Trump **le baja dos rayitas**", "Mike Pence **le baja dos rayitas** a amenaza de Trump sobre Venezuela", "**le baja dos rayitas** a su provocación", "el PRI ya **le bajó dos rayitas** a su pejefobia", "el gobierno de Miguel Ángel Mancera **le bajó dos rayitas**", "**le bajó dos rayitas** al engreimiento", "**le bajan dos rayitas** a sus ataques", "magistrados electorales **le bajan dos rayitas** a su petición", "¡así que **bájele dos rayitas** cabrón!", "mire cabroncita **bájele dos rayitas**", "ya **bájele dos rayitas**, no sea tan jijo de la reshingada compi", "hay que **bajarle dos rayitas** a las bromas", "¡a **bajarle dos rayitas**!", "*El Bronco* recomienda a AMLO **bajarle dos rayitas** a su agresión", "desvergonzado diputado del PRI debe **bajarle dos rayitas**", "deberían **bajarle dos rayitas**", "hay que **bajarle dos rayitas** y ser más humildes en el triunfo", "hay que **bajarle dos rayitas** al autoritarismo", "hay que **bajarle dos rayitas** a tu intensidad", "hay que **bajarle dos rayitas** al ego", "hay que **bajarle dos rayitas** a tanto golpe de pecho", "hay que **bajarle dos rayitas** a la altanería", etcétera.

☞ Google: 15300 resultados de "bajarle dos rayitas"; 13500 de "bájale dos rayitas"; 4670 de "bájenle dos rayitas"; 2380 de "hay que bajarle dos rayitas"; 1800 de "ya bájale dos rayitas"; 1670 de "le baja dos rayitas"; 1280 de "que le bajen dos rayitas"; 1210 de "bájele dos rayitas"; 1000 de "le bajó dos rayitas"; 1000 de "le bajan dos rayitas". ☑

68. balón, ¿*balompie*?, balompié, ¿*balonpie*?, ¿*balonpié*?, futbol, fútbol

El sustantivo compuesto "balompié" es una traducción y castellanización de *football*, con el cual se designa el deporte de patear la pelota: de *foot*, pie, y *ball*, bola, pelota o balón. Aunque existe en español la adaptación "fútbol" o "futbol", también suele usarse, para lo mismo, "balompié". Ejemplos: *El futbol es el deporte más practicado en el mundo*; *El balompié ha extendido su afición a casi todo el planeta*. El problema no está en escribir "fútbol", "futbol" y "balompié", que son perfectos usos en nuestro idioma, sino escribir "balompie" (sin la necesaria tilde de palabra aguda en la última sílaba) y "balonpie" (no únicamente sin la tilde sino también sin la conversión de "n" por "m" que exige la ortografía española en las palabras antes de "b" y de "p". Sabemos que a mucha gente del futbol la gramática y la ortografía y, en general, la lengua española, no les interesan en absoluto, y ya que les gustan tanto las patadas, pues a patadas tratan el idioma. Lo cierto es que esta forma desaseada de escribir hace escuela entre quienes cada día se suman a las masas aficionadas a este deporte.

Se trata de disparates incultos por supuesto, y aunque pueden aparecer en publicaciones impresas, lo más común es que los veamos a pasto en internet. En España la Casa del Libro anuncia el volumen

♀ *"Futbol y cine: el **balompie** en la grada"*.

En realidad quiere anunciar el libro

♂ *"Fútbol y cine: el **balompié** en la grada"*.

✐ Y es que a la española Casa del Libro le place no poner tildes en las mayúsculas acentuadas. Por supuesto, hay casos peores, como el de una empresa argentina que se llama "Balonpie" e informa muy oronda lo siguiente, también en internet: "**Balonpie** es la empresa argentina que desde hace más de 10 años diseña, fabrica y provee indumentaria deportiva". He aquí otros ejemplos de estos desbarres de la escritura: "apuestas en el **balompie**", "diálogos sobre **balompie**", "el hilo del **balompie**", "equipo de **balompie** masculino", "la comedia del **balompie**", "el fútbol es un deporte también conocido como el **balonpie**", "campeonatos de **balonpie**", "promoverán **balonpie** femenil". Ojalá también promovieran clases de gramática y ortografía.

☞ Google: 1 930 000 resultados de "balompie"; 131 000 de "balonpié"; 70 400 de "balonpie". ⊠

69. ¿*bamboo?*, bambú, bambúes,

"Bambú" es un sustantivo masculino que proviene del portugués *bambu* y designa a una planta originaria de la India, de tallo leñoso, cuyas cañas ligeras son muy resistentes y se emplean en la construcción de viviendas y en la fabricación de muebles y otros enseres. De ahí que se hable de "muebles de bambú", "cortinas de bambú" y "puertas de bambú", puesto que están hechas del material procedente de la planta de "bambú", en particular de sus tallos. Ejemplo: *Arman en la Huasteca casas de **bambú***. "*Bamboo*", en cambio, no pertenece al idioma español; es el sustantivo con el que se denomina al "bambú" en la lengua inglesa. ¿Por qué demonios, entonces, escribimos "bamboo", como si fuéramos gringos, cuando tenemos el español "bambú" que, por si fuera poco, adoptamos del portugués *bambu*? ¿Qué necesidad tenemos de esa doble "o" final (en *bamboo*) que, por supuesto, en español no equivale a la "u" acentuada?

En el diario mexicano *El Financiero* leemos lo siguiente:

♀ "Talento mexicano convierte **bamboo** en arte de diseño".

Quiso informar el diario que

♂ el talento de algunos mexicanos convierte el **bambú** en productos de diseño.

✐ En español, escribir "*bamboo*" en vez de "bambú" es una tontería por decir lo menos. Hay mucha gente jactanciosa que, cuando habla o escribe, demuestra que no conoce su propio idioma, y que usa términos de otras lenguas que tampoco conoce, pero supone que ello le da mucha distinción. Las páginas de internet están llenas de horrorosos "bamboos" en donde deben aparecer maravillosos "bambúes" (pues éste es el correcto plural de "bambú", aunque no se condena la variante "bambús"). He aquí unos pocos ejemplos de esta tontería: "El **bamboo** está de moda", "cortinas y decoraciones de **bamboo**", "¿qué pasa si fumo hojas de **bamboo**?", "hojas de **bamboo** para dormir", "cómo cuidar los **bamboos**", etcétera.

☞ Google: 1 190 000 resultados de "de bamboo"; 87 200 de "el bamboo"; 28 400 de "cortinas de bamboo"; 24 200 de "hojas de bamboo"; 15 100 de "un bamboo"; 12 800 de "flores de bamboo"; 5 310 de "los bamboos". ☒

70. bañar, bañar la nutria, cogedera, coger, cogienda, fornicación, nutria, practicar el coito, relaciones sexuales

El *Diccionario de mexicanismos,* de la Academia Mexicana de la Lengua, en muchísimos momentos, da penita. No le faltó razón a Gabriel Zaid cuando señaló que este lexicón, dirigido por la experta lingüista Concepción Company Company, "es una obra de aprendices no supervisados", pues hay en sus páginas cientos de cosas hilarantes y vergonzosas que "no es creíble que su Comisión de Lexicografía y el pleno de la Academia hayan aprobado". No podemos asegurar que todas las múltiples barbaridades que encontramos en las páginas del DM de la AML sean de la autoría de los "becarios de lexicografía" y de los "alumnos de servicio social", pero tenemos derecho a sospechar que no son de la directora ni del equipo de redacción. Al menos, les damos el beneficio de la duda. Cuando consultamos dicho lexicón podemos colegir que más de uno de esos ayudantes se sirvió con la cuchara grande, para pasar a la posteridad con colaboración tan memorable, y metió en el DM jaladas a granel, a partir de la manga ancha que le concedió el equívoco término "mexicanismo" que ni siquiera posee una definición estricta en las páginas introductorias de la doctora Company Company. Una de las entradas más cómicas y a la vez penosas del DM es la que corresponde a "bañar la nutria", expresión "popular", "obscena", "eufemística" y "festiva" que equivale, según el *Diccionario de mexicanismos,* a "practicar el coito". Sí, con estas tres palabras: **bañar la nutria** = practicar el coito. Y hasta pone un ejemplo el lexicón de marras: *Ándale, vamos a **bañar la nutria** un rato.* ¿Quién y en dónde, en este país llamado México, le dice semejante cosa a su pareja para invitarla a "coger", es decir, a "practicar el coito"? ¿En qué zona de la amplia geografía de México se usa este "mexicanismo"? En el buscador de Google tiene tan sólo sesenta miserables resultados que, además, no corresponden a México sino a Uruguay, Argentina y, sobre todo, a España. Y cuán marginal es esta expresión que no está incluida en el *Diccionario del argot español,* de Víctor León, ni en el *Diccionario del español coloquial,* de Alicia Ramos y Ana Serradilla. De los sesenta resultados, únicamente dos son mexicanos y no porque en estos dos sitios haya connacionales que hablen así, sino porque lo que hacen, desde estudios académicos, por cierto, es citar, en una lista, las múltiples formas eufemísticas que se usan en España y en América (incluido Brasil) para referirse a las relaciones sexuales o a la "cogedera" ("en México, sexo desmedido y frecuente", informa el sitio digital *TuBabel*), éste sí un mexicanismo que, pese a los cientos de miles de resultados que hay en Google, el DM de la AML no lo incluye en sus páginas, a cambio de tomarnos el pelo con el falso mexicanismo "bañar la nutria" y el minoritario "cogienda" que, de acuerdo con Amalia Pedrero González (Universidad San Pablo-CEU de Madrid), también se utiliza en Argentina, con el mismo y simple significado de "fornicación" y no, como dice el DM, "realización frecuente del coito" y "orgía". (Por cierto, en España, el sustantivo femenino "cogienda", del latín *colligenda*, equivale a cosecha o recolección de frutos, pero es un término poco usado a decir del DRAE.) En España **se folla**, en México **se coge**, y lo de "bañar la nutria" es tan marginal incluso para España y Argentina que debería caérseles la cara de vergüenza a los responsables del DM por haber incluido tal pendejada como "mexicanismo". En México, el término para referirse a la relación sexual, al coito, a la cópula, a la fornicación y a la muy equívoca y sutil "hacer el amor" es, por excelencia, "coger" (del latín *colligĕre*, "recoger, reunir"), verbo transitivo que, en varios países hispanohablantes no posee una connotación sexual preferente, dado que su acepción principal es "asir, agarrar o tomar algo o a alguien" (DRAE). Ejemplo: *Cogí el bus y me trasladé al centro de la ciudad.* Sólo hasta la acepción treinta y uno (es decir, la última en el diccionario académico) significa "realizar el acto sexual". Cabe señalar que México ha exportado este uso a algunos países sudamericanos, pero como acepción secundaria. En México, en cambio, el verbo "coger" remite de inmediato al acto sexual (de ahí "cogedera", ¡que, como ya vimos, omite el desdichado DM!): el mexicano, en general, no "coge" el metro, y ni siquiera lo aborda (sutilezas aparte), sino que se sube a él ("me subí al metro") o lo toma ("tomé el metro"), pero hay noticias que hacen constar que no faltan los que "cogen en el metro", y "coger en él" es realizar el acto sexual. He aquí una noticia de febrero de 2021: "Usuarias del metro de la Ciudad de México **denuncian a chofer por tener relaciones sexuales en la cabina**". Si hasta ciertos conductores del metro "cogen" mientras conducen, no parece una mentira que haya usuarios del metro que en la última "corrida" (perfecta palabra para el clímax del acto sexual en España) de este transporte (la de las doce de la noche) utilicen los vagones de "cola" (palabra pertinente también) para la "cogedera". (Hay testimonios de ello.) Por cierto, nadie, con excepción de algún aprendiz que participó en el *Diccionario de mexicanismos* de la AML, diría en tal caso que hay quien "baña la nutria" en el metro de la capital mexicana. Esto es lo malo de tener como fuentes primarias lexicográficas los libros de "Armando Hoyos" y no los de José G. Moreno de Alba. Únicamente para que no ignoren esto en la Academia Mexicana de la Lengua, aquí les van unos ejemplos de "cogedera" y "cogederas" que hemos cogido y recogido de publicaciones impresas y de internet: "Universidad autónoma de la **cogedera**", "¿y si en medio de la **cogedera** te enamoras?", "una noche de películas con mi prima terminó en una **cogedera**", "pura **cogedera**", "**cogedera** en una fiesta caliente", "a mi esposa Catherin le encanta la **cogedera**", "cena, bebida, lluvia, hotelito y **cogedera**", "me gusta la **cogedera**", "videos de **cogedera**", "una reputa noche mexicana de mucha **cogedera**", "viernes de destrampe y **cogederas**", "un buen rato de **cogederas**", "siempre gozando de buenas **cogederas**", etcétera.

☞ Google: 60 resultados de "bañar la nutria" (¡y, además, no es un mexicanismo!). ☑

☞ Google: 20 400 resultados de "cogienda"; 1 460 de "cogiendas" (búsquedas delimitadas para sexo; su uso es supranacional). ☑

☞ Google: 269 000 resultados de "cogedera"; 5 530 de "cogederas" (búsquedas delimitadas para México y es, por excelencia, un mexicanismo). ☑☑

71. bastante, bastante pasable, muy pasable, muy potable, pasable, potable

En la última edición impresa del DRAE (2014), el adjetivo "pasable" se define tacaña y ambiguamente con sólo cuatro palabras y sin ningún ejemplo: "que se puede pasar" (¿un puente, por ejemplo?; ¿un camino?; ¿un estrecho?, ¿un sendero?; no lo sabemos). En cuanto al *Panhispánico*, éste, al respecto, no dice ni mu; ¡pero tampoco el DM, de la AML, que al igual que el *Panhispánico* incluye en sus páginas mil y una barbaridades; a diferencia del DUE, de María Moliner, que sí registra el adjetivo "pasable" (de *pasar*), con la siguiente y perfecta acepción: "No demasiado malo, feo o despreciable", con los sinónimos "pasadero" y "mediano". Ejemplo: *No es nada del otro mundo, pero está* **pasable**. De ahí el adverbio "pasablemente": "De manera pasable" o "pasaderamente". *Mis vacaciones no fueron extraordinarias, pero las disfruté* **pasablemente**. En el *Clave: diccionario de uso del español actual*, "pasable" se define como "aceptable o que se considera suficiente", con el siguiente ejemplo: *Hice un examen* **pasable**, *pero la profesora es tan exigente que no sé si aprobaré*. Lo "pasable" es apenas "suficiente"; por ello uno de sus sinónimos es "potable" (del latín *potabĭlis*) que, en su acepción secundaria y coloquial, significa "pasable, aceptable". Ejemplo: *Desde aquí se ve* **potable**. Lo "pasable" es lo "mediano" o aquello que se encuentra entre los límites de lo "mediano" y lo que, sin mucho rigor, simplemente "puede aceptarse", a pesar de sus defectos; dicho de otra forma, lo que se puede "pasar", en el sentido de "admitir", pese a que no es ni bueno ni excelente ni ideal. El *Clave* precisa que este adjetivo es invariable en género. Ejemplos: *Esta camisa está* **pasable**; *Estos zapatos están* **pasables**. Tampoco lo recoge el *Diccionario del español usual en México*, omisión que sí es de extrañarse porque el término es bastante utilizado en México, y el DEUM, un diccionario confiable. Lo "pasable" es lo "aceptable" dentro de la medianía o mediocridad. Por ello, los hablantes crearon las formas ponderativas "bastante pasable" y "muy pasable" (quizá por el influjo de "bastante potable" y "muy potable"), para darle un poquito de dignidad a la mediocridad aceptada. Y no deja de resultar curioso que estos usos se crearan con un recurso paradójico, pues el adjetivo indefinido "bastante" significa "suficiente, que basta" y, en su segunda acepción, "numeroso, abundante y copioso", y como adverbio indefinido, "en grado suficiente o en alto grado". Ejemplos del DRAE: *Ya ha comido **bastante** pan*; *Recorrieron **bastantes** kilómetros"*; *Es **bastante** rico*. Si lo "bastante" es "suficiente" (adjetivo, del latín *suffiecens, sufficientis*), ello quiere decir que es "bastante para lo que se necesita" o que es "apto o idóneo", pero nada de esto, de manera natural, es lo "pasable", cuyo sinónimo está en la segunda acepción del adjetivo "pasadero" del DRAE: "Dicho de una cosa: Que es tolerable o puede pasar, aunque tenga defecto o tacha". Ejemplo: *Anda con un novio **pasadero***. Curiosamente, las locuciones "bastante mediano" y "muy mediano" sólo se utilizan con sorna, ironía y sarcasmo, con un sentido peyorativo, y significan, siempre, "peor que mediano"; nunca "mejor que mediano", pues el adverbio "muy" (apócope del antiguo *muito*, y éste del latín *multum*), forma reducida de "mucho", "indica grado alto de la propiedad mencionada" (DRAE) y, en consecuencia, no mejora lo "mediano", sino que lo empeora. La definición del adjetivo "mediano" (del latín *mediānus*, del medio), que ofrece María Moliner, en el DUE, no da pie a la duda: "Regular. De calidad o tamaño intermedio: ni muy bueno ni muy malo; ni muy grande ni muy pequeño"; también, "intermedio en la cualidad que se expresa", y, para el caso preciso que nos ocupa, "aceptable, discreto, medianillo, mediocre, del montón, pasable, pasadero, de medio pelo, potable, regular, regularcillo", etcétera. Ejemplo: *Es autor de una **literatura mediana***; esto es, mediocre, aceptable pese a sus defectos o tachas. Pero si decimos *Es autor de una **literatura muy mediana***, el adverbio "muy" está usado con una carga peyorativa que empeora la mediocridad de esa literatura con un recurso paradójico: es peor que "mediana", peor que "mediocre", justamente al intensificarse o potenciarse el grado de la "medianía" o la "mediocridad". Por el contrario, decir y escribir, con intención ponderativa, "bastante pasable" y "muy pasable", no implica empeorar lo "pasable", sino darle algo de dignidad: la intensidad del adverbio "muy" no es para peor, sino para "mejor", todo ello a pesar de que los sinónimos de "pasable", como ya lo advierte Moliner, sean, entre otros, "del montón", "de medio pelo" y, por supuesto, "mediocre". En un sentido recto, algo "muy mediocre" no será jamás "mejor que mediocre", sino, siempre, "peor que mediocre", pero tratándose de lo "pasable", el hablante busca levantar un poquitito esa "pasabilidad" o condición de "pasable", para no sentirse tan mal al tolerar lo que apenas es aceptable y que, con algo de rigor, sería inaceptable. Es significativo que un diccionario en línea defina lo "pasable" como lo "que puede darse por bueno, aunque podría mejorarse". ¡Eso es ser optimistas!, y es precisamente el optimismo lo que lleva a los hablantes y escribientes a derivar de "pasable" lo "bastante pasable" y lo "muy pasable" como formas de mejoría y no de peoría. Ello a pesar de que, realistamente, hay cosas y personas "pasables" que tienen posibilidad y probabilidad de "mejoría", pero hay otras que no: si ya son terminadas o concluidas o si ya llegaron a su fin como "pasables", ni Dios padre las puede mejorar. Ejemplos: *Un monumento **pasable*** (incluso feo, pero no tan feo) y *La obra **pasable** de un escritor fallecido ayer* (que, ya muerto el escritor, será siempre pasable, incluso chafa, aunque no tan chafa). En fin, lo cierto es que ni "bastante pasable" ni "muy pasable" están en el DRAE ni en el *Diccionario panhispánico de dudas* (obras de la RAE y de la Asociación de Academias de la Lengua Española) ni en el *Diccionario de mexicanismos*, de la Academia Mexicana de la Lengua, lo cual es evidencia de que sus hacedores no tienen ni idea de que este adjetivo, con sus curiosas formas de intensidad, es de amplio uso en nuestro idioma, como lo demuestran los millones de resultados que aparecen en las búsquedas en Google. He aquí unos poquísimos ejemplos: "Una **pasable** secuela de *El resplandor*", "9 detalles que transformaron un coche **pasable** en un adefesio", "terminó con una segunda temporada **pasable**", "la receta nórdica para una serie **pasable**", "hay una epidemia de películas **pasables** en Hollywood", "las cremoladas son **pasables**", "es un gusto **muy pasable**", "un hotel **muy pasable**, económico y limpio", "la comida aquí es **bastante pasable**", "en realidad estaba **bastante pasable**".

☞ Google: 366 000 000 de resultados de "potable"; 2 080 000 de "pasable"; 1 680 000 de "potables"; 205 000 de "pasables"; 21 300 de "bastante potable"; 17 800 de "bastante pasable"; 16 800 de "muy pasable"; 15 000 de "muy potable"; 6 290 de "bastante pasables"; 6 280 de "muy pasables"; 6 180 de "muy potables"; 4 910 de "bastante potables". ☑

72. ¿baucher?, comprobante, comprobante de depósito, comprobante de pago, váucher, ¿voucher?

En México y en otros países de América se utiliza el anglicismo crudo *voucher* (sustantivo que, en español, se traduce como "comprobante"), especialmente referido al documento que prueba la compra que se realiza con una tarjeta de crédito o débito, firmado por la persona a nombre de la cual está dicha tarjeta y que queda como constancia autorizada de la transacción. La voz inglesa *voucher* se pronuncia *báucher*, pero es obvio que, por su procedencia del inglés, debe adaptarse en la castellanización "váucher", con la "v" de la voz de procedencia y con la tilde en la penúltima sílaba, puesto que es una palabra llana o grave. Así lo registra el *Diccionario de mexicanismos* de la AML, pero también registra, sin desautorizarla, la variante "báucher", que es errónea. Estrictamente, deberíamos dejarnos de payasadas anglopatológicas y decir y escribir "comprobante", como llamamos siempre, en español, a cualquier documento con estas características. Lo cierto es que la voz inglesa *voucher* ya está muy arraigada, exclusivamente, en el caso del comprobante de compra que se expide y se firma al pagar con tarjeta de crédito o débito, y será difícil desterrarla del uso. Pero si ya no hay remedio con esto, digamos y escribamos, con exacta adaptación en español, "váucher" (con "v" inicial, con la "a" en lugar "o", de acuerdo con la fonética original, y con la indispensable tilde en la penúltima sílaba que le corresponde a la palabra llana o grave terminada en "r") y no "báucher" (con "b" inicial advenediza, que nada tiene que hacer en esta palabra). Por supuesto, si escribimos *voucher*, en inglés, y pronunciamos *báucher*, de acuerdo con la fonética inglesa, debemos escribir esa palabra en cursivas, como corresponde a todo término ajeno a nuestro idioma. Deseamos, desde luego, que los hablantes y escribientes usen correctamente su idioma nativo y, como parte de él, el sustantivo masculino "comprobante" ("recibo o documento que confirma un trato o gestión", DRAE), pues no otra chingada cosa es el chingado *voucher*, pero ya que no podemos ir contra el uso arraigado de este anglicismo crudo, al menos digamos y escribamos, con correcta representación gráfica, y con exacta fonética, "**vá**ucher". Y, por regla de nuestro idioma (todas las palabras terminadas en "r" forman su plural agregando "es"), su plural es "váucher**es**" y no "vauchers" ni "bauchers" ni mucho menos "los voucher".

☞ Google: 2 610 000 resultados de "baucher"; 1 760 000 de "un voucher"; 550 000 de "el voucher"; 233 000 de "voucher de pago"; 104 000 de "los voucher"; 97 500 de "voucher de depósito"; 96 700 de "bauchers"; 4 610 de "los bauchers". ☒

☞ Google: 7 300 resultados de "váucher"; 468 de "váucheres". ☑

☞ Google: 17 700 000 resultados de "comprobante"; 10 200 000 de "comprobante de pago"; 7 480 000 de "comprobantes"; 901 000 de "comprobante de depósito". ☑☑

73. Beijing, beijinés, beijinesa, Pekín, pekinés, pekinesa

En las lenguas que no se representan con el alfabeto latino o romano (el chino, el coreano, el japonés, el ruso, etcétera), la "latinización" en español equivale a representar, aproximadamente, los sonidos; es decir, a representar fonéticamente los caracteres de un alfabeto distinto. De ahí, por ejemplo, para la lengua rusa, "Solzhenitsyn" o "Solzhenitsin"; "Dostoievsky" o "Dostoyevski". Por supuesto, algunas de estas representaciones fonéticas son más aceptadas (y más acertadas) que otras, pero es que sólo son esto: representaciones de una lengua con la que el español no comparte el alfabeto. Es el caso del idioma chino pekinés (puesto que también hay otros idiomas en China). Tradicionalmente, la representación fonética en español del nombre de la capital de esa nación asiática ha sido "Pekín". De ahí también los derivados "pekinés" y "pekineses" (pato "pekinés", perros "pekineses", comida "pekinesa", etcétera.). Oficialmente, a partir de 1979, las autoridades chinas transcribieron los caracteres de su idioma al alfabeto latino según un sistema denominado "pinyin" y, desde entonces, "Pekín", se convirtió en "Beijing" y "Mao Tse-tung" en "Mao Zedong". Allá ellas, pero nosotros, los hablantes y escribientes del español, no tenemos ninguna obligación de decir que comimos un pato "beijinés" o que tenemos un perro "beijinés".

Hoy, los medios informativos más atildados (que creen que las normas chinas también rigen en los idiomas que no son chinos) hablan y escriben del

♀ "pato laqueado **beijinés**".

Sin problemas podrían referirse al

♂ pato laqueado **pekinés**.

✍ También abundan las referencias al "acuario de **Beijín**", al "perro **beijinés**", a las "tradiciones plenas de un sabor **beijinés**" y a "un auténtico desayuno **beijinés**". Que las autoridades chinas llamen como quieran, en el sistema pinyin, a la capital de su país y a su más grande prócer. Esto no tiene la menor importancia entre los hablantes y escribientes del idioma español, pues una disposición nacional (incluso si es ley) no tiene por qué regir en la lengua de otros países. Para los hablantes y escribientes del español, Pekín puede seguir siendo Pekín, Mao Tse-tung puede seguir siendo Mao Tse-tung, seguiremos comiendo pato "pekinés" y seguiremos teniendo perros "pekineses", más allá de que las autoridades chinas hayan adoptado el sistema pinyin.

☞ Google: 32 000 resultados de "viajar a Beijing"; 20 100 de "fui a Beijing"; 21 000 de "estuve en Beijing"; 7 010 de "el líder Mao Zedong"; 6 540 de "visitar Beijing"; 1 080 de "beijinés"; 788 de "beijinesa"; 34 de "perro beijinés"; 9 de "pato beijinés". ☑

☞ Google: 624 000 resultados de "pekinés"; 127 000 de "viajar a Pekín"; 88 900 de "pato pekinés"; 63 000 de "pekinesa"; 27 900 de "perro pekinés"; 24 700 de "fui a Pekín"; 21 300 de "perros pekineses"; 19 800 de "estuve en Pekín"; 7 900 de "pekinesas"; 5 530 de "visitar Pekín"; 1 100 de "el líder Mao Tse-tung". ☑☑

74. beisbolejadas y futbolejadas

En la televisión escuchamos o en el periódico leemos que un beisbolista quiso hacer un doble *play*, pero cometió un error porque se adelantó en la jugada "sin tener la posesión de la pelota". Esto es un disparate. "Tener" y "poseer" son verbos sinónimos. ¿A cuento de qué viene esta expresión de "tener la posesión"? En realidad, lo que se tiene o no se tiene es la pelota y no la "posesión de la pelota". Tonterías como ésta hay muchas en el beisbol (beisbolejadas podríamos llamarlas) y en el futbol (futbolejadas, en consecuencia), pero la de "tener la posesión de la pelota" es una de las más repetidas por los cronistas beisboleros y futboleros. Como en todos los deportes, en el beisbol y en el futbol hay lenguajes cifrados que, si alguien no conoce, no sabrá absolutamente de qué le están hablando. La jerga de cada deporte vuelve al idioma hermético. En el beisbol, por ejemplo, son frecuentes las expresiones "elevado de sacrificio", "de espaldas al plato", "anclarse en la goma", "conectar un cuadrangular", "estrenar el pizarrón", "limpiar la casa", "recetar chocolates", "conectar un remolcador", "mandar un cañonazo contra el central", "pegar un doblete", "hacer doble matanza", etcétera, pero la siguiente barbaridad beisbolera la leemos en *La Afición*, suplemento deportivo del diario mexicano *Milenio*: "El lanzador de los Olmecas de Tabasco, Jon Sintes, resultó sin lesiones mayores tras ser impactado en la cara por un **batazo** ayer en Puebla, ya que la pelota, aunque le pegó en la mandíbula del lado derecho, no la impactó de lleno". La sintaxis es un horror, pero, además, el lector atento supone, en un principio, por elemental lógica, que el beisbolista recibió en la cara un gran impacto con el "bate" (palo con el que se golpea la pelota), pues esto sería un "batazo": "golpe dado con el bate" (no confundir, por favor, con "vate", sustantivo homófono que significa "poeta"), pero, acto seguido, se afirma que la pelota le pegó en la mandíbula. ¿Qué quiere decir esto? Que el jugador recibió en la cara no un golpe con un bate, sino con una pelota. Siendo así, no recibió un "batazo", sino un "pelotazo", pues el sufijo "-azo" significa, entre otras, acepciones, además de valor aumentativo, "golpe dado con lo designado por la base derivativa". De ahí que "garrotazo" sea el golpe dado con un "garrote", lo mismo que "pelotazo" el golpe dado con una "pelota". Es obvio que el bateador le pegó un batazo a la pelota, la cual salió disparada y se impactó en la cara del lanzador Jon Sintes, pero, lo que recibió éste, no fue un batazo sino un pelotazo. Sin embargo, es frecuente, en la jerga beisbolera, decir y escribir que Fulano pegó "un batazo de hit". De ahí la confusión. Lo difícil es que en el medio deportivo se comprendan los principios de la lógica, pues éste es el ambiente, junto con el político y el de los espectáculos, donde se producen con mayor insistencia "las formas retóricas monstruosas" como atinadamente las ha denominado Mario Muchnik. Si hay un deporte que no se cansa de corromper el idioma, ése es el futbol. Basta con escuchar y leer un poco a los cronistas, jugadores y entrenadores para saber, por ejemplo, que los futbolistas, a diferencia de los demás mortales, jamás se caen, lo que ocurre con ellos es que "pierden la vertical" o "pierden la verticalidad" (y, ya en el suelo, suponemos que encuentran la horizontalidad), no pasan el balón a otro, sino que "lo tramitan", no ganan, sino que "inclinan la balanza a su favor", y, además, "especulan con el balón", "recepcionan la bola", "acarrean la pelota", "perforan la red" (como si la red no estuviera ya perforada), "mantienen la propiedad del balón", "tienen la posesión de la pelota" y, cuando avanzan hacia la portería contraria, "ofenden al rival" (sin que el espectador se percate de esas ofensas: por ejemplo, deberíamos entender, escupitajos, peinetas, mentadas de madre, epítetos, "que te den por culo", "me la pelas", etcétera), entre otras lindezas. En el futbol, "da comienzo el partido" o "esto da comienzo"; "se da por finalizado el juego" o "restan diez minutos". También se las gastan con cosas como las siguientes: "la agonía del encuentro", "gol agónico" y, peor aún, "gol agónico de último minuto" (lo cual ya es rizar el rizo), "el ofensor", "el esférico", "la de gajos", "la redonda", "conceder servicio lateral", "la caída de su marco", "ser un trabuco", "tener un trabuco", "ser el jugador desequilibrante", "meter un zapatazo", "dar un calcetinazo", "meter el gol de la honrilla", "clavar un gol de vestidor", "el virtual empate", "estrellar el balón en la madera" y "sacar astillas el balón en la madera" (a pesar de que las porterías, desde hace mucho tiempo dejaron de ser de madera y ahora son de metal), etcétera. Digamos que son expresiones propias de la jerga beisbolera (beisbolerías) y futbolera (futbolerías), pero esto de "tener la posesión de la pelota" o "mantener la tenencia del balón", ya es demasiado, pues "tener" (del latín *tenēre*) es un verbo transitivo cuya principal acepción es "asir o mantener asido algo" (DRAE), y "poseer" (del latín *possidēre*) es también verbo transitivo cuya primera acepción es "dicho de una persona: tener en su poder algo" (DRAE). Por todo lo anterior, decir y escribir "tener la posesión de la pelota" y "mantener la tenencia del balón", son aberraciones redundantes: se tiene o no se tiene la pelota, se posee o no la bola, pero de ninguna manera se tiene o no se tiene **la posesión**, y eso de "mantener la tenencia" es sin duda un extremo pendejismo futbolírico.

El peligro de estas tonterías es la forma tan rápida en que se extienden en el uso del idioma, producto del gran alcance de la radio, la televisión e internet. Y ya no es sólo un desbarre hablado, sino también escrito. En el diario salvadoreño *El Mundo* un futbolista de la selección de ese país declaró lo siguiente:

♀ "**Tener la posesión de la pelota** será clave".

Quiso decir, en sencillo y buen español, que

♂ **tener la pelota** será clave.

✐ Esta barbaridad, con múltiples variantes (beisbolejadas y futbolejadas), invade el idioma a una velocidad extraordinaria. He aquí más ejemplos, tomados de publicaciones impresas y de internet: "hoy la clave **no es tener la posesión de la pelota**", "para hacerlo debes **tener la posesión de la pelota**", "el equipo que fue el último en **tener la posesión de la pelota**", "debemos **tener la posesión de la pelota**", "el equipo nacional aun **sin tener la posesión de la pelota** fue más peligroso", "Bucaramanga, **sin tener la posesión de la pelota**, fue igual de peligroso", "el partido ha sido intenso y **sin tener la posesión de la pelota**", "movimientos que realizaban **sin tener la posesión de la bola**", "a pesar de **tener la posesión de la bola**", "**tener la posesión de la bola** y jugar al ataque", "**tuvo la posesión del esférico** desde el primer minuto", "**tuvo la**

posesión del esférico en algunos pasajes del primer tiempo", "la mayor parte **tuvo la posesión del esférico** y dominio del campo", "la clave del partido será **mantener la tenencia de la pelota**", "eligió no atacar y **mantener la tenencia del balón**", etcétera.

☞ Google: 70 900 resultados de "tuvo la posesión de la pelota"; 63 500 de "tener la posesión de la pelota"; 50 000 de "tener la posesión del balón"; 39 400 de "tuvo la posesión del balón"; 37 700 de "tener la posesión de la bola"; 34 100 de "sin tener la posesión de la pelota"; 27 100 de "no tuvo la posesión de la pelota"; 26 000 de "mantener la tenencia de la pelota"; 21 300 de "tuvo la posesión de la bola"; 11 800 de "tuvo la posesión del esférico"; 9 150 de "tener la posesión del esférico"; 8 290 de "tuvieron la posesión de la pelota"; 8 060 de "tuvieron la posesión del balón"; 7 020 de "no tuvo la posesión del balón"; 3 430 de "no tuvieron la posesión del balón"; 3 140 de "mantener la tenencia del balón", 3 050 de "sin tener la posesión del balón"; 2 780 de "tuvieron la posesión del esférico". ☒

75. bien, estupenda, estupendamente, ¿estupendamente bien?, ¿estupendamente mal?, estupendo, mal

¿Se puede estar estupendamente mal o estupendamente de la chingada? La lógica nos dice que no. O se está estupendamente, lo cual implica que muy bien, o se está mal o muy mal, y entonces no se puede estar estupendamente, aunque haya gente que sea capaz de decir y escribir que se encuentra "estupendamente mal". Como sustantivo masculino, "bien" (del adverbio latino *bene*) significa "aquello que en sí mismo tiene el complemento de la perfección en su propio género" (DRAE); como adverbio posee dos acepciones en el diccionario académico que son las que nos interesan para el caso: "Con buena salud, sano" (ejemplos del propio DRAE: *Juan no se encuentra bien*; —*¿Cómo está usted? —Bien.*) y "según se apetece o requiere, felizmente, de manera propia o adecuada para algún fin" (ejemplo: *Estaré bien para las competencias*). En cuanto al adjetivo "estupendo" (del latín *stupendus*), además de "admirable, asombroso, pasmoso", como primera acepción, significa también "muy bueno" (DRAE). Ejemplo: *Pasamos unas vacaciones estupendas*. De ahí el adverbio "estupendamente": "de manera estupenda". Ejemplo: *Me siento estupendamente*. Si lo que está "bien" es "bueno" ("de valor positivo") y lo que está "mal" es "malo" ("de valor negativo"), decir y escribir "estupendamente bien" es una bruta redundancia, en tanto que decir y escribir "estupendamente mal" es un ridículo contrasentido. Quien está o se siente "estupendamente", está no sólo "bien", sino "muy bien", y quien está "mal" (de salud, de ánimo, etcétera) es imposible que esté "estupendamente". Hay que usar la lógica y el sentido común o, por lo menos, el diccionario, pues el adjetivo "mal" es la forma apocopada de "malo" y, en su carácter de sustantivo masculino, significa "lo contrario al bien". Ejemplo: *Estoy peor que mal; estoy de la chingada.*

La expresión "estupendamente bien" es una redundancia del ámbito culto o, por lo menos, de la alta escolarización, en tanto que el contrasentido "estupendamente mal" es de gente que no tiene idea de nada. Un despacho noticioso de la agencia española EFE, fechado en Montevideo el 24 de agosto de 2019, tiene el siguiente titular:

♀ "El presidente uruguayo [Tabaré Vázquez] dice sentirse '**estupendamente bien**' al salir del hospital".

¡Pobre hombre! Lo cierto es que parece que todos los presidentes de América Latina van a la misma escuela de jumentos. Debió decir este señor que

♁ se siente **estupendamente**, y punto.

✎ Nadie esperaba, por supuesto, que dijera que se siente "estupendamente mal", a pesar de tener un tumor maligno en un pulmón. Acostumbrados a mentir, los políticos son capaces de decir que se sienten maravillosamente si, con ello, mantienen el poder. He aquí varios ejemplos de esta bruta redundancia, y algunos del contrasentido ya mencionado: "La economía mexicana está **estupendamente bien**" (sobre todo la economía mexicana), "hoy me siento **estupendamente bien** y con riesgo de estar mejor" (¿con riesgo?; éste es bruto en serio); "me siento **estupendamente bien** y cada día mejor", "Díaz lo va a hacer **estupendamente bien**", "se come **estupendamente bien**", "Álvaro Vargas Llosa: Mi padre está **estupendamente bien**", "**tan estupendamente bien**", "se recupera de su operación **estupendamente bien**", "Sabina: Se vive **estupendamente bien** sin Gobierno", "todo esto está **estupendamente bien**", "puede salir **horrendamente bien** o **estupendamente mal**" (¡vaya sabio!), "como siempre, todo anda **estupendamente mal**", "el coro les sale **estupendamente mal**", "he intentado cantarla pero me sale **estupendamente mal**", "nos lo estamos pasando **estupendamente mal**", "te lo vas a pasar **estupendamente mal**". ¡Y basta ya de tanta tontería!

☞ Google: 115000 resultados de "estupendamente bien"; 21000 de "sentirse estupendamente bien"; 1110 de "estupendamente mal". ☒

☞ Google: 2 960 000 resultados de "estupendamente". ☑

76. bife, ¿bife de cerdo?, ¿bife de res?, bifes, ¿biftec?, bisté, ¿bisté de cerdo?, ¿bisté de res?, bistec, ¿bistec de cerdo?, ¿bistec de res?, ¿bisteces?, ¿bisteck?, ¿bistecks?, bistecs, bistés
En la lengua española todavía hay muchos que insisten en escribir "bisteck" y "biftec" para referirse a un filete de carne de res. Tanto "bisteck" como "biftec" son pésimos calcos del inglés *beefsteak* (de *beef*, carne de vaca o de buey, y *steak*, lonja o tajada) que se pronuncia aproximadamente como *bifsték*. Pero en español, este anglicismo ya está castellanizado o españolizado desde hace muchísimo tiempo en la adaptación gráfica "bistec", palabra aguda y sustantivo masculino que significa "filete de carne de vacuno" (DRAE), con su plural "bistecs", también palabra aguda. Ejemplos: *Llegó al restaurante y pidió un* **bistec** *con papas*; *En la carnicería compró tres* **bistecs**. El falso plural

"bisteces" es un barbarismo (muy extendido en México y que algunos despistados ya consideran mexicanismo), del mismo modo que son barbarismos "biftec" y "bisteck" con sus respectivos y erróneos plurales "biftecs" y "bistecks". El Diccionario de la Real Academia Española admite también la variante "bisté" con su respectivo plural "bistés". Ejemplo: *Le llevaron un bisté frío y correoso; Los bistés eran incomibles.* En Argentina y en otros países de América del Sur, el anglicismo *beefsteak* se españolizó en el acortamiento "bife", palabra llana o grave, con su plural "bifes". Ejemplo: *¡No hay nada como el bife argentino, humildemente te lo digo, boludo!* Pero, además, hay otros barbarismos y disparates que se producen con el mal uso de las adaptaciones gráficas del término inglés *beefsteak*. Si *beef* es el nombre que se le da a la carne vacuna, es obvio que el "bistec", el "bisté" y el "bife" únicamente pueden ser de res o en otras palabras de ganado vacuno o bovino (vacas, bueyes) y no de porcino (cerdos) y excluye otras reses, como las del ganado lanar u ovino (ovejas, borregos) y caprino (cabras, chivos). Por ello se cometen feísimas redundancias al decir y escribir "bistec de res", "bisté de res" y "bife de res", y horrorosos contrasentidos semánticos al decir y escribir "bistec de cerdo", "bisté de cerdo" y "bife de cerdo" a lo que sólo puede ser "filete de cerdo": en inglés, *pork steaks*.

Son barbarismos, desbarres redundancias y sinsentidos del ámbito inculto, pero que se han extendido en todos los niveles del habla y la escritura. En publicaciones impresas (especialmente en los diarios) y en internet abundan como piojos en rastas. En el portal de la televisora colombiana Caracol leemos el siguiente encabezado para anunciar las recetas "humorísticas" de uno de tantos "comediantes" que infestan e infectan las pantallas, lo mismo en Colombia que en cualquier otro país de Hispanoamérica:

♀ "**Bisteck** a Caballo".

Quisieron escribir en la empresa Caracol:

♂ **bistec** a caballo.

🖉 No son los únicos que desinforman desde la pantalla. En el portal de Univisión Noticias, la chef Marilyn nos enseña cómo preparar "un delicioso pan con **biftec** y batatas", y en el portal de Terra se proporciona la receta de "**bisteces** con cebolla y perejil". He aquí otros ejemplos de estos desbarres: "recetas de **bistec de cerdo**", "**bistec de res** con papas en chile ancho", "aparece diablo en un **bisteck**", "receta para hacer **bisteck** encebollado", "**bisteck** con verduras a la parrilla", "**bisteck** con salsa mexicana", "**bisteck** a la chorrillana", "cómo se cocina el **bisteck de cerdo**", "**bisteces de cerdo** adobado", "**bisteces de res** en salsa de guajillo con nopales", "**bisteces** a la cerveza", "**bisteces** a la mexicana", "**bisteces** de res en salsa de chile ancho", "**bisteces** a la cazuela estilo Oaxaca", "**biftec** estilo dominicano", "arroz con gandule y **biftec**", "**biftec** machacado de honduras", "puntas de **biftec** en crema de hierbas".

☞ Google: 463 000 resultados de "bistec de res"; 396 000 de "bistec de cerdo"; 347 000 de "bisteck"; 224 000 de "bife de cerdo"; 148 000 de "bife de res"; 118 000 de "bisteces"; 81 600 de "biftec"; 22 500 de "bisteces de res"; 15 600 de "bisteck de res"; 14 300 de "bisteck de cer-do"; 14 200 de "bisteces de cerdo"; 10 600 de "bistecs de cerdo"; 2 810 de "bistecks"; 1 960 de "biftecs"; 1 900 de "biftec de res". ☒

77. blof, blofear, blofeo, blofero, bluf, blufear, blufeo, blufero, ¿bluff?

La voz inglesa *bluff* es un sustantivo que se traduce, literalmente, como "fanfarrona-da", y como verbo intransitivo equivale a "fanfarronear" o "farolear". Su pronuncia-ción en inglés es "blof". El diccionario académico, en su edición del tricentenario, la castellaniza, puesto que no la españoliza, a partir de su grafía original y no a partir de su fonética. Así, admite la representación gráfica "bluf" (del inglés *bluff*) como sustantivo masculino con tres acepciones: "Montaje propagandístico destinado a crear un prestigio que posteriormente se revela falso", "persona o cosa revestida de un prestigio falto de fundamento" y "fanfarronada, acción intimidatoria hecha por quien no cuenta con los medios para cumplir su amenaza". El DRAE no ofrece ni un solo ejemplo. Pero aquí va uno: *No hay que hacerle caso; es puro* **bluf**. Es bastante pro-bable que en Madrid digan y escriban "bluf", pero en no pocos países de América se dice y se escribe "blof", con la fonética inglesa y con una grafía no admitida por el DRAE, pero sí por el *Diccionario panhispánico de dudas* con la siguiente justificación y el consiguiente rollo: "En los países centroamericanos, México, las Antillas y Colom-bia se usa la adaptación *blof*, también válida. Su plural es *blufs* y *blofs*, respectivamen-te. Se admite el uso del anglicismo adaptado, aunque se recomienda sustituirlo, en lo posible, por equivalentes españoles como *engaño, mentira, montaje, invento* o simi-lares. También se usa el extranjerismo con los sentidos de 'dicho jactancioso que carece de fundamento' y, en los juegos de cartas, 'envite falso que se hace con mal juego para engañar al resto de los jugadores'. Para estos sentidos existen equivalen-tes españoles como *baladronada* o *fanfarronada* y, en el juego de cartas, *farol*. Las adaptaciones gráficas han dado ya derivados en el español americano, como *blufear*, *blofear* ('fanfarronear' y, en los juegos de naipes, 'envidar con mal juego para engañar al resto de los jugadores') y *blufero, blofero* ('persona que blufea o blofea')". Queda claro que nadie le va a hacer caso al blofero *Panhispánico* y que se seguirán utilizando las adaptaciones gráficas "blof" y "bluf", por simple economía lingüística y porque la voz inglesa *bluff* se ha aclimatado, en forma cruda, en el español de España y Améri-ca. Lo único recomendable en tal caso es dejar de utilizar la voz inglesa original *bluff* (aunque se escriba con cursivas) y se empleen sus adaptaciones. Si en la escritura se utiliza crudamente la voz inglesa "bluff" y no se destaca con cursivas, como corres-ponde a un extranjerismo, cometemos un error. Lo correcto es usarla con cursivas (*bluff*), pero ya no tiene mucho sentido hacerlo, puesto que existen las adaptaciones gráficas "blof" y "bluf", con sus respectivos derivados. Ambas son aceptadas, pero "blof" tiene la ventaja de conservar la fonética de la voz original. De ahí, "blofear", "blofeo", "blofera" y "blofero". He aquí algunos ejemplos del todo correctos: "Puro **blof** y mucha escupidera", "es puro **blof** publicitario", "son puro **blof**", "es malísimo, puro **bluf**, no vayan", "puro **bluf** la supuesta emergencia nacional", "ha terminado siendo puro **bluf**", "aprender a **blofear** de forma más rentable", "¿por qué quiere Brasil **blofear** a México?", "evitar que los equipos puedan **blufear**", "al igual que en el póker, está permitido **blufear**", "sólo estaba **blofeando**", "yo creo que está **blofeando**", "estaba **blufeando**", "¿crees que va a cumplir su amenaza o piensas que sólo está **blufeando**?".

☞ Google: 1 640 000 resultados de "bluf"; 596 000 de "blof"; 12 700 de "blofear"; 9 920 de "blofeando"; 9 380 de "blofeo"; 4 180 de "blofero"; 4 150 de "blufeo"; 3 890 de "blufeando"; 3 440 de "blufear"; 674 de "blufero". ☑

78. blog, ¿*blogger*?, bloguero, videoblog, vlog, ¿*vlogger*?, vloguero

En español ya tenemos castellanizados los términos "blog" y "bloguero", del inglés *blog*. Por tanto, es absurdo seguir utilizando el anglicismo crudo *blogger* para referirnos a quien interactúa a través del "blog" o bitácora en internet. Parecido es el caso de la voz inglesa *vlogger*. Gianco Briceño, en un artículo que circula en la red, explica lo siguiente: "Un vlogger no es lo mismo que un blogger. Si eres de los que no conoce la diferencia o crees que se equivocaron al escribir, te explicamos sus características... Básicamente, la diferencia entre estos dos tipos de creadores de contenido es que unos escriben en blogs y los otros graban videos... Blogger es una persona que escribe sobre algo en un blog. Vlogger es una persona que cuenta una historia, muy organizada, y lo hace en videos. Bloggers son los que usan un blog que es un sitio en el que las personas escriben sobre el tema que les plazca... Los vloggers son personas con un videoblog, que en lugar de escribir se lo dicen a la cámara". Bien, queda claro. Ya no tendría que haber duda. Pero, en español, se dice y se escribe "bloguero", adjetivo y sustantivo que se aplica a lo "perteneciente o relativo a los blogs o a los blogueros" y "persona que crea o gestiona un blog". Ejemplo: *Fulano fue de los primeros blogueros*. En cuanto al sustantivo masculino "blog", el DRAE lo define del siguiente modo: "Sitio web que incluye, a modo de diario personal de su autor o autores, contenidos de su interés, actualizados con frecuencia y a menudo comentados por los lectores". Ejemplo: *Fulano tiene un **blog** sobre libros*. Pero si, en el DRAE, *blogger* ya se encuentra castellanizado o españolizado como "bloguero", algo similar debe hacerse con *vlogger*, traduciéndolo a "vloguero", aunque aún no esté recogido en las páginas del diccionario de la Real Academia Española. Ejemplo: *Fulano de tal es un persistente* *vloguero*. Nuestro idioma tiene la capacidad para adecuar y adaptar las voces extranjeras con representaciones gráficas propias.

☞ Google: 936 000 resultados de "un blogger"; 527 000 de "los bloggers"; 333 000 de "el blogger"; 125 000 de "un vlogger"; 75 000 de "el vlogger"; 33 700 de "los vloggers". ☒
☞ Google: 11 000 000 de resultados de "blogueros"; 9 790 000 de "bloguero"; 2 120 000 de "videoblog"; 943 000 de "videoblogs"; 33 400 de "vlogueros"; 25 500 de "vloguero". ☑

79. ¿*blue jeans*?, bluyín, bluyines, ¿*jean*?, ¿*jeans*?, pantalón de mezclilla, pantalón vaquero, selfi, selfis, ¿*selfie*?, ¿*selfies*?, yin, yines

En el *Diccionario de dudas*, de Antonio Fernández Fernández, leemos lo siguiente: "**jeans**. Esta es una voz del inglés, abreviación de *blue jeans*; si se emplea, debe escribirse en cursiva. En español disponemos de *(pantalón) vaquero, (pantalón) tejano* (en España), *bluyín* y *yin* (en Hispanoamérica)". El DRAE recoge estas voces en singular ("*blue jean*" y "*jean*") y las define como "pantalón vaquero", con la siguiente aclaración: "úsase mucho en plural con el mismo significado que en singular". Lo que no aclara es que la pronunciación mayoritaria es *bluyín* y *yin* y no *bluegeán* ni *geán*. En el *Diccionario panhispánico de dudas* se informa lo siguiente: "El pantalón de tela recia, generalmente azul, usado originariamente por los vaqueros de Texas recibe en español los nombres de *(pantalón) vaquero* o *(pantalón) tejano*. Normalmente se emplea en plural con el mismo sentido que en singular: *unos vaqueros, unos tejanos*. La denominación *tejano* sólo se usa en España (especialmente en Cataluña), junto a la de *vaquero*, más frecuente y que se documenta también en algunos países americanos. [...] Puesto que en gran parte de Hispanoamérica se utiliza exclusivamente la denominación inglesa *(blue) jean(s)*, se considera aceptable en estas zonas el uso del anglicismo, siempre que se haga con las grafías adaptadas *bluyín* (pl. *bluyines*) y *yin* (pl. *yines*)". El problema es que, aunque el DRAE registra en sus páginas el sustantivo masculino *bluyín*, no incluye, en cambio, el también sustantivo masculino *yin*, con la acepción de "pantalón vaquero" (en la entrada correspondiente a "yin" únicamente define el concepto de la filosofía china, especialmente en el taoísmo, que es complemento del "yang"). Ahora bien, o mal: en España se pronuncia "jersey" (palabra aguda), exactamente como se escribe, el nombre de la "prenda de vestir de punto, cerrada y con mangas, que cubre parte del cuello hasta la cintura aproximadamente" (DRAE), pero en otros países del mundo hispanohablante esta misma representación gráfica se pronuncia con la fonética inglesa *yersi* o con la adaptación "yérsey", y aunque la variante española es minoritaria frente a las variantes hispanoamericanas, el DRAE define el término como "jersey". Así las cosas, si los españoles pronuncian "jean" y "jeans", exactamente como están escritos estos términos, ello sería una peculiaridad española de las muchas que la RAE no marca, ni mucho menos estigmatiza, en su diccionario, como sí lo hace con las peculiaridades del español en América. Lo cierto es que la difusión, en todo el mundo, del sustantivo masculino *jeans* ("pantalones vaqueros"), en plural, obligó a la RAE, así sea muy tardíamente, a efectuar la castellanización "yin" (para el singular) y "yines" (para el plural), tal como lo hizo con "yip" (del inglés *jeep*: vehículo todoterreno), con "yonqui" (del inglés *junkie*: "en la jerga de la droga, adicto a la heroína"), con "yókey" (del inglés *jockey*: "jinete profesional de carreras de caballos"), con "yudo" (del japonés *judo*: "sistema japonés de lucha") y con "yudoca" ("persona que practica el yudo"), a pesar de que el anglicismo crudo *jeans* (pronunciado *yíns*) ya se había impuesto en el uso generalizado. Por supuesto, podemos decir y escribir, en mejor español, "pantalón vaquero" y "pantalones vaqueros", pero estas traducciones no van a sustituir nunca al anglicismo crudo que caminó más rápidamente en nuestra lengua que la tardígrada academia. Hay, además, otro problema: en plural, la mayor parte de los hispanohablantes dicen *bluyíns* y *yins*, fieles a la fonética inglesa original de los términos *blue jeans* y *jeans*. Y aunque esta pluralización es errónea, porque no sigue las reglas del español (los sustantivos terminados en "n" forman su plural añadiéndoles la terminación "es"), supera con mucho a las formas correctas "bluyin**es**" y "yin**es**". Esto es lo malo de que una academia de la lengua únicamente observe los cambios en el idioma, sin mover un dedo para orientar al hablante y al escribiente. En su *Diccionario de usos y dudas del español actual*, José Martínez de Sousa explica: "En algunos países de Hispanoamérica se usa el préstamo *yins*, pero no parece aceptable". Por otra parte, en México, a los *blue jeans* o *jeans* se les conoce también como pantalón o pantalones "de mezclilla", en referencia a la tela de que están hechos, pues el sustantivo femenino "mezclilla" se refiere al "tejido hecho como la mezcla, pero de menos cuerpo" (DRAE), o bien a la "tela resistente de algodón con que se confecciona ropa vaquera" (DUE), la "tela de algodón burda y resistente, generalmente de color azul, muy usada para confeccionar ropa informal o de trabajo" (DEUM) y la "tela gruesa de algodón, generalmente de color azul" (DM). El español es una lengua cuya representación gráfica es acorde con su fonética; por ello sólo es inadmisible escribir "*jeans*" y leer *yíns*, con la grafía en *cursivas*, como corresponde a todo extranjerismo en nuestra lengua. Si las academias de la lengua hicieran bien el trabajo de cuidar la unidad del idioma, desde un principio se hubiesen tenido las adaptaciones gráficas "yin" y "yines". Pero están en la Luna. Les pasó lo mismo con *selfie, selfy* y *selfies* (del inglés *self*, "auto", "a sí mismo") cuya traducción literal es "autofoto", "autofotos", términos que tampoco se incluyeron en el DRAE en 2014, cuando desde entonces (la voz inglesa *selfie* data de 2002, en internet) habrían podido fijar las grafías españolas "selfi" para el singular y "selfis" para el plural: sustantivo femenino que designa la fotografía tomada, especialmente, con el teléfono celular, para compartirse en las redes sociales de internet. Únicamente cuando el daño ya estaba hecho y los hablantes generalizaron el uso crudo "selfie", la RAE admitió, en la versión en línea de su mamotreto, las grafías lógicas "autofoto" y "selfi".

☞ Google: 5 000 000 de resultados de "*jeans* de moda"; 3 910 000 de "un *jean*"; 3 710 000 de "los *jeans*"; 2 250 000 de "*jeans* de mujer"; 1 850 000 de "una *selfie*"; 1 780 000 de "*jeans* de hombre"; 790 000 de "la *selfie*"; 756 000 de "*jean* azul"; 705 000 de "unos *jeans*"; 615 000 de "los *selfies*"; 553 000 de "sus *jeans*"; 479 000 de "*jeans* rotos"; 382 000 de "*jeans* viejos"; 375 000 de "*jeans* azules"; 245 000 de "mejores *selfies*"; 186 000 de "*blue jeans* de hombre"; 174 000 de "*blue jeans* de mujer"; 166 000 de "mis *jeans*"; 151 000 de "*jeans* nuevos"; 135 000 de "*blue jeans* de moda"; 110 000 de "nuevos *jeans*"; 94 600 de "mejor *selfie*"; 80 700 de "viejos *jeans*"; 31 900 de "los *blue jeans*"; "su *blue jeans*"; 23 000 de "unos *blue jeans*"; 3 070 de "mis *blue jeans*"; 2 400 de "muere por tomarse una *selfie*". ☑

☞ Google: 18 200 000 resultados de "selfi"; 9 380 000 de "pantalones vaqueros"; 4 170 000 de "pantalones de mezclilla"; 1 760 000 de "pantalón vaquero"; 1 660 000 de "pantalón va-quero"; 1 170 000 de "selfis"; 1 450 000 de "pantalón de mezclilla"; 139 000 de "pantalones tejanos"; 117 000 de "pantalón tejano"; 50 300 de "una selfi"; 17 600 de "las selfis"; 40 500 de "bluyín"; 30 000 de "bluyines"; 4 770 de "yin azul". ☑☑

80. bol, ¿*bowl*?, tazón

En nuestro idioma ya existe el sustantivo masculino "bol" (del inglés *bowl*), para nombrar el "cuenco" o "tazón sin asa" (DRAE). Por ello es una aberración anglófila seguir diciendo y escribiendo "el bowl" y "un "bowl", para referirse a "el tazón" y "un tazón", cuando perfectamente se puede decir y escribir "el bol", "un bol", "ese bol", etcétera, que es lo correcto en español. Incluso tratándose del mediático juego de futbol americano denominado *Super Bowl*, hay muchas personas pensantes en espa-ñol que ya lo traducen, correctamente, como "Supertazón" y, con incorrección, como "Super Tazón" o "Súper Tazón", pues debe saberse que, en nuestro idioma, el prefijo "super-" (del latín *super-*) es un elemento para formar palabras compuestas (que se escriben siempre con grafía simple) y significa "encima de" (como en "superestruc-tura"), "preeminencia" o "excelencia" (como en "superhombre"), "en grado sumo" (como en "superfino") y "exceso" (como en "superproducción" y, precisamente, "Super-tazón"). Por lo anterior, si no queremos decir y escribir "tazón", porque no nos gusta la palabra (ya que nos sentimos muy gringos), tampoco digamos y escribamos "bowl", que es una voz inglesa, digamos y escribamos "bol", que es la correcta adaptación gráfica de esa voz inglesa que tan "sofisticada" nos parece. Por lo demás, es curioso que el DRAE defina el neologismo "bol" como "tazón sin asa", pues si, en sus mismas páginas, vamos a la entrada "tazón", leemos ahí que este sustantivo masculino signi-fica "recipiente comúnmente mayor que una taza, de contorno aproximadamente

semiesférico, a veces con un pie diferenciado y generalmente sin asa". Sea como fuere, dejémonos de jaladas: el sinónimo de "tazón", en español, es "bol" (*bowl* en inglés) y la correcta traducción al español de *Super Bowl* es, sencillamente, "Supertazón"
o, para los más anglicistas, "Superbol". No seamos ridículos.

☞ Google: 1 510 000 resultados de "un bowl"; 252 000 de "el bowl"; 243 000 de "bowl de
cocina"; 162 000 de "bowl grande". ☒

☞ Google: 465 000 000 de resultados de "bol"; 16 100 000 de "tazón"; 10 700 000 de "un
bol"; 1 960 000 de "tazón de vidrio"; 1 420 000 de "tazón de plástico"; 859 000 de "el bol";
574 000 de "tazón de aluminio"; 572 000 de "bol de cocina"; 344 000 de "bol grande"; 316 000
de "bol de vidrio"; 280 000 de "bol de plástico"; 229 000 de "bol de frutas"; 205 000 de "bol de
cerámica"; 154 000 de "bol de aluminio"; 93 100 de "superbol"; 53 900 de "bol mediano";
45 800 de "bol de ensaladas"; 30 900 de "supertazón". ☑

81. bongo, bongó, bongos, bongós

El sustantivo masculino "bongo" (palabra llana o grave que no requiere tilde) designa
a una "especie de canoa usada por los indios de la América Central", y en Venezuela es el nombre que se da a una "embarcación grande de fondo plano que se utiliza
para el transporte fluvial". Todo esto, según definiciones del DRAE. También en el
diccionario académico leemos que "bongó" (palabra aguda que exige tilde) es un
sustantivo masculino que designa al "instrumento musical de percusión, procedente del Caribe, que consiste en un tubo de madera cubierto en su extremo superior
por un cuero bien tenso y descubierto en la parte inferior". Por su puerilidad, esta
definición probablemente la escribió el hijo pequeño más listo de alguno de los académicos madrileños. Por ello debemos ir al *Diccionario de uso del español* de María
Moliner, en cuyas páginas nos ilustramos mejor. Leemos ahí: "instrumento musical
de percusión consistente en un cilindro hueco de madera, con uno de sus extremos
cerrado con una piel tensa, y el otro libre". Ejemplo: *Nadie como él para hacer sonar el*
bongó. El disparate es escribir "bongo" (palabra llana) y creer que se debe leer "bongó" (palabra aguda).

Obviamente este desbarre es producto del gran problema que representa, en
nuestro idioma, la ignorancia de las reglas de acentuación. Ésta es una falta ortográfica que abunda en internet pero que también tiene bastante presencia en el periodismo escrito. En la *Wikipedia*, en la entrada que se refiere al músico dominicano
Luis Vargas, se informa que éste

♀ "tocaba merengue típico, con la güira, tambora y acordeón, que ya se usaban en
la bachata, pero introdujo otros elementos, como tocar el **bongo** con palillos en vez
de las manos".

La redacción es un horror, pero lo que se quiere decir ahí es que el músico dominicano Luis Vargas

⟁ innovó al tocar el **bongó** con palillos en vez de golpearlo con las manos, aunque
tal "innovación" bien podría ser de los tiempos de Matusalén.

✐ Se trata del "bongó", por supuesto, y no el "bongo". He aquí otros ejemplos de este desbarre: "aprender a tocar el **bongo** en sólo tres pasos", "como tocar **bongo** de bachata", "aprende a tocar **bongo**", "hombres vestidos de rana tocando el **bongo** con la polla" (españoles, sin
duda), "método de **bongo**", "dale al **bongo** bongocero", "al sonar el **bongo**", "¡a romper el **bon-
go**!", "dándole al **bongo** con entusiasmo", "para tocar los **bongos**", "Sheldon Cooper tocando
los **bongos**", "aprendiendo a tocar **bongos**", "no tiene nada de malo tocar los **bongos** desnudo
en tu casa", "Scarlett Johansson aprende a tocar los **bongos**", "el alien sabe tocar los **bongos**",
"las mejores ofertas en **bongos**", "los 7 mejores **bongos** para tocar variedad de ritmos", "con-
gas y **bongos**", "**bongo**: instrumento de percusión especial".

☞ Google: 19 700 resultados de "tocando el bongo"; 12 800 de "tocar el bongo"; 11 200 de
"tocar los bongos". ☒

☞ Google: 392 000 resultados de "bongó"; 134 000 de "bongós" ☑

82. ¿bonsai?, bonsái, ¿bonsái enano?, ¿bonsái pequeño?, bonsáis, ¿bonsay?, ¿pequeño bonsái?

Lo correcto en español es "bonsái", palabra aguda con acento ortográfico en la "a" y
con "i" final. Ni "bonsai" (palabra llana en español) ni mucho menos "bonsay" (con
"y" final). "Bonsái" es un sustantivo masculino que proviene del japonés *bonsai* y
significa "planta ornamental sometida a una técnica de cultivo que impide su crecimiento mediante corte de raíces y poda de ramas" (DRAE). Su plural es "bonsáis".
Ejemplos: *Cultivaba unos **bonsáis** con mucha delicadeza*; *Tenía un **bonsái** en flor que
perfumaba el balcón con sus azahares*. Dado que el término está castellanizado o españolizado, es incorrecto e innecesario escribir la grafía *bonsai* y, peor aún, la deformación *bonsay*, que abundan en las publicaciones impresas y en internet. Pero, además,
es una redundancia decir y escribir "bonsái pequeño" o "pequeño bonsái", pues, por
definición, el sustantivo "bonsái" ya contiene el sentido de "menor tamaño" en relación con lo regular; peor aún es decir y escribir "bonsái enano", pues "bonsái" es,
justamente, un árbol enano mediante la aplicación de una técnica de cultivo.

En el diario *La Opinión*, de Ecuador, se informa acerca de

♀ "la vigésima feria de exposición y comercialización de plantas ornamentales,
florales, medicinales, frutales y arreglos de **bonsay**".

Debió informar el diario acerca de todo eso y de los

⟁ arreglos de **bonsái**.

🖋 He aquí otros ejemplos de estos desbarres ortográficos y redundantes: "**bonsais** al mejor precio", "no todos los **bonsais** son iguales", "**bonsais** flotantes que parecen de otro planeta", "mitos y realidades sobre el **bonsai**", "cómo escoger un árbol de **bonsai**", "el **bonsai**, un amigo para toda la vida", "cómo hacer un **bonsai** paso a paso", "Museo **Bonsay**", "**bonsay** de la misma especie", "**bonsay** con maceta", "cómo criar un **bonsay**", "crea un **bonsay** con photoshop", "exposición de **bonsays**", "compré unas flores y unos **bonsays**", "un **pequeño bonsái**", "**pequeño bonsái** japonés de hojas verdes", "**pequeño bonsái** de encina", "**pequeño bonsái** de naranjo", "**bonsáis pequeños** en las macetas de barro", "**bonsáis pequeños** de escritorio", "árbol de **bonsái enano**", "**bonsái enano** de membrillo", "el socialismo en Venezuela es un **bonsái enano**", "un **bonsái enano** con más de 150 años", "**bonsái enano** de jardín japonés", "conseguí todo para árboles **bonsái enano**", "**bonsái enano** para macetas", "encontrá semillas de **bonsái enano** en Mercado Libre Argentina" y, como siempre hay algo peor: "**arbolitos bonsáis enanos**" y "me compraría un **bonsai pequeñito**" (¿y por qué no un bonsái grandotote?).

☞ Google: 2 290 000 resultados de "bonsais"; 401 000 de "un bonsai"; 438 000 de "bonsay"; 261 000 de "los bonsais"; 114 000 de "el bonsai"; 101 000 de "los bonsai"; 24 400 de "bonsái pequeño"; 19 000 de "mis bonsais"; 17 000 de "pequeño bonsái"; 12 200 de "mis bonsai"; 12 100 de "pequeño bonsai"; 10 800 de "bonsays"; 9 290 de "bonsais japoneses"; 6 930 de "bonsái enano"; 4 320 de "pequeños bonsáis"; 4 120 de "bonsáis pequeños". ☒

☞ Google: 2 660 000 resultados de "bonsái"; 877 000 de "bonsáis"; 402 000 de "un bonsái"; 262 000 de "los bonsáis"; 254 000 de "el bonsái". ☑

83. Bordeaux, Burdeos, burdeos, vino de Burdeos

Los nativos y residentes franceses dicen y escriben "Bordeaux" (pronunciación aproximada, *bogdó*), para referirse a la ciudad portuaria del sudoeste de Francia y centro de la famosa región vitivinícola que, en español, no es otra que "Burdeos". Así que, si no somos franceses, y hablamos en español, digamos y escribamos "Burdeos", lo mismo para referirnos a esa ciudad, a esa región y al prestigiado vino que allá se produce. Ejemplos: *Estuve en Francia y fui a **Burdeos**; La región vitivinícola de **Burdeos** es maravillosa; Me tomé un **burdeos** inigualable.* Por supuesto, si no somos franceses y ni siquiera francófonos, pero sí francófilos, es nuestro derecho, si así lo deseamos, decir y escribir "Bordeaux", siempre y cuando lo pronunciemos en francés: *bogdó*, para dejar medio pendejos a nuestros amigos. No pasará de que muchos piensen o digan de nosotros que somos unos reverendos mamones. Cada cual es libre de ganarse la fama que se merece, pero si existe la castellanización "Burdeos", es una necedad persistir con la voz francesa "Bordeaux", que en gascón es "Bordeu".

No se trata de una incorrección, sino de una petulancia. Como hemos dicho, en español, "Burdeos" equivale al francés *Bordeaux*, y se puede usar como sustantivo común ("burdeos") si nos referimos al famosísimo vino producido en Burdeos. En un blog de internet alguien escribe lo siguiente:

♀ "En **Bordeaux** nos tomamos un **bordeaux** en la plaza más céntrica de la ciudad".

En español puede decirse y escribirse perfectamente de la siguiente manera:

♂ En **Burdeos** nos tomamos un **burdeos**, etcétera.

✐ He aquí unos pocos ejemplos de esta forma afectada de hablar y escribir para referirse a esa ciudad francesa y a su famoso vino: "Fuimos a **Bordeaux** de tour", "luego nos fuimos a **Bordeaux**", "mi novia y yo visitamos **Bordeaux**", "ese día visitamos **Bordeaux**", "**Bordeaux** es una ciudad pequeña", "**Bordeaux** es una ciudad magnífica", "**Bordeaux** es una ciudad que como su nombre indica está 'al borde del agua'", "tengo un exquisito **Bordeaux** esperando", "para la degustación de un exquisito **Bordeaux** tinto", "un exquisito **Bordeaux**, pan artesanal y quesos típicos", "una botella de delicioso **Bordeaux** Clairet rosado y café", "un delicioso **Bordeaux** blend de calidad mundial" (no hace falta la mayúscula para referirse al vino; porque se trata de un sustantivo común).

☞ Google: 445 000 000 de resultados de "Bordeuax"; 22 900 000 de "Burdeos". ☑

84. borgeana, borgeano, Borges [Jorge Luis], borgesiana, borgesiano, borgiana, borgiano, Cortázar [Julio], cortazariana, cortazariano, cortaziana, cortaziano

Si del nombre propio **Julio** [César] se deriva el adjetivo "juliano" y si del nombre propio **Gregorio** [XIII, papa] se deriva el adjetivo "gregoriano", resulta lógico que de los nombres propios o apellidos de artistas y, especialmente, de escritores ilustres, se deriven los adjetivos "virgiliano", "teresiano", "tolstoiano", "dostoievskiano", "kafkiano", "freudiano", "faulkneriano", "flaubertiano", "proustiano", "cernudiano", "nerudiano", "garciamarquiano", "rulfiano", "paciano" y "savateriano", respectivamente, de Publio **Virgilio**, **Teresa** de Jesús, Lev **Tolstói**, Fiódor **Dostoievski**, Franz **Kafka**, Sigmund **Freud**, William **Faulkner**, Gustave **Flaubert**, Marcel **Proust**, Luis **Cernuda**, Pablo **Neruda**, Gabriel **García Márquez**, Juan **Rulfo**, Octavio **Paz** y Fernando **Savater**; sólo por mencionar a unos pocos. Esto en cuanto a los sufijos mayoritarios "-iano/a y "-ano/a", con los que se forman los adjetivos aplicados a nombres propios y a nombres de familia. Pero también están los casos en que el sufijo es "-esco/a", como en "quevedesco" y no "quevediano" (de Francisco de **Quevedo**), "valleinclanesco" y no "valleinclaniano" (de Ramón María del **Valle-Inclán**) y "dantesco" y no "dantiano" (de **Dante**). Luego tenemos el sufijo "-ino/a", como en "cervantino" y no "cervantiano", y "gongorino" y no "gongoriano", respectivamente, derivados de los apellidos ilustres de los grandes escritores Miguel de **Cervantes** y Luis de **Góngora**. Otro sufijo para estos adjetivos derivados es "-ico/a", como en "homérico", de **Homero**; "sádico", del Marqués de **Sade**, y "maquiavélico", de Nicolás **Maquiavelo**. Hay excepciones, al menos en la lengua española, consistentes en que los adjetivos no derivan del primer apellido o nombre de familia del ilustre, sino del segundo, como en "galdosiano" y "lorquiano", que corresponden, respectivamente a Benito **Pérez Galdós** y Federico **García Lorca**. Este último ("lorquiano", de **Lorca**) nos lleva a otra forma de construcción del adjetivo derivado del apellido, pues, así como de **García Lorca** no deriva "lorcano", de esta misma manera, en Honoré de **Balzac**, el DRAE establece que la correcta derivación es "balzaquiano" y no "balzaciano", con lo cual se hace evidente que el diccionario académico opta, en estos casos, por derivaciones fonéticas y no por derivaciones ortográficas. Pero si, hasta aquí, las cosas parecían simples, hay casos que resultan por lo menos desconcertantes desde el punto de vista lingüístico, y se pueden ilustrar con dos famosos escritores argentinos: Jorge Luis **Borges** y Julio **Cortázar**. La lógica elemental, ya que no gramatical, nos indica que los adjetivos derivados de estos nombres propios de familia deberían ser "borgesiano" y "cortazariano" y no "borgiano" ni "cortaziano", pero, según las reglas gramaticales, incluso los nombres propios poseen clasificadores nominales a manera de sufijos para generar los adjetivos (así, en "Carlos", la raíz o base es "Carl-", en tanto que el sufijo para formar el diminutivo es "-itos"; lo que da el correcto "Carlitos" y no el incorrecto "Carlositos"; de ahí también que el sufijo o raíz de **Borges** es **Borg-**(es), del mismo modo que el de **Herodes** es **Herod-**(es); en consecuencia, los adjetivos derivados de ambos son, respectivamente, "borgiano" y "herodiano", y no "borgesiano" ni "herodesiano". Asimismo, en el caso de "Cortázar", el prefijo o la raíz es **Cortáz-**(ar), de donde se forma el adjetivo "cortaziano" y no "cortazariano". Únicamente en los casos de los nombres y apellidos terminados con acento agudo, es decir que llevan acento en la última sílaba, aquellos son considerados como base o raíz que no admiten modificación y el adjetivo derivado, por ejemplo, de **Cortés** es "cortesiano", de **Kant** es "kantiano" y de **Tolstói** es "tolstoiano", lo mismo que de **Galdós** es "galdosiano". La RAE dicta o establece cuando se le da la gana, y no dicta ni fija cuando no está de humor (y sólo dice que recoge el uso del idioma entre la gente, tirándose felizmente a la güeva), y como el idioma lo hacen los hablantes y los escribientes, siendo un ente vivo, rebasan siempre a las academias que resultan incapaces de asumir sus responsabilidades en el buen uso del idioma. Si aplicamos la regla gramatical queda claro que debemos decir y escribir "cortaziana" ("perteneciente o relativo a Julio Cortázar, escritor argentino, o a su obra" y "que tiene rasgos característicos de la obra de Cortázar"; ejemplo: *Es un cuento demasiado* **cortaziano**), pero son decenas de miles los hablantes y escribientes del español que utilizan "cortazariano" y "cortazariana" para referirse a lo perteneciente o parecido a la obra de Cortázar, y son apenas unos pocos miles los que prefieren los adjetivos "cortaziano" y "cortaziana". Con Borges, incluso, hay una lucha cerrada entre los que dicen y escriben "borgeano" y no "borgiano" y no son pocos, incluso en Argentina, los que no se resignan a dejar de utilizar "borgesiano" a pesar de que los especialistas y la Real Academia Española (donde también hay especialistas en la siesta permanente) que consideran dicho adjetivo como agramatical (porque no se ajusta a las reglas de la gramática). Cuando Julio Cortázar murió (1984), el diario español *El País* recogió los testimonios de pesar de varios autores importantes que lo conocieron y lo admiraron por su obra literaria. Ninguno de ellos se refiere a la obra "cortaziana", sino a la cuentística y novelística "cortazarianas"; por ello, también, a despecho de la Real Academia Española, seguirá hablándose y escribiéndose, pese a su agramaticalidad, el adjetivo "borgesiano". Seguramente, estos adjetivos agramaticales seguirán conviviendo con los gramaticales, pero no nos dejemos impresionar por los académicos: la mayor parte de los grandes escritores siempre tiene más razón que la mayor parte de los académicos; más aún cuando éstos quieren ser muy estrictos siendo a la vez tan incongruentes. En el caso de los hablantes, los "cortazarianos" les van ganando, y por mucho, la batalla a los "cortazianos", y los "borgeanos aumentan cada vez más frente a los "borgianos". Además, es casi seguro que los integrantes de la Asociación Borgesiana de Buenos Aires nunca dejarán de ser "borgesianos".

☞ Google: 247 000 de "borgiano"; 95 700 de "borgiana"; 82 200 de "borgeano"; 72 500 de "borgeanos"; 66 100 de "borgeana"; 26 500 de "cortazariana"; 25 900 de "cortazariano"; 22 500 de "borgesiana"; 20 800 de "borgesiano"; 18 500 de "borgianos"; 13 100 de "borgianas"; 12 700 de "borgeanas"; 8 690 de "cortazarianos"; 6 720 de "cortaziana"; 5 340 de "cortazarianas"; 4 580 de "borgesianos"; 3 620 de "borgesianas"; 2 730 de "cortaziano"; 2 430 de "cortazianos"; 557 de "cortazianas". ☑

85. ¿*boulevard*?, ¿*boulevares*?, bulevar, bulevares

En la nomenclatura oficial de las principales ciudades de México, y especialmente en la capital del país, son varias las grandes vialidades denominadas "boulevard". A veces se trata de la misma vialidad que cambia de nombre por tramos, como en "Boulevard Manuel Ávila Camacho", "Boulevard Adolfo López Mateos" y "Boulevard Adolfo Ruiz Cortines", del también denominado Anillo Periférico de la capital del país y su aledaña zona metropolitana. También están el "Boulevard Adolfo Ruiz Cortines", en la ciudad de Veracruz, y el "Distribuidor Boulevard Aeropuerto Toluca", en el Estado de México. El término suele abreviarse "Blvd" (impronunciable en español). Es un error o, por lo menos, un anacronismo (algo impropio de nuestra época), pues cada una de estas vialidades (además de los hoteles, fraccionamientos y zonas residenciales que llevan tal denominación) debería llamarse, en español, "bulevar". Ya desde la década de 1980, Manuel Seco, en su *Diccionario de dudas y dificultades de la lengua española*, explicó: "La Academia [se refiere a la RAE] ha admitido ya la palabra *bulevar*, cuyo uso es general para designar un paseo con acera o andén central. Su plural es *bulevares*". La fuerza de la costumbre y, especialmente, el anquilosamiento del sistema de nomenclatura oficial de las calles y avenidas en México, que casi nunca revisa la pertinencia de nombres y tipologías viales (hay calles y avenidas cuyos nombres incluso tienen faltas ortográficas desde su origen, y así permanecen), mantienen el término extranjero "boulevard" pese a ser hoy un anacronismo. El sustantivo masculino "bulevar" (del francés *boulevard*, que se pronuncia aproximadamente *bulvar*) designa, a decir del DRAE, la "calle generalmente ancha y con árboles", lo mismo que el "paseo central arbolado de una avenida o calle ancha". Si nos atenemos a la definición académica, es obvio que nuestros "bulevares" no cumplen con las características para denominarse de tal manera. ¿Qué tiene de "bulevar" el anillo periférico de la Ciudad de México en la mayor parte de su recorrido? Aunque sea una avenida ancha, carece de árboles en gran parte de su extensión y, sin embargo, es la que se denomina, por tramos, "**Boulevard** Manuel Ávila Camacho", "**Boulevard** Adolfo López Mateos" y "**Boulevard** Adolfo Ruiz Cortines". En todo caso, en la Ciudad de México, tiene más de "bulevar" el Paseo de la Reforma. El *Boulevard périphérique de Paris*, que debemos traducir en español como Bulevar Periférico de París, y del que seguramente imitamos su denominación, cumple por supuesto con la definición del DRAE, al igual que Los Bulevares de Madrid, que lo son no sólo por anchura para la circunvalación, sino también por sus áreas peatonales o de paseo. En otros países (Argentina, por ejemplo), también utilizan el impropio término "boulevares", para el plural. Aunque sea difícil desterrar de nuestra escritura el galicismo *boulevard*, más aún si forma parte de la nomenclatura oficial urbana, es importante saber que lo correcto en español es "bulevar" con su respectivo plural "bulevares". Tratemos de decirlo y escribirlo en español.

☞ Google: 1 220 000 resultados de "boulevares"; 966 000 de "Boulevard Manuel Ávila Camacho"; 541 000 de "Hotel Boulevard"; 526 000 de "Boulevard Adolfo López Mateos"; 405 000 de "los boulevares"; 282 000 de "Boulevard Adolfo Ruiz Cortines"; 166 000 de "Boulevard de la Luz"; 142 000 de "Boulevard Aeropuerto"; 68 200 de "Residencial Boulevard"; 63 500 de "Barrio Los Boulevares" (en Córdoba, Argentina); 23 000 de "Fraccionamiento Boulevares". ☒

☞ Google: 28 200 000 resultados de "bulevar"; 3 930 000 de "el bulevar"; 3 430 000 de "en el bulevar"; 1 510 000 de "bulevares"; 371 000 de "los bulevares"; 200 000 de "un bulevar"; 98 000 de "Bulevar Adolfo López Mateos"; 59 100 de "Bulevar Adolfo Ruiz Cortines"; 35 000 de "Bulevar Manuel Ávila Camacho". ☑

86. ¿*bouquet*?, buqué, buqués, ¿*buquet*?, ¿*buquete*?

El sustantivo francés *bouquet* (pronunciado *buqué*) significa aroma o ramillete y, más específicamente, aroma de los vinos selectos o de buena calidad. Pero, para este galicismo, ya existe, en español, la adaptación gráfica "buqué", y su plural es "buqués". Ejemplo: *Éste es un vino concentrado, con un* **buqué** *intenso*; *Ecuador exportará rosas en* **buqués**. Con palabras como éstas es cuando se puede observar la importancia de una tilde, pues sin ella ("buque") no tendríamos una palabra aguda, sino llana o grave, con un significado totalmente distinto: "barco de gran tonelaje, con cubierta o cubiertas" (DRAE). Pero, además, en francés, *bouquet* se pronuncia *buqué*, sin el sonido de la "t" final; en este sentido, la adaptación gráfica "buqué", en español, es lo más aproximado fonéticamente a la lengua francesa. También son necedades decir y escribir "buquet" y "buquets" que ni en español ni en francés tienen significado alguno, y dado que ya existe en nuestra lengua la adaptación gráfica "buqué", resulta innecesario escribir el francés *bouquet*, así lo destaquemos en *cursivas*.

"Buquet" y "buquets" son barbarismos cultos, en relación con el vino, y desbarres de mucha incultura en el ámbito de la florería y el ornato. Aparecen en publicaciones periódicas impresas y ahora abundantemente en internet. En la revista mexicana *Caras* se hace la crónica de la boda de una actriz con el hijo de un político, y los redactores publicaron que

♀ "la novia lució un vestido ceñido y, como accesorios, unos pendientes pequeños y un **buquet** de rosas blancas".

En realidad, lo que llevó la novia fue

♂ un **buqué** de rosas blancas.

✐ En el portal electrónico de la Vinícola Torres Alegre y Familia alguien nos alecciona acerca de "los aromas terciarios o **buquet** del vino" y se nos informa que "la formación del **buquet** es compleja y el paso de los aromas de vino joven a **buquet** de vino viejo, sea cual sea la naturaleza, está determinada por una serie de fenómenos sucesivos", etcétera. Una vez puede ser errata; tres veces ya es pendejismo. En realidad, esa vinícola quiere referirse al "buqué" (en francés, *bouquet*) y lo que hace es hablarnos del "buquet" que ni es español ni es francés. He aquí otros ejemplos de este disparate: "cómo hacer un **buquet** para boda", "un **buquet** de rosas naranjas", "entré a la huerta y corté un **buquet** de bellas flores", "un **buquet** de flores silvestres en medio del patio", "muy buen vino, un **buquet** perfecto", "un **buquet** maduro cual vino más fino", "Gran Reserva nos ofrece un **buquet** exquisito", "este vino tiene un **buquet** extraordinario", "hemos traído un vino de buen **buquet** para analizarlo", "el **buquet** del vino en barrica de roble es una compleja mezcla", "el **buquet** va dándose a conocer poco a poco", "el tamaño de la copa permite que el **buquet** se desarrolle plenamente", "originales ramos y **buquets** de novia", "la mesa servida con servilletas **buquets**", "recomendaciones de seguridad para los **buquets**", "flores y **buquets** en porcelana fría", "**buquets** y brazaletes para bodas". Por supuesto, siempre hay algo peor: "Rosana Plaza realiza un **buquete** de flores", "busca vinos secos que dejen un **buquete** agradable en los labios". Por el uso tan bárbaro del idioma, lo único seguro es que esos vinos lo que le dejaron fue un boquete.

☞ Google: 11 300 resultados de "el buquet"; 9 550 de "buquetes de flores"; 8 200 de "un buquet"; 6 710 de "hermoso buquet"; 2 750 de "buquete de flores"; 1 200 de "los buquets"; 1 140 de "el buquete"; 1 100 de "buen buquet"; 1 000 de "un buquete"; 1 000 de "los buquetes". ☒

87. boxejadas

¿Qué entiende una persona común, que jamás ha escuchado ni visto una transmisión radiofónica ni televisiva de una pelea de boxeo, cuando escucha la expresión "el tercero en la superficie" o la variante "el tercero sobre la superficie"? Cualquier persona común (que de ningún modo sufra de alguna limitación) se quedará intrigada o pasmada ante expresión tan metafísica o judicial. Y, sin embargo, no se trata de filosofía ni de leyes, sino que estamos ante un bárbaro cliché de los comentaristas y cronistas boxísticos de la radio y la televisión. ¿Y qué quieren decir con "el tercero en la superficie" y con "el tercero sobre la superficie"? ¡Se refieren así al réferi, árbitro o juez que se encarga de poner orden y hacer que se cumplan las reglas entre dos boxeadores dentro del cuadrilátero! Primero decían "el tercero sobre la superficie del *ring*": ¡una frase de siete palabras como equivalente de una sola: "réferi"! Si toda lengua tiende a la economía verbal, los cronistas del boxeo, el futbol y el beisbol van contra la lógica del idioma y emplean perífrasis (es decir, rodeos verbales) para referirse a cualquier zoncera; aunque, por supuesto, ellos se sienten poetas con el uso de las imágenes y las metáforas. Recordemos el ejemplo de perífrasis que pone el diccionario de la Real Academia Española: *Los eventos consuetudinarios que acontecen en la rúa*. Y todo ello en lugar de decir, sencillamente: *Lo que pasa en la calle*. En realidad, una perífrasis no es otra cosa que una forma ridícula de engordar el idioma, recargándolo de insustancialidades. Esto es, ni más ni menos, "el tercero en la superficie del *ring*", cuyo acortamiento es todavía más insólito: "el tercero en la superficie", que nada tiene que ver con el lenguaje jurídico a propósito de convenios y leyes "sobre daños ocasionados a **terceros en la superficie** por causa de la actividad aérea" (Convención de Roma, 1933). ¿Y qué tal la denominación "el encordado" para referirse al cuadrilátero o *ring*? ¿Y qué tal eso de "una guadaña sabrosa a la región abdominal" para nombrar el "gancho al hígado"? ¿Y qué tal, también, la bobería de "aplicar el cloroformo" para referirse al nocaut efectivo? También: "lo mandó a dormir". Y, luego, cuando un boxeador es derribado por los golpes de su adversario, en lugar de decir que el pobre "cayó", los comentaristas salen con la jalada eufemística de que "visitó la lona" (¡pues si la lona ya la había visitado desde el momento mismo en que subió a boxear!). Al desplazamiento de un boxeador sobre la lona le llaman "juego de pier-nas". ¡Han de imaginar que es parecido al "juego de manos", pero con los pies! Tanto en el boxeo como en el futbol los cronistas comparten el uso bárbaro del verbo "dic-taminar". Dicen los cronistas de boxeo que "un cruzado de derecha al mentón **dicta-minó** el triunfo de Pacquiao"; y los cronistas del futbol, para no quedarse atrás, dicen que "Messi definió de manera espectacular el gol que **dictaminó** la victoria del Bar-celona". No saben que el verbo intransitivo "dictaminar" es dar dictamen y que el sustantivo masculino "dictamen" (del latín *dictāmen*) significa "opinión y juicio que se forma o emite sobre algo" (DRAE). ¿Qué dictamen dan los boxeadores que noquean o los futbolistas que meten un gol? Otra idiotez de los cronistas del boxeo y el futbol es el mal uso del verbo transitivo "recetar", que significa "prescribir un medicamen-to, con expresión de su dosis, preparación y uso" y "pedir algo de palabra o por escrito" (DRAE). Pero ahí tiene usted a los cronistas de boxeo decir y escribir, por ejemplo, que "Kelly Pavlik **le recetó** un nocaut al Veneno Rubio en el 9º round", y a los del futbol afirmar que "México **le recetó** una goleada de 6-0 a Cuba".

Al igual que en el futbol, en el boxeo hay una gran cantidad de disparates que se dicen ante un micrófono y luego se escriben e imprimen sobre un papel o se publi-can en las pantallas. En el diario mexicano *El Universal* leemos:

♀ "**El tercero en la superficie** detiene la contienda y habla con los pugilistas".

Tan fácil que es decir que

♂ el **réferi** detuvo la pelea y habló con los boxeadores.

✐ En esa misma crónica se asegura que "**el tercero en la superficie** interviene en gran parte del asalto". Y, sí, a veces hay peleas de box que parecen un asalto... en despoblado. He aquí otros ejemplos de estas jaladas boxísticas: "**el tercero en la superficie** influyó", "**el tercero en la su-perficie** hizo como que no vio", "**el tercero en la superficie** rectificó", "**el tercero en la superficie** hizo la cuenta de protección", "**el tercero en la superficie** decidió detener el pleito", "robó mi-radas sobre **el encordado**", "jornada intensa en **el encordado**", "así quedó Amir sobre **el encor-dado**", "una noche para el olvido en **el encordado**", "Antonio Margarito **visitó la lona**", "**visitó la lona** pero ganó", "se impone luego de **visitar la lona**", "lo hicieron **visitar la lona** un par de ve-ces", "un tremendo derechazo **dictaminó** el triunfo", "un seco zurdazo **dictaminó** su victoria", "una seguidilla de golpes **dictaminó** el cloroformo", "Jhonny González **le aplicó el cloroformo**", "en vez de **recetar** golpes fue castigado en forma insaciable", "le volvió a **recetar** un nocaut", "el brasileño Adriano Martins **le recetó** un nocaut en el primer asalto", "el mexicano **le recetó** al filipino un nocaut que ya está en la historia del boxeo", "incluso en el quinto rollo **recetó** golpes al rostro del ex campeón del mundo", "el campeón mexicano **receta** brutal nocaut al británico en sexto round", "Edwin Rodríguez **le recetó** un espectacular gancho de derecha", "**guadaña sabrosa** del Alacrán que ya presenta una herida", "entra **guadaña sabrosa** en la zona hepática".

☞ Google: 185 000 resultados de "el tercero en la superficie"; 105 000 de "visitar la lona"; 60 900 de "el encordado"; 34 700 de "visitó la lona"; 14 300 de "el tercero sobre la superficie"; 8 850 de "visitaron la lona". ☒

88. bracket, brackets, bráket, brákets, bráquet, bráquets

Tarde o temprano el diccionario académico tendrá que aceptar la adaptación gráfica española "bráquet" para referirnos a los "apliques ortodóncicos" o "apliques dentales", en lugar de utilizar el anglicismo crudo *bracket*. Por supuesto, en tanto ello no ocurra, si deseamos referirnos a los "apliques dentales" con la voz inglesa *brackets* (plural de *bracket*), debemos hacerlo con las cursivas correspondientes que distinguen en nuestra escritura una voz ajena a la lengua española. Sin embargo, debe saberse que adaptación gráfica "bráquets" (plural de "bráquet") se impone con toda lógica, lo mismo que su variante "bráket" (singular) y "brákets" (plural), siempre y cuando, en ambos casos dichos sustantivos llanos o graves lleven tilde. Aunque es una minoría, ya hay hablantes y escribientes del español que utilizan estos términos para referirse a los dispositivos o aparatos de ortodoncia para corregir, por medio de la tensión, la alineación de la dentadura o ciertos problemas dentales sea ya por molestias o simplemente por cuestiones estéticas. Estos dispositivos tienen la característica de no ser permanentes, pues luego de cierto tiempo, y logrado el propósito de la corrección en la dentadura, los *brackets* son retirados por el ortodoncista. Los *brackets* tradicionales, generalmente de acero inoxidable, están fijados a cada diente y unidos por un delgado arco de alambre que aplica presión para que cada una de las piezas se mueva hasta fijarse en la posición correcta. Muy poca gente, en el uso cotidiano del idioma español, utiliza los términos técnicos "apliques ortodóncicos" o "apliques dentales", pues, por natural economía del propio idioma, y para que los demás entiendan, *bráckets* es el término de uso global, siendo ya el inglés en este tipo de términos técnicos una lengua franca. La traducción al español de la voz inglesa *bracket* no es otra que "soporte", y como verbo transitivo una de sus acepciones es "sujetar". Con total lógica, los *brackets* soportan y sujetan. Por ello mismo, es necesaria la adecuación de este préstamo lingüístico a nuestro idioma, y "bráquet" (singular) y "bráquets" (plural) son las grafías más adecuadas para incorporar plenamente al español este anglicismo necesario. He aquí algunos ejemplos de este uso que, aunque minoritario, presenta la mayor lógica lingüística: "¿Qué tipo de **bráquets** voy a necesitar?", "¿cuándo es necesario colocar los **bráquets** y para qué sirven", "**bráquets** lleva tilde" (sí, por cierto, pues es una palabra llana o grave, al igual que su singular **bráquet**), "**bráquets** de zafiro", "¿debe usar mi hijo **bráquets**?", "ortodoncia tradicional 'metálica' con **bráquets** cerámicos", "colocación de los **bráquets**", "los **bráquets** estéticos están hechos de cerámica", "los **bráquets** se ubican en la cara visible de los dientes para corregir la posición de la dentadura", "los **bráquets** convencionales son metálicos", "**bráquet** o aparato de ortodoncia", "se me ha caído un **bráquet**", "si te roza un **bráquet** o un alambre, coloca un poco de cera dental".

☞ Google: 3870 resultados de "bráquets"; 1510 de "brákets"; 1430 de "bráquet"; 385 de "bráket". ☑

89. braile, braille, ¿Braille?

La grafía "braile", para referirse al sistema de lectura y escritura táctil para personas ciegas, inventado por el francés Louis Braille en el siglo XIX, es incorrecta de acuerdo con el DRAE. Lo correcto es "braille" (pronunciado tal como se escribe: *bráille, bráiye*) y escrito siempre en minúsculas, porque es un sustantivo común, aunque derive del nombre propio Braille. Sin embargo, el uso generalizado le ha ganado la partida a la Real Academia Española, sin que ella, por lo visto, se haya enterado, y hoy la forma "braile" (con una sola ele y pronunciada tal como se escribe: *bráile*) es la más común, aunque el DRAE la desautorice. Ya en su *Diccionario de uso del español*, María Moliner advertía que la pronunciación de este sustantivo femenino ("sistema de escritura para ciegos consistente en puntos marcados en relieve sobre el papel") era *bráile* y no *bráille*, aunque conservara la grafía "braille". La pregunta es: en español, ¿quién pronuncia *bráille* o *bráiye*? Seguramente los académicos de Madrid y otros pocos españoles, argentinos, mexicanos, peruanos, uruguayos, etcétera, pero no mucha gente. La mayoría de los hispanohablantes al leer la grafía "braille", que el DRAE define como "sistema de escritura para ciegos que consiste en signos dibujados en relieve para poder leer con los dedos", pronuncian *bráile*. Por eso ya va siendo hora de que la grafía "braile", también hoy mayoritaria en nuestro idioma, sustituya a "braille". Por lo demás, en francés, el apellido de Louis Braille no se pronuncia *bráille* sino *brái* o *bráy*, y en inglés, aproximadamente, *breil*. De tal modo, la adaptación gráfica en español del sustantivo común "braille" no es la más adecuada en un idioma como el nuestro en el que la fonética de las palabras corresponde exactamente a su escritura. Por supuesto es un error escribir "Braille", con mayúscula inicial, para referirnos al sistema de escritura y lectura para ciegos, pues los sustantivos comunes en español inician siempre con minúscula. A menos que nos refiramos al inventor Louis Braille (nombre propio), "braille" y "braile" deben escribirse sin mayúscula inicial. Contra lo que diga el DRAE, la grafía "braile" no tendría que ser incorrecta, sino al contrario: quienes tendrían que corregir el diccionario son los académicos de Madrid, pues el uso generalizado ya les indicó el camino. Si vamos al motor de búsqueda de Google encontraremos que la grafía "braile" ha ido desplazando a "braille", porque los hablantes pronuncian, exactamente, *bráile* y no *bráille*. Ejemplos: "biblioteca tiene libros en **braile**", "libros en **braile** gratuitos", "en SEP más de 3,500 libros en **braile**", "libros en **braile** para bibliotecas entrerrianas", "entregarán libros en **braile** para alumnos de la provincia", "presentan libros en **braile** en la Feria Internacional del Libro de La Habana", "entregarán audiolibros y libros en **braile**", "libros en **braile** en Barcelona", "con apoyo de explicaciones auditivas y libros en **braile**", "alcaldía da libros de señas y en **braile** a 200 estudiantes", "entregaron libros en **braile** para una biblioteca popular", se editará *Mafalda* al sistema **braile**", "entregará INEA módulos de alfabetización en **braile**", "Día Mundial del **Braile**", "jóvenes traducen al **braile**", "Reino Unido pone a la venta el primer smarphone en **braile**", "lanzan la primera línea de vinos con etiquetas en **braile**", "crean línea editorial **braile** en la Biblioteca Central de Guanajuato", "línea **braile** para dispositivos", "crean un smartwatch que opera con **braile**", etcétera. El gran problema que tiene el mamotreto de la Real Academia Española es que, desde hace muchísimos años, está más abandonado que un terreno baldío: en cada edición, le ponen cada vez más parches e incluyen zarandajas a granel, pero no revisan, una a una, con paciencia, profesionalismo y conocimiento, las viejísimas entradas que arrastran desde las más antiguas ediciones y cuya obsolescencia es más que evidente para todos, menos para la RAE. Además, al contentillo de esta vieja institución, unas veces es normativa, y otras, únicamente recopiladora de las voces de uso general: ¡qué gran manera de salirse por peteneras!

☞ Google: 1 950 000 resultados de "en braille"; 600 000 de "sistema braille"; 125 000 de "alfabeto braille"; 80 500 de "libros en braille"; 64 200 de "escritura braille"; 37 700 de "libro en braille"; 35 600 de "lectura en braille"; 13 900 de "biblioteca en braille". ☑

☞ Google: 1 540 000 resultados de "braile"; 54 400 de "en braile"; 48 000 de "sistema braile"; 7 380 de "escritura braile"; 6 510 de "alfabeto braile"; 5 610 de "lectura en braile"; 5 220 de "libro en braile"; 5 150 de "libros en braile". ☑☑

90. *¿break?*, *¿coffe break?*, **descanso, pausa, receso, tregua**

Hay anglicismos de veras brutos que se cuelan en el español por culpa no sólo de la indiferencia hacia el buen uso del idioma, sino también por la ignorancia del significado de las palabras. Tal es el caso del horroroso "break", anglicismo crudo del sustantivo y verbo *break*, que se pronuncia *breik*, y cuyo significado, traducido al español es, entre otros, "interrupción", "pausa", "descanso", "recreo", "receso", "tregua" y otros sinónimos de los muchos que, para ello, tenemos en nuestro rico idioma. Del pochismo académico *coffe break*, que no es otra cosa que "receso (para tomar café)", en los coloquios, seminarios y encuentros, se ha pasado hoy al "break" del ámbito de la farándula, los chismes sobre "artistas" (cantantes, actores, etcétera) y demás especímenes del espectáculo. Y, así, los comentaristas de estas cosas tan trascendentes se llenan la boca cuando dicen, por ejemplo, que *Fulano y Fulana se dieron un **break** en su relación de pareja*. ¡Ay, qué bonito, qué maravilloso, cuánta ternura! Pero hablen en español y no en gringoñol. Lo que Fulano y Fulana se dieron (además de otras cosas), en su relación de pareja, fue una "pausa", una "tregua", "un "descanso", una "separación", una "ruptura", pues la voz inglesa *break* significa, en su acepción principal, "ruptura", "separación", "interrupción", etcétera. De ahí *to break away*: "separarse". ¿Para qué tanto brinco estando el suelo de nuestro idioma tan parejo? Lo que pasa es que los comentaristas de los espectáculos adoran el gringoñol, aunque no sepan bien ni el inglés ni, por supuesto, el español. Lo peor es que, de los espectáculos, el bruto anglicismo ha pasado al ámbito laboral, a la política, a la universidad, etcétera.

Las publicaciones periódicas impresas y las páginas de internet están repletas de este terminajo anglicista, de este palabro del gringoñol que no tiene ninguna razón de ser en nuestro idioma al haber tantos equivalentes castizos. El diario mexicano *Reforma* asegura que Kylie Jenner y Tyga

♀ "se dan un **break**".

Bien pudo informar el diario que tan destacadas personalidades del mundo intelectual

♂ hicieron una **pausa** o una **tregua** en su relación.

✎ Millones de personas, en el mundo hispanohablante, andan con el "break" llenándose la boca. Van unos pocos ejemplos tomados de publicaciones impresas y de internet: "¿Tomar un **break** de tu relación realmente funciona?", "Kendall Jenner y Ben Simmons están en un **break**" (¡qué cosa más relevante!), "¿cada cuanto necesitas hacer un **break**?", "¿cuánto tiempo es sano para darte un **break** con tu pareja?", "date un **break**: una guía para el bienestar", "tómate un **break**", "Manu Chao regresa luego de un **break**", "razones para darnos un **break**", "tres técnicas para tomarte un **break** en tu oficina", "5 razones para darle un **break** a nuestra relación", "Justin Bieber se toma un **break** de la música", "las reglas de un **break** en una relación", "los beneficios de hacer un **break** en tu jornada laboral", "un **break** para meditar" (ojalá usen ese tiempo para meditar acerca del buen uso del idioma), "Selena Gómez decidió tomarse de nuevo un **break** de las redes sociales", "7 señales que demuestran que necesitas un **break** de tus amigos", ¡y basta ya de tanta tontería!

☞ Google: 2 790 000 resultados de "un break"; 187 000 de "hacer un break"; 63 300 de "hace un break"; 57 400 de "haciendo un break"; 45 400 de "tomar un break"; 39 400 de "dar un break"; 36 500 de "hizo un break"; 29 400 de "tomarse un break"; 27 500 de "hagamos un break"; 22 100 de "hacen un break"; 15 800 de "darse un break"; 13 200 de "dan un break"; 9 020 de "hicieron un break"; 8 310 de "le dio un break"; 6 710 de "pedir un break"; 6 350 de "pide un break"; 5 100 de "se dieron un break"; 4 240 de "se dan un break". ⊠

91. brindar cobertura, ¿*coberturada*?, ¿*coberturado*?, ¿*coberturar*?, cubierta, cubierto, cubrir, dando cobertura, dar cobertura, ofrecer cobertura, seguro

El barbarismo anglicista "coberturar", en lugar del correcto verbo "cubrir", que nació en el ámbito de las compañías aseguradoras, es hermano de los horrorosos "accesar" y "aperturar", en lugar de los correctos "acceder" y "abrir". Pero no debe extrañarnos el extendido uso de estas barbaridades, pues ya no son tan escasas las personas que, por esnobismo e ignorancia, dicen y escriben "lecturar" en vez de "leer". ¡Uno estaría dispuesto a no creerlo, pero las evidencias están por decenas de miles! Esta manera de maltratar el idioma es todo un caso clínico; veamos. Existe el sustantivo femenino "cobertura" (del latín tardío *coopertūra*), cuyo significado es "cubierta" (para tapar o resguardar algo) y, en la segunda acepción del diccionario académico, "cantidad o porcentaje abarcado por una cosa o una actividad". Ejemplo: *Adquirió un seguro de automóvil con* **cobertura** *limitada.* Esto quiere decir que este "seguro" ("contrato en el que alguien se obliga mediante el cobro de una prima a indemnizar el daño producido a otra persona, o a satisfacer un capital, una renta u otras prestaciones convenidas", DRAE) no "cubre" completamente los daños o percances, sino tan sólo un determinado porcentaje. Y aquí ha aparecido el verbo "cubrir" (del latín *cooperīre*), cuyo participio irregular es "cubierto", que tiene como acepción principal "ocultar y tapar algo con otra cosa" y, entre otras acepciones, significa "prevenirse, protegerse de cualquier responsabilidad, riesgo y perjuicio". Ejemplos: *Ante la llegada del huracán* **cubrieron** *y reforzaron las ventanas con maderos; El pozo quedó* **cubierto** *con una losa para evitar accidentes; El seguro de automóvil que contrató* **cubrió** *los gastos del choque.* Queda muy claro entonces que, aunque existe y es del todo correcto el sustantivo femenino "cobertura", es innecesario desprender de él el verbo "coberturar" y el adjetivo "coberturado", puesto que tenemos en la lengua española el verbo "cubrir" y el adjetivo participio "cubierto". Es correcto decir y escribir "dar cobertura", "brindar cobertura", "ofrecer cobertura", pero es una tontería gruesa utilizar el falso verbo "coberturar", en lugar del correcto "cubrir". ¡Hoy existen incluso bombones **coberturados** de chocolate! Cosa de locos. Un término nuevo, derivado o no, de nuestra lengua resulta indispensable cuando no existe una palabra para designar una experiencia o un fenómeno inédito en nuestra realidad; sólo así la necesidad de identificarlo o de nombrarlo exige un nuevo término. Pero si tenemos el verbo "acceder", es innecesario el palabro "accesar", perteneciente a la informática, y si nuestro idioma nos provee del perfecto verbo "abrir", es innecesaria la cacografía "aperturar" del mismo medio informático y del ambiente administrativo. Es lo mismo que debemos concluir de "coberturar". No lo necesitamos, en tanto que un seguro de automóvil de "cobertura" amplia establece que nuestro contrato con la compañía aseguradora garantiza "cubrirnos", mediante el pago de una prima ya establecida, todos los gastos del siniestro;

es decir, nos "cubre" ampliamente los gastos del percance automovilístico. ¡Y nada de que nos "cobertura"! Nos "cubre" y sanseacabó.

Pero estas necedades ("coberturado" y "coberturar") ya se van abriendo camino no sólo en el ámbito de los seguros, sino también en ese sector del periodismo que imita todo, sin examinar nada, e incluso en el ámbito administrativo y en la universidad. En la página oficial de una institución educativa peruana (UGEL Pasco) leemos lo siguiente:

♀ "Comunicado para **coberturar** plazas de especialista en educación".

En buen español, el comunicado es, en realidad, para

☝ **cubrir** plazas de especialista en educación.

✐ He aquí otros ejemplos de esta tontería que está haciendo escuela: "**Coberturar** puesto laboral", "postulantes interesados en **coberturar** plaza docente", "cronograma para **coberturar** plazas vacantes", "ejército de vacunación para **coberturar** a todo el estado", "invitación para **coberturar** plaza de Director de la Oficina", "DIF-Cintalapa sigue **coberturando** al Municipio", "las garantías con las cuales están **coberturando** sus obligaciones", "**coberturando** a cientos de familias en el municipio de Oaxaca de Juárez", "montaje de techo **coberturado**", "macambo **coberturado** con chocolate", "sólo se ha **coberturado** cerca del 20% de la población infantil", "MASECA siempre ha **coberturado** la compra de las 150 mil toneladas", "alfajores **coberturados**" (sí, por supuesto, ¡**coberturados** de dulce de leche!), "procedimientos **coberturados** por el Seguro Integral de Salud", "todos los pacientes son **coberturados** por el Seguro Popular", "plazas no **coberturadas**", "enfermedades renales **coberturadas**", "prestaciones administrativas **coberturadas**", "su inversión es **coberturada**", "beneficiando a más de 4,000 personas que habitan en la zona **coberturada**". ¡Y basta!

☞ Google: 63 100 resultados de "coberturar"; 22 100 de "coberturando"; 21 700 de "coberturado"; 18 400 de "coberturados"; 11 700 de "coberturadas"; 8 140 de "coberturada". ☒

☞ Google: 165 000 000 de resultados de "cobertura"; 156 000 000 de "cubierta"; 86 400 000 de "cubierto"; 62 400 000 de "cubrir"; 13 400 000 de "cubriendo"; 1 170 000 de "dar cobertura"; 348 000 de "dando cobertura"; 125 000 de "brindar cobertura"; 101 000 de "ofrecer cobertura". ☑

92. ¿buldocer?, buldócer, ¿buldozer?, ¿bulldozer?

La voz inglesa *bulldozer* ya está perfectamente castellanizada o españolizada en la adaptación gráfica "buldócer": "máquina automóvil de gran potencia, provista de una pieza delantera móvil, de acero, que le permite abrirse camino removiendo obstáculos" (DRAE). Esta definición la escribió el hijito pequeño más listo de alguno de los académicos de Madrid. Ya, en serio, María Moliner, hizo la siguiente definición en su *Diccionario de uso del español*: "Potente excavadora montada sobre orugas, provista de una gran pala, que se utiliza para remover tierra, escombros, etc.". La única corrección que habría que hacer a la definición de Moliner es que dicha excavadora no siempre está montada sobre orugas, pues hay algunos modelos que están montados sobre enormes ruedas neumáticas. El disparate en español es escribir "buldozer" o "buldózer" como transcripción de la voz inglesa *bulldozer*. "Buldócer" es lo correcto; esta palabra llana o grave (que debe llevar tilde en la penúltima sílaba) es un sustantivo masculino ("el buldócer") y, para la adecuada castellanización, se debe adaptar en "c" la "z" original del inglés. Escribir "buldocer" (sin tilde) también es error ortográfico. Y puesto que ya existe "buldócer", en español, es innecesario en nuestro idioma escribir *bulldozer* en inglés, aunque se ponga con *cursivas* o *itálicas*.

Es un desbarre de los diarios impresos y electrónicos, y muy frecuente en la escritura cotidiana y en internet. En un libro de John Perkins (*El mundo es como uno lo sueña*), los traductores hacen decir lo siguiente al narrador:

♀ "El **buldozer** la empujó muy lejos, hasta la orilla del horizonte... El **buldozer** se regresó hacia mí... El **buldozer** había desaparecido".

En todos los casos, el traductor debió escribir *bulldozer*, con las cursivas de rigor que llevan en español las palabras extranjeras; pero mejor aún:

♂ **buldócer**, en perfecto español.

🖉 El hecho de escribir "buldozer" exige que esta palabra se lea como aguda, dado que carece de tilde, lo cual es una incorrección, además de que, en la fonética y la ortografía españolas, es estrictamente indispensable trocar la "z" por "c". He aquí más ejemplos de este desbarre: "Trabajando en un **bulldozer**", "policías estatales recuperaron un **bulldozer** robado", "compra municipio un **bulldozer**", "era un **buldózer** recubierto en todas partes", "un hombre crea y arma un **buldozer** para destrozar su ciudad", "el **bulldozer** negro del general Franco", "el **bulldozer** más grande del mundo". Por otra parte, se escribe con minúsculas y no con mayúscula inicial, pues se trata de un sustantivo común. Su plural es "buldócers".

☞ Google: 2 380 000 resultados de "buldozer"; 293 000 de "un bulldozer"; 251 000 de "buldózer"; 77 600 de "un buldózer"; 77 100 de "un buldozer"; 63 800 de "buldocer"; 41 400 de "el bulldozer"; 22 600 de "el buldozer"; 22 500 de "el buldózer"; 20 800 de "los bulldozers. ⊠

C

93. cabronazo, cabronazos, carajazo, carajazos, carambazo, carambazos, chingadazo, chingadazos, fregadazo, fregadazos, golpazo, golpazos, madrazo, madrazos, putazo, putazos, vergazo, vergazos

No sabemos si la primera persona que dio un "madrazo", sustantivo masculino malsonante que el DRAE define como "golpe" (acción de dar un cuerpo contra otro") y atribuye al uso de El Salvador y México, haya sido una "madre" ("mujer que tiene o ha tenido hijos, con respecto a éstos": Moliner). Lo que sí sabemos es que esta voz malsonante (ejemplo: *Discutieron y luego se agarraron a madrazos*) tiene varios sinónimos o términos afines que van más allá de un golpe, grande o pequeño, dado por la madre; entre ellos, "cabronazo", "carajazo", "carambazo", "chingadazo", "fregadazo", "putazo", "vergazo", hermanos groseros del muy atildado "golpazo" ("golpe violento o ruidoso": DRAE). El sustantivo masculino malsonante "putazo" no está recogido en las páginas del DRAE, sinónimo del también mexicanismo malsonante "chingadazo" (de *chingado* y *-azo*; este último un sufijo que, en este caso, significa "golpe dado por lo designado por la base derivativa"), sustantivo masculino que sí incluye el diccionario académico en sus maltrechas páginas con el significado de "golpe fuerte". Ejemplo: *Tropezó en la banqueta y se puso un chingadazo*. Por supuesto, hasta para este sustantivo hay gradaciones: "gran **chingadazo**", "**superchingadazo**", "grandísimo **chingadazo**", "puto **chingadazo**", entre otros. El DUE, de María Moliner, no incluye "chingadazo" en sus páginas, y el paupérrimo *Diccionario panhispánico de dudas* se lo salta entre "chinche" y "chip"; ¡como para darle un chingadazo y echarlo al bote de la basura! El *Diccionario breve de mexicanismos*, de Guido Gómez de Silva, registra en sus páginas el sustantivo "chingadazo" con la definición que el DRAE le fusiló a don Guido: "golpe fuerte", y agrega que es una voz malsonante cuyos sinónimos son "cabronazo", "carajazo", "carambazo" y "fregadazo"; pero tampoco incluye "putazo". Por su parte, el *Diccionario del español usual en México* es más exacto y categórico en su definición del sustantivo "chingadazo", que califica como "grosería o lenguaje grosero": "Golpe muy fuerte", y pone varios ejemplos entre los cuales citamos dos: *Durante la pelea se pusieron muy duros los chingadazos*; *Yo siempre le entro a los chingadazos*. Curiosamente, el DEUM no incluye el mexicanismo "putazo". En cambio, el *Diccionario de mexicanismos*, de la AML, incluye el sustantivo "chingadazo" y el sustantivo "putazo". Del primero dice lo mismo que el DRAE y, por tanto, repite lo que aparece en el

Diccionario breve de mexicanos, de Gómez de Silva, a quien ambos se fusilaron: "Golpe fuerte", y con el siguiente ejemplo: *No me fijé y me di un chingadazo con la puerta.* En cuanto al también sustantivo masculino vulgar "putazo" nos ofrece dos acepciones con sus respectivos ejemplos: "Golpe fuerte infligido por otra persona o por uno mismo" (ejemplo: *Me dieron un putazo al salir de la fiesta*) y "golpe fuerte que alguien recibe al caerse" (ejemplo: *El patinador se dio un putazo cuando le falló el giro*). No lo dice el DM, pero el sustantivo "putazo" es un compuesto de la interjección "¡puta!" (acortamiento de "¡puta madre!"), que expresa contrariedad, enojo, rabia, más el sufijo "-azo". Ejemplos: *Comenzaron a insultarse y de los insultos pasaron a los putazos*; *El granadero me acomodó un pinche putazo*; *¡Si son tan gallitos, éntrenle a los putazos!*; *El pobre gordito se resbaló y se dio un superputazo*. Y falta, entre estos términos sinónimos, el sustantivo masculino "vergazo" (de *verga* y *-azo*, según el DRAE), que el diccionario académico atribuye a Cuba, El Salvador y Nicaragua, con el significado: "golpe (acción de dar un cuerpo contra otro)". No lo registra Guido Gómez de Silva ni mucho menos el *Panhispánico*. Pero sí el DM, de la AML, que lo define exactamente en los mismos términos que "chingadazo" ("golpe fuerte") y con el siguiente ejemplo: *¡Qué vergazo me di con la escalera!* Y, para variar, una vez más la caga, pues el sustantivo "vergazo" es gemelo de "putazo" con las dos acepciones que para éste ofrece el mismo DM: "Golpe fuerte infligido por otra persona o por uno mismo" y "golpe fuerte que alguien recibe al caerse". Ejemplos: *Se agarraron a vergazos*; *Me di un puto vergazo en la rodilla cuando me tropecé*; *Por ojete, se lo descontaron de un pinche vergazo*; *Le quiso hacer al Superman, se aventó del primer piso y se pegó un tremendo vergazo*; *Lo que merece Faitelson es que el* Canelo *le dé unos vergazos en el hocico*. Cabe señalar que el sustantivo masculino "vergazo" no está exactamente construido con el sufijo *-azo* a manera de "golpe dado con lo designado por la base derivativa", ya que un "vergazo" no es un "golpe dado con la verga" (el pene o una vara), sino que muy probablemente es un aumentativo que en algún momento derivó de "cabronazo", "chingadazo" y "putazo". Lo cierto, y esto es lo más importante, es que todos estos términos sinónimos o afines carecen por completo de connotaciones sexuales. Con excepción de "carambazo" y "golpazo", son formas vulgares, groseras, malsonantes y desde luego coloquiales y de amplio uso en México no únicamente, en el sector inculto de la lengua, puesto que son utilizadas con asiduidad hasta por los profesionistas que, cuando se ponen finos, utilizan el sustantivo masculino "golpazo". Quien quiera encontrarles connotación sexista o de violencia sexual a estos conceptos, no tiene ni la más remota idea de cómo funciona la lengua española y, por otra parte, delata lo obvio: que no suele consultar los diccionarios. Si hubo un latín vulgar, hay también un español vulgar, no menos importante, para la comunicación, que la lengua culta.

☞ Google: 3 150 000 resultados de "madrazo"; 720 000 de "cabronazo"; 559 000 de "verga-zos"; 444 000 de "putazo"; 394 000 de "madrazos"; 306 000 de "putazos"; 260 000 de "ver-gazo"; 251 000 de "golpazo"; 154 000 de "golpazos"; 149 000 de "cabronazos"; 143 000 de "carambazo"; 118 000 de "chingadazos"; 103 000 de "chingadazo"; 40 600 de "fregadazo"; 35 000 de "carajazo"; 29 300 de "fregadazos"; 15 400 de "carajazos"; 1 000 de "carambazos". ☑

94. cacahuate, cacahuete, maní

A los españolismos la RAE no los estigmatiza como tales; en cambio, se siente obli-gada a imponerles las abreviaturas de los países respectivos (*Arg.*, *Col.*, *Méx.*, etcéte-ra) si se trata de americanismos. Un españolismo es "cacahuete" y, sin embargo, la panhispánica RAE (a quien le importa un "cacahuete" el español americano), remite la definición de "cacahuate" (*Hond.* y *Méx.*, informa) a "cacahuete": "planta papilio-nácea anual procedente de América, con tallo rastrero y velloso, hojas alternas lo-buladas y flores amarillas. El fruto tiene cáscara coriácea y, según la variedad, dos a cuatro semillas blancas y oleaginosas, comestibles después de tostadas". En realidad, son comestibles incluso si no están tostadas. Pero la tontería mayor está en privile-giar en el diccionario de la RAE la entrada "cacahuete" (que es exclusivo uso español) en lugar de "cacahuate", pues este sustantivo proviene del náhuatl *cacáhuatl*. Guido Gómez de Silva, en su *Diccionario breve de mexicanismos*, informa lo correcto: "**caca-huate**. Del náhuatl *[tlal]cacahuatl*, cacahuate, literalmente *cacao de la tierra*; de *tlalli*, tierra, suelo [porque la vaina de sus semillas está bajo tierra] + *cacahuatl*, granos de cacao".

¿En dónde le dicen "cacahuete" al "cacahuate"? En España, por supuesto, porque en otras partes de América, donde no se le denomina "cacahuate", se le conoce como "maní", voz de origen taíno (lengua indígena que se habló en las Antillas). Basta con leer, en un envase, la siguiente etiqueta:

♀ "crema de **cacahuete** crujiente"

para saber que el producto es español, pues, si no lo fuera, se anunciaría como

♂ crema de **cacahuate**.

✐ No hay remedio para esto. Los españoles le seguirán diciendo "cacahuete" al "cacahuate", pero lo correcto para respetar la raíz indígena de procedencia del vocablo es "cacahuate", y es en este término (y no en "cacahuete") donde el DRAE debería definirlo. "Cacahuete" es una de-formación de la voz original (es decir, un barbarismo en principio) que se impuso únicamente en España.

☞ Google: 10 800 000 resultados de "maní"; 3 410 000 de "cacahuate"; 3 310 000 de "caca-huete"; 3 050 000 de "cacahuetes"; 1 530 000 de "cacahuates". ☑

95. café, cafeticultor, cafeticultura, cafeto, caficultor, caficultura

El *Diccionario de mexicanismos* de la AML no recoge en sus páginas los vocablos supranacionales "cafeticultor" y "cafeticultura". En cambio, incluye "caficultura", que, junto con "caficultor", es el término más usual en todos los países de lengua española. Por tanto, el simple hecho de señalar que "caficultura" es un mexicanismo supranacional resulta una inexactitud, por decir lo menos. En todo caso, los mexicanismos supranacionales son "cafeticultor" y "cafeticultura", minoritarios en relación con "caficultor" y "caficultura". Éstos derivan, obviamente, del sustantivo masculino "café" (del italiano *caffe*, éste del turco *kahve*, y éste del árabe clásico *qahwah*), cuya primera acepción es "cafeto": "Árbol de la familia de las rubiáceas, originario de Etiopía, de cuatro a seis metros de altura, con hojas opuestas, lanceoladas, persistentes y de un **hermoso color verde** [esto ya es lirismo chabacano, pues ¡pobres de los otros árboles, cuyas hojas son verdes, pero no de un "hermoso color verde"!], flores blancas y olorosas, parecidas a las del jazmín, y fruto en baya roja, cuya semilla es el café" (DRAE). De ahí, "**cafi**cultor" y "**cafi**cultura". En cambio, "**cafeti**cultor" y "**cafeti**cultura" derivan de "cafeto". Para el caso es lo mismo, pues quienes cultivan el "café" ("semilla del cafeto, como de un centímetro de largo, de color amarillento verdoso, convexa por una parte, y, por la otra, plana y con un surco longitudinal" y "bebida que se hace por infusión con la semilla tostada y molida del cafeto", DRAE), cultivan también el "cafeto". Pero ni "cafeticultor" ni "cafeticultura" están en las páginas del DRAE, ¡y ni siquiera en ese bulto de cascajo llamado *Diccionario panhispánico de dudas*! Todo esto prueba que "caficultura" (lo mismo que "caficultor") no es un mexicanismo supranacional, sino el término de más amplio uso en todos los países de lengua española; en cambio, sí son mexicanismos supranacionales "cafeticultor" y "cafeticultura". Basta con leer las noticias de los periódicos mexicanos, en relación con esto, para salir de dudas: "Formando a los **cafeticultores** del mañana", "una nueva apuesta de los **cafeticultores** chiapanecos", "miles de **cafeticultores** en pobreza", "México y la **cafeticultura** chiapaneca", "**cafeticultura** en Veracruz: entre crisis y alternativas", "Manual para la **cafeticultura** mexicana", "Colima, estado **cafeticultor**", "colocar a Puebla como líder **cafeticultor**", "**cafeticultora** veracruzana rumbo a la recuperación", "tradición **cafeticultora** que debe salvaguardarse", "**cafeticultoras**, orgullo de la Sierra Norte de Puebla", "las familias **cafeticultoras** sufren en sus cultivos de sequías más prolongadas y de lluvias torrenciales que afectan su producción". Lo cierto es que tanto los términos de más amplio uso (derivados de "café"), como los minoritarios (perfectos derivados de "cafeto") son todos correctos, aunque no aparezcan en el DRAE ni en los otros engendros derivados del DRAE.

☞ Google: 639 000 resultados de "caficultura"; 607 000 de "caficultores"; 195 000 de "caficultor"; 96 900 de "caficultoras"; 74 900 de "cafeticultores"; 72 600 de "cafeticultura"; 44 100 de "caficultora"; 8 350 de "cafeticultor"; 7 330 de "cafeticultora"; 3 100 de "cafeticultoras". ☑

96. cagoteada, cagoteado, cagotear, cagotiza

"Cagotear" es un verbo perfectamente válido, aunque, por ser un mexicanismo, no esté registrado en el diccionario académico. Significa regañar con malos modos a alguien: increparlo con tal severidad que es como llenarlo de mierda de pies a cabeza. Ejemplo: *El pinche jefe, hijo de su chingada madre, me* **cagoteó**. De ahí el adjetivo "cagoteado": que padece una "cagotiza", sustantivo que se refiere a la acción y el efecto de "cagotear". Ejemplos: *Lo puso bien* **cagoteado**, *aunque llegó a creer que, por ser su amigo, se salvaría de la* **cagotiza**. Sinónimo de "cagotiza" es también el sustantivo femenino "cagoteada". Ejemplo: *Le puso una* **cagoteada** *de la chingada*. Las aves de corral, pollos y gallinas, "cagotean" los palos donde se posan, es decir, los llenan de "cagarrutas". El verbo "cagotear" y los sustantivos "cagotiza" y "cagoteada" son perfectamente válidos. Por supuesto, son términos malsonantes, pero con ellos también está hecho nuestro idioma.

Un internauta escribe lo siguiente en relación con el abuso de autoridad de un agente policíaco: "Me pegó una **cagotiza** que debí responder en un tono un tanto más alto para que **le bajara dos rayitas**". Más ejemplos: "Su Jefa le mete una **cagotiza**", "Lupita Jones recibiendo la **cagotiza** de su vida", "no les bastó con **cagotear**", "al salir pensé que nos iban a **cagotear**", "Felipe Calderón **cagoteado** por valiente mujer chihuahuense", "ya me **cagoteó** mi mamá", "ya me **cagoteó** el presidente", "Nos **cagoteó** el peje", "a Claudia ya la **cagotearon**".

☞ Google: 6 600 resultados de "cagotiza"; 3 240 de "cagoteada"; 1 940 de "cagotear"; 1 250 de "cagoteando"; 1 000 de "cagotearon". ☑

97. calle, callejear, callejera, callejero, ¿*callejiando*?, ¿*callejiar*?

"Callejiar" es un falso verbo en español. El verbo correcto es "callejear" cuyo significado es andar con frecuencia por las calles sin un objetivo preciso. "Callejean" los "callejeros", pues un "callejero" es el que gusta de "callejear". Pero de ningún modo se "callejea" con "i"; es decir, la acción es "callejear", no "callejiar". Este último término es un barbarismo y horrible palabro lo mismo del habla que de la escritura, pues por alguna fatalidad lingüística, los verbos terminados en "ear" son desfigurados en "iar" y viceversa, por hablantes y escribientes muy poco cuidadosos.

En el habla lo escuchamos a cada momento: "callejiar". Nos damos cuenta de que el hablante pronuncia "iar" en vez de "ear", y que lleva esta pronunciación a la representación gráfica lo mismo en medios impresos que en internet. "Callejiar" y "callejiando" invaden el idioma. En internet dice alguien muy orgulloso:

♀ "A **callejiar** nadie me gana".

Quiso decir que

☝ a **callejear** nadie le gana.

✐ Y es probable también que nadie le gane a decir barbarismos, pero quién sabe: la competencia es muy reñida. Uno de sus competidores le dice quítate que ahí te voy: "Me encanta **callejiar** con mis amigos y amigas". Y otro, más enfático, afirma: "Lo que más me fascina es **callejiar**". Estos "callejeros" tal vez no hayan abierto en toda su callejera vida, ni por equivocación, un diccionario. He aquí otros ejemplos: "Lista pa **callejiar**" (Sofía Vergara en Instagram), "salen a **callejiar**", "**callejiar** por Colombia inspira", "**callejiar** en Medellín", "se fueron a **callejiar** un rato", "**callejiando** en el parque", "mira lo que encontré **callejiando**", etcétera.

☞ Google: 31 500 resultados de "callejiando"; 16 600 de "callejiar". ☒

98. cambio, intercambio, recambio

Si, durante un partido de futbol, un jugador sale del campo y le deja su lugar a otro, ¿de qué estamos hablando: de un cambio, un intercambio o un recambio? La respuesta no es tan sencilla, si partimos de las definiciones académicas. El verbo transitivo "cambiar" (del latín *cambiāre*) tiene las siguientes tres acepciones principales en el DRAE: "Dejar una cosa o situación para tomar otra (*Cambiar de nombre, lugar, destino, oficio, vestido, opinión, gusto, costumbre*); convertir o mudar algo en otra cosa, frecuentemente su contraria (*Cambiar la pena en gozo, el odio en amor, la risa en llanto*); dar o tomar algo por otra cosa que se considera del mismo o análogo valor (*Cambiar pesos por euros*)". De ahí el sustantivo masculino "cambio" (del latín *cambium*): acción y efecto de cambiar o modificarse. El verbo transitivo "intercambiar" significa "hacer cambio recíproco de una cosa o persona por otra u otras". Ejemplos: *Policías y ladrones intercambiaron disparos; Los negociadores aceptaron intercambiar policías por rehenes*. De ahí el sustantivo masculino "intercambio": acción y efecto de intercambiar. Por otra parte, el verbo transitivo "recambiar" tiene dos acepciones principales: "hacer segundo cambio o trueque" y "sustituir una pieza por otra de su misma clase" (DRAE). De ahí el sustantivo masculino "recambio": acción y efecto de recambiar y "pieza destinada a sustituir en caso necesario a otra igual de una máquina, aparato o instrumento". Ejemplo: *La pieza de recambio no llegó a tiempo y no se ha hecho la reparación del automóvil*. Las definiciones del diccionario académico no resultan muy claras en la distinción ni de los verbos "cambiar", "intercambiar" y "recambiar" ni de los sustantivos "cambio", "intercambio" y "recambio". En el uso general de hablantes y escribientes, tanto el verbo "cambiar" como el sustantivo "cambio" pueden incluso sustituir especialmente a "recambiar" y "recambio", aunque no así, necesariamente, a "intercambiar" e "intercambio". Mucho de esto se debe a la ambigüedad y vaguedad de las definiciones del DRAE. Volvamos a nuestro ejemplo: si durante un partido de futbol, un jugador sale del campo y le deja su lugar a otro, ¿se trata de un cambio? No, según la primera acepción de "cambiar" ("dejar una cosa o situación para tomar otra"). Tampoco en relación con la segunda: "convertir o mudar algo en otra cosa, frecuentemente su contraria". Y, muy dudosamente, la tercera: "dar o tomar algo por otra cosa que se considera del mismo o análogo valor". ¿Puede ser "algo" u "otra cosa" un jugador de futbol, es decir, una persona? ¿Se trata, entonces, de un "intercambio"? Al parecer, sí, pues, como ya vimos, "intercambiar" es "hacer cambio recíproco de una cosa o persona por otra u otras". Pero nadie en el futbol dice o escribe que, cuando un jugador sale del campo y le deja su lugar a otro se ha producido un "intercambio". Lo que sí se llega a decir es que ha habido un "recambio", quizá en función de la primera acepción del verbo "recambiar" ("hacer segundo cambio o trueque"), ya que no en función de la segunda que sólo se refiere a objetos: "sustituir una pieza por otra de su misma clase". Sea como fuere, lo que hace falta es que los académicos se pongan realmente a trabajar y actualicen en el DRAE las definiciones de estos verbos y sustantivos de acuerdo con el uso general. No parece que esto sea pedir mucho, a menos que pedir mucho sea sugerir que trabajen.

☞ Google: 441 000 resultados de "cambio en el segundo tiempo"; 318 000 de "cambio en el primer tiempo"; 67 400 de "cambio del Barcelona"; 32 600 de "cambio del Madrid"; 10 600 de "recambio en el segundo tiempo"; 8 530 de "recambio en el Barcelona"; 7 560 de "entró de recambio"; 5 910 de "entra de recambio".

99. ¿*Cambodia*?, ¿*cambodiano*?, Camboya, camboyano, ¿*Kampuchea*?

Ni "Cambodia" ni "Kampuchea". En español, el nombre de este reino ubicado al sur de la península de Indochina, en el sudeste asiático, es "Camboya" y su gentilicio es "camboyano", no "cambodiano". Su capital es Nom Pen. El *Libro de estilo* del diario *El País* precisa lo siguiente: "**Camboya**. Este país volvió a llamarse así en 1989. No debe escribirse, por tanto, 'Kampuchea'. Los habitantes de Camboya son 'camboyanos' y, por extensión, 'jemeres' (singular, jemer), grupo étnico mayoritario en el país. No obstante, hay jemeres en países vecinos". En español, su nombre oficial es "Reino de Camboya", y antes fue, sucesivamente, República Jemer, Kampuchea Democrática y República Popular de Kampuchea. El término "Camboya" proviene de *Kämbuja* o *Kambujadesa*. De ahí el adjetivo y sustantivo "camboyano": natural de Camboya, perteneciente o relativo a Camboya y a los camboyanos, y "lengua emparentada con el vietnamita, que se habla en Camboya y también en zonas de Vietnam y Tailandia"

(DRAE). Ejemplos: *Fuimos de vacaciones a* **Camboya**; *La vegetación* **camboyana** *es subyugante*; *El* **camboyano** *es un idioma parecido al vietnamita*. Contra lo que creen muchas personas, la grafía *Cambodia* no pertenece al español, sino al inglés (*Kingdom of Cambodia*), y, por supuesto, en español, no debemos decir ni escribir "cambodiano", sino "camboyano".

Decir y escribir hoy "Kampuchea" es un anacronismo. Ya no existe "Kampuchea". Pero decir y escribir "Cambodia" y "cambodiano" en el ámbito de la lengua española son tonterías anglicistas. Los anglicistas suelen hacerlo porque suponen que "viven" en inglés. En un libro de economía leemos lo siguiente:

♀ "La información oficial de **Cambodia** muestra que su política exterior ha tenido una gran capacidad en superar el genocidio y las guerras civiles".

Quiso escribir el autor chileno que

♂ la información oficial de **Camboya**, etcétera.

⟋ Prensa Latina, la Agencia Informativa Latinoamericana, de Cuba, asegura que "el canciller **cambodiano** asistirá a reunión en China". Se trata, obviamente, del canciller **camboyano**, no **cambodiano**. He aquí más ejemplos de estas necedades anglicistas: "puertos marítimos de **Cambodia**", "viaje al corazón de **Cambodia**", "instrumentos tradicionales de **Cambodia**", "primer ministro vietnamita asiste a cumbre regional en **Cambodia**", "los templos de Angkor en **Cambodia**", "aumenta tráfico de pasajeros aéreos en **Cambodia**", "la bravura del pueblo **cambodiano**", "partido opositor **cambodiano**", "arroz **cambodiano**", "filme **cambodiano** nominado a un Oscar.

☞ Google: 278 000 resultados de "en Cambodia"; 123 000 de "de Cambodia"; 47 100 de "cambodiano"; 20 500 de "Reino de Cambodia"; 14 200 de "cambodianos"; 6 760 de "capital de Cambodia"; 2 080 de "cambodianas". ☒

100. camposanto, cementerio, panteón, ¿*sementerio*?

Podríamos pensar que nadie cometería el error de escribir "sementerio" en vez de "cementerio", pero hay decenas de miles de escribientes del español que cometen esta torpeza. "Sementerio" no tiene significado alguno en nuestra lengua"; en cambio, "cementerio" es un sustantivo masculino (del latín tardío *coemeterium*) que designa al terreno destinado a enterrar cadáveres. Sus sinónimos son "panteón" y "camposanto". Quizás el yerro se origina al relacionar el falso "sementerio" con el correcto "sementera" (de simiente), tierra sembrada, pues "semen", además de designar el fluido del aparato genital masculino que contiene los espermatozoides, es literalmente "semilla". Pero "cementerio" no tiene el mismo origen que "sementera".

Esta atrocidad ortográfica es del ámbito inculto y especialmente abunda en internet. En una página futbolera donde los fanáticos del equipo mexicano Cruz Azul desfogan su pasión, leemos el siguiente encabezado de una noticia que sólo a ellos les importa y que en realidad sólo ellos entienden:

♀ "América **sementerio** de jugadores celestes".

Quisieron decir y escribir que el

♂ América es el **cementerio** de jugadores celestes (es decir, del Cruz Azul).

✐ Es sintomático que el ejemplo de esta barbaridad del idioma esté tomado del ámbito futbolístico. Otros ejemplos: "Vendo casa en zona del **sementerio**", "cámara oculta en el **sementerio**", "**sementerio** profano", "esqueleto en **sementerio**", "el **sementerio** de los sustos", "lápidas para **sementerios**", "imágenes desagradables en **sementerios**", "que los **sementerios** se hagan fuera de los poblados". Si el "sementerio" existiera sería algo así como el panteón de los espermatozoides: el sitio donde van a parar los espermatozoides muertos; para el caso, la taza del escusado.

☞ En Google: 87 900 resultados de "sementerio"; 18 100 de "sementerios". ☒

101. canónico, canónigo, derecho canónico, ¿derecho canónigo?

Entre las expresiones erróneas del ámbito culto de la lengua está "derecho canónigo", en lugar de la correcta expresión "derecho canónico". Es un desbarre de gente culta o por lo menos ilustrada, producto de jamás consultar un diccionario. El sustantivo masculino "derecho" (del latín *directus*) tiene, entre otras acepciones, la siguiente: "Conjunto de principios y normas, expresivos de una idea de justicia y de orden, que regulan las relaciones humanas en toda sociedad y cuya observancia puede ser impuesta de manera coactiva" (DRAE). Vinculada o desprendida de esta acepción es la que se refiere a la "ciencia que estudia el derecho (conjunto de principios y normas)". Ejemplos: *Exige que se le juzgue conforme a* **derecho**; *Es un gran estudioso del* **derecho**. Entre las distintas ramas o especialidades del "derecho" se encuentra el "derecho canónico", que el diccionario académico define del siguiente modo: "Ordenamiento que regula la organización de la Iglesia católica y las facultades y obligaciones de sus miembros". Ejemplo: *Introducción al estudio del* **derecho canónico**". Y es aquí donde encallan algunos ilustrados ajenos al diccionario, pues confunden el adjetivo "canónico" con el sustantivo "canónigo", y dicen y escriben "derecho canónigo" sin saber que estos términos, aunque provienen de la misma etimología, son de distinta clase y tienen significados diferentes. El adjetivo "canónico" (del latín tardío *canonǐcus*, "conforme a las reglas, conforme a los cánones eclesiásticos", y éste del griego bizantino *kanonikós*) significa, en la acepción principal del diccionario académico, "conforme a los sagrados cánones y demás disposiciones eclesiásticas". Ejemplo: *Código de derecho canónico*. El sustantivo masculino "canónigo" (del latín tardío *canonǐcus*, y éste del griego bizantino *kanonikós*) se aplica al "eclesiástico que tiene una canonjía, es decir, una "prebenda por la que se pertenece al cabildo de iglesia catedral o colegial", que esto significa exactamente el sustantivo femenino "canonjía" (derivado del antiguo *canonje*, "canónigo", y éste del occitano *canonge*). Ejemplo: *Miguel de Palomares, canónigo español del siglo XVI*. Dicho y comprendido todo lo anterior, queda claro que es una barrabasada decir y escribir "derecho canónigo" en lugar de "derecho canónico". Y, por si hubiese dudas, téngase en cuenta que "canónico" es un adjetivo, en tanto que "canónigo" es un sustantivo. Quienes no consultan el diccionario dan por sabido lo que no saben y por ello dicen y escriben barbaridades.

En la página oficial de la Embajada de México en la Santa Sede, perteneciente a la Secretaría de Relaciones Exteriores, leemos el artículo "Imán de reliquias" y en el último párrafo nos brinca esta liebre:

♀ "En 1984 el Código de **Derecho Canónigo** no sólo reguló su transferencia [la de las reliquias de la Iglesia], sino prohibió su compra y venta".

La redacción de una oración tan simple es terrible, pero, más allá de esto, lo que se quiere decir y se ignora es que

♂ el *Código de derecho canónico* reguló, en 1984, la transferencia de las reliquias de la Iglesia.

🖉 Van otros pocos ejemplos de esta barrabasada culta o de quienes se pretenden cultos sin abrir jamás el diccionario: "Código de **derecho canónigo** y legislación complementaria", "hacia un sistema de **derecho canónigo**", "la preeminencia del **derecho canónigo**", "licenciatura en **derecho canónigo** y civil", "integrado al **derecho canónigo**", "acorde con los planteamientos del **derecho canónigo**", "**derecho canónigo** y eclesiástico", "el **derecho canónigo** permite a un obispo el abandono de su cargo antes de la edad oficial de jubilación", "era congruente con el **derecho canónigo**", "quien tiene la última decisión es la autoridad eclesiástica y el **derecho canónigo**". ¡Y basta!

☞ Google: 22 200 resultados de "derecho canónigo". ☒
☞ Google: 1 530 000 resultados de "derecho canónico". ☑

102. cara, faz, rostro, semblante, ¿*semblante de la cara?*, ¿*semblante del rostro?*, ¿*semblante de su cara?*, ¿*semblante de su rostro?*

Mucha gente, en especial la que se dedica a informar sobre los espectáculos, supone que las personas pueden tener el semblante en los brazos, el pecho, las rodillas, la espalda y más abajo de la espalda y, ¿por qué no?, también en el rostro. Y esto es así porque no consulta el diccionario. Si lo hiciese, sabría que el sustantivo masculino "semblante" (del catalán *semblant*, y éste del latín *semblans, similantis*, participio activo de *similāre*, 'semejar') posee las siguientes tres acepciones: "representación de algún estado de ánimo en el rostro", "cara o rostro humano" y "apariencia (aspecto o parecer)". Ejemplos: *Su **semblante** delataba enfermedad; Tenía un **semblante** alegre; Su triste **semblante** conmovía.* ¿En dónde si no en la cara, el rostro, la faz, podemos ver el semblante de alguien? No en la espalda, por supuesto, ni en los pies, aunque, seguramente, haya personas capaces de afirmar que sus patas tienen un semblante muy malo. Por lo demás, como ya vimos, los sustantivos "cara" y "rostro" son sinónimos, lo mismo que faz. "Cara" (del latín *cara*) es un sustantivo femenino definido del siguiente modo por el diccionario académico: "Parte anterior de la cabeza humana desde el principio de la frente hasta la punta de la barbilla", y en una tercera acepción la define como "semblante (representación de algún estado de ánimo en el rostro)". Con un ejemplo, además: *José me recibió con **buena cara**.* El sustantivo masculino "rostro" (del latín *rostrum*, pico, hocico) tiene por acepción principal su sinónimo "cara (parte anterior de la cabeza humana)" y también remite a "semblante (representación de algún estado de ánimo en el rostro)". Ejemplo: *Su **rostro** revelaba alegría.* Igualmente, el sustantivo femenino "faz" (del latín *facies*) significa "rostro o cara". Ejemplo: *"Amé, fui amado, el sol acarició mi **faz**"* (Amado Nervo). Por ello resulta absurdo que alguien afirme que **el semblante del rostro o de la cara** de Fulano o de Fulana era muy extraño o alegre o serio o apesadumbrado. Basta con decir y escribir "semblante" para indicar que nos referimos a la cara, el rostro o la faz. Referirnos al "semblante de su cara" o al "semblante de su rostro" o al "semblante de su faz" es incurrir en rebuznancia.

En el diario mexicano *El Universal* leemos el siguiente encabezado:

♀ "Ninel Conde impacta a la audiencia por el **semblante de su rostro**".

Y lo que se informa es que la susodicha acudió a un programa de televisión "donde mostró un rostro diferente, todo un cambio radical que generó comentarios en las redes sociales". Chismes, en fin, pero el correcto encabezado debió ser, sin más:

♂ Ninel Conde impacta a la audiencia con **su semblante**.

🖉 Producto de no abrir jamás un diccionario, hoy la gente no sabe ni dónde tiene el "semblante", pues si tanto insiste en precisar que alguien lo tiene en el "rostro" o en la "cara", será porque supone que lo puede tener en otra parte del cuerpo: tal vez en la nuca o en las nalgas. He aquí otros ejemplos de esta redundancia bruta: "Se relacionaba con chicos que tenían buen **semblante de cara**", "con un **semblante de cara** que echaba para atrás", "con un **semblante de cara** apagado", "tenía mejor **semblante de cara**", "alimentos que provocan flacidez y el **semblante de cara** cansada", "las cejas pueden cambiar el **semblante de la cara**", "el **semblante de la cara** era una palidez fantasmal", "me cambia el **semblante de la cara** cuando no estoy fumado", "todo el **semblante de la cara** te cambia", "le cambiará el **semblante de la cara**", "se te cambia el **semblante de la cara**", "para aclarar el **semblante de la cara**", "el **semblante de su rostro** transmite un aparente fastidio", "Tomás Romero cambia el **semblante de su rostro** cuando le piden una fotografía", "un simple gesto que puede cambiar el **semblante de su rostro**", "se sienten mejor con el **semblante de su cara**", "el **semblante de su cara** cambió", "recuerdo cómo el **semblante de su cara** había cambiado", "todos responderán al alegre **semblante de su cara**", "un **semblante de rostro** fresco y natural", "**semblante de rostro** esculpido en la bóveda", "para mostrar algún **semblante de rostro** al interactuar con él", "cómo mejorar el **semblante del rostro**", "nuestra actitud se refleja en el **semblante del rostro**", "los peinados tienden a mejorar el **semblante del rostro**" y, como siempre hay algo peor: "el rostro de la miseria dibujado en el **semblante de su cara**".

☞ Google: 168 000 resultados de "semblante de cara"; 116 000 de "semblante de la cara"; 99 700 de "semblante de su rostro"; 56 800 de "semblante de su cara"; 19 600 de "semblante de rostro"; 12 700 de "semblante del rostro". ☒

103. cátchup, cátsup, kétchup, salsa de tomate

En la lengua española, muchísimas más personas dicen y escriben "cátsup" en lugar de "kétchup" (para referirse a la salsa de tomate condimentada con vinagre, azúcar y especias); sin embargo, la tardígrada y bipolar Real Academia Española únicamente recoge en su diccionario el término "kétchup". ¿Por qué? Por una simple razón: porque éste es el nombre que se le da en España. El diccionario académico, en su edición del tricentenario (2014) incluye barbaridades a granel, pero no considera que sea necesario incorporar el término "cátsup", sinónimo de "kétchup". Lo desplaza al *Diccionario panhispánico de dudas* (2005), para uso de los "súbditos" de América; un diccionario que, por cierto, avala la RAE pero que ni ella misma le hace caso: no es otra cosa que el pariente plebeyo de la realeza académica. Ahí leemos lo siguiente en la entrada "kétchup": "Salsa de tomate condimentada con vinagre y especias. Es voz de origen chino, que el español ha tomado del inglés, lengua en la que se escribe de tres formas: *ketchup* —la más cercana a la etimología y única usada en el inglés británico—, *catchup* y *catsup* —más comunes en el inglés americano—. En español se documentan las tres formas, que deben escribirse con tilde por ser palabras llanas acabadas en consonante distinta de -n o -s: *kétchup, cátchup* y *cátsup*. La más usada es *kétchup*". Sí que es desvergonzada la RAE, ¡y vaya si son desvergonzadas las "academias hermanas" de América que avalan la información del *Panhispánico de dudas*! ¿De modo que la forma más usada es "kétchup"? ¿Cómo llegaron a tal conclusión? Muy fácil: ¡porque es la más usada en España!, donde los hablantes del español no llegan siquiera a 50 millones. En cambio, en México, con casi 130 millones de hablantes del español, decimos y escribimos "cátsup" y resulta que somos minoría. Pero, además, se calcula que en Estados Unidos hay 37 millones de personas de origen mexicano, y todos ellos dicen *catsup* o *cátsup* y no *ketchup* ni *kétchup*, y aun así los benditos académicos concluyen que "kétchup" es la forma más usada en América. Y debemos tomar en cuenta que en varios países hispanoamericanos simplemente se le conoce como "salsa de tomate" y punto. Más aún: la forma "cátchup" es insignificante, ínfima, más que minoritaria: la usará seguramente algún académico de España, América o Filipinas. Aunque les pese a la RAE y a las "academias hermanas" de América y Filipinas, con entera seguridad, en español la forma más usada no es "kétchup", sino "cátsup", y de esto da perfecta cuenta internet.

☞ Google: 157 000 resultados de "salsa cátsup"; 49 300 de "con cátsup"; 36 300 de "con kétchup"; 21 000 de "salsa kétchup"; 9 930 de "salsa de tomate kétchup"; 9 380 de "salsa de tomate cátsup"; 678 de "salsa cátchup"; salsa de tomate "cátchup"; 253 de "con cátchup". ☑

104. cebiche, ceviche, sebiche, seviche

En su *Diccionario general de americanismos*, Francisco J. Santamaría define el sustantivo masculino "cebiche" de la siguiente manera: "En el Perú, guisado de pescado, muy popular, que se hace con ají". No ofrece etimología alguna, pero el origen peruano nadie lo discute. En una página de internet sobre la gastronomía peruana se considera al "ceviche" o "cebiche" como "el plato más emblemático del Perú". Y ahí mismo se informa que "según los historiadores, la palabra 'ceviche' proviene del quechua 'siwichi' que se traduce como pescado fresco o tierno". Se documenta también que una de las primeras recetas del "ceviche" se debe al escritor limeño Manuel Atanasio Fuentes: "Consiste en pedazos menudos de pescado o camarones que se echan en zumo de naranjas agrias, con mucho ají y sal; se conservan así por algunas horas hasta que el pescado se impregna de ají y se cuece por acción de éste y por el ácido de la naranja". Hoy es un platillo, con diferentes versiones, en muchos países de América, desde Chile hasta México, y en el Perú es patrimonio cultural desde 2004. No existe una grafía única, pues son aceptables lo mismo "cebiche" que "ceviche", "sebiche" y "seviche". Pero la forma más extendida es "ceviche", de uso general en el Perú. Asimismo, hay divergencias en cuanto a su etimología. El diccionario académico dice que "cebiche" o "ceviche" proviene, quizá, del árabe hispánico *assukkabāǧ*, y éste del árabe *sikbāǧ*. Tal suposición no parece tener mucho sentido. Por ello, siguiendo un camino menos torcido, María Moliner, en el DUE, y Guido Gómez de Silva, en el *Diccionario breve de mexicanismos*, suponen que el sustantivo "cebiche" (con su variante "ceviche") deriva del también sustantivo masculino "cebo" (del latín *cibus*, "alimento"), y Gómez de Silva sugiere que es "del mismo origen que *cebique*, palabra que en Salamanca significa 'cebo que dan las aves a sus hijuelos'". No parece tampoco muy factible después de conocer la voz quechua "siwichi". En el DUE, Moliner ofrece la siguiente definición: "Guiso de pescado con pimiento, zumo de naranja o limón y otros ingredientes, típico de algunos países hispanoamericanos". Ejemplo: *En Perú cada 28 de junio se celebra el Día del Ceviche*. Conforme el uso se fue extendiendo en los diversos países (Chile, Colombia, Costa Rica, Ecuador, El Salvador, Guatemala, Honduras, México, Nicaragua, Panamá), las grafías con "s" inicial, en lugar de "c", comenzaron también a utilizarse, así sea minoritariamente: "sebiche" y "seviche", lo mismo que el sustantivo "cevichería" ("establecimiento en que se prepara o vende cebiche") admitió ser "cebichería", "sebichería" y "sevichería". En toda esta historia, prácticamente viene a quedar claro que el sustantivo "cebiche", con sus variantes, no proviene de "cebo" ni mucho menos de "sebo" (grasa), sino del término quechua "siwichi". En su representación gráfica, como ya advertimos, son correctas las cuatro formas utilizadas según sea el país: "cebiche", "ceviche", "sebiche" y "seviche", con la preeminencia de "ceviche", siendo indiscutible su origen peruano y más que probable su raíz quechua "siwichi".

☞ Google: 30 100 000 resultados de "ceviche"; 3 820 000 de "ceviches"; 1 290 000 de "cevichería"; 1 130 000 de "cebiche"; 279 000 de "ceviche peruano"; 276 000 de "cevicherías"; 232 000 de "cebichería"; 231 000 de "seviche"; 202 000 de "cebiches"; 63 100 de "sebiche"; 23 700 de "seviches"; 21 200 de "cebicherías"; 14 800 de "sevichería". ☑

105. ceder, cesión, cesión de derechos, sesión, ¿sesión de derechos?, sesionar

"Cesión" y "sesión" son palabras homófonas. En los países y regiones en donde no se distinguen los sonidos de "c" y "s" tienen pronunciación similar, aunque su sentido sea diferente. Pero cuando no se sabe distinguir entre "cesión" y "sesión" quiere ello decir que la gente no entiende la diferencia entre el verbo "ceder" y el verbo "sesionar". El problema es que tampoco duda de lo que escribe, y por ello jamás se asoma al diccionario. El verbo transitivo "ceder" (del latín *cedĕre*) significa, entre otras cosas, "dar, transferir o traspasar a alguien una cosa, acción o derecho" (DRAE). Ejemplo: *Cedió una parte de su propiedad a sus hijos*. De ahí el sustantivo femenino "cesión" (del latín *cessio, cessiōnis*): "Renuncia de algo, posesión, acción o derecho, que alguien hace a favor de otra persona" (DRAE). Ejemplo: *Formalizó la cesión de derechos de propiedad a favor de sus hijos*. "Sesionar", en cambio, es otra cosa; es un verbo intransitivo que tiene las siguientes acepciones en el diccionario académico: "Celebrar sesión" y "asistir a una sesión participando en sus debates". Ejemplo: *Los miembros del consejo editorial sesionan cada mes*. De ahí el sustantivo femenino "sesión" (del latín tardío *sessio, sessiōnis*): "Espacio de tiempo ocupado por una actividad", "cada una de las juntas de un concilio, congreso u otra corporación", "conferencia o consulta entre varios para determinar algo" (DRAE). Ejemplos: *La sesión de trabajo fue muy extenuante; La sesión del consejo editorial se realizó sin contratiempos*. No debe descartarse que pudiese haber una "**sesión** para analizar la **cesión** de derechos de propiedad", pero para quienes creen que da lo mismo, en la escritura de nuestra lengua, una "c" que una "s", algún día se pueden complicar la vida si en una "sesión" firman, sin darse cuenta de lo que hacen, una "cesión" que ni siquiera imaginaron. Entonces sí lamentarán no haber consultado el diccionario.

El desbarre de escribir "sesión" cuando lo que realmente se quiere escribir es "cesión" aparece incluso en los ámbitos profesionales. En internet, en una página de descargas de programas libres, se asegura lo siguiente:

♀ "Es importante destacar que éstas y otras tantas funciones más están ausentes en el Open Office debido a restricciones de políticas de **sesión** de derechos de propiedad intelectual de la compañía Oracle".

☞ Quisieron decir y escribir

♺ "restricciones de políticas de **cesión** de derechos de propiedad intelectual".

🖉 He aquí otros ejemplos de este dislate: "adquirí **sesión de derechos** de propiedad", "una donación o una **sesión de derechos** de propiedad", "**sesión de derechos** de propiedad de imágenes", "**sesión de derechos** de propiedad intelectual", "consentimiento de **sesión de derechos** de autor", "carta de **sesión de derechos** de autor", "contrato de **sesión de derechos**", "es posible revocar una **sesión de derechos**", "constancia de **sesión de derechos**", "**sesión de derechos** a espacios de tianguis", "titularidad y **sesión de derechos**", "**sesión de derechos** y autorización para la publicación de artículos", etcétera.

☞ Google: 7 960 000 resultados de "sesión de derechos". ☒

☞ Google: 7 750 000 resultados de "cesión de derechos". ☑

106. celebridad, celebridades, ¿*celebrities*?, ¿*celebrity*?, famosa, famosas, famoso, famosos

¿Por qué utilizar la voz inglesa *celebrity* (pronunciación aproximada: *celébriti*) para referirnos a una persona famosa, a una celebridad de los espectáculos si, precisamente, tenemos, en español, el sustantivo "celebridad" (del latín *celebrĭtas, celebritātis*), "persona famosa", y el adjetivo y sustantivo "famoso" (del latín *famōsus*), "ampliamente conocido"? La respuesta a esta larga pregunta es muy sencilla: ¡por payasos! Justamente, *celebrity* admite dos sinónimos cuando se traduce al español: "celebridad" y "persona famosa". Ejemplos: *Entre las **celebridades** de la música estuvo el cantante Mick Jagger; John Dillinger fue un **famoso** asaltante de bancos.* Más de una vez hemos dicho y escrito que el ámbito de los espectáculos, junto con el de los deportes y el de internet, es donde mayormente se atenta contra el idioma español. El anglicismo *celebrity* llena las bocas de los comentaristas de este medio, y ha pasado de los hablantines a los escribidores de las secciones de espectáculos de los diarios, que muy frecuentemente son los mismos que se esmeran en expresar, por ejemplo: *Kylie Jenner ya no es la **celebrity** mejor pagada en redes.* Queda claro que para tener fama o para ser una celebridad no se necesita ser un dechado de virtud: hay ladrones célebres, hay matones famosos, hay celebridades de la estafa y, por supuesto, también hay artistas famosos, deportistas célebres, cantantes famosas y gente que ha alcanzado la fama o la celebridad gracias a las redes sociales de internet. Pero es sobre todo a los famosos de los espectáculos y de internet a quienes los comentaristas de estos medios les aplican el anglicismo crudo *celebrity* cuyo plural es *celebrities*. Por lo general lo aplican a las mujeres, pero queda claro que también hay *celebrities* varones, como lo demuestran los siguientes ejemplos: *El **celebrity** de la farmacopea; La idea es no ser un **celebrity**, pero si se puede usar para que te reciba gente no tengo ningún problema.* Es una cursilería, además de una torpeza en el idioma si partimos de que la traducción de esta palabra no se presta a confusión alguna. El famoso o la celebridad si se pone así, en buen español, ha de perder seguramente caché ante los ojos y los oídos de esos comentaristas tan internacionales y cosmopolitas.

En el diario español *El País* leemos el siguiente titular:

♀ "15 cosméticos que usan las *celebrities* y que puedes comprar en Amazon".

En la España cada vez más anglicista deberían saber traducir el terminajo y publicar:

♂ 15 cosméticos que usan las **famosas**.

✐ Van unos pocos ejemplos de esta tontería anglicista tan abundante en publicaciones impresas y electrónicas: "Las últimas noticias de las **celebrities** de moda", "el estilo de las **famosas** y las **celebrities**" (lo escribe alguien que nunca se ha asomado al diccionario), "el origen de las **estrellas de cine** y las **celebrities**", "el tratamiento preferido por las **celebrities**", "las diez zapatillas deportivas favoritas de las **celebrities**", "las **celebrities** apoyan a Britney Spears en su testimonio", "la semana de las **celebrities** en Instagram", "la **celebrity** que enciende Instagram", "la **celebrity** con más likes de Instagram", "la **celebrity** que cumplió 90 años", "la **celebrity** que le pagó las facturas adeudadas a un fan", "análisis de estilo de una **celebrity**", "7 formas de tener el cabello de una **celebrity**" (una de ellas es en la cabeza), "viaja como una **celebrity**", "el **celebrity** Capote", "**celebrities** con más seguidores en las redes sociales", "los 12 **celebrities** más influyentes en las búsquedas online", "las piezas con las que los **celebrities** robaron miradas en los Grammy 2020", "el espectáculo de los **celebrities**", "Madrid, uno de los lugares favoritos de los **celebrities**", "los tatuajes más curiosos de las **celebrities** del momento", "el antes y el después de las **celebrities** del momento", "los aromas favoritos de las **celebrities** del momento" y, como siempre hay algo peor: "son las **celebrities desconocidas**" (así de célebres han de ser).

☞ Google: 1 990 000 resultados de "las celebrities"; 315 000 de "la celebrity"; 146 000 de "una celebrity"; 127 000 de "el celebrity"; 39 400 de "celebrities de internet"; 38 000 de "un celebrity"; 21 200 de "los celebrities"; 12 600 de "celebrities del momento". ⊠

107. ¿*centro delantero?*, ¿*centros delanteros?*, centrodelantera, centrodelanteras, centrodelantero, centrodelanteros, delantero centro, delanteros centros

En España se denomina "delantero centro" (en dos palabras) al jugador "que ocupa el centro de la línea delantera en el fútbol y otros deportes" (DRAE). Ejemplo: *El mejor delantero centro de la historia ha sido Romario.* Es un sustantivo masculino y femenino que sigue la misma construcción gramatical de las denominaciones de otros puestos en la alineación del futbol especialmente, tales como "extremo izquierdo", "extremo derecho", "lateral izquierdo", "lateral derecho", cuyos plurales se construyen con las terminaciones correspondientes para cada palabra: "delanteros centros", "extremos izquierdos", "extremos derechos", "laterales izquierdos", "laterales derechos". Sus femeninos son "delantera centro", "extremo izquierda", "extremo derecha", "lateral izquierda" y "lateral derecha". Diferente es el caso del sustantivo masculino "centrodelantero" (en una sola palabra), americanismo que es sinónimo de "delantero centro", y cuyo plural se construye añadiendo una "s" ("centrodelanteros") a esta palabra que es compuesta y su femenino es "centrodelantera" ("**la** centrodelantera") y no como muchos machistas dicen y escriben: "**la** centrodelantero" (seguramente porque idolatran más a los hombres que a las mujeres). Ejemplos: *El mejor **centrodelantero** de la historia ha sido Romario; Conoce a los mejores **centrodelanteros** de la historia; La **centrodelantera** Eriko Arakawa anotó el último gol del encuentro.* Dicho todo lo anterior, es correcto escribir en dos palabras "delantero centro", pero es incorrecto escribir "centro delantero" (en dos palabras), pues en este último caso se trata de un término compuesto que, como tal, debe representarse gráficamente en una sola palabra, esto es, con grafía simple: "centrodelantero".

Tratándose del futbol, especialmente, donde el idioma es tratado a patadas, abundan los dislates de escribir "centro delantero" y "centros delanteros", lo mismo en internet que en publicaciones impresas. En la sección deportiva del diario mexicano *Excélsior* leemos:

♀ "Pumas; sin **centro delantero**".

Debió informar el diario, en buen español, luego de dos puntos (:) y no de punto y coma (;), lo siguiente:

♂ "Pumas: sin **centrodelantero**".

🖋 He aquí otros ejemplos de la patada: "Busca directiva de Pumas un **centro delantero** en Europa", "Benzema, el **centro delantero** más efectivo de la liga de España", "¿quién debe ser el **centro delantero** del TRI?" (¿o del PRI?), "de pequeño quería ser el **centro delantero** de las Chivas", "los 10 mejores **centro delanteros** de la historia", "los 15 mejores **centro delanteros** del mundo", "escasez de **centro delanteros** en Europa", "¿quedan **centros delanteros** mexicanos?", "cinco grandes **centro delanteros**", "la increíble escuela de **centros delanteros** que tiene el Ajax", "**la centro delantero** Jessica Padrón", "**la centro delantero** Sofía Huerta", "Alejandra Miranda, **la centrodelantero** del Guadalajara Femenil**" (si se llama Alejandra, lo sorprendente sería que fuese "**la** centrodelantero" del Guadalajara Varonil!), "después vino el show de **la centrodelantero** Claudia Bonilla", "marcó dos goles **la centrodelantero** Natalia Manero" (es que como se apellida Man**ero** tenía que rimar con delant**ero**; diferente hubiese sido si se apellidara Man**cera**).

☞ Google: 454 000 resultados de "centro delantero"; 24 700 de "centros delanteros"; 16 300 de "centro delanteros". ☒

☞ Google: 2 540 000 resultados de "delantero centro"; 259 000 de "centrodelantero"; 39 400 de "centrodelanteros"; 23 800 de "delanteros centros"; 2 490 de "centrodelantera". ☑

108. cerca, cerca de mí, cerca de ti, ¿cerca mío?, ¿cerca tuyo?, mío, tuyo

Al igual que "debajo mío", "debajo tuyo", "delante mío", "delante tuyo", "detrás mío", "detrás tuyo" y "encima mío" y "encima tuyo", "cerca mío" y "cerca tuyo" son tonterías: lo correcto es "cerca de mí" y "cerca de ti", pues "mío" y "tuyo" son adjetivos posesivos e indican, precisamente, posesión o pertenencia, y no hay modo de que alguien posea el significado del adverbio "cerca" (del latín *circa*): "Próxima o inmediatamente en el espacio o en el tiempo" (DRAE). Ejemplo: *Estuvo cerca del lugar donde ocurrió el accidente.* Como señala la Real Academia Española, los adjetivos posesivos son modificadores del sustantivo, pero nunca del adverbio. Los términos "cerca", "detrás", "delante", "debajo", "dentro", "encima", "enfrente" son adverbios: "elementos invariables y tónicos [que] están dotados generalmente de significado léxico y modifican el significado de varias categorías, principalmente de un verbo, de un adjetivo o de una palabra de la misma clase". Puede decirse y escribirse *Al lado mío* porque, como explica la RAE, "lado" es un sustantivo, en tanto que "mío", un adjetivo posesivo. Por ello, también, lo correcto es "debajo de mí", "debajo de ti", "delante de mí", "delante de ti", "detrás de mí", "detrás de ti" y "encima de mí" y "encima de ti", pero no "debajo mío", "debajo tuyo", "delante mío", "delante tuyo", "detrás mío", "detrás tuyo" y "encima mío" y "encima tuyo". Lo malo es que estas tonterías del habla y de la escritura en internet ya inundan de aguas negras los territorios del español, ya que aparecen hasta en programas institucionales y anuncios del gobierno. Nuestro idioma se llena cada vez más de estas aparentes minucias (cosas sin importancia o valor) que desvalorizan la lengua española. Hasta los escritores ya publican libros en cuyas páginas abundan estas incorrecciones que, por supuesto, influyen en los lectores que, cándidamente, por decir lo menos, creen que, puesto que son escritores, ejercen su oficio con corrección. Y ni se diga ya del periodismo y del gobierno. En Argentina se ha convertido en una peste que ya se extiende hacia otros países. Allá hay hasta una "Fundación Cerca Tuyo" y en la página oficial de la Municipalidad de Corrientes leemos acerca del plan de gobierno:

♀ "La Muni **Cerca Tuyo**".

Esto de la Muni (por Municipalidad) es una cursilería demagógica para dotar de ternura al gobierno. Pero, más allá de esto, lo correcto es:

⚲ La Municipalidad **cerca de ti** (o **cerca de vos**).

✎ Van aquí unos pocos ejemplos de estas barbaridades que se cuentan por cientos de miles en internet y en publicaciones impresas: "Así puedes saber si un contacto de WhatsApp está **cerca tuyo**", "aplicación para conocer gente **cerca tuyo**", "cada vez más **cerca tuyo**", "si estuviera **cerca tuyo**", "el Municipio **cerca tuyo**", "estamos **cerca tuyo** este sábado", "la ciencia **cerca tuyo**", "las noches que paso **cerca tuyo**", "pasó **cerca mío**", "quiero tenerte **cerca mío**", "nadando **cerca mío**", "conocer gente **cerca mío**", "si estás **cerca mío**", "mantén tu calorcito **cerca mío**" y, como siempre hay algo peor: "¡la universidad está cada vez más **cerca tuyo**!" (las cosas que han de enseñar en esa universidad).

☞ Google: 1 200 000 resultados de "cerca tuyo"; 534 000 de "cerca mío". ☒
☞ Google: 44 400 000 resultados de "cerca de ti"; 26 500 000 de "cerca de mí". ☑

109. cerebrito, cerebro, inteligente, muy inteligente

El *Diccionario de mexicanismos* de la Academia Mexicana de la Lengua, que tantos disparates amontona en sus páginas luego de bautizarlos como "mexicanismos", no incluye el vocablo supranacional "cerebrito" (tampoco recogido en el DRAE ni en el *Diccionario panhispánico de dudas*), uno de los diminutivos ponderativos más característicos del español en México y en otros países de América. Si bien, formalmente, los sufijos "-ito", "-ita" amenguan el significado del término primitivo (ya sea sustantivo, adjetivo o adverbio), como en "ahorita" (de "ahora"), "abuelita" (de "abuela"), "flaquita" (de "flaca"), "hermanita" (de "hermana"), "hermanito" (de "hermano"), "padrecito" (de "padre"), en el caso de "cerebrito", independientemente del recto significado que indica mengua ("cerebro pequeño", "cerebro poco desarrollado"), se añade otro cuya semántica es de ponderación o intensidad, esto es, de elogio, alabanza y hasta exageración. Dicho de otro modo, "cerebrito", en un sentido figurado, es un falso diminutivo, del mismo modo que hay falsos aumentativos, como "callejón" e "islote", cuyos sufijos "-on" y "-ote", propios del aumentativo, en estos casos amenguan o atenúan, más que aumentan, el significado del término primitivo: "callejón" es una "calle" pequeña, una "callecita" (y no una calle grande), "islote" es una isla pequeña, una "islita" (y no una isla grande). El verbo transitivo "disminuir" (del latín *diminuĕre*), que también tiene usos como intransitivo y pronominal, significa "hacer menor la extensión, la intensidad o el número de algo". Ejemplo: *Consiguió **disminuir** una encina al tamaño de un bonsái*. El adjetivo "diminuto" (del latín *diminūtus*) significa "extremadamente pequeño"; de ahí el adjetivo y sustantivo "diminutivo" (del latín *diminutīvus*), con las siguientes tres acepciones en el DRAE: "Que tiene cualidad de disminuir o reducir a menos algo"; "dicho de un sufijo: que expresa disminución, atenuación o intensidad de lo denotado por el vocablo al que se une, o que valora afectivamente su significación. *Frasquito, problemilla* y *ahorita* contienen sufijos diminutivos" y "palabra formada por uno o más sufijos diminutivos". Entre los sustantivos diminutivos con un significado específico que el DRAE incluye en sus páginas están "basurita" ("partícula de suciedad, especialmente la que se introduce en el ojo") y "quesito" ("cada una de las partes o unidades envueltas y empaquetadas en que aparece dividido un queso cremoso"). El primero es un americanismo; el segundo, un españolismo. Pero tanto el DRAE como el *Panhispánico* y el menesteroso DM pasan de noche sobre el sustantivo masculino diminutivo ponderativo "cerebrito", que Guido Gómez de Silva sí recoge en su *Diccionario breve de mexicanismos* que, en su momento, publicó la propia Academia Mexicana, y que significa "muy inteligente". Ejemplo: *Fulano siempre fue el **cerebrito** del salón.* El *Diccionario de mexicanismos* de la AML es un fiasco porque, afanados como estuvieron sus redactores buscando tontería y media para incluir en esas páginas, ni siquiera revisaron con atención y con respeto el serio antecedente de Gómez de Silva, y tampoco le prestaron la suficiente atención al *Índice de mexicanismos* (preparado por la misma Academia Mexicana) en el que consta que el 97% de los informantes que respondió a la consulta sobre el término "cerebrito" dijo conocer esta expresión. El vocablo es muy usual en México, pero está lo suficientemente extendido en otros países de América como para pasarlo por alto. En el *Diccionario latinoamericano*, en línea, *AsiHablamos.com*, leemos que el sustantivo "cerebrito" se usa también en Venezuela para nombrar a la "persona inteligente" y que es normalmente utilizada por los estudiantes para referirse al más inteligente del salón. Exactamente es el mismo significado que tiene en México, y que se ha extendido para designar ya no sólo al más inteligente del salón de clases, sino, en general, a la persona que se caracteriza por su disciplina en el estudio, su buen conocimiento de las cosas y su ágil inteligencia. Así se dice: *Fulano es un **cerebrito***, como ponderación y elogio; muy distinto a decir: *Fulano tiene un **cerebrito** (de mosquito, de pollo)*, cuyo propósito es infravalorar o menospreciar. En el primer caso se dice de Fulano que es inteligente; en el segundo, se dice que es un pendejo. Por otra parte, según sea el contexto, no es lo mismo decir y escribir, con recto sentido, *El **cerebrito** de Trump* (un cerebro insignificante) que, en un sentido figurado, *Mi hermano, el **cerebrito** de la familia* (esto es, el más inteligente). El término tiene un significado aproximado a la cuarta acepción del sustantivo masculino "cerebro" (del latín *cerebrum*) en el DRAE: "1. Uno de los centros nerviosos constitutivos del encéfalo, existente en todos los vertebrados y situado en la parte anterior y superior de la cavidad craneal. 2. **cabeza** (juicio, talento y capacidad). 3. Persona que concibe o dirige un plan de acción.

4. Persona sobresaliente en actividades culturales, científicas o técnicas". El americanismo "cerebrito" puede usarse también con sentido irónico o con sarcasmo, para objetar a quien se considera más inteligente de lo que es; por ejemplo: ¡Óyeme, *cerebrito, no tan rápido!, lo que estás diciendo es una chingadera.* El uso de este vocablo es tan amplio en México y en otros países de América que resulta incomprensible que no esté registrado ni en el DRAE ni en el DM. Aunque decir que este hecho resulta incomprensible es revelar de algún modo que le pedimos peras al olmo, a un diccionario chambón, como el DM, que en la página donde debería incluir el muy usual mexicanismo "cerebrito" incluye, en cambio, los poco usados "cepeada" y "cepeadura", además de definir erróneamente el verbo pronominal y coloquial "cepillarse" (según los redactores, "adular, agradar a alguien"), cuyo significado exacto es diametralmente opuesto al que dan los redactores del DM: su sinónimo es "coger" ("practicar el coito") y, especialmente, practicar el coito un hombre a una mujer incluso sin su consentimiento, esto es, abusar de ella, o en todo caso tratarla como objeto desde una posición de fuerza, poder o privilegio, como puede verse en miles de ejemplos y en el siguiente: *Nos ha cedido el grabado Terencio Moix que lo compró en una subasta de e-Bay junto con las bragas que Marilyn llevaba el día que Kennedy **se la cepilló** en un hotel de Nueva York.* Par de bobos: por todos es sabido que ¡Marilyn nunca llevaba bragas! Pero mejor olvidémonos de estos tontos y de la chambonería del DM de la AML; lo que no hay que olvidar es que el sustantivo diminutivo ponderativo "cerebrito" está perfectamente utilizado cuando designa a una persona inteligente, muy inteligente o que es considerada así por otros. Una última cosa: con el sufijo "ito" que modifica al sustantivo "cerebro" es cierto que también "se valora afectivamente su significación" (de acuerdo con la definición de "diminutivo" del DRAE), pero lo que más pesa, en el significado de "cerebrito" es la intensidad, la ponderación, mediante el paradójico uso del diminutivo, pues hay otros ejemplos de diminutivo donde lo que más pesa es la valoración afectiva por encima de la ponderación: es el caso de "culito", diminutivo del sustantivo masculino "culo" (del latín *culus*): "conjunto de las dos nalgas" (DRAE), que llega a paradojas extremas con construcciones de oxímoron como "**tremendo culito**" y "**espectacular culito**". El uso del no menos paradójico "cerebrito" es amplísimo, lo mismo en el habla que en publicaciones impresas y en internet. He aquí unos pocos ejemplos: "El **cerebrito** que ha puesto en jaque a Facebook", "Jimmy el **cerebrito**", "6 señales que indican que eres el **cerebrito** del grupo", "el lugar perfecto para el **cerebrito** del grupo", "Íñigo Errejón es el **cerebrito** de Podemos" (¡y así está la izquierda española!), "el **cerebrito** de la familia", "el **cerebrito** de la clase", "ventajas y desventajas de ser el **cerebrito** de la clase", "cuando el **cerebrito** de la clase te salva", "ella quería conquistar al **cerebrito** de la clase", "**cerebrito** y nerd", "los **cerebritos** de la izquierda" (que, en general, son diminutos en extremo en todos los países), "los

cerebritos en la escuela primaria", "famosas actrices que son todas unos **cerebritos**", "los **cerebritos** de la tele" (obviamente, esto es un oxímoron: en la tele no hay **cerebritos**, ¡tienen, en cambio, **cerebritos!**), "en busca de **cerebritos**", "**cerebritos**: concurso de inteligencia", "Natalie Portman, James Franco y otros **cerebritos**", "cónclave de **cerebritos**", "nuestro equipo de **cerebritos** en acción".

☞ Google: 389 000 resultados de "cerebrito"; 138 000 de "cerebritos"; 101 000 de "el cerebrito"; 57 700 de "un cerebrito"; 57 000 de "es un cerebrito"; 53 600 de "los cerebritos"; 45 100 de "es un cerebrito"; 40 500 de "eres un cerebrito"; 12 300 de "cerebrito de la escuela"; 12 200 de "cerebrito de la familia"; 7 360 de "todo un cerebrito"; 5 380 de "cerebrito de la clase"; 3 440 de "cerebrito del grupo"; 2 560 de "cerebrito del salón"; 1 900 de "auténtico cerebrito". ☑

110. chairo, ¿derechairo?, derechista, fifí, ¿fifichairo?, izquierdista, progre, progresista
El mexicanismo "chairo", como adjetivo popular, coloquial y despectivo, significa "feo" o "de mal gusto". Ejemplo: *Esa camisa está bien **chaira***. En su calidad de sustantivo, masculino y femenino, se aplica al "joven, miembro de una tribu urbana, caracterizado por provenir de una buena posición social, que rechaza ese estilo de vida y es partidario de movimientos ecologistas y contra la globalización" (DM). Ejemplo: *Así como lo ves, en su carro último modelo, ese cuate es un **chairo***. El *Diccionario de mexicanismos* de la AML no dice lo más importante del "chairo": es el joven de desahogada posición social, incluso de un sector muy privilegiado económicamente, que *finge* rechazar el estilo de vida de su familia y *finge* identificarse con movimientos populares y tendencias políticas de la izquierda. El verbo "fingir" ("dar a entender algo que no es cierto") es muy importante para entender el fenómeno "chairo", pues el "chairo" no renuncia a sus comodidades ni a sus privilegios en función de sus empatías sociales y sus simpatías políticas. En el fondo, el "chairo" incurre en lo que hoy se llama "apropiación cultural" ("el acto de tomar o usar cosas de una cultura que no es la tuya, especialmente sin demostrar que entiendes o respetas esta cultura"): exactamente la apropiación de la "cultura de la pobreza", ese concepto antropológico creado por Oscar Lewis luego de estudiar y describir la vida de los pobres de las ciudades de México, Nueva York y Lima. Los "chairos" hablan como si fueran pobres, pero sin ser pobres; peor aún, viven en una gran comodidad y hasta en el lujo y no renuncian a ello. Ana María Olabuenaga, en el diario *Milenio*, ofrece una definición general, a partir de la observación de un caso particular que adquiere dimensiones simbólicas: "Podríamos definirlo como un júnior de izquierda. Imposible certificar la legitimidad de cada uno. Sólo se sabe que ese *boom* hoy cobra fuerza. Generalmente son apasionados, privilegian la emoción sobre el argumento y le van a los Pumas, a pesar de que no sepan de futbol. (Lo de los Pumas viene del movimiento estudiantil

del 68. Ese que estableció para siempre la relación con el gobierno. La aritmética nacional fundamental en una ecuación: gobierno igual a malo. Portar la camiseta de los Pumas produce algo así como un estatus ideológico. Una automática y poderosa metonimia sólo comparable con conocer los cruces exactos de las calles en Coyoacán, tomar cerveza artesanal, viajar a Cuba o ver una serie televisiva de política danesa.)". El ambiente político de confrontación y descalificación, que alienta hoy, y desde hace mucho, el presidente de México Andrés Manuel López Obrador, llevó a utilizar, entre sus simpatizantes y sus opositores, dos términos impropios: "derechairo" y "fifichairo". El primero es un sinsentido, dado que todos los "chairos" están identificados con la izquierda política o ideológica, nunca con la derecha; el segundo constituye una redundancia, pues todo "chairo" es, por naturaleza, "fifí" ("persona presumida y que se ocupa de seguir las modas"). Olabuenaga define muy bien al personaje: "Su enorme virtud, la nobleza de la emoción... El gran defecto, su enorme superioridad moral que resulta ser ese estado de gracia que permite estar en la absoluta certeza de que todos los demás están mal". Queda claro, que el "chairo" no pertenece a la derecha y, por tanto, no es "derechairo", pues el simple hecho de que un yúnior simpatice con la ideología de su clase lo niega, para siempre, de la construcción ideológica "chaira", y tampoco se puede decir "fifichairo", porque todo "chairo", aunque no quiera, es "fifí", por cuna y por entorno, y, como ya advertimos, el "chairo" no renuncia a sus privilegios de clase, por muy "popular", "izquierdista", "progre" o "progresista" que presuma ser. La anécdota que refiere Olabuenaga comprueba muy bien esto: "Como para entonces ya éramos amigos le pregunté [al chairo] con cierto sarcasmo: 'Oye, Gerardo, ¿no te parece un poco contradictorio decirse de izquierda y manejar un Caprice de lujo?' Primero me miró serio, luego dejó asomar una enorme sonrisa y me dijo: 'No, para nada, pero difícil, sí. Muy difícil. Mucho más difícil que para cualquier otro'". He ahí un "chairo". Aguantando, a pie firme, sus contradicciones de clase, sin considerar, ni por un momento, que sean contradicciones, en un ambiente teatral del mundo, por cierto, donde puede ser más redituable representar un papel (el de "chairo") que ser auténticamente un "fifí". Por lo demás, el "chairo" más característico es el que, en la comodidad y desahogo de su ambiente social y familiar privilegiado, exhibe, más que cualquier marginal, un exaltado rencor social, en contradicción con la ausencia de motivos personales para ello. Un "chairo" es, pues, un pésimo actor de sus emociones: alguien que jamás ha padecido la pobreza o las carencias económicas, pero que, por mala conciencia, actúa como si las sufriera en carne propia, pero, eso sí, sin renunciar a sus privilegios de clase: todo, de dientes para afuera. Pero, en resumidas cuentas, no hay "derechairos", porque, por definición, los "chairos" son "progres" y, en consecuencia, de izquierda. Decir y escribir "derechairo" es caer en un contrasentido, y "fifichairo" (con su variante "pejechairo")

es una redundancia, pues, por clase social privilegiada, todos los "chairos" son "fifís".
Resulta claro que Carlos Monsiváis, aunque simpatizara con la izquierda, por ascen-
dencia social y por lugar de residencia (la colonia Portales), nunca fue un "chairo",
pero tampoco un fifí, como sí lo fue Salvador Novo, y quién mejor que Monsiváis
para admirar y comprender a Novo y para contrastarse, social e ideológicamente,
con un chairo. Por cierto, más allá de nuestro mexicanismo, no recogido en el DRAE,
en éste se consigna el bolivianismo "chairo", sustantivo masculino que designa a la
"sopa típica de las regiones andinas en que se pone chuño, papa, carne y verduras".
No deja de tener gracia que, a fin de cuentas, el chairo mexicano también es, de alguna manera, una sopa, aunque menos nutritiva y, por supuesto, nada apetitosa.

☞ Google: 183 000 resultados de "derechairos"; 79 700 de "derechairo"; 3 760 de "fifichairo"; 2 260 de "fifichairos". ☒

☞ Google: 1 090 000 resultados de "chairo"; 645 000 de "chairos"; 10 500 de "pejechairos";
4 840 de "pejechairo". ☑

III. chascarrillo, chascarrillos, chistorete, chistoretes

El *Diccionario de mexicanismos* de la AML omite en sus páginas el sustantivo masculino
"chistorete", equivalente del sustantivo masculino castizo "chascarrillo" (de *chasca-
rro*, y éste de *chasco*): "Anécdota ligera y picante, cuentecillo agudo o frase de sentido
equívoco y gracioso" (DRAE). En México utilizamos este último sustantivo, pero también usamos ampliamente su sinónimo local "chistorete". Ejemplos: *Permítaseme el*
chascarrillo; *No me tomen en serio: fue sólo un* ***chistorete***. Queda claro que, así como "chascarrillo" deriva de "chasco" (voz onomatopéyica), sustantivo masculino que significa
"burla o engaño que se hace a alguien" (DRAE), "chistorete" deriva de "chiste" (de
chistar), sustantivo masculino cuya acepción principal es "dicho u ocurrencia agudos
y graciosos" (DRAE). Ambos ("chascarrillo" y "chistorete") tienen la característica de
ser más ligeros e inofensivos que el "chasco" y el "chiste". Lo que sorprende, aunque
no debería, es que el DM de la AML no incluya nuestro "chistorete" en sus páginas:
ahí mismo donde recoge las cacografías "chiviado" y "chiviarse" que derivan de los
correctos términos "chiveado" y "chivearse", entre otras gracejadas bautizadas como
"mexicanismos". Y, llegados a este punto, la pregunta es por qué motivo ese lexicón
no recoge los también yerros ortográficos "miado", "miar" y "miarse", derivados de
los correctos "meado", "mear" y "mearse", que tienen un montón de registros en el
motor de búsqueda de Google. ¡Esto es para *miarse* de risa! (obvio chistorete). En
fin, queda claro que el mexicanismo "chistorete" es una omisión en dicho diccciona-
rio, producto de poner más atención en la calderilla que en la caldera. He aquí algunos ejemplos de frases en las que se utiliza este mexicanismo, reproducidas de

publicaciones impresas y de internet: "**Chistoretes** y presiones presidenciales", "un tambache de **chistoretes**", "dos **chistoretes** y medio", "con **chistoretes** no va a cambiar el país", "no se puede gobernar con **chistoretes**", "Trump y los **chistoretes**", "este fue el **chistorete** de AMLO que hizo reír a Kamala Harris", "**chistorete** o tragedia", "doble **chistorete**", "no se quedó callada ante el **chistorete**", "**chistorete** bobo", "aventurar que Félix Salgado y Raúl Morón sean decididos por 'el pueblo' en una consulta telefónica es un pésimo **chistorete**". Y, para terminar, un chistorete: "Yo también me levanto a las 6 de la mañana a correr... A correr la cortina para que no me dé el sol y poder seguir durmiendo".

☞ Google: 32 400 resultados de "chistoretes"; 29 900 de "chistorete". ☑

112. choque, choqueada, choqueado, choquear, choquearse, conmoción, electrochoque, electrochoques, ¿electroshock?, ¿electroshocks?, ¿shock?, ¿shocks?

Con excepción de "shakespeariano" ("perteneciente o relativo a William Shakespeare"), las demás y escasas palabras con la secuencia inicial "sh" que hallemos en cualquier diccionario de la lengua española son extranjerismos crudos y, por tanto, no pertenecen al idioma español: *shaurire, sheriff, sherpa, shock, short, show, show business, showman, show-woman, shuar* y *shunte*. Siendo *electroshock* y *shock* voces inglesas es indispensable escribirlas en *cursivas* cuando las utilizamos en español, pero en realidad no hay razón para utilizar el sustantivo *electroshock*, si tenemos en español su adaptación gráfica "electrochoque" (de *electro-* y *choque*), sustantivo masculino que se refiere al "tratamiento de una perturbación mental provocando el coma mediante la aplicación de una descarga eléctrica" (DRAE). Ejemplo: *En el siglo XX los **electrochoques** eran habituales como tratamiento en las enfermedades mentales.* Se trata de un término compuesto. Su prefijo es el elemento compositivo "electro-" (del latín *electrum*, y éste del griego *élektron*) que significa "electricidad" o "eléctrico", como en "**electro**doméstico" y "**electro**mecánico", y su parte complementaria es "choque" (del inglés *shock*), sustantivo masculino con dos acepciones principales: "Estado de profunda depresión nerviosa y circulatoria, sin pérdida de la conciencia, que se produce después de intensas conmociones, principalmente traumatismos graves y operaciones quirúrgicas" y "emoción e impresión fuertes" (DRAE). Cabe decir que estas acepciones del sustantivo "choque" son específicas para la medicina, la clínica y la psiquiatría, a diferencia de la definición más amplia y común de "choque" (del verbo "chocar": impactar, golpear), que significa "encuentro violento de una cosa con otra" y "contienda, disputa, riña o desazón con una o más personas". Ejemplos: *Murió en un **choque** automovilístico; El **choque** entre los boxeadores será el sábado.* Al igual que en español, en inglés, el sustantivo *shock* tiene dos significados distintos: uno general que corresponde a

sacudida, colisión e impacto violento de una cosa con otra, y otro específico que
corresponde a conmoción, susto o sobresalto. Queda claro, entonces, de que hay dos
tipos de "choques": uno común, con un sentido muy amplio de impacto, golpe y encuentro violento, y otro específico que se restringe a lo psicológico, cuyo sinónimo
perfecto es "conmoción". En el caso del *electroshock*, que en perfecto español es "electrochoque", ambos sentidos se complementan, pues un "electrochoque" no es otra
cosa que un "choque eléctrico": un tratamiento enérgico y hasta cierto punto violento
que, como ya vimos, consiste en aplicar una descarga eléctrica en una persona con
perturbaciones mentales. En este sentido, más que de una "conmoción", se trata de
un impacto (de energía eléctrica). Quizá por esto, en español, poco a poco nos hemos
ido acostumbrando a decir y escribir "electrochoque" y "electrochoques" en lugar de
electroshock y *electroshocks*, pero no nos acostumbramos a llamar "choque" al *shock*
de carácter psicológico. Y esto es muy comprensible: en realidad, su traducción no debería ser, literalmente, "choque", sino "conmoción". Recordemos que uno de los más
famosos libros del futurólogo (que no futurista) Alvin Toffler, *Future Shock* (1970) se
intituló para todas las ediciones en español *El shock del futuro*, cuando lo correcto
debió ser *La conmoción del futuro* o, mucho mejor aún, *La conmoción ante el futuro*,
pues el sustantivo femenino "conmoción" (del latín *commotio, commotiōnis*) significa,
en primer término, "movimiento o perturbación violenta del ánimo o del cuerpo".
Justamente, la tesis central del libro de Toffler es que, en la década 1970, había una
perturbación violenta del ánimo en las personas en relación con el futuro y con los
grandes cambios que éste traería consigo y que ya comenzaban a advertirse. Al mercado editorial en español le pareció que, comercialmente, vendería mejor el libro con
el equívoco título *El shock del futuro* que con el más adecuado *La conmoción ante el
futuro*, pues el hispanohablante, en general, utiliza la voz inglesa *shock* como si de
español se tratara, diferenciándola perfectamente del sustantivo castellano común
"choque". Obviamente, un libro titulado *El choque del futuro* no sólo hubiese sido comercialmente poco atractivo, sino también de muy escasa referencia sobre su tema
entre la mayor parte de los hispanohablantes. Cabe señalar que en varios países de
América existen los verbos "choquear" (transitivo) y "choquearse" (pronominal), con
las siguientes acepciones en el DRAE: "Producir un impacto emocional a alguien" y
"dicho de una persona: sufrir un impacto emocional". Ejemplos: *Espero que no te va-
yas a **choquear** con la noticia*; *Se **choqueó** completamente cuanto lo supo*; *Me enteré y quedé **choqueado***. Será difícil que desterremos del español la voz inglesa *shock* para
referirnos al impacto emocional, pero la solución no es traducirla como "choque",
sino mucho mejor como "conmoción", pues esto es exactamente. Digamos y escribamos entonces "conmoción" en lugar de *shock*, porque si decimos y escribimos "choque" cualquiera entenderá otra cosa y no lo que queremos decir. Ejemplos: *Fue una*

tremenda **conmoción**, en lugar de *Fue un tremendo* **shock**; *Aún no me repongo de la con-moción*, en lugar de *Aún no me repongo del* **shock**.

☞ Google: 3 040 000 resultados de "en shock"; 1 490 000 de "un shock"; 1 260 000 de "el shock"; 89 500 de "shockeado"; 68 500 de "shockeados"; 67 800 de "shockeada"; 58 300 de "electroshock"; 44 900 de *"El shock del futuro"*; 33 800 de "un electroshock"; 12 200 de "electroshocks"; 8 250 de "shockear"; 7 760 de "los electroshocks"; 6 270 de "con electroshocks"; 4 570 de "shockeadas". ☒

☞ Google: 10 800 000 resultados de "conmoción"; 710 000 de "conmociones"; 143 000 de "electrochoque"; 102 000 de "electrochoques"; 18 900 de "choqueado"; 16 500 de "choquea-da"; 11 800 de "choqueados"; 7 780 de "choquear"; 3 060 de "choqueadas". ☑

113. chupa, *¿chupa cabras?*, chupacabras, chupar

Con algunos verbos que anteceden a ciertos sustantivos se forman términos com-puestos cuya regla general es que deben escribirse con grafía simple, esto es, en una sola palabra. De "sacar" más "puntas", "sacapuntas"; de "matar" más "sanos", "mata-sanos"; de "lamer" más "botas", "lamebotas"; de "lamer" más "culos", "lameculos"; de "tumbar" más "burros", "tumbaburros"; de "romper" más "redes", "romperredes"; de "cascar" más "nueces", "cascanueces"; de "correr" más "caminos", "correcami-nos"; de "lavar" más "manos, "lavamanos"; de "espantar" más "pájaros", "espantapája-ros"; de "comer" más "santos", "comesantos"; de "comer" más "mierda", "comemierda"; de "chupar" más "tintas", "chupatintas"; de "chupar" más "rosa", "chuparrosa"; de "chupar" más "sangre", "chupasangre"; de "chupar" más "pollas", "chupapollas"; de "chupar" más "vergas", "chupavergas"; de "cagar" más "diablos", "cagadiablos"; de "cortar" más "uñas", "cortaúñas"; de "sacar más corchos", "sacacorchos"; de "tapar" más rabos", "taparrabos"; de "trotar" más "calles", "trotacalles", etcétera. De este mis-mo modo, de "chupar" más "cabras", "chupacabras", sustantivo compuesto que, al igual que todos los demás, no se debe escribir en dos palabras separadas ("chupa cabras"), sino en una sola, pues es un sustantivo compuesto. El verbo transitivo "chu-par" significa "sacar o traer con los labios y la lengua el jugo o la sustancia de algo" (DRAE). "Cabra" (del latín *capra*) es un sustantivo común que designa a cierto mamí-fero rumiante doméstico. Ejemplo: *El queso de leche de* **cabra** *es delicioso*. El sustantivo común "chupacabras" es definido del siguiente modo en el diccionario académico: "en la tradición popular americana, criatura que mata a sus víctimas para chuparles la sangre". No exactamente: no es en la tradición popular americana, sino en la leyenda urbana y rural de algunos países latinoamericanos, entre ellos México, Guatemala, Costa Rica, Chile y Perú. No forma parte de ninguna tradición popular, sino del imagi-nario reciente alentado por los medios de información sensacionalistas. Ejemplo (tomado de un diario amarillista de una localidad en Yucatán, México): "Pobladores vieron al **chupacabras**". No es ninguna tradición; es una superstición alimentada por el negocio del sensacionalismo periodístico en algunas comunidades. Lo que sí es cierto es que debe escribirse "chupacabras" (como una sola palabra) y no "chupa cabras".

Escribir "chupa cabras" (en dos palabras) es muestra de que no se conoce la regla, en español, para la formación de los sustantivos compuestos. En el diario mexicano de Chihuahua *El Estado* leemos el siguiente encabezado:

   ♀ "Trabajador de nogalera cae en shock al ver **Chupa cabras** en Meoqui".

Más allá de esta superstición explotada por el amarillismo, lo que el diario quiso informar es que

   ◔ un trabajador dijo ver al **chupacabras**.

   ✍ Escribir "chupa cabras" o "Chupa Cabras" (en dos palabras) es como si escribiéramos "lava manos" en vez de "lavamanos" o "corta uñas" en vez de "cortaúñas". Más ejemplos de esta torpeza ortográfica y gramatical, en los pasquines: "Matan al **Chupa Cabras**", "Encuentran calavera de supuesto **Chupa Cabras**", "**Chupa Cabras** en Costa Rica", "El misterio del **Chupa Cabras**", "Encuentran **Chupa Cabras** en México", "Fotos del aterrador **Chupa Cabras**". Habiendo tantos políticos "chupasangre" en nuestros países, es obvio que el cuento del "chupacabras" es de una ingenuidad conmovedora.

   ☞ Google: 1 140 000 resultados de "chupa pollas"; 990 000 de "corta uñas"; 270 000 de "lava manos"; 128 000 de "lame botas"; 78 800 de "saca corchos"; 71 000 de "chupa cabras"; 48 900 de "lame culos"; 19 500 de "casca nueces". ☒

   ☞ Google: 11 100 000 resultados de "lavamanos"; 3 470 000 de "sacacorchos"; 3 190 000 de "cascanueces"; 1 600 000 de "chupapollas"; 1 340 000 de "chupacabras"; 966 de "cortaúñas"; 261 000 de "lameculos"; 219 000 de "lamebotas". ☑

114. cigarrillo, cigarrillo electrónico, cigarro, cigarro electrónico, fumador, fumar, vapeador, vapear, vapeo, ¿*vaping*?, vapor, vaporear, vaporizador

Ya es imposible eliminar de nuestro idioma el neologismo "vapear" (del inglés *To vape*) verbo transitivo e intransitivo que equivale a "vaporear" (arrojar o despedir vapor), por equivalencia con "fumar" (del latín *fumāre*, "humear"): "echar, despedir humo". Aunque no se incluyó en la última edición impresa (2014) del DRAE, la Real Academia Española pronto tendrá que incorporar este verbo en su diccionario para evitar que se extienda del desafortunado el anglicismo crudo *vaping*, derivado de *To vape*. Confiemos en que también incluya las adaptaciones gráficas del adjetivo y sustantivo "vapeador" (que vapea) y del sustantivo masculino "vapeo" (acción y efecto de vapear). En 2014, justamente cuando apareció la vigesimotercera edición del DRAE, el

Oxford English Dictionary eligió palabra del año el verbo *To vape* ("acción de inhalar vapor de un cigarrillo electrónico"). La especialista española Laura Moreno-Galarraga expone en una carta científica que "el *vaping* surgió como estrategia para dejar de fumar, como herramienta para deshabilitar el uso de nicotina en fumadores habituales, pero se ha convertido en un arma de doble filo. Existen datos controvertidos sobre si se trata realmente de una herramienta eficaz para dejar de fumar, mientras que su uso se está expandiendo entre los no fumadores, especialmente entre los más jóvenes, y no sólo para fumar tabaco, sino también otras sustancias como derivados cannabinoides, tetrahidrocannabinol, hachís o distintos aceites. Existen múltiples trabajos alertando sobre cómo el uso del *vaping* en jóvenes ha tenido justamente el efecto contrario, relacionándose su uso con una progresión al tabaquismo tradicional". Más allá de estos problemas de salud que implica el "vapeo", queda clara la diferencia entre "fumar" y "vapear". El "fumador" arroja humo por la boca y por la nariz, luego de inhalarlo del cigarrillo tradicional que lo produce a partir de la combustión de tabaco y otras sustancias químicas y vegetales; el "vapeador", en cambio, despide vapor por la boca y por la nariz, luego de inhalarlo del cigarrillo electrónico o "bolígrafo vaporizador" que lo produce a partir del calentamiento de ciertas sustancias líquidas que se convierten en vapor. De hecho, el verbo transitivo "vaporizar" significa "convertir un líquido en vapor, por la acción del calor". Siendo así, aunque parezcan sinónimos, "fumar" y "vapear" son verbos que se refieren a acciones parecidas, pero con características diferentes; a riesgo de ser repetitivos, insistamos en que el sustantivo masculino "vapeo" es la acción de usar un cigarro o cigarrillo electrónico mediante el cual el "vapeador" aspira y arroja "vapor", de la misma forma que un "fumador" aspira y arroja "humo" de tabaco, marihuana, lechuga, guarumo, caca de caballo, etcétera, mediante un cigarrillo industrial o elaborado manualmente. El buscador de dudas de la Fundéu RAE advierte que, para la acción de inhalar y exhalar vapor, "también es adecuado usar la forma 'vaporear', recogida en el *Diccionario de la legua española*, con el sentido de 'exhalar vapores', aunque goza de menor uso". Esta acotación del menor uso es del todo lógico: queda claro que cuando el DRAE incluye en sus páginas el sustantivo masculino "vaporizador" y lo define como "aparato que sirve para vaporizar" no se está refiriendo al "cigarrillo electrónico", sino, como explica la *Wikipedia*, al "dispositivo de extracción de aceites esenciales [que], en lugar de la combustión del material, el vaporizador utiliza el calor para evaporar las sustancias activas. Durante el procedimiento de vaporización, los materiales vegetales se exponen a la corriente del aire caliente por lo cual el contenido (componentes activos y aromas) se vaporiza a través de la acción térmica controlada". El "vaporizador" al que se refiere el DRAE y que sirve para "vaporear" es un dispositivo para refrescar o caldear el ambiente, según sea el caso, en una habitación cerrada de preferencia, con fines medicinales o terapéuticos, pero nada tiene que ver con el cigarrillo electrónico. Por lo tanto, aunque "vaporear" y "vaporizador" sean términos aplicables a "vapear" y a "dispositivo electrónico", no son equivalentes o sinónimos relacionados con el cigarrillo electrónico. De ahí que sean no sólo necesarios, sino también indispensables, en nuestra lengua, los neologismos "vapeador", "vapear" y "vapeo". Los cigarros o cigarrillos electrónicos, cada vez más sofisticados, legales o ilegales y con toda una polémica de salud pública en torno a ellos (porque algunos especialistas sostienen que pueden ser más dañinos que los cigarrillos tradicionales de tabaco y nicotina) llegaron para quedarse en nuestra sociedad y en los hábitos de millones de personas, incluidas las hispanohablantes.

☞ Google: 14 100 de "el vaping"; 9 990 de "en el vaping"; 5 180 de "por el vaping". ☒

☞ Google: 71 600 000 resultados de "fumar"; 37 100 000 de "fumadores"; 25 300 000 de "cigarro"; 17 200 000 de "cigarrillos"; 13 200 000 de "cigarros"; 12 700 000 de "cigarrillo"; 11 700 000 de "fumador"; 1 340 000 de "fumadora"; 1 030 000 de "fumadoras". ☑

☞ Google: 1 500 000 resultados de "vapeo"; 1 070 000 de "cigarrillo electrónico"; 805 000 de "vapear"; 590 000 de "vapeadores"; 390 000 de "vapeador"; 318 000 de "cigarros electrónicos"; 170 000 de "vapeando"; 156 000 de "cigarro electrónico"; 20 100 de "vapeadora"; 11 800 de "vapear es malo"; 4 570 de "bolígrafo vaporizador"; 1 270 de "vapeadoras"; 1 150 de "me gusta vapear"; 1 010 de "pluma para vapear". ☑

115. cínico, cínicos, cinismo, Sina, sínico, sínicos, sinología, sinólogo, sinólogos

Según el diccionario académico, "sínico" es un adjetivo que se aplica a una cosa perteneciente a China. María Moliner señala que dicho adjetivo proviene del griego *Sina*, término con el que antiguamente se nombraba a la China, es decir a la nación asiática que hoy se conoce como República Popular China. De ahí que alguien versado en el estudio de las lenguas y las culturas de China sea un "sinólogo" (y no un "chinólogo"), pues el sustantivo "sinología" designa precisamente al estudio de las lenguas y las culturas chinas. Ni el diccionario de la RAE ni el de María Moliner ofrecen ejemplos, pero podríamos decir que *Las figuras de guerreros y caballos de terracota de la dinastía Qin pertenecen a la tradición* **sínica**. En cambio, "cínico" es un adjetivo proveniente del latín *cynicus* (perruno), que define del siguiente modo el diccionario el DRAE: "Dicho de una persona: que actúa con falsedad o desvergüenzas descaradas". Ejemplo: *Ese funcionario es un* **cínico** *cuando habla de combatir la corrupción siendo él un grandísimo corrupto*. "Cínico" se aplica también, en la filosofía, a una escuela que surgió en Grecia, la cual fundó Antístenes y tuvo por representante más destacado a Diógenes. Ejemplo: *Diógenes de Sínope es también llamado Diógenes el* **Cínico**. Por lo anterior, nada tiene que ver el adjetivo "sínico" con el adjetivo "cínico". Siendo el primero, un término culto por excelencia y más propio de la erudición que de la lengua común, es frecuente que en el español inculto se escriba el barbarismo "sínico" (con "s") cuando en realidad se desea escribir "cínico".

Este barbarismo se encuentra sobre todo en internet, pero no falta en algunas publicaciones impresas. Un internauta afirma:

♀ "Ese tipejo es un **sínico** y le gusta destruir familias".

Quiso decir y escribir que

♂ el tipejo es un **cínico** a quien le gusta destruir familias.

🖋 Es obvio que no se refiere a alguna cosa relacionada con la cultura china. Más ejemplos: "usted es un **sínico** que merece estar en una celda", "es un **sínico** este personaje", "este cabrón es un **sínico**", "solo es un **sínico** engreido y estupido", "el padre de estos es un **sínico**, irresponsable y desobligado", "sos un **sínico** aprovechado", "mira si eres un **sínico**", "eres un **sínico** de porquería", "eres un **sínico** de mierda", "resultó ser todo un **sínico**", "este hombre es todo un **sínico**", "me he convertido en todo un **sínico**" (lo felicitaríamos si fuese en verdad un experto en la cultura china), "él es todo un **sínico**", "no trabajan para el pueblo, son unos **sínicos**", "estos políticos son unos **sínicos**" (políticos cínicos es una redundancia) "son unos **sínicos** corruptos", "son unos **sínicos** de mierda", "son unos **sínicos** mentirosos", "son unos **sínicos** oportunistas", etcétera.

☞ Google: 16100 resultados de "es un sínico"; 5790 de "son unos sínicos"; 5100 de "eres un sínico"; 1600 de "sínico de mierda"; 1010 de "maldito sínico"; 1010 de "todo un sínico"; 1000 de "pinche sínico"; 1000 de "sínicos de mierda". ☒

116. ¿*City*?, ¿*City Manager*?, ¿*city manager*?, ciudad, ¿*manager*?, mánager

¿*City Manager*? Si este término del inglés se traduce al español como gerente de la ciudad o administrador municipal, ¿por qué demonios no lo decimos en español? En el diario mexicano *La Jornada*, el analista Abraham Nuncio enfatizó, con toda razón, que en México "la figura del *city manager* en la vida pública es una mala copia", y más una novedad verbal que una innovación en el marco jurídico. Pero pronosticó: "es probable que pronto sea imitada". En efecto, pronto salió el conejo de la chistera en la alcaldía Miguel Hidalgo de la Ciudad de México con la mala copia del "City Manager" que, además, se imitó de Bilbao, España. No cabe duda de que los españoles nos ponen la muestra para socavar la lengua española. El desastre político y administrativo sigue siendo el mismo, pero ahora en inglés, cuando ni siquiera saben hablar y escribir correctamente el español. Por lo demás, los políticos creen que las ciudades son empresas que administrar, no ámbitos de ejercicio ciudadano en donde lo que menos se necesita es un mánager, sustantivo que es calco del inglés y que en español se pronuncia tal como está escrito (*mánager*, no *mánayer*), con dos únicas acepciones en el DRAE: "Gerente o directivo de una empresa o sociedad" y "representante de un artista o deportista, o de una entidad artística o deportiva". La ignorancia tal vez sea finita, pero la tontería no.

☞ Google: 28 700 resultados de "un City Manager"; 24 000 de "el city manager"; 2 110 de "City Manager de la Miguel Hidalgo". ☒

117. clic, clicar, ¿*click*?, cliquear, Google, googlear, guasap, guasaps, guasapear, guglear, mensaje, mensajear, ¿*puchar*?, ¿*push*?, ¿*pushar*?, textear, texto, tuit, tuitear, tuiteo, tuitero, Twitter, wasap, wasapear, watsap, watsapear, WhatsApp

De la marca registrada Twitter, en inglés, surgieron las adaptaciones en español de los sustantivos "tuit" ("mensaje digital que se envía a través de la red social Twitter y que no puede rebasar un número limitado de caracteres") y "tuiteo" ("acción y efecto de tuitear"), el adjetivo y sustantivo "tuitero" ("perteneciente o relativo al tuit o al tuiteo" y "persona que tuitea") y el verbo intransitivo y transitivo "tuitear" ("comunicarse por medio de tuits" y "enviar algo por medio de un tuit"), ya aceptadas por la Real Academia Española e incorporadas en las páginas del DRAE. Todos estos términos, préstamos del inglés y pertenecientes al vocabulario de internet, son legítimos porque carecen de equivalentes en la lengua española. De igual forma, se ha ido imponiendo en el uso del español, aunque aún no incorporado en el DRAE, el verbo "guglear", derivado de la marca registrada Google (pronunciación aproximada en inglés: *gúgol*), que designa al más utilizado motor de búsqueda de internet. Este verbo transitivo equivale a "buscar en internet" por medio de Google y, tarde o temprano, tendrá que ser admitido por la RAE porque no es lo mismo "buscar" simplemente (es decir, "hacer algo para hallar a alguien o algo"), que "buscar en Google", es decir, usar esta herramienta digital para realizar una búsqueda de datos. Hoy es frecuente que las personas digan y escriban: "gugléalo", para indicar que si se hace una determinada búsqueda en Google será factible hallar resultados. Como se trata de una búsqueda tan específica, por medio de esta herramienta, dicha adaptación gráfica con su respectiva expresión fonética tendrá que ser admitida en el DRAE. Ejemplo: *Si quieres saber cuántos campeonatos ha obtenido el Real Madrid, basta con* **guglearlo**. Las variantes "goglear" y "googlear" son menos recomendables aunque parezcan más fieles al término de origen, por su infidelidad fonética, lo mismo con una "o" que con dos oes consecutivas. El caso del verbo transitivo "clicar", con su variante "cliquear", es muy parecido, en su origen, a "goglear" y "guglear", pues tienen su origen en la voz inglesa onomatopéyica *click* (chasquido, tecleo), cuya castellanización, "clic" (onomatopeya y sustantivo masculino), ya forma parte del DRAE con las siguientes dos acepciones: "Úsase para reproducir ciertos sonidos, como el que se produce al apretar el gatillo de un arma,

pulsar un interruptor, etc." y "pulsación que se hace en alguno de los botones del
ratón de una computadora para dar una instrucción tras haber señalado un enlace o
icono en la pantalla". Ejemplos: *Escuchó el* **clic** *del interruptor*; *Si estás de acuerdo, haz*
clic. De este sustantivo derivaron el verbo "clicar" (que se conjuga como "picar") y su
variante, menos recomendable, "cliquear" (que se conjuga como "saquear"), perfectamente construidos en nuestro idioma, equivalentes a "dar **clic**" o "hacer **clic**", pues
su significado es "pulsar alguno de los botones del ratón de la computadora". Ejemplos: *Hay que* **clicarlo** *dos veces*; *Lo* **cliqueé** *por equivocación*. Si el DRAE ya ha admitido
"clic", cuyo plural es "clics", debe, congruentemente, incluir en su siguiente edición
impresa, y no sólo en su versión en línea, el verbo "clicar" y su variante "cliquear", perfectamente aclimatados en nuestro idioma. Aunque no sea influencia del inglés,
pero sí de internet, parecido es el caso del verbo intransitivo y pronominal "mensajear", "mensajearse" (del occitano *messatge*: mensaje, "recado que envía alguien a otra
persona"), cuyo significado es "enviar mensajes por medio de dispositivos electrónicos" y "comunicarse por mensaje electrónico con otra persona", una forma actualizada de "cartearse" ("comunicarse por carta con otra persona"). Ejemplo: *Es peligroso e*
irresponsable que las personas **mensajeen** *mientras conducen su automóvil*. Con este mismo significado, especialmente en España se prefieren las formas verbales "textear" y
"textearse" (del latín *textus*: trama, tejido, "enunciado oral o escrito"). Ejemplo: ***Tex-***
tear *mientras se conduce implica más probabilidades de sufrir un accidente*. Tendrá que
admitirlo el DRAE en su próxima edición impresa (puesto que ya la admite en su
versión en línea), del mismo modo que tendrá que admitir el sustantivo masculino
"watsap" y el verbo "watsapear": en el primer caso, "mensaje enviado por la aplicación de mensajería instantánea WhatsApp", y en el segundo, "intercambiar mensajes
por WhatsApp". Ejemplos: *Me mandó un* **watsap**; *Me mandó a la chingada por* **watsap**;
Se la pasa **watsapeando** *en la oficina*. Por su proverbial falta de ortoepía, muchos españoles dicen y escriben "wasap" y "wasapear" (comiéndose la "t" intermedia) y estas
representaciones gráficas y expresiones fonéticas son las que recomienda el buscador urgente de dudas de la Fundéu BBVA, de la agencia EFE, asesorada, obviamente,
por la RAE. También sugiere como aceptables las adaptaciones "guasap", "guasaps" y
"guasapear". Pero si partimos de la fonética inglesa, la pronunciación aproximada es
juátsap; por tanto, las formas usadas y recomendadas en España pecan de inexactitud.
Lo mejor es "watsap", "watsaps" y "watsapear", en sus representaciones gráficas, que
equivalen exactamente a la pronunciación que hace cualquier persona que hable en
español sin faltas de ortoepía. El caso de "pushar" (y "puchar") es muy diferente: se
trata de un anglicismo torpe, pues la voz inglesa *push* se traduce en español como
"apretar", "empujar", "pisar" o "presionar": un botón, una tecla, una palanca, una cla-
vija, un interruptor o un mando de un aparato generalmente eléctrico o electrónico.

Y si estos verbos castellanos existen, ningún sentido tiene importar el coloquial verbo "pushar", como cuando alguien dice: **Púshale al acelerador** o **Púshale aquí**. En todo
caso se trata de formas festivas del habla que deberíamos abandonar, pues son perfectamente traducibles a nuestra lengua del modo más natural y preciso: **Písale al
acelerador, Presiónale aquí**. Por tanto, dejemos de "pushar" y de "pusharle" y, peor
aún, de "pucharle", y empleemos nuestros perfectos verbos castellanos "apretar",
"empujar", "pisar" y "presionar". A diferencia de los otros términos —neologismos
necesarios para designar realidades carentes de perfecta equivalencia en nuestro
idioma—, todos los derivados de la voz inglesa "push" son innecesarios en español.

☞ Google: 6190000 resultados de "hacer click"; 2950000 de "dar click"; 1050000 de "tui-
ter"; 298000 de "pushar"; 14000 de "púchale"; 4650 de "oyó el click"; 3330 de "púshale". ☒

☞ Google: 54700000 resultados de "wasap"; 577000 de "googlear"; 305000 de "cliquear";
301000 de "guasap"; 221000 de "textear"; 43000 de "wasapear"; 9720 de "goglear"; 8730 de
"guasapear". ☑

☞ Google: 492000000 de resultados de "clic"; 99800000 de "clics"; 49400000 de "hacer clic"; 47600000 de "clicar"; 28000000 de "tuit"; 25900000 de "tuits"; 17900000 de
"presionar"; 10500000 de "apretar"; 7390000 de "watsap"; 4280000 de "tuitear"; 3500000
de "dar clic"; 751000 "mensajear"; 15700 de "guglear"; 14000 de "mensajearse"; 7510 de
"oyó el clic"; 2640 de "watsapear". ☑☑

118. ¿*coaching*?, dirección, entrenamiento, gestión administrativa, guía, instrucción, ¿*management*?

¿*Coaching*? En inglés el sustantivo *coaching* (pronunciación aproximada: *kúchin* o *kóu-
ching*) se traduce como "preparación" y "entrenamiento", y su sinónimo es *training*
(que se pronuncia, aproximadamente, *tréining*). En español, los sustantivos "entrenamiento" y "preparación" admiten otros sinónimos: "adiestramiento", "aleccionamien-
to", "asesoramiento", "capacitación" e "instrucción", entre los más adecuados. Sin
embargo, los anglicistas y pochistas insisten en utilizar, en nuestro idioma, el advenedizo "coaching" en los ámbitos económicos, empresariales y administrativos, de
gestión y liderazgo, de autoayuda y (otra jalada anglicista) de "management", sustantivo que en inglés no quiere decir otra cosa que dirección, gestión administrativa y
manejo de personal. En el diccionario académico se incluye la voz inglesa *coach* (con
las *cursivas* de rigor para indicar que no es un término que forme parte de nuestro
idioma), que se pronuncia aproximadamente *kuch* o *kouch* (según sea en inglés británico o estadounidense) y que significa "persona que asesora a otra para impulsar
su desarrollo profesional y personal" (DRAE), y en el ámbito deportivo es sinónimo de
"entrenador". ¿Por qué demonios decimos y escribimos "coaching" si podemos decir

y escribir "preparación", "adiestramiento" o "capacitación"? ¿Por qué diablos decimos y escribimos "management" si podemos decir y escribir "gestión administrativa"? Por ridículos y entreguistas. Ridículamente entregamos nuestro patrimonio cultural idiomático. Hoy se habla incluso de "coaching de vida", para referirse al acompañamiento e instrucción que se brinda para facilitar el desarrollo de las personas a fin de que alcancen sus objetivos. ¡Que no coachinguen! Al rato habrá "coaching de vida" especializado en cepillarse los dientes y atarse las agujetas o bien "coaching de vida" para guiarte en la realización perfecta del nudo de la corbata. En español no es "coaching", es entrenamiento, es instrucción, es guía, y en cuanto a "management" (pronunciación aproximada: *mánichment*), ya dijimos que es dirección o gestión administrativa. Es casi imposible que los anglicistas hispanohablantes renuncien a su "coaching" y a su "management". Sentirían que ya no son ellos; sentirían que han perdido toda su autoridad si traducen esos sustantivos al español, lengua de la cual se avergüenzan. Se mantendrán en sus trece, aunque socaven cada vez más nuestro idioma. Pero, por favor, nosotros no los imitemos.

☞ Google: 775 000 resultados de "**coaching** de vida"; 467 000 de "**coaching** de negocios"; 303 000 de "**coaching** para el éxito"; 79 200 de "**coaching** y consultoría"; 72 400 de "**management** en las empresas"; 69 100 de "**coaching** para empresas"; 67 900 de "**management** en España"; 63 300 de "**coaching** de ventas"; 61 900 de "**coaching** para emprendedores"; 48 600 de "**management** en México"; 47 400 de "Asociación Española de **Coaching**"; 36 400 de "**coaching** para líderes"; 35 900 de "**management** y liderazgo"; 31 900 de "**management** en Argentina; 25 800 de "gestión y **management**"; 21 400 de "administración y **management**"; 18 400 de "liderazgo y **management**"; 16 100 de "**management** y sociedad"; 15 400 de "**management** empresarial"; 15 100 de "**management** y éxito"; 10 100 de "**coaching** de desempeño"; 9 680 de "Asociación Mexicana de **Coaching**"; 9 030 de "**coaching** para empresarios"; 8 540 de "Asociación Argentina de **Coaching**"; 7 270 de "**coaching** para el desarrollo"; 4 990 de "**coaching** de alta dirección"; 3 690 de "Asociación Chilena de **Coaching**". ☒

119. ¿colach?, ¿colachs? ¿colage?, ¿colages?, ¿colaje?, ¿colajes?, ¿colash?, ¿colashes?, collage, collages

La Real Academia Española ha mostrado a lo largo de su historia una actitud incongruente en relación con los términos extranjeros, los llamados préstamos, que se utilizan con frecuencia en nuestra lengua. En algunos casos les da carta de naturalización, como extranjerismos crudos, de acuerdo con la fonética estrictamente de España, como en el caso del sustantivo masculino "jersey" (del inglés *jersey*; pronunciación: *yérsi*), palabra aguda que designa la "prenda de vestir de punto, cerrada y con mangas, que cubre desde el cuello hasta la cintura aproximadamente" (DRAE). Pero conste que el uso del término "jersey" es particularidad de España. En varios países de América se utilizan sinónimos como "suéter" (del inglés *sweater*; pronunciación: *suéder*) o "pulóver" (del inglés *pullover*; pronunciación: *pulóver*), cuyas representaciones gráficas están legitimadas en el DRAE. Pero en América también decimos "yersi" y "yérsey", como adaptaciones gráficas y fonéticas del *jersey* inglés. Pues bien, así como la RAE ha adaptado gráficamente la fonética de ciertos extranjerismos, de acuerdo con la pronunciación del idioma español, tales como "yudo" y "yudoca", en lugar de *judo* y *judoka* (sistema japonés de lucha y persona que lo practica), "yogur" en lugar de *yogourt* (variedad de leche fermentada) y "yonqui" en lugar de *junkie* (adicto a la heroína), entre otros, ha sido especialmente omisa con ciertos términos, entre los cuales está la voz francesa *collage* (pronunciación aproximada en francés: *kolásh*) que sigue incluyendo en su edición del tricentenario (2014) como extranjerismo crudo con las cursivas de rigor (sustantivo masculino) y con las siguientes tres acepciones: "Técnica pictórica que consiste en componer una obra plástica uniendo imágenes, fragmentos, objetos y materiales de procedencias diversas", "obra pictórica efectuada mediante el *collage*" y "obra literaria, musical o de otra índole que combina elementos de diversa procedencia". Muy bien: en general esto es el *collage*, pero ¿por qué seguir utilizando la voz francesa cruda si los hablantes de nuestra lengua decimos casi siempre "colash" y no "collage" y, en todo caso, existe ya un uso bastante amplio de decir y escribir "colaje", muy similar a la adaptación gráfica "bricolaje" (derivada de la voz francesa *bricolage*, con pronunciación *bricolásh*), sustantivo masculino con el siguiente significado: "Actividad manual y casera de reparación, instalación, montaje o de cualquier otro tipo, que se realiza sin ayuda profesional". Queda claro que la Real Academia Española no tiene una norma precisa y clara ni un protocolo lingüístico para la adaptación gráfica de los extranjerismos: unas veces procede con la representación fonética, como en "yanqui" (del inglés *yankee*, que se pronuncia *yánki*) y "canesú" (del francés *canezou*, que se pronuncia *kanesú*), y otras veces se decide por la grafía extranjera, sin atender en lo absoluto a la fonética original, como en los galicismos crudos "argot" (en francés *argot*, pero que se pronuncia *argó*), "bagaje" (en francés *bagage*, pero que se pronuncia *bagásh*), "caniche" (en francés *caniche*, pero que se pronuncia *kaních*), "casete" (en francés *cassette*, pero que se pronuncia *kasét*), "chef" (en francés *chef*, pero que se pronuncia *shéf*), "fuagrás" (en francés *foie gras*, pero que se pronuncia *fuegrá*), "parterre" (en francés *parterre*, pero que se pronuncia *partér*), "paté" (en francés *pâte*, pero que se pronuncia *pat*), "pierrot" (en francés *pierrot*, pero que se pronuncia *pierró*) y "tarta" (en francés *tarte*, pero que se pronuncia *tart*). Y, tozudamente, el diccionario académico incluye como galicismo crudo la voz francesa *baguette* (que se pronuncia *baguét*): "barra de pan estrecha y alargada" (DRAE), cuando perfectamente puede representarla, en español, como "baguet" (plural:

"baguets), tal como lo pronuncia la mayoría de los hablantes del español, aunque, previsiblemente, cuando ingrese a las páginas del DRAE será con la grafía "baguete" (plural: "baguetes"), que ya adelantó el *Diccionario panhispánico de dudas*. Esto quiere decir que la RAE procederá con esta voz francesa de la misma manera en que adaptó gráficamente *cassette*; con la grafía "casete", atendiendo a la escritura más que a la fonética original de amplio uso en nuestra lengua: *kasét* y *baguét*. Pero, además, el paupérrimo *Panhispánico de dudas* la caga por enésima ocasión. En la entrada "baguete" establece: "Debe pronunciarse de acuerdo con la grafía propuesta: *bagéte*". ¡Pues no, nada más no!: si se pronuncia con la grafía propuesta, la pronunciación es *baguéte* y no *bagéte*. Si serán brutos. Imaginemos a Juan Pendejo que entra a la panadería y dice muy orondo: "Deme dos **bagetes**. No, pensándolo bien, mejor deme nada más una **bagete**". Ya decía Borges que el español puede ser un idioma muy arduo sobre todo para los españoles y, muy especialmente, para los académicos españoles de la lengua. Todo esto prueba la falta de rigor y de sistema de la RAE; de la ausencia de un protocolo lingüístico. Regresando a la voz francesa *collage*, que el DRAE sigue incluyendo en sus páginas como extranjerismo crudo, hay que decir algo de su confusa historia. En su vigésima primera edición (1992), el diccionario académico no incluye en sus páginas la voz francesa cruda, sino la extraña adaptación gráfica "colage", sustantivo masculino derivado del francés *collage*, con dos acepciones: "Técnica pictórica consistente en pegar sobre lienzo o tabla materiales diversos" y "obra pictórica ejecutada con este procedimiento". Y hasta María Moliner recoge esta misma representación gráfica en el DUE, y, además, tiene definición principal en el *Clave*, en donde se acota que "está muy extendida la pronunciación galicista [colách], con *ch* suave". Por su parte, José Martínez de Sousa, en su *Diccionario de usos y dudas del español actual*, recoge el palabro "colage" pero introduce la variante "colaje", y nos remite a la voz francesa "collage" (sin uso de cursivas), en tanto que el *Panhispánico de dudas* obra en sentido inverso: recoge *collage*, como extranjerismo, y nos remite a "colaje", advirtiendo que se pronuncia como "bricolaje" y "masaje", pero además desautoriza la grafía "colage", pues, enfatiza, "debe preferirse la grafía con -*j*- por analogía con el resto de las voces francesas terminadas en -*age* que se han incorporado al español, que se han adaptado siempre con la terminación -*aje*". (¡Pues qué coraje!) En la siguiente edición del mamotreto de la Rea   ademia Española (la de 2001) se eliminó la entrada "colage" que antecedía a "colágeno" y, con las mismas acepciones de la edición de 1992, se incluyó la voz como extranjerismo crudo: *collage*, antecedida de "collado". Es decir, diez años después, la RAE se arrepintió de su torpísima adaptación gráfica "colage", más cerca de "cola" y "colada" que de *collage*. Y luego, trece años después, vino la cacareada edición del tricentenario (la vigesimotercera), en cuyas páginas, como ya vimos, mantuvo el extranjerismo *collage* y modificó y aumentó sus acepciones. Ya sabemos

que la Real Academia Española es tardígrada, como corresponde a su especie, y supone que los hablantes leemos collage (como follaje) cuando vemos escrita la voz
francesa *collage*. No les pasa por el magín a los académicos que, en general, y siendo
término culto, la mayoría de los hispanohablantes (con excepción de España) pronunciamos "colash" (que sería la representación gráfica más adecuada) cuando nos
topamos con este extranjerismo. A causa de no tomar una decisión, la RAE y sus hermanas plebeyas de América y Filipinas han creado confusión, sin preocuparles un
pepino o un cacahuete la unidad de la lengua. En nuestro idioma, como es sabido,
las palabras se pronuncian exactamente como están escritas; por ello no es lo mismo
"revólver" que "revolver" ni es lo mismo "pero" que "perro". Si escribimos "colaje"
leemos la palabra con una "l" simple, y si escribimos "follaje", leemos el dígrafo "ll"
con el sonido aproximado de la "y". Si la correcta adaptación gráfica de la voz francesa
collage es "colaje", parecida a "bricolaje" (procedente de *bricolage*), es urgente estable-
cerlo en un sentido normativo. Mientras tanto, todo es confusión y cada cual lo escribe como Dios le da a entender y lo pronuncia de acuerdo con su conocimiento o sus
limitaciones fonéticas de la palabra de origen: *collage, colage, colaje, colash* y hasta *colach*. Unos pocos ejemplos, nada más, para ilustrar esta confusión: "Crea tu **collage**
de fotos", "creador de **collages** gratis online", "compartir **collages** y fotomontajes en
línea", "cómo hacer un **collage**", "cuatro pasos para crear tu propio **collage**", "el **collage** es una técnica artística", "la historia del **collage**", "el **collage** como una técnica de
vanguardia", "significado de **colage** en español", "cuadro **colage** con envío gratis",
"*Para empezar a realizar un colage*" (título de un libro), "27 ideas de **colages**", "fotos
de **colages**", "*Los colages*" (título de un libro), "me encantó la idea de un libro **colaje**",
"el primer **colaje** de Picasso", "cómo elaborar un **colaje**", "16 ideas de **colajes**", "divertido generador de **colajes**", "una exposición de **colajes**", "conjunto de 23 **colajes** abstrac-
tos", "se anuncia una exhibición de **colajes**", "crea tus propios **colajes**", "necesito saber
qué es un **colash** y cómo se elabora", "compartimos un **colash** de fotos", "crear un
colash de fotografías en Photoshop", "¿alguna sugerencia de herramientas para crear
un **colash**?", "cómo hacer un **colash**", "crear **colash** de imágenes", "el **colash** de mis
vacaciones", "así quedaría mejor el **colash**", "he aquí el **colash** que prometí", "13 ideas
de **colashes**", "120 ideas de **colashes**", "los **colashes** dadaístas", "los talleres de **colashes**",
"130 ideas de **colach**", "qué es un **colach**" (pregúntenselo a la Real Academia Española), "cómo hago un **colach** de fotos", "proyección de video-**colachs**", "hacen bonitos
colachs". Ojalá que algún día las academias de la lengua española se pongan a trabajar en serio para evitar todas estas aberraciones, pues todo parece indicar que ni siquiera en su seno han leído los diccionarios que publican y cuya publicación cacarean. En
tanto, lo recomendable es escribir *collage*, como extranjerismo crudo, con las cursivas
de rigor, y pronunciar, con la correcta fonética francesa, *koláhs*.

☞ Google: 561 000 000 de resultados de "*collage*"; 42 900 000 de "*collages*". (Grafías correctas, en nuestro idioma, sólo si están en *cursivas*.) ☑

☞ Google: 3 060 000 de "colage"; 2 610 000 de "un collage"; 965 000 de "el collage"; 674 000 de "colaje"; 199 000 de "colash"; 197 000 de "los collajes"; 54 900 de "tu collage"; 41 500 de "colages"; 34 500 de "mi collage"; 32 100 de "colach"; 17 900 de "mis collages"; 10 500 de "colajes"; 9 710 de "tus collages"; 6 290 de "colashes"; 6 980 de "dos collages"; 3 200 de "colachs". (Las grafías **collage** y **collages**, en redondas, son erróneas en nuestra lengua y, desafortunadamente, todas las demás no son confiables.)

120. color, coloración, *¿coloración natural?*

La "coloración" es siempre artificial, nunca natural, incluso si se utilizan procedimientos de ingeniería genética, pues el sustantivo femenino "coloración" es la acción y efecto de "colorar", verbo transitivo (del latín *colorāre*) cuya acepción principal es "dar color a una cosa o teñirla" (DRAE). Es obvio que, en este sentido, la naturaleza no da color ni tiñe nada, sino tan sólo muestra cualidades o peculiaridades. Las flores, las plantas, las personas, las cosas no teñidas por los seres humanos no tienen "coloración natural", sino "color natural" o, simplemente, "color". Y siempre que la mano humana tiña algo o dé color a algo, esta "coloración" siempre será artificial o, simplemente, "coloración". Ejemplos: *Los* **colores** *intensos del tucán; La* **coloración** *de las flores artificiales*. Decir y escribir "coloración" ya implica que se trata de un artificio. La naturaleza, en cambio, no tiene coloración, sino color o colores.

Es involuntario oxímoron (unión de dos términos de significado opuesto) decir y escribir "coloración natural", puesto que la "coloración" nunca es "natural". Evitemos este dislate diciendo y escribiendo simplemente "color" o "coloración", según se trate lo que queramos designar. El disparate "coloración natural" es muy frecuente en los anuncios de tintes para el cabello. Leemos, por ejemplo, el siguiente:

♀ "**Coloración 100% natural** para rubias y cabellos claros".

Es obvio que se trata de vender un tinte cuya

♂ **coloración** es ideal para cabellos rubios y claros.

✎ Que no crean los mercachifles de estos productos que, porque usan materias primas naturales, la "coloración" del cabello es "natural". El único color "natural" en el cabello es el que traemos al nacer: "por naturaleza" y no por "tintes". Cualquier tinte con el que cubramos nuestros cabellos es artificial. Por lo demás, todos esos productos contienen compuestos químicos, esto es elementos artificiales; entonces ni siquiera podríamos decir que se trata ciento por ciento de sustancias "naturales". He aquí otros ejemplos de este dislate: "Curso Gratis **Coloración Natural** del Cabello", "una **coloración natural** y eficaz", "lo último en **coloración natural** para tu cabello", "**coloración natural** ecológica", "consejos para una **coloración natural**", "cómo lograr una **coloración natural**", "frasco de **coloración natural**", "la última novedad en **coloración natural**", etcétera.

   ☞ Google: 94 400 resultados de "coloración natural"; 18 000 de "una coloración natural"; 4 490 de "coloraciones naturales". ☒

    ☞ Google: 20 400 000 resultados de "color natural"; 1 350 000 de "colores naturales". ☑

    ☞ Google: 8 820 000 000 de resultados de "color"; 15 700 000 de "coloración". ☑☑

121. ¿*come años?*, ¿*come-años?*, comeaños, ¿*traga años?*, ¿*traga-años?*, ¿*tragaños?*, tragaaños

Para referirse a la persona que aparenta menos edad de la que tiene suele usarse el término coloquial "tragaaños", sustantivo masculino y femenino compuesto con la conjugación de la tercera persona del presente de indicativo del verbo "tragar" (comer, absorber) más el sustantivo en plural "año" (período de doce meses). Ejemplo: *Fulano es un* **tragaaños**: *tiene 50 y se ve como de 40*. Este neologismo coloquial no aparece en el mamotreto de la RAE y, por ello, la mayor parte de la gente que lo utiliza lo escribe incorrectamente: "traga años" (en dos palabras), "traga-años" (en dos palabras y con guión intermedio) y "tragaños" (en una sola palabra pero tragándose también una "a"). Lo correcto es "tragaaños" (con dos aes consecutivas), sustantivo coloquial invariable en género y en número ("el tragaaños", "la tragaaños", "las tragaaños", "los tragaaños"). Ejemplo: *Ustedes son unas* **tragaaños**. Su construcción es similar al sustantivo compuesto coloquial "tragaavemarías", hoy en desuso: "persona devota que reza muchas oraciones", dice el DRAE; "beato", en sentido despectivo, dice María Moliner en el DUE. Lo importante es saber que la grafía correcta es "tragaaños" (ni "traga años" ni traga-años" ni mucho menos "tragaños"), sustantivo compuesto que, por lo mismo, es inadmisible en dos palabras. Es una palabra llana o grave, pues su acento prosódico cae en la penúltima sílaba. También se usa su equivalente "comeaños", de igual modo casi siempre mal escrito: "come años" (en dos palabras) y "come-años" (en dos palabras y con guión intermedio). Lo correcto es "comeaños", con grafía simple. Ejemplos: *Fulano es un* **comeaños**: *tiene 50 y se ve como de 40*; *Ustedes son unas* **comeaños**. Cabe decir que estos términos coloquiales pueden adquirir un sentido festivo, irónico, de burla o sarcasmo, para indicar justamente lo contrario del significado original. Ejemplo: *Eres todo un* **tragaaños** *(o un* **comeaños**)*: parece que te tragaste los años de todos nosotros y los de Matusalén*.

En tanto el DRAE se ufana de incluir en sus páginas el neologismo "papichulo" (que, además, adjudica incorrectamente a México, sin que la Academia Mexicana de la Lengua proteste en absoluto), pasa de noche sobre los sustantivos compuestos coloquiales "comeaños" y "tragaaños", de ahí que la mayor parte de la gente los escriba erróneamente. En el periodismo de espectáculos y deportes, lo mismo en publicaciones impresas que en internet, se utilizan con frecuencia y casi siempre con grafía errónea. En el diario mexicano *El Universal* leemos el siguiente encabezado:

    🜂 "10 mexicanas **traga años**. ¡Tienen pacto como Dorian Gray!".

Quiso informar el diario, con buena ortografía:

    🜂 "10 mexicanas **tragaaños**", etcétera.

  ✍ En el periódico *Al Día*, de Costa Rica, leemos el siguiente titular: "Un rostro **come años**: David Hasselhoff, actor de televisión". En realidad, el rostro de Hasselhoff no está comiendo nada. Lo que quiso decir el periódico costarricense es que, en cuanto a lo que revela su rostro, este actor de televisión, a los 59, es un "comeaños", porque da la impresión de tener menos edad. He aquí otros ejemplos de este dislate: "todos me dicen que soy **traga años**" (puedes jurar que te están tomando el pelo), "famosos **traga años**", "los gobernadores que son **traga-años**" (y también tragaerarios), "Diane Lane: ¡La famosa es **traga años**!", "las celebridades **traga-años**", "cinco estrellas que sorprenden por **traga-años**", "¡**Come años**!: Estas son las celebridades que no envejecen", "famosos **come años**", "actores **come-años**", "entrevista a Beto Cuevas, un **comeaños**", "eres un **traga-años**", "aparento menos edad: soy una **traga años**" (sí, claro, cómo no: tienes 61 y aparentas 60), "Paola era la **traga-años** del salón".

    ☞ Google: 22 300 resultados de "come-años"; 22 100 de "come años"; 12 400 de "traga-años"; 12 200 de "traga años"; 5 590 de "tragaños"; 1 130 de "un come años". ☒

    ☞ Google: 4 110 resultados de "comeaños"; 2 550 de "tragaaños". ☑

122. comenzar, continuar, empezar, iniciar, posponer, principiar, proseguir, reanudar, recomenzar, reiniciar, renovar, retomar, suspender

¿Es lo mismo "reanudar" que "reiniciar"? Para los hacedores del diccionario académico parece que sí, pero no para María Moliner, autora del *Diccionario de uso del español*. Y, como otras tantas veces, quien tiene razón es Moliner y no los indolentes de la Real Academia Española y sus desidiosos colegas de América y Filipinas; veamos por qué. Si suspendo la lectura de un libro en la página 79 y dos horas después regreso al libro y "continúo" la lectura, queda claro que no la "reinicio", sino que la "reanudo", pues no "recomienzo" el libro, que sería volver al "principio", sino que lo retomo en la misma página en que lo dejé suspenso o interrumpido. Esto que es fácil de comprender, no lo entienden en la RAE ni en las "academias hermanas", pues según el diccionario académico el verbo transitivo "reiniciar" es sinónimo de "recomenzar". ¿Y cómo define dicho mamotreto el verbo transitivo "recomenzar"? Pues ni más ni menos que así: "volver a comenzar". Entonces, nos fuerza a dirigirnos a los verbos transitivos "comenzar" e "iniciar", que define del siguiente modo: "dar principio" y "comenzar (dar principio a algo)", respectivamente; lo cual, ¡otra vez!, nos obliga, en un círculo vicioso, a rebotar entre sus páginas para caer en la entrada del verbo transitivo "principiar" (del latín *principiāre*), que define de la siguiente manera: "comenzar, dar principio a algo". ¡Otra vez, la burra al trigo! Como de este círculo vicioso, en el que nos tiene rodando el DRAE, no saldremos jamás, alguien tiene que ayudarnos para llevarnos de la mano a la entrada del verbo transitivo "reanudar", y encontrarnos con esto: "renovar o continuar el trato, estudio, trabajo, conferencia, etcétera". El verbo transitivo "continuar" es, sin duda, fiel hermano de "reanudar", porque significa, en el DRAE, "seguir haciendo lo comenzado", pero no así "renovar" (del latín *renovāre*), que el diccionario académico define de este modo: "hacer como de nuevo algo, o volverlo a su primer estado". Otra vez, el galimatías: ¿hacer como de nuevo algo?, ¿volverlo a su primer estado? ¡No! ¡Claro que no! Eso no es "reanudar". La correcta definición del transitivo "reanudar" la ofrece María Moliner en el DUE: "de *nudo*, formado a imitación del francés *renouer*: continuar algo que se había suspendido". Y hasta pone un preciso ejemplo: ***Reanudamos la marcha después de un descanso.*** Queda claro, entonces, que "reanudar" no es volver al sitio del que se partió ni volver a hacer una obra o una acción desde el punto de inicio; no es comenzar de nuevo, sino continuar desde el punto en el que se suspendió. Es "retomar", verbo transitivo que el propio DRAE define como debe ser: "volver a tomar, reanudar algo que se había interrumpido". Si alguien "reanuda" una amistad no la comienza, sino que la retoma; si alguien, a la mitad de su trabajo, pospone la escritura de un libro, cuando vuelve al libro y lo reanuda no lo hace desde el principio, sino desde el lugar en el que lo suspendió: lo retoma para seguir escribiéndolo. Es también "proseguir" (del latín *prosĕqui*), verbo transitivo cuya primera acepción es "seguir, continuar, llevar delante lo que se tenía empezado", en la definición del propio diccionario académico. Estas cosas tan fáciles de comprender no las entienden los hacedores del DRAE (¡o sea, que no entienden ni su propio diccionario!) puesto que son capaces de afirmar que "reanudar" es ¡"hacer algo como de nuevo"! (y hay que admirar, sobre todo, la redacción del hijito más pequeño de alguno de los académicos). Hacer algo como de nuevo. Para partirse de risa. Si "posponer" (verbo transitivo) es "dejar de hacer algo momentáneamente, con la idea de realizarlo más adelante" (DRAE), cuando se vuelve a eso que se pospuso, se reanuda, se continúa o se prosigue, pero no "se recomienza" en el sentido que el diccionario académico le da a este verbo: "volver a comenzar". En conclusión, los estrictos sinónimos del verbo "reanudar" son "continuar", "proseguir" y "retomar". Los otros ("recomenzar", "reiniciar" y "renovar"), tal como los define el DRAE, no corresponden a la exacta idea de "reanudar".

☞ Google: 376 000 000 de resultados de "continuar"; 26 400 000 de "retomar"; 9 250 000 de "reanudar"; 6 440 000 de "proseguir". ☑

123. ¿*comic*?, cómic, ¿*comics*?, cómics

El sustantivo "cómic" (del inglés *comic*) ya está castellanizado o españolizado y, por regla ortográfica, debe llevar tilde en la penúltima sílaba. No tiene sentido tampoco seguirla escribiendo en inglés y, por tanto, en *cursivas*. El DRAE tiene dos acepciones para este sustantivo masculino: "Serie o secuencia de viñetas que cuenta una historia" y "libro o revista que contiene cómics". Tanto en inglés como en español se pronuncia *cómic*, y, por ello, la escritura en nuestro idioma exige la tilde ("cómic") de palabra llana o grave, pues sin ella tendría que pronunciarse como palabra aguda: con el acento en la última sílaba.

Todavía es abundante en ediciones impresas y en internet el error de escribir este término, en español, sin tilde. En la página electrónica de la española Casa del Libro, se anuncia el título

♀ "LA **REVOLUCION** DE LOS **COMICS**".

Bárbaros, los que hacen esta página de internet (¡para una librería!) creen que en las mayúsculas no es necesario poner tildes. Pero en la cubierta del libro mencionado, de Scott McCloud, se lee perfectamente

☝ "LA **REVOLUCIÓN** DE LOS **CÓMICS**".

✐ He aquí otros ejemplos de esta falta ortográfica: "El Planeta de los **Comics**", "Historietas, **comics** y tebeos españoles", "La Torre de los **Comics**", "La Parada de los **Comics**", "Historia de los **comics**", "elementos del **comic**", "queremos hacer un **comic**", "Guía básica para hacer **comic**", "Cómo hacer un **comic**", etcétera.

☞ Google: 6 920 000 resultados de "los comics"; 1 330 000 de "el comic"; 1 020 000 de "un comic". ☒

☞ Google: 52 700 000 resultados de "cómics"; 34 500 000 de "cómic"; 7 360 000 de "los cómics"; 3 110 000 de "un cómic"; 2 740 000 resultados de "el cómic". ☑

124. ¿*compañera sentimental*?, ¿*compañeras sentimentales*?, ¿*compañero sentimental*?, ¿*compañeros sentimentales*?

Si dos individuos intercambian afectos y establecen una relación de amistad intelectual y vínculos sentimentales (digamos Jorge Luis Borges y Adolfo Bioy Casares), ¿son "compañeros sentimentales"? Parece que no. Según las formas del uso y abuso del cursi y ridículo eufemismo "compañero sentimental", para que dos personas sean "compañeros sentimentales" es requisito indispensable que cohabiten y tengan relaciones sexuales. De acuerdo con su etimología, "compañero" (del latín *companio*) es "quien come pan con otro" o bien, como prefiere, Fernando Lázaro Carreter, "compañeros son quienes comen del mismo pan". La ridícula expresión "compañero sentimental" y su femenino ("compañera sentimental") son eufemismos para dar a entender que las personas que hacen vida familiar y sexual no han contraído matrimonio. Es una idiotez propia de personas carentes de sesera. ¿A quién le importa esto? A los periodistas de nota roja, especialmente, y a los mojigatos en general. Para el caso, dos personas que viven juntas, como matrimonio (aun si carecen, legalmente, de lazo conyugal), no son "parejas sentimentales", sino simplemente "parejas", pues no sólo comparten el pan (o comen del mismo pan), sino también la cama, los sentimientos, las ideas y otras afinidades como para decidir o tener ganas de estar juntas. El término "compañero sentimental" no está recogido ni en el DRAE ni en el DUE y ni siquiera en el *Diccionario de mexicanismos*. Sin embargo, a los académicos de Madrid, que les encantan estas jaladas del *matrimonio como Dios manda y como la ley ordena*, incluyen lo siguiente en la entrada del DRAE que se refiere al adjetivo y sustantivo "sentimental": "Eufemismo. Correspondiente a las relaciones amorosas sin vínculos regulados por la ley. *Experiencias, relaciones sentimentales*". Por lo menos aclara que se trata de un eufemismo, y no hay que olvidar que un eufemismo es un enmascaramiento de la verdad o, como lo define la beata Real Academia Española en su diccionario: "Manifestación suave o decorosa de ideas cuya recta y franca expresión sería dura o malsonante". ¡Ay, san Franco, no hay que ser tan francos! Un eufemismo es decirle "adulto en plenitud" al viejo o al anciano, pero resulta que Sofía Vergara es adulta y, según dicen los diarios y revistas, "a sus 49 años, está en su plenitud". ¡Vaya ancianita o, mejor dicho, qué adulta tan en plenitud! Lo recomendable es evitar esta jalada del "compañero sentimental" (o la "compañera sentimental"), y demás eufemismos tontos, porque, para el caso, los "compañeros sentimentales" hacen exactamente lo mismo que hacen los matrimonios, y no hay que darle más vueltas al asunto.

☞ Google: 502 000 resultados de "compañera sentimental"; 329 000 de "compañero sentimental"; 70 000 de "compañeros sentimentales"; 15 500 de "compañeras sentimentales". ☒

125. ¿*compost*?, composta

¿Por qué demonios la Real Academia Española admitió en su diccionario el galicismo crudo "compost" (del francés *compost* y éste del latín *composĭtus*: "compuesto") para referirse en español al "humus obtenido artificialmente por descomposición bioquímica en caliente de residuos orgánicos"? Lo admitió porque en el seno de la RAE abundan los cabezones y cabezudos que no saben siquiera dónde tienen la cabeza; sus cabezonadas ya son legendarias. En casi todos los ámbitos de la lengua española, el sustantivo no es masculino (el "compost"), como lo establece el DRAE, sino femenino (la "composta") y, sin embargo, el término "composta" no aparece siquiera en el paupérrimo *Diccionario panhispánico de dudas*, en cuyas páginas se insiste en

el galicismo crudo "compost" y, neciamente, se enfatiza que "es invariable en plural"
(vaya zonzos: no es que sea invariable en plural, sino que simplemente es invariable
y punto: ¡lo mismo para el singular que para el plural! Así de lindo redactan los del
Panhispánico). Por lo demás, si en España el uso generalizado es "compost", esto será
minoritario comparado con el uso del sustantivo femenino "composta" en la mayor
parte de los países de lengua española. ¡Qué "compost" ni qué ocho cuartos! Eso es
en francés y en inglés, pero en español se dice y se escribe "composta", recogido, por
cierto, como sustantivo **¡masculino!** supranacional en el *Diccionario de mexicanismos*
de la AML (es decir, allá en la Academia Mexicana de la Lengua me Como un Taco, sus
benditos miembros dicen y escriben "**el** composta"). Millones de ejemplos prueban
fehacientemente que no es ni "el compost" ni "**el** composta", sino "**la** composta", pero
los académicos españoles y sus hermanastros de América y Filipinas ni se dan por
enterados. He aquí unos pocos para que se ilustren: "**Composta** casera: mejora plantas y suelos", "¿qué es la **composta** y cuáles son sus beneficios?" (buena pregunta
para los académicos de Madrid), "cómo hacer **composta** casera paso a paso", "crean
composta a base de desechos de orégano", "aplicación de **composta** en la producción
del nogal pecanero", "haz tu **composta** y juntos alimentemos un mundo mejor",
"curso de elaboración de **composta**", "**composta** para todo tipo de cultivo", "prepara
composta y ayuda al planeta", "¿cómo generar **composta** orgánica en casa?", "¿para
qué sirve la **composta**?", "la **composta**: importancia, elaboración y uso", "utilización
de la **composta**", "la importancia de hacer una **composta** en casa", "el uso de las **compostas** orgánicas", "producción, manejo y perspectivas de las **compostas**", etcétera.
Si es "compost" probablemente es de Compostela. Nada más para que no quede
como un chiste bobo, en Google hay al menos tres resultados de "los compost en
Compostela".

☞ Google: 466 000 resultados de "el compost"; 411 000 de "un compost"; 20 400 de "la
compost"; 3 670 de "una compost". ☒
☞ Google: 59 900 000 resultados de "composta"; 6 060 000 de "compostas"; 223 000 de
"la composta"; 126 000 de "una composta"; 45 400 de "composta en casa"; 31 800 de "composta casera"; 20 900 de "composta orgánica"; 16 400 de "las compostas"; 9 710 de "buena
composta"; 6 170 de "excelente composta"; 5 990 de "compostas caseras". ☑

126. comunicación, comunicador, comunicología, comunicólogo
Quien en la universidad estudia la carrera de "comunicación", se gradúa y ejerce su
oficio es un "comunicador". Quien, como especialidad, sigue posgrados de "comunicología", se gradúa y ejerce su especialidad, es un "comunicólogo". Se puede ser
comunicador, reportero o periodista sin ir a la escuela: basta con ejercer el oficio.

Igualmente, se puede ser comunicólogo sin necesariamente haber seguido y terminado un curso o un posgrado en "comunicología": basta que alguien se dedique al
estudio de los procesos de la comunicación. En conclusión, ser "comunicador" no es
lo mismo que ser "comunicólogo". Con este último sustantivo se adornan o pretenden
adornarse quienes son lectores de noticias en la radio y la televisión o bien reporteros
radiofónicos y televisivos o redactores del periodismo escrito en publicaciones impresas y en internet. Del mismo modo que un licenciado, un maestro y hasta un doctor
en "filosofía" no es necesariamente un "filósofo", de esta misma manera, un comunicador o un licenciado en "comunicación" no es necesariamente un "comunicólogo".
La diferencia es sencillísima; veamos por qué. El adjetivo y sustantivo "comunicador" tiene dos acepciones en el DRAE: "Que comunica o sirve para comunicar, y dicho
de una persona con una actividad pública: que se considera capacitada para sintoni-
zar fácilmente con las masas". Ejemplo: *Fulano de Tal es un muy buen* **comunicador**. El
verbo transitivo "comunicar" tiene, entre otras acepciones, la de "descubrir, manifestar
o hacer saber a alguien algo" (DRAE). Es lo que hacen los periodistas y, por supuesto,
también los chismosos o cualquier persona que haga saber algo a alguien. Ejemplo:
El objetivo de este programa de radio es **comunicar** *las noticias*; es decir, darlas a conocer.
Esto hace un locutor, un reportero, un conductor de un noticiario. En cambio, el sustantivo "comunicólogo" se aplica al "especialista en comunicología". Ejemplo: *Eulalio
Ferrer fue un importante publicista y* **comunicólogo**, *autor del libro* Comunicación y comunicología. El sustantivo femenino "comunicología" designa a la "ciencia de carácter
interdisciplinario que estudia los sistemas de comunicación humana y sus medios"
(DRAE). Ejemplo: *La* **comunicología** *moderna debe mucho a Marshal McLuhan, autor del
libro* El medio es el mensaje. El sustantivo "comunicología" es una palabra compuesta por "comunicación" (sustantivo femenino que significa acción y efecto de comunicar o comunicarse) más el elemento "-logía" que significa tratado, estudio o ciencia,
similar a los casos de "biología" (ciencia que estudia la vida), "lexicología" (estudio de
la lengua), "mineralogía" (tratado de los minerales). El sustantivo "comunicólogo" es
también palabra compuesta: de "comunicación" más el sufijo "-logo" que significa
especialista o persona versada en lo que el primer elemento indica. Parecidos son los
casos de "biólogo", "lexicólogo" y "mineralogista". Por todo lo anterior, no por ser "comunicador" se es "comunicólogo" y, por lo general, casi nunca ocurre.

El dislate de llamar "comunicólogo" a quien simplemente es "comunicador" se ha
ido extendiendo en todos los ámbitos de nuestra lengua, incluso en los académicos.
Aparece lo mismo en publicaciones impresas que en internet, y la mayor parte de las
personas que lo usan no son capaces de distinguir entre un periodista y un especialista en la ciencia de la comunicación humana. En el *Diario de Yucatán* leemos esta
tontería:

♀ "¿Quieres ser **comunicólogo**? Un Licenciado en Comunicación puede desempeñarse en una gran cantidad de contextos laborales".

Y para ilustrar la nota ponen la imagen de una fotógrafa de prensa. ¡Muy "comunicóloga" ha de ser la fotoperiodista! En realidad, a lo que quiere referirse el *Diario de Yucatán*, puesto que habla de "Licenciado en Comunicación", es a los "comunicadores". Por ello la pregunta-invitación debió formularse del siguiente modo:

☝ "¿Quieres ser **comunicador**? Un licenciado en Comunicación puede desempeñarse en una gran cantidad de contextos laborales".

✎ Abundan los que creen que Joaquín López-Dóriga y Carlos Loret de Mola son "comunicólogos", cuando en realidad son "comunicadores". Ya que la gente no es capaz de abrir un diccionario, puede buscar la definición de "comunicología" incluso en internet. Sabrá entonces que (de acuerdo con *Definición ABC, tu diccionario hecho fácil*) "la comunicología es una disciplina estrechamente relacionada con la sociología. Tradicionalmente el concepto de comunicación se ha estudiado como una idea general para referirse a los medios de difusión (prensa, radio, televisión y otros). Sin embargo, la comunicología es un intento de incorporar una visión más amplia, que incluya las relaciones interpersonales, la economía política o el sistema educativo". Sin ser la mejor definición es bastante clara y demuestra lo absurdo que es confundir a un "comunicador" (reportero, periodista, entrevistador, conductor de programas de noticias, etcétera) con un "comunicólogo" (especialista en la comunicología). "Las mejores noticias con el **comunicólogo** número uno", leemos en internet. Pero si lo que da ese "comunicólogo" son noticias, no se trata de ningún modo de un "comunicólogo" (mucho menos el número uno de los comunicólogos), sino de un "comunicador", entre otros tantos. Comunicólogo fue Umberto Eco; comunicador es López-Dóriga. En la *Gaceta Parlamentaria* de la Cámara de Diputados de México se informa de un punto de acuerdo "a fin de aplicar las acciones necesarias para proteger a los **comunicólogos** en riesgo por su profesión". ¿Cuántos "comunicólogos" habrá en México en situación de riesgo por ejercer su profesión de **comunicólogos**? Probablemente, ninguno. En cambio, sí hay muchos "comunicadores" en esa situación de riesgo por ejercer su profesión de periodistas. En la revista mexicana *Ida y Vuelta*, de Hermosillo, Sonora, leemos el siguiente encabezado: "Reconocimiento a los Diez **Comunicólogos** más Influyentes". El reconocimiento se dio con motivo del Día de la Libertad de Expresión. ¡Pero todos los premiados son periodistas o comunicadores; ninguno es comunicólogo! Esto es lo que pasa cuando jamás se consulta el diccionario de la lengua y además se ignora qué es lo que se estudió o lo que se ejerce como oficio o profesión.

☞ Google: 474 000 000 de resultados de "comunicación"; 15 400 000 de "comunicador"; 6 640 000 de "comunicadora"; 511 000 de "comunicólogo"; 483 000 de "comunicóloga"; 82 300 de "comunicología". ☑

127. cónclave, ¿cónclave a puerta cerrada?, ¿cónclave abierto?

El DRAE define muy mal el sustantivo "cónclave" y, a causa de ello, los hablantes y escribientes del español suponen que puede existir un "cónclave abierto" y que no es atropello al idioma decir y escribir "cónclave a puerta cerrada"; veamos por qué. La etimología latina del sustantivo masculino "cónclave" es *conclāve* que significa, literalmente, "lo que se cierra con llave" y, mejor aún, de la expresión *cum clavis*: "bajo llave", "con llave". En este sentido, a la acepción principal del DRAE ("junta de los cardenales de la Iglesia católica, reunida para elegir papa") le falta una precisión: dicha junta se llama "cónclave" porque, desde el momento mismo que inicia esa junta del Colegio Cardenalicio, en la Capilla Sixtina del Vaticano, se hace en las mayores condiciones de reclusión y aislamiento del mundo exterior, hasta que se elige al papa. Dicho de otro modo: los electores, que son los cardenales, se encierran *cum clavis*, bajo llave, pues esto es, exactamente, el "cónclave". Que exista, por extensión y sentido figurado", la acepción "junta o congreso de gentes que se reúnen para tratar algún asunto" (DRAE), no exime al DRAE de la precisión en la acepción principal. En este sentido amplio el término es aproximado, pues queda claro que en tal "junta o congreso de gentes" se puede entrar y salir del lugar de reunión sin restricción ninguna, a diferencia del "cónclave" cardenalicio. De tal forma, por etimología y definición, no existe algo que pueda denominarse, sin caer en el sinsentido, "cónclave abierto", en tanto que decir y escribir "cónclave a puerta cerrada" conlleva, evidentemente, una redundancia bruta.

Son yerros frecuentes en el periodismo impreso y digital. El 12 de marzo de 2013, el diario peruano *El Comercio* amaneció con el siguiente titular:

♀ "Comenzó el **cónclave a puerta cerrada** para elegir un nuevo Papa".

Con corrección, sin redundancia, el diario debió informar:

♂ Comenzó el **cónclave** para elegir nuevo papa, y punto.

🖉 Van otros ejemplos de estos yerros, en gran parte propiciados por la imprecisa definición del sustantivo "cónclave" que la Real Academia Española ofrece en su mamotreto: "El **cónclave abierto** donde el pueblo reunido en asamblea discute libremente" (obviamente, esto está a años luz de ser un "cónclave"), "intenso debate entre cardenales da paso a un **cónclave abierto**", "un **cónclave abierto** al público" (esto sí es de risa loca: no hay que confundir la plaza pública, el ágora, con un "cónclave"), "un **cónclave abierto**, con más trabajo para el espíritu de Dios", "al cabo de varias horas se acordó celebrar un **cónclave abierto**", "esperaba en Roma al nuevo Embajador la ardua labor de un **cónclave abierto**, tras la citada muerte de Pablo IV", "están hoy por hoy dispuestos a ir a un **cónclave abierto**", "los cardenales inician el **cónclave a puerta cerrada**", "comenzó el **cónclave a puerta cerrada**", "**cónclave a puerta cerrada** de los 21 alcaldes de la zona", "se entró en la fase del **cónclave a puerta cerrada**", "luego de tres días en un **cónclave a puerta cerrada** con sus ministros, el presidente Duque marcó la pauta" (¿será que, en ese cónclave, de tres días, los ministros durmieron con el presidente Duque?), "precauciones tomadas para celebrar el **cónclave a puerta cerrada**", etcétera.

☞ Google: 2 520 resultados de "cónclave a puerta cerrada"; 795 de "cónclave cerrado"; 570 de "cónclave abierto". ☒

☞ Google: 1 410 000 resultados de "cónclave"; 116 000 de "cónclaves". ☑

128. conflagración, conflagración armada, conflagración bélica, ¿*conflagración de fuego?*, fuego, guerra, incendio

De acuerdo con el DRAE, el sustantivo femenino "conflagración" (del latín *conflagrātio, conflagratiōnis*) significa, en su primera acepción, "perturbación repentina y violenta de pueblos o naciones". María Moliner, en el DUE, le enmienda la plana a la Real Academia Española y, con precisión, informa que dicho sustantivo se aplica a la "acción de estallar un conflicto violento, particularmente la guerra, entre dos o más naciones", y añade que, por extensión, dicho sustantivo es equivalente o sinónimo de "guerra" que, con énfasis pleonástico (no censurable o del que no abominan los lexicógrafos) se resuelve en la forma perifrástica "conflagración bélica", esto, seguramente, para distinguir el término de su sentido original (o "antiguo", como lo califica Moliner) que es "incendio". Siendo así, si el adjetivo "bélico" (del latín *bellĭcus*) se aplica a lo "perteneciente a la guerra" (DRAE) y si, por extensión, "conflagración" es sinónimo del sustantivo femenino "guerra" (del germánico *werra*: "pelea, discordia"): "desavenencia y rompimiento de la paz entre dos o más potencias" (DRAE), entonces, con seguridad, las expresiones "conflagración armada" y "conflagración bélica" son pleonásticas, aunque aceptadas o no condenables. Pero el desmedrado y malhadado DRAE afirma, campante y campanudo, que la segunda acepción del sustantivo "conflagración", que es "incendio" o "fuego grande", ¡está en desuso! En desuso lo estará para los españoles, pero no para los hablantes y escribientes del español de América. De hecho, en el DUE, Moliner pone, como primera acepción de "conflagración", el sustantivo masculino "incendio", pues éste es su sentido original, su raíz, su etimología, como bien lo podemos ver en el *Diccionario latino-español, español-latino*: "**conflagrātio** -ōnis. f.: conflagración, incendio; **conflagro**. intr.: consumirse por el fuego, arder". ¿De dónde sacan los académicos de Madrid y sus hermanastros de América y Filipinas que el término "conflagración", en su acepción de "incendio", está en desuso? De su cabeza dura y de su chambonería; más aún si en el mismo DRAE se define el verbo transitivo "conflagrar" (del latín *conflagrāre*) como "inflamar, incendiar, quemar algo", que es lo mismo que encontramos en el DUE. En el periodismo, en México y en otros países de América, suele utilizarse el sustantivo "conflagración" como sinónimo exacto de "incendio" ("fuego grande que destruye lo que no debería quemarse", según el diccionario académico). Así leemos, por ejemplo, que *La **conflagración** acabó con la vivienda*. En dicho ejemplo, no fue la guerra, por supuesto, la que acabó con la vivienda, sino las llamas, el fuego. He aquí otros ejemplos de este uso: "La **conflagración** consume cinco hectáreas de pastizales", "**conflagración** consume el Parque Nacional", "**conflagración** consume zonas verdes", "la **conflagración** consume 50 hectáreas de bosque", "**conflagración** destruye fábrica", "la **conflagración** acabó con más de dos toneladas de madera", "**conflagración** en barrio El Poblado", "**conflagración** en el centro infantil", "**conflagración** en el Centro Comercial Buenavista", "**conflagración** en el Centro Histórico", "**conflagración** en Notre Dame", "**conflagración** en el mercado", etcétera. La acepción y el uso son correctos, pero llegan a ser redundantes si decimos y escribimos "conflagración de fuego" y "conflagración del fuego", cuando en estricto sentido, por definición y por etimología, toda "conflagración" incluye "fuego".

Éste es un vicio del periodismo. En una página de internet se asegura que

♀ "Máscara de Dante Alighieri, hecha tras su muerte, que crea una **conflagración de fuego** (en referencia a su obra *Infierno*) fue usada por MacPherson como una trampa".

Lo correcto es escribir que

☝ una máscara de Dante crea efectos de **llamas** o de **fuego**.

🖉 He aquí unos pocos ejemplos de estas redundancias, tomados todos ellos del periodismo impreso y de internet: "Descarga ahora la foto **conflagración de fuego** hogar", "**conflagración de fuego** en la casa de verano", "en medio de una **conflagración de fuego**", "**conflagración de fuego** de llama ligera", "fondo de **conflagración de fuego**", "unas 30.000 personas han sido evacuadas de la zona luego de que la gran **conflagración de fuego**, en las últimas horas, arrasara con la localidad de Paradise", "fin del universo gracias a una **conflagración de fuego**", "como una terrible **conflagración de fuego**", "murieron asfixiados por el humo originado con la **conflagración del fuego**", "símbolo de la **conflagración del fuego**", "bomberos combatieron las llamas por aproximadamente dos horas con cuatro mangueras para tratar de extinguir la **conflagración del fuego**", "se ha tenido una reducción de **conflagración del fuego** en un 50% y 60%, expresó el funcionario", "bomberos de la región continúan trabajando para controlar la **conflagración del fuego**", etcétera.

☞ Google: 17 800 resultados de "conflagración de fuego"; 1 810 de "conflagración del fuego". ☒

☞ Google: 11 100 resultados de "conflagración en el centro"; 7 460 de "conflagración en la empresa"; 2 190 de "conflagración en la fábrica"; 1 340 de "conflagración en bodega". ☑

129. conservatorio, conservatorio de danza, conservatorio de danza y música, conservatorio de música

A decir de María Moliner, en el DUE, el sustantivo masculino "conservatorio" (del latín *conservatorĭus*) se aplica al "establecimiento oficial para la enseñanza de la música, la danza y otras artes relacionadas". El DRAE ofrece una definición un poco diferente: "Establecimiento, por lo general público, donde se enseña música y danza". En este sentido, la Real Academia Española restringe la enseñanza de un "conservatorio" a música y danza, en tanto que Moliner incluye otras artes relacionadas, pero no dice cuáles. Para Moliner es un "establecimiento oficial" (que emana de la autoridad del Estado), en tanto que para la Real Academia Española es "establecimiento por lo general público" (perteneciente o relativo al Estado, pero no necesariamente). Sea como fuere, la conclusión es que un "conservatorio" sólo puede ser de danza o de música o bien de ambas disciplinas artísticas. Ejemplos: *Conservatorio Nacional de Danza*; *Conservatorio Nacional de Música*, pero también *Conservatorio Nacional* o, simplemente, *Conservatorio*. Quiere esto decir que un "conservatorio" no siempre es de "música", aunque lo demos por supuesto. Puede ser de "danza", aunque con más frecuencia es de "música", y por lo general se le denomina "conservatorio", a secas, aunque sólo sea de "música" y poco o nada tenga que ver con "danza" y las otras artes relacionadas que sugiere Moliner, pero que no especifica. Ahora bien, si un "conservatorio" únicamente puede ser de "danza" o de "música" y algunos lo son de una sola disciplina, tiene sentido la precisión en el nombre: "conservatorio de danza", "conservatorio de música"; pero si lo es de ambas disciplinas artísticas no resultan muy afortunadas las denominaciones "conservatorio de danza y música" o "conservatorio de música y danza", puesto que la definición de "conservatorio" es, justamente, "establecimiento donde se enseña música y danza". Si esto no configura una redundancia muy clara, por lo menos se trata de una aclaración innecesaria, pues basta con decir y escribir "conservatorio", y únicamente en el caso de excluir una de las dos disciplinas tiene sentido especificar: "de danza" o "de música".

☞ Google: 125 000 resultados de "conservatorio de música y danza"; 33 900 de "conservatorios de música y danza"; 23 800 de "conservatorio de danza y música"; 22 100 de "Conservatorio Nacional de Música y Danza"; 6 580 de "conservatorios de danza y música"; 6 370 de "Conservatorio Nacional Superior de Música y Danza"; 3 450 de "Conservatorio Nacional Superior de Música y Danza de París". ☒

☞ Google: 14 900 000 resultados de "conservatorio"; 3 240 000 de "conservatorio de música"; 1 020 000 de "conservatorios"; 715 000 de "conservatorio nacional"; 589 000 de "Conservatorio Nacional de Música"; 356 000 de "conservatorio de danza"; 175 000 de "conservatorios de música"; 81 400 de "Conservatorio Nacional de Música de México"; 54 300 de "Conservatorio Nacional de Danza"; 35 100 de "conservatorios de danza"; 25 100 de "Conservatorio Nacional Superior"; 20 500 de "Conservatorio Nacional Superior de Música". ☑☑

130. ¿*contra prestación*?, contraprestación

El término "contra" es preposición que denota oposición o contrariedad de una cosa con otra. Ejemplo: *Dijo que lucharía **contra** viento y marea.* Pero también tiene uso de prefijo (sinónimo de "anti-"), en palabras compuestas que, siguiendo las reglas de la gramática y de la ortografía, debe ir obligadamente ligado al término que modifica, y sin necesidad de guión intermedio. El prefijo "contra-" indica oposición, opuesto o con propiedades contrarias, justamente como en el caso de "anti-" pero utilizado en la modificación de otros términos. Existen "anticlerical" pero no "contraclerical"; "antidemocrático", pero no "contrademocrático"; "anticonstitucional", pero no "contraconstitucional", etcétera; y, a la inversa, existen "contraventana" pero no "antiventana", "contrapropuesta" pero no "antipropuesta", "contraluz" pero no "antiluz", etcétera. La excepción es "contraveneno" y "antiveneno", ambas formas admitidas por el DRAE. El error se produce cuando los escribientes del español no siguen la regla de la formación de términos compuestos y ponen en dos palabras lo que evidentemente debe ir en una. Es el caso de "contra prestación": lo correcto es "contraprestación", con grafía simple, término que, a decir del diccionario de la RAE, es la "prestación que debe una parte contratante por razón de la que ha recibido o debe recibir de la otra". Ejemplo: *El salario digno del obrero es la **contraprestación** que recibe por su trabajo.*

"Contra prestación" (en dos palabras, en vez de una) es un error muy abundante en la burocracia y en el medio periodístico impreso y electrónico, donde se cometen continua y alegremente yerros similares con otros términos de la misma familia del prefijo "contra-". En un documento que está en la página electrónica del Gobierno Municipal de Metepec, Estado de México, se informa de la

♀ "recepción de pagos de los derechos por la **contra prestación** solicitada a las Dependencias Municipales".

Lo correcto es:

♂ recepción de pagos de los derechos por la **contraprestación** solicitada a las dependencias municipales. (Obviamente, "dependencias municipales" no son nombres propios para merecer mayúsculas iniciales.)

🖉 Abundan los medios impresos y las burocracias federales, estatales, municipales, departamentales, etcétera, que se refieren a "contra prestación" y "contra prestaciones" en vez de "contraprestación" y "contraprestaciones". Y, con esta misma ignorancia de las palabras compuestas, llenan las informaciones y los documentos de "contra ataque" en vez de "contraataque", "contra corriente" en vez de "contracorriente", "contra insurgencia" en vez de "contrainsurgencia", "contra inteligencia" en vez de "contrainteligencia", "contra luz" en vez de "contraluz", "contra poner" en vez de "contraponer", "contra propuesta" en vez de "contrapropuesta" "contra revolución" en lugar de "contrarrevolución" y decenas más de barbaridades.

☞ Google: 54 100 resultados de "contra prestación"; 9 110 de "contra prestaciones". ☒

131. coro, ¿coro de voces?, ¿coros de voces?

De acuerdo con el diccionario académico, el sustantivo "coro" (del latín *chorus*, y éste del griego *chorós*) posee las siguientes acepciones: "Conjunto de personas que en una ópera u otra función musical cantan simultáneamente una pieza concerta-da", "conjunto de personas reunidas para cantar, regocijarse, alabar o celebrar algo", "en la tragedia grecolatina, conjunto de actores que cantaban o recitaban al unísono comentando la acción", "en una tragedia grecolatina, parte que cantaba o recitaba el **coro**", "unión o conjunto de tres o cuatro voces, que son ordinariamente un primero y un segundo tiple, un contralto y un tenor, o bien un tiple, un contralto, un tenor y un bajo" y "pieza musical cantada por un conjunto de personas". Ejemplos: *Los **coros** estuvieron fatales*; *Esta composición es a dos **coros***; *El tenor del segundo **coro** se equivocó dos veces*. Si tomamos en cuenta que cada una de estas acepciones conlleva el canto y la recitación, resulta obvio que el término "coro" lleva implícito el sustantivo femenino "voz" en plural ("voces"), del latín *vox, vocis*, cuyo significado principal es "sonido producido por la vibración de las cuerdas vocales". Ejemplo: *Las **voces** apenas eran audibles*. En consecuencia, decir y escribir "coro de voces" es una redundancia bruta. Basta con decir "coro" y "coros" para que se sobreentienda que es un conjunto de "voces". Por supuesto, en un sentido figurado, se puede hablar y escribir, por ejemplo, de un "coro de silbidos" o de un "coro de insultos", pero justamente estas precisiones ("de silbidos"; "de insultos") evita cualquier ambigüedad o confusión. Digamos y es-cribamos "coro" y "coros" y nada faltará en un enunciado para comprender a qué nos referimos. Ejemplos: *Los integrantes del **coro** llegaron con puntualidad*; *Los **coros** de la escuela fueron un desastre*. No confundir con el sustantivo masculino "corro" ("cerco que forma la gente para hablar, para solazarse, etc.") y su derivado "corrillo" ("corro donde se juntan algunas personas a discutir y hablar, separados del resto de la gente", DRAE). Ejemplo: *Del **corro** se desprendió un grupo de seis personas que formó un **corrillo** muy animado*.

Las redundancias "coro de voces" y "coros de voces" abundan en internet, pero no son infrecuentes en las publicaciones impresas (incluidos los libros). En una página de internet leemos lo siguiente:

♀ "**Coro de voces** femeninas 'Palabras con son'".

Pero si el coro está integrado por "voces femeninas", resulta por demás obvio que se trata de un coro de mujeres. Y lo correcto sería decir y escribir:

♂ **Coro** femenino "Palabras con son".

✏ Van otros ejemplos de esta redundancia tan evidente y, al mismo tiempo, tan elemental: "¿Qué es un **coro de voces**?" (el que no es de toses, que también los hay), "**coro de voces** graves en Vigo" (basta con decir coro grave), "**coro de voces** masculinas" (basta con decir coro masculino), "un **coro de voces** colombianas" (en realidad, es simplemente un coro colombiano), "un **coro de cuatro millones de voces**" (es un coro de cuatro millones de personas), "este **coro de voces** comparte esperanzas y aspiraciones", "solicitan maestros para **coro de voces**", "el **Coro de Voces** LGTB de Madrid" (es simplísimo: el Coro LGTB de Madrid), "**coro de voces** mixtas" (¡por Dios!: es coro mixto), "**coro de voces** infame" (¡es un coro infame!), "**coro de voces** blancas" (un coro blanco), "un **coro de voces** plurales" (un coro plural), "concierto del **coro de voces**", "formaciones típicas de **coros de voces**", "los **coros de voces** y cuartetos de cuerdas", "**coros de voces** infantiles", "**coros de voces** críticas" (son coros de personas críticas), etcétera.

☞ Google: 429 000 resultados de "coro de voces"; 68 000 de "coros de voces"; ☒

☞ Google: 86 600 000 resultados de "coro"; 13 600 000 de "coros"; 864 000 de "coro infantil"; 385 000 de "coro juvenil"; 154 000 de "coros cristianos"; 117 000 de "coros infantiles"; 106 000 de "coros juveniles"; 76 200 de "coro mixto"; 66 300 de "coro masculino"; 60 300 de "coro femenino"; 18 700 de "coro de insultos"; 17 300 de "coros femeninos"; 14 100 de "coro cristiano"; 10 800 de "coros evangélicos"; 8 200 de "coro evangélico"; 7 020 de "coros mixtos"; 5 680 de "coro blanco"; 5 250 de "coro desafinado"; 5 210 de "coros masculinos"; 4 230 de "coro de silbidos"; 3 580 de "coro insultante"; 2 820 de "coro grave"; 1 630 de "coro de toses"; 1 220 de "coro ofensivo"; 1 200 de "coros graves". ☑

132. *¿corta callos?*, cortacallos, *¿credo?*, Credo Solingen, *¿quita callos?*, quitacallos

El sustantivo masculino "credo" (del latín *credo*, "creo", primera palabra de esta oración en latín) posee dos acepciones principales en el DRAE: "Oración en que se hace profesión de fe de las principales creencias del cristianismo" y "conjunto de ideas, principios o convicciones de una persona o de un grupo". María Moliner, en el DUE, hace bien en invertir las acepciones, pues, razonable y no religiosamente, pone como primer significado "creencias" (de carácter general), con el siguiente ejemplo: *Persona de cualquier* **credo** *religioso o político*, y como segunda la acepción específica: "Exposición condensada, que comienza con las palabras 'creo en Dios Padre', instituida por los apóstoles, de los principales puntos de la fe cristiana, la cual repiten los cristianos a manera de rezo". Ejemplo: *El* **credo** *no es una simple repetición de verdades teóricas*. El *Diccionario del español usual en México* procede, de la misma manera lógica que el DUE: primero ofrece la acepción general y después la específica: "Conjunto de principios y creencias en que se funda una doctrina, opinión, conducta, etc." y "oración de los cristianos, en la que se exponen los principios y creencias de su fe y que comienza: 'Creo en Dios Padre Todopoderoso...'". Ninguno de estos diccionarios y ni siquiera el guango *Panhispánico* incluyen la acepción que ofrece el *Diccionario de mexicanismos* de la AML: "**credo**. M. Navaja curva que sirve para quitar callos de los pies". Serán, en todo caso, los callos de los pies de los académicos y ayudantes que hicieron dicho diccionario. No lo informa el DM, pero este sustantivo minoritario proviene de la marca registrada Credo, empresa alemana fundada en 1924, fabricante de instrumentos para manicura y pedicura (alicates, cortacallos, cortaúñas, limas, navajas, pinzas, tijeras, etcétera), establecida en la ciudad de Solingen, famosa mundialmente por su producción de instrumentos de hierro y acero, muy especialmente de cuchillos, navajas y tijeras de gran calidad. Entre los instrumentos fabricados y comercializados por la empresa Credo® están el "cortacallos" o "quitacallos" que algunos denominan también "navaja de pedicura" o "garlopín cortacallos", consistente en un mango con una adaptación en su extremo para colocar la navaja a la manera de un rastrillo de afeitar o rasuradora manual. Lo cierto es que la navaja del "cortacallos" no es curva, como afirma el DM, sino completamente plana: la curvatura se la da el adaptador. Por supuesto, así como el "cortacallos" tiene la marca registrada Credo, así también esta marca aparece en alicates, cortaúñas, navajas, pinzas, tijeras y hasta plantillas para zapatos. En México esta marca registrada se sustantivó, especialmente entre los vendedores de farmacias que no sabían cómo nombrar el "cortacallos" cuya información estaba en alemán y sólo resaltaba en el empaque la palabra "Credo" y, debajo de ella, en menor tipografía, el término "Solingen", topónimo, como ya dijimos, de la ciudad alemana perteneciente al sector administrativo de Düsseldorf. Posteriormente aparecerían otros fabricantes (como Curtis®) que imitaron el cortacallos original de Credo®, con la siguiente advertencia en el empaque: "Cortacallos Tipo Credo". Parecida sustantivación dialectal se ha hecho en México y en otros países hispanohablantes con diversas marcas registradas como Gerber ("guérber"), Maizena ("maicena"), Kleenex ("clínex") y Gillette ("yilet"), pero lo cierto es que el sustantivo común "credo" para nombrar el "cortacallos" es no sólo minoritario sino marginal, incluso en el habla. Prueba de ello es que la búsqueda en Google de la expresión "credo para callos" únicamente nos da siete resultados, en tanto que "credo para cortar callos" nos ofrece un solo resultado, a diferencia de "cuchilla para callos" que se acerca a los dos mil resultados y "cuchilla corta callos" (que presenta el error de no formar la palabra compuesta "cortacallos") nos lleva a más de seiscientas referencias en internet. Siendo así, lo correcto es decir y escribir "cortacallos" e incluso "quitacallos", pero no "credo" que ni siquiera en México, donde la Academia Mexicana de la Lengua lo da como "mexicanismo", se utiliza con amplitud. De los veinte resultados que aparecen en el buscador de Google al teclear la expresión "usé el credo", ninguna se refiere al "cortacallos". De acuerdo con el DRAE, el sustantivo masculino "cortacallos" se aplica al "cuchillo especial que usan los callistas para su oficio". Sí, pero esto sería, más o menos, como en el medievo. A los académicos de Madrid les hace falta actualizarse. Mucho mejor es la definición de

Moliner: "Utensilio de callista". Y por "callista" se entiende a la "persona que se dedica a cortar o extirpar y curar callos, uñeros y otras dolencias de los pies" (DRAE), allá por el medievo, valga decirlo nuevamente, pues hoy hasta los académicos de pies callosos (de tanto utilizarlos en hacer diccionarios) no van con el "callista" para que les extirpe los callos con cuchillos, hachas y machetes, sino con el "podólogo" o con la "podóloga", es decir, los especialistas en "podología", que es la "rama de la actividad médica, que tiene por objeto el tratamiento de las afecciones y deformidades de los pies, cuando dicho tratamiento no rebasa los límites de la cirugía menor". Sea como fuere, afirmar, como lo hace el DM de la AML, que "credo" es un mexicanismo por "navaja de pedicura", "garlopín cortacallos" y, más ampliamente, "cortacallos", es no tener idea de nada: ni siquiera de que el término "Credo", razón social de una empresa alemana de instrumentos de manicura y pedicura, es una marca registrada. Y eso de que la navaja del "credo" sea curva es otra barbaridad, como ya señalamos: una cosa es que adquiera curvatura al adaptarse al garlopín, y otra muy diferente que sea curva: la navaja para cortar callos es tan plana como el cerebro de quienes hicieron el DM. Por cierto, el sustantivo "garlopín", que no recoge el DRAE, pero sí el DUE, es un diminutivo de "garlopa" (instrumento que se emplea para lijar y afinar las superficies especialmente en la madera, pero también en la piedra, tal es el caso del "garlopín de cantero"). En todo le gana el DUE al DRAE, y en cuanto al DM, éste es un diccionario tuerto, es decir, torcido. Una última cosa en la que es necesario insistir: "cortacallos" y "quitacallos" son sustantivos compuestos; por tanto, deben escribirse con grafía simple y no en dos palabras. He aquí algunos ejemplos del uso correcto de este término cuyo falso equivalente "credo", avalado por la Academia Mexicana de la Lengua, es del todo marginal: "navajas de repuesto para **cortacallos**", "cuchillas **cortacallos**", "**cortacallos** de acero inoxidable", "hojas de repuesto para **cortacallos** Credo", "máquina **cortacallos** Credo original", "máquina **cortacallos** 14 cm de acero inoxidable", "antigua máquina **cortacallos** Palmera", "**cortacallos** Rasseti made in France 1920", "máquina **cortacallos** y hojas de repuesto", "**cortacallos** Carrefour", "**cortacallos** con mango metálico profesional", "**cortacallos** para pedicura", "compra **cortacallos** en Amazon", "**cortacallos** metálico corte regulable", "**cortacallos** Beter", "set de 10 cuchillas **cortacallos**", "**quitacallos** eléctrico", "**quitacallos** eléctrico de precisión", "**quitacallos** eléctrico de pedicura", "cuchillas para **quitacallos**", "garlopín **cortacallos**", "garlopín **quitacallos** alemán".

☞ Google: 124 000 resultados de "corta callos"; 43 600 de "quita callos"; 1 800 de "garlopín corta callos"; 634 de "cuchilla corta callos"; 495 de "corta callos Credo"; 238 de "Credo corta callos"; 5 de "Credo quita callos". ☒

☞ Google: 106 000 resultados de "cortacallos"; 14 400 de "quitacallos"; 1 740 de "cuchilla para callos"; 906 de "garlopín cortacallos"; 364 de "cortacallos Credo"; 102 de "Credo cortacallos"; 7 de "Credo para callos"; 4 de "cortacallos Credo Solingen"; 1 de "Credo Solingen para callos"; 1 de "Credo para cortar callos". ☑

133. ¿*corto, mediano o largo plazos?*, ¿*corto, mediano y largo plazos?*, ¿*uno y otro casos?*
Cuando dos o más adjetivos anteceden y se refieren a un sustantivo, lo correcto es utilizar el sustantivo en singular, como en "corto, mediano o largo plazo", "corto, mediano y largo plazo", "Antiguo y Nuevo Testamento", "primero y segundo piso", "uno y otro caso", y no, como suele hacerse, pluralizándolo, por prurito de ultracorrección concordante: "corto, mediano o largo plazos", "corto, mediano y largo plazos", "Antiguo y Nuevo Testamentos", "primero y segundo pisos", "uno y otro casos". En su entrada correspondiente a las reglas de concordancia, el *Diccionario panhispánico de dudas* "recomienda" lo siguiente: "Cuando los adjetivos van antepuestos, resulta forzado referirlos a un sustantivo plural: *el Antiguo y Nuevo Testamentos, a medio y largo plazos*; en estos casos se recomienda poner el sustantivo en singular y, si lleva determinante, repetirlo ante cada adjetivo: *el Antiguo y el Nuevo Testamento; a medio y largo plazo*". El problema con el *Panhispánico de dudas* es que, con frecuencia, crea más dudas de las que resuelve, llevando a los lectores por los caminos de la ambigüedad y la confusión. Ahí donde el *Panhispánico de dudas* dice que "resulta forzado" debe entenderse que resulta "no espontáneo", "anormal", pero los redactores de dicho diccionario no toman en cuenta la carga anfibológica del adjetivo "forzado", que también puede equivaler a "forzoso" ("ineludible, inevitable, obligado"). Y hay quienes entienden lo contrario de lo que "recomiendan" los redactores encargados de resolver dudas. Tan fácil y claro que es utilizar el adjetivo "inconveniente" ("no conveniente"), para evitar todo asomo de duda. El *Panhispánico* debió sentenciar: "Cuando los adjetivos van antepuestos, resulta **inconveniente** referirlos a un sustantivo plural". Así de claro y preciso. Usar en estas construcciones el sustantivo en plural es erróneo, pues dicho sustantivo pluralizado tiene pertinencia únicamente si antecede a los adjetivos, como en "a plazos corto y mediano", "en plazos mediano y largo", "en los pisos primero y séptimo", etcétera. No sólo es una cuestión de lógica, sino también de eufonía y estética del idioma. Los usos erróneos de esta construcción se dan en todos los ámbitos de nuestra lengua, incluido el culto o profesional. Abunda en internet, pero no es raro en publicaciones impresas (libros, diarios y revistas).

En la edición mexicana de la revista *Entrepreneur* leemos el siguiente encabezado: "Cuál es la diferencia de ahorrar para el **corto, mediano y largo plazo**", del todo correcto, pero, inmediatamente debajo, en el subtítulo o sumario, se presenta la ultracorrección:

♀ "Te compartimos una guía para que un asesor calificado te ayude a planear y separar tu ahorro para objetivos del **corto, mediano y largo plazos**".

Si ya está dicho perfectamente, en el encabezado, ¿por qué echarlo a perder en el sumario y en el cuerpo del artículo? Por una razón simple: porque el encabezado lo escribió alguien con cierto conocimiento del idioma, en tanto que el artículo y el sumario son obra del autor o redactor que no sabe que lo correcto es:

♢ **corto, mediano y largo plazo.**

✎ He aquí otros ejemplos de estos desbarres por ultracorrección: "El **mediano y largo plazos**", "políticas de **corto, mediano y largo plazos**", "se te está cancelando el futuro a **mediano y largo plazos**", "objetivos de marketing a **corto, mediano y largo plazos**", "no existe un programa de **mediano o largo plazos**", "una inversión a **corto, mediano o largo plazos**", "consecuencias de **mediano o largo plazos**", "las dimensiones en **uno y otro casos** son distintas", "la versión condensada del **Antiguo y Nuevo Testamentos**", "salas de espera del **quinto y sexto pisos**", etcétera.

☞ Google: 269 000 resultados de "mediano y largo plazos"; 94 700 de "corto, mediano y largo plazos"; 72 200 de "corto y mediano plazos"; 23 000 resultados de "Antiguo y Nuevo Testamentos"; 16 800 de "mediano o largo plazos"; 9 520 de "corto, mediano o largo plazos"; 8 250 de "corto o mediano plazos"; 8 240 de "mediano o largo plazos"; 8 090 de "primero y segundo pisos"; 7 080 de "uno y otro casos"; 2 790 de "uno u otro casos". ☒

☞ Google: 6 900 000 resultados de "mediano y largo plazo"; 2 790 000 de "corto y mediano plazo"; 2 350 000 de "corto, mediano y largo plazo"; 2 050 000 de "uno y otro caso"; 484 000 de "uno u otro caso"; 405 000 de "mediano o largo plazo"; 339 000 de "Antiguo y Nuevo Testamento"; 226 000 de "corto o mediano plazo"; 138 000 de "primero y segundo piso". ☑

134. ¿*costumizado?*, ¿*costumizar?*, ¿*customizado?*, ¿*customizar?*, ¿*personalisar?*, **personalizado, personalizar**

El advenedizo y horrible verbo "customizar" (con su variante "costumizar") es otro de los desaguisados del anglicismo patológico que tenemos que padecer en nuestra lengua. Es un vocablo que no necesitamos porque tiene su perfecto equivalente en español; veamos por qué. La voz inglesa *customize* (también *customise*) es un verbo transitivo que se traduce como "hacer algo a la medida, por encargo" o bien "personalizar". Dado que uno de los principios en todos los idiomas es la economía, en lugar de la locución "hacer a la medida", los anglicistas prefieren "customizar", pero si usaran correctamente el español tendrían que decir y escribir "personalizar". Los anglicistas académicos de Madrid todavía no ponen en las páginas de su mamotreto el verbo "customizar", pero no tardarán en admitirlo, a pesar de que no tenemos necesidad de él, pues nuestro verbo transitivo "personalizar" ("dar carácter personal a algo", DRAE) cumple perfectamente el significado que se le da al horrible "customizar". Ejemplo: *Personaliza tus mensajes.* De acuerdo con el *Wikcionario*, el término "customizar" significa, "en informática y tecnología: modificar una herramienta u objeto para adaptarlo a las preferencias de su usuario o propietario, en especial de tal manera que se distinga de cualquier otro". Lo cierto es que el término se ha propagado más allá de las tecnologías informáticas y ahora nos encontramos con el uso general como en las siguientes expresiones: "customiza tu ropa", "customiza tu casa", "customiza tu calzado", "customiza tus prendas", "customiza tus jeans" y no únicamente "customiza tu módem", "customiza tu WhatsApp" o "customiza tu pantalla de inicio". Este uso es tan de españoles y argentinos que un día leeremos los siguientes anuncios: "customiza tu polla", "customiza tu poronga" (claro que sí: con un tatuaje donde se lea tu nombre), pues en Google hay casi un millar de resultados de la expresión "personaliza tu miembro". El horroroso "customizar" es conjugado a diario por millones de hablantes y escribientes del español afectados por la pandemia del anglicismo, y de ahí derivan el adjetivo participio "customizado" y el gerundio "customizando", en lugar de decir y escribir, en buen español, "personalizado" y "personalizando". El buscador urgente de dudas, de la Fundéu BBVA, propone como sinónimo adecuado de "customizar", el verbo "adaptar", para la acción de ¡"adaptar o personalizar algo al gusto personal"! Pero, ¡joder, Manolín!, ¿habláis de "**personalizar** algo al **gusto personal**"? Estamos más que fritos, y, peor aún, cuando se añade ahí mismo: "En cualquier caso, dado que la palabra *customizar* se ha incorporado al español [sí, claro, particularmente al español de España], lo apropiado, si se decide utilizarla, es escribirla en redondas; es decir, ni en cursiva ni entre comillas". Pero, además, los maestros del idioma de la Fundéu BBVA se dan el lujo de agregar otra patochada: "Es impropia la variante *costumizar*, intercambiando la *u* y la *o*, que se ve en ocasiones". En realidad, son impropios ambos terminajos: lo mismo "customizar" y sus derivados" que "costumizar" y sus descendientes directos. Son anglicismos barbáricos que hay que evitar. Digamos y escribamos "personalizar". El problema adicional es que, por andar diciendo y escribiendo "costumizar" y "customizar", la gente ya no sabe siquiera escribir el verbo "personalizar": escribe, frecuentemente, "personalisar", que es otro barbarismo. Así, un fulano, afecto a los videojuegos, pregunta, o pretende preguntar: "Como personaliso mi maestria?". Obviamente, desea preguntar (pero no sabe hacerlo) cómo personaliza su maestría. ¡Vaya caso!

Dado que el advenedizo verbo "customizar" nació en internet, como calco del inglés, ahí mismo tiene su reino, pero éste se extiende en el habla y en la escritura de países enteros en los que sus habitantes no tienen ni la más remota idea de que lo que quieren decir, exactamente, es "personalizar" y punto. Como es obvio, no falta en el periodismo impreso y digital que ha hecho más extensivo este terminajo y sus variantes ¡que ni siquiera tienen lugar en el *Diccionario panhispánico de dudas*!, lo cual ya revela bastante, pues en ese depósito de cascajo tiene cabida todo. En una página de internet leemos lo siguiente:

♀ "Seis claves para **customizar** las campañas de publicidad".

No esperemos que se utilice correctamente el español en un sitio denominado *puro marketing.com*, pero lo correcto para quienes están fuera de ese hoyo es lo siguiente:

♂ Seis claves para **personalizar** las campañas de publicidad.

✎ Que millones de anglicistas, pochos y gringófilos prefieran utilizar los terminajos "costumizar", "customizar" y sus variantes y conjugaciones, en lugar del correcto verbo "personalizar" con sus conjugaciones y su adjetivo participio ("personalizado"), lo único que revela es una enorme ignorancia de la lengua nativa. He aquí unos pocos ejemplos de estas necedades, incluido el barbarismo de no saber escribir "personalizar" por obvia falta de uso: "**Customiza** tus labios" (¡en serio; no es broma!), "**customiza** tus ojos", "**customiza** tus uñas", "**customiza** tus pestañas", "**customiza** tu ropa", "**customiza** tu Click", "**customiza** tus gafas de sol", "**customiza** tus zapatos", "16 ideas para **customizar** tus vaqueros", "cómo **customizar** mensajes", "curso con el que aprenderás a **customizar** tu ropa", "**customizar**, la tendencia que está cambiando el mercado", "guitarras eléctricas **customizadas**", "bicicletas **customizadas**", "motocicletas **customizadas** a mano", "mujeres que hacen ropa **customizada**", "camiseta **customizada** para niña", "producto **customizado**", "**customizado** de coches", "programas **customizados**", "Playmobil **customizados**", "**customizando** en una cooperativa", "**customizando** el armario" (con sarcasmo, un internauta inteligente escribe: "*customizando* el idioma"), "blusas **costumizadas**", "fórmulas **costumizadas**", "3 estilosas ideas para **costumizar** un jersey" (así usa el castellano, en internet, un español), "el arte de **costumizar**", "hermosa muñeca **costumizada**", "bandeja **costumizada**", "cuerpo **costumizado**", "vestido **costumizado**", "**costumizando** en Pinterest", "**costumizando** tu reino eterno", "**costumiza** tus nuevos Nike", "**costumiza** tus cojines", "teclado **personalisado**", "turismo **personalisado** en Ciudad de México", "invitaciones "**personalisadas**", "tarjetas de cumpleaños **personalisadas**", "chocolates **personalisados**", "globos **personalisados**", "atención **personalisada**", "asesoria **personalisada**", "como **personalisar** windows 7 con temas", "todo para **personalisar** tu cumple", "**personalisa** tu teléfono android", "**personalisa** tu whatsapp", "**persolanisa** tu PC para mejorarla a tu gusto", "**personalisa** tu avatar", "**personalisa** tus diseños", "**personalisamos** tu auto", "**personalisamos** tus ideas" (¡cuánta razón tenía Raúl Prieto Riodelaloza!: "hoy a cualquier pendejada le dicen *idea*!"), "**personalisamos** tus camisas", "**personalisamos** viniles decorativos", "**personalisamos** los productos de la granja para tu cumpleaños", "**personaliso** tu auto particular", "**personalisando** mi iPhone", "**personalisando** su salida", "está violando derechos de autor **personalisando** una cosa que no le pertenece".

☞ Google: 5 690 000 resultados de "customizar"; 4 040 000 de "customizado"; 3 530 000 de "customizados"; 3 190 000 de "customizadas"; 2 370 000 de "customizada"; 2 310 000 de "customiza"; 1 220 000 de "customizando"; 538 000 de "costumizadas"; 325 000 de "costumizada"; 339 000 de "costumizar"; 105 000 de "costumizado"; 76 500 de "customice"; 73 700 de "customizamos"; 62 400 de "customizan"; 39 600 de "costumizados"; 18 300 de "costumizan-do"; 16 900 de "customiza tus ojos"; 12 700 de "customiza tus uñas"; 10 500 de "costumiza". ☒

☞ Google: 296 000 resultados de "personalisado"; 244 000 de "personalisadas"; 180 000 de "personalisar"; 170 000 de "personalisados"; 136 000 de "personalisada"; 128 000 de "personalisa"; 24 000 de "personalisamos"; 6 860 de "personaliso"; 5 140 de "personalisando". ☒

☞ Google: 386 000 000 de resultados de "personalizar"; 271 000 000 de "personalizado"; 199 000 000 de "personalizados"; 182 000 000 de "personalizada"; 154 000 000 de "personali-zadas"; 36 000 000 de "personaliza"; 5 050 000 de "personalizamos"; 3 190 000 de "persona-lizando"; 3 040 000 de "personalice"; 751 000 de "personalizan"; 482 000 de "personalices"; 419 000 de "personalizo"; 290 000 de "personalicen"; 193 000 de "personalizaremos". ☑

135. ¿*coyontura*?, coyuntura, coyuntural, coyunturales, coyunturas, ¿*cuyuntura*?, ¿*cu-yuntural*?, ¿*cuyunturales*?, ¿*cuyunturas*?

¡Se durmieron los redactores del *Diccionario de mexicanismos* de la Academia Mexica-na de la Lengua! Esos que son capaces de incluir las cacografías más insólitas luego de bautizarlas como "mexicanismos". ¿Ejemplos?: "clayuda" (por "tlayuda"), "condorito" (por "condón"), "cónyugue" (por "cónyuge"), "corrioso" (por "correoso") y ¡"culebrita muerta"! (por "pene flácido"), entre otras tantas vaciladas. ¡Ay, mi vida, mira tu cule-brita muerta, pero bien muerta! Pues sí, se durmieron porque no incluyeron en ese lexicón las cacografías "coyontura", "cuyuntura" y sus derivados, que, por supuesto ni son mexicanismos, como tampoco lo son cientos de palabros y tonteras que se inclu-yen en sus páginas, ni son términos correctos en nuestra lengua (aquí y en España y en Argentina y en donde se hable español), sino barbarismos y desbarres derivados del correcto "coyuntura" (del latín *co-*, "co-" y *iunctūra*, "unión"), sustantivo femenino con tres acepciones en el DRAE: "Articulación o trabazón movible de un hueso con otro", "oportunidad favorable para algo" y "combinación de factores y circunstancias que se presentan en un momento determinado". Ejemplos: *Tengo un gran dolor en la* **coyun-tura** *del codo izquierdo*; *Ésta es la* **coyuntura** *que estábamos esperando para llevar a cabo el proyecto*; *En esta* **coyuntura** *económica lo prudente es no endeudarse*. De ahí el adjetivo "coyuntural": "Que depende de la coyuntura (combinación de factores y circunstan-cias)" (DRAE). Ejemplo: *Esta decisión es absolutamente* **coyuntural**. Y también el sustanti-vo masculino "coyunturalismo" que el diccionario académico define como "tendencia a depender de la coyuntura (combinación de factores y circunstancias)". Ejemplo: *To-das las decisiones de este gobierno obedecen a un* **coyunturalismo** *populista*. Pero sepan los lectores de una buena vez que, así como "cónyugue" es una cacografía, también lo son "coyontura" y "cuyuntura". Que haya gente que diga y escriba estos palabros se debe a que jamás se asoma a un diccionario. Y si ha de asomarse al de mexicanismos de la AML, seguramente quedará más perdido que de costumbre. No podemos culpar de estos horribles usos al ambiente inculto de la lengua, pues hay múltiples ejemplos de la utilización de estas cacografías hasta en los centros universitarios.

En la página electrónica *Biblat* (Bibliografía Latinoamericana en revistas de investigación científica y social), de la Universidad Nacional Autónoma de México, se documenta la existencia de la investigación:

♀ "Los partidos de México y la **cuyuntura** actual".

Obviamente, de lo que se quiere informar es de la investigación:

♂ Los partidos de México y la **coyuntura** actual.

🖉 Las faltas de ortoepía producen faltas de ortografía, y también a la inversa. Hay gente muy culta o, por lo menos, muy escolarizada (en escuelas y universidades de altos estudios), que está segura de que lo correcto es "cuyuntura" o "coyontura". ¿Pero por qué está segura de ello? Porque nunca ha abierto un diccionario de la lengua. A eso se le llama hablar y escribir como Dios le da a entender. He aquí varios ejemplos de estas aberraciones lingüísticas que, como ya aclaramos, no pertenecen únicamente al ámbito inculto de la lengua: "Técnicas básicas de estructura y **cuyuntura** económica", "resumen completo Asignatura de **Cuyuntura** Económica", "migraciones y **cuyuntura** económica del franquismo", "análisis y perspectivas de la actual **cuyuntura** del país", "la **cuyuntura** del aislamiento preventivo", "la **cuyuntura** económica a fines de 1990", "un soporte para tus **cuyunturas**", "comparando las **cuyunturas** históricas de las décadas de 1940 y 1980", "hay que aprovechar las **cuyunturas**", "análisis de **coyontura**", "informe de **coyontura**", "la **coyontura** económica nacional", "nuestro país está sumido en una **coyontura** histórica", "aprovechar la **coyontura** de la pandemia", "se inflaman las rodillas y duelen las **coyonturas**", "tengo dolor en las **coyonturas**", "las **coyonturas** económicas y políticas" (que son las que más se inflaman y las que más duelen), "nutrición para las **coyonturas**", "Índice de la actividad económica **cuyuntural**", "que las entidades entreguen información **cuyuntural**", "apoyo **cuyuntural** llega a sectores más necesitados" (seguramente a los sectores en los que abunda la gente con dolores de "**cuyuntura**"), "a pesar del difícil entorno **cuyuntural**", "no habló de política **cuyuntural**", "los momentos **cuyunturales** por los que atraviesa el país", "guerras mediáticas **cuyunturales**", "acompañamiento en temas **cuyunturales**". ¡Y basta!

☞ Google: 25 500 resultados de "cuyuntura"; 25 200 de "coyontura"; 15 000 de "coyonturas"; 5 830 de "cuyuntural"; 2 230 de "cuyunturas"; 1 710 de "cuyunturales". ☒

☞ Google: 14 900 000 resultados de "coyuntura"; 2 100 000 de "coyuntural"; 1 700 000 de "coyunturas"; 1 400 000 de "coyunturales"; 8 390 de "coyunturalismo". ☑

136. crimen, crimen abominable, *¿crimen aceptable?*, *¿crimen inaceptable?*, inaceptable

Hay adjetivos que, por elemental lógica, nunca deben aplicarse a ciertos sustantivos. Es el caso de "inaceptable" cuando modifica al sustantivo "crimen". El crimen puede ser "terrible", "horrible", "horrendo" (como suele escribirse en la nota roja), "despiadado", etcétera (en el entendido de que hay crímenes que no son terribles, horribles, horrendos ni despiadados porque tienen ciertas características que impiden calificarlos como tales), pero de ningún modo, como suelen decir los políticos ignaros "inaceptable", ya que si califican como tal a un "crimen", la lógica se impone y exige que expliquen cuál es el "crimen" que merece ser calificado de "aceptable". Si los hay "inaceptables", en consecuencia, habrá también "crímenes aceptables". Pero no es así: se trata de burradas de políticos (incluidos presidentes de países) para quienes el idioma es una materia ardua de comprender. Muchos de ellos hablan porque tienen boca, pero no se ponen a pensar ni un momento en lo que están diciendo. El sustantivo masculino "crimen" (del latín *crimen*) tiene tres acepciones en el diccionario académico: "Delito grave", "acción indebida o reprensible" y "acción voluntaria de matar o herir gravemente a alguien". Ejemplos: *Cometió un **crimen** por el que fue condenado a cadena perpetua; La gravedad de su **crimen** le impide beneficiarse de la libertad bajo fianza; El **crimen** que cometió tiene muchos agravantes.* ¿Cuál es el crimen "aceptable"? Respóndalo el lector a la luz de la definición del adjetivo "aceptable" (del latín tardío *acceptabĭlis*): "capaz o digno de ser aceptado" (DRAE). Ejemplo: *Su comportamiento siempre ha sido **aceptable**.* De ahí su contrario "inaceptable", adjetivo cuyo significado es tan simple y preciso como "no aceptable". Ejemplo: *Su comportamiento es del todo **inaceptable**.* En conclusión, no hay crímenes que sean aceptables y, por la misma razón, es una tontería calificar a un crimen como inaceptable, pues todos los crímenes lo son, a menos que cuando los políticos los califiquen así estén pensando en que los suyos, los que ellos cometen o puedan cometer, sean "aceptables". Ni siquiera la estafa es un crimen aceptable, aunque difícilmente pueda ser calificado de horrendo, que suele aplicarse al asesinato cuando se realiza con extrema violencia. Dicho y visto lo anterior, la expresión "crimen inaceptable" es, por decir lo menos, inaceptable, y, con mayor precisión, una tontería. Lo que ocurre es que la mayor parte de los políticos no tiene mucha idea de los adjetivos que desgrana un día sí y otro también. Con el equivocado adjetivo "inaceptable", muy probablemente los políticos quieran dar a entender que el "crimen" es "abominable" (del latín tardío *abominabĭlis*), adjetivo que el diccionario académico define con las siguientes acepciones: "Digno de ser abominado" y "que desagrada profundamente". Ejemplo: *La trata es un crimen **abominable**.*

El 3 de julio de 2020, en su conferencia matutina, ya habitual, y a veces abominable, el presidente de México, Andrés Manuel López Obrador, manifestó su condena en relación con la masacre ocurrida en un centro de rehabilitación ubicado en Irapuato, Guanajuato. Expresó:

♀ "Hay varias versiones que en estos centros hay también representantes de las bandas de delincuentes, que no están registrados legalmente, que están promovidos por la misma delincuencia. Como sea, son **crímenes inaceptables**, horrendos".

Sí, los crímenes pueden ser horrendos (admiten este adjetivo), pero es una torpeza muy de políticos calificarlos de "inaceptables". Quiso decir el presidente de México que

☃ como sea, son **crímenes abominables, horrendos.**

✎ Pero López Obrador no ha sido el único presidente que califica como "inaceptables" los "crímenes". Vladimir Putin, presidente de Rusia, condenó el "cruel asesinato" de la periodista Ana Politkóvskaya y prometió que los culpables serán perseguidos y castigados por este "**crimen inaceptable**". De igual modo, el gobierno brasileño aseguró que "la explotación sexual es un **crimen inaceptable**". En su momento, en Perú, el presidente Alan García calificó el asesinato de veinticuatro policías como "un **crimen inaceptable**". El Senado de México, el 19 de noviembre de 2020, publicó el siguiente tuit: "Hoy es el Día Nacional contra el Abuso Sexual Infantil, que busca erradicar este **crimen inaceptable**". He aquí otros ejemplos, tanto de publicaciones impresas como electrónicas, de este uso lingüística y lógicamente inaceptable, casi siempre de políticos o de personas que están vinculadas a la política (a veces hasta de académicos universitarios): "Rechazar a los refugiados es un **crimen inaceptable**", "trata de personas [*ojo: la trata siempre es de personas*], un **crimen inaceptable** que debe combatirse por todos", "el asesinato de los tres chicos israelíes es un **crimen inaceptable**", "es un **crimen inaceptable** atentar contra la salud del pueblo dominicano", "matar a civiles pacíficos es un **crimen inaceptable**", "la violencia doméstica es un **crimen inaceptable**", "que se haga justicia en este **crimen inaceptable**", "el terrorismo es un **crimen inaceptable**", "su incapacidad de frenar esos **crímenes inaceptables**" y, como siempre hay algo peor: "los **crímenes inaceptables** como **la privación de la vida** de un menor de edad". ¿La "privación de la vida"? ¡Vaya eufemismo inaceptable para referirse al asesinato de un menor de edad!

☞ Google: 2 490 resultados de "crimen inaceptable"; 1 130 de "crímenes inaceptables". ☒

137. crónica, crónica degenerativa, crónico, crónico-degenerativa, crónico-degenerativo, daño, enfermedad, enfermedad crónica degenerativa, *¿enfermedad crónica permanente?*, enfermedad crónico-degenerativa, mal, mal crónico, padecimiento, padecimiento crónico-degenerativo, *¿padecimiento crónico permanente?*, trastorno, trastorno crónico-degenerativo, *¿trastorno crónico permanente?*

El mamotreto de la Real Academia Española, que tanta atención pone en los neologismos y nuevos terminajos de la farándula y el futbol, no recoge en sus páginas los términos "crónica degenerativa" o "crónico-degenerativo", perfectamente válidos en español y muy utilizados por hablantes y escribientes. Se dice que un mal, un padecimiento de salud es "crónico-degenerativo" o que una enfermedad es "crónica degenerativa" o "crónico-degenerativa" cuando además de que tal padecimiento o tal enfermedad son prolongados, también afectan de manera paulatina, y cada vez más severamente, al enfermo, deteriorando o degenerando sus tejidos y órganos. Por lo general, son enfermedades incurables que destruyen las células. Ejemplos: la osteoporosis o reducción de la densidad ósea, y la esclerosis lateral amiotrófica que afecta las células del sistema nervioso central y ocasiona la pérdida del movimiento muscular voluntario. Pero esto no le interesa a la RAE. Lo que le interesa es si existe algún vocablo de moda en la farándula o el futbol, y si se trata de otras cosas, por ejemplo científicas, prefiere que no la distraigan. En la entrada correspondiente al adjetivo "crónico, crónica", el DRAE ofrece las siguientes dos acepciones: "dicho de una enfermedad: larga" y "dicho de una dolencia: habitual". Pero asombrosamente, en la amplia entrada correspondiente al sustantivo femenino "enfermedad" ("alteración más o menos grave de la salud") jamás menciona el concepto "enfermedad crónica", mucho menos "enfermedad crónico-degenerativa", lo cual demuestra que los académicos de Madrid no leen ni mucho menos releen su propio diccionario. ¡No tienen ni una sola palabra en la entrada "enfermedad" para la enfermedad larga o habitual que mencionan en la entrada correspondiente a "crónico, crónica"! Y esto no es porque no sea necesario (pues sí definen la "enfermedad del sueño", la "enfermedad específica" y la "enfermedad profesional", entre otras), sino porque distraídos como están los académicos en incluir en el mamotreto zarandajas como "amigovio" y "papichulo", se olvidan de la "enfermedad crónica" y no saben absolutamente nada de la "enfermedad crónica degenerativa" o "crónico-degenerativa". Si vamos a la entrada del sustantivo masculino "mal", que en su quinta acepción se refiere a "enfermedad, dolencia", hallamos el "mal de Chagas", el "mal de montaña", el "mal de orina" (no confundir con el mar de orina) y hasta el "mal de ojo", pero nada dice del "mal crónico" ni mucho menos del "mal crónico-degenerativo". Tampoco hallamos nada relacionado en la entrada "padecimiento", sustantivo masculino que define el DRAE, simplemente, como "acción de padecer o sufrir daño, injuria, enfermedad, etc.". Y en la entrada correspondiente al sustantivo masculino "daño" (del latín *damnum*) ni siquiera registra el "daño renal". A ver cuántos años tenemos que esperar para que bajen de las nubes y se den por enterados de esta realidad. En parte, por esta falta de precisión en la forma de nombrar la enfermedad "crónica degenerativa" o "crónico-degenerativa", hablantes y escribientes hay que suelen cometer la redundancia de decir y escribir "enfermedad crónica permanente", "padecimiento crónico permanente" y "trastorno crónico permanente". Si las enfermedades, padecimientos y trastornos son crónicos, en consecuencia, son permanentes y, por cierto, no sólo habituales o de larga duración, como dice el diccionario de la Real Academia Española, sino también incurables, esto es irreversibles, hoy al menos. De ahí que decir y escribir "enfermedad crónica permanente", "padecimiento crónico permanente" y "trastorno crónico permanente" sean formas redundantes.

☞ Google: 1 650 resultados de "enfermedad crónica permanente"; 1 500 de "enfermedades crónicas permanentes". ☒

☞ Google: 591 000 resultados de "crónico-degenerativas"; 409 000 de "enfermedades crónico-degenerativas"; 163 000 de "enfermedades crónicas degenerativas"; 142 000 de "enfermedades crónicas-degenerativas"; 99 000 de "crónico-degenerativa"; 58 600 de "enfermedad crónico-degenerativa"; 45 700 de "enfermedad crónica degenerativa"; 39 600 de "crónico-degenerativo"; 9 670 de "males crónico-degenerativos"; 8 040 de "padecimiento crónico-degenerativo"; 1 130 de "trastorno crónico degenerativo". ☑

138. cruzar los dedos, hacer changuitos

Ni en el DRAE ni en el DUE está registrada la locución verbal "cruzar los dedos", en referencia a la señal que se hace con las manos al montar el dedo medio sobre el índice, en forma de cruz, para atraer la buena suerte o desear que algo salga bien. Se trata de una seña universal (en inglés se dice y se escribe *let's cross our fingers*), con un sentido parecido a "tocar madera", que se asocia a una creencia popular o una superstición antiquísima, pero que aún hoy se utiliza muchísimo. Por ello sorprende, aunque ya nada debería sorprendernos de las academias de la lengua, que la Real Academia Española no recoja esta locución en su mamotreto, a pesar de que en la entrada correspondiente al sustantivo masculino "dedo", del latín *digĭtus* (cada uno de los cinco apéndices articulados en que terminan la mano y el pie del ser humano) consigne locuciones verbales como "hacer dedo" (seña de autoestop), "levantar el dedo", "chuparse el dedo", "mamarse el dedo", "no mover un dedo", "cogerse los dedos", "morderse los dedos", "pillarse los dedos", entre otras muchas. En su libro *Creencias populares*, Pancracio Celdrán Gomáriz dice lo que no mencionan ni el DRAE ni el DUE y ni siquiera ese bote de cascajo llamado *Diccionario panhispánico de dudas*: "El hombre antiguo creyó que cruzar los dedos aleja la desgracia, superstición acaso fundada en la antigua convicción de que en el punto de intersección de dos líneas queda atrapada la suerte y decidido el futuro. [...] Se conjura el mal fario cruzando los dedos: los antiguos recomendaban hacerlo al salir de viaje, razón por la que arraigó fácilmente la costumbre cristiana de hacer el signo de la cruz. También en el mundo clásico se cerraba un trato formando una cruz con los índices de las personas implicadas: uno ponía su dedo índice sobre el índice del otro". Cabe señalar, sin embargo, la diferencia que hay entre el signo cristiano de la denominada "señal de la cruz", que, generalmente, se hace con el pulgar y el índice, y el cruce de dedos para la buena suerte que se realiza, como ya dijimos, con los dedos medio e índice. Celdrán Gomáriz explica: "Aunque hoy es símbolo cristiano, la cruz era ya conocida por los romanos, que la llamaban *patibulum*: un poste vertical clavado en tierra, atravesado por un madero de menores dimensiones; atados a ella, se azotaba a los esclavos. Fue instrumento de tortura temido por prisioneros y esclavos. Por razones que el lector conoce, la cruz se erigió en símbolo de salvación al haber padecido en ella Jesucristo. [...] Su éxito tuvo que ver con la superstición anterior, extendida en el mundo antiguo, según la cual el espacio donde se cruzan dos líneas es mágico por quedar atrapadas en él las fuerzas negativas y la mala suerte". La locución verbal "cruzar los dedos" se aplica en ejemplos como los siguientes: *Voy a **cruzar los dedos**, para que no termine tanta buena suerte* (inicio de la canción de Roberto Livi y Alejandro Vezzani, interpretada por Raphael), *Voy a **cruzar los dedos** para que Brasil le gane a Inglaterra* (declaración de Pelé en la copa mundial de futbol de 2002, realizada en Corea-Japón; y Brasil le ganó a Inglaterra y, además, fue campeón al derrotar a Alemania), ***Crucemos los dedos** para que esto se haga real*. Más allá de que la acción y el dicho funcionen o no, "cruzar los dedos" es una locución verbal que tendría que estar en el diccionario de la Real Academia Española, pero que ni siquiera está en el *Diccionario Akal del español coloquial* ni en el *Diccionario de equívocos* ni en el *Abecedario de dichos y frases hechas*; los tres, españoles. En México, a la locución verbal "cruzar los dedos" la llamamos también "hacer changuitos": es exactamente la misma seña, pero la denominación es más coloquial y festiva. El *Diccionario de mexicanismos* de la Academia Mexicana de la Lengua no la incluye en sus 648 páginas repletas de barbaridades y ahítas de tonterías, pero, en 2001, Guido Gómez de Silva, un auténtico lexicógrafo, lo incluyó en su *Diccionario breve de mexicanismos*, superior en todo al DM publicado en 2010. Informa Gómez de Silva: "**hacer changuitos**. loc. Cruzar los dedos, poner el dedo medio sobre el índice, con la intención de que eso traiga buena suerte". Ejemplos: *Voy a **hacer changuitos** para que ganes ese premio, Hay que **hacer changuitos** para que nos vaya bien, **Hagamos changuitos** para que no llegue un pendejo a dirigir esta oficina*. Que el cruce de los dedos medio e índice tenga algún parecido con un "changuito" o "mono" o "mico" es cosa muy discutible, o bien que los monos o micos estén relacionados con la buena suerte, también es una especulación sobre el sentido de esta locución verbal mexicana equivalente a "cruzar los dedos". Lo cierto es que, por desconocerse el origen exacto de este mexicanismo, hay quienes han deformado la locución en "hacer chonguitos" (relativa a una forma de peinar el cabello de las mujeres). Nada tiene que ver una cosa con otra. Por eso son tan importantes los diccionarios de la lengua, como guías de los hablantes y escribientes. Lo malo es que la Real Academia Española, desde hace siglos, contagia de pereza y tontería a sus hermanastras de América y Filipinas. Y así como no encontramos en el DRAE la locución "cruzar los dedos", así también no encontramos en el paupérrimo DM nuestra locución "hacer changuitos". Cabe agregar que hay quienes "hacen changuitos" subrepticiamente: con una mano a la espalda en tanto prometen o juran cumplir algo que no cumplirán al estar protegidos de todo mal, o al neutralizar la promesa o el juramento, con el cruce de dedos inadvertido para la persona que exige el cumplimiento. ¡Todo un rito supersticioso, enigmático y apasionante que los académicos de la lengua ignoran! Pongámosles algunos ejemplos para que reduzcan su ignorancia: "¡A **cruzar los dedos**!", "hay que **cruzar los dedos** para llegar al 2%", "¿por qué **cruzamos los dedos** para la buena suerte?", "**cruzar los dedos**, tocar madera: el origen de las supersticiones", "voy a **cruzar los dedos**", "**cruzar los dedos**, por favor", "estoy **cruzando los dedos**", "a seguir **cruzando los dedos**", "¿por qué **cruzamos los dedos** para atraer la suerte?", "sigo **cruzando los dedos**", "**crucemos los dedos** y esperamos", "ahora **crucemos los dedos**", "**cruzaré los dedos** para que todo vaya bien", "cruza el amor, yo **cruzaré los dedos**", "**crucé los dedos** para seguir con suerte", "¿de dónde surge **hacer changuitos**?", "**cruzar los dedos** o **hacer changuitos**", "nosotros nos dedicaremos a **hacer changuitos**", "**hagamos changuitos** y hoy todo saldrá bien", "**hagamos changuitos** para la buena onda", "**hagamos changuitos** para que la ALDF apruebe la ley de pensión", "**hagamos changuitos** porque estos raros especímenes se den en abundancia y no en maceta", "hay que **hacer changuitos** para que gane México", "hay que **hacer changuitos** para que pase mis exámenes", "si para ello hay que **hacer changuitos, changuitos hacemos**".

☞ Google: 353 000 resultados de "cruzar los dedos"; 288 000 de "cruzando los dedos"; 160 000 de "crucemos los dedos"; 132 000 de "crucé los dedos"; 89 600 de "cruzaré los dedos"; 48 500 de "voy a cruzar los dedos"; 12 000 de "hacer changuitos"; 4 950 de "haciendo changuitos"; 4 000 de "hagamos changuitos"; 2 900 de "hay que hacer changuitos"; 1 640 de "hacemos changuitos". ☑

139. Culiacán, culiacanense, culiacanenses, ¿culicha?, ¿culichas? ¿culiche?, ¿culiches?, culichi, culichis, el culichi, la culichi, las culichis, los culichis

En el ámbito inculto la ultracorrección transforma el "bacalao" en "bacalado" y la "diabetes" en "diabetis". En el ámbito culto, y más aún en el académico, los individuos que llevan a cabo la ultracorrección son tan presuntuosos que creen saber más que los propios hablantes y escribientes del español; más, por ejemplo, que toda una amplia comunidad, y entonces privilegian y legitiman, por ejemplo, formas erradas y minoritarias como "culicha" y "culiche" sobre la forma popular, mayoritaria y correcta "culichi". Es un ejemplo que exhibe a la vez arrogancia e ignorancia: dos cosas que, cuando se juntan, producen una devastadora explosión de torpeza en el idioma, ¡y lo peor es que esto ocurre en los instrumentos que deberían orientar al hablante y al escribiente! El mal denominado *Diccionario de mexicanismos* (DM) de la Academia Mexicana de la Lengua (AML), dirigido por la competente lingüista y filóloga Concepción Company Company, que al parecer dejó el trabajo en manos inexpertas, no es

realmente un diccionario de mexicanismos, sino uno de ocurrencias ("ideas inesperadas") y "localismos", que describe vocablos, locuciones y expresiones de algunas
zonas de México, tanto del norte como del sur y el sureste, pero, especialmente, de la
región central del país. Y cuando nos referimos a "localismo", coincidimos con la definición que, para este sustantivo, ofrece en su cuarta acepción el DRAE: "Vocablo o
locución que sólo tiene uso en un área restringida". Sin duda, "chinga", "chingada",
"chingadazo", "chingadera", "chingados", "chingar" y otras variantes de la misma familia son mexicanismos porque se usan ampliamente en el territorio nacional, pero
no así "chirgo" ni "choi" ni "claco" ni cientos de vocablos, locuciones y expresiones
alojados en las páginas de ese repertorio de barbaridades intitulado *Diccionario de*
mexicanismos que únicamente tienen uso restringido y, en muchísimos casos, son
tan sólo deficiencias del habla o de la escritura: desde cacografías hasta faltas de ortoepía, desde barbarismos hasta pendejismos. Por ejemplo, ¿en qué parte del país se
le dice "aguadito" a la "vagina"? Será, tal vez, en el pueblo, la ranchería o la residencia
de alguno de los académicos, redactores, informantes o becarios de la Academia
Mexicana de la Lengua. En cualquier caso, no se trata de un mexicanismo, sino de un
localismo o, peor aún, de una simple expresión vulgar y jergal de unos cuantos ma-
jaderos. Por lo pronto, si uno busca en Google "aguadito vagina", ¡no aparece ningún
resultado que evidencie la sinonimia! Hay que ser muy caradura para poner esto
en un diccionario, sin la menor evidencia documental. Pero en la AML ni siquiera son
congruentes: Si legitiman, como "mexicanismos", barbarismos como "cónyugue",
"erario público", "humadera" y "jediondo" (y no, por cierto, "polvadera", únicamente
porque se les olvidó), ¿por qué no incluyen también "diabetis", "espúreo", "inagurar",
"interperie", "medecina", "miarda" (que así le dicen a la "mierda" en Yucatán), "na-
dien" y "trompezar", entre otras lindezas tan torpes como las que sí consignan y definen en las páginas del lexicón? Peor aún: pese a que, cuando se publicó el DM, el
coeditor de este repertorio de disparates (miembro de la AML y meses después su
director) era el escritor sinaloense Jaime Labastida ("mochiteco" o "mochitense",
esto es nativo de Los Mochis, como muy bien documenta y define Guido Gómez de
Silva este gentilicio), ¡ni "mochiteco" ni "mochitense" son términos incluidos en el
irrisorio DM!, en cuyas páginas, además, se asegura que al "natural de Culiacán, ciudad del estado de Sinaloa" se le dice "culiche" en masculino y "culicha" en femenino,
y que a lo "relativo o perteneciente a Culiacán" se le aplica el adjetivo "culiche", pese a
que estas grafías (¡erróneas si se aplican al natural de Culiacán y a lo relativo o perteneciente a Culiacán!) son patrañas: grafías por completo ajenas a la idiosincrasia
culiacanense (quizá algunos pocos turistas que confunden "chiche" con "chichi", dirán también "culiche" por "culichi"), en comparación con el gentilicio popular "culichi", masculino y femenino (que es forma coloquial del oficial "culiacanense"), cuyo

plural es "culichis": "el culichi", "la culichi", "las culichis", "lo culichi", "los culichis".
Ya lo dice el conocido refrán culiacanense aplicado a sus mujeres (desconocido, por
lo visto, por los redactores del DM de la AML): "Mucha nalga y poca **chichi**, de seguro
que es **culichi**", y su variante: "Mucha nalga y poca **chichi**, ¡y de seguro es **culichi**!".
¡Asombrosamente, un diccionario como el DM, de la AML, que recoge barbaridad y
media, y un sinfín de jaladas, y que añade también, con exhaustividad, las variantes
(sean tres, cuatro, cinco, seis, etcétera) más ridículas de cosas que ni siquiera son
mexicanismos, sino localismos, aldeísmos, rancherismos o simples voces propias de
quienes se sirvieron con la cuchara grande, incluyendo sus deficiencias léxicas, ¡no
consigna en sus páginas la voz mayoritaria, y correcta, "culichi"!, que, en cambio, sí
incorporan y definen, como adjetivo y sustantivo, masculino y femenino, coloquial,
lo mismo el *Diccionario breve de mexicanismos*, de Guido Gómez de Silva (coeditado y
avalado en su momento por la AML), que el *Diccionario del español usual en México*, de
Luis Fernando Lara. Leemos en este último: "**culichi**. Que es originario de Culiacán,
capital del estado de Sinaloa, que pertenece a esta ciudad o se relaciona con ella; culiacanense". Ejemplos del DEUM: *La familia de Pancho es **culichi**; Industria **culichi***. Y, para
que la cuña apriete, el mismísimo DRAE, luego de definir el sustantivo femenino
"culiche" (voz indígena; salvadoreñismo y hondureñismo) como "parásito o lombriz
del agua que puede instalarse en el aparato digestivo de las personas", pasa a definir
el adjetivo y sustantivo "culichi": mexicanismo que significa, inequívocamente, "culiacanense". Prueba de que "culiche" y "culicha" son falsos sinónimos de "culiacanense"
y "culichi" es la pobre cantidad de resultados que podemos obtener en el motor de
búsqueda de Google. Pero, además, en las búsquedas referentes a "culiche", "culiches", "culicha" y "culichas", casi la totalidad de resultados ¡nada tiene que ver con
Culiacán y sus nativos o habitantes! Ejemplos para documentar el optimismo de la
AML: "con sus vientres hinchados de culichas y demás parásitos", "al menor retortijón
decían que eran culichas o maleficio", "pienso que tenía culichas y le picaban en lo
escondido", "estaban llenos de culichas"; esto porque, como ya vimos, en un par de
países de Centroamérica se les dice "culichas" y "culiches" a las lombrices de agua
que viven parasitariamente en el aparato digestivo de las personas. Esto es lo malo
de no saber distinguir entre la "chicha" y la "chichi". Este caso que señalamos no parece tratarse de un simple descuido o un "error", sino de una muy firme creencia de
que quienes están equivocados son los cientos de miles y los millones de mexicanos que dicen y escriben "culichi" para referirse al "culiacanense" y a lo "culiacanense". El hecho de que ni siquiera se incluya, como simple variante, el término "culichi"
(a pesar de que el DM, de la AML, es un océano de las más absurdas y risibles variantes
de casi todo), evidencia que se le omitió deliberadamente. ¿Supo de esto Jaime Labastida, quien fuera director de la Academia Mexicana de la Lengua (de 2011 a 2019)

y que, como ya dijimos, además de publicar y reimprimir en tres ocasiones el DM, es "mochiteco" y, por tanto, vecino y paisano de los "culichis"? ¿Él mismo avaló, como académico bien informado, que las voces correctas son "culicha" y "culiche" para adjetivar o nombrar a los naturales de Culiacán y a lo perteneciente o relativo a esta ciudad, capital del estado de Sinaloa? Tendríamos que suponer que sí. La otra versión es peor: nadie le consultó esto, y la directora y el equipo de redacción y los lexicógrafos y el equipo de revisión y enmiendas (sí, enmiendas, con "n", no con "r") del DM ni siquiera lo tomaron en cuenta ni pensaron que, en este tema, él podía saber más que muchos, justamente por su condición de sinaloense. De cualquier forma, insistimos, no puede verse sino como deliberada la omisión del correcto y muy utilizado adjetivo "culichi" en un diccionario que incluye una enorme cantidad de tonterías minoritarias ("emberrinchinarse", "¡nombre!" en lugar de ¡no, hombre!) o simplemente ocasionales ("¡escupe, Lupe!") y albureras, como "por detroit" (en realidad, "por Detroit", nombre de la ciudad estadounidense más grande el estado de Michigan, ¡para que el albur tenga sentido!) y que no puso entradas para "vas a Dallas", "gachas tus nachas" y "Agapito Soplas" nada más porque al equipo de redacción, a los becarios y a los alumnos de servicio social se les pasaron estos giros; pero entre esto y "fello", "fellollón", "feón", "feyo", "feyollón" y "feyoyón" (les faltaron "fellón" y "feyón" en esta lista de variantes de mexicanismos tan más chingones y superimportantes) todo es para partirse de risa. Por lo demás, un diccionario que asegura que un "motel" sólo es para coger (¡y esto es lo que evidencia su cualidad de "mexicanismo"!), o quizá para cogerse (en caso de ir solo), debió tener como supervisor y, más aún, como director, a Eugenio Derbez, y como directores adjuntos a Adal Ramones y a Yordi Rosado. Tiene razón Gabriel Zaid: "Compilar tonterías en orden alfabético no es hacer un diccionario. Dado que tantas personas ilustres forman parte de la Academia [Mexicana de la Lengua], el nuevo *Diccionario de mexicanismos* resulta inexplicable. Parece hecho al vapor y publicado sin que nadie tuviera tiempo de leerlo". Pero si, además de todo, en su realización participó la veintena de personas que aparecen en la lista de "colaboradores", las barbaridades que contiene el DM en sus páginas hay que multiplicarlas por veinte. Ni siquiera hay discusión filológica, lingüística o lexicográfica sobre el correcto "culichi" y el incorrecto "culiche", aplicados a los nativos de Culiacán. Basta con preguntarles a ellos.

☞ Google: 32 300 resultados de "culiche" (voz indígena. f. *El Salv.* y *Hond.* Parásito o lombriz del agua que puede instalarse en el aparato digestivo de las personas", DRAE); 7 500 de "culicha"; 3 850 de "culiches"; 1 120 de "culichas". [Voces correctas para esta acepción del DRAE, y no como sinónimo de "culichi" o "culiacanense.] ☑

☞ Google: 672 000 resultados de "culichi"; 168 000 de "culichis"; 89 400 de "el culichi"; 36 700 de "los culichis"; 13 200 de "estilo culichi"; 6 040 de "un culichi"; 5 840 de "las culichis"; 4 800 de "soy culichi"; 4 520 de "mariscos culichis"; 3 360 de "aguachile culichi"; 2 940 de "es culichi"; 2 350 de "mujeres culichis"; 2 240 de "ceviche culichi"; 1 620 de "camarones culichis"; 1 530 de "la historia del culichi"; 1 130 de "mujer culichi"; 1 050 de "comida culichi". ☑☑

D

140. ¿*damificada?*, ¿*damificadas?*, ¿*damificado?*, ¿*damificados?*, damnificada, damnificadas, damnificado, damnificados, damnificar, ¿*danificada?*, ¿*danificadas?*, ¿*danificado?*, ¿*danificados?*

El verbo transitivo "damnificar" (del latín *damnificāre*) significa, de acuerdo con el diccionario académico, "causar daño a alguien o algo". De ahí el adjetivo participio "damnificado", cuya definición en el DRAE es "que ha sufrido grave daño de carácter colectivo". Ejemplos: *Los cuerpos de rescate acudieron en auxilio de los **damnificados***; *La población **damnificada** recibió ropa y alimentos*. Este adjetivo suele utilizarse de manera errónea, lo mismo por falta de ortoepía que por falta de ortografía: hablantes y escribientes eliminan la "n" y dicen y escriben "damificada", "damificadas", "damificado" y "damificados". Tiene un uso cada vez más amplio tanto en el periodismo impreso como el digital. Otras formas erróneas de este adjetivo son los términos "danificada", "danificadas", "danificado" y "danificados", pertenecientes a la lengua portuguesa, pero no a la española, con el mismo sentido de "afectado" o "dañado". Pero si en el portugués estas grafías son correctas, en nuestro idioma constituyen barbarismos. Mucha gente escribe mal porque habla mal, y de la falta de ortoepía (esto es, de la mala pronunciación de una palabra) pasa a la falta de ortografía. Súmese a ello que es gente que jamás consulta el diccionario. Debe quedar claro que en español las formas correctas de este adjetivo (apegadas a la etimología latina *damnificāre*) son "damnificada", "damnificadas", "damnificado" y "damnificados".

En la página oficial de la Secretaría de Planeación Urbana, Infraestructura, Movilidad, Medio Ambiente y Recursos Naturales del Gobierno de Baja California Sur leemos el siguiente aviso en grandes letras:

☗ "Colecta en apoyo de los **damificados** de la tormenta tropical Lidia".

Quiso esta secretaría del gobierno estatal sudcaliforniano llamar a la población a una

☃ colecta en apoyo a los **damnificados**, etcétera.

✎ He aquí otros ejemplos de estas cacografías que cada vez aumentan en las publicaciones electrónicas e impresas y de las cuales hacen eco las instituciones gubernamentales encabezadas por borricos: "No es justo que la única opción sea una deuda para los **damificados** del 19S", "enseres domésticos a **damificados** de Tabasco", "solidaridad universitaria en apoyo a los **damificados**", "**damificados** del 19S bloquean San Antonio Abad", "entrega OXXO víveres para **damificados**", "centros de acopio a **damificados**", "participando en la ayuda a los **damificados** del huracán Wilma", "**damificados** recibirán hasta $80 mil del Fonden", "nuestro dinero para los **damificados**", "familias **damificadas** por incendio", "zonas declaradas **damificadas**", "rescate y ayuda a la zona **damificada**", "acompañamiento a la población **damificada**", "el **damificado** que quedó en el olvido", "el dinero fue restituido al **damificado**", "el gran **damificado** de la temporada es el Barcelona", etcétera.

☞ Google: 14 400 resultados de "damificados"; 1 500 de "damificadas"; 1 080 de "damificada"; 1 000 de "damificado". ☒

☞ Google: 6 600 000 resultados de "damnificados"; 1 690 000 de "damnificadas"; 877 000 de "damnificado"; 674 000 de "damnificada". ☑

141. dar, dar de leer, dar lectura, lectura, leer, leer en voz alta, leer en voz alta ante el público

La acepción principal del verbo transitivo "leer" (del latín *legĕre*) en el diccionario académico peca de incompleta: "Pasar la vista por lo escrito o impreso comprendiendo la significación de los caracteres empleados". María Moliner, en el DUE, le enmienda la plana a la Real Academia Española, con una definición impecable y breve: "Interpretar mentalmente o traduciéndolos en sonidos los signos de un escrito". Y ofrece cuatro ejemplos: *Leer en la cama*, *Leer una novela*, *Leer a Unamuno*, *Leer en el periódico*. La diferencia entre las definiciones es abismal. El DRAE no incluye en su acepción principal de "leer" la traducción en sonidos, esto es, leer en voz baja o en voz alta, pero, y esto es lo principal, emitiendo los sonidos de los signos y las palabras que va decodificando o descifrando el lector. A los ejemplos de Moliner podrían agregarse los siguientes: *María iba* **leyendo en voz baja** *mientras avanzaba en el libro; A Francisco le pidió el profesor que pasara al frente de la clase y que* **leyera en voz alta** *su ejercicio de redacción*. La única acepción del diccionario académico que incluye la lectura con sonidos es la cuarta, y muy deficientemente: "En las oposiciones y otros ejercicios literarios, decir en público el discurso llamado **lección**". ¿Son las "oposiciones" **ejercicios literarios**? ¡La bendita Madre Academia cree que sí!, pero en la entrada del DRAE correspondiente a "oposición" (del latín *oppositio, oppositiōnis*) incluye la locución verbal "leer alguien de oposición", que define como "explicar oral y públicamente una lección en las oposiciones", pero lo mejor de todo es que precisa que tal locución verbal ¡está en desuso! Se nota que en la RAE no revisan los datos cruzados de sus definiciones. El verbo transitivo "dar" (del latín *dare*) puede sintetizarse en dos sinónimos: "donar" y "entregar". Ejemplos: **Dio** *su tiempo y su esfuerzo para beneficiar al grupo;* **Donó** *una parte de su fortuna;* **Entregó** *las mejores cuentas*. Todo lo anterior es para comprender claramente que no es lo mismo "leer" que "dar lectura", locución verbal que

registra el DRAE, en su entrada "lectura": "dar lectura (a un escrito)", con el significado de "leerlo públicamente en voz alta". Esto es lo significativo que hace la diferencia
entre "leer" y "dar lectura": se puede leer en silencio, en voz baja y hasta en voz alta
para uno mismo, y esto es "leer", pero se debe leer en voz alta y públicamente (no
sólo para uno mismo, sino para otros) y esto es "dar lectura". Aunque "dar lectura"
parezca una perífrasis del acto de "leer", en realidad es una locución verbal que posee
la connotación que ya hemos descrito. Se da lectura a un acta, a un orden del día, a
un testamento, a un informe, a una sentencia, a un expediente y, en general, a un
escrito que debe ser presentado públicamente. Leer un documento, un escrito, un libro, etcétera, es hacerlo para uno mismo (ya sea en silencio, en voz baja o en voz
alta); en cambio, darle lectura es exponerlo, en voz alta, al conocimiento de los demás: de un auditorio grande o pequeño y hasta de un grupo escaso, como ocurre con
la lectura que se da en los testamentos en una notaría. Una cosa importante es que
no hay que confundir la locución "dar lectura" con la locución "dar de leer", no registrada ni en el DRAE ni en el DUE, pero que significa acercar escritos o libros a los lectores o a las personas que no han tenido la experiencia de ser lectoras, ser intermediario
entre los libros o escritos y los potenciales lectores, incluso si esos escritos o esos libros no se donan, sino que se entregan en préstamo; brindar materiales de lectura,
ponerlos en las manos de las personas, ya sea como obsequio o como préstamo. Esto
es "dar de leer" que no es lo mismo que "dar lectura". Y ambas locuciones no equivalen a la acepción principal del verbo "leer". He aquí algunos pocos ejemplos, tomados de publicaciones impresas y electrónicas: "Se procede a **dar lectura**", "deberá **dar
lectura** a su testamento", "**dar lectura** a sentencia absolutoria", "**dar lectura** al pro-
nunciamiento de la Comisión Permanente", "cuando se lee o **se da de leer**", "qué **se
da de leer** en las escuelas", "el problema está en lo que **se da de leer**", "**se dio lectura**
a la presente acta", "**se dio lectura** al informe", "**se dio lectura** a la iniciativa de decreto", "**dar de leer**: una aproximación a la lectura y sus posibilidades", "**dar de leer**, esa
es la cuestión", "**dar de leer**, ¿cómo y para qué?", "**se da lectura** al acta de la reunión
anterior", "**se da lectura** al contenido de la presente acta", "la maestra **dio de leer** al
niño", "soy lector porque un día alguien **me dio de leer**", etcétera.

☞ Google: 1 180 000 resultados de "dar lectura"; 750 000 de "da de leer"; 620 000 de "se
dio lectura"; 438 000 de "dar de leer"; 370 000 de "se da lectura"; 289 000 de "dio de leer";
132 000 de "dar lectura a la lista"; 124 000 de "dar lectura al orden del día"; 119 000 de "dando de leer"; 106 000 de "dar lectura al acta"; 104 000 de "me dio de leer"; 92 300 de "dieron
de leer"; 88 500 de "di de leer"; 82 800 de "da lectura al acta"; 75 900 de "dio lectura al acta";
75 500 de "dio lectura a la lista"; 72 400 de "da lectura al orden del día"; 70 200 de "dar lectura
a la sentencia"; 62 400 de "dio lectura al orden del día"; 58 300 de "da lectura a la lista"; 51 000

de "dar lectura al informe"; 47 000 de "da lectura al informe"; 42 100 de "dio lectura a la sentencia"; 39 200 de "le dieron de leer"; 38 100 de "dio lectura al informe"; 35 500 de "da lectura a la sentencia"; 31 300 de "me dieron de leer"; 30 000 de "dar lectura al expediente"; 26 800 de "dar lectura al documento"; 22 000 de "dio lectura al documento"; 18 200 de "dar lectura al reconocimiento"; 17 800 de "da lectura al expediente"; 17 200 de "dimos de leer"; 17 000 de "dio lectura al expediente"; 15 800 de "da lectura al documento"; 13 700 de "nos dieron de leer"; 12 000 de "dar lectura al escrito"; 8 680 de "da lectura al escrito"; 8 540 de "dio lectura al reconocimiento"; 7 950 de "dio lectura al escrito"; 7 930 de "da lectura al reconocimiento"; 5 020 de "dar lectura al testamento"; 4 600 de "da lectura al testamento"; 1 900 de "dio lectura al testamento". ☑

142. ¿*darviniano*?, ¿*darvinismo*?, ¿*darvinista*?, Darwin [Charles], darwiniano, darwinismo, darwinista

Hasta su edición vigésima primera (1992), el DRAE incluyó los adjetivos "darviniano" ("perteneciente o relativo al darvinismo") y "darvinista" ("darviniano; partidario del darvinismo"), así como el sustantivo "darvinismo" que nos dirigía al sustantivo "darwinismo" el cual definía del siguiente modo: "Teoría expuesta por el naturalista inglés Charles Darwin, según la cual la evolución de las especies se produce en virtud de una selección natural de individuos, debida a la lucha por la existencia y perpetuada por la herencia", y el también sustantivo "neodarwinismo", definido así: "Teoría que supone que en la evolución de las especies actúan los procesos de selección propugnados en el darwinismo, más los de mutación y otros factores genéticos concurrentes". En 2001, en su edición vigésima segunda, el DRAE mandó al demonio las grafías "darviniano", "darvinismo", "darvinista" y "neodarvinismo", acortó la definición del sustantivo "darwinismo" ("teoría según la cual la evolución de las especies se produce por selección natural de los individuos, y se perpetúa por la herencia") y sólo admitió las grafías "darwiniano" ("perteneciente o relativo al darwinismo"), "darwinismo", "darwinista" ("darwiniano; partidario del darwinismo") y "neodarwinista". En su vigesimotercera edición (2014) mantiene las mismas grafías y acepciones de 2001, con la única novedad de haber eliminado una coma (sí, una coma) en la entrada "darwinismo". ¡Trece años para quitar una coma! ¡Vaya que hacen un trabajo extenuante allá en la RAE! Han de estar fatigadísimos. A diferencia del DRAE, María Moliner, en su *Diccionario de uso del español*, admite únicamente las grafías "darwiniano", "darwinismo" y "darwinista" y, como excepción, "darvinismo". Para el sustantivo "neodarwinismo" admite también la grafía "neodarvinismo". Por otra parte, el *Clave: diccionario de uso del español actual* establece, para los adjetivos, las grafías "darwiniano" y "darwinista", y enfatiza que son "incorrecciones ortográficas" las variantes "darviniano" y "darvinista". Es el único diccionario de la lengua española que ofrece ejemplos: *Las teorías* **darvinianas** *fueron expuestas en el libro "Del origen de las especies por selección natural"; Los* **darvinistas** *fueron acusados de herejes.* En cuanto al sustantivo "darwinismo", el *Clave* informa que se admite también la variante "darvinismo", pero es preferible la grafía con "w". Ejemplo: *El* **darwinismo** *revolucionó la biología del siglo* XIX. Y no recoge, por cierto, en sus páginas el sustantivo "neodarwinismo", lo cual es lógico, pues tendría que incluir también el sustantivo compuesto "antidarvinismo" o "antidarwinismo" que no recogen ni el DRAE ni el DUE que, no obstante, sí incluyen "anticlericalismo" y "anticomunismo" entre otros términos compuestos con el prefijo "anti-". El *Diccionario ideológico de la lengua española*, dirigido por Manuel Alvar Ezquerra, admite únicamente la grafía "darvinismo". En el *Diccionario de usos y dudas del español actual*, José Martínez de Sousa consigna las dos formas de las grafías: lo mismo con "v" que con "w". El *Diccionario panhispánico de dudas* pasa de noche sobre el tema, y el *Diccionario Sopena de dudas del idioma iter 2000* en la entrada "darvinismo" dice: "Debe escribirse **darwinismo**. Es regla válida para todas las variantes de la palabra". Es el único diccionario que, desde un principio estableció lo correcto en este tema. Es bastante probable que la única razón del DRAE para uniformar todos estos términos con "w" sea su patológica incongruencia, pues ya hemos visto en las páginas de este libro su ausencia de una norma para adaptar gráficamente los extranjerismos y sus derivados; no posee un protocolo y muchas veces opta por la grafía cruda y pocas por la fonética original. En el caso de Charles Darwin, naturalista inglés, este nombre se pronuncia en la lengua inglesa aproximadamente *Charls Dœrwin* y nunca *Charls Darvin*: con "w" y no con "v". Si admitimos que es de sabios cambiar de opinión, el cambio de la "v" por la "w" es lo que más se ajusta a todos los derivados del apellido Darwin que nunca debieron convertirse en "antidarviniano", "antidarvinismo", "antidarvinista", "darviniano", "darvinismo", "darvinista", "neodarviniano", "neodarvinismo", "neodarvinista", etcétera, pero en tanto esta regla se impone en el uso culto de la escritura (puesto que pertenece exclusivamente al uso culto) el daño ya está hecho y lo que tenemos es una gran confusión en las grafías que se dan como correctas en los diversos diccionarios. Concluyamos: las grafías correctas de los derivados de "Darwin" son "antidarwiniano", "antidarwinismo", "antidarwinista", "darwiniano", "darwinismo", "darwinista", "neodarwiniano", "neodarwinismo", "neodarwinista", etcétera, y no hay que sustituir en ellos la "w" por "v". La mayor parte de los diccionarios, con excepción del *Sopena de dudas del idioma iter 2000*, se basó en el DRAE para el establecimiento de las grafías con "v", y ahora que el mamotreto académico ha corregido su yerro de origen los demás tienen que imitarlo, pero ello será en próximas o futuras reediciones o reimpresiones, lo cual seguirá ocasionando desconciertos y embrollos.

☞ Google: 35 200 resultados de "darvinismo"; 30 500 de "darvinista"; 28 200 de "darviniana"; 15 500 de "darviniano"; 8 100 de "darvinistas"; 3 780 de "darvinianas". ☒

☞ Google: 681 000 resultados de "darwiniana"; 326 000 de "darwinista"; 219 000 de "darwiniano"; 133 000 de "darwinistas"; 105 000 de "darwinianos"; 89 900 de "darwinianas". ☑

143. de aguilita

Una de las posturas más incómodas para defecar es la que se denomina, en México, "de aguilita", en obvia referencia a la forma característica en que el águila flexiona las patas al posarse y al levantar el vuelo. En el *Diccionario de mexicanismos*, que incluye zarandajas a granel y definiciones dudosas, cuando no ridículas, leemos que la locución adverbial popular y coloquial "de aguilita" equivale a "de cuclillas para orinar o defecar, generalmente una mujer, a fin de evitar el contacto del cuerpo con el escusado". Y ofrece este ejemplo: *Tuve que ponerme de aguilita en el baño público*. Hay en esta definición, incompleta e inexacta, una grave omisión y una tonta imprecisión que pretende ser lo contrario. En realidad, la postura "de aguilita" no únicamente se practica en el escusado, sino también, y con bastante frecuencia, en donde no hay escusado, esto es en el monte, entre matorrales, detrás de una roca, a orillas de la carretera y en los sitios más alejados de las comodidades urbanas. Se caga y se mea de aguilita no únicamente para "evitar el contacto del cuerpo con el escusado", sino porque no hay escusado. Ejemplo: *Todos tuvimos que hacer de aguilita entre los matorrales, porque allá no había baños*. El otro absurdo en esta definición es la acotación "generalmente una mujer". ¿Por qué tendría que ser "generalmente una mujer" la que utilice la postura "de aguilita" en el baño público? Porque quienes hicieron el DM no tienen ni idea. Digámoslo claramente: el motivo de adoptar esta postura no es por condición de delicadeza o prurito femeninos para cagar (un hombre o una mujer) o mear (una mujer) en un baño público, sino por urgente necesidad de quienes ya no pueden aguantarse las ganas. Es cierto que los genitales de la mujer están más expuestos que los del varón, y por ello son las mujeres quienes tienen más riesgo de contraer una infección urinaria o vaginal, por contagio, en un baño público particularmente insalubre; más que los hombres, por supuesto, quienes, para orinar, no necesitan sentarse en el escusado (y, de hecho, un varón difícilmente podrá mear de aguilita en una taza de baño público). Por ello ya existen dispositivos urinarios femeninos (de silicona y con forma de embudo) que, como dice la publicidad del producto, "permite a las mujeres orinar sin tener que sentarse en un baño de difícil acceso, distante, repugnante o inexistente". Pero también es verdad que la postura "de aguilita" la usan indistintamente hombres y mujeres, para defecar, no sólo cuando no hay escusado, sino también cuando, en los baños públicos de las terminales de autobuses (especialmente de las de segunda clase), las gasolineras e incluso dentro de los autobuses, las tazas de los escusados están tan pringosas, asquerosas y, en no pocas ocasiones, embarradas o desbordadas de mierda, que quien no puede refrenar más las ganas de hacer del vientre, dirían los clásicos, se ponen en cuclillas sobre el mueble a fin de que únicamente las suelas de sus zapatos toquen los bordes llenos de porquería, o bien con las piernas muy abiertas, semiagachados (imitando a los futbolistas de la primera fila del equipo titular, cuando posan para los fotógrafos), con los pies firmemente apoyados en el piso (tan asqueroso como el escusado) y afinando bien la puntería para que el bolo fecal caiga dentro y no fuera o en los bordes del escusado. A causa de esta postura y de tener que aguantar la respiración en sitio tan nauseabundo, y también por descuido, indolencia o mala puntería, en los baños públicos de hombres, los creativos poetas repentistas amonestaron, con grafitis, a los cagones negligentes, como bien lo documenta Armando Jiménez en su *Picardía mexicana*: "Se suplica, por favor,/ tenga la galantería/ de no dejar mercancía/ encima del mostrador", o bien, "Caga feliz,/ caga contento,/ pero, ¡cabrón!,/ cágate adentro". Para orinar, obviamente los hombres no necesitan la postura sedente (aunque ello se recomiende en los baños de aviones y autobuses), pero sí las mujeres que no cargan con su dispositivo urinario, pero esto no valida la acotación "generalmente una mujer" en el caso de "ponerse de aguilita", pues, como ya vimos, tanto hombres como mujeres recurren a tal incomodidad no precisamente por gusto masoquista. ¿Qué investigación descriptiva o qué ejercicio estadístico realizó la Academia Mexicana de la Lengua para llegar a la conclusión de que es "generalmente una mujer" la que adopta la postura "de aguilita" para orinar o defecar? No lo sabemos, porque el DM no lo informa. Este "generalmente una mujer" parece autorreferencial, y generaliza a partir de una particularidad. En todo caso, la acotación "generalmente una mujer" tendría que restringirse: sí, "generalmente una mujer", pero de cierto sector social, desahogado y, además, urbano. ¡Y México no sólo es urbano! Ni siquiera es imaginable que, por un prurito de delicadeza, las mujeres en general (urbanas, rurales, campesinas) prefieran hacer "de aguilita" aun si el asiento del escusado no está embarrado ni pringoso, nada más por remilgos: para no poner las nalgas donde otras ya pusieron las suyas. En todo caso, hombres y mujeres limpian la superficie del asiento y proceden a cagar (ellas y ellos) y a mear (ellas). Tanto hombres como mujeres adoptan la postura "de aguilita" más bien en situaciones extremas, no sólo por asco, por precaución o por miedo de contraer una enfermedad contagiosa, sino también por el altísimo riesgo de embarrarse de mierda ajena. Si embarrarse de la propia ya es horrible, peor es aún mancharse con la de otros. Por otra parte, si se tratara solamente de terror a contagios, incluso los hombres lo padecen. Quienes hicieron el DM parecen desconocer el célebre grafiti, recogido por Armando Jiménez en su *Picardía mexicana*, dirigido a alguien excesivamente temeroso no de embarrarse de mierda ni de mancharse de orines, sino de contagiarse de ladillas. Dice así: "Inútil cagar de aguilita: hay ladillas voladoras". Cabe insistir en que este grafiti estaba en la pared de un baño público para hombres, no para mujeres. ¿Y cómo ignorar que el bandolero José de Jesús Negrete Medina, mejor conocido como *El Tigre de Santa Julia*, fue aprehendido por la policía, cerca de su casa, en una nopalera, en la posición "de aguilita"? De ahí el refrán "lo agarraron como al *Tigre de Santa Julia*": con los pantalones abajo y cagando; ¡sin ninguna posibilidad de huir! En conclusión, la postura "de aguilita" es para cagar (lo mismo hombres que mujeres) y para orinar (en el caso específico de las mujeres), en circunstancias extremas y de suma urgencia: en cuclillas o semiagachados, lo más lejos posible de la superficie del escusado, para no embarrarse las nalgas con pringas y excrementos ajenos. Por supuesto, no "generalmente una mujer" como afirma el DM. En todo caso, si partimos de los ejemplos testimoniales que hay en internet, "orinar de aguilita" y "mear de aguilita" son minoritarios y más bien marginales, lo cual desmiente, de manera rotunda, la acotación "generalmente una mujer". A muchos académicos de la lengua a veces les cuentan las cosas sus amigos, reciben testimonios, leen informaciones en libros (¡pura teoría!), pero les faltan ideas concretas, y una que otra experiencia (¡por ejemplo, cagar y mear de aguilita!), sin que con ello deban generalizar. Lo que tienen que hacer es investigar, e investigar muy bien. He aquí algunos testimonios que desmienten totalmente que ponerse de cuclillas para orinar o defecar sea acción "generalmente" de una mujer: "algunos prefieren irse al monte a **hacer de aguilita**", "**hacer de aguilita**, limpiarse con piedrita", "**hacer de aguilita** marinera", "así seas hombre o mujer, si eres de los que no logra **hacer de aguilita**, la forma en U del asiento de la taza reduce el riesgo de que toques un lugar en el que alguien más ya lo hizo", "hacer de aguilita en baños ajenos", "mi viaje a China a **cagar de aguilita**", "**cagar de aguilita** al lado de la carretera", "no quedaba otra opción que **cagar de aguilita** levitando encima del inodoro", "**cagar de aguilita** no es chido", "por su edad no podía **zurrar de aguilita**", "si no dominas la **posición de aguilita** o deja de hacerla o limpia tus cochinadas", "escondido detrás de unos magueyes y en **posición de aguilita**", "el hombre ya estaba en la conocida **posición de aguilita** cuando lo agarraron", etcétera.

☞ Google: 29 600 resultados de "de aguilita"; 4 510 de "hacer de aguilita"; 3 710 de "cagar de aguilita"; 2 670 de "zurrar de aguilita"; 1 060 de "posición de aguilita"; 587 de "orinar de aguilita"; 205 de "postura de aguilita"; 34 de "defecar de aguilita"; 8 de "mear de aguilita". ☑

144. de cuando en cuando, *¿de cuando en vez?*, *¿de cuando en vez frecuentaba?*, de vez en cuando, *¿de vez en cuando frecuentaba?*, de vez en vez
De las locuciones adverbiales "de cuando en cuando", "de vez en cuando" y "de vez en vez" se derivó una minoritaria, y un tanto afectada, que suele tener un uso equívoco:

"de cuando en vez". No la recogen ni el DRAE ni el DUE, pero sí el *Diccionario panhispánico de dudas* que, sin embargo, no registra "de vez en vez". Leemos ahí: "**de cuando en cuando, de cuando en vez, de vez en cuando**. Cada cierto tiempo. Aunque en
estas locuciones *cuando* es tónico, debe escribirse sin tilde, pues no es interrogativo
ni exclamativo". Y pone tres ejemplos literarios de España (Antonio Gala), Colombia
(Fabiola Calvo Ocampo) y Argentina (Eduardo Pavlovsky), respectivamente: *También
yo tengo,* **de cuando en cuando,** *derecho a descansar; Era una región que* **de cuando en vez**
frecuentaba la guerrilla; Mira **de vez en cuando** *su reloj.* Para María Moliner las locuciones "de vez en cuando" y "de vez en vez" equivalen a "alguna que otra vez" o "una que
otra vez", y por lo que refiere a "de cuando en cuando", precisa lo siguiente: "Algunas
veces, **dejando pasar algo de tiempo** entre una y otra de las acciones de que se trata".
Por otra parte, aunque el DRAE considere que "de vez en cuando" y "de cuando en
cuando" equivalen a "de tiempo en tiempo", o sea, "algunas veces", Moliner es más
precisa con "de tiempo en tiempo" al señalar: "Con discontinuidad; algunas veces,
[pero] **dejando pasar un espacio de tiempo considerable** entre una y otra de las cosas
o acciones de que se trata". Siendo así, "de tiempo en tiempo" posee un mayor grado de discontinuidad que "de cuando en cuando", y las locuciones "alguna que otra
vez" y "una que otra vez" significan "rara vez" o "casi nunca". Por su parte, el *Diccionario del español usual en México* define "de cuando en cuando" como "con cierta
frecuencia", y "de vez en cuando", como "con poca frecuencia" u "ocasionalmente",
es decir, "en algunas ocasiones". Por lo que se refiere a la variante "de cuando en vez"
(no registrada en el DRAE ni en el DUE ni en el DEUM ni en el DM, sino tan sólo en el
Panhispánico), da la impresión de que su uso es, además de minoritario, afectado y
equívoco. Releamos, si no, el (pésimo) ejemplo que pone el diccionario de la RAE y la
Asociación de Academias de la Lengua Española: *Era una región que* **de cuando en vez**
frecuentaba la guerrilla. ¿Qué debería entenderse, en este ejemplo, con la locución
"de cuando en vez"? Si es equivalente a "de vez en cuando" (sólo que intercambiando
el orden de los términos), significaría "alguna que otra vez" o "con poca frecuencia",
pero la autora del ejemplo añade el verbo "frecuentar" ("**de cuando en vez frecuentaba**"), lo cual es a todas luces un sinsentido, pues el verbo transitivo "frecuentar" (del
latín *frecuentāre*) significa "repetir un acto a menudo" y "acudir con frecuencia a un
lugar" (DRAE). Ejemplos: *Deseaba mucho* **frecuentar** *su trato, La guerrilla* **frecuentaba**
esa región. Si, contrariamente, a la locución "de cuando en vez" se le da el significado
de "a menudo", entonces la frase "**de cuando en vez frecuentaba**" es una atroz redundancia, tan gruesa como "**a menudo frecuenta**", si fuera el caso. Como podemos
observar el *Panhispánico de dudas* da lástima hasta en sus ejemplos que pretenden
ser de "nuevas autoridades". En cuanto a la locución adverbial "a veces", yerra el DRAE
al definirla simplemente como "por orden alternativo"; su significado exacto lo da

Moliner: "Algunas veces", por lo cual la expresión "a veces frecuentaba" es también un disparate. El uso adecuado de la variante "de cuando en vez" sólo es correcta si equivale a "de vez en cuando" ("alguna que otra vez") y nunca acompañada del verbo "frecuentar" cuyo sentido es antagónico a dicha locución. Da la impresión, además, de que algunos entienden esta variante como lo contrario a "de vez en cuando", esto es "con frecuencia", lo cual es otro disparate.

En una entrevista para un programa de radio, el alto funcionario mexicano Javier Jiménez Espriú afirmó que

♀ "el aeropuerto de la Ciudad de México se inunda **de cuando en vez**".

¿Qué quiso decir con esta locución? Quién sabe, pero, en todo caso, "de cuando en vez" equivale a "de vez en cuando" (y así debería usarse, o mejor utilizar su locución sinónima "de vez en cuando", comprensible para la mayoría), aunque lo cierto es que el aeropuerto de la capital del país no se inunda "de vez en cuando", sino que

♨ se inunda **a cada rato** o **con frecuencia**.

✐ Por lo que respecta a "de vez en cuando frecuenta", "de vez en cuando frecuentaba", "con frecuencia, de vez en cuando", "de cuando en vez frecuentaba", "a menudo frecuenta" y sus variantes, son todas erróneas, por el sinsentido o la redundancia que presentan. He aquí algunos ejemplos de estos disparates: "Por aquel entonces **de vez en cuando la frecuentaba**", "**de vez en cuando frecuentaba** el boliche", "**de vez en cuando frecuentaba** los salones", "**de vez en cuando frecuentaba** manifestaciones", "**de vez en cuando frecuentaba** este restaurante", "**de vez en cuando frecuentaba** la vida nocturna", "**de vez en cuando frecuentaba** los consultorios médicos", "**de vez en cuando frecuenta** la Ouija", "**de vez en cuando frecuenta** bares", "**de vez en cuando frecuenta** el lugar", "**de vez en cuando frecuentó** la lectura", "**de vez en cuando frecuento** este sitio", "**de vez en cuando frecuentando** algunos pubs", "**con frecuencia de vez en cuando** los olfatea", "**con frecuencia, de vez en cuando** tenemos historias", "y vas removiendo **con frecuencia de vez en cuando**, durante 5 minutos", "pasaba **con frecuencia, de vez en cuando** se atascaba una ficha", "los antros que **a veces frecuentaba**", "los restaurantes que **a veces frecuentaba**", "**a menudo frecuentaba** tabernas", "**a menudo frecuentaba** la compañía del poeta", "**a menudo frecuentaba** el café", "**a menudo frecuenta** la gimnasia", "**a menudo frecuenta** el hábitat de las truchas", y como siempre hay algo peor: "**muy a menudo frecuenta** los casinos".

☞ Google: 4 050 resultados de "de vez en cuando frecuentaba"; 1 530 de "a menudo frecuentaba"; 1 090 de "a menudo frecuenta". ☒

☞ Google: 75 300 000 resultados de "a menudo"; 37 900 000 de "con frecuencia"; 37 800 000 de "de vez en cuando"; 28 400 000 de "frecuentemente"; 23 700 000 de "raramente"; 16 700 000 de "ocasionalmente"; 16 400 000 de "algunas veces"; 15 300 000 de "muy a menudo"; 14 700 000 de "de tiempo en tiempo"; 12 200 000 de "rara vez"; 7 120 000 de "casi nunca"; 6 180 000 de "de vez en vez"; 4 370 000 de "cada cierto tiempo"; 3 860 000 de "a cada rato"; 2 210 000 de "de cuando en cuando"; 1 130 000 de "alguna que otra vez"; 1 130 000 de "con cierta frecuencia"; 1 090 000 de "esporádicamente"; 1 070 000 de "una que otra vez"; 669 000 de "de cuando en vez". ☑

145. ¿*de incógnita*?, de incógnito

Al igual que los adverbios, las conjunciones y las preposiciones son invariables, también lo son las locuciones adverbiales, expresiones que se consideran como un todo y que, por lo tanto, no se pueden dividir ni modificar. Locuciones adverbiales como "calle arriba", "de paso", "de pronto", "de vez en cuando", "mar adentro", etcétera, funcionan de forma similar a la expresión "de incógnito", que se usa "para significar que una persona constituida en dignidad quiere pasar como desconocida" (DRAE). María Moliner, en su *Diccionario de uso del español*, es más precisa que la rebuscada RAE que resulta chocante con su "constituida en dignidad". Para Moliner, la locución adverbial "de incógnito" se aplica "a la manera de hacer alguien una cosa sin revelar quién es o sin ostentar los títulos que obligarían a un trato de etiqueta". En el enunciado "viajar de incógnito", la locución adverbial equivale a "encubiertamente". Por ello es una tontería emplear el género femenino al referirse a una mujer y decir, por ejemplo, que "Fulana viajó **de incógnita**", pues "incógnita" es, en este caso, adjetivo, ya que tampoco puede ser sustantivo, cuyo significado es "causa o razón oculta de algo" o, en matemáticas, "cantidad desconocida que es preciso determinar en una ecuación o en un problema para resolverlos" (DRAE). No por ser mujer la persona que viaja "de incógnito" debe alterarse esta locución adverbial que, como ya dijimos, es invariable. En conclusión, se viaja "de incógnito" independientemente del sexo del viajero, como cuando leemos que "Marilyn Monroe, cuando iba **de incógnito**, solía ponerse una peluca negra y gafas de sol".

Es un dislate de periodistas, lo mismo de medios impresos que electrónicos. En el diario argentino *Crónica* leemos el siguiente encabezado:

♀ "Charlotte fue **de incógnita** a ponerse un DIU".

En realidad, la tal Charlotte fue

♂ **de incógnito** a que le colocaran un dispositivo intrauterino.

🖉 He aquí otros ejemplos de esta tontería: "Britney Spears pasó **de incógnita**", "Shakira pasó **de incógnita** en pueblo de Cataluña", "Cristina Hernández pasó **de incógnita**", "ella pasó **de incógnita** como una damnificada más", "Scarlett Johansson estuvo **de incógnita** en Nicaragua", "Katy Perry fue **de incógnita** al cine y la descubrieron", "Jimena Carrasco se fue **de incógnita**", "la esposa de Will Smith estuvo **de incógnita** en Colombia", "actriz porno Alexis Amore estuvo **de incógnita** en Perú", "Thalía estuvo **de incógnita** en México" (más bien, ni quien se fijara en ella), "Larissa Riquelme estuvo **de incógnita** por las playas peruanas", "Olivia Newton John estuvo **de incógnita** en Cusco" (¿y quién demonios hubiese podido reconocerla a sus 67 años si todo el mundo la recuerda cuando tenía 30 años de edad? Esto no es estar de incógnito, sino en el anonimato).

☞ Google: 13 900 resultados de "estuvo de incógnita"; 12 100 de "pasó de incógnita"; 7 730 de "fue de incógnita". ☒

☞ Google: 1 110 000 resultados de "de incógnito"; 82 600 de "pasó de incógnito"; 40 800 de "estuvo de incógnito"; 11 500 de "viajó de incógnito". ☑

146. dejada, dejadita, dejar

El DRAE ignora absolutamente los sustantivos "dejada" y "dejadita" (en inglés, *drop shot*), propias del ámbito deportivo. El *Clave: diccionario de uso del español actual* le lleva la delantera en esto, y en muchas otras cosas, al diccionario académico. El sustantivo femenino "dejada" (de "dejar") es definido del siguiente modo por el *Clave*: "En tenis, golpe que se da a la pelota con un efecto para que bote de delante hacia atrás cerca de la red". Y ofrece el siguiente ejemplo: *La dejada sirve para que el contrario no pueda llegar a la pelota y no pueda devolver el golpe*. Ni el *Diccionario panhispánico de dudas* ni el *Diccionario de mexicanismos* dicen una palabra sobre este término y su forma diminutiva, acerca de las cuales un diccionario en internet ofrece definiciones muy útiles: "En tenis, frontón y otros deportes de raqueta, acción de golpear la pelota con efecto y poca potencia para que quede cerca de la red o la pared y el adversario no pueda llegar a devolverla" y "en fútbol y otros deportes de equipo [basquetbol, volibol], acción de dejar la pelota muerta o pasarla muy suavemente para que sea rematada por un compañero de equipo". Nada de esto saben ni el DRAE ni el *Panhispánico*. Suele decirse en el tenis que si la dejadita sale mal, porque pega en la red, se convierte en una pendejadita, pero si sale peor y el contrincante consigue devolver la pelota, lejos del alcance de quien hizo la dejada, ésta se convierte en una pendejada. La lógica se impone, y es la misma que le debemos aplicar a la Real Academia Española con estas omisiones en su mamotreto, pues los sustantivos "dejada y "dejadita" poseen un amplio uso en nuestro idioma. He aquí unos pocos ejemplos de estos términos deportivos: "La **dejada** en bádminton", "Doncic y la **dejada** exquisita a Barea", "la **dejada** perfecta de Federer sin mirar", "**dejada** de derecha de tenis", "esa **dejada** de Djokovic", "la **dejada** imposible de un recogepelotas a Djokovic", "las **dejadas** también se entrenan", "con tiros cortados y frecuentes **dejadas**", "logró sacarla de su zona de confort con **dejadas** en la red", "gran **dejadita** de Tommy Paul", "con una **dejadita** de clase sentenció la acción", "**dejadita** en la media luna de espaldas al marco", "una **dejadita** preciosa de Alcácer", "de **dejaditas** va la cosa", "aprovechó su revés ante las **dejaditas** del austriaco", "realizó algunas **dejaditas** y tiros a la línea", "Nishikori se impone con sus **dejaditas**".

☞ Google: 894000 resultados de "dejada" (deportes); 523000 de "dejadas" (deportes); 7190 de "dejadita" (deportes); 3040 de "dejaditas" (deportes). ☑

147. derechamente, derecho, dirigir, dirigirse, *¿dirigirse directamente?*, dirigirse resueltamente, resueltamente, resuelto

Un usuario envía un comentario a la Real Academia Española y pide que, a través de la institución, se le haga llegar a Arturo Pérez-Reverte. La respuesta de #RAEconsultas es hilarante: "Puede **dirigirse directamente** a él a través de su cuenta de Twitter, si así lo desea". Así usan el idioma en la RAE quienes responden a las dudas, comentarios y sugerencias de los usuarios. ¡Fenomenal! El reino de la redundancia y el pleonasmo está en la cueva de la Real Academia Española; veamos por qué. El verbo transitivo "dirigir" y su pronominal "dirigirse" (del latín *dirigĕre*) poseen, entre otras, las acepciones siguientes en el diccionario académico: "enderezar, llevar rectamente algo hacia un término o lugar señalado", "guiar, mostrando o dando las señas de un camino" y "encaminar la intención y las operaciones a determinado fin". Ejemplos: *Dirigió sus pasos hacia el museo*; *Se dirigió a la salida*. En cuanto al adjetivo "directo" (del latín *directus*, participio pasivo de *dirigĕre*, "dirigir"), posee tres acepciones en el DRAE: "derecho o en línea recta", "que va de una parte a otra sin detenerse en los puntos intermedios" y "que se encamina derechamente a una mira u objeto". Ejemplos: *Fue directo a los hechos*; *Sus palabras fueron directas, sin subterfugios de ninguna clase*. De ahí el adverbio "directamente" ("de un modo directo") y su sinónimo "derechamente" ("directamente"). Ejemplos: *Fue **directamente** a su objetivo*; *Lo enfrentó **directamente***; *Caminó **derechamente** al sitio*. Visto y comprendido lo anterior, aunque la expresión sea de amplio uso en España y en algunos países de América, "**dirigirse directamente**" es una rebuznancia pavorosa, pues ya la acción de "dirigirse" implica "enderezar, llevar rectamente", esto es, "derechamente", "directamente". Otra cosa es "resueltamente", adverbio que significa "de manera resuelta, con resolución". Ejemplo: *Se dirigió **resueltamente** a cuestionarlo*. Del adjetivo "resuelto" (del participio de *resolver*; latín vulgar *resolūtus*): "demasiado determinado, audaz, arrojado y libre" y "pronto, diligente, expedito". Ejemplo: *Se presentó en la oficina de #RAEconsultas **resuelto** a salir de dudas*. Que en la propia Real Academia Española le sugieran al usuario "**dirigirse directamente**" revela cómo tratan endiabladamente el idioma en esos lugares donde se confecciona el diccionario oficial de nuestra lengua. No imitemos esto. No es lo mismo "dirigirse **resueltamente**" que "dirigirse **directamente**". En el primer caso se hace "con resolución"; en el segundo, con ignorancia del idioma.

Queda claro por qué es hilarante la respuesta de #RAEconsultas:

♀ "Puede **dirigirse directamente** a él [Arturo Pérez-Reverte] a través de su cuenta de Twitter, si así lo desea".

Lo correcto en buen castellano y en buen español es muy sencillo:
○ Puede **dirigirse** a él a través de su cuenta de Twitter.

✎ Van otros pocos ejemplos de esta gruesa redundancia tan española y tan abundante que ya imitamos en varios países de América: "Podrá **dirigirse directamente**", "pueden los ayuntamientos **dirigirse directamente** al Consejo", "Britney Spears ha solicitado **dirigirse directamente** a un tribunal del condado de Los Ángeles", "pueden **dirigirse directamente** a la Comisión", "pueden **dirigirse directamente** a un mecánico", "puede el comprador **dirigirse directamente** contra el fabricante", "no es posible **dirigirse directamente** por escrito a un juez en España", "favor de **dirigirse directamente** a su hotel", "**dirigirse directamente** a lo que buscan", "**se dirigió directamente** a Messi", "**se dirigió directamente** al hotel", "**se dirigió directamente** a las oficinas", "**me dirigí directamente** a la cama" (tan fácil que es decir y escribir "me fui a la cama"), "**me dirigí directamente** a la cocina", "**me dirigí directamente** al metro", "**la dirigió directamente** contra el alcalde", "**la dirigió directamente** a la Fiscalía", "**la dirigió directamente** al ascensor", "**lo dirigió directamente** a quienes realizan actos delictivos", "**lo dirigió directamente** a la ciudad", "**lo dirigió directamente** contra otros vehículos". ¡Y basta!

☞ Google: 480000 resultados de "dirigirse directamente"; 368000 de "dirigirse directamente a"; 144000 de "se dirigió directamente"; 46800 de "me dirigí directamente"; 6340 de "la dirigió directamente". ☒

☞ Google: 18200 resultados de "se dirigió resueltamente"; 2300 de "me dirigí resueltamente"; 1710 de "dirigirse resueltamente". ☑

148. descamar, desescamar, escamar

Hasta la vigésima segunda edición de su diccionario, en 2001, la Real Academia Española no había legitimado ni por tanto admitido el barbarismo "desescamar". Lo hizo apenas en su edición del tricentenario (la vigesimotercera), en 2014, con la siguiente definición: "verbo transitivo, escamar, quitar las escamas", y con el siguiente ejemplo: *Desescamar las sardinas*. No dudamos ni por un instante que en España una minoría regional utilice el barbarismo "desescamar" en vez de los correctos "escamar" y "descamar" (del latín *desquamare*): quitar las escamas a los peces, o, en su uso pronominal, "descamarse": caerse la piel en forma de escamillas. Ejemplos: *El costeño se puso a escamar su pesca tan pronto como llegó al puerto; A Fulano se le comenzó a descamar la piel de los brazos.* De ahí el sustantivo femenino "descamación": desprendimiento de la epidermis seca, y el adjetivo "descamativo": perteneciente lo relativo a la "descamación". El verbo "escamar" tiene, además, el sentido opuesto: "labrar en forma de escamas".

Pero si ya "escamar" y "descamar" contienen en sí mismos el sentido de quitar las escamas, ¿por qué la RAE admite como legítimo el barbarismo pleonástico

"desescamar"? La respuesta es simple: porque una minoría regional española "deses-
cama" las sardinas. En la página de internet Cosas de Andalucía leemos en una receta de cocina que

♀ "hay que **desescamar** las sardinas y **ensalar** al gusto".

Si la misma persona que dice y escribe "desescamar" en vez de "escamar" o "descamar", dice y escribe "ensalar" en vez de "salar", no sería extraño que en la próxima
edición de su diccionario la RAE admita y legitime el barbarismo "ensalar" como sinónimo de "salar". Lo cierto es que para decirlo correctamente

♂ hay que **descamar** las sardinas y **salarlas** al gusto.

✐ En otra página española en internet se recomienda "**desescamar** las sardinas con mucho
cuidado de no llevarse la piel", y así por el estilo. Obvio: si algunos españoles usan un barbarismo, la Real Academia Española de inmediato le extiende carta de buen uso del idioma, en
vez de señalar que se trata de un dislate. Es tan mínimo el uso de este barbarismo que la RAE
debería avergonzarse por darle legitimidad. En el buscador de Google el verbo "descamar"
tiene 105 000 resultados, y "escamar", 75 300, frente a una insignificancia del mal uso, ya legitimado, "desescamar".

☞ Google: 14 300 resultados de "desescamar"; 2 320 de "desescamando"; 210 de "deses-
camándose". ☑

☞ Google: 107 000 resultados de "descamar"; 75 600 de "escamar"; 41 600 de "descamarse"; 23 200 de "escamarse"; 4 880 de "descamándose". ☑☑

**149. desenvolver, desenvolverse, *¿desenvolvido?*, desenvuelto, devolver, devolverse,
¿devolvido?, devuelto, envolver, envolverse, *¿envolvido?*, envuelto, resolver, resolverse,
¿resolvido?, resuelto, revolver, revolverse, *¿revolvido?*, revuelto, volver, volverse, *¿volvido?*, vuelto**

Los términos "desenvolvido", "devolvido", "envolvido", "resolvido", "revolvido" y "volvido" son del todo correctos siempre y cuando estemos hablando o escribiendo en
portugués. Pero si nuestra lengua es la española, y estamos hablando o escribiendo
en ella, entonces dichos términos son disparates dignos de llevar al patíbulo a quien
los comete, del mismo modo que un hablante del idioma portugués sería un bruto
si dice y escribe los términos "desenvuelto", "devuelto", "envuelto", "resuelto", "revuelto" y "vuelto", del todo correctos en español, pero incorrectos en portugués y
quizá sólo admisibles en portuñol; veamos. La falta de educación lingüística y la
incapacidad de muchos hispanohablantes para saber y comprender que hay verbos
que poseen participios irregulares conducen a estos disparates ("desenvolvido", "devolvido", "envolvido", "resolvido", "revolvido" y "volvido"); si a ello le sumamos la falta
de consulta del diccionario, lo que tenemos es una ignorancia lingüística al nivel de

niños de preprimaria. Todavía se recuerda a aquel presidente de México (Enrique Peña Nieto, para más señas), que en París, Francia, en diciembre de 2017, durante su discurso en el marco de la reunión cumbre de la Organización para la Cooperación y el Desarrollo Económicos (OCDE), dijo muy satisfecho (y emocionado) a su muy "distinguido" auditorio: "Recoger el día de hoy el testimonio de los avances que México ha tenido, del éxito y del referente que se ha **volvido** para otras naciones a partir de los cambios que ha alcanzado, sin duda causa emoción en el presidente de la república". En México, hubo carcajadas, memes y demás burlas por tan tremendo disparate, pero especialmente por el hecho de haberlo cometido en tribuna tan significativa a nivel internacional; es decir, entre las cosas más abundantes en todo el mundo, incluido México, están las pendejadas, y ahora ya nos damos el lujo de exportarlas porque en esta materia somos autosuficientes, y lo que nos sobra, que es bastante, hasta lo regalamos. Cuando Peña Nieto regresó, en el avión presidencial, Víctor Trujillo bautizó certeramente a este transporte alado como "La nave del **volvido**" (con obvio homenaje, valga decirlo, para Dino Ramos y José José). Hubo quienes, en defensa del "volvido", llegaron a decir que, ¡por favor, no hay que exagerar!, un desliz cualquiera lo comete (incluido el presidente de un país) y hasta una científica mexicana, como para justificarlo, llegó a sugerir (¡en serio!) que quizá (ante tan gran cantidad de desbarres cometidos en su sexenio) Peña Nieto era disléxico. Si esto fuese así, hemos tenido, desde hace más de un siglo, a puro presidente disléxico en México, y en los últimos veinte años con dislexia grave y no diagnosticada ni atendida médicamente, que es lo peor; lo mismo en la presidencia del país que en las cámaras de senadores y diputados. Lo cierto es que Peña Nieto no es el único mexicano que dice pendejadas en público, ni el único que no sabe que los verbos "desenvolver", "devolver", "envolver", "resolver", "revolver" y "volver" poseen participios adjetivos irregulares; veamos. El verbo transitivo y pronominal "desenvolver", "desenvolverse" significa "quitar la envoltura", "extender lo enrollado" y también "desembarazarse". Muy claramente, el diccionario académico indica que su conjugación es similar a la del verbo "mover", con excepción de que posee un participio irregular: "desenvuelto" (en vez del incorrecto "desenvolvido"). Ejemplo: *Se desenvolvió estupendamente en público, pese a que era su primera presentación.* (Obviamente, este ejemplo no alude a Peña Nieto en la cumbre de la OCDE.) El verbo transitivo "devolver" (del latín *devolvĕre*, "caer rodando, desenrollar") significa, en su acepción principal, de acuerdo con el DRAE, "volver algo a su estado anterior", y en su acepción secundaria, "restituir algo a quien lo tenía antes". Ejemplos: *La llegada de sus hijos* le **devolvió** *la alegría; Nunca* me **devolvió** *el libro que le presté.* (Este ejemplo está dirigido a un examigo que no nombraré.) El diccionario académico es preciso al señalar que el verbo "devolver" se conjuga como "mover" pero que su participio es irregular: "devuelto" (y no "devolvido"), a diferencia del participio regular de "mover", que es, obviamente, "movido". Ejemplo: *No me ha devuelto ni me devolverá, esto es seguro, el puto libro que le presté.* Similar es el caso del verbo transitivo "envolver" (del latín *involvĕre*, "rodear") cuya principal acepción es "cubrir un objeto parcial o totalmente, ciñéndolo de tela, papel u otra cosa análoga" (DRAE). Ejemplo: *Compró un bolso y pidió que se **lo envolvieran** para regalo.* Al igual que con el verbo "devolver", el diccionario académico precisa que "envolver" se conjuga como "mover", pero que su participio adjetivo es irregular: "envuelto" (y no "envolvido"). Ejemplo: *Compró un bolso y lo pidió **envuelto** para regalo.* Es el mismo caso del verbo transitivo "resolver" (del latín resolvĕre, "soltar, desatar"), que significa, en su primera acepción, "solucionar un problema, una duda, una dificultad o algo que los entraña". Ejemplo del DRAE: *El detective **resolvió** el caso.* Se conjuga como "mover", pero su participio es irregular: "resuelto" (y no "resolvido"). Ejemplo: *El problema quedó **resuelto**.* Lo mismo ocurre con el verbo "revolver" (del latín *revolvĕre*), verbo transitivo cuya acepción principal es "menear algo de un lado a otro, moverlo alrededor o de arriba abajo". Ejemplo: *Le tocó **revolver** las fichas de dominó.* Tal como indica el diccionario académico, es un verbo que se conjuga como "mover", pero con participio irregular: "revuelto" (y no "revolvido"). Ejemplo: *Encontró su habitación **revuelta** y comprobó que le habían robado muchas pertenencias.* Es importante señalar que "revolver" es una palabra aguda, con acento prosódico en la última sílaba, a diferencia del sustantivo masculino "revólver" ("arma corta de fuego cuya munición se aloja en un tambor giratorio": DRAE), que es una palabra llana o grave (con tilde obligatoria en la penúltima sílaba). En cuanto al verbo transitivo "volver" (del latín *volvĕre*, "hacer rodar, voltear", "enrollar", "desenrollar"), significa "dar vuelta o vueltas a algo" y entre sus sinónimos están "regresar" y "retornar". Ejemplo: ***Volvió** de sus vacaciones y se enfrentó nuevamente a la rutina.* Al igual que "desenvolver", "devolver", "envolver", "resolver" y "revolver", "volver" se conjuga como "mover", y su participio adjetivo es irregular: "vuelto" (y no "volvido"). Ejemplo: *México se ha **vuelto** un referente* (no en el buen uso del español por parte de sus gobernantes, esto es seguro), que es lo que quiso y debió decir Enrique Peña Nieto en la cumbre parisina de la OCDE en 2017. Con la elemental consulta del diccionario sabemos con precisión que los participios de los verbos transitivos "desenvolver", "devolver", "envolver", "resolver", "revolver" y "volver" son, respectivamente, "desenvuelto", "devuelto", "envuelto", "resuelto", "revuelto" y "vuelto". Pero son muchísimos los hispanohablantes que no consultan jamás el diccionario, entre ellos, por supuesto, los políticos variopintos (incluidas, por supuesto, las políticas).

En España, donde también se cuecen habas, la política Rocío Monasterio, del partido Vox, dijo en público ante sus simpatizantes:

♀ "Con el pretexto de proteger a nuestros niños, han **volvido** a meter todos los mantras ideológicos en la educación".

Se dio cuenta del desbarre y corrigió casi de inmediato (pero ya el mal estaba hecho y demostró que nunca ha consultado el diccionario de la lengua española en su entrada "volver"):

↺ han **vuelto** a meter todos los mantras, etcétera.

✎ Veamos unos pocos ejemplos de estas barbaridades, reproducidas tanto de publicaciones impresas como digitales, lo mismo de políticos y políticas como de hispanohablantes en general: "El fútbol femenino está muy **desenvolvido**", "me siento muy **desenvolvido** en este equipo", "sistema nervioso muy **desenvolvido**", "aunque como no está muy **desenvolvido** mucha gente no va a entrar", "no soy muy **desenvolvido** en el asunto" (y vaya que es sincero), "el proyecto de la permacultura no está muy **desenvolvido**", "incluso se tuvo un lenguaje muy **desenvolvido**", "mandíbulas y dientes muy **desenvolvidos**", "**envolvido** para regalo", "todos **envolvidos**", "allí no me dan regalos **envolvidos**", "pendientes de calavera espeluznantes **envolvidos** con alambre", "ya tienen **resolvido** este problema", "los hemos **resolvido** de manera adecuada" (declaración de político mexicano), "si lo hubiéramos aprendido, lo hubiéramos **resolvido**", "¿qué les han **resolvido** a esas personas?" (pregunta de política mexicana), "¿alguien ya a **resolvido** esta tarea?", "por fin has **resolvido** el problema", "ya tiene **resolvida** la vida", "una pareja **resolvida**", "nos han **devolvido** la bolsa con el pastel", "el paquete se queda **devolvido** y no hay recibo ni reembolso", "el Ministro Alberto Bonisoli ha **devolvido** a México 594 pinturas ex votivas tomadas ilegalmente del país", "puede tomar 5 a 15 días hábiles después de la recepción del paquete **devolvido**", "¿también se puede decir **volvido**?" (sí, claro, se hará decreto presidencial para ello), "ya han **volvido** al cole" (obviamente, en España), "hemos **volvido** y **volvido** muy fuerte" (¡doblemente **volvido**!, para que a nadie le quede duda de que han **volvido**), "te has **volvido**", "he **volvido**", "la juventud que ha **volvido**" (de un diputado madurista en Venezuela), "la desilusión y el desánimo han **volvido**", "le he **volvido** a decir a Trump", "y si en el trabajo preguntan por qué no he **volvido**", "**revolvido** es un adjetivo" (sí, pero en portugués), "¿cuántas sílabas tiene **revolvido**?" (las que tú quieras y mandes), "esto me ha **revolvido** el estómago" (a mí también), "introduzca maíz **revolvido**", "**fué** un puto desmadre porque estaba todo **revolvido**", "todo **revolvido** con aceite y pimentón", etcétera.

☞ Google: 11 100 000 resultados de "desenvolvidos" (sólo en español); 9 980 000 de "desenvolvido" (sólo en español); 2 670 000 resultados de "envolvido" (sólo en español); 1 520 000 de "resolvido" (sólo en español); 424 000 de "devolvido" (sólo en español); 152 000 de "volvido" (sólo en español); 61 100 de "revolvido" (sólo en español). ☒

☞ Google: 416 000 000 de resultados de "volver"; 223 000 000 de "resolver"; 126 000 000 de "desenvolver"; 119 000 000 de "devolver"; 116 000 000 de "revolver"; 57 700 000 de "vuelto"; 37 600 000 de "envolver"; 33 100 000 de "resuelto"; 18 400 000 de "devuelto"; 16 400 000 de "envuelto"; 6 770 000 de "revuelto"; 748 000 de "desenvuelto". ☑

150. desfibrilador, ¿*desfribilador?*

El desplazamiento de una letra o de una sílaba, en algunas palabras, hace que come-
tamos barbarismos y produzcamos atroces palabros. Esta trasposición, denominada
metátesis, modifica las voces correctas al introducir un "cambio de lugar en algún
sonido en un vocablo". Es común en quienes cometen faltas de ortografía por estar
acostumbrados a pronunciar mal los términos, esto es, a cometer faltas de ortoepía.
La falta de ortoepía lleva, invariablemente, a una falta de ortografía, como en "cocreta" por "croqueta", "humadera" por "humareda", "polvadera" por "polvareda", "mete-
reología" por "meteorología", "repatingarse" por "repantigarse" y "desfribilador" por
"desfibrilador", entre otros casos. Estas formas de transliteración o translocación intro-
ducen cambios fonéticos contrarios al buen uso, de ahí que dichos términos modifi-
cados se conozcan como vulgarismos. El caso del sustantivo masculino "desfibrilador"
es un tanto sorprendente, pues parece lógico que es mucho más difícil pronunciar
"desfribilador" que el correcto "desfibrilador". En la pronunciación errónea resulta
un trabalenguas. Por otra parte, este término, que es más bien técnico, no pertenece
al uso inculto de la lengua, sino al ámbito médico, esto es a un ambiente profesional,
lo que agrava el yerro. El sustantivo masculino "desfibrilador" designa al "aparato
que aplica descargas eléctricas para restablecer el ritmo cardíaco normal" (DRAE).
Ejemplo: *Le tuvieron que aplicar el* **desfibrilador** *para salvarlo.* Pero el DRAE no incluye
el sustantivo femenino "desfibrilación", que sí se recoge en el DUE: "Detención de la
fibrilación cardíaca para restablecer el ritmo normal del corazón". Ejemplo: *Tuvieron
que aplicarle* **desfibrilación** *para salvarlo.* Dicho lo anterior, es obvio que tanto "desfibrilación" como "desfibrilador" derivan de "fibra" (del latín *fibra*), sustantivo femenino
que se aplica, en su acepción principal, a "cada uno de los filamentos que entran en la
composición de los tejidos orgánicos vegetales o animales". Ejemplo: *Nuestros músculos están compuestos por diversas* **fibras.** Así como nadie dice "friba", en lugar de "fibra",
nadie debería decir y escribir "desfribilador". El sustantivo "fibra" y los sustantivos
derivados "desfibrilación" y "desfibrilador" nos conducen al sustantivo femenino "fibrilación" y al verbo intransitivo "fibrilar" (no confundir con el adjetivo homófono
"fibrilar": "perteneciente o relativo a las fibras, especialmente a la de los músculos";
ejemplo: *Sufrió una distensión* **fibrilar** *en el muslo*). El sustantivo femenino "fibrilación" posee dos acepciones en el DRAE: "Contracción local e incontrolada de un grupo de fibras musculares" y "contracción anómala e incontrolada de las fibras del
músculo cardíaco". Ejemplo: *Sufrió de pronto una* **fibrilación.** Mucha gente ni siquiera
asocia el sustantivo "fibra" con el sustantivo "corazón", en gran medida por ignorancia (la cual podría curarse con el uso del diccionario): ¡no sabe siquiera que, antes
que cualquier cosa cursi que se diga del corazón, éste es, sobre todo, un músculo!:
por ello está hecho de fibras. En cuanto al verbo intransitivo "fibrilar", su significado

en el DRAE es el siguiente: "Dicho de las fibras del músculo cardíaco: Sufrir fibrilación". Ejemplo: *Todo iba bien hasta que el paciente fibriló.* Por todo lo anterior, debe comprenderse que lo contrario del sustantivo "fibrilación" (contracción de las fibras del músculo cardíaco) es "desfibrilación" (detención de la fibrilación), lo cual se consigue con un "desfibrilador". ¡Es más complicado decir "desfribilador" (de uso muy amplio en España) que "desfibrilador! Quienes están acostumbrados a pronunciar mal y a escribir mal (porque jamás consultan el diccionario) seguirán diciendo y escribiendo "desfribilador" aunque sean médicos, paramédicos, enfermeros e incluso fabricantes y vendedores de "desfribiladores".

Las páginas de internet y del periodismo impreso están llenas de estos barbarismos. En la página *Diario Médico Escuela de Formación* de la Universidad Europea Miguel de Cervantes (española, obviamente), se ofrece

♀ "Capacitación para el uso del **desfribilador** semiautomático".

¡Y, además, cobran por ello 325 euros! En esa universidad, que abusivamente lleva el nombre de Cervantes, no saben escribir el correcto sustantivo

♂ **desfibrilador.**

🖉 He aquí otros ejemplos de estas barbaridades del ámbito profesional, casi todas ellas españolas: "Conocimientos en soporte vital básico y **desfribilador** externo", "diagrama del **desfribilador** externo automático", "todo sobre el **desfribilador**", "curso de formación para el uso del **desfribilador**", "el Ayuntamiento dona un **desfribilador**", "uso del **desfribilador** externo", "ahora Cruz Roja de Concordia cuenta con **desfribilador**" "el Municipio incorpora un **desfribilador**", "el Polideportivo de Playa Paraíso cuenta con **desfribilador**", "Carrascal de Barregas ya cuenta con **desfribilador**", "capacitaron al personal del Predio sobre el uso del **desfribilador**", "**desfribilador** de última generación para el distrito sanitario de Jaén", "**desfribiladores** semiautomáticos", "**desfribiladores** en la localidad", "**desfribiladores** con agujas para dar descargas más efectivas", "mantenimiento de **desfribiladores**", "obligación de establecer **desfribiladores**", "curso de reanimación cardiopulmonar y **desfribilación**", "resucitación cardiopulmonar y **desfribilación**", "**desfribilación** en pediatría", "padece **fribilación**" (no, padece de faltas de ortoepía y ortografía), "**fribilación** auricular", "**fribilación** ventricular", "le dio **fribilación** en el corazón".

☞ Google: 52 800 resultados de "desfribilador"; 22 000 de "desfribiladores"; 3 460 de "desfribilación"; 1 000 de "fribilación". ☒

☞ Google: 2 080 000 resultados de "desfibrilador"; 1 470 000 de "desfibriladores"; 1 460 000 de "fibrilación"; 278 000 de "desfibrilación"; 31 900 de "desfibrilar"; 20 300 de "desfibrilado"; 3 670 de desfibrilando". ☑

151. ¿*desmantelación?*, desmantelamiento

En nuestra lengua, "desmantelación" carece de significado y es un término que no está recogido ni en el DRAE ni en el DUE. Lo correcto es "desmantelamiento", sustantivo masculino que significa acción y efecto de "desmantelar", verbo transitivo (del francés antiguo *desmanteler*) cuya principal acepción es "echar por tierra y arruinar los muros y fortificaciones de una plaza" (DRAE), pero también, en un sentido más amplio, desarticular, desorganizar y desarmar. Ejemplos: *El edificio fue prácticamente* **desmantelado** *por quienes se oponen a la obra; Una banda de ladrones fue* **desmantelada**. En el caso del sustantivo "desmantelamiento" un ejemplo es el siguiente: *Profesores se oponen al* **desmantelamiento** *de la educación politécnica.* Para decirlo pronto, "desmantelación" es un disparate que algunos supondrán que se usa para la acción de quitar manteles.

No podemos decir que el término no exista, porque realmente existe y es usado ampliamente, pero se trata de un desbarre que utilizan lo mismo personas sin mucha escolarización que periodistas profesionales. En el diario mexicano *Reforma* leemos el siguiente encabezado:

♀ "La larga **desmantelación** de Fukushima".

Debió informar el diario mexicano sobre

♂ el lento **desmantelamiento** de Fukushima.

✐ He aquí otros ejemplos de este dislate: "los eurodiputados apoyan la **desmantelación** progresiva del programa Empresa conjunta europea para las PYME", "abogan por la **desmantelación** del puente", "la **desmantelación** de la medicina rural", "detenidos tras la **desmantelación** de un punto de venta de drogas", "**desmantelación** de vehículos", "recicladora de metales y **desmantelaciones**", "**desmantelaciones** de empresas", "reporteros son agredidos por grabar **desmantelaciones**".

☞ Google: 67 900 resultados de "desmantelación"; 50 000 de "la desmantelación"; 4 490 de "desmantelaciones". ☒

☞ Google: 4 650 000 resultados de "desmantelamiento"; 1 440 000 de "el desmantelamiento"; 83 500 de "un desmantelamiento"; 61 400 de "desmantelamientos"; 7 970 de "los desmantelamientos". ☑

152. despojar, retirar

En el encabezado de una información deportiva leemos lo siguiente: "Despojan a pesista ruso de medalla". La atención de los lectores debe centrarse no en la nacionalidad ni en la disciplina del deportista y ni siquiera en la medalla, sino en el verbo transitivo "despojar", es decir, de acuerdo con la acepción principal del diccionario académico, "privar a alguien de lo que goza y tiene, desposeerlo de ello con violencia". ¿Cómo fue que despojaron al deportista ruso de su medalla conseguida en competiciones de levantamiento de pesas? ¿Alguien lo asaltó y le robó acaso dicho objeto? Tales son las preguntas que se hacen los lectores al ver el encabezado, sólo para enterarse inmediatamente que lo que los redactores deportivos de la agencia de noticias DPA llaman hoy "despojar" nada tiene que ver con su verdadero significado, sino con "retirar". He aquí la información textual: "El levantador de pesas ruso Apti Aukhadov fue despojado de su medalla de plata conquistada en Londres 2012 por haber dado positivo en un nuevo análisis de una vieja muestra, informó ayer el Comité Olímpico Internacional, Aukhadov, segundo en la categoría de hasta 85 kilogramos en Londres, dio positivo por un esteroide anabólico en el análisis de la muestra que le había sido tomada en 2012. Tras el positivo del deportista ruso, la presea de plata pasó a manos del iraní Kianoush Rostami, mientras el bronce quedó en poder del egipcio Tarek Yehia". Más allá de la *sorprendente celeridad* con la que procede el Comité Olímpico Internacional (¡el ruso compitió en 2012 y cuatro años después descubren que hizo trampa!), lo que venimos a saber, a partir de la nota informativa de la agencia DPA, es que al tal Aukhadov no le robaron nada (es decir, no lo despojaron de *su* medalla de plata), sino que más bien él robó esa medalla (mediante trampa) y despojó de *su segundo lugar legítimo* a su colega iraní y, de paso, a otro deportista (éste egipcio) a quien le robó la oportunidad de subir al podio olímpico con su medalla de bronce al cuello. El ruso tramposo, por tanto, no fue despojado de nada; ¡él fue quien despojó a otros deportistas! Les robó: usó medios ilícitos para conseguir una medalla, y lo único que hizo el Comité Olímpico Internacional fue *retirarle la medalla fraudulentamente obtenida*. En este punto, volvamos al significado de verbo transitivo "despojar" (del latín *despoliāre*): "Privar a alguien de lo que goza y tiene, desposeerlo de ello con violencia". Ejemplo: *En el asalto armado lo* **despojaron** *de su reloj y su billetera*. En su *Breve diccionario etimológico de la lengua española*, Guido Gómez de Silva despeja toda duda en relación con el significado de "despojar". Éstos son sus sinónimos: "privar, desposeer, robar, saquear, pillar". De ahí el sustantivo masculino "despojo": acción o efecto de despojar y, especialmente en la guerra, "presa o botín del vencedor". Ejemplo: *Tomaron como* **despojo** *de guerra todos los rebaños y a todas las mujeres jóvenes y niñas*. Un "despojo" es un robo, un botín, y con este mismo sentido "despojar" es robar, desposeer a alguien de algo que legítimamente le pertenece y, por lo general, con violencia. Por todo lo anterior es una burrada darle el sentido de "retirar" al verbo "despojar". El verbo transitivo "retirar" tiene, entre sus acepciones, la siguiente: "Negar, dejar de dar algo" (DRAE). Ejemplo: *Le retiraron el saludo*. Con este mismo sentido, al tramposo ruso levantador de pesas, no **lo despojaron de** *su* **medalla**, sino que **le** *retiraron* **la medalla que obtuvo indebidamente**. Así de claro. Despojar, en cambio, es lo siguiente (ejemplo tomado de un diario): "Desconocidos irrumpieron en el domicilio en la Ciudad de México del entrenador Jesús Ramírez y **lo despojaron de la medalla de oro que obtuvo con la selección mexicana Sub-17**. También se llevaron dinero, teléfonos y relojes". Esto sí es despojar. Lo otro, no.

Por ello, basta ya de despojar a la lengua de sus legítimos significados. Lo que mucha gente emplea con el sentido de "despojar" no es tal. Y este tipo de barrabasada abunda en el ambiente deportivo y de los espectáculos, pero no por supuesto en el ámbito legal, donde los abogados saben perfectamente las implicaciones jurídicas de los delitos configurados con el verbo "despojar" y el sustantivo "despojo". Por supuesto, puede decirse incluso que un juez o un árbitro cometen un "despojo" contra alguien si le niegan la posesión o el disfrute de algo legítimo; pero si la persona utilizó medios ilícitos o fraude para obtener o alcanzar lo que dice suyo y no se le reconoce como tal, o bien se le retira, no se trata de despojo sino de un acto de justicia. Se puede afirmar que el árbitro despojó a Fulano de un gol legítimo, siempre y cuando el Fulano "despojado del gol" no haya hecho la anotación con la mano o mediante otra argucia y el árbitro la haya anulado. Muy distinto es el caso de alguien que sí fue "despojado de su título": Cassius Clay-Muhammad Ali, a quien realmente **se le despojó** de su título de campeón mundial de boxeo por negarse a hacer el servicio militar y por negarse a participar en la invasión estadounidense a Vietnam. En cambio, en el portal electrónico de la BBC en español, leemos el siguiente encabezado:

♀ "La Agencia Antidopaje de EE.UU. **despoja a Lance Armstrong de todos sus títulos**".

No, no es así. No despojó de nada a este grandísimo tramposo. Lo que hizo fue ☝ **retirarle todos sus títulos**, obtenidos ilegítimamente.

✐ He aquí otros ejemplos de esta grandísima tontería: "**Armstrong despojado** de sus siete Tours de Francia", "**Armstrong despojado** de las siete coronas", "**Lance Armstrong, despojado** de su gloria por la UCI", "**Armstrong, despojado** de sus títulos y sancionado de por vida", "COI **despoja a Lance Armstrong** de medalla", "Francia **despoja a Lance Armstrong** de Legión de Honor", "**Alberto Contador, despojado** de su título del Tour de Francia 2010 por dopaje", "Landis culpable, sancionado y **despojado** de su título", "se descubrió el fraude y **les despojaron de la medalla de oro**", "**la despojaron de la medalla de bronce** por dar doping positivo".

☞ Google: 92 900 resultados de "despojado de su título"; 73 000 de "despojado de la medalla"; 31 800 de "despojada de la medalla"; 24 400 de "despojado del título"; 14 000 de "despojaron de la medalla"; 13 400 de "despojada de su corona"; 2 070 de "Armstrong despojado"; 1 200 de "despojan a Lance Armstrong". ☒

☞ Google: 12 500 resultados de "retiran los títulos"; 6 690 de "le retiran el título"; 1 190 de "le retiran la medalla"; 752 de "le retiran los títulos"; 5 de "retiran títulos a Armstrong"; 5 de "retiran títulos a Lance Armstrong"; 2 de "retiran los títulos a Lance Armstrong por dopaje"; 1 de "le retiran los siete títulos al ciclista estadounidense Lance Armstrong"; 1 de "le retiran los títulos y suspenden de por vida a Lance Armstrong". ☑

153. diabetes, ¿*diabetis?*, ¿*el diabetis?*, la diabetes

"Diabetis" es un barbarismo inculto por "diabetes" (del latín medieval *diabetes*, y éste del griego *diabétes*), sustantivo femenino que define a la "enfermedad metabólica caracterizada por eliminación excesiva de orina, adelgazamiento, sed intensa y otros trastornos generales" (DRAE). Ejemplo: *Desde hace veinte años padece diabetes*. De ahí el adjetivo y sustantivo "diabético": perteneciente o relativo a la diabetes o que padece diabetes. Ejemplo: *Fulano es diabético y sigue una dieta muy estricta*. Del ámbito del español inculto, el barbarismo "diabetis" se ha extendido al más amplio uso de la lengua lo mismo hablada que escrita. Incluso no es sorprendente que haya profesionales de la medicina que digan y escriban "diabetis", especialmente en España, aunque en México no nos quedemos atrás. Doble torpeza es cambiarle el género a la enfermedad y decir y escribir "**el diabetis**". ¡Milagrosamente, la Academia Mexicana de la Lengua no lo incluye en su *Diccionario de mexicanismos*! Deben estar apenadísimos por esta omisión.

Su reino está en internet, pero también es frecuente en publicaciones impresas. En el diario mexicano *Zócalo*, de Saltillo, leemos el siguiente encabezado:

♀ "La **diabetis** es una enfermedad crónica".

Quiso informar el diario que

♂ la **diabetes** es una enfermedad crónica.

✎ He aquí unos pocos ejemplos de este barbarismo tan ampliamente difundido: "**diabetis**: síntomas y remedios", "hiel de animales para controlar la **diabetis**", "campaña de detección de obesidad, sobrepeso y **diabetis**", "**diabetis** gestacional y parto", "combata la **diabetis** usando canela", "cifras sobre la **diabetis**", "remedio natural para la **diabetis**", "palo azul para **el diabetis**", "una luz de esperanza contra **el diabetis**", "se recomienda traer con usted sus medicinas para **el diabetis** por si necesita usarlas terminado el procedimiento", "máquina para chequear **el diabetis**", etcétera.

☞ Google: 1 280 000 resultados de "diabetis"; 137 000 de "la diabetis"; 9 820 de "tipo de diabetis"; 4 240 de "el diabetis". ☒

☞ Google: 423 000 000 de resultados de "diabetes"; 14 700 000 de "la diabetes". ☑

154. ¿*direccionar?*, dirigir, distribuir, ¿*redireccionar?*, redirigir, transferir, trasladar

Tarde o temprano (más bien temprano), la Real Academia Española incluirá en el DRAE los verbos "direccionar" y "redireccionar", neologismos técnicos pertenecientes a la informática, derivados de la voz inglesa *address* cuya traducción en español es "dirección". Y aunque "direccionar" (*to address*) pueda perfectamente sustituirse por nuestro perfecto verbo "dirigir", será imposible revertir el amplio uso anglicista que las herramientas de internet refuerzan todos los días. Pero habrá que tener cuidado de que estos neologismos informáticos ("direccionar" y "redireccionar") no sustituyan, en el uso general, precisamente a nuestro verbo "dirigir". Por ello, es necesario decir un par de cosas al respecto. Un nuevo término que se adopta, en cualquier idioma, tiene sentido en tanto no exista un equivalente. Éste no es el caso, pues "direccionar" (que deriva de "dirección") es equivalente del correcto "dirigir". El verbo transitivo "dirigir" y su uso pronominal "dirigirse" (del latín *dirigĕre*) tienen las siguientes acepciones principales en el DRAE: "Enderezar, llevar rectamente algo hacia un término o lugar señalado; guiar, mostrando o dando las señales de un camino; encaminar la intención y las operaciones a determinado fin; gobernar, regir, dar reglas para el manejo de una dependencia, empresa o pretensión; aconsejar y gobernar la conciencia de alguien; orientar, guiar, aconsejar a quien realiza un trabajo". Ejemplos: ***Dirige** la empresa impecablemente*; *Se **dirigió** hacia donde le indicaron*; *Estamos **dirigiendo** todos nuestros esfuerzos para mejorar*. De estos ejemplos con el correcto verbo "dirigir" resultan idioteces cuando se emplea, fuera del ámbito informático, el neologismo "direccionar". Así: ***Direcciona** la empresa impecablemente*; *Se **direccionó** hacia donde le indicaron*; *Estamos **direccionando** todos nuestros esfuerzos para mejorar*. "Dirigir" deriva del sustantivo femenino "dirección" (del latín *directio, directiōnis*), con las siguientes acepciones en el DRAE: "Acción y efecto de dirigir; tendencia de algo inmaterial hacia determinados fines; camino o rumbo que un cuerpo sigue en su movimiento; consejo, enseñanza y preceptos con que se encamina a alguien; conjunto de personas encargadas de dirigir una sociedad, un establecimiento, una explotación, etc.; cargo de director; oficina o casa en que despacha el director o los directivos; domicilio (lugar en que alguien se considera establecido)". Ejemplos: *La **dirección** de la empresa es impecable*; *Encontró la **dirección** que le indicaron*; *Todos nuestros esfuerzos para mejorar van en una sola **dirección***. Los neologismos "direccionar", "redireccionar" y sus conjugaciones son válidos para la informática, pero no pueden sustituir a "dirigir" y "redirigir". En internet el neologismo "direccionar" es definido del siguiente modo: "determinar la dirección que debe seguir un paquete de datos para llegar a su destino". Si de transferencia de datos se trata, tenemos para ello el verbo transitivo "transferir", cuyo significado es "pasar o llevar algo desde un lugar a otro", y también el sinónimo "trasladar", verbo transitivo cuya acepción principal es "llevar a alguien o algo de un lugar a otro". Ejemplos: ***Transferir** dinero de una tarjeta a otra*; *Puedes **trasladar** tu dominio a otro proveedor*. En cuanto al verbo "redireccionar", los informáticos lo definen así: "acción que permite pasar de una página web a otra". Queda claro que "direccionar" y "redireccionar" continuarán utilizándose, en el ámbito informático, más allá de que tengamos los verbos "dirigir", "distribuir", "transferir" y "trasladar". El problema es que el uso de estos neologismos ya "se direccionó" y "se redireccionó", indebidamente, al uso general de nuestro idioma, y esta peste se contagió particularmente entre burócratas y políticos, y de ahí se está extendiendo a otros ambientes, incluido el de las universidades y los profesionistas. En el diario mexicano *El Universal* leemos el siguiente encabezado:

♀ "Diputados inician jaloneos para **direccionar** recursos".

Da grima leer esto, pues incluso el innecesario verbo "direccionar" está fuera de contexto en esta frase y no cabe intercambiarlo por "dirigir". Quiso y debió informar el diario que

◊ los diputados inician jaloneos para **distribuir** recursos (especialmente a sus bolsillos).

🖋 He aquí otros ejemplos de estas tonterías que trajo la informática anglicista al idioma español: "**Direccionar** documentos", "claves para **direccionar** tu vida", "**direccionar** dominios de otro proveedor" (en este caso sería más bien "transferir" o "trasladar"), "**direccionar** y optimizar los recursos", "sancionados por **direccionar** compra de útiles", "Metrovía **direcciona** a consorcios caso de atropellamiento a joven", "alcalde **direcciona** elaboración de expediente", "¡guía tus ideas, **direcciona** tu vida!", "lo estamos **direccionando**", "**direccionando** talentos", "**direccionando** los negocios del concesionario", "**direccionando** la Universidad" (¡ya ni la burla perdonan), "**direccionando** mi vida" (¡pobre individuo!) y, como siempre puede haber algo peor: "**re-direccionando** la enseñanza-aprendizaje del inglés para futuros maestros" (ya podemos imaginar cómo serán esos maestros).

☞ Google: 65 700 resultados de "direccionar la universidad"; 32 000 de "direccionar el aprendizaje"; 29 700 de "direccionar la enseñanza"; 21 900 de "direcciona la universidad"; 20 600 de "direccionar las competencias"; 16 400 de "direccionar tu vida"; 10 600 de "direccionar recursos"; 8 070 de "direccionando la universidad"; 5 790 de "direcciona tu vida"; 4 550 de "direccionando tu vida"; 2 550 de "redirecciona tu vida"; 1 170 de "direccionando recursos"; 1 040 de "redireccionar tu negocio"; 1 000 de "redirecciona tu negocio". ☒

155. dolmen, ¿*dólmen*?, ¿*dolmenes*?, dólmenes, ¿*dolmens*?, ¿*dólmens*?

Las palabras llanas o graves son aquellas que poseen el acento tónico o requieren de tilde en la penúltima sílaba. No llevan tilde cuando terminan en "n" o "s" (no precedidas de otra consonante) o en vocal, como en joven, crisis, pata, parque, bici, pito y tribu. Basta con conocer y aplicar esta regla ortográfica para no cometer disparates en el caso de este tipo de palabras llanas o graves. Al igual que el sustantivo "volumen", palabra llana o grave cuyo plural es "volúmenes" (palabra esdrújula), la forma de construir el plural de "dolmen" (palabra llana o grave) es desplazando el acento para tener el término "dólmenes" que, como toda palabra esdrújula, debe llevar tilde en la

antepenúltima sílaba. Similares son los casos de otras palabras llanas o graves terminadas en "n": de "examen", "exámenes; de "imagen", "imágenes"; de "joven", "jóvenes"; de "orden", "órdenes"; de "margen", "márgenes", etcétera. Pero nunca "exámen",
"imágen", "jóven", "órden", "márgen", torpezas ortográficas de quienes ignoran las
reglas de acentuación. El sustantivo masculino "dolmen" (del francés *dolmen*) designa el "monumento megalítico compuesto de uno o más lajas colocadas de plano
sobre dos o más piedras verticales" (DRAE). Ejemplos: *Los tipos básicos de megalitos*
europeos son el menhir y el **dolmen**; *Los* **dólmenes** más famosos del mundo son los de
Stonehenge, en Inglaterra. De ahí el adjetivo "dolménico": perteneciente o relativo a
los dólmenes. Ejemplo: *El conjunto* **dolménico** *de El Pozuelo, en España, tiene una anti-*
güedad que se remonta a 2500 antes de Cristo. El desbarre está en ponerle tilde (innecesaria) al singular ("dólmen") y en no ponerla, a pesar de ser indispensable, en el
plural, produciéndose la falta ortográfica en "dolmenes". No menos erróneo es escribir el falso plural "dólmens".

Se trata de desbarres abundantes lo mismo en publicaciones impresas que en
internet, ya sea en el ámbito turístico o científico. En internet, en el Portal de Educación de la Junta de Castilla y León se nos informa acerca de

🜨 "El **dólmen** de la Navalito (Salamanca)".

Es obvio que quieren informar acerca de

🜂 el **dolmen** de la Navalito, en Salamanca.

✎ Y, en cuanto al erróneo plural, se escribe muco a propósito de "los **dolmenes** de Antequera" o bien de "los **dolmens** coreanos". He aquí más ejemplos de estos desbarres hermanados:
"**Dólmen** La Chabola de La Hechicera en Laguardia", "visitas al **dólmen** Lámoina", "una ruta
recorre el **dólmen** de Torriñuelo", "celebración del solsticio de verano en el **dólmen** de Men-
ga", "el **dólmen** del Prado de la Cruces", "Hotel Antequera Los **Dolmenes**", "sendero de los
dolmenes den Vigo", "**dolmenes** y megalitos del mundo", "**dolmenes** de Tomillos", "**dólmens**:
monumentos de culto", "caminos y senderos, **dólmens** y monasterios", "en los alrededores
del pueblo encontraréis muchas cosas para ver como torres de defensa, **dólmens**, santuarios,
museos, embalses, fuentes, castillos".

☞ Google: 157 000 resultados de "dolmenes"; 172 000 de "dólmen"; 124 000 de "dólmens";
2 080 de "los dolmens". ☒

☞ Google: 17 100 000 resultados de "dolmen"; 479 000 de "dólmenes"; 337 000 de "los
dólmenes"; 277 000 de "el dolmen". ☑

156. dopado, dopaje, dopaje confirmado, *¿dopaje negativo?*, *¿dopaje positivo?*

El término "dopaje positivo" es una tontería. Si bien en su primera acepción el adjetivo "positivo" (del latín *positīvus*) significa "cierto, efectivo, verdadero y que no ofrece

duda", cuando decimos y escribimos "dopaje" afirmamos implícitamente la existencia de éste. Utilizado en el ámbito deportivo, el término "dopaje positivo" pretende dar a entender que se comprobó el "dopaje" de un atleta o deportista, pero lo correcto, en todo caso, es "dopaje confirmado"; veamos por qué. El verbo transitivo "dopar" (del inglés *to dope*: "drogar") significa "administrar fármacos o sustancias estimulantes para potenciar artificialmente el rendimiento del organismo, a veces con peligro para la salud" (DRAE). Ejemplo: *El médico de la comisión atlética reconoce que hoy es muy común **dopar** a los deportistas para obtener mejores resultados*. Tiene también forma pronominal: "doparse" ("administrarse drogas uno mismo"). Ejemplo: *El atleta admitió que se **dopó** durante diez años*. Si bien en español, antes de que se admitiera "dopar", teníamos el perfecto verbo transitivo "drogar" ("administrar drogas") y su pronominal "drogarse" ("consumir drogas"), el anglicismo "dopar" se hizo necesario porque, en nuestra lengua, "drogar" y "dopar" son verbos sinónimos únicamente para el ámbito deportivo y el desarrollo físico con fines de competición. Difícilmente alguien dirá que un consumidor común de drogas se dopó; siempre se dirá que se drogó. El sustantivo masculino "dopaje" significa "acción y efecto de dopar o doparse", esto es, de consumir drogas o permitir la administración de ellas con el fin de obtener un mayor rendimiento físico. Ejemplo: *El atleta fue sancionado por **dopaje***. Dicho lo anterior, el término "dopaje positivo" constituye una barrabasada, pues el sustantivo "dopaje" lleva implícita la acción de "drogarse", y su contrario "dopaje negativo" no es menos absurdo, pues no puede llamarse dopaje a lo que no lo es: es tanto como decir "gol fallado": no puede llamarse gol a lo que no lo es; en todo caso es **acción fallida de gol**, de la misma manera que es **acusación falsa de dopaje**. En el ámbito deportivo, especialmente en el periodismo, lo mismo escrito que audiovisual, abunda esta tontería de llamar "dopaje positivo" a lo que es, simplemente, "dopaje" o "confirmación de dopaje", y "dopaje negativo" a los resultados negativos de los exámenes que se practican a los deportistas para saber si consumieron drogas. Lo correcto es, sencillamente, "dopaje" (cuando obviamente lo hay) y, si se requiere mayor precisión, "confirmación de dopaje". Pero, además, desde el punto de vista moral y de salud, nunca el "dopaje" es positivo, esto es, útil o beneficioso. Por ello también el término "dopaje positivo" es anfibológico. Una cosa es **dar positivo o negativo** en los exámenes o pruebas de dopaje, y una muy diferente, y bárbara, es hablar y escribir de "dopaje positivo" y "dopaje negativo". Por lo demás, moralmente y para la salud, el dopaje siempre será negativo.

Las páginas de internet y de las publicaciones impresas están llenas de estos sinsentidos que muy bien podríamos denominar pendejismos. En el diario peruano *El Comercio* leemos el siguiente titular:

♀ "Meldonium: conoce la sustancia del **dopaje positivo** de Sharapova".

Así maltratan el idioma en el periodismo peruano: mediante un titular que no está escrito en español sino en galimatías. Quiso informar el diario que

↻ **se confirmó** que la sustancia del **dopaje** de Maria Sharapova se llama *meldonium*.

✐ He aquí otros ejemplos de esta barbaridad: "Chad Mendes suspendido dos años por **dopaje positivo**", "Brock Lesnar es suspendido un año por **dopaje positivo**", "tres deportistas fueron eliminados en Río por **dopaje positivo**", "**dopaje positivo** en nadador chino", "caso de **dopaje positivo** sacude al basquetbol", "Granada confirma **dopaje positivo** del ecuatoriano José Angulo", "casos de **dopaje positivo** en Italia", "29 **dopajes positivos** en balompié mexicano", "WADA recibe el expediente de los **dopajes positivos**", "Argentina y Chile con **dopajes positivos** en Panamericanos", "42 peleadores dieron **dopaje negativo**", "siempre dio **dopaje negativo**", "lo que le favorece por su historias de **dopajes negativos**" y, como siempre hay algo peor: "**confirman dopaje positivo** de Tyson Gay".

☞ Google: 44 700 resultados de "dopaje positivo"; 1 050 de "dopajes positivos"; 1 000 de "dopaje negativo". ☒

☞ Google: 13 100 resultados de "confirmación de dopaje"; 7 010 de "dar positivo en dopaje"; 5 130 de "da positivo en dopaje"; 4 730 de "dar positivo en pruebas de dopaje"; 1 660 de "confirman dopaje"; 1 210 de "dan positivo en dopaje"; 1 200 de "confirma dopaje". ☑

E

157. echar, echar dentro, echar fuera, *¿hechar?, ¿hechar dentro?, ¿hechar fuera?*

Contra todo lo que pueda suponerse, en una primera impresión, la expresión "echar fuera" no es redundante, en tanto que "echar dentro" no es un contrasentido. Es verdad que el verbo transitivo "echar" (del latín *iactāre*), en una de sus múltiples acepciones significa "hacer salir a alguien de algún lugar, apartarle con violencia, por desprecio, castigo, etc." (DRAE). Ejemplo: *Lo **echaron** del trabajo*. Pero, en dos de sus principales acepciones, el verbo "echar" admite, explícitamente, en el diccionario académico, que algo pueda ir a parar "dentro" y no "fuera": "Hacer que algo vaya a parar a alguna parte, dándole impulso. ***Echar** mercancías al mar. **Echar** basura a la calle.* Hacer que algo caiga en sitio determinado. ***Echar** dinero **en un saco**. **Echar** una carta **al buzón***". Como transitivo y pronominal ("echarse"), el verbo admite también, con sentido coloquial, la acepción de "comer o beber algo, tomar una refacción". Ejemplos del DRAE: ***Echar** un bocado*; ***Echarse** un trago*. Como puede verse, lo que se "echa" no siempre implica hacerlo "a la parte o en la parte exterior de algo" (que es la definición del adverbio "fuera"), pues también puede ser "dentro": "en la parte interior de un espacio o término real o imaginario" (que es la definición del adverbio "dentro"). En conclusión, tanto "echar fuera" como "echar dentro" son locuciones verbales correctas. El desbarre consiste en transformar el verbo "echar" en "**h**echar", falso verbo en nuestro idioma, pues esa hache inicial espuria convierte en un barbarismo el correcto verbo "echar". Las formas no personales "hecha" y "hecho", que pertenecen al participio del verbo transitivo "hacer" (del latín *facĕre*), "producir algo" (ejemplos: *Una casa **hecha** en muy poco tiempo*; *Automóvil **hecho** en México*), influyen quizá en los escribientes descuidados que usan y difunden el falso verbo "**h**echar" como quien le echa cosas malolientes al idioma.

Y cada vez son más abundantes estas cosas, sobre todo en internet, pero también en publicaciones impresas. Justamente en internet, un español pregunta:

☟ "¿Cómo se dice '**hechar** un polvo" en inglés?".

Y los del diccionario en línea español inglés todavía son capaces de responderle: "*To have a screw*". Pero lo que el español debió preguntar es:

☝ ¿Cómo se dice, en inglés, "**echar** un polvo"?

✍ He aquí otros ejemplos de esta barbaridad definitivamente espantable: "¿Se duerme peor por **hechar** la siesta?", "bolsaletas para **hechar** tu equipo de buceo", "me vas a **hechar** de menos" (canción), "reciclar para **hechar** a andar la imaginación", "experto en **hechar** a perder", "no hay nada más fácil que **hechar** la culpa a los demás", "cómo **hechar** a perder a tus hijos" (escribiendo así), "quién me puede **hechar** la mano", "tú sabes cuánto te voy a **hechar** de menos", "sólo Jesús puede **hechar fuera** a los demonios", "**hechar fuera** demonios y liberar a los cautivos", "el perfecto amor **hecha fuera** el temor", "tu fuego **echa fuera el miedo**", "los **hechan fuera** de la colmena", "padres **hechan fuera** de casa a su hijo homosexual", "un poder que jamás tembló **hechó fuera** espíritus inmundos" y, como siempre hay algo peor: "ya sé que vas a **hechar pedos**" (sí, pero al idioma).

☞ Google: 1 890 000 resultados de "hechar"; 30 200 de "hecha fuera el temor"; 26 900 de "hechar fuera"; 2 860 de "hechando fuera"; 2 250 de "hecha fuera el miedo"; 1 700 de "hechan fuera"; 1 000 de "hechó fuera". ☒

☞ Google: 43 500 000 resultados de "echar"; 361 000 resultados de "echa fuera"; 300 000 de "echa fuera"; 231 000 de "echó fuera"; 222 000 de "echando fuera"; 66 000 de "echó dentro"; 62 500 de "echa dentro"; 38 700 de "echan fuera"; 21 300 de "echan dentro"; 15 300 de "echar dentro"; 10 200 de "echando dentro". ☑

158. elección, elecciones, elegir, sufragar, sufragio, sufragio efectivo, *¿sufragio electivo?, ¿sufragio electoral?*, votar, voto

En 2009, muy orondo, el Banco de México emitió un billete conmemorativo (papel moneda) del bicentenario del inicio de la independencia del país, y la cagó poniendo en el billete de cien pesos, en más de una ocasión, la leyenda "Sufragio electivo y no reelección", en vez del lema oficial "Sufragio efectivo. No reelección". Arguyó la institución emisora que se trata de una "errata", pero no es tal: no es una errata, sino un error y, mejor dicho, un horror: no sólo es la equivocación de quien no sabe distinguir entre los términos "efectivo" y "electivo", sino muy probablemente es la consecuencia de una ultracorrección: quien estampó tal cosa presumió de saber mucho y relacionó "sufragio" con "elecciones" y derivó de este término el adjetivo "electivo", pariente de "elegir", porque supuso que el sufragio, que es el acto de votar, en un proceso electoral, tenía que ser "electivo" y no "efectivo". Tal es la explicación casi segura de tan tremenda cagada. Se denomina "errata" a la "equivocación material cometida en lo impreso o manuscrito"; en realidad, un yerro tipográfico, como "erata" en lugar de "errata". Pero no se puede llamar "errata" al cambio de un concepto, como "electivo" en lugar de "efectivo". No es una errata, es un error conceptual; veamos por qué. El sustantivo masculino "sufragio" (del latín *suffragium*) significa por principio "voto" y en sus acepciones secundarias, "sistema electoral para la provisión de cargos" y "voto de quien tiene capacidad de elegir". Ejemplo: *El **sufragio** es un derecho* *ciudadano.* De ahí el verbo intransitivo "sufragar", que en su tercera acepción significa: "votar a un candidato o una propuesta, un dictamen, etc.". Ejemplo: **Sufragó** *desde el extranjero.* Por ello, el "sufragante", sustantivo masculino, es la "persona que vota en una elección" (DRAE). Ejemplo: *Los* **sufragantes** *acudieron a las urnas.* Es mucha la gente que no entiende que "voto" y "sufragio" son sinónimos y parientes cercanos de "elección", "electoral" y "elegir". También del adjetivo "electivo" ("que se hace o se da por elección"). Hasta gente del ámbito periodístico se refiere a los "sufragios electorales", una rebuznancia abundantísimas. En el diccionario académico, la segunda acepción del verbo transitivo "elegir" (del latín *eligĕre*) dice a la letra: "Nombrar a alguien para elección para un cargo o dignidad". Ejemplo: *En una democracia gana la mayoría, aunque* **elija** *al peor.* De ahí la segunda acepción, en el DRAE, del sustantivo femenino "elección" (del latín *electio, electiōnis*): "designación que regularmente se hace por votos, para algún cargo, comisión, etc.". Ejemplo: *En la* **elección** *ganó el peor.* De ahí también el adjetivo "electoral" ("perteneciente o relativo a la dignidad o cualidad de elector" y "perteneciente o relativo a los electores o a las elecciones") y el adjetivo y sustantivo "elector" (del latín tardío *elector, electōris*): "que elige o tiene potestad o derecho de elegir" (DRAE). Ejemplos: *Ya comenzó la batalla* **electoral**; *Como* **elector**, *también tengo derecho a anular mi voto.* En conclusión, "sufragio electoral" y "sufragio electivo" son dos gruesas redundancias, hermanas de la muy famosa "comicios electorales", otra rebuznancia (estudiada en mi libro *¡No valga la redundancia!*), producto de no consultar el diccionario para saber que el sustantivo plural "comicios" (y no "comisios", por cierto, que es otra barbaridad), del latín *comitium*, significa ni más ni menos "elecciones para designar cargos políticos" (DRAE). Siendo así, tanto "comicios electorales" como "sufragio electoral" y "sufragio electivo" son redundancias espantables que van más allá de las cagadas en el papel moneda de México, aunque estampar alguna de ellas en los billetes sea una de las cosas más torpes y vergonzosas de nuestro pobre y apaleado país.

No únicamente en el billete de cien pesos se ha incluido la rebuznancia "sufragio electivo"; hay muchos documentos de los gobiernos de los estados, que pueden consultarse en la red, donde esta tontería pasa inadvertida. Y también en algunos artículos de comentaristas políticos, como en uno de un destacado especialista donde leemos lo siguiente:

♀ "Se ha cumplido el viejo sueño del **sufragio electivo** y se respetan ampliamente las libertades de expresión y reunión".

¿Errata? No lo parece. En todo caso, lapsus. Pero lo correcto es:

♻ Se ha cumplido el viejo sueño del **sufragio efectivo**, etcétera.

✐ He aquí algunos pocos ejemplos de estas gruesas redundancias: "Cómputo del **sufragio electoral** en las mesas de votación", "ejercer su derecho al **sufragio electoral**", "el derecho fundamental del **sufragio electoral**", "la máxima expresión es el **sufragio electoral**", "el **sufragio electoral** será universal, secreto y obligatorio", "el **sufragio electoral** es un derecho", "realización del proceso de **sufragio electoral**", "el uso de herramientas digitales/electrónicas en el proceso de **sufragio electoral**", "facilitar las posibilidades de **sufragio electoral**", "un ejemplo de democracia en el sufragio **electoral**", "respeto absoluto e incondicional al **sufragio electivo**", "del **sufragio electivo** al sufragio universal absoluto" (del sufragio al naufragio, en todo caso), "afortunadamente ha transitado del **sufragio electivo** a un sufragio participativo", "en el **sufragio electivo** el ciudadano expresa su opción por una o más candidaturas" (sin rebuscamientos, nosotros llamamos a eso "elecciones"), "no ser declarado culpable de traición o delito contra el **sufragio electivo**", "participar en los **sufragios electorales**", "sistema informático para la gestión de **sufragios electorales**", "emisión y escrutinio de **sufragios electorales**" y, como siempre hay algo peor, "el **sufragio electoral** universal como sistema de **elección**" (¿así o más redundante?).

☞ Google: 631 000 resultados de "comicios electorales"; 19 500 de "comisios electorales"; 19 200 de "sufragio electoral"; 3 080 de "sufragio electivo"; 2 950 de "sufragios electorales". ☒

159. embarazada, ¿en cinta?, en estado, ¿en estado de buena esperanza?, ¿en estado interesante?, encinta, gestación, gestar, preñada, preñar, preñez
La expresión "en cinta" (escrita en dos palabras) es errónea. Lo correcto es "encinta" (con grafía simple), adjetivo que, según el DRAE y Moliner, proviene del latín *incincta* (desceñida; sin cinturón; de *in-*, prefijo con valor negativo, y *cincta*, cinturón): dicho de una mujer: "preñada" y que, por esto, no puede usar el cinturón, ya que su vientre se lo impide. El filólogo, etimólogo y lexicógrafo español Joan Corominas, junto con otros lingüistas, discrepa de esta interpretación, ya que considera, a partir de testimonios antiguos, que el término latino *incincta* (usado por Ovidio) designaba justamente lo contrario: "ceñida", y plantea que, para entender este término, debemos remitirnos al adjetivo de origen griego *inciens*: [vientre] "embarazado, hinchado, preñado". Sea como fuere, "encinta" es un adjetivo y debe escribirse en una sola palabra; sus sinónimos son "embarazada" y "preñada". Ejemplo: *Su esposa, que está encinta, pronto dará a luz.* El verbo transitivo "preñar" (del latín *praegnāre*) significa fecundar o hacer concebir a la mujer o a la hembra de cualquier especie, pero así como cualquier hembra puede estar "preñada", únicamente a la mujer se le aplica el adjetivo "encinta", en relación con la etimología más aceptada: del latín *incincta*, desceñida. Otras expresiones algo pintorescas (y anacrónicas) para referirse a la mujer preñada o que está gestando (el verbo "gestar", del latín *gestāre*, llevar, significa "dicho de una hembra: llevar y sustentar en su seno el embrión o feto hasta el momento del parto")

son las locuciones adjetivales y coloquiales "en estado de buena esperanza" y "en estado interesante" que suelen acortarse en la equívoca frase "en estado". Lo de la "buena esperanza" puede comprenderse, pero lo del "estado interesante" es hoy un enigma.

Lo importante en esta entrada es saber que "en cinta" (en dos palabras) es un error de la escritura para referirse a la mujer preñada o embarazada. Lo correcto es "encinta" que es, sin embargo, de uso más restringido que el desbarre que tiene su reino en internet y en las publicaciones impresas. En el diario peruano *El Popular*, en su sección de espectáculos, leemos el siguiente encabezado:

♀ "Maricarmen Marín está feliz por **estar en cinta**".

Quiso informar el diario que

♂ "Maricarmen Marín se dice feliz por **estar encinta**".

✎ He aquí otros ejemplos de este desbarre: "Karina negó **estar en cinta**", "sensaciones físicas de **estar en cinta**", "no estaba contenta de **estar en cinta**", "**estar en cinta** es estar preñada", "tener vómitos puede deberse a muchísimas razones más allá de **estar en cinta**", "el hecho de estar **en cinta** no quiere decir que debes sacrificar tu vida sexual", "la despidieron por **estar en cinta**", "para la Duquesa de Cambridge **estar en cinta** no ha sido impedimento para verse guapa". La única manera correcta de "estar en cinta" es, por ejemplo, ser actor o ser actriz, participar en la filmación de una película y "estar en cinta de zombis" como es el caso de la actriz de Blake Lively (quien también ha estado **encinta**, es decir embrazada, en dos ocasiones), según informan las chismosas secciones de espectáculos de los peores diarios del mundo.

☞ Google: 4 800 000 resultados de "en cinta"; 449 000 de "está en cinta"; 237 000 de "estar en cinta"; 250 000 de "están en cinta". ☒

☞ Google: 1 290 000 resultados de "encinta"; 55 700 de "está encinta"; 27 100 de "estar encinta"; 4 590 de "están encinta". ☑

☞ Google: 509 000 resultados de "en estado de buena esperanza"; 14 600 de "en estado interesante". ☑

160. embarazada, ¿*embarazadísima*?, embarazo, en avanzado estado de embarazo, encinta, preñada, preñar, preñez

Le ha dado a la denominada "prensa del corazón" (¡qué cursilería más abominable!) utilizar el superlativo "embarazadísima" para referirse al avanzado estado de preñez. Ejemplo: *Vicky Xipolitakis, **embarazadísima** y feliz*. Estas bobadas se extienden rápidamente. Basta que alguien diga o escriba tal disparate para que los demás lo repitan como pericos. Pero de una mujer, obviamente, en cuanto a preñez se refiere, se puede decir que está embarazada, preñada, en estado, encinta, pero ni medio preñada ni medio embarazada ni medio encinta; tampoco, un poquito embarazada ni un poco preñada, y, por supuesto, no embarazadísima, sino en avanzado estado de embarazo o de preñez. Los ámbitos de los espectáculos y la moda, junto con los del deporte y la política, son los que más destruyen el idioma y, junto con ello, la lógica, casi desconocida por sus integrantes. El verbo transitivo "embarazar" (del portugués o leonés *embaraçar*, derivado de *baraça*, "lazo") tiene dos acepciones en el DRAE: "Impedir, estorbar o retardar algo" y "dejar embarazada a una mujer". De la primera acepción derivan los adjetivos "embarazoso" ("que embaraza e incomoda") y "embarazado" ("cohibido o incómodo para actuar con naturalidad"). Ejemplos: *Su error en público fue muy* **embarazoso**; *Se sintió muy* **embarazado** *luego de su error*. De la segunda acepción deriva el adjetivo y sustantivo, siempre femenino, "embarazada" ("dicho de una mujer: preñada"). Ejemplos: *Fulano* **embarazó** *a su novia*; *La novia está* **embarazada**. Este sentido admite también el uso pronominal, "embarazarse": "Dicho de una mujer: Quedarse embarazada" (DRAE). Ejemplo: *Se* **embarazó** *muy pronto, luego de dar a luz a su primer hijo*. Como es obvio, en su primera acepción ("impedimento, dificultad, obstáculo"), el sustantivo masculino "embarazo" se aplica en lo general, esto es, a cualquier persona; en cambio, en su segunda acepción su sentido es específico y exclusivo de las mujeres. En general, "embarazo" significa "encogimiento o falta de soltura en los modales o en la acción". De ahí el adverbio "embarazosamente" (que tampoco se aplica a la preñez): "De manera embarazosa". Ejemplo del DRAE: *Se expresaba* **embarazosamente** *en nuestra lengua*; es decir, trabajosamente, sin soltura, con dificultad. En su segunda acepción, el sustantivo masculino "embarazo" únicamente puede ser aplicado a la mujer, pues significa "estado en que se halla la mujer gestante". Ejemplo: *Tiene cuatro meses de* **embarazo**, o bien *Tiene un* **embarazo** *de cuatro meses*. Visto lo anterior, se puede estar "muy embarazado", "bastante embarazada" y hasta "embarazadísimo" y "embarazadísima" (ejemplos: *Se mostró* **muy embarazado** *ante el público*; *La situación lo dejó* **embarazadísimo**) si estos términos se aplican a la primera acepción (impedimento, dificultad, obstáculo, incomodidad, sin soltura, etcétera), pero es absurdo aplicarlos a la segunda acepción. Sólo en sentido figurado se puede decir que alguien está "medio muerto" (en realidad, no está muerto, sino muy maltrecho o moribundo), pero, en el caso de la preñez, la lógica nos impide decir (incluso en sentido figurado) que una mujer está "medio embarazada", "poco embarazada", "bastante embarazada", "muy embarazada" y, por supuesto, "casi embarazada" o "embarazadísima". O lo está o no está, pero ni poco ni a medias ni superlativamente. Los medios impresos y digitales que se dedican a divulgar los chismes de los famosos del espectáculo y la moda hablan incluso de "embarazadísimos" para referirse, cursimente, a la mujer y a su pareja cuando ambos salen a mostrar el estado de preñez obviamente de la primera.

En España esta ridiculez es de uso frecuente, pero la globalización de la cursilería se va extendiendo a todos los países de nuestra lengua. En una entrevista del diario español *El Mundo* (banco riquísimo de boberías, redundancias y sinsentidos, a pesar de contar con muy buenos colaboradores) Susana López Rubio, escritora y guionista española de series de televisión de mucho éxito, refiere lo siguiente a propósito de la escritura de su segunda novela:

♀ "Cuando escribí *Flor de sal*, estaba la mitad **embarazadísima**, y la otra mitad, con mi hijo".

Sin ridiculeces, bien hubiera podido decir:

♂ La mitad de mi novela la escribí cuando estaba **embarazada** y la otra mitad cuando mi hijo ya había nacido.

✐ En la revista *¡Hola!* leemos lo siguiente: "La foto más divertida de una **embarazadísima** Adriana Abenia". ¿Se puede ser más cursi y bobo? Sí, se puede. En el diario español *ABC* leemos: "Pilar Rubio, **embarazadísima**: Está a días". Y hay más, en otros medios: "Katie Holmes, **embarazadísima**, de compras", "Mila Kunis llega a los 31 **embarazadísima**, ¡felicidades!", "**embarazadísima**, Beyoncé no para de compartir fotos de su pancita", "adivina qué 'celeb' **embarazadísima** ha posado en lencería", "Kim Kardashian, **embarazadísima**", "**embarazadísimas** y muy sexies", "súper panzas: las dos amigas, **embarazadísimas**", "las **embarazadísimas** Georgina, Antonella y Pilar Rubio", "enamoradísimos y **embarazadísimos**", "Laura y Carlos, **embarazadísimos**". ¡Y basta ya de tanta ridiculez!

☞ Google: 68 300 resultados de "embarazadísima"; 2 320 de "embarazadísimas"; 2 130 de "embarazadísimos". ☒

161. emoción, emoji, ¿*emoticón*?, emoticono, gif, GIF, icono

En la red los cambios se producen vertiginosamente. En 2001 el DRAE presumía la novedosa inclusión, en sus páginas, del sustantivo "emoticono", con su variante "emoticón" (del inglés *emotion*, emoción, e *icon*, icono), "símbolo gráfico que se utiliza en las comunicaciones a través del correo electrónico y sirve para expresar el estado de ánimo del remitente". En 2014, cuando la RAE le dio una mano de gato a su definición en la vigesimotercera edición del mamotreto, el uso del "emoticono" en los mensajes electrónicos ya había perdido su auge. El término ya había sido fijado en nuestro idioma, pero lo designado o definido ya había sido sustituido por otra forma de símbolo gráfico en los mensajes electrónicos: el "emoji". Efectivamente, en 2014, el DRAE prescindió de la variante "emoticón" (esto es, la desautorizó) y redefinió "emoticono" (la voz autorizada en español) del siguiente modo: "En informática, representación de una expresión facial que se utiliza en mensajes electrónicos [ya no sólo del correo, se entiende] para aludir al estado de ánimo del remitente". Pero ya para entonces el "emoji" había relevado al "emoticono", aunque el sustantivo "emoji" no aparezca en el DRAE de 2014. El buscador urgente de dudas de la Fundéu BBVA afirma, en respuesta a un usuario, que "en el uso general es frecuente y aceptable utilizar [el término] *emoticonos* para referirse a todos esos símbolos". Se trata de una respuesta inexacta, pues, estrictamente, todo "emoji" es un "emoticono", pero ningún "emoticono" es un "emoji"; veamos por qué. Los "emoticonos" son símbolos formados con signos o caracteres de puntuación para cuya lectura es necesario inclinar la cabeza unos noventa grados a la izquierda. Ejemplos: :-), ;-), :-(, ":). Los "emojis", en cambio, son figuras caricaturizadas en color, con valor simbólico, pero ya no sólo de expresiones faciales, sino también de alusiones a diversos temas que llegan incluso a sustituir el texto escrito. Basta la figura de un corazón para indicar "amor" o "afecto", y la de un sorete (con ojos, y sonriente inclusive) para indicar "¡vete a la mierda!" o "¡sólo mereces mierda!". (Un paso superior del "emoji" es el "gif" o "GIF", acrónimo de *Graphics Interchange Format*, cuya característica más notable es que se trata de un mensaje completo con una figura generalmente animada. Estas animaciones ya son habituales en las redes sociales, acompañadas con el mínimo de texto e incluso sin él.) El sustantivo "emoji" proviene del inglés *emoji* (pronunciación aproximada: *emóyi*), que a su vez lo tomó y adaptó de la voz y la fonética japonesas. Su plural es "emojis". Con plena lógica, ya hay quienes proponen que la castellanización de este sustantivo sea "emoyi", con su plural "emoyis", pero estas adaptaciones aún son minoritarias. Quizá cuando la Real Academia Española incluya el sustantivo "emoji" o "emoyi" en el DRAE, estos recursos gráficos ya hayan sido sustituidos por otros, y los "emojis" o "emoyis" sean simples recuerdos como casi lo son hoy los "emoticonos".

☞ Google: 1 380 000 000 de resultados de "gif"; 585 000 000 de "gifs"; 4 570 000 de "emoticonos; 3 030 000 de "emoticono"; 1 360 000 de "un emoji"; 853 000 de "los emojis"; 527 000 de "nuevos emojis"; 710 000 de "emojis de amor"; 45 800 de "emoyi"; 9 160 de "emoyis". ☑

162. emplayada, emplayado, emplayadora, emplayadoras, emplayar, emplaye, envoplast, film estirable, film plástico, film retráctil, papel film, película estirable, película para emplayar, película plástica *stretch*, película *stretch*, playo, retractilado, retractilar, *stretch film*

El verbo transitivo "retractilar" (de *retráctil*) fue admitido en las páginas del DRAE en su última edición impresa (2014), obedeciendo a su amplio uso en el ámbito editorial, con la siguiente definición: "Envolver algo, protegiéndolo con una película plástica que se adapta a su forma". Ejemplo: *Los libros se **retractilan** para protegerlos y conservarlos más tiempo, sin daños, en las librerías.* De ahí el adjetivo participio "retractilado" (que se retractila). Ejemplos: *Compré un libro que no estaba **retractilado**, porque era el único ejemplar que tenían en la librería; Cuando después de algunas semanas, las librerías devuelven a los editores los libros que no están **retractilados**, éstos se encuentran* *muy dañados.* Para llevar a cabo el "retractilado" existen máquinas denominadas "retractiladoras", término éste que, sin embargo, ignora el DRAE. Ejemplo: ***Retractiladora automática a muy bajo precio.*** De pronto, el verbo "retractilar" y el adjetivo "retractilado", de perfecto uso, especialmente en la industria editorial, comenzaron a sustituirse, con los términos "emplayar", "emplaye" y "emplayado", no admitidos aún por el DRAE. ¿Pero de dónde provienen tales neologismos? En definitiva, no del sustantivo "playa" (ribera del mar o de un río grande), sino de un material plástico delgado y transparente denominado "playo", fabricado "con resina de polietileno de baja densidad lineal, característica que le permite tener una alta resistencia mecánica y un bajo espesor", de acuerdo con la definición técnica que nos ofrece, en internet, el centro de negocios Cosmos Online que, a esta definición añade los siguientes datos: "el **playo** se utiliza para envolver y contener de forma segura diversos materiales. Su uso facilita la transportación y almacenaje de los artículos a un bajo costo". Asimismo, Cosmos Online informa que "para fabricar el **playo** se usan extrusoras por soplado (en el caso del PVC y en el caso del polietileno de menor calidad) o extrusoras de cama plana que pueden tener tres y hasta cinco capas para aprovechar al máximo las características de cada polímero utilizado sin perjudicar la calidad final". Entre los sinónimos con los que se conoce también este producto denominado "playo", el centro de negocios citado menciona cuatro: "película estirable", "película para emplayar", "película plástica *stretch*" y "película *stretch*". La *Wikipedia* incluye la definición de "playo" en su entrada "film plástico", que también se conoce como "papel film" en Argentina y "alusa" en Chile. Precisa que su mayor uso es en el embalaje plástico. Pero dos son las aplicaciones más utilizadas: el "film estirable" y el "film retráctil", conociéndose también el primero como "envoplast" (marca vulgarizada), y el segundo, como "retractilado". Por ello, aunque parezca que es lo mismo, sin ningún matiz técnico, el "emplayado" (estirable) es diferente al "retractilado" y, en consecuencia, hay cierta diferencia entre "emplayar" y "retractilar". De acuerdo con el *Wikcionario*, el verbo transitivo "emplayar" se aplica a la acción de "envolver mercancías y materiales con una película de plástico, para fijarlos y protegerlos", y ubica su ámbito de uso especialmente en México. Por ello, en la edición digital del *Diccionario del español de México* (2021), de El Colegio de México, ya se incluye el verbo transitivo "emplayar" (que se conjuga como *amar*) con el siguiente significado: "Envolver con plástico un regalo poniéndolo sobre una base rígida, por ejemplo de triplay". Y nos ofrece el siguiente ejemplo: *Aquí se **emplayan** regalos.* Por supuesto, ésta es una de las tantas formas de "emplayar", y muy básica. Otras formas son mucho más utilizadas. En los aeropuertos se emplayan los paquetes y equipajes; en la industria y el comercio se emplayan muchísimas cosas: muebles, materias primas, piezas de refacción, mercancías en general, y en la arqueología ni se diga: pues se pueden emplayar desde los sarcófagos de las momias egipcias hasta piezas antiguas menos impresionantes. La empresa Plasticser informa que la producción de esta película estirable o *stretch film* se remonta a los años setenta del siglo XX, y explica que "en México se utiliza el término **emplaye** o **emplayar** a la actividad de envolver la mercancía con la película de plástico estirable o **playo** y aunque su origen puede venir de la palabra **playo**, que es de poco fondo o plano, también puede venir del anglicismo *plier*, que puede aplicarse al uso de tenazas o pinzas para sostener la mercancía". De hecho, existen máquinas denominadas "emplayadoras" lo mismo industriales de gran formato, que manuales y hasta portátiles. ¿Y qué dicen de esto el *Diccionario panhispánico de dudas* y el DM de la AML? ¡Adivinaron! No dicen ni mu. Lo cierto es que, tarde o temprano, el DRAE, el DEUM y el DM, de la AML, tendrán que incluir en sus páginas el verbo "emplayar", el sustantivo "emplaye" y el adjetivo "emplayado" (femenino: "emplayada"). Sus usos más que disminuir, aumentan, y se trata de neologismos perfectamente derivados y muy bien aplicados en nuestro idioma.

☞ Google: 283 000 resultados de "retractilado"; 93 500 de "retractilados"; 68 100 de "retractilada"; 40 200 de "retractiladoras"; 36 600 de "retractilar"; 36 100 de "retractiladora"; 12 900 de "retractiladas"; 4 580 de "retractiladora automática"; 3 720 de "máquinas retractiladoras"; 2 800 de "máquina retractiladora"; 1 710 de "retractiladoras automáticas". ☑

☞ Google: 974 000 resultados de "playo"; 771 000 de "papel film"; 503 000 de "película plástica"; 209 000 de "envoplast"; 193 000 de "film estirable"; 189 000 de "film plástico"; 85 200 de "película estirable"; 82 700 de "film retráctil"; 80 800 de "emplayado"; 71 800 de "emplaye"; 33 300 de "emplayadora"; 26 900 de "emplayados"; 24 900 de "emplayadoras"; 8 090 de "película para emplayar"; 7 540 de "emplayada"; 6 930 de "emplayadas". ☑

163. enteramiento, enterar, entero

El adjetivo "entero" (del latín vulgar *intĕgrum*, acusativo del latín *intĕger*) tiene dos acepciones principales en el diccionario académico: "Cabal, cumplido, completo, sin falta alguna" y "que no se ha roto o que no ha sido fragmentado". Ejemplos: *Le presté el coche a mi hijo y, milagrosamente, me lo regresó **entero***; *Sorprende que, con tanta antigüedad, este documento esté **entero***. Es el mismo sentido del sustantivo masculino y mexicanismo supranacional "entero", que define excelentemente Guido Gómez de Silva en su *Diccionario breve de mexicanismos* ("Un billete de lotería completo, sin dividir en décimos o vigésimos"), torpemente el DM de la AML ("Conjunto de billetes de lotería") y ridículamente el DRAE ("Billete de lotería"); veamos por qué. "Un billete de lotería completo, sin dividir en décimos o vigésimos", como lo define Gómez de Silva, se llama también "serie completa de lotería", pues al fragmento ("décimo o vigésimo, según esté dividida la serie"), en México se le llama "cachito" ("cachito de lotería"), en oposición al "entero". La *Wikipedia* es precisa en su definición: "La serie es cada una de las sucesiones de billetes numerados del 00000 al último". En México es habitual que la lotería se juegue hasta en tres series, pues, aunque los más adinerados y optimistas pueden comprar la serie completa de los sorteos con mayor monto (los de la Navidad y el Año Nuevo, por ejemplo), lo frecuente es que los jugadores adquieran uno, dos, tres o más "cachitos", pero no la serie completa del billete. Al premio mayor se le conoce coloquialmente como "gordo" ("el premio gordo"). Existen también los compradores generosos que adquieren la serie completa y la fragmentan para obsequiar "cachitos" a sus familiares y amigos, porque consideran, además, que su esplendidez les dará buena suerte. Es torpe, por equívoca, la definición, para "entero", del DM de la AML: "Conjunto de billetes de lotería", pues, aunque, ciertamente, el adjetivo "conjunto" (del latín *coniuctus*) tiene como acepción principal "unido o contiguo a otra cosa", también se aplica a lo "mezclado, incorporado con otra cosa diversa" (DRAE). Quiere esto decir que un conjunto de billetes de lotería puede ser una "serie completa", pero también una determinada cantidad de "cachitos de lotería" (billetes) de distintas series, lo cual no la convierte en un "entero", sino en un "tambache", que también define como conjunto el DM de la AML: "Conjunto de cosas sin orden, colocadas una encima de otras". En cuanto a la definición que el DRAE da para el sustantivo "entero" ("billete de lotería"), es una tacañería y una idiotez. Por lo ya visto, un "entero" no es un simple "billete de lotería", sino una serie completa de billetes de lotería. Existe también el sustantivo y mexicanismo supranacional que ni Gómez de Silva ni el DM de la AML recogen, pero que sí definen el DRAE y el DUE. Proviene del verbo transitivo y pronominal "enterar", "enterarse" (del latín *integrāre*: "restablecer"): "Pagar, entregar dinero" (DRAE). Ejemplo: *Los impuestos correspondientes deben **enterarse** a las oficinas recaudatorias*. De este verbo se desprendió, en México y en otros países de América", el sustantivo masculino "entero": "En una oficina pública, entrega de dinero" (DRAE), y "entrega de dinero; se emplea especialmente cuando es en una oficina pública" (DUE). Ejemplo tomado de una inserción pagada, en el diario mexicano *La Jornada*, el viernes 23 de noviembre de 2018, por la Universidad Veracruzana: "El pasivo de nuestra institución con el Servicio de Administración Tributaria (SAT) por falta del **entero** del Impuesto Sobre la Renta (ISR) retenido a los trabajadores es responsabilidad de la administración estatal veracruzana 2010-2016". Quiere esto decir, en cristiano, y con buena sintaxis, que el gobierno del estado de Veracruz no enteró (esto es, no reintegró) al Servicio de Administración Tributaria, encargada de recaudar los impuestos, el monto por concepto del ISR que retuvo a los trabajadores de la Universidad Veracruzana. Omitió esta obligación, alguien se clavó el dinero, y la institución educativa está en problemas financieros. El sustantivo masculino equivalente a "entero", mucho más castizo, es "enteramiento" ("acción y efecto de enterar; completar algo"), que según el DRAE está en desuso, pero no según el DUE, que lo encuentra muy vivo y actuante: "**enteramiento** m. Acción de enterar (pagar)". Ejemplo: *No se hizo, oportunamente, el **enteramiento** del Impuesto sobre la Renta al Servicio de Administración Tributaria*. Y que no venga a decir el DRAE que el sustantivo masculino "enteramiento" está en desuso. En desuso está el cerebro de no pocos académicos que quién sabe qué cosas hagan en la RAE, además de no hacer nada. ¿Y qué dice, al respecto, ese cubo de basura llamado *Diccionario panhispánico de dudas*? No dice ni mu. Como puede observarse, los dos usos americanos del sustantivo "entero" están mal definidos o no definidos en los diccionarios de la RAE, la Asociación de Academias de la Lengua Española y la Academia Mexicana de la Lengua. En el caso del "entero" fiscal o de impuestos, a pesar de que se puede prestar a confusión, ambigüedad o equívoco (cuando no se precisa que se refiere a impuestos), ha ido ganando terreno, por el uso generalizado en los ámbitos administrativo y recaudatorio, sobre el más castizo y preciso "enteramiento", sin que esto quiera decir que "enteramiento" no sea correcto. Por supuesto, en desuso no está; en desuso está el cerebro de muchos académicos madrileños.

☞ Google: 276 000 resultados de "entero de impuestos"; 256 000 de "entero de los impuestos"; 61 900 de "enterar el impuesto"; 58 400 de "entero del impuesto"; 43 700 de "entero de lotería"; 20 000 de "enteros de lotería"; 17 700 de "enterar los impuestos"; 17 000 de "entero del IVA"; 16 100 de "entero del ISR"; 14 900 de "enterar el IVA"; 13 500 de "enterar el ISR"; 11 000 de "enterar las retenciones"; 3 830 de "enteramiento de las retenciones"; 3 250 de "un entero de lotería"; 2 750 de "enteramiento de retenciones"; 1 530 de "enteramiento del impuesto"; 1 050 de "enteramiento del IVA". ☑

164. entuma, entumas, entumecer, entumecerse, entumecido, entumecimiento, entumida, entumido, entumir, entumirse, tímido

Dice el bárbaro DRAE que, en México, al que es "tímido" se le dice "entumido". ¿De dónde sacó esto el diccionario académico? Del *Diccionario breve de mexicanismos* que, de todos los que emprendió el gran lexicógrafo Guido Gómez de Silva, es el menos patente. Alguien le dijo eso y se lo creyó, y la Real Academia Española se lo fusiló literalmente. El adjetivo y sustantivo "tímido" (del latín *timĭdus*) significa "temeroso, medroso, encogido y corto de ánimo". Ejemplo: *Es una persona **tímida** ante desconocidos*. Pero, en México, nada tiene que ver con "entumido". Al que es tímido, le decimos tímido, quizá por falta de originalidad, del mismo modo que le decimos pendejo al pendejo. Ni siquiera el guango *Diccionario de mexicanismos*, de la AML, incluye en sus páginas esta acepción. En cambio, sí incluye "entumecido" como adjetivo popular por "entumido", y "entumido" como adjetivo con el significado de "entelerido de frío". Cabe precisar que, en nuestro idioma, de acuerdo con la Real Academia Española, las formas verbales correctas son el transitivo y pronominal "entumecer", "entumecerse" y el pronominal "entumirse". "Entumecer" y "entumecerse" (del latín *intumescěre*, "hincharse") tiene como acepción principal "impedir o entorpecer el movimiento o acción de un miembro o de un nervio". Ejemplos: *Tenía el brazo* **entumecido**; *Se le entumeció la pierna.* De ahí el sustantivo masculino "entumecimiento" ("acción y efecto de entumecer o entumecerse"). Ejemplo: *Sintió un* **entumecimiento** *en el pie izquierdo.* "Entumirse" (del latín *intuměre*) tiene la siguiente acepción en el diccionario académico: "Dicho de un miembro o de un músculo: Entorpecerse por haber estado encogido o sin movimiento, o por comprensión de algún miembro". Ejemplo: *Pasó mucho tiempo en cuclillas hasta que sintió que las piernas comenzaban a* **entumírsele.** El participio de "entumecer" (infinitivo) es "entumecido" y no "entumido". Y he aquí el presente de indicativo: *yo entumezco, tú entumeces, él entumece, nosotros entumecemos, ustedes entumecen, ellos entumecen.* En cuanto al participio de "entumecerse" es también "entumecido" y la conjugación de su presente de indicativo es el siguiente: *yo me entumezco, tú te entumeces, él se entumece, nosotros nos entumecemos, ustedes se entumecen, ellos se entumecen.* El participio de "entumirse" (infinitivo) es "entumido". Ejemplo: *Después de un rato en la misma posición* **me sentí entumido**. He aquí el presente indicativo: *yo me entumo, tú te entumes, él se entume, nosotros nos entumimos, ustedes se entumen, ellos se entumen.* Por sus características lógicas y gramaticales, tarde o temprano, la RAE tendrá que incorporar en su diccionario el verbo transitivo "entumir", sinónimo del también transitivo "entumecer", ya que, si este transitivo admite su pronominal "entumecerse", de esta misma manera, del todo lógica, el pronominal "entumirse", sinónimo de "entumecerse", no tiene ningún problema en admitir su correspondiente transitivo "entumir", sinónimo de "entumecer". El participio adjetivo de "entumir" es "entumido" y la conjugación de su presente de indicativo es el siguiente: *yo entumo, tú entumes, él entume, nosotros entumimos, ustedes entumen, ellos entumen.* Ejemplos: *Tenía el brazo* **entumido**, *Tenía la pierna* **entumida**, *Le quedó la lengua* **entumida.** Tanto en "entumido" como en "entumecido" la acción del verbo recae en el propio sujeto: "se entume" o "se entumece". He aquí algunos ejemplos: "Ya **me entumí**", "**me entumí** en un instante", "**me entumí** toda por estar sentada todo el tiempo", "sentí que **me entumí** de pies a cabeza", "si no leo **me entumo** la mente", "**me entumo**, tiemblo", "**me entumo** de las manos", "yo al menos **me entumo**", "**se entumió** mientras cargaba sus maletas", "**se me entumió** la mano", "ya **se me entumió** el labio", "Rommel Pacheco **se entumió**", "mi mandíbula **se entumió** levemente", "no podía mover las piernas debido a que **se entumió**", etcétera. En conclusión, aunque el DRAE aún no admita el verbo transitivo "entumir", éste es del todo correcto.

☞ Google: 1 240 000 resultados de "entumecimiento"; 46 600 de "entumecer"; 32 300 de "entumecerse"; 11 100 de "entumir"; 10 400 de "entumirse". ☑

165. escoriación, escoriar, excoriación, excoriar

Según el DRAE, tanto "escoriación" como "excoriación" son sustantivos masculinos correctos para designar lo mismo: "Acción y efecto de escoriar o excoriar", del verbo transitivo "excoriar" y su variante "escoriar", que significan: "Gastar o arrancar el cutis o el epitelio, quedando la carne descubierta", y se usa también como pronominal: "escoriarse" y "excoriarse". Ejemplos: *Tenía una escoriación en la rodilla, Sufrió una excoriación en un codo, Las sustancias químicas pueden excoriar (o escoriar) las manos, Se excorió (o escorió) la cara.* Esta doble grafía para un mismo término surgió en España como consecuencia de la falta de ortoepía, pasando por encima de la etimología. Incluso María Moliner, casi siempre sensata, define en el DUE este sustantivo y este verbo en sus entradas correspondientes a las variantes con "s" y no a la voz original con "x": "escoriación", "escoriar" y "escoriarse". Absurdamente, pues el verbo "excoriar" proviene del latín tardío *excoriāre*, que significa "desollar" (del latín *exfollāre*): "quitar la piel del cuerpo o de alguno de sus miembros" (DRAE). En lugar de evitar que la falta de ortoepía se convirtiese en falta de ortografía, los académicos españoles alentaron esta irregularidad. Los términos bien derivados de la etimología latina ("excoriación", "excoriar", "excoriarse") tienen, además, la ventaja de evitar la homofonía con el sustantivo femenino "escoria" (del latín *scorĭa*, y éste del griego *skōría*) que en una de sus acepciones significa "cosa vil y de ninguna estimación" (DRAE). Ejemplo: *Es una escoria de la sociedad.* Al legitimarse las grafías con "s" ("escoriación", "escoriar" y "escoriarse"), estos términos parecen derivar de "escoria" y, peor aún, cuando se conjuga el verbo "escoriar" (cuyo modelo es "anunciar") en la tercera persona del singular del presente de indicativo: él e*scoria*. Nada mejor que decir y escribir él e*xcoria*. Complicar las cosas del modo en que lo hace el DRAE es no ayudar al hablante y escribiente al conocimiento de su lengua. El sustantivo femenino "excoriación" es la "rozadura o irritación producida en la piel por el roce continuo de algo", la "desolladura" o "despellejadura": nada tiene que ver con "escoria" (cuya etimología, como ya vimos, es distinta), un sustantivo femenino del cual deriva el sustantivo masculino "escorial": "Sitio donde se arrojan o se amontonan las escorias de las fábricas. Este significado tiene originariamente el nombre de la población donde está el célebre monasterio" [de San Lorenzo de El Escorial, en España] (DUE). Tímidamente, el *Diccionario panhispánico de dudas*, muy bueno para casi nada, advierte: "para este verbo (*excoriar, excoriarse*), y para el sustantivo correspondiente *excoriación*, son válidas las variantes gráficas *escoriar(se)* y *escoriación*; pero son preferibles las formas con -*x*-, más cercanas al étimo latino *excoriare* ('quitar la piel')". Más cercanas, no; en todo

caso, rectamente derivadas de la etimología latina *excoriāre*. Ya será imposible revertir la españolada con "s", legitimada no únicamente en el DRAE, sino también en el
DUE y en el *Clave* y en otros diccionarios que los imitan, aunque ello represente una
excoriación en nuestro idioma. Digamos y escribamos "excoriación", "excoriaciones",
"excoriar" y "excoriarse", ¡aunque constituyamos minoría quienes sabemos que estos
términos nada tienen que ver con "escoria"!

☞ Google: 326 000 resultados de "escoriaciones"; 45 900 de "escoriación"; 28 000 de "escoriar"; 3 520 de "escoriarse". ☑

☞ Google: 153 000 resultados de "excoriaciones"; 67 400 de "excoriación; 13 500 de "excoriar"; 4 450 de "excoriarse" ☑☑

166. espá, ¿*spa*?

¿*Spa*? ¿Y por qué no mejor "espá"? Porque la Real Academia Española y sus hermanastras de América Latina y Filipinas se la pasan en tonterías, pero no en lo que importa. La voz inglesa *spa* deriva de "Spa", nombre de la ciudad de la provincia de Lieja,
en Bélgica, "famosa por sus aguas curativas", según explica el DRAE, y añade que es
un sustantivo masculino que designa al "establecimiento que ofrece tratamientos,
terapias o sistemas de relajación, utilizando como base principal el agua, generalme-
te corriente, no medicinal". En realidad, no es así: aunque la materia principal
del denominado *spa* (que se pronuncia "espá") sea el agua corriente, en cualquier
hotel donde haya *spa*, y en cualquier tugurio que se anuncia como *spa*, las "terapias"
van desde los masajes con aceites aromáticos hasta las untaduras de chocolate, café,
barro, leche y mezclas raras de Dios sabe qué procedencia y la aplicación de piedras
calientes que se colocan en la espalda, para aliviar la tensión o el estrés de hombres y mujeres, aunque especialmente de mujeres que quién sabe qué tipo de estrés
puedan tener si la mayor parte de ellas no hace otra cosa que estar en el *spa* y en la
peluquería. En internet leemos algo que no dice el DRAE: "En la actualidad, en definitiva, se entiende que un *spa* es un establecimiento que permite la realización de
terapias con el uso de agua. Suele tratarse de centros de salud, descanso y recreación
que cuenta con diversos tipos de piscinas, saunas, hidromasajes y jacuzzis". He aquí
algo más que informan los autores (Julián Pérez Porto y Ana Gardey) en este artículo
digital (2016): "Hay quienes sostienen que *spa* en realidad es SPA, una sigla que pro-
cedería de la expresión del latín *salus per aquam* (que puede traducirse como 'salud a
través del agua'. Dicha sigla se habría convertido en el acrónimo *spa*". Y una última
cosa que anotan los autores: "También se menciona la castellanización del término
como 'espá'". El buscador urgente de dudas de la Fundéu RAE ya advierte que la adaptación gráfica en español "espá" (plural: "espás") es adecuada, pero se hace fuera de

la bacinica cuando propone que este extranjerismo se traduzca en nuestro idioma como "balneario", "baños", "termas" o "caldas", pues nadie que vaya al "espá" dirá jamás que va, simplemente, al "balneario" o al "baño" y ni siquiera al "balneario de aguas termales". El sustantivo masculino *spa* en inglés (que debe destacarse en cursivas para marcar que es un extranjerismo), lo mismo que "espá" en español, designa a un establecimiento y a un tratamiento que está muy lejos de ser un "balneario" o un "baño", como creen en España. En cuanto a la castellanización, dejemos ya por la paz el anglicismo *spa* y utilicemos, legítimamente la representación gráfica en español "espá" con su plural "espás", como en los siguientes ejemplos: "En este **espá** los usuarios también pueden elegir otros tratamientos", "**espá** lleva tilde", "lo que necesitas llevarte al **espá**", "**espá** regenerativo", "la visita a un **espá**", "reponer fuerzas en un **espá**", "un **espá** termal", "invitación para un **espá**", "un **espá** de primera categoría", "el **espá** tradicional", "un día fantástico en el **espá**", "sitios similares a los **espás** actuales", "los centros de belleza y los **espás**", "hay un montón de actividades urbanas que en cierta forma han sido parodiadas por los **espás**", "los **espás** de los Meliá", "relajarse en el balneario o en algunos de los **espás**", "todos los **espás** y salones de belleza deben tener licencia para operar legalmente", etcétera.

☞ Google: 10 600 000 resultados de "un *spa*"; 6 130 000 de "el *spa*". ☑
☞ Google: 55 500 resultados de "espá"; 19 200 de "espás" ☑☑

167. ¿*esparcer*?, esparcir, ¿*expander*?, expandir, tañer, ¿*tañir*?, verter, ¿*vertir*?
La Academia Mexicana de la Lengua denomina mexicanismo la barrabasada "vertir" en lugar del correcto infinitivo "verter", lo que es algo así como legitimar el incorrecto "tañir" (que no recoge en su *Diccionario de mexicanismos*) en lugar del correcto "tañer". Hasta el guango *Panhispánico de dudas* al menos advierte que "no se considera correcta en la lengua culta la variante *vertir*, usada a veces en la lengua popular". Sobre esto nada dice el *Diccionario de mexicanismo* de la AML, y se limita a darle entrada a ese barbarismo supranacional. Pero, además, en su enorme incongruencia, no procede igual con los bárbaros infinitivos "esparcer", en lugar del correcto "esparcir" y "expander" en lugar del correcto "expandir". Si alguien quiere orientarse sobre la escritura y la pronunciación correctas de las palabras que no acuda al DM de la AML, porque ahí sólo obtendrá confusión que, muy probablemente, supongan allá, en esa institución, que es aquello que inventó Confucio. "Vertir" es un barbarismo y no un mexicanismo, del mismo modo que lo son "esparcer", "expander" y "tañir". El verbo transitivo "verter" (del latín *vertĕre*) es irregular y, por ello, tanto en el presente de indicativo como en el presente de subjuntivo tiene conjugaciones como "vierto", "viertes", "vierte", "vierten" y "vierta", "viertas", "viertan". Significa "derramar o vaciar

líquidos, y también cosas menudas como sal, harina, etc." (DRAE). Ejemplo: *Viertes el vino en la copa*, pero no *Virtió el vino en la copa*, sino *Vertió el vino en la copa*. El verbo transitivo "esparcir" (del latín *spargĕre*) significa "extender lo que está junto o amontonado" (DRAE). Ejemplo: *Cantos para esparcir la semilla*, pero no *Cantos para esparcer la semilla*. El verbo transitivo "tañer" (del latín *tangĕre*: "tocar") significa "tocar un instrumento musical". Ejemplo: *El tañer de las campanas*, pero no *El tañir de las campanas*. En cuanto al verbo transitivo "expandir" (del latín *expandĕre*), significa "dilatar algo o hacer que aumente de tamaño" (DRAE). Ejemplo: *El globo se comenzó a expandir*, pero no *El globo se comenzó a expander*. Es cosa de consultar un buen diccionario y de evitar caer en las confusiones y barbarismos del *Diccionario de mexicanismos* de la AML, cuyos investigadores y redactores creen que todo disparate o barbarismo es un mexicanismo. Hasta el buscador urgente de dudas de Fundéu BBVA, que ya es mucho decir, pone en su lugar a la Academia Mexicana de la Lengua: "*Verter* es un verbo irregular y se conjuga como el verbo *entender*, por lo que no son apropiadas formas como *virtió*, *virtieron*, *virtiendo* o *vertimos*, *vertiremos*, *vertiríamos*".

Lo que el DM de la AML ha esparcido y expandido, con "tañir" de campanas, es la ignorancia, al "vertir" en sus páginas barbaridad y media. Pone un ejemplo este *palabrario*, que está muy lejos de ser un diccionario:

♀ "Se me derramó la leche al **vertirla** al biberón".

No. Lo correcto es:

♂ Se me derramó la leche al **verterla** al biberón.

✐ He aquí otros ejemplos de este barbarismo que la Academia Mexicana de la Lengua llama "mexicanismo": "Ahora debemos **vertir** el agua", "no **vertir** el drenaje al río", "**vertir** aguas residuales depuradas", "chocolate para **vertir**", "**vertir** archivos", "quiero **vertir** mi veneno en ti", "investiga agente por **vertir** semen en botella de agua", "moldes para **vertir** alimentos", "**vertir** las cloacas en el arroyo" (esto es lo que hace el DM con los barbarismos en el arroyo del idioma), "Japón analiza **vertir** toda el agua radiactiva de Fukushima al Océano Pacífico", "**vertir** lava sobre hielo seco". ¡Y basta!

☞ Google: 891 000 resultados de "vertir"; 36 500 de "esparcer"; 33 600 de "tañir"; 38 300 de "para expander"; 6 660 de "se puede expander"; 4 890 de "expander la mente"; 3 100 de "sin expander". ☒

☞ Google: 90 500 000 resultados de "expandir"; 12 600 000 de "verter"; 2 950 000 de "esparcir"; 253 000 de "tañer". ☑

168. ¿*esponsor?*, ¿*espónsor?*, patrocinador, sponsor

Los términos "espónsor" y, peor aún, "esponsor", que vemos con frecuencia en las secciones deportivas de los diarios, no corresponden ni al inglés ni al español. Son calcos bestiales de la voz inglesa *sponsor* (aunque provenga del latín tardío *sponsor*: "padrino", "fiador"). Su raíz es latina, pero, recientemente, los españoles y argentinos, en especial, lo derivaron no del latín, sino del inglés, como los enfermos anglófilos que son. ¿Por qué demonios utilizar este calco del inglés, "espónsor" (y, peor aún, "esponsor", sin tilde) si en español tenemos el perfecto equivalente "patrocinador", de muy larga historia? Por anglicistas ridículos e ignorantes, que son los mismos españoles, argentinos, mexicanos, etcétera, que escriben las siglas *MVP* (que se desatan en *Most Valuable Player*) para referirse al "jugador más valioso" o al "mejor jugador del partido", pero con asco de escribirlo en español. Y bien sabemos que es en el ámbito de los deportes (junto con el de los espectáculos) donde más se atenta contra nuestro idioma. ¿Cuál es la razón para usar, en español, la aberración "espónsor" (o "esponsor") si, como sustantivo, esta voz inglesa equivale a "patrocinador", "garante", "fiador" e incluso "padrino", y como verbo transitivo se traduce como "patrocinar", "fiar", "garantizar" y "apadrinar"? No hay razón alguna, y sí muchas sinrazones. Incluso en el *Diccionario ilustrado latino-español español-latino*, el sustantivo masculino *sponsor, sponsōris* se traduce como "fiador" o "garante", en tanto que *patrōcinium* equivale a "protección" y, literalmente, "patrocinio", y *patrōcinor* es un verbo intransitivo que se traduce como "proteger". En nuestro idioma, el verbo transitivo "patrocinar" (del latín *patrocināri*) posee las siguientes acepciones en el diccionario académico: "Defender, proteger, amparar, favorecer" (cuatro perfectos sinónimos), y "apoyar o financiar una actividad, normalmente con fines publicitarios". Ejemplo: *Sus abuelos lo **patrocinan***; *La empresa Equis **patrocina** al equipo*. De ahí el adjetivo y sustantivo "patrocinador" ("que patrocina"), con la siguiente acepción en el DRAE: "Dicho de una persona o de una entidad: Que patrocina una actividad frecuentemente con fines publicitarios". Ejemplo: *Una empresa cervecera es la **patrocinadora** del equipo*. De ahí el sustantivo masculino "patrocinio" (del latín *patrocinium*), que no hay que confundir con "latrocinio" ("acción propia de un ladrón"): "acción y efecto de patrocinar" (DRAE). Ejemplo: *El equipo cuenta con el **patrocinio** de una empresa cervecera*. Dicho y comprendido lo anterior, es una idiotez dar cabida en nuestro idioma a la palabreja "espónsor", calcada del anglicismo *sponsor* que, por si fuera poco, se pronuncia *espónser* y no *espónsor*.

Entre los muchos sinónimos que tenemos en español para traducir la voz inglesa de origen latino *sponsor* digamos y escribamos "patrocinador", "garante", "fiador", "padrino", "protector", etcétera, pero no imitemos a los anglófilos patológicos y a los pochos, quienes deberían irse muy lejos con su "espónsor" y su "esponsor" que, además, ni siquiera pronuncian bien en inglés. Esta tontería ya es epidémica en internet, pero también en el periodismo impreso, sobre todo en España y en ámbito de los espectáculos deportivos. Española es, justamente, la edición y traducción de un libro infantil y juvenil de Christian Bieniek con el horrendo título

♀ "*El espónsor de Markus*".

Así joden el idioma español (o castellano) en España. Y todo para no decir y escribir, correctamente,

♂ El **patrocinador** de Markus.

✐ Van otros ejemplos de esta barbaridad que ni siquiera el guango *Panhispánico de dudas* acepta, pero que, como se usa mucho en España, el buscador urgente de dudas de la Fundéu ʙʙᴠᴀ ("asesorada por la Real Academia Española", como se enorgullece) considera "adaptación válida" de la voz inglesa *sponsor* que el ᴅʀᴀᴇ, en su última edición, incluye como extranjerismo (*en cursivas*) y define como "patrocinador": "¿Cómo conseguir un **espónsor** para tu evento?", "la Federación de rugby busca **espónsor** principal", "al Manchester United se le acaba el chollo del **espónsor**", "Diputación renueva como principal **espónsor** del Jaén", "el CB Valladolid busca con urgencia un **espónsor**", "Coca-Cola es el **espónsor** que acompaña a más selecciones", "el Ars se queda sin **espónsor**", "el nuevo **esponsor** que sumó Newells" (los argentinos también se las gastan), "*La logica de la emocion y del esponsor*" (título de un libro de gente que no sabe que existen las tildes), "un **esponsor** a la altura del momento", "el Real Valladolid, uno de los seis equipos sin **esponsor**", "Lanús acordó con Yamaha como nuevo **esponsor**", "Rakuten es el nuevo **espónsor** principal del Barça".

☞ Google: 200 000 resultados de "nuevo sponsor"; 151 000 de "espónsor"; 110 000 de "esponsor"; 59 500 de "su sponsor"; 10 500 de "nuevo esponsor"; 5 380 de "nuevo espónsor". ☒

169. ¿*estalacmita*?, estalactita, estalagmita, ¿*estalagtita*?

Se dice y se escribe, correctamente, "estalactita", pero su opuesto es "estalagmita" y no "estalacmita". Tampoco es correcta la grafía "estalagtita". Y esto tiene que ver con las respectivas etimologías de dichos términos. El sustantivo femenino "estalactita" deriva del latín científico *stalactites*, y éste del griego *stalaktós* ("que gotea") y su definición en el ᴅʀᴀᴇ es la siguiente: "Roca calcárea en forma de cono irregular y con la punta hacia abajo, que se forma en el techo de las cavernas por la filtración lenta de aguas con carbonato cálcico en disolución". Su opuesto, el sustantivo femenino "estalagmita", deriva del latín científico *stalagmites*, y éste del griego *stalagmós* ("goteo"), y su definición en el diccionario académico es la siguiente: "Roca calcárea en forma de cono con la punta hacia arriba, que se forma en el suelo de una caverna al gotear desde una estalactita agua con carbonato cálcico en disolución". Ejemplo: *En las grutas vimos unas **estalactitas** y unas **estalagmitas** impresionantes*. Queda claro que la filtración lenta de aguas con carbonato cálcico en disolución va formando, a lo largo de los años, las estalactitas sujetas al techo de una caverna, que estas mismas estalactitas, por goteo, forman, a lo largo de los años, las estalagmitas fijas al suelo que, como es lógico, apuntan directamente a las estalactitas. Ambas, "estalactitas" y "estalagmitas", se forman en un mismo proceso, y éstos son sus nombres correctos a partir de sus etimologías grecolatinas. Lo incorrecto es decir y escribir "estalacmita" y "estalagtita" más su erróneos plurales "estalacmitas" y "estalagtitas". Estos palabros son utilizados por personas que jamás consultan el diccionario. Al invertir la "c" y la "g" en dichos términos se configuran cacografías que alteran el origen de las palabras. Debe quedarnos claro: "estalactita" es la formación pétrea sujeta al techo de la caverna, en tanto que "estalagmita" es la formación pétrea sujeta al suelo que apunta, obviamente, hacia la "estalactita" que le ha dado formación. Si la memoria puede servir para algo que sirva para no olvidar que el sustantivo con "c" ("estalactita") corresponde al cono pétreo que está en el techo, en tanto que el sustantivo con "g" ("estalagmita") se aplica al cono pétreo sujeto al suelo. Dicho y escrito lo anterior, evitemos los barbarismos "estalacmita" y "estalagtita", con sus horrorosos plurales, y, si tenemos duda, para ello está el diccionario. ¡Cuánta necedad hay en no consultarlo!

Estos yerros los cometen hasta periodistas y escritores. En el diario español *ABC* leemos el siguiente pie de fotografía:

♀ "Detalle del llamado baño moro con Estalactitas y **Estalacmitas**".

El porqué de las mayúsculas no nos lo preguntemos: no hay respuesta lógica para esta torpeza. Pero debió escribirse, con corrección lingüística, lo siguiente:

⌀ Detalle del llamado "baño moro" con **estalactitas** y **estalagmitas**.

✐ No son pocos los que incurren en estas torpezas. Ponemos aquí sólo algunos ejemplos tomados lo mismo de internet que de publicaciones impresas, incluidos libros, diarios y revistas: "Estalactitas y **estalacmitas** alucinantes", "**estalacmitas** y estalactitas en grutas", "**estalacmitas** de la vasta biblioteca de imágenes", "un río entre estalactitas y **estalacmitas**", "hay que conducir entre **estalacmitas** por una gruta natural de 300 metros" (¿conducir?, ¿un vehículo, por ejemplo?; ¿cómo podría conducirse un vehículo entre estalagmitas?), "cueva con **estalacmitas** y estalactitas", "¿lleva tilde **estalacmitas**?" (no, por supuesto, pero debe llevar "g" en lugar de "c"), "**estalacmitas** y estalactitas de formas espectaculares", "formación de estalagmitas y **estalagtitas**", "**estalagtitas** y lago subterráneo", "contempla las **estalagtitas** de la caverna del Venado", "admira cuevas con **estalagtitas** y estalagmitas", "científicos logran averiguar el clima de épocas pasadas a través de las **estalagtitas** de la Cueva de Nerja", "la voz **estalacmita** también procede del griego" (¡claro que no!: la voz que procede del griego, como ya vimos, es "estalagmita"), "el destino de los mayas en una **estalacmita**", "tu cuerpo es una **estalacmita** de oro" (¡vaya cuerpo que ha de tener!), "**estalagtita** de piedra caliza", "minerales de **estalagtita**", "una **estalagtita**, clave del clima del Pirineo hace 12.800 años" (publicado en el *Diario de Navarra*), "la **estalagtita** sumergida más grande", etcétera.

☞ Google: 18 700 resultados de "estalacmitas"; 14 300 de "estalagtitas"; 4 550 de "estalacmita"; 2 790 de "estalagtita". ☒

☞ Google: 1 250 000 resultados de "estalactitas"; 443 000 de "estalagmitas"; 142 000 de "estalactita"; 86 200 de "estalagmita". ☑

170. estallamiento, estallido, ¿*reventamiento*?, reventazón

En el idioma español existen muchos verbos de los cuales se derivan sustantivos terminados en "-mento" y "-miento". Son los casos, por ejemplo, de "condicionar", del cual deriva "condicionamiento"; "desprender", del que proviene "desprendimiento"; "mover", del cual deriva "movimiento"; "pegar", del cual se origina "pegamento"; "pulimentar", del cual se genera "pulimento" y "recoger", del cual deriva "recogimiento". Pero es muy común hacer de esta regla, que no es general, derivaciones caprichosas como "compactamiento" (de "compactar"), "impactamiento" (de "impactar"), "nivelamiento" (de "nivelar") y otros muchos caprichos del habla y de la escritura que tienen sus perfectos derivados nominales: "compacto", "impacto", "nivelación". Es también el caso de "estallamiento", que deriva de "estallar", pero cuyo perfecto sustantivo masculino es "estallido". Todos ellos pertenecen al ámbito inculto de la lengua, pero no son extraños en ambientes profesionales e informados. Un analista financiero, en su programa de la cadena MVS Radio, dice: "El **impactamiento** de estas medidas financieras es notorio para la gente". Quiso decir, en buen español, que el **impacto** de estas medidas financieras es notorio. El sustantivo masculino "impacto" tiene, entre otras acepciones, el de "efecto producido en la opinión pública por un acontecimiento, una disposición de la autoridad, una noticia, una catástrofe, etc." (DRAE), que es justamente el sentido que quería expresar el analista financiero con el falso sustantivo "impactamiento". Como bien lo documenta María Moliner en su *Diccionario de uso del español*, "estallido" es la acción de "estallar", y este verbo tiene, entre otros sinónimos, el de "reventar" (romperse bruscamente algo) y el de "hender" (abrir o rajar un cuerpo sólido sin dividirlo del todo). Por su parte, el DRAE, que tampoco incluye en sus páginas "estallamiento", define del siguiente modo el verbo "estallar": "Dicho de una cosa: henderse o reventar de golpe, con chasquido o estruendo". Cabe añadir que el verbo "estallar" proviene de la metátesis (transposición o cambio de sonido en un vocablo) del antiguo y desusado verbo "astellar" cuyo significado era "hacerse astillas", justamente lo que ocurre en un "estallido". Quizá porque "estallido" remite a romperse algo con estruendo (ruido grande) o chasquido (ruido seco y súbito), surgió el derivado coloquial "estallamiento" que no necesariamente implica ni chasquido ni estruendo, como en el caso de "**estallamiento** de vísceras". Obviamente, se impone la pregunta: ¿es "estallido" un término correcto para referirse al traumatismo que consiste en reventarse las vísceras producto de un gran golpe o impacto? En el ámbito médico, en traumatología, suele emplearse, no sólo en la expresión "estallido de vísceras", sino también en "estallido de cráneo". Y en un sentido general también es frecuente la expresión "estallido de huelga". A nadie le parece extraño el uso "estallido social", para referirse a una reacción insurgente, por lo general violenta y ruidosa, pero también es cierto que son muchos menos los hablantes y escribientes que dicen y escriben "estallamiento social". Nosotros no descalificamos el mexicanismo "estallamiento", pero sí ponemos énfasis en el hecho de que el sustantivo natural derivado del verbo "estallar" es "estallido" y que, en el caso particular de las vísceras y el cráneo con traumatismo, el sinónimo perfecto de "estallar" es "reventar" (del latín *re-* y *ventus*, viento), verbo transitivo cuya primera acepción es "deshacer o desbaratar algo aplastándolo con violencia" (DRAE). Pero incluso en este verbo, el sustantivo derivado no es "reventamiento" (también muy utilizado y no sólo en México) sino "reventazón": acción y efecto de reventar.

En México es muy frecuente, en la nota roja de los diarios y en el ámbito médico y forense, el término "estallamiento" en lugar de "estallido". En el diario mexicano *El Siglo de Torreón* leemos el siguiente encabezado:

♀ "Obrero sufrió **estallamiento** de vísceras".

Estrictamente, si partimos de lo aceptado académicamente, el diario debió informar que el obrero sufrió

♂ **estallido** o **reventazón** de vísceras.

✐ Lo mismo en el habla que en la escritura hay miles de personas que consideran que "estallamiento" es un término adecuado para referirse a las vísceras hendidas, rotas o reventadas, e incluso al inicio de una huelga, y que "reventamiento" es sinónimo de "estallamiento" para referirse a las vísceras y al cráneo con traumatismo. He aquí algunos pocos ejemplos tomados de publicaciones impresas y de internet: "Menor sufre **estallamiento** de vísceras", "niña muere por **estallamiento** de vísceras", "**estallamiento** de vísceras y cráneo", "murieron por aplastamiento y **estallamiento** de vísceras", "anuncia SNTE **estallamiento** de huelga nacional", "**estallamiento** de huelga se aplaza en Telmex", "UAQ solicita declarar inexistente el **estallamiento** de huelga", "fallece por **estallamiento** de cráneo", "el **reventamiento** de tímpano", "tuvo un **reventamiento** de vísceras".

☞ Google: 88 900 resultados de "estallamiento"; 18 500 de "estallamiento de huelga"; 21 700 de "reventamiento"; 10 800 de "estallamiento de vísceras"; 3 810 de "estallamientos"; 2 520 de "estallamiento de cráneo"; 1 030 de "estallamiento social"; 1 000 de "estallamiento de hígado"; 1 000 de "estallamientos de huelga". ☒

☞ Google: 6 120 000 resultados de "estallido"; 309 000 de "estallido social"; 250 000 de "reventazón"; 114 000 de "estallido de cráneo"; 63 900 de "estallido de huelga"; 61 300 de "estallidos sociales"; 5 330 de "estallidos de huelga"; 4 980 de "estallido de vísceras"; 1 350 de "estallidos de vísceras". ☑

171. ¿*estoicidad*?, estoicismo, estoico

El término "estoicidad" no está en las páginas del DRAE ni en las del DUE ni en las del *Clave: diccionario de uso del español actual*. No hay razón para que esté si, en nuestro idioma, tenemos el perfecto sustantivo masculino "estoicismo" cuyas acepciones en el DRAE son las siguientes: "Fortaleza o dominio sobre la propia sensibilidad"; "escuela fundada por Zenón y que se reunía en un pórtico de Atenas"; "doctrina de los estoicos". Ejemplo: *Aceptó los sufrimientos con* **estoicismo**. De ahí el adjetivo "estoico": "fuerte, ecuánime ante la desgracia; perteneciente o relativo al estoicismo; dicho de un filósofo: que sigue la doctrina del estoicismo" (DRAE). Ejemplo: *Tuvo un carácter* **estoico** *para aceptar tantos sufrimientos*. De ahí también el adverbio "estoicamente": con estoicismo. Ejemplo: **Estoicamente** *aceptó sus sufrimientos*. ¿Qué caso tiene decir y escribir "estoicidad" (bien derivado, pero no aceptado en los diccionarios) si ya tenemos el correcto "estoicismo"? No es precisamente un disparate, pero su uso revela una falta de cuidado idiomático. Lo correcto es decir y escribir "estoicismo".

"Estoicidad" sería, en todo caso, un sustantivo femenino advenedizo cuya permanencia en el idioma está por verse. Su reino es internet, pero no resulta extraño en publicaciones impresas, especialmente en el periodismo y en textos literarios de escritores a quienes consultar el diccionario les causa pavor o flojera. En una novela rosa, *Una situación inesperada*, traducida y publicada en Madrid, leemos lo siguiente:

♀ "Lo había sobrellevado con **estoicidad**".

De haber consultado el diccionario, el traductor se habría dado cuenta de que tal sustantivo es espurio, y hubiera entregado a los lectores la expresión correcta:

♂ "Lo había sobrellevado con **estoicismo**".

🖊 Son muchos los escritores y periodistas que, con ignorancia estoica, se solazan en la "estoicidad". He aquí unos pocos ejemplos: "afrontar los malos momentos con cierta **estoicidad**", "la **estoicidad** de Ferrer", "aguantaba con **estoicidad** sin darme un respiro", "la **estoicidad** de los griegos", "soportando con **estoicidad** la ignominia", "soportó con digna **estoicidad** mi ignorancia", "denotando una **estoicidad** encomiable".

☞ Google: 15 800 resultados de "estoicidad". ☒

☞ Google: 2 140 000 resultados de "estoicismo". ☑

172. exhortación, exhortador, exhortar, exhorto

El verbo transitivo "exhortar" (del latín *exhortāri*) significa "incitar a alguien con palabras a que haga o deje de hacer algo". Ejemplo: *El corrupto diputado* **exhortó** *a sus pares a ser honrados*. De ahí los adjetivos "exhortador" (que exhorta) y "exhortativo" (perteneciente o relativo a la exhortación). De ahí también el sustantivo femenino "exhortación" que el DRAE define del siguiente modo: "acción de exhortar; advertencia o aviso con que se intenta persuadir; plática o sermón familiar y breve". Ejemplos: *Recibió una **exhortación** a cumplir con sus obligaciones fiscales*; *Fulano hizo una **exhortación** antes de la comida*. De ahí también el sustantivo masculino "exhorto", que es privativo del ámbito del derecho y que el DRAE define como el "oficio que un juez o tribunal dirige a otro recabando auxilio para realizar una diligencia procesal fuera del ámbito de su jurisdicción". Ejemplo: *El juez **exhortado** devolvió a la jueza el **exhorto** en comento*. Partiendo de estas definiciones, resulta obvio que no es lo mismo "exhorto" que "exhortación", pues cualquier persona puede hacer una "exhortación", pero los "exhortos" son asuntos exclusivos de los jueces.

En nuestro idioma es frecuente que hablantes y escribientes consideren sinónimos ambos sustantivos y que, muy especialmente, utilicen "exhorto" con el sentido de "exhortación". Es un desbarre muy difundido en el ámbito culto de la lengua, y abunda en publicaciones impresas lo mismo que en internet. En el diario mexicano *El Financiero* leemos que un político del Partido de la Revolución Democrática

♀ "hizo un **exhorto** a las fuerzas de izquierda de la ciudad".

Lo que hizo en realidad no fue un **exhorto**, sino un llamado o, en todo caso,

♂ una **exhortación**.

🖉 Por lo visto, ya a cualquier cosa le llaman **exhorto**. Lo cierto es que, por definición, los **exhortos** sólo corresponden al ámbito judicial. Lo que la gran mayoría de hablantes y escribientes llama "exhorto", en realidad es "exhortación" o consejo o recomendación o sugerencia, pero no "exhorto". En todo caso **se exhorta** a hacer o dejar de hacer algo. Ejemplos: *Fulano **exhortó** a dejar de hacerse pendejos*, o bien: *Mengano **exhortó** a no hacerle caso a Fulano*. En lo que no hay duda, por definición, es que no es lo mismo "exhorto" que "exhortación". He aquí otros ejemplos de este dislate culto: "diputado hizo un **exhorto**", "hizo un **exhorto** al secretario de Turismo", "hizo un **exhorto** al gobernador", "hizo un **exhorto** a conservar el clima de paz", "hizo un **exhorto** a los legisladores", "hizo un **exhorto** a todos los actores", "hizo un **exhorto** a la ciudadanía en general", "hace un **exhorto** a la reubicación del tren", "hace un **exhorto** a la población", "hace un **exhorto** a aumentar la inversión", "hace un **exhorto** a cambiar el rumbo"; "lanzó un **exhorto** a los choferes", "lanzó un **exhorto** al alcalde", "la diputación perredista lanzó un **exhorto**", etcétera.

☞ Google: 83 900 resultados de "hizo un exhorto"; 54 900 de "hace un exhorto"; 13 200 de "lanzó un exhorto"; 3 250 de "lanza un exhorto". ☒

☞ Google: 385 000 resultados de "exhortar a"; 71 400 de "los exhorto a"; 20 500 de "hace una exhortación", 20 000 de "hizo una exhortación"; 7 640 de "exhorto del juez". ☑

173. éxito, éxito popular, exitosa, exitosas, exitoso, exitosos
Lo dijo perfectamente Paul Groussac, al definir lapidariamente al diccionario académico: "ese asombroso diccionario del que toda edición nueva hace añorar la anterior".

El aforismo se cumple siempre, inexorablemente. En 1992, el DRAE, en su vigésima primera edición, definía el adjetivo "exitoso" como "que tiene éxito", exactamente como lo definía también María Moliner en el DUE. Y esto tenía y sigue teniendo sentido, puesto que la segunda acepción del sustantivo masculino "éxito" (del latín *exĭtus*, "salida") significa "resultado feliz de un negocio, actuación, etcétera". Ejemplo: *La transacción fue exitosa* que es lo mismo que decir y escribir que *La transacción se resolvió con éxito*. En 2001, en su vigésima segunda edición, el DRAE estableció como acepción principal del sustantivo "éxito", la que tenía como secundaria en 1992 y descubrió que la que tenía como principal entonces ("fin o terminación de un negocio o asunto") era "poco usada", pero añadió la jalada de que el adjetivo "exitoso" significaba "que tiene éxito popular", y en esto mismo insiste, sin modificación alguna, en su edición del tricentenario, correspondiente a 2014. Obviamente, es una tontería. Lo que tenían que hacer los benditos académicos madrileños y sus hermanastros de América y Filipinas, desde 1992, o al menos desde 2001, era precisar la acepción principal del adjetivo "exitoso" de la siguiente manera: "que se realiza o lleva a cabo con éxito", es decir, "con feliz término", y añadir una acepción secundaria que es, precisamente, la que ahora presentan como única: "que tiene éxito popular", pues queda claro, al aplicar la lógica, que una transacción exitosa, un acuerdo exitoso, un negocio exitoso, un examen exitoso, una operación exitosa, etcétera, no tienen nada que ver con el éxito de un cantante, de un futbolista, de una actriz y, en general, de una persona que goza de gran aceptación entre un público amplio, acorde con la quinta acepción del adjetivo "popular" (del latín *populāris*) en la última edición impresa del DRAE: "que es estimado o, al menos, conocido por el público en general". Podemos ver que no le faltaba razón a Paul Groussac al referirse al DRAE como "ese asombroso diccionario del que toda edición nueva hace añorar la anterior". Y, sí, ya desde el *Diccionario de Autoridades* (tomo tercero, 1732) se definía del siguiente modo el sustantivo masculino "éxito": "En el sentido recto, que vale salida de Lugar, calle, etc. no tiene uso; pero sí en lo figurado y metaphórico: como el éxito de una dependencia, de un negocio, de las cosas y materias que se tratan: y assí de la que es dificultosa y muy ardua, solemos comunmente decir que no tiene éxito, esto es no tiene salida, ni manera de ajustarse y conseguirse". Luego de más de dos siglos y medio esta definición se fue adaptando y se habló de "éxito" cuando algo tenía un resultado feliz, y de algo "exitoso" cuando este éxito o resultado feliz se alcanzaba. Sigue siendo igual, desde hace muchas décadas, y lo único que hay que añadir al adjetivo "exitoso" (sin eliminar su significado original) es la acepción secundaria que tiene que ver con la buena o gran aceptación que tiene algo o alguien entre un amplio público: tal es el "éxito popular" que consiguen no sólo las personas, sino también los objetos, las cosas y hasta los bienes intangibles. Se necesita ser muy duro del coco para fijar la definición del adjetivo "exitoso" en la simplista e inexacta frase "que tiene éxito popular". He aquí unos poquísimos ejemplos de asuntos "exitosos" que nada tienen que ver con lo popular: "Está preparado para presentar un **examen exitoso**", "tomar en cuenta los siguientes consejos para un **examen exitoso**", "certificado que muestra un **examen exitoso**", "**exitoso examen** profesional", "**exitoso examen** de grado", "**exitoso examen** de admisión", "claves para un **acuerdo exitoso**", "pasos para lograr un **acuerdo exitoso**", "fue un **acuerdo exitoso** que puso fin a la guerrilla", "México logra **exitoso acuerdo** con Estados Unidos", "**exitoso acuerdo** de paz", "Protocolo de Montreal, el **exitoso acuerdo** mundial que salvó el ozono", "los 7 pasos para una **transacción exitosa**", "conseguir una **transacción exitosa**", "realizó una **exitosa transacción**", "está orgulloso de la **exitosa transacción**", "fue una **operación exitosa**", "recibe **operación exitosa**", "**exitosa operación** policial", "**exitosa operación** de financiamiento", "**exitosa operación** en el hospital", "**exitosa cirugía** ocular", "**exitosa cirugía** hepática", etcétera. En todos estos ejemplos, y en los cientos de miles que encontramos en internet y en publicaciones impresas, nada tiene que ver el "éxito popular". ¡Habría que imaginar que una cirugía es exitosa porque a una multitud le encantó la dedicación profesional de los médicos! Por tanto, el adjetivo "exitoso" debe definirse con tres palabras: "que tiene éxito" (es decir, feliz salida o conclusión), tal como lo definía el DRAE en 1992, y sólo en su acepción secundaria con cuatro palabras: "que tiene éxito popular", tratándose este tipo de éxito el que consiguen las cosas y las personas por la gran aceptación del público en general. Pero los despistados académicos de Madrid y sus hermanastros de América y Filipinas eliminaron la acepción principal en el DRAE y dejaron únicamente la secundaria, porque no usan la lógica. Habría que reeducarlos en la escuela primaria, porque cada vez que dan un paso adelante, dan dos pasos hacia atrás. Y a eso le llaman los benditos "actualizar" su diccionario.

☞ Google: 264 000 000 de resultados de "éxito"; 44 300 000 de "exitosa"; 32 400 000 de "exitoso"; 17 800 000 de "exitosas"; 13 800 000 de "exitosos"; 126 000 de "éxito popular". ☑

174. experiencia, experticia, ¿*expertise*?, habilidad, pericia
El anglicismo y la anglofilia, que lo invaden todo, han incrustado en el español el terminajo *expertise*, voz inglesa que se traduce perfectamente en español como "pericia", "habilidad", "competencia" o "experiencia". Precisamente por esto (porque tenemos los perfectos equivalentes en español) no necesitamos en nuestro idioma este anglicismo crudo (*expertise*) que además se pronuncia, aproximadamente, *ekspertiz*. En todo caso, existe, en algunos países de América, la adaptación "experticia", aunque no siempre con los significados de "experiencia" y "pericia", pero, al menos, bien derivada de la voz inglesa advenediza. Por ello, nada mejor que decir y escribir

"experiencia", "competencia", "habilidad" y "pericia" a fin de significar, en nuestra lengua, la "práctica prolongada que proporciona conocimiento o habilidad para hacer algo" ("experiencia"), la "pericia, aptitud o idoneidad para hacer algo o intervenir en un asunto determinado" ("competencia"), la "capacidad y disposición para algo" ("habilidad") y la "sabiduría, práctica, experiencia y habilidad en una ciencia o arte" ("pericia"). Si queremos decir y escribir "experticia", en vez de nuestros términos tan claros y precisos, hagámoslo. No pasará de que resultemos chocantes o mamones, pero no usemos el anglicismo crudo *expertise* que es aún mayor mamonería, y que lo mismo se usa en masculino que en femenino según se le dé la gana al hablante y escribiente que sólo repite como perico lo que le parece de mucha elegancia. Se trata de un anglicismo ridículo en el ámbito de alta escolarización, especialmente en las áreas administrativas y políticas. Gente que no sabe ni cómo escribir correctamente su nombre y su apellido, digamos un "Juán Ortíz", se llena la boca, a cada momento, con el "expertise" o la "expertise". Es para partirse de la risa de no ser porque la risa se nos congela ante tanta ignorancia y servilismo.

Hasta personas que suponemos menos brutas también se las gastan con esto. En una entrevista de Arturo Rodríguez García, para la revista mexicana *Proceso*, el 16 de junio de 2019, el diputado Porfirio Muñoz Ledo (aquel panegirista de Díaz Ordaz y santificador de López Obrador) declaró lo siguiente:

♀ "México es un país con **un *expertise*** y un conocimiento del tema migratorio desde hace mucho tiempo".

¡Cuánta ridiculez! ¿Por qué no utilizar el español y decir en buen cristiano que México

✍ es un país con **una gran experiencia**, pericia o competencia en el tema migratorio?

✏ Todo conspira contra la lengua española entre políticos y empresarios, y ahora ya hasta entre académicos e investigadores de las universidades. He aquí unos ejemplos de esta ridiculez anglicista: "Los desarrolladores buscan **el expertise** en su organización", "**el expertise** es un conglomerado de conocimientos y habilidades", "**el expertise** como aliado", "la 4T y **el expertise**" (¡hasta dónde hemos llegado!), "es muy difícil cuantificar **el expertise** de una persona", "la creatividad y **el expertise**" (sí, hoy a cualquier jalada le llaman "creatividad"), "crece **el expertise** digital" (y aumenta también la ignorancia), "mi libro habla una y otra vez de **la expertise**" (¡vaya orgullo!), "el número mágico para lograr **la expertise** verdadera", "sociología de las profesiones y de **la expertise**" (típico título de un investigador universitario argentino), "requiere de **una gran expertise** y autonomía", "médicos con **gran expertise**", "el sujeto que presenta **un gran expertise** es más vulnerable" (¡ah, chingá!), "fuimos ganando **mucho expertise**" (pues que con su pan se lo coman), "equipos grandes con **mucho expertise**", "tiene **mucho expertise** a nivel internacional", "no se alertó sobre el estallido social que venía, que estaba contenido y que era posible ver sin necesidad de **mucha expertise** en inteligencia", "no tenía **mucha expertise** en la gestión de negocios".

☞ Google: 84 900 000 resultados de "el expertise"; 49 700 de "la expertise"; 32 500 de "gran expertise"; 5 730 de "un gran expertise"; 3 100 de "una gran expertise"; 1 350 de "mucho expertise"; 1 000 de "mucha expertise". ☒

☞ Google: 1 030 000 resultados de "experticia". ☑

☞ Google: 854 000 000 de "experiencia"; 147 000 000 de "competencia"; 66 100 000 de "habilidad"; 5 980 000 de "pericia". ☑☑

175. ¿*extasia*?, extasía, ¿*extasian*?, extasían, extasiar, éxtasis, extáticamente, extático
El verbo transitivo "extasiar" (de *éxtasis*) significa "embelesar" y se conjuga con el modelo "enviar": *envío, envías, envía, envían; extasío, extasías, extasía, extasían*. Se usa también como pronominal ("extasiarse"): *me extasío, te extasías, se extasía, se extasían*. Ejemplo: *Con qué poco te extasías*. Deriva del sustantivo masculino "éxtasis" (del latín tardío *exstāxis*, y éste del griego *ékstasis*), cuya acepción principal en el diccionario académico es la siguiente: "Estado placentero de exaltación emocional y admirativa". Ejemplo del DRAE: *Contemplaba en éxtasis aquel cuadro*. De ahí el adverbio "extáticamente", que significa "con éxtasis". Ejemplo: *Contemplaba aquel cuadro extáticamente*. De ahí también el adjetivo "extático" (del griego *ekstatikós*): "Que está en éxtasis, o lo tiene con frecuencia o habitualmente". Ejemplo: *Aquel cuadro lo mantenía extático*. Tiene parentesco directo con el adjetivo "estático" (del latín moderno *statikus*, y éste del griego *statikós*), cuya tercera acepción en el DRAE es la siguiente: "Dicho de una persona: Que se queda parada de asombro o de emoción". Ejemplo: *La grata impresión lo dejó estático*. El problema se produce cuando el hablante y escribiente conjuga el verbo "extasiar" no con el modelo de "enviar", sino con el modelo, por ejemplo, de "cambiar": *cambio, cambias, cambia, cambian; extasio, extasias, extasia, extasian*, formas disparatadas estas últimas producto de no abrir jamás el diccionario. Y no son pocas las personas que ignoran la forma correcta de conjugar el transitivo "extasiar" y el pronominal "extasiarse". Dado que este verbo pertenece al ámbito culto de la lengua, esta conjugación disparatada es propia de personas del ámbito profesional, incluidos periodistas, políticos y funcionarios que pisaron las aulas universitarias pero que, como se creen sabios después de obtener un título o un diploma, no consultan jamás un diccionario.

En un acto de campaña, cuando fue candidato a la presidencia de México, el ingeniero agrónomo fitotecnista Jaime Heliodoro Rodríguez Calderón, mejor conocido como "El Bronco", afirmó:

🗨 "Los gobernantes **se extasian** cuando regalan cosas".

Quiso decir que

✍ los gobernantes **se extasían** cuando regalan cosas.

✐ No seremos nosotros quienes objetemos su máxima, porque algo les sabe él a los políticos y mucho debe saber también de sí mismo. Lo cierto es que él es uno de los muchos hablantes y escribientes que no sabe conjugar el verbo "extasiar". He aquí otros ejemplos de gente que no **se extasía**, sino que **se extasia**: "¿Qué significa **extasian**?" (no significa nada), "aprende la definición de **extasian**", "¿cuántas sílabas tiene **extasian**?", "se arroban y **extasian**", "los participantes **se extasian** haciendo como que tocan sus canciones favoritas" (ahora comprendemos por qué "**se extasian**"), "trampas y transformaciones tan bien ejecutadas que **extasian** al espectador", "los gestos de fumar **extasian** el ambiente", "poemas que **extasian** los sentidos", "son rosas que **extasian**, arroban y embelesan", "muchos melómanos **se extasian** con el prerromanticismo", "instalaciones que **extasian** sólo al verlas", "**se extasian** con la paz del paisaje", "los peregrinos **se extasian** a su vista", "**se extasian** en los paisajes luminosos", "**me extasio** de pena", "**me extasio** con tus pechos turgentes", "**me extasio** en tus caricias radiantes", "**me extasio** con una versión estratosférica de la sinfonía 36 de Mozart", "**me extasio** de felicidad", "estos cabellos que **me extasian**", "realmente **me extasian** tus clases", "**me extasian** todas sus numerosas versiones", "estas cosas **me extasian**". ¡Y basta, porque estas cosas espantan!

☞ Google: 38 000 resultados de "extasian"; 7 890 de "ellos se extasian"; 6 080 de "me extasio"; 2 310 de "yo me extasio"; 1 200 de "me extasian"; 1 000 de "tú te extasias". ☒

☞ Google: 21 800 resultados de "me extasío"; 20 000 de "extasían"; 7 920 de "ellos se extasían"; 6 150 de "yo me extasío". ☑

F

176. ¿*facículo*?, ¿*facículos*?, fasciculado, fascículo, fascículos, ¿*fasículo*?, ¿*fasículos*?, hacecillo, haz

Los términos "facículo" y "fasículo" son barbarismos de la escritura, en lugar del correcto "fascículo" (del latín *fasciculus*: hacecillo o pequeño haz), sustantivo masculino que significa, en el ámbito editorial, entrega, generalmente seriada, en forma de cuaderno o cuadernillo. Ejemplo: *Ya no conseguí el cuarto **fascículo** de la* Enciclopedia del cine. En anatomía, según el DRAE, significa "haz de fibras musculares". De ahí el adjetivo "fasciculado": en forma de fascículo. El término "fascículo" es un sustantivo compuesto formado por "haz-" e "-ículo": literalmente, pequeño haz; donde "haz" (del latín *fascis*) es un sustantivo que designa al "atado de mieses, lino, hierba, leña o cosas semejantes" (DRAE) e "-ículo" (del latín *-icula, -iculum*) es un sufijo que significa "pequeño" o implica diminutivo. En algunas palabras esdrújulas de origen erudito, en nuestra lengua, las terminaciones "-ícula" e "-ículo" determinan el carácter diminutivo. De ahí "clav**ícula**", literalmente "llavecita"; "part**ícula**", literalmente "pequeña parte" o "partecita"; "ves**ícula**", literalmente "pequeña vejiga" o "vejiguita", y de ahí también "cub**ículo**" (recinto pequeño o cuartito), "habit**áculo**" (habitacioncita o habitación de pequeñas dimensiones) y, por supuesto, "test**ículo**", diminutivo de "teste" (en latín *testis*): prueba, testigo; dicho de otro modo: "pequeños testigos" de la virilidad, testiguitos, para referirse a la dos glándulas genitales masculinas que, con más imaginación y seguramente con mayor autoestima y más arrogante optimismo, en el colmo de la vanidad, los antiguos mexicanos llamaban "aguacates" (*ahuácatl*, en lengua náhuatl) y los modernos, "huevos" (en argot, "güevos").

Sea como fuere, lo correcto es "fascículo" y no "facículo" ni "fasículo", desbarres estos de personas incluso bastante escolarizadas pero necias, empeñadas en no consultar jamás el diccionario. Abundan en internet, pero no faltan en publicaciones impresas. En el portal electrónico de la Biblioteca Departamental Eduardo Carranza, de Colombia, se informa que en el acervo se cuenta con la

♀ "Revista Trocha Colección Incompleta **fasículos** del 1 al 228 los **fasículos** faltantes son 11, 12, 13, 50, 74, 77, 78, 81, 143".

Más allá de que en esa biblioteca no sepan usar las comas, lo que se quiere informar es que en el acervo se cuenta con

⚷ **fascículos** de cierta revista de interés cultural, aunque en este caso lo más probable es que se trate de "números" y no de **fascículos**.

✎ He aquí más ejemplos de estos desbarres: "presentó como compra opcional la entrega de los **fasículos**", "se realizaba a manera de **fasículos**", "en formato de cuatro **fasículos**", "esta guía será publicada por **fasículos**", "**fasículos** y coleccionables", "publicación en forma de **fasículos** semanales", "**fasículo** coleccionable", "educación ambiental, **fasículo** 16", "**fasículo** de la cátedra", "gran libro de los animales en **facículo**", "**facículo** encuadernable", "estos **facículos** deben ser publicados", "la enciclopedia de comida colombiana contiene 7 **facículos**" y, como siempre hay algo peor: "crece en **pequeños facículos** sólo bajo pinos".

☞ Google: 32 300 resultados de "fasículos"; 11 200 de "fasículo"; 5 550 de "facículo"; 3 940 de "facículos". ☒

☞ Google: 1 750 000 resultados de "fascículo"; 1 340 000 de "fascículos". ☑

177. favor, favor de no, por favor

El sustantivo masculino "favor" (del latín *favor, favŏris*) significa "ayuda o socorro que se concede a alguien" o bien "honra, beneficio, gracia" (DRAE). Ejemplo: *Le concedió el favor solicitado*. Un favor se pide o se solicita o bien se concede o se da. En muchos países de América el favor también "se hace", como en la expresión "hagan el favor de". Ejemplo: *Hagan el favor de integrarse al grupo*. Pero de esta expresión, con bastante sentido, se pasó, por pereza y excesiva economía verbal, a la frase "favor de no" (eliminando el verbo "hacer" y enfatizando un sentido de negación). Ejemplo: *Favor de no estar chingando*, en lugar de *Hagan el favor de no estar chingando*. Ambas expresiones son ajenas en España. Y hay razón para ello. Ambas pueden sustituirse por una frase directa: *No estén chingando*, o bien *No estén jodiendo*. La expresión "favor de no" es incomprensible para hablantes y escribientes del español que no estén familiarizados con este giro coloquial. En el *Diccionario panhispánico de dudas* leemos lo siguiente al respecto: "En amplias zonas de América se emplea la expresión *favor de* seguida de infinitivo para hacer una petición cortés: '*Favor de no tirar sobre el pianista*' (Melo, *Notas* [Méx. 1990]). Esta expresión no es sino una fórmula abreviada de oraciones exhortativas con el verbo *hacer*, como *haga(n) el favor de*". En realidad, la acotación del *Panhispánico* es incompleta, pues tal como muestra su propio ejemplo la expresión más ampliamente difundida no es "favor de" seguida de infinitivo, sino "favor de no" seguida de infinitivo. Así, *Favor de esperar un momento* sirve efectivamente para hacer una petición cortés, pero *Favor de no estar chingando* tiene un propósito contrario: sirve para realizar una admonición, amonestación o reconvención, por medio de la ironía; esto es, se solicita un favor, pero el favor no equivale a una gracia, sino a una obligación. Efectivamente es una exhortación, pero también algo más que eso. De manera sarcástica, o con cierta ironía mordaz, se le pide a alguien que no realice algo que molesta o perjudica al solicitante. En este sentido, el sustantivo "favor" equivale al participio del verbo prohibir: "prohibido". Ejemplo: *Prohibido chingar*, que equivale a *Favor de no estar chingando* o *Hagan el favor de no estar chingando*. No es una fórmula de cortesía con la secuencia "favor de" más un verbo en infinitivo: es una exigencia, una reprimenda, una recriminación, aunque con algo de timidez o inseguridad o, ya de plano, de un sentimiento de culpa por exigir un derecho. Todo esto es revelador de los rodeos que solemos dar en muchos países de América para reivindicar nuestros derechos: los circunloquios que utilizamos para no decir las cosas de manera directa, el andarnos por las ramas, no sin cierta ironía, por supuesto, pero con fórmulas que evitan la precisión del idioma. ¿No resulta acaso absurdo que el muy preciso *No estacionarse* se modifique en *Favor de no estacionarse*? La directa sabiduría popular en México, que no se anda por las ramas, sintetiza esta petición cortés en una frase lapidaria: "Por favor es ¡a huevo!". La expresión "favor de no" es correcta, no se trata de un error, sino de un circunloquio que, además, tiene mayor uso en la escritura que en el habla. Surgió como un vicio y ya forma parte de los usos no censurados del español de América, y muy revelador, por cierto, como ya dijimos, del modo en que queremos hacer valer nuestros derechos: pidiendo, "por favor", que los demás los respeten. Acostumbrados a la sumisión, incluso nuestros derechos los solicitamos "por favor" y le pedimos "por favor", también, a los demás, que los respeten: reminiscencia, sin duda, de nuestra colonización y sujeción política. He aquí otros ejemplos de este rodeo que, sin ser desaprobado, es parte de un vicio dialectal que podemos evitar: "**favor de no** disparar", "**favor de no** escupir", "**favor de no** molestar", "**favor de no** pasar", "**favor de no** pisar el césped", "**favor de no** subir los pies", "**favor de no** tirar basura", "**favor de no** tocar", etcétera. Es más claro, directo y económico, además de preciso y terminante, decir y escribir: "**No** molestar", "**no** pasar", "**no** escupir", "**no** fumar", "**no** pisar el césped", "**no** subir los pies", "**no** tirar basura", "**no** tocar", "**no** empujar", "**no** gritar", "**no** estacionarse", "**no** chingar", "**no esté** chingando", etcétera. No debemos pedir nuestros derechos "por favor", sino exigirlos. En cuanto a las prohibiciones, éstas rigen para todos. Por lo tanto, tampoco hay que hacerlas valer "por favor". Evitemos los circunloquios y digamos, con precisión, lo que queremos decir.

☞ Google: 45 800 000 resultados de "favor de no"; 185 000 de "favor de no pasar"; 121 000 de "favor de no tocar"; 111 000 de "favor de no fumar"; 95 500 de "favor de no molestar"; 39 100 de "favor de no ingresar"; 26 600 de "favor de no gritar"; 24 900 de "favor de no tirar basura"; 7 680 de "favor de no estacionarse"; 5 640 de "favor de no empujar"; 3 830 de "favor de no escupir"; 3 790 de "favor de no estar chingando"; 2 500 de "favor de no subir los pies";

2 040 de "favor de no decir groserías"; 1 800 de "favor de no pisar el césped"; 1 550 de "favor de no chingar"; 1 500 de "favor de no recargarse"; 1 290 de "favor de no pisar el pasto". ☑

☞ Google: 3 020 000 de "no pasar"; 2 950 000 de "no fumar"; 2 650 000 de "no molestar"; 2 060 000 de "no tocar"; 988 000 de "no ingresar"; 378 000 de "no gritar"; 220 000 de "no tirar basura"; 88 600 de "no estacionarse"; 67 600 de "no empujar"; 49 600 de "no arrojar basura"; 48 800 de "no escupir"; 24 400 de "no decir groserías"; 12 700 de "no pisar el césped"; 11 600 de "no esté chingando"; 6 990 de "no chingar"; 6 080 de "no pisar el pasto"; 5 130 de "no subir los pies". ☑☑

178. fedayín, fedayines, ¿los *fedayín*?, los fedayines, ¿los *muyahidín*?, los muyahidi-nes, ¿los *talibán*?, los talibanes, muyahidín, muyahidines, talibán, talibana, talibanes
En español debemos utilizar las normas de pluralización que establece nuestro sistema lingüístico, es decir, las que le son propias y no las que rigen en otras lenguas. Por ello, al igual que el diccionario académico ha aceptado las adaptaciones gráficas "fedayín", "fedayines" y "muyahidín", "muyahidines", con este mismo criterio, el DRAE incorpora en sus páginas los términos "talibán", "talibana", "talibanas" y "talibanes". Es decir, no "**los** fedayín", sino "**los** fedayin**es**", y no "**los** muyahid**ín**", sino "**los** muyahidin**es**". En consecuencia, también, "los talibanes", "la talibana" y "las talibanas", pero de ninguna manera "**los** talib**án**" que es tan usual, por desgracia, en el periodismo impreso y digital. El artículo determinado "los"/"las" es marca del plural en nuestra lengua: así, "los estudiantes" y "las estudiantes", pero de ninguna manera "**los** estudiante" y "**las** estudiante". Que la morfología de otras lenguas establezca otro tipo de pluralización, según sus normas, no nos obliga a los hablantes y escribientes del español a sujetarnos a ellas. El mismo año (2014) que el DRAE incorporó estos términos con las representaciones gráficas ya consignadas, el *Libro de estilo* del diario español *El País* explicó lo siguiente: "**fedayín, fedayines**. Guerrilleros palestinos. Aunque etimológicamente *fedayín* es un plural (y *fedái* el singular), esta voz se ha adaptado a la morfología española, por lo que se usará 'fedayines' para el plural y 'fedayín' para el singular"; "**muyahidín, muyahidines**. En árabe, '*muyahidín*' significa 'los que hacen la Guerra Santa' (es un plural). En español significa 'combatiente islámico fundamentalista' (en singular), según la Academia. Aunque el singular árabe es *muyahid*, se escribirá en *El País* 'muyahidín' para el singular y 'muyahidines' para el plural por su perfecto acomodo a la morfología de nuestra lengua"; "**talibán, talibanes**. Integristas afganos —de la etnia pastún— que tomaron Kabul el 27 de septiembre de 1996. En pastún —variante dialectal persa también llamada 'pasto' o 'pashtu'—, el singular '*tálib*' significa 'el estudiante' (y '*talibán*', los estudiantes). Sin embargo, se emplearán las españolizaciones 'talibán' para el singular y 'talibanes' para el plural". Todo es cuestión de utilizar la lógica y las normas de nuestra lengua.

Se equivocan los periodistas y otros profesionales de la información cuando utilizan especialmente las formas "los muyahidín" y "los talibán", pues este uso va en contra de la lógica y las reglas de nuestro idioma. Incluso en el caso de nuestra raíz, el latín, desde hace muchos años se han ido desechando los plurales eruditos como "los currícula" y "los memoranda", legitimándose los usos "los currículums", "los currículos", "los memorándums" y "los memorandos". Sólo los más necios profesionistas insisten en las formas desusadas, y necean en serio con ellas. En los casos de "los fedayín", "los muyahidín" y "los talibán" son sobre todo los periodistas que no suelen consultar el diccionario quienes insisten en estas formas atroces de pluralizar en español. Dígase y escríbase siempre "los fedayines", "los muyahidines" y "los talibanes". Es lo correcto, y dejémonos de tonterías.

En el diario español *El Mundo* leemos el siguiente titular:

♀ "**Los talibán**. La batalla por unificar Afganistán".

Quiso informar el diario, en buen español, lo siguiente:

♂ **Los talibanes** y la batalla por unificar Afganistán.

🖉 He aquí unos pocos ejemplos de estas tontas y equivocadas formas de pluralizar, reproducidos del periodismo impreso y digital: "Llegada de **los talibán**", "**los talibán** piden a Estados Unidos compromisos prácticos", "**los talibán** declaran su intención de crear una fuerza aérea", "la maestra que desafía a **los talibán**", "**los talibán** permitirán el paso seguro de extranjeros", "**los talibán** deben dejar salir del país a quien quiera", "**los talibán**, terroristas millonarios", "estas son las fuentes de ingresos de **los talibán**", "el gobierno reconoce contactos informales con **los talibán**", "Estados Unidos se reunirá con **los talibán** por primera vez", "apoyo logístico, financiero y militar a **los muyahidín**", "la primera provincia completamente liberada de manos de **los muyahidín**", "quedaron bajo el control de **los muyahidín**", "**los muyahidín** reorientaron su estrategia", "**los fedayín** no han conseguido el mismo poder", "la historia de **los fedayín** palestinos", "**los fedayín** bombardearon el centro de control", "las armas representan a **los fedayín**".

☞ Google: 483000 resultados de "los talibán"; 21100 de "los muyahidín"; 4940 de "los fedayín". ☒

☞ Google: 5150000 resultados de "los talibanes"; 87700 de "los muyahidines"; 7470 de "los fedayines"; 3580 de "las talibanas". ☑

179. ferretera, ferreteras, ferretería, ferreterías, ferretero, ferreteros

Es común que las "ferreterías" se denominen "ferreteras", lo cual es un error, pues así como la "panadera" es la persona que hace o expende "pan" en la "panadería", la "ferretera" es la propietaria, administradora o vendedora de productos en una "ferretería". Si lo que se nombra es el establecimiento donde se expenden herramientas y diversos objetos de metal, lo correcto es el sustantivo femenino "ferretería". Ejemplo:

*En la **ferretería** compró una pala y una carretilla.* El DRAE recoge el sustantivo "ferrete-ro" con una única acepción: "propietario o encargado de una ferretería". Ejemplo: *El **ferretero** que lo atendió fue muy descortés.* Lo absurdo es que el diccionario académico no incluya en sus páginas el adjetivo "ferretero" (con su respectivo femenino), que se aplica a lo perteneciente y relativo a la ferretería. Ejemplo: *El empresario **ferretero** dijo que las ganancias en este negocio son cada vez más bajas.* En este ejemplo, el adjetivo está perfectamente empleado al igual que en otros casos como "distribuidora ferrete-ra", "empresa ferretera", "industria ferretera", "ramo ferretero", etcétera. Por andar de picos pardos en el ambiente de la farándula, recogiendo zarandajas para meter en su mamotreto, los académicos de Madrid descuidan lo importante. Es verdad que los establecimientos no son "ferreteras" sino "ferreterías", pero también es verdad que "ferretero" y "ferretera", además de sustantivos para designar a los propietarios, en-cargados o empleados de una "ferretería", son también adjetivos para referirnos a lo relacionado con la ferretería. Esto no lo saben los académicos de Madrid ni sus herma-nos de América y Filipinas. Pero nosotros podemos usar con confianza estos adjetivos sabiendo que son correctos. Y dejemos a la vieja RAE durmiendo en sus laureles.

☞ Google: 43 200 resultados de "Ferretera Kimura"; 39 200 de "Ferretera San Luis"; 3 150 de "Ferretera Casa Blanca". ☒

☞ Google: 56 300 000 resultados de "ferretería"; 7 980 000 de "ferreterías"; 175 000 de "em-presa ferretera"; 146 000 de "ramo ferretero"; 124 000 de "industria ferretera"; 80 900 de "dis-tribuidora ferretera"; 12 700 de "comercio ferretero"; 10 400 de "negocio ferretero"; 7 480 de "empresario ferretero"; 5 390 de "sociedad ferretera". ☑

180. frenada, frenar, frenazo, freno, frenón, frenón económico, frenón en seco, frenones

Pese a ser utilizado con frecuencia en América, el DRAE no se ha dignado a incluir en sus páginas el aumentativo "frenón" que obviamente deriva de "frenada" y "freno" y, por supuesto, del verbo "frenar". El DM, de la AML, lo define como un sustantivo masculino supranacional referido a la "parada o detención repentina de una cosa en movimiento". No da ningún ejemplo. Pero podemos poner el siguiente: *El chofer del microbús dio un **frenón** tal que algunos pasajeros que iban de pie se cayeron.* En efecto, es un término supranacional: su uso es amplio en varios países de América, desde México hasta Colombia, pasando por Centroamérica. Como siempre, el *Diccionario panhispánico de dudas* se hace el sordo. El DRAE informa en sus páginas que con el sufijo "-ón, na" (del latín *-o, -ōnis*) se forman "sustantivos y adjetivos, derivados de sustantivos, adjetivos y verbos, de valor aumentativo, intensivo o expresivo", como "barrancón" o "inocentón". Siendo así, queda claro que no es lo mismo un "cabrito" que un "cabrón", de la misma manera que una "frenada" es infinitamente menos intensa que un "frenón" y su equivalente o sinónimo "frenazo"; veamos por qué. El sustantivo femenino "frenada" es la acción de frenar y la "capacidad de deceleración de un vehículo". Pero es falso que sea sinónimo del americanismo "frenazo", como lo sugiere el DRAE en la tercera acepción del término. Una "frenada" nunca es un "frenazo", puesto que el mismo diccionario académico informa que el sufijo "-azo, za" tiene valor aumentativo, como en "perrazo" y "manaza" y, para vergüenza del DRAE, ahí mismo, muy cerca de la entrada "frenada", define el sustantivo masculino "frenazo" como la "acción de frenar súbita y violentamente". ¿Entonces? Lo que pasa es en el DRAE no cruzan información ni de lo que definen en una misma página. Echémosles una mano para que entiendan. Se "frena" de manera normal, y se produce un "frenazo" o un "frenón", súbita y violentamente, pues el verbo transitivo "frenar" (del latín *frenāre*) significa, también en el DRAE, "moderar o parar con el freno el movimiento de una máquina o de un carruaje". Pero igualmente se usa en sentido figurado, y en esto no abunda el diccionario académico. Cualquier acción admite freno: un programa, un proyecto, una caminata, una relación amorosa o amistosa, una diarrea, etcétera, que no se reduce, simplemente, a "moderar los ímpetus", como dice el DRAE. Y debe saber éste que también en el sentido figurado hay "frenazos" y "frenones": por ejemplo, cuando súbita, y a veces violentamente, se suspende un acuerdo porque los finísimos diputados se mandaron mutuamente a la chingada y cancelaron las deliberaciones de alguna iniciativa de ley. Por cierto, una forma más drástica del ya de por sí violento "frenón" es el "frenón en seco": esto es, cuando las cosas ya no caminan y no pueden ir peor. Como el sustantivo aumentativo "frenón" es un americanismo, la Real Academia Española no le hace mayor caso, pero he aquí algunos ejemplos del sentido figurado y recto con el que se usa, y se usa muy bien: "**Frenón** inmobiliario", "**frenón** en vacunación covid", "**frenón** económico: PIB cae 0.2%", "**frenón**: Uber tiene su mayor pérdida trimestral", "**frenón** en seco: pierde México", "**frenón** a la caravana migrante", "el **frenón** económico no mella ganancias de la banca", "**frenón** al líder Barsa, Real Sociedad lo derrota", "**frenón** a venta de autos", "**frenón** en seco para Colombia", "**frenón** de las maquiladoras", "el papa Francisco se golpea por **frenón** del Papamóvil", "heridos en **frenón** de combi", "pasajeros lesionados por **frenón** de autobús", "pasajera se lesiona en **frenón**", "no aguantan ni un **frenón** de bicicleta", "no sos capaz de mostrar esos cagaos con **frenón** de bicicleta que llevas puestos", "tiene tremendo **frenón** de bicicleta en el panty", "**frenón** del Metrobús deja tres heridos" y, finalmente, una señora incapaz que bajó de la serranía y fue directora del Sistema de Transporte Colectivo Metro, en la capital de México, haciéndolo trizas, al fantasear sobre trenes del primer mundo, que veía volar en sus sueños, anunció que aquí serían "más ventilados, rápidos y se eviten **frenones**

bruscos". ¿Frenones bruscos? ¿Acaso los hay delicados y apacibles? ¡Ni hablar saben, no tienen ni idea de lo que es una redundancia, y menos entienden el trabajo que deben hacer en los puestos públicos con que los premian Dios sabrá por qué! Lo bueno, como escribió Willie Colón y cantó Héctor Lavoe, es que "todo tiene su final, nada dura para siempre: tenemos que recordar que no existe eternidad". Hasta en esto, un buen frenón en seco pone a cada cual en su lugar.

☞ Google: 151 000 000 de resultados de "frenos"; 92 300 000 de "freno"; 30 000 000 de "frenar"; 3 450 000 de "frenada"; 1 020 000 de "frenazo"; 669 000 de "frenadas"; 305 000 de "frenazos"; 48 300 de "frenón"; 7 040 de "frenones"; 3 490 de "frenón de exportaciones"; 2 360 de "frenón económico"; 1 150 de "frenón en seco" ☑

181. futbol, fútbol, futbolero, ¿*fútbolero*?, futbolístico, ¿*fútbolístico*?

Tanto "fútbol" (palabra llana o grave) como "futbol" (palabra aguda) son formas correctas de este sustantivo masculino que proviene del inglés *football* y que designa a dos de los deportes con mayor número de aficionados en el mundo: por una parte, el también conocido como "futbol *soccer*", y por otra, el denominado "futbol americano". De los dos, el más popular y universal es el *soccer*, mejor conocido simplemente como "fútbol" o "futbol". En España y en los países sudamericanos se utiliza la forma paroxítona o llana ("fútbol"), y en México y Centroamérica se prefiere la acentuación oxítona o aguda ("futbol"). De ahí el adjetivo "futbolero" (perteneciente o relativo al futbol y persona aficionada al futbol o que practica este deporte). Ejemplo: *México es un país muy **futbolero***. De ahí también el sustantivo "futbolista" (jugador de futbol) y el adjetivo "futbolístico" (perteneciente o relativo al futbol). Ejemplo: *En el ambiente **futbolístico** la pasión suele convertirse en violencia.* Pero si bien el nombre del deporte admite su pronunciación y su escritura ya sea como palabra llana ("fútbol") o como palabra aguda ("futbol"), los adjetivos "futbolero" y "futbolístico" no llevan acento en la "ú", sino en la sílaba que les corresponde por ser palabra grave o llana la primera ("futbolero") y palabra esdrújula la segunda ("futbolístico"). De ahí que sean dislates escribir "fútbolero" y "fútbolistico" así como sus femeninos y plurales.

En el portal electrónico de Telemundo leemos lo siguiente:

♀ "Cine **fútbolero**: las 10 mejores películas sobre el deporte rey".

Lo correcto es

♂ cine **futbolero**.

✐ Publicaciones impresas y páginas de internet están llenas de expresiones como las siguientes: "pasión **fútbolera**", "fin de semana **fútbolero**", "frases **fútboleras**", "niños **fútboleros**", "videos **fútbolisticos**", "caricaturas **fútbolisticas**", "mundo **fútbolistico**", "actualidad **fútbolistica**", etcétera. Resulta obvio que a los "futboleros" les tiene muy sin cuidado dónde cae un acento correctamente; a ellos lo que les importa es en qué portería caen los goles.

☞ Google: 119 000 resultados de "fútbolero"; 25 500 de "fútboleros"; 24 900 de "fútbolero"; 18 600 de "fútbolera"; 9 830 de "fútboleras"; 5 440 de "fútbolistico"; 3 220 de "fútbolistica"; 2 310 de "fútbolisticas"; 1 960 de "fútbolisticos". ☒

182. *¿futbol azteca?*, futbol mexicano, *¿futbolista azteca?*, futbolista mexicana, futbolista mexicano, *¿futbolistas aztecas?*, futbolistas mexicanas, futbolistas mexicanos, *¿selección azteca?*, *¿selección azteca de futbol?*, *¿selección de futbol azteca?*, selección mexicana, selección mexicana de futbol

Los "aztecas" jamás jugaron "futbol" y, de haberlo hecho, habrían usado, en lugar de balón, la cabeza de las víctimas de sus sacrificios humanos. En el llamado "juego de pelota" mesoamericano la pelota (que era una bola maciza de caucho de unos cuatro kilogramos) se golpeaba con la cadera, no con los pies ni con la cabeza; por tanto, nada tenía que ver con el futbol, además de que no fueron precisamente los aztecas, sino los mayas, los más afectos a él. Pero hoy los locutores, cronistas deportivos e infinidad de gente que enloquece con el futbol se refieren en México al "futbol azteca", al "futbolista azteca" y a la "selección azteca". Queda claro que se trata de una licencia "poética", pero, ¡por favor!, no hay que ser tan poéticamente licenciosos. Digámoslo claramente: los nativos de México no somos "aztecas", somos "mexicanos". Y nuestra mexicanidad puede ser indígena (y de hecho lo es en gran medida), pero los zapotecas no son aztecas ni los coras ni los huicholes ni los mayas ni los mayos ni los tlaxcaltecas. No jodamos más con este apodo tan torpe e inexacto que nos han enjaretado los merolicos del futbol, especialmente desde una televisora mexicana que lleva por nombre "Azteca". Por otra parte, que en México un estadio de futbol se denomine "Azteca" no nos vuelve "aztecas", y ni siquiera los que profesionalmente patean el balón y representan a los Estados Unidos Mexicanos en las competencias internacionales de futbol constituyen la "selección azteca", sino la selección mexicana de futbol, pero como los merolicos de la tele siempre andan poniéndole "color" a sus narraciones y crónicas se "subliman" con metáforas descabelladas ajenas por completo no ya sólo a la historia, sino también a la antropología y a la etnografía: denominan "aztecas" incluso a los mayas y a los mayos, a los tarahumaras y a los seris. No hay "futbol azteca" y nunca hubo "futbolistas aztecas" ni los habrá jamás porque los "aztecas", que constituyeron un imperio en el centro del Valle de México, vivieron y dominaron a otros pueblos, entre 1428 y 1521, año, este último, en que fueron derrotados no únicamente por los españoles, sino también por los tlaxcaltecas y totonacas que, encantados de la vida, se unieron a los llamados "conquistadores", para acabar con un imperio sangriento que los avasallaba y extorsionaba. El tributo que los pueblos dominados pagaban a los aztecas no sólo era de bienes, sino también de vidas. Muy admirables, en este sentido, no eran, aunque hicieron obras arquitectónicas y artísticas muy notables. Debe quedar muy claro que las más de treinta provincias tributarias de los aztecas no amaban precisamente a esos sujetos. Y afirmar esto no tiene nada que ver con ninguna leyenda negra, sino con la muy precisa historia. Por ello, la llamada conquista de México no fue realizada únicamente por los españoles, sino también por grupos y pueblos indígenas hartos ya de los aztecas. ¿Futbol azteca?, ¿futbolistas aztecas?, ¿selección azteca? ¡Jaladas y vaciladas de los cronistas futbolíricos! Una verdadera "selección azteca" sería, en todo caso, un ejército del imperio azteca dispuesto no al "tiritito nada más" ni al "zambombazo", sino a la extracción de los corazones de sus prisioneros, a los que procedían después a decapitar para poner sus cráneos, como en artísticas instalaciones de un museo de arte moderno, en el *tzompantli*, que no era otra cosa que un altar para honrar a sus dioses. Y lo demás que quedaba de esos sacrificios humanos tampoco lo desperdiciaban los aztecas: se lo comían en pozole. Así que nada de "futbol azteca" ni de "futbolistas aztecas" ni de "selección azteca". No todos los mexicanos nos sentimos orgullosos de los aztecas, y si los merolicos del futbol (los Bermúdez, los Martinoli, los García, etcétera) hubieran estado, por medio del fantasioso artilugio del viaje al pasado, en el pellejo de las potenciales víctimas de los aztecas, se hubieran echado a correr, zurrándose de miedo, hasta llegar en un santiamén al futuro, y ya instalados en los palcos de prensa de los estadios no tendrían muchos ánimos de referirse con fervor a los "aztecas". Como eso no ocurrió tenemos que seguir soportándolos con sus jaladas expresivas que ellos consideran maravillosas metáforas que han hecho escuela.

En el diario mexicano *El Economista* leemos el siguiente encabezado:

♀ "**Selección azteca** llega a tierras mundialistas".

Lo correcto, sin jaladas, lo informa el mismo periódico en el sumario:

♂ "**Selección mexicana de futbol** llegó hoy a Río de Janeiro".

✐ Estas licencias "poéticas" futboleras ya constituyen una epidemia en el periodismo. He aquí unos pocos ejemplos: "¡USA es destrozado por la **Selección Azteca**!", "volvió la **Selección Azteca** a México", "así recibieron a la **Selección Azteca** en el aeropuerto", "Miguel Herrera quedó fuera de la **selección azteca**", "**Selección Azteca** ante San Antonio All Stars", "zacatecano debutará con **selección Azteca** en Perú" (¡muy azteca debe ser ese zacatecano!; casi tan azteca como Ramón López Velarde), "la convocatoria de la **Selección Azteca**", "impone **selección azteca** marcador de 2-0 ante Japón", "tiene la **Selección Azteca** una importante baja para Tokio 2020", "la **selección de futbol azteca** debutó ante Colombia", "anunció ayer su salida de la **selección de futbol azteca**", "goleador de la **selección de fútbol azteca**", "uniforme de la **Selección azteca de futbol** causa revuelo", "la **Selección Azteca de Futbol** Sub-17 logró una vez más el boleto a las semifinales", "se concentró la **selección azteca de futbol** sub-23", "la **selección azteca de futbol** se cuelga la medalla de bronce en los Juegos Olímpicos Tokio 2020", "mexicanos en el exterior, los embajadores del **fútbol azteca**", "el paraguayo goleador en el **fútbol azteca**", "el **futbol azteca** de luto; murió Raúl Cárdenas", "**futbolistas aztecas** en su paso por Portugal", "clubes de **futbolistas aztecas** en Europa felicitan a México", "la presencia de **futbolistas aztecas** cada vez es mayor fuera de territorio nacional", "los **futbolistas aztecas** han puesto el nombre de México en lo alto en España", "Chicharito, el **futbolista azteca** más conocido", "interés hacia el **futbolista azteca**", "la **futbolista azteca**", "la rehabilitación del **futbolista azteca**". ¡Y basta ya de jaladas!

☞ Google: 117 000 resultados de "selección azteca"; 29 300 de "futbol azteca"; 9 570 de "futbolistas aztecas"; 8 730 de "futbolista azteca"; 6 400 de "selección de futbol azteca"; 2 280 de "selección azteca de futbol". ☒

☞ Google: 4 670 000 resultados de "selección mexicana"; 3 720 000 de "futbol mexicano"; 433 000 de "selección mexicana de futbol"; 403 000 de "futbolista mexicano"; 208 000 de "futbolistas mexicanos". ☑

183. ¿*futil?*, fútil, fútiles, futilidad, futilidades, inútil, sutil

A quienes les da lo mismo —que son legión— una tilde de más que una de menos, el adjetivo "fútil" (del latín *futilis*), que significa "de poco aprecio o importancia" (DRAE), puede ser también "futil" en el habla y en la escritura. Pero se trata de un barbarismo del ámbito culto o al menos escolarizado. "Fútil" (con tilde en la "ú") es una palabra llana o grave, en cuyo plural se desplaza la tilde para convertirse en palabra esdrújula. Ejemplos: *Su conversación es absolutamente fútil*; *Sus argumentos son fútiles pretextos*. Si eliminamos la tilde de este adjetivo, convertimos el término, para el singular, en una palabra aguda, "futil" (con acento prosódico en la última sílaba), y tornamos el término, para el plural, en una palabra llana o grave, "futiles" (con acento prosódico en la penúltima sílaba). Muchos hablantes y escribientes del ámbito culto (puesto que este término no forma parte del español inculto) son muy dados a utilizar términos eruditos o rebuscados, pero son incapaces de consultar el diccionario para saber si lo que dicen y escriben es correcto. Esto es lo que pasa con "futil" y "futiles", palabros horrorosos, frecuentes en libros, diarios, revistas y no se diga en internet. Existe también el sustantivo femenino "futilidad" (del latín *futilitas*), con las siguientes dos acepciones en el diccionario académico: "Poca o ninguna importancia de algo" y "cosa inútil o de poca importancia". Ejemplo: *No pierdas el tiempo en futilidades*. En este caso, sólo los muy despistados, y esto por ultracorrección, llegan a tildar erróneamente (así: fútilidades) una palabra que es llana o grave. En cambio, lo común es que quienes dicen y escriben, erróneamente el adjetivo "futil" (sin la tilde correspondiente), dicen y escriben, en consecuencia, el erróneo plural "futiles" (igualmente, sin la tilde de rigor). Deben saber los que utilizan este adjetivo que uno

de sus términos afines es el también adjetivo "inútil" (del latín *inutĭlis*), cuyo significado es "no útil". Y dado que muy pocas personas se equivocan en la pronunciación
y en la escritura de la palabra "inútil", si la homologan con "fútil", sabrán que ambas,
en sus grafías y en sus pronunciaciones correctas, exigen la tilde: en la penúltima
sílaba (palabras llanas o graves) si se trata del singular ("fútil", "inútil"), y en la antepenúltima sílaba (palabras esdrújulas), tratándose del plural ("fútiles", "inútiles").
Pero lo más recomendable es que abran el diccionario y se dejen de futilidades, pues
también habrá quienes confundan el palabro "futil" con el perfecto adjetivo "sutil"
(del latín *subtĭlis*), con dos acepciones en el DRAE: "Delgado, delicado, tenue" y "agudo, perspicaz, ingenioso". Y lo cierto es que la "sutileza" no equivale precisamente a
la "futilidad".

Debemos insistir en que estas barrabasadas pertenecen al ámbito culto de nuestro
idioma, lo cual demuestra que muchas de las desdichas del idioma español se deben
a quienes no sólo fueron a la escuela, sino especialmente a la universidad. En el diario boliviano *Los Tiempos* leemos lo siguiente como titular de su comentario editorial:

💡 "Impuestos: polémica **futil** para quien tributa".

Si lo que quisieron decir los responsables del diario es que se trata de una polémica inútil o sin importancia, debieron escribir:

💧 Impuestos: una polémica **fútil** para los contribuyentes.

✏ He aquí más ejemplos de estos barbarismos que no son para nada fútiles, sino de la mayor
importancia, si deseamos cuidar nuestra lengua: "cualquier resistencia es **futil**", "cooperación
futil", "¿qué quiere decir la palabra **futil**?" (no quiere decir nada; consulta el diccionario), "el **futil**
afán de figurar", "¿será otro intento **futil**?", "mensaje **futil**", "un gesto **futil** y estupido" (así es
como se destruye el idioma), "es otro tema a desarrollar porque no es **futil**", "tratamientos
futiles", "motivos **futiles** e innobles", "investigador de cosas **futiles**", "reflexiones **futiles**" (es
decir, la negación total de la acción de reflexionar), "ciclos **futiles**", "motivos **futiles** o abyec-
tos", "sobrevolando el entendimiento de los saberes **futiles**" (vaya galimatías), "derrochar fondos públicos en otros fines o en actividades **futiles**", "las ciudades **futiles**", "papeles **futiles**",
etcétera.

☞ Google: 267 000 resultados de "futil"; 32 500 de "futiles" (sólo en español). ☒
☞ Google: 1 530 000 resultados de "fútil"; 230 000 de "fútiles". ☑

184. futuro, ¿*futuro nuevo*?, futuros, ¿*futuros nuevos*?, nuevo, ¿*nuevo futuro*?, nuevos, ¿*nuevos futuros*?

Si hay un adjetivo con el que no se debe modificar el sustantivo masculino "futuro"
(del latín *futūrus*), cuyo significado es "que está por venir" (DRAE), ese adjetivo es
"nuevo" (del latín *novus*), que significa "recién hecho o fabricado" y "que se percibe

o se experimenta por primera vez" (DRAE). Ejemplos: *Deseamos tener un gran futuro*; *Es una nueva empresa hecha para alcanzar un sólido futuro*, pero, de ninguna manera *Estamos trabajando para lograr un nuevo futuro*. ¿Nuevo futuro? ¿Acaso podría ser viejo o anticuado ese futuro? Digámoslo con absoluta claridad: resulta imposible que el "futuro" no sea "nuevo", ya que por ser "futuro" ("que está por venir") será, por definición misma y por lógica, "nuevo", "naciente", "inédito" e incluso "ignorado", "desconocido". El "futuro" siempre será "nuevo" porque le está vedado ser "anterior" (del latín *anterior, anteriōris*), adjetivo éste que significa "que precede en lugar o tiempo" (DRAE). Cuando el "futuro" se cumple, este cumplimiento ocurre en el "presente" y, por lo tanto, deja de ser "futuro" para transformarse en "actual" (del latín *actuālis*), adjetivo que el diccionario académico define del siguiente modo: "Dicho del tiempo en que se está: presente". Ejemplo: *La situación actual es terrible*. El adjetivo y sustantivo "futuro" admite cientos y acaso miles de modificadores: "futuro noble, halagüeño, horrible, grandioso, maravilloso, miserable, transformador", etcétera. Pero decir y escribir "futuro nuevo" o "nuevo futuro" es una redundancia tan atroz que, quien la comete, bien merece escribir un millón de veces en los cuadernos que sean necesarios la frase: **no debo decir ni escribir la rebuznancia "futuro nuevo" y su variante "nuevo futuro"**. Estas expresiones redundantes son del ámbito culto de la lengua o por lo menos ilustrado, frecuente entre profesionistas de las más diversas disciplinas, desde empresarios y políticos hasta catedráticos y columnistas. Como siempre, los periodistas y escritores se dan vuelo con estas cosas y distribuyen democrática y masivamente la ignorancia.

Hay hasta asociaciones que tienen por razón social "Nuevo Futuro", y en el sitio de la Comisión Económica para América Latina y el Caribe (CEPAL) se divulga un documento, en forma de libro, que lleva por título:

♀ "Construir un **nuevo futuro**".

Si todos los futuros son nuevos, como ya vimos, la CEPAL hubiera podido intitular este documento en el siguiente tenor:

♂ Construir un **futuro digno**, o bien Construir un **futuro diferente**.

✐ Van aquí algunos ejemplos de esta redundancia gruesa de la que muy pocos se percatan y por eso la utilizan con tanto salero: "Asociación **Nuevo Futuro**", "construyendo un **nuevo futuro**", "tu **nuevo futuro**", "Academia **Nuevo Futuro**", "unidos por un **nuevo futuro**", "Inmobiliaria **Nuevo Futuro**", "nuevos modelos de negocios para un **nuevo futuro**", "tecnología e innovación para construir un **nuevo futuro**", "en busca de un **nuevo futuro**" (¿y qué tal que en esa búsqueda se encuentran con un viejo futuro?), "un **futuro nuevo**", "quiero tener un **futuro nuevo**", "la forja de un **futuro nuevo**", "soñando un **futuro nuevo** para las mujeres" (quiso decir la autora: soñando un **futuro distinto** para las mujeres, "distinto" en relación con el "presente"),

"Seminario **Nuevos Futuros**", "**nuevos futuros** en construcción", "los **nuevos futuros** micro", "los **futuros nuevos**", "creando **futuros nuevos**", "crear **futuros nuevos** y positivos". ¡Y basta!

☞ Google: 753 000 resultados de "nuevo futuro"; 148 000 de "futuro nuevo"; 39 700 de "nuevos futuros"; 37 900 de "futuros nuevos. ☒

G

185. gafa, *¿gafet?*, gafete, gafetes, *¿gafets?*, portagafete, portagafetes

No se le ha dado al DRAE la real gana de incluir en sus páginas el americanismo "ga-fete". En la entrada correspondiente únicamente incluye la acepción española de este sustantivo masculino: "Del diminutivo de *gafa*: broche metálico de macho y hem-bra". ¡Vaya jalada! (Y ni siquiera están actualizados, pues ya hay broches de macho y hembra que no son metálicos, sino de material plástico.) Mucho mejor es la defini-ción de María Moliner en el DUE: "Corchete de abrochar". Pero nada dicen ambos de la acepción supranacional de "gafete" que sí incluye el *Diccionario de mexicanismos* de la AML, aunque con una pésima definición: "Documento de acreditación de una persona, generalmente con fotografía, que se prende sobre la solapa o en otro lugar visible, para ser identificado con facilidad". Hay en esta definición bastante inexac-titud y mucha ignorancia, pues el "gafete" es un documento de acreditación que no tiene, generalmente, fotografía: al documento que lleva fotografía se le conoce en México como "credencial" y al accesorio para portarlo (ya sea con broche o pinza tipo cocodrilo y yoyo), se le llama "portacredencial". La definición correcta de "gafete" la ofrece el *Clave: diccionario de uso del español actual*: "En zonas del español meridio-nal, tarjeta de identificación que va sujeta a la ropa o colgada del cuello". Y nos da un ejemplo muy claro: *Todas las personas que participaron en la reunión traían **gafete***. En efecto, esto es un "gafete" en muchos países de América: tarjeta de acreditación, que se sujeta con un broche a la vestimenta superior o se cuelga con una cinta al cuello, con el nombre y la función de la persona (casi nunca con la fotografía), mediante la cual se identifica como participante de una reunión, un coloquio, un seminario u otra actividad académica, cultural o ferial, a fin de tener acceso franco al recinto o a los recintos en los que se realizan tales actividades. No hace falta que dichos "gafe-tes" tengan la fotografía de la persona acreditada; basta con que ésta porte, en lugar visible, dicha acreditación (generalmente en el pecho, el abdomen o las solapas de la vestimenta) para que le den ingreso al lugar de las actividades. El "gafete" puede incluso no llevar el nombre de la persona, pero sí su actividad o función: conferen-ciante, ponente, expositor, participante, invitado especial, etcétera, en un documento impreso que se certifica con el nombre y el logotipo de la institución o la empresa organizadora. De modo que la definición del DM es más que equívoca; es errónea: confunde la credencial con el gafete. En cuanto al *Diccionario panhispánico de dudas*, éste no dice ni mu al respecto, a pesar de que la acepción de "gafete" que ofrece el *Clave* es de 1997, esto es, ocho años antes de que se publicara el chambón *Panhispánico*. Millones de hablantes y escribientes del español en América usamos el término "gafete" con la acepción que ofrece el *Clave* hace 25 años, pero el DRAE se excita solamente cuando incluye en sus páginas "amigovios" y "papichulos". En el caso del *Diccionario de mexicanismos*, de la AML, da pena más que muina que sus hacedores no hayan visto jamás un triste "gafete". Por cierto, el plural de "gafete" es "gafetes" y son incorrectas las formas "gafet" y "gafets", que no corresponden a nuestro idioma. Del sustantivo "gafete" se generó el compuesto "portagafete": accesorio para colocar el gafete, ya sea de broche desprendible, de yoyo o de bolsas de micas o de plástico a la medida. El plural es "portagafetes". He aquí algunos poquísimos ejemplos de estos términos correctos, no recogidos aún por el DRAE porque en España prácticamente no se utilizan: "Cordón para **gafete**", "cinta para **gafete**", "obligación de portar **gafete**", "**gafetes** y accesorios", "**gafetes** de identificación", "**gafetes** y **portagafetes**", "**portagafetes** de plástico", "**portagafetes** personalizados", "**portagafete** con cordón", "**portagafete** vinil horizontal", "yoyo **portagafete**".

☞ Google: 46 500 resultados de "gafet"; 46 400 de "gafets". ☒
☞ Google: 1 960 000 de "gafete"; 1 330 000 de "gafetes"; 165 000 de "portagafetes"; 136 000 de "portagafete". ☑

186. ganadero, ganaderos, ganaderos bovinos, ganaderos ovinos, ganaderos porcinos, ganaderos vacunos, ganado

Alguien me pregunta si no debemos considerar barrabasadas los términos "ganaderos bovinos", "ganaderos ovinos", "ganaderos porcinos" y "ganaderos vacunos", entre otras expresiones que parecen mostrarnos extrañísimas y fabulosas cruzas (al menos lingüísticas) entre personas y bestias. Tiene sentido la duda. Pero si tomamos en cuenta que existen los "adiestradores o entrenadores caninos" (amaestradores de perros), los "adiestradores y entrenadores equinos" (amaestradores de caballos) y los "matadores taurinos" (toreros) no parece haber pecado alguno en calificar a los "ganaderos" a partir del nombre de la especie animal de la que son productores o empresarios. Estrictamente, la ortodoxia obligaría a utilizar la preposición "de", que denota lo mismo posesión o pertenencia que asunto o materia. Así, tendríamos que hablar y escribir de "adiestradores **de** caninos", "amaestradores **de** equinos", "ganaderos **de** bovinos", "ganaderos **de** ovinos" y "ganaderos **de** porcinos". Pero no es así como el uso ha determinado estas expresiones, sino, aunque nos parezca algo insólito, calificando a las personas con el adjetivo derivado de la especie animal en la que aplican su oficio o profesión. Analicemos esto para salir de dudas. El sustantivo femenino "ganadería" se aplica al "conjunto de los ganados de una región o país". (DRAE). Ejemplo: *La ganadería mexicana pasa por un momento de crisis económica.* El sustantivo masculino "ganado" se aplica al "conjunto de bestias que se apacientan y andan juntas" (DRAE). Ejemplo: *El **ganado** mayor es el que se compone de cabezas o reses mayores (bueyes, mulas, yeguas, etcétera); el menor es el que se compone de reses o cabezas menores (ovejas, cabras, carneros, etcétera).* El sustantivo "ganadero" se aplica al "dueño de ganados, que trata en ellos y hace granjería", así como a la "persona que cuida del ganado" (DRAE). Ejemplo: *El **ganadero** requiere de incentivos para su inversión en estos tiempos de crisis.* Con recta lógica, los adjetivos específicos que se aplican al ganado (es decir, a las bestias) no tendrían por qué aplicarse a las personas (a los ganaderos). Los ganados pueden ser "bovino", "ovino", "porcino", etcétera, que corresponden, respectivamente, a los "bóvidos" (bueyes y vacas), los "óvidos" (ovejas, carneros, cabras) y los puercos o cerdos; y lo que desconcierta es que las características que definen a los ganados, y que son inherentes a ellos, se apliquen también a los "ganaderos". Puede parecer raro calificar a los "ganaderos" de "bovinos", "ovinos", "porcinos" y demás, pero el uso ha dictado la forma. Sabemos que, con cierta metáfora, se puede decir que una persona tiene una "lealtad perruna", pero se trata solamente de esto: de un sentido metafórico, y, sin embargo, sin sentido metafórico alguno, se puede decir de un veterinario que es "felino" o "canino" por dedicarse a la atención de "gatos" o "perros". El adjetivo, en estos casos, deriva de la actividad, pues no nos mostramos sorprendidos de que a los ganaderos de las industrias lanar y lechera se les denomine "ganaderos lecheros" y "ganaderos lanares", y es que lo son en virtud de dedicarse a la producción o industria de leche y de lana. Siendo así no hay incorrección en las denominaciones "ganadero bovino", "ganadero ovino", "ganadero porcino" y en las demás. Lo único que debemos enfatizar es que los empresarios que se dedican al ramo de la ganadería caprina son los "ganaderos caprinos" y no los "ganaderos cabrones". Así como hablamos y escribimos de "hatos ganaderos bovinos", de "ranchos ganaderos bovinos", de "modelos ganaderos ovinos", y de "sistemas ganaderos porcinos", de esta misma manera podemos referirnos a los empresarios como "ganaderos bovinos", "ganaderos ovinos" y "ganaderos porcinos". Estas formas ya no se revertirán en nuestro idioma. En Colombia hay incluso una Confederación Nacional de Ganaderos Bovinos y Ovinos; aunque, si somos exigentes, tendría que denominarse con ortodoxia Confederación Nacional de la Ganadería Bovina y Ovina o Confederación Nacional de Ganaderos de Bovinos y Ovinos. Pero no le demos más vueltas a esto. Esos ganaderos existen, y no hay que imaginarlos con la anatomía y los semblantes de bóvidos y óvidos. Los ejemplos abundan: "pequeños **ganaderos bovinos** se capacitan en buenas prácticas", "principales características de los **ganaderos bovinos**", "imparten cursos para **ganaderos bovinos** del Valle del Mezquital", "miembros de la familia de ganaderos vacunos", "huelga de **ganaderos vacunos** en Galicia", "Federación de **Ganaderos Vacunos**", "caracterización de los pequeños **ganaderos ovinos**", "piden **ganaderos ovinos** de Calpulalpan no les invadan tierra", "**ganaderos ovinos** alistan venta de lana", "atenderán quejas de **ganaderos caprinos**", "exitoso primer encuentro de **ganaderos caprinos**", "Asociación de **Ganaderos Caprinos**", "**ganaderos caprinos** se reunieron", "**ganaderos porcinos** afrontan la peor crisis de su historia", "Asociación de **Ganaderos Porcinos**", "experiencias de los **ganaderos porcinos**", "Ministerio de Alimentación recibirá a **ganaderos porcinos**", etcétera.

☞ Google: 202 000 resultados de "adiestrador canino"; 50 700 de "entrenador canino", 46 900 de "adiestradores caninos"; 43 200 de "ganadero bovino"; 37 200 de "ganadero porcino"; 34 100 de "ganaderos lecheros"; 13 800 de "ganadero lechero"; 12 100 de "entrenadores caninos"; 7 390 de "entrenadores equinos"; 7 430 de "veterinario canino"; 5 880 de "ganadero ovino"; 4 630 de "ganaderos bovinos"; 3 990 de "ganaderos ovinos"; 3 920 de "ganaderos caprinos"; 3 910 de "ganadero vacuno"; 3 250 de "veterinario felino"; 2 310 de "veterinarios caninos"; 1 580 de "ganaderos vacunos"; 1 350 de "ganadero caprino"; 1 340 de "veterinarios felinos"; 1 320 de "ganaderos porcinos". ☑

187. garantía, garantías, garantismo, garantista

Ocupados en zarandajas, los académicos de Madrid y sus hermanastros de América y Filipinas saltan de gusto y presumen en los medios que en su diccionario han incluido pendejadas tan relevantes como "amigovio" y "papichulo". Pero, por incluir estas jaladas, pasan de noche junto a términos importantes que ignoran olímpicamente. Éstos son los casos del sustantivo masculino "garantismo" y del adjetivo "garantista", que derivan, evidentemente, del sustantivo femenino "garantía" que, en el ámbito del derecho, suele utilizarse en plural y adjetivado: "garantías constitucionales", y que María Moliner define del siguiente modo: "Derechos que la constitución de un Estado establece para todos los ciudadanos". Ejemplo: *Fueron violadas sus garantías constitucionales*. Respecto del sustantivo "garantismo", Miguel Carbonell, destacado especialista mexicano del Instituto de Investigaciones Jurídicas de la Universidad Nacional Autónoma de México, es autor del excelente artículo "¿Qué es el garantismo? Una nota muy breve", del cual citamos lo básico: "El garantismo es una ideología jurídica, es decir, una forma de representar, comprender, interpretar y explicar el derecho. Su difusión se debe sobre todo a la obra de Luigi Ferrajoli, quien a partir de 1989 ha construido una completa y muy estructurada teoría del garantismo penal. En sus trabajos posteriores a esa fecha, Ferrajoli ha ampliado su teoría para conformar una especie de teoría general del garantismo, la cual ha vinculado estrechamente con la teoría del Estado constitucional (desde el punto de vista normativo) y con el llamado neoconstitucionalismo (desde el punto de vista teórico). Una de las principales ideas del garantismo es la desconfianza hacia todo tipo de poder, público o privado, de alcance nacional o internacional. [...] El garantismo tiene por noción central o articuladora precisamente la de 'garantía'. Ferrajoli define en términos generales a una garantía como 'cualquier técnica normativa de tutela de un derecho subjetivo'. [...] El garantismo en material penal se corresponde con la noción de un derecho penal mínimo, que intenta poner fuertes y rígidos límites a la actuación del poder punitivo del Estado". En conclusión, el "garantismo" busca acotar los poderes del Estado a fin de preservar "los derechos subjetivos, sobre todo si tienen carácter de derechos fundamentales". Si hay sospechas fundadas, por ejemplo, de que alguien torció o violó la ley y esto, en consecuencia, de acuerdo con la aplicación estricta del derecho, tendría que impedirle participar en una contienda electoral en busca de un cargo de representación popular, la teoría del "garantismo" lo protege a fin de que pueda contender con el argumento de que, si se le cancela o restringe su derecho a votar y ser votado, se estaría cometiendo una arbitrariedad y atentando contra sus garantías constitucionales. Ejemplo: *Actualmente hay un debate sobre el **garantismo** opuesto al legalismo*. En el caso del adjetivo "garantista", podría definirse, justamente, en oposición al adjetivo "legalista", de la siguiente manera: Que antepone a toda otra consideración la aplicación de la ley priorizando los derechos subjetivos y las garantías constitucionales. Ejemplo: *El Bronco celebra decisión **garantista** del Tribunal Electoral del Poder Judicial de la Federación*. La teoría del garantismo tiene ya más de treinta años, y ha ido más allá del ámbito del derecho. Los términos "garantismo" y "garantista", perfectamente válidos, forman parte del vocabulario periodístico. Por ello es una enorme torpeza que el DRAE no los incluyese en su edición de 2014 y aun antes, en la de 2001. Aunque no aparezcan en las páginas del mamotreto de la RAE, dígase y escríbase, sin duda ninguna, "garantismo", "garantismos", "garantista" y "garantistas" (son términos del todo correctos), como en los siguientes ejemplos: "El modelo **garantista** de Luigi Ferrajoli", "el sistema **garantista** en derecho penitenciario", "el nuevo sistema penal acusatorio es **garantista**", "los derechos fundamentales en la filosofía jurídica **garantista**", "hacia un sistema penal **garantista**", "de leyes blandas y jueces **garantistas**", "¿jueces **garantistas** o desidia judicial?", "leyes y jueces **garantistas**", "contra los jueces **garantistas**", "la distorsión del concepto de **garantismo**", "el **garantismo** y sus perspectivas en México", "el **garantismo** en el pensamiento de Luigi Ferrajoli", "el **garantismo** de los derechos humanos", "en defensa del **garantismo**", "el **garantismo** en el derecho penal mexicano", "constitucionalismo y **garantismo**", "**garantismo** penal en México", "diez axiomas del **garantismo** penal", "**garantismos**: una discusión sobre derecho y democracia", "¡basta de **garantismos**!", "evitar la tentación de falsos **garantismos**", "se hará emerger los **garantismos** en favor de las personas y como carga para el Estado", "un ordenamiento jurídico que confíe en los jueces y elimine tantos **garantismos**", etcétera.

☞ Google: 1 200 000 resultados de "garantista"; 553 000 de "garantismo"; 203 000 de "garantistas"; 124 000 de "garantismo penal"; 68 900 de "el garantismo"; 9 720 de "garantismo constitucional"; 4 930 de "teoría garantista"; 4 680 de "garantismos". ☑

188. glicemia, glucemia, glucosa, hipoglicemia, hipoglicémico, hipoglucemia, hipoglucémico

El sustantivo femenino "glucemia" (del francés *glycémie*, con "u" influida por *glucosa*) es propio del ámbito médico, con dos acepciones en el diccionario académico: "presencia de glucosa en la sangre" y "medida de la cantidad de glucosa presente en la sangre". De ahí el adjetivo "glucémico" ("relativo a la glucemia"). Queda claro que si, en un principio, "glucemia" fue un barbarismo en lugar de "glicemia", voz ésta más cercana a la raíz del término francés, dejó de serlo desde el momento en que el uso amplio de los hablantes le dio legitimidad lingüística. Pero no es minoritaria la ultracorrección "glicemia" que, por cierto, no recogen ni el diccionario académico ni el DUE de María Moliner. En el *Diccionario panhispánico de dudas* se afirma que "en amplias zonas de América es mayoritaria la variante *glicemia*, más cercana al étimo francés *glycémie*", y se aporta un ejemplo del diario cubano *Granma*: *Tengo las cifras de* **glicemia** *dentro de los rangos normales*. Pero como el *Panhispánico* es un diccionario bastante chambón no recoge, ni por equivocación, la voz compuesta "hipoglicemia", derivada de "glicemia", que sería otra ultracorrección a la voz autorizada "hipoglucemia" (de *hipo-* y *glucemia*), cuyo significado es "nivel de glucosa en la sangre inferior al normal" (DRAE). Ejemplo: *El paciente padece* **hipoglucemia**. De ahí el adjetivo y sustantivo "hipoglucémico", con dos acepciones en el diccionario académico: "perteneciente o relativo a la hipoglucemia" y "que padece hipoglucemia". Ejemplo: *El paciente es* **hipoglucémico**. El vocablo que influyó en el cambio de "i" por "u" es el sustantivo femenino "glucosa" (del francés *glucose*, y éste del griego *glykýs*, "dulce" y *-ose*, "-osa"), perteneciente a la química, con el siguiente significado en el DRAE: "Aldohexosa de seis átomos de carbono, que constituye un sólido blanco, muy soluble en agua, de sabor muy dulce y presente en muchos frutos maduros". Ejemplo: *Los niveles de* **glucosa** *en la sangre pueden fluctuar por muchas razones*. Aunque el diccionario académico no admita las voces "glicemia", "hipoglicemia" e "hipoglicémico", éstas son tan válidas como "glucemia", "hipoglucemia" e "hipoglucémico", y es una necedad no incluirlas en el DRAE cuando el uso de los hablantes las ha legitimado. Todas estas grafías son correctas y su uso, mayor o menor, depende de las zonas dialectales de nuestro idioma.

☞ Google: 11 200 000 resultados de "glucosa"; 5 760 000 de "glicemia"; 3 080 000 de "glucosa en sangre"; 1 750 000 de "glucemia"; 1 490 000 de "hipoglucemia"; 937 000 de "hipoglicemia"; 64 900 de "hipoglucémico"; 55 000 de "hipoglucémicos"; 28 800 de "hipoglucémica"; 26 000 de "hipoglicémico"; 24 700 de "hipoglucémicas"; 10 400 de "hipoglicémicos"; 7 950 de "hipoglicémica"; 5 890 de "hipoglicémicas". ☑

189. gran, ¿gran fecundidad?, ¿gran feracidad?, grande

El término "gran" es apócope del adjetivo "grande", que se usa siempre ante un sustantivo en singular. Ejemplo: *Gran tsunami*, pero, en plural, *Grandes tsunamis*. El adjetivo "grande" (del latín *grandis*) significa, en la primera acepción del DRAE, "que supera en tamaño, importancia, dotes, intensidad, etc., a lo común o regular". Ejemplo: *Las **grandes** pirámides de Egipto*. Se usa en contraposición a los adjetivos "chico" (del latín *ciccum*): "de tamaño pequeño o menor que otros de su especie o tipo", y "pequeño": "que tiene poco tamaño o un tamaño inferior a otros de su misma clase". Ejemplos: *Los rateros son ladrones **chicos**; ¿ladrones **grandes**?: ¡los políticos!; Hay **pequeños** libros que forman a **grandes** lectores*. Siendo el adjetivo "grande" y su apócope "gran" términos que indican superioridad en tamaño, importancia, dotes e intensidad, se cometen redundancias cuando se utilizan para modificar sustantivos que, en sí mismos, ya contienen, de manera explícita o implícita dicha superioridad. Es el caso de la expresión "gran fecundidad", pues el sustantivo femenino "fecundidad" (del latín *fecundĭtas, fecundĭtātis*), además de significar "virtud y facultad de producir" y "cualidad de fecundo", significa también "abundancia, fertilidad" y "reproducción numerosa y dilatada" (DRAE). Ejemplo: *Aquí en el pueblo todos envidiamos la **fecundidad** de sus tierras*. De ahí el adjetivo "fecundo" (del latín *fecundus*), que además de significar "que ha procreado", significa "que se reproduce o procrea con facilidad o abundantemente" (DRAE). Ejemplo: *Posee unas tierras **fecundas** para la producción de cítricos*. Relacionado con la agricultura o las cosechas, el sinónimo del sustantivo "fecundidad" es el sustantivo femenino "feracidad" (del latín *feracĭtas, feracĭtātis*): "fertilidad, fecundidad de los campos" (DRAE). Ejemplo: *La **feracidad** de sus tierras es envidiable*; asimismo, el sinónimo del adjetivo "fecundo" es el adjetivo "feraz" (del latín *ferax, ferācis*): "fértil, copioso de frutos" (DRAE). Ejemplo: *Siempre tiene cosechas **feraces***. Expuesto y comprendido lo anterior, queda claro que decir y escribir "gran fecundidad" y "gran feracidad" implica cometer redundancias. Basta con decir y escribir "fecundidad" y "feracidad".

Son redundancias del ámbito culto, y su reino está en internet, pero ya es frecuente que aparezcan en publicaciones impresas, incluidos libros de empresas editoriales de prestigio. En la traducción al español de un libro (*Vamos rumbo a un gran esclarecimiento*) de Ona Radtke, leemos lo siguiente:

♀ "Muchos **en este mundo** creen todavía en la **gran fecundidad**".

Basta con decir y escribir:

☼ Muchos creen todavía en la **fecundidad**, y punto; además, si no es en "este mundo", ¿en cuál otro? Hay que usar la lógica, y el diccionario.

🖉 He aquí otros ejemplos de estas redundancias cultas: "Producir ciclos de **gran fecundidad**", "**gran fecundidad** espiritual y educativa", "sólo una **gran fecundidad** permitía compensar una **gran mortalidad**", "peces de **gran fecundidad** y rápido desarrollo", "sólo podía ser recompensada con una **gran fecundidad**", "goza de una **gran fecundidad**", "la **gran fecundidad** de las hembras", "Camilo José Cela, escritor de **gran fecundidad**", "poseen conocimientos y una **gran fecundidad** física y espiritual", "la **gran fecundidad** de las mujeres", "esa **gran fecundidad** era innata en la gallina", "esta obra de **gran fecundidad** hermenéutica ha producido además cuatro adaptaciones cinematográficas hasta la fecha", "Julio Caro Baroja fue un autor de **gran fecundidad** con más de 40 obras" (¿y qué decir, entonces, de los autores de doscientas o trescientas obras?), "la **gran feracidad** de los campos", "una inmensa zona de **gran feracidad**", "aquellas tierras de **gran feracidad**", "junto a zonas de **gran feracidad**", "la **gran feracidad** de su suelo", "las tierras amazónicas eran de **gran feracidad**" y, como siempre hay algo peor: "¿qué tan grande es tu **copiosa y abundante fecundidad**?", "puede darse por seguro que el año ha de ser de **copiosa feracidad**".

☞ Google: 31 100 resultados de "gran fecundidad"; 1 980 de "gran feracidad". ☒

☞ Google: 4 280 000 resultados de "fecundidad"; 73 600 de "feracidad". ☑

190. guerrera, guerrerismo, guerrerista, guerrero

Ya es hora de que el DRAE admita en sus páginas el sustantivo "guerrerismo" y el adjetivo "guerrerista", hasta ahora ausentes en el diccionario académico, pero sinónimos indudables del sustantivo "belicismo" ("actitud o tendencia favorable a la guerra como medio para resolver conflictos") y el adjetivo "belicista" (perteneciente o relativo al belicismo; partidario del belicismo). Ejemplos: *Lo que caracteriza a los Estados Unidos como potencia es su **belicismo***; *Estados Unidos es una potencia **belicista***. Pero, también, con idéntico sentido, es correcto decir y escribir: *Lo que caracteriza a Estados Unidos como potencia es su **guerrerismo***; *Estados Unidos es una potencia **guerrerista***. El adjetivo "bélico" (del latín *bellĭcus*) no tiene otro significado que "guerrero" o "perteneciente a la guerra". Ejemplos: *Estados Unidos es una nación **bélica***; *Estados Unidos es una nación **guerrera***. De ahí el sustantivo "belicosidad": cualidad de belicoso o guerrero. Ejemplo: *La **belicosidad** de Estados Unidos se ha manifestado a lo largo de la historia en muchas invasiones a otros países.* De ahí también el adjetivo "belicoso", cuyas acepciones en el DRAE son las siguientes: "guerrero, marcial; agresivo, pendenciero". Ejemplo: *La actitud **belicosa** de los Estados Unidos.* Y de ahí también el adjetivo "beligerante" que el DRAE define del siguiente modo: "Dicho de una nación, de una potencia, etc.: que está en guerra". Ejemplo: *Estados Unidos, una potencia **beligerante** que atacó a Irak*. Por si fuera poco, el adjetivo "belígero" (de carácter poético) significa "dado a la guerra; belicoso, guerrero". Hay que señalar que, con excepción de "guerra", "guerrero" y sus derivados, todos los términos mencionados provienen de la raíz latina *bellum, belli*, que significa "guerra", pero justamente, en español, el sustantivo femenino "guerra" (pelea, discordia, desavenencia, rompimiento de paz, combate, lucha armada, etcétera) proviene no del latín, sino del germánico *werra*: confusión, discordia, contienda. De ahí el verbo intransitivo "guerrear" (hacer guerra), el adjetivo "guerreador" (que guerrea o que es inclinado a la guerra) y, por supuesto, el adjetivo "guerrero" (perteneciente o relativo a la guerra; que guerrea, y que tiene genio marcial y es inclinado a la guerra). Se podría argumentar que el sustantivo "guerrerismo" es innecesario puesto que existe en español el sustantivo "belicismo", pero esto es olvidar que "guerrerismo" deriva de "guerra" y, como derivado, es perfecto sinónimo de "belicismo", término éste más bien culto que el común de la gente no relaciona necesariamente con "guerra". Igual argumento podría esgrimirse para el adjetivo "guerrerista", pero lo cierto es que, además de tratarse de un perfecto sinónimo de "belicista", no hay en el diccionario un término equivalente derivado de la raíz germánica, pues así como "belicista" se aplica al partidario del "belicismo" ("actitud o tendencia favorable a la guerra como medio para resolver conflictos"), de esta misma manera "guerrerista" se aplica al partidario del "guerrerismo" cuyo significado es, exactamente, el que se da para "belicismo". En conclusión, no hay pecado en decir y escribir "guerrerismo" y "guerrerista, derivados de "guerra", más allá de que sean términos que no están en el DRAE. Lo cierto es que su utilización, incluso en el ámbito culto, cada vez es más frecuente, como en estos ejemplos: "Uribe es un **guerrerista**", "Hollande: el nuevo amigo **guerrerista** de Macri", "la continuidad de la política **guerrerista**", "Obama defendió en la ONU la política **guerrerista** e intervencionista", "duro golpe para los **guerreristas**", "los **guerreristas** de Washington", "tres falacias **guerreristas**", "intelectuales rechazan políticas **guerreristas**", "el **guerrerismo** fracasó", "repudio mundial al **guerrerismo**", etcétera.

☞ Google: 167 000 resultados de "guerrerista"; 85 700 de "guerreristas"; 30 100 de "guerrerismo". ☑

191. guión, libreto, ¿*script*?
En el diccionario de la lengua inglesa, el sustantivo *script* (literalmente, "escritura") significa "escritura" y "manuscrito"; en el ámbito teatral, "argumento", y para la cinematografía, "guión". Siendo éstas, traducciones perfectas para dicho sustantivo, ¿por

qué demonios seguir utilizando, en español, el anglicismo crudo *script* para referir-nos a lo que en nuestra lengua no es otra cosa que "argumento", "guión" o "libreto"? Dejémonos de jaladas. Nuestro idioma es riquísimo en sinónimos, en términos equivalentes o afines como para decir y escribir *script*, muchas veces incluso con gra-fía errónea (*scrip*). En español, el sustantivo masculino guión (de *guía*), en la segunda acepción del diccionario académico tiene el siguiente significado: "texto en que se ex-pone, con los detalles necesarios para su realización, el contenido de un filme o de un programa de radio o televisión". Ejemplo: *Los actores no se apegaron al **guión** e hicieron un reverendo desmadre.* Por cierto, insiste la Real Academia Española en afirmar que "guión" es un monosílabo que no necesita tilde. Pobrecitos: "guión" es una palabra bisílaba con hiato (gui-ón); por ello, la secuencia de dos vocales que se pronuncian en sílabas distintas exige la maldita o bendita tilde. Que los académicos españoles carezcan de una buena pronunciación no nos obliga a imitarlos. En cuanto al sustan-tivo masculino "libreto" (del italiano *libretto*), éste es definido por el DRAE como "texto o letra de una obra del género lírico, como una ópera o una zarzuela", pero, en su segunda acepción, el diccionario académico precisa que en Cuba, México y Uruguay (aunque no sólo en estos tres países), "libreto" es sinónimo de "guión" ("texto con los detalles de un filme o un programa"). Ejemplo: *Leímos el **libreto** de la película y a todos nos quedó claro que será una mierda.* Visto y comprendido lo anterior, queda claro que no necesitamos, en español, el anglicismo crudo *script* que, además, debe usarse siempre en cursivas por tratarse de un extranjerismo. Digamos y escribamos "guión", digamos y escribamos "libreto" y olvidémonos del *script* con el que los anglicistas se llenan la boca, especialmente en el ámbito de los espectáculos. Cabe señalar que en España son muchos los que llaman "script" (en cristiano, "continuista" o "supervisor de continuidad") a la persona que se encarga de "dar continuidad al relato cinemato-gráfico en el set de rodaje". Pero esto ya es el colmo del anglicismo (en la España anglicista) para denominar un oficio y a quien desempeña dicho oficio.

En un libro leemos lo siguiente:

♀ "Johnny Guy corrige el **script** todas las noches para añadir más primeros planos".

En español y con toda corrección:

☝ Fulano corrige el **guión** todas las noches, etcétera.

✍ Van unos pocos ejemplos de este anglicismo que cada vez crea más confusión en relación con lo que designa: "¿Qué es un **script**?", "cómo escribir y ejecutar **scripts**", "creando y usando **scripts**", "grabar un **script**", "el **script** en el cine", "el **script** estará listo para mañana", "acotación del guión y uso del **script**", "el **script** o guión es una forma de escribir historias", "el guión de cine editado (**script**) como recurso", "el **script** del autosecuestro y el boicot a los servicios públicos", "curso de **script** de cine, televisión y publicidad", "qué es un **script** y cómo funciona". ¡Y basta!

☞ Google: 3 140 000 resultados de "un script"; 1 730 000 de "el script". ☒

☞ Google: 8 990 000 resultados de "guiones"; 5 540 000 de "el guión"; 3 420 000 de "libreto"; 3 250 000 de "un guión"; 802 000 de "libretos". ☑

192. güisqui, whiskey, whisky, wiski

Por la ya proverbial falta de ortoepía de los españoles, la Real Academia Española adaptó gráficamente el anglicismo *whisky* de la siguiente manera: "güisqui"; con la secuencia "güi" que nada tiene que ver ni con la grafía ni con la fonética originales. Si escuchamos las pronunciaciones, lo mismo estadounidense que inglesa, para este término es muy claro que la fonética nos indica *wíski* o *uísqui*, pero de ningún modo *güíski*, con una "g" advenediza y con una secuencia diptongada auxiliada por una diéresis, como en "pingüino". Esto en cuanto a la pronunciación general, pero si vamos al *Diccionario Cambridge* en línea escuchamos perfectamente que la pronunciación, tanto para el inglés americano como para el inglés británico, es *uísqui*, y si no queremos quedarnos con la duda también podemos ir al Macmillan y a cualquier otro diccionario en línea de la lengua inglesa en los que escucharemos *uísqui*, y no *güíski*. Por deficiencias de ortoepía, los españoles introdujeron una "g" en donde todo el mundo encontraba una "w" o una "u" para pronunciar correctamente *whisky* que, de una manera más que razonable hubiera podido adaptarse gráficamente en nuestra lengua como "wiski", pues las pocas palabras del español que inician con "w" son todas de origen extranjero y conservan su grafía inicial. Los académicos de Madrid hicieron otra vez de las suyas (ya muy conocidas) con este anglicismo, y así lo admitió Manuel Seco, quien fuese también académico de la RAE, en su *Diccionario de dudas y dificultades de la lengua española*. En la sección correspondiente a la "g", leemos lo siguiente: "El nombre inglés *whisky*, que los españoles pronunciamos corrientemente /güiski/, ha sido adaptado gráficamente al español por la Academia de acuerdo con esa pronunciación: *güisqui*. Aunque da preferencia a esta grafía, la academia también considera válida la que aún predomina, *whisky*". A confesión de parte, relevo de pruebas. Como los españoles pronuncian corrientemente "güisqui", sin considerar a los millones de hispanohablantes de América, los académicos de Madrid se amacharon con su "güisqui". En la sección del DRAE, correspondiente a la "w", que consta de una sola página y que contiene menos de treinta entradas todas ellas adaptaciones de extranjerismos, hallamos en efecto la grafía *whisky*, con las cursivas de rigor para marcar que se trata de una palabra ajena a nuestra lengua, y nos dice lo siguiente de este sustantivo masculino: "voz inglesa, y ésta del gaélico *uisce beatha*, 'agua de vida'", y acto seguido nos remite a "güisqui". (Cabe añadir que en "whiskería", sustantivo femenino, nos remite a "güisquería".) Rebotados a la "g", allí nos informa la bendita doña RAE que "güisquería", sustantivo femenino, es el "establecimiento donde se sirve güisqui y otras bebidas alcohólicas". Pero tal establecimiento, en realidad, se llama "bar", "cantina", "pub", "taberna", "tasca"; así, que no joda el DRAE con su "güisquería". Ahí mismo define "güisqui" (del inglés *whisky*, y éste del gaélico *uisce betha*, "agua de vida"): "Licor alcohólico que se obtiene del grano de algunas plantas [¿las de los pies, por ejemplo?], destilando un compuesto amiláceo en estado de fermentación". ¿Por qué la tacañería de mencionar que el *whisky* se obtiene de algunas plantas, pero sin decir cuáles son? Por falta de rigor. Tenemos que ir al DUE, en cuyas páginas María Moliner registra las grafías *whisky* y *whiskey*, y nos advierte que esta voz inglesa se pronuncia *uísqui* (y no *güísqui*). Su definición es más precisa: "Bebida alcohólica hecha con granos de cereales, especialmente cebada, malteados, o sea, en que se han iniciado artificialmente la germinación", y nos remite a las voces afines "bourbon" (whisky estadounidense destilado a partir de maíz, malta y centeno) y "scotch" (whisky escocés, elaborado especialmente de cebada malteada). En las páginas del *Clave* leemos que "aunque la RAE [por sus pistolas] prefiere *güisqui* se usa más *whisky*", y nos ofrece la siguiente definición: "Bebida alcohólica, de graduación muy elevada, que se obtiene por fermentación de diversos cereales, especialmente avena y cebada". Y nos ofrece un ejemplo: *Se tomó un vaso de* **whisky** *escocés con hielo*. El *Libro de estilo* del diario español *El País* es muy claro al señalar que, en sus páginas, "no debe emplearse **güisqui**". Lo correcto para el diario es "whisky" y su plural españolizado es "whiskys". Por su parte, el pobrecillo *Diccionario panhispánico de dudas*, desautoriza, condena o "desaconseja" la representación gráfica "wisqui" y, autoriza "güisqui". De ésta dice lo mismo que dice en DRAE: "Adaptación gráfica de la voz inglesa *whisky* (o *whiskey*, en inglés escocés y americano), 'licor obtenido por destilación de ciertos cereales'. Su plural es 'güisquis'. Aunque sigue siendo mayoritario el uso del extranjerismo crudo —que debe escribirse siempre con resalte tipográfico—, la adaptación *güisqui* ha ganado terreno [¡por supuesto que no!] y resulta preferible, pues permite evitar los errores frecuentes que se cometen al intentar reproducir la grafía inglesa. Deben desecharse otros intentos de adaptación poco arraigados, como *wisqui*". El *Panhispánico* quiere convencernos de lo que ni la RAE está convencida, y todo este desmadre se hubiera evitado si la representación gráfica del término *whisky* se hubiera hecho a partir de la etimología y de la fonética de la voz inglesa y no de la falta de ortoepía de los españoles. Eso de que resulta preferible decir y escribir "**güisqui**" porque "permite evitar los errores frecuentes que se cometen al intentar reproducir la grafía inglesa" es una idiotez absoluta. La gente se equivoca, miles de veces, al decir y al escribir la palabra "procrastinar", que suele escribir "procastinar" y "procastrinar" y no por ello se ha de inventar una palabra de escritura más fácil para que no se equivoque. ¡Que no mame el *Panhispánico*! Por lo demás, se equivoca más la gente con la adaptación gráfica "guisqui" (a la que, por lo general, no le impone la diéresis) que con los anglicismos crudos "whisky" y "whiskey". Incluso la adaptación gráfica "wiski" tiene más sentido, gráfico y fonético, que la jalada "güisqui". Los españoles no renunciarán a su adaptación gráfica "güisqui" porque hasta la califican de "impecable". (Para quien dice y escribe "eruto" "haiga" y "transtorno", por supuesto que "güisqui" es una grafía impecable.) Por mi parte, diré que yo jamás he pedido un "güisqui" en ninguna "güisquería". La lengua no se me traba cuando pido un *whisky* y si la "h" me estorba visualmente pido sencillamente un *wiski*, y lo que me trae el mesero es en efecto un *whisky*. Lo que ocurre con los académicos de Madrid es que suponen que sólo ellos hablan perfectamente el español. Los ingleses también creían que únicamente ellos jugaban el mejor futbol soccer hasta que se dieron cuenta de que Argentina, Brasil, Uruguay y hasta los países africanos y asiáticos (sin contar los otros europeos) les podían poner un baile para que no anduvieran de vanidosos y arrogantes inventores de una actividad para la cual los aprendices han mostrado mayores habilidades; por ejemplo aquel 0-2 ante Uruguay, en el Mundial de Brasil 2014 en el que quedaron en el último lugar (y, obviamente, eliminados) de la fase de grupos, consecuencia de dos derrotas, un empate, ninguna victoria y un miserable punto. Los españoles seguirán tercos con su "güisqui" y que con su pan se lo beban, pero lo correcto es "whisky" o "whiskey" y si quisiéramos tener una adecuada representación gráfica a partir de la voz original, la mejor sería "wiski", ésta sí bastante extendida en el ámbito hispanohablante.

☞ Google: 18 900 resultados de "guisqui"; 5 030 de "guisquis". ☒
☞ Google: 161 000 resultados de "güisqui"; 16 300 de "güisquis". ☑
☞ Google: 123 000 000 de resultados de "Bourbon whisky" (whisky de Bourbon, Kentucky, Estados Unidos); 110 000 000 de "Scotch whisky" (whisky escocés); 9 570 000 de "de whisky"; 1 480 000 de "el whisky"; 1 380 000 de "un whisky"; 1 380 000 de "wiski"; 1 060 000 de "del whisky"; 810 000 de "de whiskey"; 350 000 de "con whisky"; 116 000 de "el whiskey"; 109 000 de "un whiskey"; 50 900 de "wiskis"; 46 700 de "con whiskey"; 45 600 de "los whiskys". ☑☑

H

193. hacer, hacer la vista gorda, hacerse, hacerse de la vista gorda, hacerse el tonto, hacerse güey, hacerse pendejo, hacerse tonto, pasar por alto

Hasta con una somera investigación puede saberse que la expresión "hacer la vista gorda", con su variante "hacerse de la vista gorda", es un modismo que proviene de la lengua inglesa, y no es ni un mexicanismo, en particular, ni un americanismo, en general, sino una adaptación que prácticamente todas las lenguas cultas han adoptado. En la *Wikipedia* leemos que "*hacer la vista gorda* es un modismo que describe ignorar información indeseable", y ahí mismo se añade que, aunque el *Oxford English Dictionary* registra la frase *To turn a blind eye* (literalmente, "volver un ojo ciego"), desde 1698, a menudo la expresión se atribuye equivocadamente a la autoría del vicealmirante Horatio Nelson. En la página de internet *Oxford Reference* se consigna dicho incidente protagonizado por Nelson (1758-1805), más de un siglo después de que el modismo existiese en la lengua inglesa. Se dice, sin base alguna, que la expresión *To turn a blind eye* ("hacer la vista gorda") la acuñó el vicealmirante en una carta del 25 de septiembre de 1805 en la que refiere cómo se hizo de la vista gorda, es decir, cómo "pasó por alto" o "fingió ignorancia", para no atender una señal que le ordenaba detener la batalla. Según la historia, el vicealmirante Nelson en la batalla de Copenhague en 1801 recibió, desde otro buque de la armada británica, la señal (con una bandera) de suspender las acciones, pero Nelson, que había perdido la vista de un ojo a causa de una herida en combate en Córcega, se puso, con todo propósito, el catalejo en el ojo malo, y declaró que nunca vio la señal, y, en consecuencia, siguió combatiendo. Sin embargo, puesto que el modismo *To turn a blind eye* (un modismo es una "expresión fija, privativa de una lengua, cuyo significado no se deduce de las palabras que la forman") ya existía en la lengua inglesa muchísimo antes de que la utilizara Horatio Nelson, queda claro que éste únicamente la repitió y la escribió, consciente de que todos los ingleses entenderían lo que quería decir: "Hacer la vista gorda" (como modismo) y no, literalmente, "volver un ojo ciego", puesto que Nelson era "tuerto", ciego de un ojo: en inglés, *Blind in one eye*. De cualquier forma, aunque los modismos no revelan su significado literal a partir de las palabras que lo forman, el adjetivo "gordo" se utiliza por oposición a "fino" o "agudo". Un ojo bueno es agudo, fino, y percibe detalles; un ojo gordo simplemente no percibe nada. Para decirlo, en buen cristiano mexicano, Horatio Nelson, deliberadamente, se llevó el catalejo al ojo malo a fin de no ver la señal de cese al fuego y mantener el combate "haciéndose pendejo", simplemente porque no quería dejar de pelear. (Por cierto, Nelson murió el 21 de octubre de 1805 a consecuencia de un disparo de fusil durante su victoria en la célebre batalla de Trafalgar contra la flota franco-española.) Aun así, hay quienes, tercos, insisten, contra todas las evidencias del *Oxford English Dictionary*, que quien acuñó la frase "hacer la vista gorda" o "hacerse de la vista gorda" fue el vicealmirante Nelson, y otros, mucho menos enterados, especulan que la locución surgió en el ámbito de los llamados "vistas aduanales" (personas que se encargan de controlar el ingreso de mercancías y diversos productos en un determinado país) y que tales empleados, previo cohecho, se hacían de la vista gorda para dejar pasar al país productos sin su respectivo pago de impuestos. Nada más lejos de eso, en cuanto al origen de la expresión, independientemente de que los "vistas aduanales" sigan haciéndose de la vista gorda, como otros tantos funcionarios, lo mismo en México que en otros países, cuyo índice de corrupción habla por sí solo. Lo que sorprende (y ya no debería sorprendernos) es que el DRAE se siga haciendo de la vista gorda con este modismo muy utilizado en nuestro idioma. No está en las páginas del diccionario académico, ahí donde sí están las expresiones "hacerse alguien de rogar", "hacerse alguien olvidadizo", "hacerse alguien presente", "hacerse alguien servir", etcétera. Tampoco está en las páginas del DUE, de Moliner. ¿Será que dicho modismo no se utiliza en España o que no es muy usual en el español de otros países? Esta pregunta la responde de inmediato el *Diccionario Akal del español coloquial*, de Alicia Ramos y Ana Serradilla. Tan es de uso amplio que lo recoge en sus páginas con la forma "hacer la vista gorda" y con el significado de "pasar por alto" y "fingir que uno no ha visto algo que debería reprender o corregir". Y pone un ejemplo muy peninsular: *No pienso **hacer la vista gorda** si os pillo copiando en el examen*. Sin embargo, este diccionario equivocadamente establece que su equivalente en inglés es *To look the other way*. Es inexacto, pues como ya vimos "hacer la vista gorda" o "hacerse de la vista gorda" es traducción al español del modismo inglés *To turn a blind eye*; en cambio, la frase *To look the other way* es, literalmente, *Mirar para otro lado*, que posee el contexto de *To turn a blind eye*, pero que no es exacto equivalente a *Hacer la vista gorda*. Por su parte, el *Diccionario de mexicanismos*, de la AML, define de la siguiente manera la que tipifica como una locución verbal coloquial "hacerse de la vista gorda": "Simular alguien que no se entera de algo que debería desaprobar o a la que debería oponerse". Y ofrece el siguiente ejemplo: *Mi mujer **se hizo de la vista gorda** y seguí con mi amante*. En el *Diccionario del español usual en México* también se recoge la expresión, que varía muy poco en su definición: "Hacer alguien como que no se entera de cierta cosa que debería interesarle o ser de su responsabilidad aclarar". Y pone el siguiente ejemplo: ***Se hizo de la vista gorda** al revisar las tareas mal hechas*. Desde luego, ya dijimos y probamos que no es un mexicanismo, y ni siquiera americanismo, en general, sino una adaptación y una adopción del anglicismo traducido, pero la expresión está perfectamente aclimatada en México y en otros países hispanohablantes en los que, por supuesto, hay autoridades, en todos los ámbitos, que se hacen de la vista gorda para no atender lo que les corresponde o para no realizar su trabajo como es debido. Y si es algo malo que se hace en el más alto nivel ejecutivo más vista gorda se tiene de parte de los subordinados. Para ello, sus equivalentes más castizos, al menos en México, son "hacerse güey", "hacerse tonto" o "hacerse pendejo", que no provienen de los anglicismos *To turn a blind eye* y *Turning a blind eye*: "hacer la vista gorda" y "haciendo la vista gorda", respectivamente. Ejemplos tomados de internet y de publicaciones impresas: "**Se hace güey** con la corrupción que tiene debajo de su nariz", "ya lo sabe, pero **se hace güey**", "un día apoyó a Iturbide para ser emperador y al otro **se hizo güey**", "Pedro Sánchez **se hace el tonto**", "**se hace tonto** y es tonto", "**haciéndose el tonto** como siempre, pero debe quedarnos claro que para nada es tonto", "o es pendejo o **se hace pendejo**", "nomás **se hace pendejo** el wey", "**se hace pendejo** solo". Para colmo, Guadalupe Appendini incluye en su libro *Refranes populares de México* la adaptación siguiente: "Cuando Pancho se dio cuenta de lo que debía, mejor **se hizo de la vista gorda**"; y ofrece la siguiente explicación: "Cuando la deuda es enorme, el deudor se hace desconocido". No, en realidad, la autora confunde las expresiones "hacerse de la vista gorda" y "hacerse ojo de hormiga". Lo que incluye en su libro no es un refrán, por supuesto, ni mucho menos mexicano. Lo que quiso decir es que *Fulano, cuando vio el tamaño de su deuda, se hizo ojo de hormiga*, que tampoco es un refrán, sino una locución verbal, "hacerse ojo de hormiga", que en México se aplica, tal como lo consigna el DM, para significar "desaparecer algo o alguien". Sale sobrando explicar que, en esta locución, la lógica se aplica a partir de la pequeñez de la hormiga y más aún de la pequeñez de sus ojos. Dicho y comprendido todo lo anterior, que quede claro que el modismo "hacer la vista gorda", con su variante "hacerse de la vista gorda", tiene su origen en la lengua inglesa, hace cientos de años, y, por si alguien lo duda, aquí están las evidencias de los millones de resultados que el motor de búsqueda Google ofrece en inglés.

☞ Google: 6760000 resultados de *"turn a blind eye"*; 3880000 de *"turning a blind eye"*; 3720000 de *"to turn a blind eye"*. ☑

☞ Google: 333000 resultados de "hacer la vista gorda"; 199000 de "hacer de la vista gorda"; 168000 de "se hacen de la vista gorda"; 123000 de "se hace de la vista gorda"; 102000 de "se hizo de la vista gorda"; 89100 de "hacerse el tonto"; 83300 de "hacerse de la vista gorda"; 70400 de "se hacen pendejos"; 26800 de "haciéndose de la vista gorda"; 19600 de "hacerse pendejo"; 18200 de "se hace pendejo"; 9980 de "se hizo pendejo"; 8030 de "hacerse tonto";

7150 de "se hicieron pendejos"; 4120 de "hacerse güey"; 2870 de "se hicieron tontos"; 2860 de "se hacen güeyes". ☑

194. ¿*hackear*?, ¿*hacker*?, jaque, jaquear, jaqueo, jáquer, jáqueres, ¿*jáquers*?

Entre los diversos significados que tiene la voz inglesa *hack* (verbo transitivo) están "cortar", "acuchillar", "hachear" (es decir, "dar hachazos") "machetear", "patear", "destrozar", "hacer trizas", "hacer pedazos", pero también "piratear" (en relación con la informática). De ahí el sustantivo *hacker*, que designa a la persona que comete esta falta y este delito que consiste en introducirse de forma no autorizada o ilegal en un sistema informático para apropiarse de datos o dinero o dañar el sistema mismo. Tanto *hack* (pronunciación en inglés: *ják*) como *hacker* (pronunciación en inglés: *jáker*), en su uso frecuente en nuestra lengua, produjeron la adaptación gráfica "hackear" que se pronuncia *jakeár*, sinónimo fonético del verbo transitivo "jaquear" con dos acepciones en el diccionario académico: "En el juego de ajedrez, dar jaques" y "hostigar al enemigo". Ejemplos: *En sólo diez movimientos lo* **jaqueé**; *Mis adversarios me andan queriendo* **jaquear**. El sustantivo masculino "jaque" (del árabe clásico *šāh*, y éste del pelvi *šāh*, "rey") tiene dos acepciones principales en el DRAE: "Lance del ajedrez en que un jugador, mediante el movimiento de una pieza, amenaza directamente al rey del otro, con obligación de avisarlo, y, por extensión, a la reina, sin tal obligación" y "ataque, amenaza, acción que perturba e inquieta a alguien, o le impide realizar sus propósitos". Ejemplos: *En un dos por tres lo puse en* **jaque** *y después le di* **jaque** *mate; Esos cabrones me traen en* **jaque**. En una entrada diferente del DRAE, "jaque" (sustantivo masculino) se aplica a la "especie de peinado liso que antiguamente usaban las mujeres". El DRAE ya anticipa, en su página de internet, las entradas adicionales a "jaquear" y a "jáquer" como adaptaciones del español de las voces inglesas *hack*, *hacker* y *to hack*, exclusivas del ámbito informático ya descrito. Así, "jaquear" (del inglés *to hack* con el sufijo *-ear*) es "introducirse de forma no autorizada en un sistema informático"; "jaqueo" es el sustantivo masculino que, en informática, se aplica a la "acción y efecto de jaquear" y "jáquer" (del inglés *hacker*) es el "pirata informático" y la "persona con grandes habilidades en el manejo de computadoras que investiga un sistema informático para avisar de los fallos y desarrollar técnicas de mejora". El plural de "jáquer" es "jáqueres", palabra esdrújula, y no "jáquers", palabra llana o grave. Es lo más conveniente, para dejar de utilizar los anglicismos crudos que, por lo demás, siguen usándose con la fonética inglesa y no con la fonética representada en la grafía: no teniendo sonido la "h" inicial, en español tendríamos que leer *ak* y *áker*. En publicaciones impresas y en internet ya existen ejemplos suficientes de cómo los hablantes y escribientes del español han adaptado estos neologismos informáticos en nuestro idioma, perfectamente derivados y con una lógica lingüística irrefutable. He aquí algunos pocos de ellos:

"Detienen en Málaga a un clan familiar por **jaquear** decodificadores para ver canales de pago", "**jaquear** contaría como préstamo lingüístico", "la adaptación más indicada es **jaquear**", "cómo **jaquear** el WhatsApp de mi mujer", "creo que me están intentado **jaquear**", "ciudadanos cameruneses detenidos por **jaquear** cuentas del banco", "el **jaqueo** de las cuentas en la red social Twitter", "prisión preventiva para británico detenido en España por **jaqueo**", "los intentos de **jaqueo** en los sistemas del Gobierno", "ha nacido el **jáquer**", "**jáquer, jaquear** y **jaqueo**, formas válidas en español", "dictan 4 años de prisión a **jáquer** ruso", "grupo de **jáqueres** norcoreanos son sospechosos de ciberataques", Estados Unidos acusa a tres **jáqueres** norcoreanos", "**jáqueres** roban 611 millones de dólares", "**jáqueres** roban cerca de un millón de soles de bonos del Estado". En conclusión, en nuestro idioma, para el ámbito informático, son correctas las representaciones gráficas y fonéticas "jaquear", "jaqueo", "jáquer" y "jáqueres".

☞ Google: 77 900 resultados de "jaquear"; 43 000 de "jaqueo"; 8 660 de "jáquer"; 2 030 de "jaquear cuentas"; 1 060 de "jáqueres". ☑

195. ¿*hectarea*?, hectárea, ¿*hectareas*?, hectáreas

El término "hectárea" es un sustantivo femenino que significa "medida de superficie equivalente a cien áreas" (DRAE). Es una palabra compuesta, de "hecto-" y "área". El elemento compositivo "hecto-" (del francés *hecto*, y éste del griego *hekatón*) significa "cien veces", en tanto que el sustantivo femenino "área" (del latín *area*) designa a la "unidad de superficie equivalente a cien metros cuadrados". Siendo así, "hectárea" es la superficie equivalente a diez mil metros cuadrados, o sea cien áreas. Su plural es "hectáreas" y su símbolo es "ha", sin punto, lo mismo para el singular que para el plural. Ejemplos: *La trufa negra de Perigord es el cultivo de peor rendimiento por* **hectárea**, *pero uno de los más rentables; El rendimiento de soja puede alcanzar hasta 2.5 toneladas por* **ha** *cultivada; Los grandes productores de algodón poseen más de 200* **ha** *cultivadas.* El error no es únicamente escribir el símbolo de "hectárea" con punto ("ha.") y "pluralizarlo" erróneamente como "has.", dado que el símbolo ("ha") es invariable en su ortografía, sino también escribir "hectarea" y "hectareas", sin tildes, pues estas palabras son trisílabas (hec-tá-rea, hec-tá-reas) y no cuatrisílabas (hec-ta-re-a, hec-ta-re-as) pues derivan de "área", palabra llana o grave con tilde. Al ser palabras trisílabas llanas o graves exigen la tilde en la penúltima sílaba ("hectárea", "hectáreas") para evitar el hiato (secuencia de dos vocales que se pronuncian en sílabas distintas) del todo natural en palabras llanas o graves sin tilde con la secuencia vocálica final "ea", "eas", como en "aldea", "asamblea", "azotea", "batea", "cefalea", "chimenea", "correa", "diarrea", "europea", "fea", "galilea", "gonorrea", "idea", "polea", "seborrea" y, por supuesto, "tarea", con sus respectivos plurales.

Son cientos de miles, millones, los hispanohablantes que no acentúan correctamente el sustantivo "hectárea", profesionistas y académicos inclusive. Las páginas de internet y las publicaciones impresas dan cuenta de ello. En el diario español *Hoy*, de Extremadura, leemos el siguiente titular:

♀ "La Junta tratará más de 24.000 **hectareas** de arroz contra la plaga de la pudenta".

Quiso informar el diario extremeño que

♂ La Junta tratará más de 24.000 **hectáreas** de arroz contra la plaga de la pudenta.

🖉 Otros ejemplos de este dislate: "venta de **hectareas** en Hidalgo", "18.851 **hectareas** ardieron en España en agosto", "una finca de 20 **hectareas**", "amplio parque de tres **hectareas**", "Las dos **hectareas**, Banda El Recodo", "hermosa finca tipo mansión de 16 **hectareas**", "130 **hectareas** en el corazón de Asturias", "300 **hectareas** arrasadas", "costo de mantenimiento por **hectarea**", "costo de producción por **hectarea**", "fantástica isla de una **hectarea**", "vendo terreno de una **hectarea**", "consumo estimado por **hectarea** en riego por goteo", "cuánto cuesta una **hectarea** de terreno en México", etcétera.

☞ Google: 3 930 000 resultados de "hectareas"; 983 000 de "hectarea". ☒

☞ Google: 34 200 000 resultados de "hectáreas"; 6 130 000 de "hectárea". ☑

196. herramienta, herramientas, instrumento, instrumentos

En el DRAE el sustantivo femenino "herramienta" (del latín *ferramenta*, plural neutro de *ferramentum*) tiene cinco acepciones, y la principal es "instrumento, por lo común de hierro o acero, con que trabajan los artesanos". Ejemplo: *El martillo es una herramienta imprescindible para el carpintero.* También se aplica al "conjunto de herramientas", y con sentido coloquial define, a decir del DRAE, al "arma blanca, puñal, navaja, faca", a los "cuernos de algunos animales, como el toro y el ciervo" y a los "dientes de la boca de una persona o de un animal, aunque, en este último caso, lo correcto es referirse a los "dientes de una persona o de un animal", ¿pues en dónde más tienen los "dientes" las personas y los animales, sino en la "boca" o en el "hocico"?; ¿quizá en el sieso? Otro sentido coloquial de "herramienta" es "verga" o "pene", y no sólo en México, pero de esto nada dicen ni el DRAE ni el *Panhispánico*, aunque sí el DM de la AML, que al menos lo consigna. Pero más allá de los dislates y abominaciones del DRAE, en todas las acepciones del diccionario académico no hay ningún sentido figurado que equipare la "herramienta" con la segunda acepción del sustantivo masculino "instrumento" (del latín *instrumentum*): "Cosa o persona de que alguien se sirve para hacer algo o conseguir un fin" (DRAE). Ejemplo: *La literatura es un instrumento para cambiar el mundo.* Sin embargo, le ha dado por decir a mucha gente, de los más diversos ámbitos, que algo que posee un uso para un determinado propósito es, sin más, una "herramienta". Y, ya en los extremos, se utiliza no sólo para algo (esto es, una cosa), sino para alguien, es decir para una persona o un personaje. Del mismo modo que alguien dice, con corrección, que *Fulano utilizó a Perengano como* **instrumento** *de su venganza,* no faltan los que afirman que *Mengano es una* **herramienta** *muy eficaz para la revancha de Zutano.* Según una información que distribuyó la agencia gubernamental mexicana Notimex, el actor Diego Luna está interesado en interpretar a Mario Moreno *Cantinflas,* porque se trata de "un personaje muy interesante y una herramienta para hablar de una época de México que muchas generaciones ya no conocen". En español castizo quiso decir el señorito Luna que dicho personaje es "un instrumento", pero, para él, y para muchas otras personas, "herramienta" es simple sinónimo de "instrumento". En realidad, se le da al sustantivo "herramienta" la equivalencia de "recurso" o "instrumento" por influencia del inglés. Pero ni siquiera el guango *Diccionario de mexicanismos,* de la AML, recoge la acepción de "herramienta" en el sentido figurado que se le da hoy especialmente en los ámbitos cultos, periodísticos, políticos, burocráticos y académicos no sólo de México, sino también de otros países hispanohablantes. Ya es frecuente escuchar y leer acerca de "la educación como una herramienta", de "la cultura como una herramienta", de "la psicología como una herramienta", y ahora hasta de Einstein o Picasso como "herramientas". Este uso surgió en la sociología y en la psicología; en todo caso, en la universidad, y lo incrustaron en el español los académicos e investigadores viajeros que gozaron de intercambios y residencias en universidades gringas o inglesas. En el DRAE, ocupados como están siempre en zarandajas, ni siquiera se enteran de este giro en el idioma que ya es de uso amplio. Es un calco del sustantivo *tool* (pronunciación: *tú*), voz inglesa que significa, literalmente, "herramienta" y "utensilio", pero también, en sentido figurado, "instrumento", como en el siguiente ejemplo: *They used her as* **tool** *to get at the files (Se sirvieron de ella como* **instrumento** *para tener acceso a los documentos).* De ahí, nuestros representantes de la educación en el extranjero tradujeron siempre "herramienta" en vez de "instrumento" cada vez que veían escrita la voz inglesa *tool,* y nos la trajeron al español, como caballo de Troya, en función de sus limitaciones e incapacidades léxicas. Y por eso hoy se habla de que *El libro es una gran* **herramienta** *del conocimiento,* cuando, sin anglicismos ni anglofilias, tendríamos que decir y escribir que *El libro es un gran* **instrumento** *del conocimiento.* La educación, el arte, la cultura, la música, la pintura, la filosofía, las matemáticas, la psicología, etcétera, son hoy —lo escuchamos y lo leemos a cada rato— "herramientas" del desarrollo social e individual, cuando antes eran "instrumentos". La ignorancia de los nativos del español en tierras inglesas y gringas, aunada a su anglofilia, convirtió el sentido figurado de la voz *tool,* "instrumento", en el sentido recto "herramienta". Lo cierto es que difícilmente podremos ya eliminar este uso que ya hizo escuela desde las escuelas y, especialmente, desde las universidades. Por ello lo más lógico es que el DRAE lo incluya en sus páginas y lo defina, en lugar de los "amigovios" y "papichu-los" que con tanto esmero acoge en el mamotreto, sin ocuparse de lo que realmente importa en nuestra lengua. Este anglicismo llegó al español para quedarse. Ya no hay manera de revertirlo. Entonces, admitámoslo.

☞ Google: 14 700 000 resultados de "la herramienta de la política"; 3 140 000 de "la herra-mienta de la educación"; 3 050 000 de "la herramienta de la cultura"; 2 110 000 de "la edu-cación es una herramienta"; 733 000 de "el conocimiento como herramienta"; 680 000 de "el desarrollo es una herramienta"; 490 000 de "el libro es una herramienta"; 480 000 de "la herramienta de la paz"; 412 000 de "la política es una herramienta"; 353 000 de "la cultura es una herramienta"; 352 000 de "educación como herramienta"; 295 000 de "arte como herra-mienta"; 281 000 de "la herramienta de la democracia"; 255 000 de "educación como herramien-ta"; 232 000 de "el arte es una herramienta"; 229 000 de "conocimiento como herramienta"; 229 000 de "cultura como herramienta"; 189 000 de "herramienta del desarrollo"; 186 000 de "libro como herramienta"; 185 000 de "la universidad es una herramienta"; 179 000 de "la po-lítica como herramienta"; 170 000 "el deporte es una herramienta"; 158 000 de "deporte como herramienta"; 157 000 de "la democracia es una herramienta"; 142 000 de "música como herra-mienta"; 120 000 de "cine como herramienta"; 110 000 de "lectura como herramienta"; 75 500 de "la religión es una herramienta"; 71 300 de "la herramienta del poder"; 63 500 de "pintura como herramienta"; 57 700 de "amor como herramienta"; 48 600 de "la terapia es una herra-mienta"; 39 100 de "convivencia como herramienta"; 28 900 de "danza como herramienta"; 12 600 de "terapia como herramienta". ☑

197. heterofobia, homofobia, misandria, misoginia

Con frecuencia se olvida que, así como existe la "misoginia" ("aversión a las mujeres"), existe también la "misandria" ("aversión a los varones"). En español, prácticamente todos los sustantivos tienen sus antónimos u opuestos. Escuchamos y leemos, habi-tualmente, el término "homofobia", porque es uno de los grandes problemas socia-les, pero, aunque su antónimo o contrario, "heterofobia", sea menos frecuente en el habla y en la escritura, constituye también un problema que la gravedad de la "homo-fobia" prácticamente ha invisibilizado. La discriminación, la violencia, los crímenes en general y, en particular, los asesinatos producto de la "homofobia", hacen que la "heterofobia" pase casi inadvertida, a pesar de que, en internet, especialmente, este fenómeno se exprese de manera también violenta, al menos en términos verbales. El *Wikcionario* y la *Wikipedia* definen la "heterofobia" como el miedo o la aversión a lo distinto: "miedo irracional y enfermizo al sexo opuesto" y "aversión obsesiva a todo lo que sea extraño al sexo propio". Cuando alguien (especialmente, una mujer) escri-be, en internet, la expresión "¡A los hombres no los necesitamos!", está incurriendo en "misandria", pero también en "heterofobia" y en deliberada amnesia, pues es obvio que alguien que dice esto trata de olvidar, o de ignorar, que está en este mundo porque un hombre y una mujer realizaron si no el amor, sí el acto sexual, el coito, para que naciera, para que existiera, y aun si se hubiese formado *in vitro*, esto es a partir de la fecundación en probeta, resulta claro que, al menos hoy, es indispensable el espermatozoide o gameto masculino (que produce el varón) para fecundar al óvulo o gameto femenino (que produce la mujer). Es muy distinto condenar el "machismo" a decir, tontamente, que las mujeres no necesitan a los hombres o, al revés, que los hombres no necesitan a las mujeres. Veámoslo en términos idiomáticos y no únicamente desde una perspectiva ideológica. El sustantivo femenino "homofobia" (del inglés *homophobia*) significa "aversión a la homosexualidad o a las personas homosexuales". Ejemplo: *La **homofobia** en el mundo adquiere cada vez más expresiones de violencia*. De ahí el adjetivo "homófobo" (también "homofóbico"), que se aplica a la persona "que tiene o manifiesta homofobia" (DRAE). En cuanto al adjetivo y sustantivo "homosexual", el *Clave: diccionario de uso del español actual*, lo define del siguiente modo: "Que siente atracción sexual por individuos de su mismo sexo". (Citamos la definición del *Clave*, porque las del DRAE y la del DUE son horrorosamente prejuiciosas e inexactas.) Ejemplo: *Oscar Wilde llamó al amor **homosexual** "el amor que no se atreve a pronunciar su nombre"*. Si todas las fobias son aversiones irracionales, la "homofobia" es una de las aversiones más estúpidas, como lo es también la "heterofobia". Pero qué tan invisible puede ser la "heterofobia", comparada con la "homofobia", que ni el *Diccionario de la lengua española*, de la RAE, ni el *Diccionario de uso del español*, de María Moliner, incluyen este sustantivo femenino que, como es obvio, significa aversión, miedo o rechazo a las personas del sexo contrario y a los que no se parecen a nosotros ni actúan como nosotros, y es un antónimo de "homofobia". Y, al igual que la "homofobia", es una manifestación del sexismo ("discriminación de las personas por razón de sexo", DRAE). Es importante no confundir el sustantivo "heterofobia" con el también sustantivo femenino "xenofobia" ("fobia a los extranjeros"). Tanto el DRAE como el DUE pasan por la palabra "heterofobia" y se la brincan, entre el adjetivo "heterodoxo" y el sustantivo "heterogeneidad", como si el término no existiera. Desde luego, existe, aunque no esté registrado en el diccionario. Ejemplo: *La **heterofobia** se expresa también, al igual que la **homofobia**, en manifestaciones irracionales de violencia verbal*. De ahí el adjetivo "heterófobo" (también "heretofóbico"), que tampoco tiene cabida ni en el DRAE ni en el DUE, pero que es del todo correcto y se aplica a la persona que tiene o manifiesta "heterofobia". Ejemplo: *Hay mujeres que, más que feministas, son **heterofóbicas***. En cuanto al adjetivo y sustantivo "heterosexual", el *Clave* lo define del siguiente modo: "Que siente atracción sexual por individuos del sexo opuesto". (Otra vez, las definiciones del DRAE y el DUE son simplemente inexactas.) Ejemplo: *Si a nadie le preguntan si es **heterosexual**,*

¿por qué preguntar a alguien si es **homosexual***?* Si los diccionarios de la lengua española incluyen en sus páginas "homofobia" y sus derivados, deben incluir también "heterofobia" y sus derivados, del mismo modo que registran en sus páginas los términos "homosexual" y "heterosexual", "homogeneidad" y "heterogeneidad". En lugar de andar con sus "amigovios" y "papichulos", los académicos deberían dedicarse a cosas más útiles y serias. He aquí algunos pocos ejemplos del perfecto uso de "heterofobia" y sus derivados: "**heterofobia**: el rechazo a lo diverso", "la **heterofobia** no se considera discriminación" (claro, esto es lo que dicen los **heterófobos**), "discriminación sexual: **heterofobia**", "**heterofobia**, hembrismo y racismo", "**heterofobia** e inquisición gay", "la **heterofobia** no existe" (la **heterofobia** sí existe; lo que ocurre es que el término no está registrado en el diccionario de la lengua española), "**heterofobia**: viviendo el mundo al revés", "la **heterofobia** como enfermedad moral", "racismo y **heterofobia** en Europa", "**heterofobia** e intransigencia", "**heterofobias** y sueños", "los nacionalismos radicales y las **heterofobias**", "**heterofobias** y xenofobias", "**homofóbicos** contra **heterofóbicos**", "si hay **homofóbicos**, hay **heterofóbicos**" (por supuesto: es un asunto de lógica), "¿quién nos defiende de los **heterofóbicos**", "caminamos hacia una sociedad **heterofóbica**", "indigna pancarta **heterofóbica** en Universidad Complutense", "¿qué pasaría si el mundo fuera **heterofóbico**?", "ponte en los zapatos de otro: mundo **heterofóbico**", "racismo **heterófobo**", "el rechazo **heterófobo**", etcétera.

☞ Google: 85 200 resultados de "heterofobia"; 17 300 de "heterofobias"; 10 700 de "heterofóbicos"; 7 550 de "heterofóbica"; 5 090 de "heterofóbico"; 3 320 de "heterófobo"; 2 100 de "heterofóbicas"; 1 570 de "heterófobos"; 1 180 de "heterófoba". ☑

198. hipótesis, ¿hipótesis demostradas?, ¿hipótesis sin demostrar?

El sustantivo femenino "hipótesis" (del griego *hypóthesis*) significa "suposición de algo posible o imposible para sacar de ello una consecuencia" (DRAE). Mucho mejor es la definición de María Moliner en el DUE: "Explicación razonable de cierta cosa, que se admite provisionalmente como base para llegar a una consecuencia, como punto de partida para una investigación o como arranque de un argumento, aunque su verdad no esté comprobada". Ejemplo: *Sólo se trata de una* **hipótesis***.* Sus sinónimos son "suposición" o "supuesto". De ahí el adjetivo "hipotético" (del griego *hypotheitikós*), que "se aplica a lo que se supone como punto de partida para un argumento, una demostración o una investigación, pero que no está comprobado" (DUE). Ejemplo: *Lo que se ha dicho es* **hipotético***.* En cuanto al verbo transitivo "demostrar" (del latín *demonstrāre*), su segunda acepción es la que nos interesa para el caso: "Probar, sirviéndose de cualquier género de demostración" (DRAE). Ejemplo: *Pudo* **demostrar** *que era inocente*. Queda claro, por lo anterior, que la expresión "hipótesis demostrada" es un contrasentido y que "hipótesis sin demostrar" es una redundancia bruta, pues, de acuerdo con la definición del sustantivo "hipótesis", toda "hipótesis" es un "supuesto" (del participio de *suponer* y del latín *suppostus*) que, en su calidad de sustantivo masculino, significa "suposición o hipótesis" y, en su calidad de adjetivo, "considerado real o verdadero sin la seguridad de que lo sea" (DRAE). Ejemplo del diccionario académico: *La supuesta autora del anónimo.* En conclusión, no existe ninguna "hipótesis demostrada", puesto que dejaría de ser "hipótesis" y, en consecuencia, si decimos y escribimos "hipótesis sin demostrar" estamos incurriendo en una rebuznancia. Basta con decir y con escribir "hipótesis" que es lo mismo que decir "suposición". ¿Sin demostrar? ¡Por supuesto! Una "suposición", un "supuesto" excluyen, explícitamente, toda demostración.

Se trata de un sinsentido ("hipótesis demostrada") y de una rebuznancia ("hipótesis sin demostrar") del ámbito académico, que cometen personas de alta escolaridad que utilizan muy pocas veces la lógica y nunca el diccionario. En el libro español *El escritofrénico: un tratado sobre la curación de la psicosis*, su autor escribe:

♀ "Puras **hipótesis sin demostrar** que han sido elevadas a la categoría de **dogmas absolutos** por la Asociación Psiquiátrica Américana (APA) y su afán de **lucro comercial**".

¡Le encantan al autor no únicamente las redundancias, sino también los énfasis pleonásticos ("dogmas absolutos", como si los hubiera relativos; "lucro comercial", que, aunque no todo "lucro" lo sea, gran parte de él es "comercial")! En buen español, debió escribir:

☝ Son **hipótesis** elevadas a la categoría de **dogmas** por la Asociación Psiquiátrica Americana (APA), en su afán de **lucro**.

✎ España, lo hemos dicho más de una vez, es el paraíso de las redundancias y los pleonasmos. Por ello, en un par de líneas no pocos autores españoles podemos encontrar hasta tres o cuatro. He aquí algunos ejemplos del famoso contrasentido "hipótesis demostrada" y de la no menos famosa redundancia "hipótesis sin demostrar": "Una **hipótesis demostrada** a priori o a posteriori", "consideramos dicha **hipótesis demostrada**", "basándose en la **hipótesis demostrada**", "tiene el carácter de una **hipótesis demostrada**", "a partir de esa **hipótesis demostrada**", "la **hipótesis demostrada** mediante el análisis de indicadores", "error en cada una de las **hipótesis demostradas**", "significado de las **hipótesis demostradas**", "las **hipótesis demostradas** no son hechos", "se apoyan en **hipótesis sin demostrar**", "es aún una **hipótesis sin demostrar** sólidamente", "este argumento se basa en **hipótesis sin demostrar**", "se mantenía la **hipótesis sin demostrar**", "defender una **hipótesis sin demostrar**", "con la misma **hipótesis sin demostrar**", "las teorías expuestas son **hipótesis sin demostrar**", "contra ella sólo hay **hipótesis sin demostrar**", etcétera.

☞ Google: 2770 resultados de "hipótesis demostrada"; 1310 de "hipótesis sin demostrar"; 1000 de "hipótesis demostradas". ☒

199. ¿*hippie*?, ¿*hippy*?, ¿*hipster*?, ¿*hipsters*?, jipi, jipis, jipiteca, jipitecas, jípster, jípsteres

El DRAE, que se enorgullece de incluir en sus páginas zarandajas como "amigovio" y "papichulo" (los españoles exigen a sus académicos, ya que son tan espléndidos, que incluyan también "follaamigo" o "follamigo" y otras expresiones contemporáneas del ámbito sexual), no tiene un mínimo espacio para una voz inglesa ampliamente utilizada en nuestro idioma: *hipster* (pronunciada *jípster*), la cual ya hubiese podido adaptar al castellano, o españolizar, como "jípster" (plural: "jípsteres"), del mismo modo que tuvo a bien adaptar las voces inglesas *hippie* e *hippy* en "jipi", adjetivo que define del siguiente modo: "Dicho de un movimiento: De carácter contracultural y juvenil, surgido en los Estados Unidos de América en la década de 1960 y caracterizado por su pacifismo y su actitud inconformista hacia las estructuras sociales vigentes". Ejemplo: *El movimiento jipi en Estados Unidos produjo rebeldes e inconformistas que luego se hicieron millonarios y explotadores.* Se aplica también, como adjetivo, a lo "perteneciente o relativo al movimiento jipi". Ejemplo: *Tenía una indumentaria jipi.* Como sustantivo, masculino y femenino, se aplica al "partidario del movimiento jipi". Ejemplo: *Fue un jipi y ahora es un banquero.* El pobrecito *Diccionario de mexicanismos* de la AML recula en lugar de avanzar e incluye en sus páginas el sustantivo "hippie", que se pronuncia *jípi*, acota ("persona de aspecto desaliñado"), el sustantivo "hippiento" ("hippioso") y el adjetivo "hippioso" ("referido a alguien desaliñado"), aunque no precisa su fonética: *jipiento, jipioso.* De esta fonética únicamente nos enteramos si vamos a la sección de la "j" donde el bendito diccionario vuelve a definir, con el mismo sentido, pero con palabras y ejemplos diferentes, lo que ya hizo en "hippiento" y "hippioso". Todo un portento de tontería el DM, en cuyas páginas no aparece ni por asomo el más importante mexicanismo derivado de las voces inglesas *hippie* y *hippy*: el sustantivo "jipiteca", cruce de "jipi" con "azteca", "tolteca" o "zapoteca" y, por extensión, con el nativo de México: el "jipi mexicano". En el primer volumen de su *Tragicomedia mexicana*, José Agustín explica lo que los investigadores y redactores del DM no saben porque, en lugar de tener entre sus fuentes de consulta a José Agustín, prefirieron a Eugenio Derbez (¡Dios los perdone, porque nosotros no!): "En México el jipi se volvió, como asienta Enrique Marroquín en *La contracultura como protesta*, en jipiteca, y además del aprecio por la cultura indígena (que no ocurría desde los tiempos de Diego Rivera), pronto conformó un lenguaje propio, que se alimentaba fuertemente del argot carcelario, de expresiones populares y que lanzó numerosos términos (el llamado, después, lenguaje de la onda), a veces sólo por jugar con las palabras, pero en otras ocasiones, las más, para hacer referencia a fenómenos, percepciones, modos de comunicación o estados de ánimo que no tenían equivalente en el lenguaje común castellano-mexicano". Y agrega José Agustín: "Se buscaba el cambio de la sociedad a través de la expansión de la conciencia y la ampliación de la percepción; el cambio era por dentro, individual, pero también social, porque el jipiteca buscaba 'prender' otras individualidades". Desde hace un chingamadral de años ("chingamadral" es un mexicanismo que al menos sí recoge el DM), "jipiteca" es el más importante mexicanismo que se aportó al movimiento contracultural jipi, pero en la Academia Mexicana de la Lengua ni por enterados. Para el caso de la voz inglesa *hipster*, que tampoco recoge el DRAE, ésta es tan vieja como nueva. Explica la *Wikipedia* que se remonta a la subcultura emergente afroamericana de los años cuarenta en Estados Unidos, y que reaparece en la última década del siglo XX como un estereotipo en la cultura juvenil urbana de las clases medias y altas que adoptan un estilo "bohemio" con tendencia a lo "alternativo" y a la "antimoda". El auge de esta forma de vestir, comer, hablar, comportarse, como un "estilo de vida" (desarrapados, pero modernos; jipis, pero con vestimentas costosas; orgullosos de su estilo e "identidad", pero carentes de autenticidad; posmodernos, pero antediluvianos) se da justamente en la segunda década del presente siglo en la que los *hipsters* son identificados por la ropa, el fetichismo, el ecologismo, el veganismo y la denominada cultura *indie*, subgénero musical del rock alternativo. Mientras la Real Academia Española se duerme en sus laureles, los hablantes y escribientes del español ya han comenzado a adaptar y adoptar la grafía "jípster" (similar a la adecuación gráfica y fonética "jipi") para referirse al *hipster* y a lo *hipster*. Esta adaptación deriva en el anómalo plural "jípsters", en lugar del correcto "jípsteres", pero ello habla de la necesidad de nombrar esta realidad en nuestro idioma. En tanto esta adaptación se generaliza, en español la voz inglesa convivirá con el neologismo español, pero en nuestro idioma debemos escribir *hipster*, en cursivas o itálicas, como corresponde a un extranjerismo. Y dejemos a la pobre anciana Real Academia Española que siga roncando, sin enterarse de lo que ocurre a su alrededor. He aquí algunos ejemplos de la forma en que se usa el mexicanismo "jipiteca" (que no conoce la Academia Mexicana de la Lengua) y el anglicismo *hipster* (con su correcta adaptación españolizada "jípster"), que ignora la Real Academia Española: "onderos o **jipitecas**", "¿quiénes fueron los **jipitecas**?", "**jipitecas** al ataque", "características de los **jipitecas**", "a los **jipitecas** les toca el embate de los mecanismos autoritarios", "para algunos **jipitecas** fue la base de su camino espiritual", "el estilo **jipiteca** era rebelde", "primero es **jipiteca**, de ahí pasa a priista sindicalero", "mezcla de azteca con jipi para vivir **jipiteca**", "vestido de **jipiteca** con su mujer de tehuana", "vocabulario **jipiteca**", "el origen y la cultura de los *hipsters*", "los *hipsters*: la última tribu urbana del siglo XXI", "los *hipsters*, un nuevo mercado para hacer negocio", "10 cosas que los **hipsters** convirtieron en cliché", "cómo ser un **hipster**", "los 10 mandamientos del **hipster**", "características de un **hipster**", "6 señales de que eres un **hipster**", "generación **jípster**", "el padre del movimiento **jípster**", "la huella económica de la cultura **jípster**", "la esencia **jípster**", "hay **jípsteres** imbéciles", "Coyoacán resplandecía con parvadas de **jipiosos, jípsteres** y demás fauna capitalina", "para joderles el repertorio a los **jípsteres**", etcétera.

☞ Google: 24 800 resultados de "jipitecas"; 5 530 de "jipiteca"; 4 460 de "los jipitecas". ☑

☞ Google: 549 000 resultados de "los *hipsters*"; 342 000 de "un *hipster*"; 86 300 de "cultura *hipster*". ☑

☞ Google: 19 400 de "jípster"; 398 de "generación jípster"; 85 de "jípsteres". ☑☑

200. hundida, ¿*hundida hacia adentro?*, ¿*hundida hacia dentro?*, hundido, ¿*hundido hacia adentro?*, ¿*hundido hacia dentro?*, hundir, sumida, sumido, sumir

Decir y escribir que algo está "hundido hacia dentro" es parecido a sorprenderse por hallar un "tubo hueco por dentro". Ambos son disparates redundantes; veamos por qué. Así como no hay tubos que, por definición, no sean huecos, asimismo, no hay nada que pueda estar hundido hacia fuera. Con frecuencia, la lógica no acompaña a las personas y esto se evidencia en el habla y en la escritura. El verbo transitivo "hundir" (del latín *fundĕre*) tiene como acepción principal "sumir, meter en lo hondo", de ahí que el adjetivo participio "hundido", ¡que no está en las páginas del DRAE!, pero sí en las del DUE, signifique, entre otras acepciones (varias de sentido figurado) "sumergido", esto es, por debajo del ras. El adverbio "dentro", con su variante "adentro" (del latín *deintro*) significa "en la parte interior de un espacio o término real o imaginario". Ejemplo del DRAE: *Dirigir todo **hacia dentro***. Ello, en oposición a "fuera" (también "afuera"), que significa "a la parte o en la parte exterior de algo". Ejemplo del DRAE: *Me voy **fuera***. En consecuencia, si algo está "hundido" o "sumido" (el verbo transitivo "sumir", del latín *sumĕre*, significa, entre otras cosas, "formar una concavidad"), queda claro que es hacia dentro, puesto que no podría estar "sumido hacia afuera". No son pocos los hispanohablantes que no saben distinguir entre algo "hundido" o "sumido" y algo "abombado" (curvado o convexo), lo cual nos lleva a dudar que sepan diferenciar, precisamente, entre lo "cóncavo" ("curvado hacia dentro, como el interior de un cuenco") y lo "convexo" ("curvado hacia fuera, como el exterior de un cuenco"). La "curvatura" (cualidad de curvo) admite estas dos posibilidades de oposición (adentro y afuera), pero no así la "hondura" que siempre, por definición, es hacia dentro, hacia el fondo. Incluso si el hundimiento de algo es lateral, ese lado hundido o sumido sigue siendo una concavidad. En resumidas cuentas, decir y escribir que algo está hundido o sumido hacia dentro es como descubrir que un tubo siempre es hueco (¡obviamente, por dentro!; ni modo que por fuera). Evitemos tales disparates redundantes que ofenden a la lógica, es decir, al principio del pensamiento inteligente.

En la revista *Pesquisa* leemos que una astrofísica brasileña radicada en Estados Unidos fue reconocida con un importante premio a la investigación que, entre otras cosas, descubrió que

♀ "el hemisferio sur se encuentra **hundido hacia adentro** en relación al hemisferio norte, debido a un campo magnético".

Quiso informar la revista, sin barbaridades redundantes, que la mencionada científica comprobó que

♂ debido a un campo magnético, el hemisferio sur **presenta un hundimiento** comparado con el hemisferio norte.

🖉 He aquí otros ejemplos de este desbarre, tanto del ámbito culto como del terreno inculto, de la lengua española, reproducidos de publicaciones digitales e impresas: "El pezón **hundido hacia adentro**", "botellas con el fondo **hundido hacia adentro**", "tiene forma cóncava, como **hundido hacia adentro**", "el punto blando de la cabeza de su hijo está **hundido hacia adentro**", "el esternón está **hundido hacia adentro**", "suelo **hundido hacia dentro**", "un mentón **hundido hacia dentro**", "en sus inicios las botellas se hacían con el culo **hundido hacia dentro** para que el punto por el que se había soplado la botella no quedara expuesto", "el botón de encendido **hundido hacia dentro**", "una cicatriz **hundida hacia dentro**", "la esquina del edificio quedó **hundida hacia dentro**", "la cama era muy dura, **hundida hacia dentro**", "tenía la dentadura **hundida hacia adentro**", "la mejilla del bebé está redondeada y no **hundida hacia adentro**", "tengo una de las paredes de la nariz **hundida hacia adentro**" y, como siempre hay algo peor: "afortunadamente **hundido** [un edificio] **hacia dentro de sí mismo**".

☞ Google: 2 310 resultados de "hundido hacia adentro"; 2 270 de "hundido hacia dentro"; 1 620 de "hundida hacia dentro"; 1 530 de "hundida hacia adentro". ☒

201. identidad, identificación, identificar, ¿*indentidad*?, ¿*indentificación*?, ¿*indentificar*?

¿Puede la gente, en el ámbito profesional, cometer la tontería de decir y escribir "indentidad", "indentificación" e "indentificar" en lugar de los correctos "identidad", "identificación" e "identificar"? Resulta sorprendente, pero sí puede. Y es una enorme cantidad de gente la que comete estos desbarres, no únicamente en el habla, sino también en la escritura, y no sólo en la escritura informal o en internet, sino incluso en los documentos de oficina y en las publicaciones impresas (diarios, revistas y libros). El verbo transitivo y pronominal "identificar", "identificarse" (del latín medieval *identificare*) tiene en el DRAE las siguientes acepciones: "Hacer que dos o más cosas en realidad distintas aparezcan y se consideren como una misma"; "reconocer si una persona o cosa es la misma que se supone o se busca"; "llegar a tener las mismas creencias, propósitos, deseos, etc., que otra persona"; "dar los datos personales necesarios para ser reconocido". Ejemplos: *Dijo **identificarse** con el pacifismo de Gandhi; Ante las autoridades se **identificó** con su pasaporte.* De ahí el sustantivo femenino "identificación": acción y efecto de identificar o identificarse. Ejemplo: *Los trabajos de **identificación** de las personas fallecidas en el accidente aéreo han sido muy lentos.* ¿Cómo es posible que de la raíz de "idéntico" (adjetivo), "idénticamente" (adverbio), "identidad" (sustantivo), "identificable" (adjetivo), "identificación" (sustantivo), "identificador" (adjetivo y sustantivo), "identificar" (verbo), "identificativo" (adjetivo) e "identificatorio" (adjetivo), muchos hablantes y escribientes, no sólo del ámbito inculto de la lengua, deriven "**in**déntico", "**in**dentidad", "**in**dentificable", "**in**dentificación", "**in**dentificador" e "**in**dentificar"? ¡Es como para no creerlo, pues incluso es más sencillo pronunciar "identificación" que "indentificación"! Antes que nada, se trata, como es lógico, de una falta de ortoepía que luego derivó en una falta ortográfica, que pronto se convirtió en un barbarismo habitual. Pero también se trata de una gran indolencia para abrir un diccionario, y no de las personas del ámbito inculto de la lengua que, probablemente, no siempre tengan un diccionario a la mano, sino, sobre todo, de personas de ámbitos profesionales, públicos e institucionales que así hablan y así escriben: retorciendo la lengua y su sentido.

Causa sorpresa que un barbarismo tan elemental (propio del habla) sea tan abundante en la lengua escrita y más aún en las publicaciones impresas. Está presente en el habla y en la escritura de México y España, pero es mucho más frecuente en los países centroamericanos, caribeños y sudamericanos. Las páginas de internet están llenas de él, al igual que diarios, libros y revistas en papel. Incluso textos oficiales e institucionales le dan vuelo a esta barbaridad. En el diario peruano *La República* leemos el siguiente titular:

 ♀ "Sepa cómo **indentificar** la vigorexia, la obsesión por el cuerpo musculoso".
Quiso orientar el diario a sus lectores a fin de
 ♂ **identificar** la vigorexia, etcétera.

 ✍ En el diario español *ABC* leemos el siguiente titular: "Ya es posible **indentificar** a tres especies de delfines en el Mediterráneo por la noche". La sintaxis es horrorosa, pero más horroroso es ese advenedizo verbo "indentificar" que no pertenece a nuestro idioma y ni siquiera a otro idioma cercano al español, como el portugués. Es simplemente un más que palurdo barbarismo. He aquí más ejemplos de él, tomados todos de publicaciones impresas y de internet: "cómo **indentificar** su estrategia de ventas", "decálogo para **indentificar** el sexismo en la publicidad", "**indentificar** nuevos reguladores de bacterias", "Trump y su idea de **indentificar** a los musulmanes como los judíos en la época de Hitler", "la afición se ha vuelto a **indentificar** con el equipo", "pedir un documento de **indentidad**", "nuestro sello de **indentidad**", "Martín Caparrós, en busca de la **indentidad** cultural argentina", "estándares de **indentificación**", "deficiencias en huellas de **indentificación**", "estudios de **indentificación** de riesgos", "**indentificador** de llamadas", "**indentificando** las tareas de valor", "futbolista marcó un gol **indéntico** al del Diego Maradona", "cada espécimen siempre debe ser **indentificable**".

 ☞ Google: 821000 resultados de "indentificar"; 221000 de "indentidad"; 213000 de "indentificación"; 49700 de "indentidades"; 40500 de "indentificador"; 37000 de "indentificando"; 7210 de "indéntico"; 5880 de "indentificaciones"; 4270 de "indentificable"; 3680 de "indéntica"; 2190 de "indénticos"; 2120 de "indénticas"; 1370 de "indentificándose". ☒

202. imponer, *¿imponer a la fuerza?*, imponer con violencia, *¿imponer por la fuerza?*, obligar, *¿obligar a fuerza?*, obligar con violencia, *¿obligar por la fuerza?*

Toda imposición y toda obligación son "a fuerza" o "por la fuerza", incluso si es "por la fuerza de la razón", pues los sustantivos femeninos "imposición" y "obligación" conllevan los sentidos de deber y coerción. No es posible imponer algo u obligar a alguien sin el recurso de la fuerza; veamos por qué. El sustantivo femenino "imposición" (del latín *impositio, impositiōnis*) significa, además de "acción y efecto de imponer o imponerse", "exigencia desmedida con que se trata de obligar a alguien" y "carga, tributo u obligación que se impone" (DRAE). Ejemplo: *La fuerza de la mayoría decidió la imposición de esa norma.* El verbo transitivo y pronominal "imponer", "imponerse" (del latín *imponĕre*) significa, en su primera acepción, "poner una carga, una obligación u otra cosa" (DRAE). Ejemplo: *Se impuso una multa a quienes no cumplieron con la disposición.*

De ahí el adjetivo "impositivo": "que impone". Ejemplo: *La reforma fiscal debe adecuar las cargas impositivas.* De ahí el sustantivo masculino "impuesto" (del participio de *imponer* y del latín *impostus*, variante de *imposĭtus*): "tributo que se exige en función de la capacidad económica de los obligados a su pago" (DRAE). Ejemplo: *El empresario Fulano será procesado por evasión de impuestos.* Sinónimo del verbo "imponer" es el verbo transitivo "obligar" (del latín *obligāre*) que, además de significar "mover e impulsar a hacer o cumplir algo", significa "hacer fuerza en una cosa para conseguir un efecto" (DRAE). De ahí el sustantivo femenino "obligatoriedad": "cualidad de obligatorio", y el adjetivo "obligatorio" (del latín *obligatorius*): "dicho de una cosa: que obliga su cumplimiento y ejecución". Ejemplos: *La ignorancia de la ley no exime a nadie de su obligatoriedad*; *Toda disposición general es obligatoria.* ¿Y cómo podría **imponerse algo a alguien** o bien **obligarlo a cumplir algo** si no es **por la fuerza**? Sea ésta la de la razón, la de la ley, la de la democracia, la de la dictadura, la de la norma social, la del hábito aceptado, la de los usos y costumbres, la de las convenciones y creencias religiosas, etcétera. La clave está en el sustantivo femenino "fuerza" (del latín *fortia*) con dos acepciones que nos interesan para el caso: "Aplicación del poder físico o moral" y "acto de obligar a alguien a que asienta a algo, o a que lo haga". De ahí las locuciones adverbiales "a fuerza" "a la fuerza", "por fuerza" y "por la fuerza", que significan "violentamente, contra la propia voluntad" (DRAE). Ejemplo: *Tiene que cumplir con sus contribuciones fiscales a fuerza*, que es lo mismo que decir que *Está obligado a cumplir con sus contribuciones fiscales*. El sustantivo femenino "contribución" (del latín *contributio, contributiōnis*) significa, además de "acción y efecto de contribuir", "cuota o cantidad que se paga para algún fin, y principalmente la que se impone para las cargas del Estado". Ejemplo: *Cumple con tus contribuciones y evítate problemas*, tal como aconsejaba, *y amenazaba*, y no veladamente, por cierto, una advertencia, en forma de anuncio, del Servicio de Administración Tributaria en México. ¿Y qué es un "tributo"? ¡Una imposición, una obligación! ¿A la fuerza, por la fuerza? Por supuesto. El sustantivo masculino "tributo" (del latín *tribūtum*), además de significar "aquello que se tributa", significa "carga continua u obligación que impone el uso o disfrute de algo" y "obligación dineraria establecida por la ley, cuyo importe se destina al sostenimiento de las cargas públicas" (DRAE). De ahí el verbo transitivo "tributar": "pagar algo al Estado para las cargas y atenciones públicas", y de ahí también el adjetivo y sustantivo "tributario" ("que paga tributo o está obligado a pagarlo") y el adjetivo y sustantivo "contribuyente" ("persona obligada por ley al pago de un impuesto". Ejemplo: *Es un contribuyente muy cumplido*. La cuestión es simple: si las "contribuciones fiscales" fuesen "opcionales" (esto es "optativas, no obligatorias") no se llamarían "impuestos". Se llaman "impuestos" porque "se imponen", "por la fuerza de la ley" y "por el poder del Estado y del gobierno". Y nada puede "imponerse" sin el respaldo de una "fuerza": sea ésta, como ya hemos dicho, la "fuerza de la razón" o la "fuerza del poder". De tal forma, todo "se impone por la fuerza" y a los "obligados" a algo se les compele (obviamente, "por la fuerza"): de ahí que la expresión "imponer por la fuerza" y "obligar por la fuerza" son redundancias no muy advertidas, pero, al fin y al cabo, redundancias. Los sinónimos de "imponer" y "obligar" son, ni más ni menos", "forzar", "exigir", "gravar", "constreñir", "coaccionar" e "intimar", entre otros verbos de acción relacionados con "apremio": acción y efecto de compeler al cumplimiento de un acto obligatorio. Explicado y comprendido lo anterior, queda claro, en conclusión, que "imponer a la fuerza", "imponer por la fuerza", "obligar a fuerza" y "obligar por la fuerza", más sus variantes, son redundancias prestigiadas en los ámbitos del derecho, la administración y, en general, del gobierno, al grado de hacerse extensivos en el uso general de nuestro idioma, hablado y escrito, lo mismo en internet que en publicaciones impresas. Mucho más lógicas y menos redundantes son las expresiones "imponer con violencia" y "obligar con violencia" que es en realidad lo que quieren decir y escribir las personas que se refieren a "imponer por la fuerza" y "obligar por la fuerza".

Los profesionistas y, en general, las personas de alta escolaridad, que no necesariamente de elevada educación, ni siquiera advierten que en estas formas expresivas existe redundancia. En el diario español *El País* leemos el siguiente titular:

♀ "La rebelión de 100 vecinos logra **imponer a la fuerza** que no se abra una discoteca matinal en Alcorcón".

En buen español, y sin redundancia, el diario español quiso informar que

☼ cien vecinos de Alcorcón **obligan** a que no se abra una discoteca matinal. (¿A la fuerza? ¡Pues claro! ¡Así fuese a fuerza de persuasión!).

🖉 Mucho más sentido gramatical y semántico tiene la expresión popular "¡A fuerza, ni los zapatos entran!". Van otros ejemplos de estas redundancias que se pasean muy orondas y bien vestidas en nuestro idioma, a fuerza del uso culto y profesional que desdeña el conocimiento del significado de las palabras y desprecia la lógica: "Guardia Nacional no busca militarizar o **imponer a la fuerza**: AMLO" (¡y eso que la Guardia Nacional es, en sí misma, una "fuerza" y, específicamente, una "fuerza armada"!), "el drama político sería **imponer a la fuerza** las leyes" (esto no es ningún drama político: todas las leyes se imponen por la fuerza de la mayoría, del Congreso, del gobierno, etcétera), "**imponer a la fuerza** las ideologías separatistas", "jueza fue denunciada por **imponer a la fuerza** sentencias con lenguaje inclusivo", "quieren **imponer a la fuerza** sus costumbres", "hacer frente a la corrupción no consiste en **imponer a la fuerza** una moralidad que nos convierta en santos", "lo que no estoy de acuerdo es **imponer a la fuerza** algo", "es **obligado por la fuerza** a comparecer" (¡basta con decir que "es obligado a comparecer"), "Justin Bieber, **obligado por la fuerza** a salir de una disco", "fue **obligado por la fuerza** a abandonar su morada", "nadie puede ser **obligado por la fuerza** a ayudar a otra persona, ni a vivir ni a morir", "**obligados por la fuerza** a levantarse ante un juez", "**obligados por la fuerza** a trabajar para él", "**obligados por la fuerza** a regresar a sus lugares de origen", "fueron **obligados por la fuerza** a trasladarse a la megalópolis", "la mujer fue **obligada por la fuerza** a caminar unos diez minutos", "ella había sido **obligada por la fuerza** a contraer matrimonio", "ha firmado los tratados **obligada por la fuerza**", "no se puede **imponer por la fuerza** la libertad a los demás", "los idiomas no se pueden **imponer por la fuerza**", "no a la violencia y al juego perverso de **imponer por la fuerza**", "quieren **imponer por la fuerza** su punto de vista", "ya nadie va a **obligar a fuerza** un contrato", "quieren **imponer a fuerza** este proyecto", "querían **imponer a fuerza** la reforma educativa", "quiere **imponer a fuerza** sus mezquinos intereses", "trataron de **obligar por la fuerza** a los mineros a regresar al trabajo" y, como siempre hay algo peor: "¿trato primero de convencer antes que **imponer y obligar por la fuerza?**".

☞ Google: 495 000 resultados de "imponer a la fuerza"; 362 000 de "obligado por la fuerza"; 259 000 de "obligados por la fuerza"; 165 000 de "obligada por la fuerza"; 129 000 de "obligar a fuerza"; 126 000 de "imponer por la fuerza"; 54 300 de "imponer a fuerza"; 19 600 de "obligar por la fuerza". ☒

☞ Google: 22 600 000 resultados de "imponer"; 13 300 000 de "obligar"; 228 000 de "compeler"; 8 630 de "imponer con violencia"; 4 000 de "obligar con violencia". ☑

203. *¿indemización?, ¿indemizar?*, indemne, indemnización, indemnizar

Las faltas de ortoepía y ortografía van muchas veces de la mano. El simple hecho de "comernos" una letra hace que digamos y escribamos una pendejada. Son los casos de "indemización" e "indemizar" en lugar de los correctos "indemnización" e "indemnizar". El sustantivo femenino "indemnización" significa "acción y efecto de indemnizar" y "cosa o cantidad con que se indemniza". Ejemplo: *Recibió una **indemnización** de 100 000 pesos.* El verbo transitivo "indemnizar" significa "resarcir de un daño o perjuicio, generalmente mediante compensación económica". Ejemplo: *Promete el gobierno **indemnizar** a los deudos de las víctimas que fallecieron en el accidente del metro.* Ambos términos provienen del adjetivo "indemne" (del latín *indemnis*): "libre o exento de daño" y del sustantivo "indemnidad" (del latín *indemnĭtas, indemnitātis*): "estado o situación de indemne". La mejor manera de comprender la acción del verbo "indemnizar", esto es, el sustantivo femenino "indemnización", es partiendo del sentido inverso del adjetivo "indemne": se entrega una "indemnización" o se "indemniza" a quien no resultó "indemne", sino con un daño o un perjuicio, producto de un acto, un accidente, un fenómeno natural, una irresponsabilidad institucional o individual, etcétera; y entonces se procede a resarcir el daño, pérdida o perjuicio sufridos como una forma de compensación. Pero la escritura y la fonética correctas de estos términos son "indemnización" e "indemnizar" y no las cacografías "indemización" e "indemizar", puesto que provienen del adjetivo "indemne".

Este yerro no es únicamente del ámbito inculto de la lengua, pues incluso en el periodismo no es inusual. En el periódico español *20 Minutos* leemos el siguiente titular:

♀ "Johnson & Johnson tendrá que pagar 2.100 millones en **indemizaciones** por su polvo de talco con supuesto amianto".

Quiso informar este periódico español que

♂ Johnson & Johnson tendrá que pagar 2 100 millones de dólares en **indemnizaciones** por su polvo de talco con supuesto amianto.

🖉 He aquí otros ejemplos de esta cacografía, tomados sobre todo del ámbito periodístico impreso y digital: "**Indemización** o sanción moratoria", "**indemización** por daño y perjuicios", "tienes derecho a **indemización**", "**indemización** por despido", "**indemización** conciliada por despido", "protección e **indemización** a usuarios frente a fallas del servicio eléctrico", "tuvieron su **indemización**", "igualdad entre los cónyuges para hacer efectivo el cobro de **indemizaciones**", "fiscalización de **indemizaciones** por razón de servicio", "analista de **indemizaciones** y operaciones", "se tiene que **indemizar** a todos", "deberá **indemizar** al figurante", "**indemizar** a ejidatarios afectados", "el deber de **indemizar** en casos de anulación de compra de pasajes aéreos", "rechaza que se deba **indemizar** a un empleado", etcétera.

☞ Google: 20 900 resultados de "indemización"; 9 330 de "indemizaciones"; 5 090 de "indemizar". ☒

☞ Google: 16 700 000 resultados de "indemnización"; 8 460 000 de "indemnizaciones"; 3 740 000 de "indemnizar". ☑

204. infección, infecciones, ¿*infectación?*, ¿*infectaciones?*, infectar, infestación, infestaciones, infestar

El disparate "infectación" ha ido infectando e infestando nuestro idioma cada vez más, a consecuencia de quienes hacen extensiva su ignorancia en los medios de información y, especialmente, en los anuncios publicitarios. "Infectación" es término que carece de todo significado en español. En cambio, "infestación" (del latín *infestatio, infestatiōnis*) es un sustantivo femenino que se refiere a la acción y el efecto de "infestar" o "infestarse", verbo transitivo (del latín *infestāre*) que tiene dos acepciones principales: "dicho de ciertos organismos patógenos: invadir un ser vivo y multiplicarse en él, como los parásitos en sus hospedadores; causar daños y estragos con hostilidades y correrías" (DRAE). Ejemplos: *Los gatos estaban* **infestados** *de pulgas*; *Los diputados han* **infestado** *con idioteces la Constitución*. Tiene uso pronominal ("infestarse"): "dicho de un ser vivo: resultar invadido por organismos patógenos" (DRAE). Ejemplo: *En las escuelas, los niños* **se infestaron** *de piojos*. "Infectación" es un disparate, en lugar de "infestación", pero también, muy probablemente, una ultracorrección al correcto término "infección" (del latín *infectio, infectiōnis*), sustantivo femenino que se refiere a la acción y el efecto de "infectar" o "infectarse", verbos transitivo y pronominal (del latín *infectāre*: emponzoñar, corromper) con los siguientes significados en el DRAE: "dicho de algunos microorganismos patógenos, como los virus y las bacterias: invadir un ser vivo y multiplicarse en él; dicho de un ser vivo: resultar invadido por microorganismos patógenos". Ejemplos: *Contrajo una severa* **infección** *en la garganta; El estreptococo* **infecta** *a los seres humanos impidiendo la coagulación sanguínea; Un anillo vaginal reduce hasta en un 30% el riesgo de* **infectarse** *por el VIH.* Hasta el chafa *Diccionario panhispánico de dudas* advierte que "infectar" no debe confundirse con "infestar" y que "no es correcta la forma *infectación* [en lugar de "infección"], error debido al cruce con *infestación*, sustantivo que corresponde a *infestar*". Por su parte, el aún franquista diccionario de la Real Academia Española mantiene en sus páginas, para el verbo "infectar", la idiota acepción "corromper con malas doctrinas o malos ejemplos" (la democracia, quizá, y seguramente el marxismo), pero nada dice de la infección de los programas en los equipos electrónicos. No le parece relevante, aunque el verbo "infectar" y el sustantivo "infección" se utilicen ampliamente en relación con las computadoras. Por supuesto, no son seres vivos invadidos por microorganismos patógenos, pero sí dispositivos informáticos contaminados por virus, como, de hecho, lo admite el DRAE en la entrada correspondiente a "virus": "Programa introducido subrepticiamente en la memoria de una computadora que, al activarse, afecta a su funcionamiento destruyendo total o parcialmente la información almacenada". Ejemplo: *El equipo de cómputo se* **infectó**. Y, sin embargo, el DRAE no consigna en la entrada del verbo "infectar" este concepto. "Infectación" es un disparate, y no incluir en el diccionario académico la acepción de "infectar" por virus electrónicos no puede ser sino una idiotez de los académicos de Madrid y sus hermanastros de América y Filipinas.

En *El Diario*, de Ecuador, leemos el siguiente titular:

♀ "Eliminan palomar en hospital para evitar casos de **infectación**".

Quisieron escribir los redactores que

♻ eliminaron palomar en un hospital para evitar **infestaciones**.

🖊 He aquí más ejemplos de este disparate: "en la zona se registra **infectación** por virosis", "llega la temporada de mayor **infectación** por pulgas", "casa con **infectación** de cucarachas", "gran porcentaje de **infectación**", "índice de **infectación** larvaria del mosquito Aedes", "bajó el ciclo de **infectación**", "cómo prevenir **infectaciones** de cucarachas", "las **infectaciones** graves de la ascaridiosis", "tratamiento integral de **infectaciones**".

☞ Google: 60 300 resultados de "infectación"; 8 260 de "infectaciones". ☒

☞ Google: 27 100 000 resultados de "infecciones"; 21 300 000 de "infección"; 1 120 000 de "infestación"; 507 000 de "infestaciones"; 75 900 de "ordenador infectado"; 62 300 de "computador infectado"; 49 300 de "equipo infectado"; 26 100 de "computadora infectada"; 16 500 de "infectar un equipo". ☑

205. insulto, ¿*insulto grosero?*

¿Existen insultos que no sean "groseros", es decir, que no sean descorteses o indelicados? Obviamente, no. El término "insulto grosero" es una redundancia. No hay insultos que no sean groseros si consideramos que el sustantivo femenino "grosería" significa "descortesía, falta grande de atención y respeto" y "tosquedad y falta de finura". (DRAE). Ejemplo: *Se comportó con* **grosería** *y falta de educación*. De ahí que el adjetivo "grosero", aplicado a una persona, signifique "carente de educación o de delicadeza" y "proclive al mal gusto". Ejemplo: *Es el tipo más* **grosero** *y patán que hayas visto*. ¿Hay insultos que puedan ser de buen gusto? Por supuesto que no. Incluso los insultos más sofisticados (la ironía y el sarcasmo intelectuales) no dejan de ser descorteses y, por tanto, "groseros". ¿Son insultos la "ironía" y el "sarcasmo"? He aquí sus definiciones en el DRAE: "**ironía** (del latín *ironīa*, y éste del griego *eirōneía*): burla fina y disimulada"; "**sarcasmo** (del latín tardío *sarcasmus*, y éste del griego *sarkasmós*): burla sangrienta, ironía mordaz y cruel con que se ofende o maltrata a alguien o algo". Hay derecho a dudar de que la ironía pueda equivaler a un "insulto", porque se trata de una "burla fina", pero en el caso del sarcasmo, esa burla fina pasa a ser sangrienta, mordaz y cruel, que ofende o maltrata a su destinatario; de tal forma, al perder la ironía su fineza y disimulo, se convierte en "sarcasmo", esto es, en "insulto", pues este sustantivo masculino (del bajo latín *insultus*) significa "acción y efecto de insultar", en tanto que el verbo transitivo "insultar" (del latín *insultāre*, literalmente: "saltar contra", "ofender") posee el siguiente significado en el DRAE: "Ofender a alguien provocándolo e irritándolo con palabras o acciones". Ejemplo: *El presidente de México* **insulta** *todos los días a sus opositores desde la más alta tribuna del país*. Por todo lo anterior, el término "insulto grosero" es una atrocidad lingüística en el español, cuya difusión se debe ni más ni menos que a la propia Real Academia Española. En la vigésima segunda edición de su diccionario (2001), la RAE definió del siguiente modo el sustantivo masculino "maricón": "hombre afeminado, sodomita; úsase como **insulto grosero** con su significado preciso o sin él". Si la RAE distingue un "insulto grosero" es de esperarse que sepa distinguir insultos que no sean **groseros**. En la edición 2014 de su mamotreto, los académicos de Madrid y sus hermanastros de América y Filipinas modificaron la entrada del término "maricón" y la dejaron del siguiente modo: "despectivo, malsonante: *marica*; úsase también como insulto". En efecto, se usa como insulto, pero no como "**insulto grosero**" (expresión redundante), sino como insulto homófobo u homofóbico. La RAE dizque corrigió la definición, pero en realidad dejó de decir lo más importante. Si el verbo "insultar" significa ofender a alguien, un insulto es implícitamente "grosero". No hay insultos que no lo sean, por muy "refinados" que parezcan, con excepción, quizá, de la "ironía" intelectual. También se puede insultar con señas, ¿y cuáles de esas señas (violines, mocos, cuernos, higas, peinetas, etcétera) no serían **groseras**? Que la RAE nos lo explique. Tan grosero es decir y escribir *Eres un pinche maricón* como decir y escribir *Eres un imbécil incapaz de comprender dos palabras*. Lo que sí es verdad es que puede haber insultos **más groseros que otros**. Un niño puede decirle a otro *Come caca* o *Come popó*, para insultarlo, y esto al adulto sólo le causaría gracia, porque, sin eufemismo, ese adulto podría increpar a otro del siguiente modo: *¡Come mierda!* Para el caso, ambas expresiones son insultantes (pues pretenden ofender) y, por lo tanto, groseras, es decir indelicadas; pero hay algunas que son más insultantes que otras, de acuerdo con el contexto y la intencionalidad. "Grosero" y "grosería" provienen de "grueso": sin calidad, sin refinamiento, sin delicadeza ni educación. En consecuencia, no hay insultos que no sean groseros. Digamos y escribamos "insulto" e "insultos", y si queremos calificarlos utilicemos la lógica, según sean los contextos: "insulto racista", "insulto sexual", "insulto homofóbico", "insulto despectivo", etcétera.

La agencia de noticias alemana DPA distribuyó en múltiples diarios de lengua española (entre ellos los de México y España) la siguiente información, con motivo de la clausura de la Copa Mundial de Futbol en Brasil, en 2014:

♀ "La presidenta Dilma Roussef volvió a escuchar los **insultos groseros** que le fueron dirigidos en el partido inaugural".

Bastaba con decir y escribir que

♂ la presidenta de Brasil Dilma Roussef volvió a escuchar los **insultos** que le dirigieron en el partido inaugural.

🖉 Lo asombroso hubiera sido que escuchara **insultos elogiosos**, pues los insultos, por sus características específicas, pueden calificarse incluso como "intelectuales" o "vulgares", pero decir que son "groseros" es una redundancia, pues en realidad todos lo son, incluso los muy intelectuales que abandonan la ironía para situarse en la mordacidad. Julio Cortázar, gran narrador, escribe lo siguiente en la breve "Eugenesia" de su libro *Historias de cronopios y de famas*: "Pasa que los cronopios no quieren tener hijos, porque lo primero que hace un cronopio recién nacido es **insultar groseramente** a su padre, en quien oscuramente ve la acumulación de desdichas que un día serán las suyas". He aquí otros ejemplos de esta redundancia: "el **insulto grosero** de Tomás Roncero" (no es poesía rimada, es una redundancia bruta), "Donald Trump escandaliza EEUU por **insulto grosero** a Hillary Clinton", "marica se usa como **insulto grosero**", "me enferma el **insulto grosero**" (entonces hay que aliviarlo con algunos insultos finísimos), "imprime en tus pegatinas **insultos groseros**", "PSOE: el desempleo no se ataja con **insultos groseros**" (por favor, díganle al PSOE insultos de gran finura y elegancia para atajar el desempleo), "no sólo transmiten mentiras, sino incluso **insultos groseros** contra la Revolución y particularmente contra mí, opinó Fidel Castro" (no sean así; le hubieran dirigido insultos bonitos, como "Fidelito, dictadorcito, eres mi favorito"), "se comportó como un vulgar patán de la calle al proferirle **insultos groseros** y cargados de palabras soeces" (¿y qué querían?, ¿que le profiriese insultos preciosos cargados de palabras hermosas?), "el 'Chino' Ríos copió a Maradona e **insultó groseramente** a los periodistas" (pinche "Chino" Ríos, tan hijo de la chingada y tan grosero), "el futbolista Arturo Vidal **insultó groseramente** al policía que lo detuvo tras el accidente" (y a este patán, los futbolíricos lo han bautizado como ¡"el Rey Arturo"!).

☞ Google: 9 320 resultados de "insultos groseros"; 8 660 de "insulto grosero"; 3 960 de "insultó groseramente"; 3 230 de "insultar groseramente"; 2 770 de "los insultos groseros"; 2 730 de "el insulto grosero". ☒

206. izquierda, izquierda siniestra, zurdo, zurdo y siniestro

Contra lo que pudiera suponerse, de manera simplista, la expresión política "izquierda siniestra" no es, necesariamente, una redundancia. Lo sería sólo si se da por sentado, y por probado, que todas las izquierdas son aviesas y malintencionadas. Podría ser, pero vayamos a las pruebas. Entre las diversas acepciones del sustantivo femenino "izquierda" (del vasco *ezkerra*) está la referida al "conjunto de personas que profesan ideas reformistas o, en general, no conservadoras". Ejemplo: *En España, Pablo Iglesias e Irene Montero, de Podemos, aseguran ser de izquierda, pero les gusta la vida fabulosa de la derecha.* En *Mil palabras*, Gabriel Zaid hace la siguiente observación: "*Derecha*, *right* y *droite* son palabras de la misma raíz indoeuropea, mientras que *izquierda*, *left* y *gauche* no tienen origen indoeuropeo ni parentesco entre sí. Lo que tienen en común es que provienen de referentes negativos: torcido, débil, torpe. Obsérvese el contraste de significados entre 'ser diestro' y 'ser siniestro', entre 'ser derecho' y acercarse a una mujer con 'zurdo cálculo', como dijo Ramón López Velarde". En su acepción principal, el adjetivo "izquierdo" es "dicho de una parte del cuerpo humano: Que está situada en el lado del corazón". Y el DRAE ofrece dos ejemplos: *Mano izquierda; Ojo izquierdo.* Sus sinónimos son "zurdo" (adjetivo y sustantivo de origen prerromano): "Que tiene tendencia natural a servirse preferentemente de la mano izquierda o también del pie del mismo lado", y "siniestro" (adjetivo y sustantivo del latín *sinister*): "Dicho de una parte o de un sitio: Que está a la mano izquierda" (DRAE). Ejemplos: *Fulano es zurdo y siniestro,* pues el adjetivo "siniestro", en sus acepciones secundarias significa "avieso y malintencionado" e "infeliz, funesto o aciago". De ahí el adverbio "siniestramente" ("de manera siniestra"). Ejemplo: *Fulano actuó siniestramente y nos engañó a todos.* Como sustantivo masculino, "siniestro" se utiliza para nombrar el "suceso que produce un daño o una pérdida material considerable". Ejemplo: *La póliza del seguro no cubrió completamente el siniestro que sufrió su automóvil.* Según el DRAE, ya está en desuso el significado de este sustantivo como "propensión o inclinación a lo malo", aunque en realidad estas características son, exactamente, las que posee el adjetivo en su acepción secundaria: "avieso y malintencionado". De este adjetivo y sustantivo, las compañías de seguros derivaron el verbo "siniestrar", no admitido aún por la Real Academia Española, pero que tarde o temprano tendrá que legitimar, puesto que ya admitió el adjetivo y sustantivo "siniestrado": "Dicho de una persona o de una cosa: Que ha padecido un siniestro (suceso que produce un daño)". Ejemplo: *El vehículo **siniestrado** era conducido a exceso de velocidad.* Dado que el adjetivo "siniestrado" es un perfecto participio del aún no reconocido verbo "siniestrar", por fuerza del uso el DRAE tendrá que admitirlo en sus páginas. Ejemplo: *Un mecánico es juzgado por **siniestrar** el coche de una clienta.* Como es obvio, por oposición natural, "derecha" es el antónimo de "izquierda", sea en su significado recto o figurado. El adjetivo "derecho" (del latín *directus*) tiene las siguientes acepciones en el DRAE: "Recto, igual, seguido, sin torcerse a un lado ni a otro. *Esta pared no está **derecha***"; "justo, legítimo"; "fundado, cierto, razonable"; "directo (que va sin detenerse en puntos intermedios). *Id **derechos** al asunto*"; "dicho de una parte del cuerpo humano: Que está situada en el lado opuesto al del corazón. *Los **diestros** utilizan la mano derecha*"; "que está situado en el lado opuesto al del corazón del observador". Como sustantivo masculino, "derecho" se refiere a la "facultad del ser humano para hacer legítimamente lo que conduce a los fines de su vida" y también a la "facultad de hacer o exigir todo aquello que la ley o la autoridad establece en nuestro favor, o que el dueño de una cosa nos permite en ella" (DRAE). Ejemplos: *Tengo **derecho** a vivir como yo quiera; El respeto al **derecho** ajeno es la paz.* En un sentido amplio, los sinónimos del sustantivo derecho son "justicia" y "razón". Y es sintomático que, con este significado, se hable y se escriba del "Estado de **derecho**", esto es de un Estado donde rijan la justicia y la razón. De ahí la locución adverbial "a derechas": "con acierto, con destreza, con justicia" (DRAE). Y si lo "derecho" es lo "recto" (lo "diestro"), su contrario es lo "torcido" (lo "chueco") que, aplicado a la persona y a la conducta, se refiere a "no obrar con rectitud". Ejemplo: *No vivimos en un Estado de **derecho**, sino en un Estado de **chueco**.* Como sustantivo femenino, entre otras acepciones, "derecha" define al "conjunto de personas que profesan ideas conservadoras" (DRAE). Ejemplo: *En México ya no se sabe qué es la **izquierda** y qué la **derecha**.* De ahí el adjetivo "derechista": "perteneciente o relativo a la derecha política" (DRAE). Ejemplo: *Los **izquierdistas** se volvieron **derechistas**, y los **derechistas**, oportunistas de "**izquierda**".* A diferencia de "izquierdizar" y "siniestrar" (no reconocidos por el DRAE), el verbo transitivo y pronominal "derechizar", "derechizarse", es plenamente admitido en nuestro idioma y significa "hacer que alguien o algo pase a tener posturas o características ideológicas de derechas o que tienden a ellas" (DRAE). Ejemplo del diccionario académico: *Estas huelgas **derechizarán*** aún más al país. De ahí el sustantivo femenino "derechización": "Acción y efecto de derechizar o derechizarse" (DRAE). Ejemplo: *Las **izquierdas** en todo el mundo se han **derechizado** de tal manera que uno ya no sabe qué madre las parió*. Dicho y visto todo lo anterior, hablar y escribir de una "izquierda siniestra" y de una "derecha siniestra" no es, necesariamente, caer en redundancia, en el primer caso, puesto que hay izquierdas aviesas y malintencionadas; ni en ingenuo oxímoron en el segundo, ya que también hay derechas tan aviesas y malintencionadas como las izquierdas. De hecho, ya casi todas las derechas y casi todas las izquierdas lo son y, en muchos casos, ya no es posible distinguir unas de otras. Por otra parte, un zurdo, esto es, un individuo que usa preferentemente, de modo natural, la mano y el pie izquierdos, puede ser, además, avieso y malintencionado, o sea "siniestro". No hay redundancia alguna al decir y al escribir: *Ese cabrón es **zurdo** y **siniestro***. Por supuesto, se puede ser también, a un tiempo, "siniestro" y "ambidextro" (del latín *ambidexter*), adjetivo y sustantivo que se aplica al "que usa con la misma habilidad la mano izquierda y la derecha o el pie izquierdo y el derecho" (DRAE). Ejemplo: *Fulano es **ambidextro**, pero especialmente es **siniestro***. Lo que no admite duda es lo siguiente: quien es "derecho" no es traidor, no es ojete, no es desleal, no es falso; es cabal, recto, noble, sincero; jamás siniestro, aunque sea de izquierda, pero, en política y en ideología, tanto la izquierda como la derecha pueden ser, literalmente, siniestras; sin que decirlo o escribirlo sea caer en redundancia o en contrasentido.

☞ Google: 7880 resultados de "izquierda siniestra"; 2990 de "siniestra izquierda"; 2050 de "zurdo y siniestro"; 1520 de "zurda y siniestra"; 1270 de "derecha siniestra". ☑

J

207. jalea, jaletina, gelatina, mermelada

Según el diccionario académico, el sustantivo femenino "jaletina" designa una "especie de jalea fina y transparente que se prepara generalmente cociendo cola de pescado con cualquier fruta, o con sustancias animales, y azúcar". (Esto lo preparaban así los tatarabuelos de los académicos de Madrid.) Y añade: "puede usarse **gelatina**". Esta definición es un galimatías gelatinoso que el DRAE arrastra desde hace varias décadas. Si el sustantivo femenino "jalea" (del francés *gelée*) define a la "conserva transparente, hecha del zumo de algunas frutas" y al "medicamento o excipiente muy azucarado, de consistencia gelatinosa" (DRAE), el galimatías se complica. ¿No es más bien la "jaletina" una "mermelada" (del portugués *marmelada*), dado que este sustantivo femenino es definido por el DRAE como "conserva elaborada con fruta cocida y azúcar"? Entonces, si la "jaletina" es una especie de "jalea", y la "mermelada" es, literalmente, una "jaletina", es obvio que "jaletina" no es sinónimo de "gelatina", por más que la gelatinosa RAE asegure que a la "jaletina", o sea a la "mermelada", se le pueda decir "gelatina". En el DRAE el sustantivo femenino "gelatina" (del latín *gelatus*: helado) es definido del siguiente modo: "sustancia sólida, incolora y transparente cuando está pura, e inodora, insípida y notable por su mucha coherencia. Procede de la transformación del colágeno del tejido conjuntivo y de los huesos y cartílagos por efecto de la cocción". Y nada se dice de lo más importante: que "gelatina" se llama a un producto alimenticio de la repostería y la cocina, de muy amplio consumo en gran parte del mundo, con muchas formas y sabores, que se prepara con un ingrediente fundamental que se fabrica industrialmente y no como en la época de los antepasados de los académicos de Madrid: la "grenetina", hecha de colágeno. Tampoco dice el diccionario de la RAE que existe una "gelatina" vegetal (*agar* o *agar-agar*, término de origen malayo) cuyo ingrediente básico se extrae de algunas especies de algas marinas y no del tejido conjuntivo de huesos y cartílagos de origen animal. Y en cuanto a que el estado de la "gelatina" sea sólido no es tampoco muy exacto; la "gelatina" es "semisólida", puesto que es un coagulado, a diferencia de la "mermelada" o la "jaletina", que están más cercanas a lo semilíquido. En conclusión, "jaletina" no es lo mismo que "gelatina". Además, "jaletina" es casi un anacronismo de "mermelada", un término que va en desuso. Únicamente los académicos de Madrid se acuerdan mucho, con gran nostalgia, de las "jaletinas" que les preparaban sus bisabuelitas.

Por lo demás, frente a los millones de resultados en el buscador de Google de los sustantivos "gelatina" y "mermelada", el sustantivo "jaletina" es tan minoritario que hoy más bien parece una errónea grafía, desde su origen, de "gelatina". Sabemos que algo es "gelatinoso", pero no "jaletinoso".

☞ Google: 25 200 000 resultados de "gelatina"; 16 100 000 de "mermelada"; 10 500 000 de "mermeladas"; 9 160 000 de "gelatinas"; 1 390 000 de "grenetina"; 69 800 de "gelatina vegetal"; 41 300 de "gelatina de agar"; 35 800 de "gelatina de agar-agar"; 17 300 de "jaletina"; 3 680 de "jaletinas". ☑

L

208. ¿las millonas?, ¿las millones?, ¿las millones de muertes?, ¿las millones de mujeres?, ¿las millones de personas?, ¿las millones de vacunas?, ¿las millones de vidas?, los millones, los millones de muertes, los millones de mujeres, los millones de personas, los millones de vacunas, los millones de vidas, millón, ¿millonas?, millones

¿Cuántas veces no hemos escuchado y leído, sobre todo en esta era covid-19, las expresiones "las millones", "las millones de muertes", "las millones de mujeres", "las millones de personas", "las millones de vacunas", "las millones de vidas", en lugar de las correctas "los millones", "los millones de muertes", "los millones de mujeres", "los millones de personas", "los millones de vacunas", "los millones de vidas"? Esto se debe a la enorme ignorancia ortográfica y gramatical de **los millones** de hablantes y escribientes del español que jamás se asoman a un diccionario de su lengua, y menos aún a la gramática del idioma que emplean todos los días y que usan, sea dicho sin mentir, con los pies. No saben estos millones de personas que, a diferencia del adjetivo "mil" (del latín *mille*), cuyo significado es diez veces cien, que puede utilizarse tanto en masculino como en femenino (*Los mil y un fanáticos*; *Los mil y un pendejos*; *Las mil y una noches*; *Las mil y una nachas*), el sustantivo "millón" (cuyo plural es "millones") posee género masculino, invariablemente. De ahí, "los millones de pesos", pero también "los millones de libras" y no, por supuesto, "**las** millones de libras" o "**las** millones de liras". Nicolás Maduro, un tonto contumaz de la política en el mundo, que hace de las suyas oprimiendo a los venezolanos (aunque haya brutos en México que oprimen a los mexicanos y, en esto y en la idiotez, le pisan los talones a Maburro porque no se quieren quedar atrás), se refirió un día a los "millones y millonas de Bolívar" (el mismo que se refirió a "los liceos y las liceas" y "los libros y las libras") y hace escuela en los diversos países, incluido el nuestro. Seguramente, este bárbaro distingue también, en el retrete (y en la retreta), los mojones y las mojonas que excreta. Y si, en general, la gente no dice ni escribe "las millonas", sí dice y escribe, en cambio, "las millones", pero, como lo precisa la Fundéu Guzmán Ariza, asesorada por la Academia Dominicana de la Lengua y con la colaboración de la Agencia EFE, "la voz **millón** o su plural **millones** concuerdan con el artículo masculino **lo/los**, no con el femenino **la/las**, aunque su complemento sea femenino: lo correcto es **los millones** de personas, **los millones** de mujeres, **los millones** de vacunas", y de ningún modo, como suelen decir millones de individuos (ya incluidas las individuas), "**las millones** de personas", "**las millones** de mujeres" y "**las millones** de vacunas". ¡Vayámonos respetando!, exige nuestra lengua española. El sustantivo masculino "millón" (del francés *million* o del italiano *milione*) significa "mil millares", pero lo mismo en singular que en plural, el género de este sustantivo siempre es masculino: "el millón", "un millón", "los millones", "unos millones", independientemente del género de su complemento. No imitemos al bruto de "las millonas" y "las liceas", pero tampoco a quienes, por ultracorrección, imponen el género femenino a la voz "millón" cuando su complemento es femenino. "Las millones" es una terca barbaridad, y abunda, por cierto, en el periodismo, lo mismo impreso que digital. En México, para no ser menos, y siguiendo las pautas del populismo y la demagogia, el presidente Andrés Manuel López Obrador (que preside, especialmente, su propia tontería) ha alegado siempre que él habla como habla (con faltas de ortoepía, con palabras que expresan lo contrario de lo que pretende decir, con un vocabulario limitado y con un arsenal de insultos y ofensas —"con todo respeto"— contra sus "adversarios") porque, según ostenta, "habla como el pueblo", aunque muchos que pertenecemos al pueblo, provenimos de la pobreza y aun de la miseria y hemos pasado por las escuelas y las universidades, aprendimos a hablar y a escribir conforme a lo que el lingüista José G. Moreno de Alba denominó, acertadamente, "la unidad lingüística", que es indispensable para la buena comunicación. Un señor que fue a la universidad y no aprendió a mejorar sus capacidades expresivas se escuda detrás del "pueblo" (aunque en el fondo "el pueblo" es él) para justificar su ignorancia; y, como, ególatramente, de todo cree saber, incluso sin tener pleno conocimiento de lo que se volvió tendencia en internet, en marzo de 2023, en relación con uno de los libros de texto oficiales (¡de la Secretaría de Educación Pública!) para alumnos de primer año de primaria, salió a decir, en su perorata mañanera del 27 de marzo, que "ahora hay una nueva polémica por los nuevos libros de texto, porque no quieren que se incorpore el habla de los pueblos. Quieren que todos **hablemos físico**, con tecnicismos. México es un mosaico cultural y la lengua tiene que ver con las raíces de las culturas antiguas". ¿Qué es esto de "hablar físico" ("quieren que todos hablemos físico"), que el santo señor no se cansa de decir en sus peroratas? Según él es hablar "elegante" y de forma clasista. En otra ocasión sentenció: "No me gusta **hablar físico**, dirían en mi pueblo", y en otra, muy sonada, afirmó: "Yo ya por ejemplo **estoy hablando físico**; ya sé lo que significa transportar la molécula [¿será al inefable Lord Molécula, cuya vocación es lamerle las patas?] que es la gasolina, pues". De modo que sus incapacidades fonéticas y sus faltas de ortoepía ("dijistes", "hicistes", "fuistes", "hablastes", etcétera) son su orgullo porque no le gusta "hablar físico". Claro que un señor que ve y cree en aluxes (mientras destruye la selva) es más o menos como ese otro impresentable al que se le aparece a cada rato "un pajarito chiquitico" que le silba muy bonito para decirle "¡hasta la victoria siempre!" y que es, ¡ni más ni menos!, el espíritu del dictador Hugo Chávez. ¡Maravillas del realismo mágico en la demagogia populista!

En el diario mexicano *El Economista* se informa acerca de

♀ "**las millones de personas** que se volvieron adictas".

Quiso informar el diario, con corrección, acerca de

♂ **los millones de personas** que se volvieron adictas.

🖋 He aquí unos poquísimos ejemplos (tomados del periodismo impreso y digital) de esta barbaridad culta que se comete por la enorme pereza que experimentan millones de personas ante la sola idea de consultar el diccionario: "No beneficiará a **las millones de personas** con hambre", "soy una de **las millones de personas** que creen que todas y todos nacemos libres e iguales", "**las millones de personas** desplazadas por el clima", "**las millones de personas** que están atrapadas en la esclavitud moderna", "hacer llegar ayudas a **las millones de personas** que pasan hambre", "**las millones de personas** que han perdido la vida", "**las millones de mujeres** prostituidas", "**las millones de mujeres** que han recibido escasa o ninguna educación", "**las millones de mujeres** en situación de pobreza", "**las millones de mujeres** que aún no tienen ingresos propios", "nada de esto hubiera sido posible sin **las millones de mujeres** que están saliendo a la calle", "qué pasó con **las millones de vacunas** en México", "**las millones de vacunas** sin aplicar", "**las millones de vacunas** que tienen guardadas", "**las millones de vacunas** aplicadas", "**las millones de muertes** por la pandemia", "**las millones de muertes** ocasionadas por estos virus", "**las millones de muertes** que se producirán por la contaminación del aire", "**las millones muertes causadas** por la Gran Guerra", "**las millones de dosis** requeridas", "**las millones de dosis** administradas", "**las millones de dosis** de vacunas", "**las millones de dosis** compradas", "**las millones de vidas** que se han perdido", "**las millones de vidas** salvadas" y, como siempre hay cosas peores: "tenemos una generación de oro brillando por el mundo. Hoy nuestro pueblo brilla en la política, en la cultura, en el deporte. Hoy tenemos millones y **millonas de Bolívar**": cortesía de Nicolás Maburro.

☞ Google: 303000 resultados de "las millones"; 119000 de "las millones de personas"; 41800 de "las millones de mujeres"; 21600 de "millones y millonas"; 20200 de "las millones de vacunas"; 16200 de "las millones de muertes"; 15300 de "las millones de dosis"; 13900 de "las millones de vidas". ☒

209. leche, ¿*leche de vaca entera?*, ¿*leche entera de vaca en polvo?*, polvo, vaca

Desde hace décadas, muchas empresas productoras de leche en polvo presentan en sus envases y en sus anuncios publicitarios la frase "Leche entera de vaca en polvo enriquecida con vitaminas A, D y zinc". Es obvio que se trata de una construcción gramatical anfibológica, pues no es la "vaca en polvo" o el "polvo de vaca" lo que contiene el envase, sino la "leche entera", esto es, la leche que conserva toda la grasa y las sustancias nutritivas, propias de la leche líquida en su estado natural, a pesar de estar en polvo. La construcción alternativa que han hallado otras empresas tampoco es acertada: "Leche de vaca entera", pues la calidad de "entero" está en la leche y no en la vaca (el adjetivo "entero", del latín vulgar *intĕgrum*, significa "completo" o "que no ha sido fragmentado"). ¿Qué es lo correcto? Algo tan simple como lo siguiente *Leche entera de vaca* y, si se desea mayor precisión, *Leche entera, en polvo, de vaca* o *Polvo de leche entera de vaca*, pues esto es lo que es: *polvo de leche* o *leche en polvo*. Y no nos preocupemos porque los españoles le digan "polvo" al acto sexual ("echar un polvo"), ya que no tiene la mínima importancia: es uno más de los tantos y tan variados localismos que posee el español en España, del mismo modo que los posee en todos y cada uno de los países hispanohablantes (también le dicen "paja" a la masturbación, mientras que en México se le dice "chaqueta"). Lo malo es que la Real Academia Española llena su diccionario de localismos castellanos y supone que esto es "el español universal". Este tipo de anfibologías es propio de la mala construcción sintáctica, es decir, del desacierto en la ordenación, la combinación o la disposición de las palabras en un enunciado. Si la ortografía no le interesa a la mayor parte de las personas, y menos aún la ortoepía y la ortología (en México tenemos un presidente que dice todo el tiempo "actividá", "adversidá", "comodidá", "criminalidá", "diversidá", "facultá", "honestidá", "identidá", "igualdá", "impunidá", "lealtá", "seguridá", etcétera), en relación con la sintaxis las cosas pueden ser peores. Cuando la Real Academia Española estableció (porque lo estableció, y no únicamente lo "recomendó", tal como consta en la *Ortografía de la lengua española* (RAE/Asociación de Academias de la Lengua Española) que el adverbio "sólo" ("solamente") no debe llevar tilde (para distinguirlo del adjetivo "solo": "sin compañía") "incluso en casos de ambigüedad", demostró que su vocación es complicar más que allanar el camino. Como en España es habitual no acentuar el adverbio, la RAE decidió imponer este uso como regla para todos. Así se produce, por ejemplo, la frase anfibológica *Estaré solo un mes*, que lo mismo puede significar (para los españoles) "estaré solamente un mes" y "estaré sin compañía un mes". Si acentuamos el adverbio (como lo hacemos en América), la anfibología desaparece: "estar sólo [únicamente] un mes" no es lo mismo que "estar solo [sin compañía] un mes". Y nunca será lo mismo *Me la jalé sólo* [únicamente] *tres veces* que *Me la jalé solo* [solitario, sin compañía] *tres veces*. En España, reino del pleonasmo, la redundancia y la anfibología, esto les importa un rábano, pero para la perfecta comprensión del idioma, todo aquello que evite la ambigüedad es mejor que nada. Volviendo a las expresiones anfibológicas "leche de vaca entera" y "leche entera de vaca en polvo", la anfibología se pierde, como ya advertimos, si decimos y escribimos "leche entera de vaca" y "polvo de leche entera de vaca".

Sin embargo, en los envases de los lácteos en polvo, las empresas productoras insisten en la ambigüedad, y hasta los organismos internacionales, como la FAO

(Organización de las Naciones Unidas para la Alimentación y la Agricultura), hacen imitación de ello. En un documento de la FAO, en relación con los beneficios de las diversas presentaciones de la leche de vaca para las que establece un código y una definición, leemos lo siguiente:

♀ "Código de la FAO 0897. **Leche entera de vaca en polvo.** Leche con nata de la que se ha eliminado totalmente el agua por diversos métodos. En forma de polvo, gránulos u otras formas sólidas. Puede contener azúcar u otros edulcorantes añadidos".

En buen español, sin anfibología, en la FAO debieron escribir todo lo anterior, pero con la frase

♺ **polvo de leche entera de vaca** o bien **leche entera, en polvo, de vaca.**

🖉 Van otros ejemplos de estas expresiones anfibológicas: "Se recomienda el consumo de **leche de vaca entera**", "calorías en **leche de vaca entera**", "información nutricional de la **leche de vaca entera**", "la **leche de vaca entera** y los productos derivados de ésta", "el consumidor puede encontrar **leche de vaca entera** (si es que aún no han destazado a la vaca), "**leche de vaca entera,** semidescremada", "fórmula con **leche de vaca entera**", "se le puede dar la **leche de vaca entera** que se compra en el supermercado", "se alimenta con **leche entera de vaca en polvo**", "hablamos de **leche entera de vaca en polvo**", "sal yodada y **leche entera de vaca en polvo**", "los terneros recibieron como alimento exclusivamente **leche entera de vaca en polvo**", "combinación avanzada de **leche entera de vaca en polvo**", etcétera.

☞ Google: 34 300 resultados de "leche de vaca entera"; 5 080 de "leche entera de vaca en polvo". ☒

☞ Google: 67 700 resultados de "leche entera de vaca"; cero resultados de "polvo de leche entera de vaca". ☑

210. liberar, ¿liberar con vida?, ¿liberar sin vida?, libre

La redundancia "liberar con vida" es parecida a la expresión no menos redundante "escapar con vida". Queda claro que si alguien escapa (de sus captores, de sus secuestradores y, en general, de quien lo retiene) debe ser con vida; es imposible imaginar que alguien escape sin vida, es decir, muerto. Queda claro, también, que, si no es con vida, no existe liberación alguna y, hasta el momento, la lógica nos advierte que todo aquel que es liberado (por la policía, por un comando del ejército, etcétera) goza de vida, es decir está "vivo", pues menuda liberación ha de ser esa de poner libre a un cadáver; veamos por qué. El adjetivo "libre" en el DRAE (del latín *liber, libĕra*) significa, en sus acepciones segunda y tercera, "que no es esclavo" y "que no está preso", y en su séptima acepción, "suelto, no sujeto". Ejemplo: *Es un hombre libre.* En cuanto al verbo transitivo "liberar" (del latín *liberāre*) tiene como acepción principal "hacer que alguien o algo quede libre de lo que lo sometía u oprimía". Ejemplo del diccionario académico: *Liberaron las ciudades del sur*. Los antónimos o contrarios del término "libre" son "esclavo", "cautivo", "prisionero", "sometido", "oprimido", "sujeto", "subyugado", y también "secuestrado", "raptado", "plagiado", "capturado", "sustraído", etcétera. Cuando se libera a alguien de alguna de las condiciones anteriores, debe quedar claro que se rescata, reponiéndole su condición de ser "libre", siempre y cuando, por supuesto, si está vivo, si tiene vida, ya que de otro modo no se libera a nadie, sino que, en todo caso, se recupera un cadáver. Expresado y comprendido lo anterior, la expresión redundante "liberar con vida" implica un atentado contra la lógica, pues da por hecho el sinsentido de que se puede "liberar sin vida". Es una tontería que ya abunda en el periodismo, lo mismo impreso que digital.

En el diario mexicano *El Universal* leemos el siguiente encabezado:

♀ **Liberan con vida** a siete plagiados en Jalisco.

Obviamente, el diario mexicano quiso informar a sus lectores que

♂ **liberaron a siete personas** que habían sido secuestradas en Jalisco.

🖉 Hay que imaginar la noticia en el sentido de que hubiesen liberado ¡sin vida! a siete personas que habían sido plagiadas en Jalisco. Menuda cosa es esa de que te liberen, si estás secuestrado, pero con las patas por delante. Eso no sería liberación, sino la recuperación de un cadáver. He aquí otros ejemplos de esta bruta redundancia: "Bomberos lograron **liberar con vida** a un perrito", "periodistas exigen **liberar con vida** a Gregorio Jiménez", "coadyuvan a **liberar con vida** a víctima de secuestro", "investigadores lograron **liberar con vida** a la víctima", "los secuestradores están pidiendo 15 millones de pesos para **liberar con vida** a cinco maestros", "**liberan con vida** a candidato del PVEM", "**liberan con vida** a abogada orizabeña", "**liberan con vida** a joven en Veracruz", "**liberan con vida** a Alan Pulido", "**se liberó con vida** a 195 víctimas", "**se liberó con vida** a un comerciante", "**se liberó con vida** a una niña de seis años", "**se libera con vida** a las víctimas", "**libera con vida** a los agentes", "**liberaron con vida** mamíferos y reptiles", "**liberaron con vida** al padre del actor", "rescatistas **liberaron con vida** a dos heridos", "**se liberaron con vida** a 96 personas que tenían secuestradas".

☞ Google: 5 340 resultados de "liberar con vida"; 3 720 de "liberan con vida"; 3 350 de "liberó con vida"; 2 920 de "libera con vida"; 1 660 de "liberaron con vida". ☒

211. lichi, ¿*litchi*?

Al "árbol tropical originario del sur de China, cuyo fruto tiene una cápsula rugosa y pulpa blanca, comestible" (DRAE) se le conoce, al igual que al fruto, como "lichi", sustantivo masculino (del chino *li-chi*) que no debemos confundir con *litchi*, pues este término es parte del nombre científico (*Litchi chinensis*), pero de ningún modo su nombre común en español. Ni "litchi" ni "litchí" ni "lichí" ni "lychee"; en español se llama "lichi", por más que incluso instituciones oficiales de agricultura digan y escriban, por lo general, "litchi". La denominación de las plantas y los frutos que se usa en español corresponde a los sustantivos comunes, no a los científicos, y si decimos y escribimos "*litchi*" tendríamos que llamar "*Pouteria sapota*" al "mamey" o "*Psidium*" a la "guayaba". Digamos y escribamos "lichi", que es el sustantivo común en español para este árbol y su fruto, y no "litchi" ni "litchí" ni "lichí", pero tampoco *lychee* que es la grafía del nombre común de este fruto en la lengua inglesa.

En las oficinas públicas de agricultura no suelen consultar los diccionarios. Por ello dicen y escriben "litchi". Así, en el portal electrónico mexicano del Servicio de Información Agroalimentaria y Pesquera de la Secretaría de Agricultura, Ganadería, Desarrollo Rural, Pesca y Alimentación (¡uf!) leemos lo siguiente:

♀ "El **litchi** es un árbol subtropical... El **litchi** es originario del lejano Oriente... El litchi se recolecta cuando está totalmente coloreado".

Lo correcto, en buen español, es decir todo eso, pero acerca del

♂ "lichi".

✐ Y si las instituciones públicas difunden el mal hablar y el mal escribir no debe extrañarnos que la gente común las imite. He aquí unos pocos ejemplos de este error: "las bondades del **litchi**", "el cultivo del **litchi**", "análisis comparativo de la producción de **litchi**", "el cultivo del **litchi** en Nayarit", "datos nutricionales de **litchis** secos", "helado de **litchis** con oporto", "**litchis** de Madagascar", "el **litchi** y su cultivo", "el **litchi** o cereza de la China", "dulce de **litchi** y uvas", "el **lychee** y sus beneficios", "batido de **lychees** con leche de coco", "licor de **lychees**", "el árbol de **litchi**; cómo cuidarlo".

☞ Google: 572 000 resultados de "litchis"; 22 700 de "el litchi"; 16 100 de "dulce de litchi"; 8 180 de "los litchis"; 8 170 de "un litchi"; 4 730 de "helado de lychee"; 4 250 de "árbol de litchi"; 3 470 de "árbol de lychee"; 2 720 de "licor de lychee"; 2 440 de "el lychee"; 2 370 de "esencia de lychee"; 1 160 de "té de lychee". ☒

☞ Google: 4 720 000 resultados de "lichi"; 289 000 de "lichis". ☑

212. ¿*look*?

La voz inglesa *look* (pronunciada *lúk*) se ha convertido en comodín léxico, en el español, para muchas cosas. De manera absurda, pues *look* es un sustantivo ("mirada") y verbo ("mirar") en la lengua inglesa, pero, de acuerdo con el uso que se le da en español, equivale a los términos "apariencia", "aspecto", "imagen", con lo cual se demuestra que *look* no nos es indispensable y ni siquiera necesario. Además, cuando comenzó a utilizarse en español, como neologismo, especialmente en el ámbito de los espectáculos y la moda, se aplicaba siempre a las personas (ejemplo: *Fulanita de Tal apareció con nuevo **look***), pero hoy se usa hasta para las cosas más peregrinas:

"automóviles con nuevo *look*", "edificios con nuevo *look*", "oficinas con nuevo *look*", que ya es el colmo de la mamonería. Gran culpa de todo esto la tiene la Real Academia Española, que aloja en las páginas del DRAE el sustantivo masculino "*look*" (con las cursivas de rigor por ser voz inglesa), pero que lo define del siguiente modo autoritativo: "Imagen o aspecto de las personas o de las cosas, especialmente si responde a un propósito de distinción". Mucho más sensata, María Moliner, al recoger esta voz en el DUE, lo utiliza únicamente para aplicarlo, implícitamente, a las personas: "Imagen o aspecto: *Con ese corte de pelo tiene un* **look** *más juvenil*". A partir de su exacta fonética con la que se usa en español, Moliner hace la representación gráfica "luc", que es su más lógica y apegada castellanización. En el DRAE, el sustantivo femenino "apariencia" (del latín tardío *apparentia*) significa "aspecto o parecer exterior de alguien o algo"; el sustantivo masculino "aspecto" (del latín *aspectus*) significa "apariencia de las personas y los objetos a la vista", y el sustantivo femenino "imagen" (del latín *imãgo, imagĩnis*) significa "figura, representación, semejanza y apariencia de algo". Como podemos darnos cuenta, "apariencia", "aspecto" e "imagen" son sinónimos, razón por la cual el advenedizo "*look*" era innecesario en nuestro idioma. Ejemplos: *Su corte de cabello le dio una nueva* **apariencia**; *Su estrafalaria vestimenta le dio un* **aspecto** *extraño*; *Remozaron el edificio del Ayuntamiento y adquirió una nueva* **imagen**. Ya será prácticamente imposible desterrar de nuestro vocabulario este anglicismo, pero al menos deberíamos intentar el uso más lógico y adecuado de sus sinónimos españoles, y si tanto nos escuecen las pinches ganas de emplear el terminajo, hacerlo únicamente para aplicarlo a las personas y no a las cosas. Las revistas de espectáculos y modas no se resignarán a prescindir de este anglicismo si han de decir, por ejemplo, que *Madona cambia una vez más de* **look** (revista *¡Hola!*), pero no seamos mamones diciendo y escribiendo, por ejemplo, que *El Ayuntamiento de Valencia lucirá "nuevo* **look**" *con iluminación* (7TeleValencia): tengamos un poco de decencia con nuestra lengua y un alguito de respeto por nuestro idioma, con un elemental sentido de la lógica, pues lo que el edificio del Ayuntamiento de Valencia lució no fue un "nuevo *look*", sino una imagen diferente, un aspecto distinto, una nueva apariencia con las lucecitas que le pusieron.

Por ser un comodín léxico, el terminajo "*look*" se ha vuelto una peste en el español. Y el periodismo, impreso y electrónico, se da vuelo con él. Obviamente, su reino está en internet, pero podemos decir que no hay espacio que se salve de su contagio. En el diario mexicano *Milenio* leemos el siguiente encabezado:

♀ "Pemex inaugura su primera gasolinera con nuevo *look*".

Sabemos los problemas que enfrentan los "cabeceros" en los diarios impresos (es decir, los que se encargan de poner los "encabezados" a las noticias y tienen que cuadrar dos pisos del titular en un espacio determinado), pero no seamos chambones

echando mano de terminajos anglicistas sólo para salir del paso. Bien pudo escribirse y publicarse:

♣ Abre Pemex su primera gasolinera con nueva **imagen**.

✎ He aquí más ejemplos del uso ridículo del anglicismo "*look*" a cosas y no a personas: "Autos
con nuevo **look** para las carreras en Indianápolis", "autos con nuevo **look** para las carreras en
Michigan", "un auto con nuevo **look**", "abrió en Fan Vote para los autos con **look** retro", "así es
el nuevo **look** del Hotel Ritz de París", "así es el nuevo **look** del Hotel Crowne Plaza", "en general me gustó mucho el nuevo **look** del hotel", "bienvenido al nuevo **look** del Hotel Vulcano",
"éste es el nuevo **look** del hotel", "Tokio Hotel con nuevo **look**", "imposible no maravillarse con
el nuevo **look** del Paseo" (imposible no sentir pena al leer esto), "¿os gusta el nuevo **look** de la
Plaza Redonda?", "desentona con el nuevo **look** de la plaza", "amplio respaldo al nuevo **look** de
la Plaza de les Glòries", "esperamos que disfrutéis el nuevo **look** de la plaza", "el nuevo **look** del
Parque La Paz", "el nuevo **look** del Parque Romano", "648.000 euros para el nuevo **look** de la
Avenida de la Reconquista de Toledo", "nuevo **look** del Centro Comercial Atlántico", "¿qué te
parece el nuevo **look** del Centro Federado del BBVA?", "bastante seguro es el nuevo **look** del
Centro Olímpico Juan Pablo Duarte" (¿y qué carajos tiene que ver la imagen, el "look", con la
seguridad?), "la ciudad con su nuevo **look** del centro", "el cambio de **look** de la famosa estatua
de Las Marías en la Alameda está atrayendo cola entre los compostelanos" (¡joder, Venancio,
es que a esas Marías las habrán vestido y peinado con un nuevo **look**!) y, como siempre hay
algo peor: "el Palacio de la Floresta estrena nuevo **look**" (será porque hay otros edificios que
"estrenan" "viejos **looks**").

☞ Google: 8 470 resultados de "autos con nuevo look"; 2 250 de "nuevo look del hotel". ☒

☞ Google: 14 600 000 resultados de "el look"; 11 800 000 de "tu look"; 11 100 000 de "cambio de look"; 6 630 000 de "nuevo look"; 3 970 000 de "el nuevo look"; 3 210 000 de "su "look";
1 740 000 de "su nuevo look"; 1 500 000 de "ese look"; 979 000 de "mi look"; 535 000 de "cambia de look"; 329 000 de "radical cambio de look"; 313 000 de "mi nuevo look"; 280 000 de "tu
nuevo look"; 103 000 de "mi cambio de look"; 51 300 de "viejo look". ☑

☞ Google: 973 000 000 de resultados de "imagen"; 42 000 000 de "apariencia"; 118 000 000
de "aspecto"; 17 300 000 de "cambio de imagen"; 9 020 000 de "nueva imagen"; 6 680 000 de
"la nueva imagen"; 4 440 000 de "cambia de imagen"; 2 250 000 de "cambio de aspecto";
1 530 000 de "su nueva imagen"; 1 330 000 de "nuevo aspecto"; 526 000 de "cambio de apariencia"; 530 000 de "nueva apariencia"; 216 000 de "cambia de aspecto"; 149 000 de "la nueva
apariencia"; 119 000 de "cambia de apariencia"; 82 300 de "tu nueva imagen"; 70 200 de "radical cambio de imagen"; 63 800 de "mi nueva imagen"; 60 000 de "mi cambio de imagen". ☑☑

M

213. marcador, puntaje, puntuación, resultado, ¿*score*?, tanteador, tanteo

La voz inglesa *score* (literalmente, "muesca"), se traduce en español, para el caso de los deportes, como "tanteador", "tanteo", "puntaje", "puntuación", "marcador" o "resultado". Siendo así, y habiendo tantas voces equivalentes en español, ¿por qué demonios se utiliza el anglicismo crudo *score* al que, por lo general, en la escritura, ni siquiera se le ponen las cursivas de rigor para señalar que es un extranjerismo? Por ridículos. Le dice un cronista deportivo a otro: *¿Cómo va el* ***score****?* Y el otro responde: *Siete carreras para los Yanquis y una sola para los Orioles y estamos en la parte baja de la séptima entrada*. Dejémonos de payasadas y digamos: *El* ***marcador*** *(o el* ***tanteador****) en la séptima entrada del partido entre los Yanquis y los Orioles es de siete carreras contra uno*. El diccionario académico define, en su acepción secundaria, el sustantivo masculino "marcador" de la siguiente manera: "Tablero colocado en un lugar visible de los recintos deportivos, en el cual se anotan los tantos, puntos o lugares que van obteniendo los equipos o participantes que compiten". Ejemplo: *El* ***marcador*** *nos indica 3-3 del Levante contra el Real Madrid*. En cuanto al sustantivo masculino "resultado", que el DRAE define pésimamente ("efecto y consecuencia de un hecho, operación o deliberación"), el *Clave* nos da la siguiente definición, en su cuarta acepción: "En una competición, tanteo o puntuación finales", y hasta nos ofrece un excelente ejemplo: *El* ***resultado*** *del partido de fútbol fue 2 a 1*. En cuanto al sustantivo masculino "tanteador", basta decir que su sinónimo es "marcador". Ejemplo: *El Barcelona estaba abajo en el* ***tanteador***. Olvidémonos del *score*: no es un término que pertenezca a nuestro idioma. Digamos "marcador", digamos "resultado", digamos "tanteador" y usemos nuestra lengua sin anglicismos innecesarios.

En el diario argentino *La Nación* leemos lo siguiente:

♀ "El norteamericano Kent Bulle ganó con un **score** total de 269 golpes".

Incluso el término **score** (sin las cursivas de rigor), en esta redacción, sale sobrando. Bastaba con escribir:

☝ El estadounidense Kent Bulle ganó con un total de 269 golpes, y sanseacabó.

✐ Van aquí unos pocos ejemplos de este uso absurdo del término "score" que ya ni siquiera se pone en cursivas para destacar que es un extranjerismo: "Fue una jornada inolvidable sin duda, con un **score** de 78-70", "el descanso llegó con un **score** de 59-46", "para instalarse en la novena posición con un **score** de 273 impactos", "calificó a la final en sexta posición, con un **score** de 53.800", "los visitantes cometieron errores para que los Borregos cerraran con un **score** de 112-107", "los Leones de Yucatán se desquitaron esta noche de los Olmecas de Tabasco con un **score** de 7x1", "victoria de los Búhos, con un **score** de 7-8", "terminó con un score de 3-1", "con un **score** de 6-2 a favor de Brasil", "cayó en su presentación ante Kids Soccer con un **score** de 4 goles por 1", "para dominar la llave de octavos de final con un **score** global de 4-1", "pero logró ganar en el global con un **score** de 2-1", "ganó la primera intercontinental con el Real Madrid con un **score** de 5-1", "el **score** fue 5-4", "aquella tarde el **score** fue 2 a 0 con goles de Barbadillo y Uribe", "el **score** fue de 16 a 8 para el cuadro de Tijuana", "el **score** fue de 6 por cero", "en esa ocasión el **score** fue 3-6, 6-3 y 6-3", "el **score** fue 9-8 en el juego que ganó Manny Barreda" y, como siempre hay algo peor: "venciéndolo en 4 sets y en un partido de **día** que terminó el **día** lunes por lluvia con un **score** de 6-4, 6-3, 5-7 y 6-2".

☞ Google: 5 890 000 resultados de "un score"; 665 000 de "el score"; 149 000 de "con score". ☒

☞ Google: 667 000 000 de resultados de "resultado"; 75 600 000 de "marcador"; 67 600 000 de "puntuación"; 19 100 000 de "puntaje"; 1 590 000 de "tanteo"; 421 000 de "tanteador". ☑

214. marimacho, marimachos, marota, marotas

Sin que la Academia Mexicana de la Lengua (AML) muestre oposición o siquiera diga pío, el DRAE incluye en sus páginas mexicanismos que no lo son o que están definidos del modo más torpe, inexacto o, ya de plano, mentiroso. Son los casos, entre otros muchos, de "esquite", que define como "roseta" o "grano de maíz", y de "macuache", un "indio mexicano que no ha recibido instrucción alguna" y que sólo han visto los académicos madrileños en sus sueños guajiros. Pero ¿por qué ocurre esto? Muy simple: ¡porque es la Academia Mexicana de la Lengua la que surte de "mexicanismos" al DRAE!, y en su "surtido rico" se esmera en barbaridades dignas de figurar lo mismo en el DRAE que en el DM, de la AML, o bien en un bote de basura. Hermano de estos mexicanismos mal definidos, anacrónicos o inexistentes es el sustantivo femenino "marota", del cual el DRAE únicamente dice una palabra, a manera de sinónimo: "marimacho". El *Diccionario de mexicanismos* de la AML, que, como ya dijimos, está lleno también de barbarismos, ociosidades, faltas ortográficas y un amplio repertorio de grafías erróneas que quiere hacer pasar por mexicanismos, "enriquece" la definición de "marota" con dos acepciones bárbaras a más no poder: "Mujer de modales masculinos" y "lesbiana". Ambas, asegura, con un sentido ¡familiar!, ni siquiera despectivo. Pero ¿en qué parte de México se le dice "marota" al "marimacho", sustantivo masculino coloquial que el DRAE define como "mujer que en su corpulencia o acciones parece hombre"? Puede uno fatigar la búsqueda y fatigarse en ella, pero lo que realmente encontrará, luego de mucha fatiga, es que "marota" es una danza tradicional, una representación del folclore y un disfraz mediante el cual los varones se visten de mujeres en ciertas festividades de los estados de México y Morelos, principalmente. En el baile de las marotas, los hombres adoptan la indumentaria de las mujeres, y danzan, según algunos cronistas, "para burlarse en aquellos años [desde mediados del siglo XVII al menos] de la mujer española que se sentía muy importante y humillaba a las naturales del poblado". Siendo esto así, "marota" nada tiene que ver con "marimacho" o con "mujer de modales masculinos", mucho menos con "lesbiana", adjetivo y sustantivo que el DRAE define de la siguiente manera: "Dicho de una mujer: homosexual". En su *Diccionario breve de mexicanismos*, Guido Gómez de Silva no recoge este término, "marota", que la AML se fusiló, para su mamotreto de barbaridades, con todo y significado, del *Diccionario general de americanismos* de Francisco J. Santamaría, en cuyas páginas leemos: "marota. f. En Méjico, marimacho". Si alguna vez tuvo este significado, hoy en México carece de él, y es una barbaridad darle la sinonimia de "lesbiana". En México, actualmente, para referirse a las lesbianas, con un adjetivo y sustantivo coloquial y despectivo, se les dice "lenchas", que, por otra parte, las lesbianas han reivindicado, anulando la discriminación, en la "Marcha Lencha", pero de esto nada dice el DM, de la AML, porque "lencha" no es un término que recoja en sus páginas, del mismo modo que omite el homofóbico "tortillera". (Sin duda, a los hacedores del *Diccionario de mexicanismos* de la AML les falta calle para informarse y comprender la realidad, y por ello inventan jalada y media.) ¿En qué parte del país se les dice "marotas" a las lesbianas? Aun si fuese en las casas de algunos conocidos de los académicos mexicanos de la lengua, esto sería menos que minoritario, ¡sería ínfimo! de tan doméstico. Cabe señalar que en su *Diccionario histórico enciclopédico* (Barcelona, 1830), Vicenç Joaquín Bastús i Carrera define el término "marota" del siguiente modo: "Cabeza rara y extravagante, muchas veces con dos caras, una delante y otra detrás, con un gorro de diferentes colores, colocada al extremo de un palo guarnecido de cascabeles. Creen que el nombre de *marota* se deriva de *madrecita*, porque viene a ser una especie de muñeca parecida a las con que juegan las niñas". Quizá esa "marota" de la que habla Bastús i Carrera tenga más relación con las marotas de los bailes tradicionales de México, Morelos y Oaxaca, que las que inventa el diccionario de la AML a partir del *Diccionario general de americanismos*, de Santamaría. Marota en México es la escenificación donde los varones se visten de mujeres para personificar incluso diablas, acompañados por músicos maroteros de los que el DRAE y la AML no tienen ni la más remota idea. Por lo demás, ¿cómo podría llamarse marimacho o marimacha (*"referido a una mujer, de modales masculinos"*, dice el *Diccionario de mexicanismos* de la AML) a un varón que se viste de mujer, esto es a un travesti que no pretende ser "macho", sino "hembra"? Lo que ocurre es que los académicos de la RAE y de la AML jamás se han asomado a internet para ver de qué va el baile de las marotas. Es recomendable que los académicos mexicanos y las académicas mexicanas tengan un poco de roce social callejero o que, aun en su torre de marfil, se metan de vez en cuando a internet y vean, entre otras cosas, el baile de las marotas en las festividades y carnavales, por ejemplo, de San Rafael Tlalmanalco y Santiago Tepopula, Estado de México, o Tepetlixpa y Xochitlán, Morelos, para que dejen de inventar cosas y consignen la verdad en ese repertorio de barbaridades del que están tan orgullosos y orgullosas, tan autosatisfechos y autosatisfechas y que intitulan *Diccionario de mexicanismos* y que es más una obra de ficción que de investigación. Al consultar el Repositorio Institucional de la UNAM, encontramos que, en 2017, María Teresa Arroyo Solano, para obtener el título de Licenciada en Sociología por la Facultad de Ciencias Políticas y Sociales de la Universidad Nacional Autónoma de México, presentó la tesis *El baile de las marotas: La fiesta patronal en Amecameca como espacio de transgresión sexo-genérica*. Informa la tesista: "Cabe destacar que, en este Baile de las Marotas, no participan únicamente mujeres *trans*; en realidad, la mayoría de los participantes son hombres que se 'visten' como mujeres (o pueden ocupar algunos disfraces) y tienen gran aceptación, incluso legitimidad". Añade: "La fiesta representa una oportunidad perfecta para la transgresión, invertir roles y papeles, descansar de lo cotidiano, romper con la monótona dinámica del sistema hegemónico heterosexual y realizar prácticas que en otros contextos cotidianos no son permitidas, tales como las prácticas homoeróticas". En cuanto al término mismo no se refiere, exactamente, como sostiene el DM, a "marimacho" ni mucho menos a "lesbiana". El "baile de las marotas", de acuerdo con la tesista Arroyo Solano, se parece a aquellos que en otros lugares son llamados de "las mojigangas" o "las mascaradas" en las celebraciones del carnaval o de Día de Muertos (y esto tiene sentido con la definición de Bastús i Carrera). Para que en la Academia Mexicana de la Lengua ya no tengan que esforzarse en investigar, cosa que, por lo visto, les cansa mucho, aquí tienen la información esencial, proporcionada por quien sí sabe sobre el tema, a tal grado que hizo su tesis de licenciatura al respecto: "En la calle contigua a la iglesia bailan Las Marotas, vetadas por la Iglesia. Ellas mismas crean su manera de agradecerle al santo o santa, o, mejor aún, crean su propia celebración. Dejando atrás la monotonía cotidiana, se entregan a la efervescencia de la fiesta y al baile. Las Marotas es un baile tradicional avalado, a final de cuentas, en cada una de estas dos comunidades [Santa Isabel Chalma y Santiago Cuauhtenco]. Existen distintos grupos que se alquilan para bailar, llamados 'comparsas', pero lo interesante de ese baile es la transgresión que representa. Con transgresión nos referimos al intercambio de roles de género que representa este baile, pues, en un sentido muy simple, el baile es realizado en su mayoría por hombres que se visten como mujeres. El atuendo puede constar de máscaras, vestimentas extravagantes y mucho maquillaje; después del recorrido al compás de una banda de viento, junto a una mula cargada de cocoles, Las Marotas llegan al lugar donde invitan a la gente a su danza peculiar, con convite de alcohol, presente en el ambiente y elemento que favorece el furor de la fiesta. Después de hora y media de baile, Las Marotas se disponen a ir a comer, invitando a la gente espectadora. Así es como llegan al lugar de la comilona, auspiciada por un mayordomo, para que, posteriormente, puedan hacer el último baile. Este baile ocurre únicamente en las fiestas patronales de ambas comunidades, y aunque no es reconocida como una danza dentro de la Iglesia, en la organización de la comunidad ocupa un lugar preponderante. Se contemplan ingresos y mayordomos específicamente para darles de comer y pagarles el alcohol [a los danzantes]. Del mismo modo, representa una identidad comunitaria que se perpetúa de generación en generación". Quedan servidos, señoras y señores de la Academia Mexicana de la Lengua. Para que no se fatiguen en investigar, pero también para que no inventen cosas. Por cierto, en internet, si se busca en Google "marota o marimacho" no se obtiene ningún resultado. Lo mismo pasa si buscamos "marota o lesbiana".

☞ Google: 320 resultados de "baile de las marotas", 129 de "el baile de las marotas". ☑

☞ Google: 177 000 000 de resultados de "lesbianas"; 57 400 000 de "lesbiana"; 1 780 000 de "lesbianismo"; 45 100 de "lenchas"; 6 770 de "Marcha Lencha". ☑☑

215. ¿*media cansada?*, media hermana, ¿*media loca?*, ¿*media muerta?*, media naranja, ¿*media tonta?*

El término "medio" (del latín *medius*), cuando se utiliza con forma adverbial y significa "no del todo, no enteramente, no por completo" (DRAE), es invariable en género y en número, regla que se aplica a todos los adverbios. Ejemplo del diccionario académico: **Medio** *asado*, esto es, "no enteramente asado" o "no asado por completo". Precisa el DRAE que, coloquialmente, este adverbio "modifica a ciertos adjetivos que expresan cualidades negativas para suavizar falsamente su significado", y pone un ejemplo: *Este chico es **medio** tonto*. Pero, tratándose de un sujeto femenino, es un disparate feminizar el adverbio, que como hemos advertido, debe ser siempre invariable, convirtiéndolo en adjetivo ("media"). Ejemplo: *Esta chica es **media** tonta*. Como adjetivo, el término "medio", con su femenino "media", significa "igual a la mitad de algo" (DRAE). Ejemplos: **medio** *metro*; **media** *naranja*; **medias** *hermanas*, que concuerdan, como puede verse, en género y en número. Desbarres, por la ultracorrección de feminizar el adverbio, son decir y escribir "media cansada", "media loca", "media muerta", "media tonta", etcétera, en vez de las formas perfectas "medio cansada" (no cansada del todo), "medio loca" (no tan loca), "medio muerta" (en sentido figurado: muy cansada, maltrecha), "medio tonta" (no enteramente tonta), pero debemos recordar que este adverbio funciona para **suavizar falsamente** el significado de una condición o situación de carácter negativo o peyorativo, lo que hace las veces de un eufemismo (que es algo muy cercano a la mentira): algo parecido a decir y escribir "adulto en plenitud" en lugar de "anciano" o "viejo", e "invidente" en lugar de "ciego". Por supuesto, el desbarre por ultracorrección se da únicamente con el género femenino, pues un varón puede ser "**medio** hermano" (donde "medio" es adjetivo) y, a la vez, "**medio** tonto" (donde "medio" es adverbio), pero ¿qué pasa con "media hermana" y "medio hermana"? Ocurre que si se ha de referir a las mujeres que comparten padre o madre, pero no a ambos como progenitores, son "medias hermanas", donde "medias" es un adjetivo femenino plural; pero si se refiere, coloquialmente, a una forma de amistad íntima o de fraternidad, muy parecida a la "hermandad" ("relación de parentesco que hay entre hermanos"), debe decirse que *Fulana y Mengana son **medio** hermanas* (esto es, "casi" hermanas), donde "medio" es un adverbio y, por lo tanto, invariable en género y en número. En el caso de los varones, equivaldría a decir que *Fulano y Mengano son **medio** compadres*, esto es que, por su trato íntimo, que los lleva a "fraternizar" ("tratarse amistosamente") son "casi" compadres, aunque no tengan exactamente un vínculo de "compadrazgo" ("conexión o afinidad que contrae con los padres de una criatura el padrino que la saca de pila o asiste a la confirmación", DRAE). Caso curioso es también el de "media naranja" (la mitad de una naranja) que, en el uso coloquial y muchas veces cursi, designa al varón o a la mujer que establece vínculos íntimos con alguien, o bien mantiene un noviazgo ("condición o estado de novio"); en tal circunstancia, cada uno, sea varón o mujer, es la "media naranja" de otro. Ejemplos: *Federico es la **media naranja** de María; Eunice es la **media naranja** de Pedro; Alfredo es la **media naranja** de Omar; Isabel es la **media naranja** de Rosalía*. El sentido es figurado, pero se mantiene el adjetivo que se usa también en el sentido recto que, como ya vimos, equivale a "la mitad de una naranja", de tal forma que cada mitad es el complemento de un todo. En conclusión: no debemos confundir el adverbio "medio" (invariable) con el adjetivo "medio", cuyas características distintivas son sus accidentes en género y en número: "media", "medias", "medios". Ciertos varones no son "medios idiotas", sino "medio idiotas", y no "medios pendejos", sino "medio pendejos". ¿Por qué? Porque si el término "medio" se utiliza como adjetivo, éste modifica a los adjetivos y sustantivos "idiota" y "pendejo" para darnos las equivalencias de "la mitad de un idiota" y "la mitad de un pendejo" (quizá si están partidos por la mitad), pero si el término "medio" se emplea con corrección, en su función adverbial y no adjetival, ese "medio" significa "no idiota por completo" y "no enteramente pendejo". En este caso no implica una partición, sino una atenuación.

La ultracorrección se da siempre por ignorancia, incluso cuando quien la comete supone que *sabe*, y tal es el caso de convertir un adverbio en adjetivo para lograr la concordancia en género y número con un sustantivo u otro adjetivo. Estas ultracorrecciones de las que nos ocupamos ahora son abundantes, lo mismo en el habla que en la escritura informal. Tienen su reino en internet, pero extienden sus dominios en las publicaciones impresas, incluidos los libros; por ejemplo, en uno que lleva por título *El placer de la muerte* leemos lo siguiente:

♀ "Vivo con una hermana **media loca**".

Quiso el autor que su personaje dijera:

♂ Vivo con una hermana **medio loca**.

✐ He aquí otros ejemplos de estas ultracorrecciones: "Es **media loca**, pero buena gente", "mi cuenta está **media loca**", "ando **media loca**", "estoy **media loca**", "sé que esta encuesta es **media loca**", "iba a tener una sección **media loca**", "una pregunta **media loca**", "se cuenta que de las patas estás **media loca**", "a mi me gusta Laura despues me acuerdo que esta **media loca** y se me pasa", "tú caprichoso, yo **media loca**", "era **media loca** la tipa", "somos una pareja **media loca**", "ando **media loca**", "Luisa María está **media loca**", "solitaria y **media loca**", "soy una chica **media loca** con el sexo", "tú sabes que soy **media loca**, agresiva, sin paciencia", "**media loca** o loca completa", "ustedes son **medias locas**", "ellas están **medias locas**", "trabajo en muchas cosas **medias locas**", "estoy **media muerta**", "**media muerta** de miedo", "parece que tu padre piensa que soy **media tonta**", "estaba **media cansada**", "nos molesta que piensen que somos **medias tontas**", "se veían **medias muertas** de hambre", "cuando acuden las señoras o jóvenes a denunciar violencia les piden que vayan **medias muertas**", etcétera.

☞ Google: 67 000 resultados de "media loca"; 29 400 de "medias locas"; 23 800 de "media muerta"; 11 700 de "media tonta"; 10 800 de "media cansada"; 4 710 de "medias tontas"; 1 440 de "medias muertas". ☒

☞ Google: 570 000 resultados de "media hermana"; 137 000 de "medio loca"; 107 000 de "medio muerta"; 81 800 de "medio hermana"; 48 100 de "medias hermanas"; 42 300 de "medio tonta"; 28 500 de "medio locas"; 25 100 de "medio muertas"; 24 700 de "medio hermanas"; 14 100 de "medio tontas"; 8 320 de "medio cansada". ☑

216. mezcla, ¿*mix*?, surtido

Si en español tenemos el sustantivo femenino "mezcla", que el diccionario académico define como "acción y efecto de mezclar o mezclarse" y "agregación o incorporación de varias sustancias o cuerpos que no tienen entre sí acción química", y el verbo transitivo "mezclar" ("juntar, unir, incorporar algo con otra cosa, confundiéndolos"), ¿para qué necesitamos el anglicismo crudo *mix* que en español se traduce, exactamente, como "mezcla" y "mezclar"? Por el mismo motivo que se dice y escribe *push* en vez de "apretar" o "presionar". Son monosílabos que llevan la economía de la lengua al extremo, pero con préstamos innecesarios, pues lo que delata este uso anglicista es que, la mera verdad, hasta para hablar y escribir, somos muy güevones. Súmese a esto el pochismo, y ya tenemos una neolengua franca de la holgazanería. En lugar de estampar, en un recipiente comercial, "mezcla de nueces" o "mezcla de caramelos", se imprime "**mix** de nueces" y "**mix** de caramelos". Incluso en los álbumes de canciones, que no son otra cosa que "compilaciones", ya se habla y se escribe de "**mix** de cumbias" y "**mix** de rancheras". Y en YouTube, "tu **mix**", refiriéndose a la compilación personal de videos que se hace en automático a partir de la frecuencia de visitas o vistas a determinados sitios de YouTube. En español, el sustantivo "mezcla" es usual para referirse a la acción de juntar, dentro de un envase, productos líquidos, como en "**mezcla** de jugos de frutas", pero también productos sólidos, como en "**mezcla** de vegetales". De la "mezcla" nos saltamos al "**mix**", desdeñando un adjetivo y sustantivo que es ideal para el caso: "surtido" (del participio de *surtir*), que el diccionario académico define del siguiente modo: "dicho de un artículo de comercio: que se ofrece como mezcla de diversas clases". Ejemplos del DRAE: *Galletas **surtidas**; Un **surtido** de horquillas*. "Surtido" tiene tres sílabas, "mezcla" posee dos y "**mix**" sólo una. Al optar por el menor esfuerzo, el hablante se decanta por el monosílabo "**mix**", que no pertenece a nuestro idioma, a pesar de que "mezcla" y "surtido" son los términos adecuados en español.

Será difícil desterrar de nuestro idioma este anglicismo innecesario, porque, como ya dijimos, la ley del menor esfuerzo lleva a los hablantes y escribientes a preferirlo. Pero no deja de ser ridículo. Si no queremos decir "mezcla", digamos "surtido", aunque nos tardemos un poquito. Un almacén anuncia en internet:

♀ "**Mix** de frutos secos europeo".

Lo correcto:

♂ **surtido** europeo de frutos secos.

✐ He aquí unos poquísimos ejemplos de este vicio idiomático: "**Mix** de semillas extra especial", "**mix** de semillas casero", "haz tus propios **mix** de semillas", "**mix** de semillas y frutos secos", "**mix** de frutos secos y nueces", "**mix** de frutos secos sin pasas", "yoghurt con **mix** de frutos secos", "nuevo **mix** de frutos secos", "**mix** de frutos secos dulce y salado", "**mix** de almendras, nueces y castañas", "**mix** de chocolates sin azúcar", "bandeja con **mix** de chocolates", "**mix** de vegetales asados", "**mix** de vegetales verdes", "**mix** de cumbias para bailar" y, como siempre hay algo peor: "**mix** de galletas **surtidas**".

☞ Google: 367 000 resultados de "mix de semillas"; 265 000 de "mix de frutos secos"; 197 000 de "mix de almendras"; 173 000 de "mix de chocolates"; 160 000 de "mix de vegetales"; 159 000 de "mix de cumbias"; 109 000 de "mix de galletas"; 92 300 de "mix de nueces"; 34 600 de "mix de caramelos"; 24 600 de "mix de bombones". ⊠

☞ Google: 2 080 000 resultados de "mezcla de verduras"; 1 430 000 de "mezcla de frutos"; 1 010 000 de "mezcla de almendras"; 709 000 de "mezcla de vegetales"; 552 000 de "mezcla de frutos secos"; 168 000 de "mezcla de caramelos"; 66 000 de "mezcla de jugos de frutas"; 29 800 de "mezcla de jugos naturales". ☑

217. misa, ¿*misa de cuerpo completo*?, ¿*misa de cuerpo entero*?, misa de cuerpo presente
Hay barbaridades que parecen simples bromas, y lo serían si no fueran tan lerdas las personas que las dicen o las hacen. Es el caso de la expresión "misa de cuerpo completo" (con su variante "misa de cuerpo entero"). ¿De cuerpo completo, de cuerpo entero? Circula un chiste en internet a manera de anuncio clasificado (un chiste, un sarcasmo, no un dislate): "Se realizan misas de cuerpo entero, de medio cuerpo o al gusto del cliente. Precios al alcance de su bolsillo. Servicio las 24 horas. Sólo en San Salvador". Pero lo cierto es que no son pocas las personas que dicen y escriben, en serio, "misa de cuerpo completo" y "misa de cuerpo entero" refiriéndose a la "misa de cuerpo presente", definida del siguiente modo por el DRAE: "misa que se dice por lo regular estando presente el cadáver". ¿A cuento de qué viene la acotación "por lo regular"? ¿Es que, acaso, puede haber una "**misa de cuerpo presente**" sin la "presencia" del cuerpo? María Moliner, en el DUE, ofrece una definición menos ambigua, pero no del todo precisa: "**Misa de cuerpo presente**. La que se celebra en sufragio de alguien que acaba de morir, generalmente sin estar todavía enterrado". De su definición se colige que en la "misa de cuerpo presente" no siempre se "presenta" o se "lleva" al difunto (alguien tiene que llevarlo, ya que si él mismo se presenta, por sus medios, todos saldrían despavoridos del recinto). De modo que, en tal caso, debemos entender que la expresión "cuerpo presente" no es literal, sino metafórica. Pero lo que no es metafórico, sino idiota, es decir y escribir "misa de cuerpo completo" (y su variante "misa de cuerpo entero"), pues quienes lo dicen y lo escriben han de suponer que también hay misas de cuerpo incompleto, de medio cuerpo, de un cuarto de cuerpo y demás.

Es en serio. La gente que lo dice y que lo escribe está en los espectáculos y el periodismo, lo mismo impreso que digital y audiovisual. Una conductora mexicana de variedades, en una transmisión de Televisa, dijo lo siguiente, en ocasión de la muerte del famoso comediante *Chespirito*:

♀ "Se realizará la **misa solemne de cuerpo completo** del señor Roberto Gómez Bolaños".

Quiso decir:

☝ **misa solemne de cuerpo presente.**

✍ Pero no sólo ella. Hay muchas personas, en ese ambiente y en otros, que le dan vuelo a esta barrabasada. He aquí unos pocos ejemplos: "le daremos una **misa de cuerpo completo** y posteriormente sepultura", "donde se realizó una **misa de cuerpo completo** de la mujer", "después de ofrecerse una **misa de cuerpo completo** en la misma población", "para honrarlo con una **misa de cuerpo completo**", "en las próximas horas estaremos informando del lugar y hora de la **misa de cuerpo completo**", "donde realizarán una **misa de cuerpo completo**", "la plantilla incluye la **misa de cuerpo completo**", "*Misa de cuerpo completo*, con la Banda La Trakalosa de Monterrey", "al velorio, **misa de cuerpo completo** y camposanto lo acompañaron familiares y amigos", "serán **misas de cuerpo completo**".

☞ Google: 4070 resultados de "misa de cuerpo completo". ☒
☞ Google: 378000 resultados de "misa de cuerpo presente". ☑

218. molcajete (¿grande y sólo el de piedra o de barro?)

Acerca del mexicanismo "molcajete" (sustantivo masculino), leemos lo siguiente en el DRAE: "(Del náhuatl *mulcazitl*, 'escudilla'). Mortero grande de piedra o de barro cocido, con tres pies cortos y resistentes, que se usa para preparar salsas". Según los académicos madrileños, informados por sus hermanastros de la AML, la voz náhuatl *mulcazitl* se traduce al español como "escudilla". No es verdad. Pobrecitos. Que Dios los perdone. "Molcajete" es un sustantivo compuesto: de las voces en náhuatl *molli*, "salsa", y *caxitl*, "cajete"; dicho en otras palabras, cajete, cazuela para preparar salsa, guisado o mole, pues justamente la raíz indígena del famoso "mole" mexicano es *molli* ("salsa"). El pobre *Diccionario de mexicanismos* de la AML no ayuda mucho, pues además de que no consigna las etimologías de los términos que incluye y define en sus páginas, repite, exacta y campantemente, la definición del DRAE ("mortero grande de piedra o de barro cocido, con tres pies cortos y resistentes, que se usa para preparar salsas"), lo cual delata que fue la AML la informante, textual, del DRAE. Hay dos datos absurdos e inexactos en esta definición: 1, que el mortero es grande, y 2, que es de piedra o de barro cocido. Esto es lo malo de que los académicos madrileños nunca hayan visto un molcajete, y lo peor es que sus informantes no se asomen a los mercados ni mucho menos a los tianguis, ¡y ni siquiera a internet para enterarse de la realidad! Ya lo hemos dicho: les falta calle. ¿Cómo podrían conocer las características actuales de un molcajete si se la pasan entre papeles en sus oficinas? Una pregunta obligada es la siguiente: ¿Cuál es la definición principal del adjetivo "grande" (del latín *grandis*) en el mismo DRAE? Aquí la tienen: "Que supera en tamaño, importancia, dotes, intensidad, etc., a lo común y regular". Sabiendo esta definición, ¿por qué un "molcajete" es un "mortero grande", lo mismo para los académicos madrileños que para los mexicanos? Seguramente porque nunca han visto que los molcajetes pueden ser de diversos tamaños, ¡al igual que los morteros!, pues el sustantivo masculino "mortero" (del latín *mortarium*) es el "utensilio de madera, piedra o metal, a manera de vaso, que sirve para machacar en él especias, semillas, drogas, etc." (DRAE). Francisco J. Santamaría, en el *Diccionario general de americanismos*, no sólo no lo ve grande, sino incluso pequeño, porque lo define con un diminutivo:

"**Morterillo de piedra** con tres pies cortos, usado entre la gente pobre, en Méjico, para moler y preparar las especias, el chile, hacer las salsas, etc., y aun para tomar estas cosas y servirlas. En él se muele o machaca con el *tejolote*". En el *Diccionario del náhuatl en el español de México*, coordinado por Carlos Montemayor, leemos la siguiente definición: "**Pequeño mortero** trípode, de piedra o de barro, donde se muelen los ingredientes y condimentos de las salsas. La molienda se efectúa con la ayuda de un pequeño muñón de piedra llamado *tejolote*". En su *Diccionario breve de mexicanismos*, Guido Gómez de Silva dice, con exactitud, lo que inexactamente dice el DRAE: "Del náhuatl *molcaxitl*, literalmente 'recipiente para salsa', de *molli*, 'salsa' + *caxitl*, 'recipiente, vaso, plato, escudilla'. Mortero, utensilio en que se muelen el chile y otros condimentos (con el majador llamado tejolote)". El *Diccionario del español usual en México*, dirigido por Luis Fernando Lara, ofrece la siguiente definición: "Recipiente de forma semiesférica de piedra, con tres patas cortas, en cuya cavidad se muelen, con una piedra llamada tejolote, condimentos, especias, etc.". Y ofrece un buen ejemplo: *La salsa de jitomate y chile hecha en el **molcajete** es mucho más sabrosa.* Como puede verse, únicamente el DRAE y el DM definen el "molcajete" como "mortero grande" (esto es, "que supera en tamaño a lo común y regular"), contra la versión de Santamaría y Montemayor que lo ven "pequeño" ("que tiene poco tamaño o un tamaño inferior a otros de su misma clase"). Y ni Gómez de Silva ni Luis Fernando Lara lo adjetivan, lo cual es del todo atinado. Quizá en la época de Santamaría los molcajetes eran, por lo general, pequeños ("morterillos") y, por supuesto, invariablemente de "piedra", pero lo cierto es que hoy incluso el molcajete en su tamaño más habitual o estándar (siete pulgadas de diámetro) no es pequeño, pero tampoco grande, sino regular, ya que los hay pequeños y grandes (desde dos hasta treinta y dos pulgadas de diámetro) y los hay también que no son trípodes, sino de cuatro patas (y figura de puerco) y también sin patas, de granito o de piedra volcánica negra o de barro cocido, pero también de plástico (por lo general fabricados en China), ¡y no dejan de ser molcajetes! porque de acuerdo con su definición y su etimología (*molli + caxitl*), es suficiente con que sea un cajete o cazuela, para machacar con el tejolote o muñón (de piedra o de otro material) los ingredientes de una salsa para que sea "molcajete". Y los hay también de metal (de plata y aluminio, especialmente) y siguen siendo molcajetes porque conservan, en esencia, las características de nuestro mortero prehispánico. Finalmente, como decía Santamaría, el molcajete se usa no sólo para moler y preparar las salsas, sino también como recipiente "para tomar estas cosas y servirlas". Es así como, en muchos restaurantes mexicanos, se ofrecen, en el menú, "molcajetes de arrachera", "molcajetes de mariscos", "molcajetes de queso en salsa verde", "molcajetes de chorizo", "molcajetes de nopales", etcétera, de lo que no dicen ni una sola palabra el DRAE y el DM. Ejemplo: *Rico **molcajete de mariscos** estilo Sinaloa.*

Es que a los académicos les hace falta salir de sus cubículos, fatigar las calles y ver un poquito de mundo. Pobrecitos.

☞ Google: 349 000 resultados de "molcajete de camarón"; 312 000 de "molcajete de arra-chera"; 307 000 de "molcajete de queso"; 282 000 de "molcajete de camarones"; 225 000 de "molcajete de pulpo"; 116 000 de "molcajete de chorizo"; 27 100 de "molcajete de mariscos"; 21 700 de "molcajete de pollo"; 19 000 de "molcajete de piedra"; 15 600 de "molcajete de barro"; 7 870 de "molcajete de nopales"; 6 640 de "molcajete de plata"; 6 230 de "molcajete mar y tie-rra"; 4 420 de "molcajete grande"; 3 630 de "molcajetes de plástico"; 2 960 de "molcajete de plástico"; 2 610 de "molcajete chico"; 1 050 de "molcajetes de todos tamaños". ☒

219. mucho, mucho muy, muchote, muy poquitito, muy poquito, muy muy, poqui-tito, poquito, tantico, tantito, un tanto cuanto

El DRAE incluye como mexicanismo la locución adverbial "un tanto cuanto", con el significado de "un poco". Ejemplo: *Somos una sociedad **un tanto cuanto** rara*. La locu-ción no es errónea, pero sí afectada, pues se trata de un rebuscado circunloquio para expresar, simplemente, "un poco". He aquí su equivalente: *Somos una sociedad **un poco** rara*. Pese a que el DRAE identifica dicha locución adverbial como mexicanismo, no está incluida en el *Diccionario de mexicanismos*, de la AML, en cuyas páginas, en cambio, al igual que en el *Diccionario breve de mexicanismos* de Guido Gómez de Sil-va, sí se incluye el adjetivo y adverbio coloquial "tantito" ("un poco de algo": *Regálame **tantita** azúcar, No tiene ni **tantita** madre*; "por un momento": *Esperemos aquí **tantito***), que no aparece en el DRAE porque en España, al igual que en otros países sudame-ricanos y del Caribe, se utiliza "tantico" ("poco", "un poco"). Ejemplo: *¡Descuídense **un tantico** y verán!* Sorprende, aunque no debería, que ni el DRAE ni el *Panhispánico* ni el DM incluyan la acepción sinónima del "tantito" mexicano, que no es otra que "poquito", adjetivo y adverbio coloquial que significa "muy poco". Ejemplos: *Regála-me **poquita** azúcar, Esperemos aquí **un poquito***. En el DRAE únicamente se registran las locuciones adverbiales "a poquito" y "a poquitos" y la locución adjetival coloquial "de poquito". Cabe señalar que el adjetivo indefinido "poco" (del latín *paucus*) significa "en número, cantidad, o intensidad escasos respecto a lo regular, ordinario o pre-ciso" (DRAE). Ejemplos del diccionario académico: *Pocos armarios, La poca agua que había*. Siendo así, "poquito", además de coloquial, es un diminutivo: Si lo "poco" ya es escaso, lo "poquito" es aún más escaso, y se puede extremar esa limitación si se le antepone a "poquito" la forma apocopada o reducida del adverbio "mucho" ("muy"), como en el siguiente ejemplo: *Faltan **muy poquitos** días para que termine el año*. Más aún: el extremo de la escasez alcanza el "poquitito" y el "muy poquitito" (diminutivo del diminutivo y la mínima expresión del diminutivo del diminutivo), como en los siguientes ejemplos: *Lo que me das es* **un poquitito** *de amor, Me quieres* **muy poquitito**. Si "poco" es escaso, y "poquito", más escaso, "poquitito" y "muy poquitito" corresponden a algo insignificante, esto es, a casi nada. Pero ¿qué creen? ¡De esto no dice nada el *Diccionario de mexicanismos*, de la AML! Compárese el "poquito" y el "tantito" con su antónimo coloquial y aumentativo "muchote", derivado de "mucho" (del latín *multus*), adjetivo indefinido que significa "numeroso, abundante o intenso" (DRAE). En este sentido, "muchote" es excesivo en número, abundancia o intensidad, como en el siguiente ejemplo: *Te quiero mucho,* **muchote**. Pero, como es de esperarse, el *Diccionario de mexicanismos*, de la AML, pasa también de noche junto al adjetivo coloquial y aumentativo "muchote". De él no dice ni mu, aunque se use bastante en México; en cambio, nos obsequia la ficticia acepción de la locución adverbial "mucho muy", con el significado de "excesivamente" y un ejemplo sacado de Dios sabrá qué cabeza loca: *Me divertí* **mucho muy** *en la fiesta*. ¿Divertirse **mucho muy** en la fiesta? ¡No mameyes en tiempos de aguacates! (locución interjectiva ésta, mexicanísima, que significa "¡no mames!" o "¡no mamen!", a tal grado popular que algunos la atribuyen, con inexactitud, al célebre poeta tepiteño Mamado Nervo). Si buscamos en Google ¡no hay ni un solo resultado para la expresión "divertirse **mucho muy**" ni tampoco para "**mucho muy** en la fiesta", y ni siquiera para "me divertí **mucho muy** en la fiesta". La secuencia "mucho muy" es usual en México para decir, por ejemplo, *Fulano es* **mucho muy** *pendejo*. El *Diccionario de mexicanismos*, de la Academia Mexicana de la Lengua, es, en muchos momentos, una obra de ficción, y no por cierto de buena ficción, sino de esa fantasía chafa que ni siquiera nos divierte **mucho muy** en su lectura, y que nos deja con una sensación de que sus autores, ésos sí, se divierten **mucho muy** tomándonos el pelo, o suponiendo que nos lo toman. La única forma aceptable, y enfática, aunque pleonástica (no olvidemos que "muy" es apócope del adverbio "mucho") de la secuencia "mucho muy" (también, en España, en el habla familiar, la variante "muy mucho", como lo documenta María Moliner en el DUE) es acompañándola de un adjetivo, como en "mucho muy bueno", "mucho muy malo", "mucho muy divertido", "mucho muy interesante", "mucho muy pendejo", etcétera, con la que se le da la mayor intensidad a dicho adjetivo, maximizándolo, y que equivale a la forma duplicada "muy muy" (sin coma entre las palabras repetidas), consignadas con reparo en el *Diccionario panhispánico de dudas*, pero, por fortuna, bien explicadas y documentadas por José G. Moreno de Alba, en sus *Minucias del lenguaje*, que no las encuentra ni criticables ni mucho menos reprobables. Ejemplos del todo correctos: *La película está* **mucho muy buena**, *muy padre, padrísima; Lo que vio fue de veras* **mucho muy** *malo; Sabía que la fiesta no sería* **mucho muy** *divertida; Esto es* **mucho muy** *interesante; Me sentí* **mucho muy** *pendejo disculpándome*. En el caso de su similar "muy muy", los ejemplos también son abundantes: *Estoy* **muy muy** *entusiasta; El lugar* *era **muy muy** lejano; Tienen una lengua **muy muy** larga; Hay muchos pobres porque hay* *unos pocos **muy muy** ricos; Me tuve que levantar **muy muy** temprano.* En cuanto a "poquito", "muy poquito", "muy poquitito", "poquitito", "muchote", "tantico", "tantito" y "un tanto cuanto", entre los millones de ejemplos que existen, démosle al DM, unos muy poquititos, nada más para que vea: "**Un poquito** tuyo", "hablo **poquito** español", "sólo **un poquito** de tu amor", "me dio **un poquito** de vergüenza", "**poquitos**, pero picosos", "mi mundo tiene **poquitos** amigos", "es **muy poquito**", "sientes que es **muy poquito**", "ya queda **muy poquito**", "¿me puedes ayudar **tantito**?", "nomás **tantito** en doble fila", "**poquita** fe", "**poquita** ropa", "**un poquitito** soñador", "le faltó **un poquitito** de puntería", "a mí me gustó **un muchote** el espectáculo", "te amo así de **muchote**", "te amo **muchote**", "**un tantico**", "al imperialismo, ¡ni **un tantico** así!", "el movimiento obrero llega **un tanto cuanto** debilitado", "se quedaba mirando sutilmente a su interlocutor en actitud **un tanto cuanto** reflexiva" (éste es el tipo de prosa que se solaza con el afectado "un tanto cuanto"), "no dejaba de ser **un tanto cuanto** angustiante", "me importa **muy poquitito**", "gracias a Dios fumé **muy poquitito**", "era alto con **muy poquitito** bigote", "en ese momento éramos **muy poquititos**", "eran **muy poquititas** las chicas", etcétera.

☞ Google: 64 600 000 resultados de "poquito"; 26 600 000 de "muy muy"; 6 230 000 de "muy muy bueno"; 2 390 000 de "poquitos"; 1 760 000 de "muy poquito"; 1 650 000 de "muy muy interesante"; 1 640 000 de "tantito"; 1 560 000 de "poquita"; 431 000 de "poquitito"; 332 000 de "muy muy divertida"; 305 000 de "muy muy malo"; 278 000 de "muchote"; 219 000 de "tantico"; 148 000 de "mucho muy bueno"; 77 700 de "un tanto cuanto"; 56 500 de "mucho muy interesante"; 12 600 de "mucho muy malo"; 10 100 de "mucho muy divertida"; 8 820 de "muy poquitito"; 7 790 de "muy muy pendejo"; 1 450 de "muy poquititos"; 1 000 de "muy muy culero". ☑

N

220. nahua, nahuas, ¿nahuatlaca?, ¿nahuatlaco?, ¿nahuatlata?, ¿nahuatlato?

¿Quiénes fueron o quiénes son los "nahuatlacas"? ¿Existe alguna diferencia entre ellos y los "aztecas", "mexicas" y "nahoas" o "nahuas"? En la cultura media de los mexicanos hay una gran confusión al respecto; más aún cuando a los "nahuatlacas" se suman los "nahuatlatos". Una buena consulta a las fuentes nos muestra que los "nahuatlacas" son también los "nahuas" o "aztecas". A fin de despejar dudas es importante transcribir tres entradas consecutivas del *Diccionario del náhuatl en el español de México*, coordinado por Carlos Montemayor. Leemos: "**náhuatl**. m. Idioma común de los pueblos nahuas. De *náhuatl*, sonoro, armonioso [de *nahuati*, sonar bien]; **nahuatlahto** o **nahuatlato**. m. Hablante, estudioso o traductor de la lengua náhuatl. De *nahuatlahtoa*, el que habla náhuatl; **nahuatlismo**. m. Vocablo, giro o elemento fonético propio de la lengua náhuatl empleado en otro idioma". También se admite la variante "naguatlato". En su *Diccionario breve de mexicanismos*, Guido Gómez de Silva no recoge esta variante, pero ofrece la siguiente acepción de "nahuatlaca": "Del náhuatl, literalmente 'persona de habla nahua': de *nahuatl*, 'náhuatl', más *tlácatl*, 'persona, ser humano'". Agrega que, como adjetivo y sustantivo común, equivale a "nahua". En cuanto a "nahuatlato", Gómez de Silva lo define del siguiente modo: "Del náhuatl, *nahuatlato*, literalmente 'que habla náhuatl'; de *náhuatl*, náhuatl (lengua)', más *tlatoani*, 'el que habla'; de *tlatoa*, 'hablar'. Añade que, como adjetivo y sustantivo, designa a quien es "versado en la lengua y cultura nahuas". Por su parte, Francisco J. Santamaría, en su *Diccionario general de americanismos*, explica lo siguiente en relación con el sustantivo "naguatlato": "Del azteca *nahuatl*, el idioma de los nahoas, y *tlatoani*, el que habla. En tiempo de la conquista se llamó así en Méjico al indio que, sabiendo azteca, hablaba también el castellano, y servía de intérprete. Tiene las variantes *naguatate, naguatato, naguatlate, nahuatate, nahuatato, nahuatlate y nahuatlato*". En cuanto al término "nahuatlaca", Santamaría lo recoge entre los sinónimos de "nahoa", "nahua", "nahuatl", "nahualteca" y "nahualtlaque", para definir a la "nación antigua de indios que procedía de los shoshonis de los actuales estados de Utah, Nevada y Colorado (Estados Unidos), de los que se separó antes que los pimas del mediodía de California y de Sonora. Los nahoas poblaron gran parte del territorio de los Estados Unidos y después invadieron las Californias, México y Guatemala, ocupando diferentes comarcas". Acota Santamaría que, en su recorrido hasta establecerse en el centro de México, los "nahoas" recibieron también los nombres de "toltecas" y "pipiles". Pero "en realidad los nahoas son un conjunto de tribus compuestas principalmente de los aztecas (cuyo nombre se hace sinónimo del de nahoa) y se les llama también tenochcas y mexicas". Esta versión de Santamaría coincide con lo que Rémi Siméon documenta en su *Diccionario de la lengua náhuatl o mexicana*. En la entrada "**nauatlaca** o **nahuatlaca**" explica que tal es el "nombre dado a las tribus mexicanas que salieron de *Aztlan* y se establecieron en el *Anahuac*". Y en cuanto a "**nauatlato**", dice que así se denominaba al "intérprete, el que habla *nauatl*". De ahí "**nauatlatoa**": hacer de intérprete. Siendo así, todos los "nahuatlacas" son "nahuatlatos" (porque siendo nahuas de nación, hablan el idioma náhuatl), pero no todos los "nahuatlatos" son "nahuatlacas". Las personas que hablan náhuatl sin ser "nahuatlacas" aprendieron la lengua por gusto o por profesión. Así, hay "nahuatlatos" mexicanos, franceses, ingleses, estadounidenses, alemanes, belgas, etcétera, que, por supuesto, no son "nahuatlacas". La explicación es simple: el sufijo "-tlato" deriva de *tlatolli*: palabra, discurso, exhortación, historia, relato, mensaje, en tanto que el sufijo "-tlaco" deriva de *tlacatl* (hombre, señor, humano), pues *tlacat* significa nacido, dado a luz, salido, tal como lo documenta Siméon en su *Diccionario*. No debe confundirse este sufijo con el nahuatlismo *tlaco*, adjetivo que significa mediano o que está a la mitad, o bien ordinario y que, en calidad de sustantivo masculino, significó "moneda antigua de bajo valor" y "valor ínfimo de una cosa", tal como está utilizado en el siguiente ejemplo en un poema de Eduardo Lizalde: "La perra más inmunda/ es noble lirio junto a ella./ Se vendería por cinco **tlacos**/ a un caimán". El DRAE únicamente admite "nahuatlato", con su variante "naguatlato" (del náhuatl *nahuatl*, que suena bien, y *tlatoa*, hablar), adjetivo y sustantivo para el cual ofrece las siguientes acepciones: "Que habla la lengua náhuatl; versado en la cultura y lengua náhuatl, y dicho de un indígena mexicano: que hablaba el náhuatl y servía de intérprete entre españoles y nativos de esta lengua". Nada dice de los "nahuatlacas", ni siquiera en su entrada correspondiente al adjetivo y sustantivo "azteca".

Sea como fuere, no debemos confundir al "nahuatlaca", individuo de la etnia "nahuatlaca" y, por tanto, hablante nativo del náhuatl, con el "nahuatlato": hablante de la lengua náhuatl incluso si no pertenece al pueblo "nahuatlaco". Los estudiosos y expertos en el náhuatl y en la cultura de los mexicas y los pueblos indígenas nahuas son "nahuatlatos" en tanto no hayan nacido (*tlacat*) "nahuas". Y una acotación más: "nahuatlata" es la forma femenina de "nahuatlato". Muchos periodistas y otros profesionales en México ignoran esto y por ello llaman "nahuatlaco" a quien es, estrictamente, un "nahuatlato". En un reportaje de la *Gaceta Universitaria* de la Universidad de Guadalajara leemos lo siguiente:

♀ "el **nahuatlaco** y **canónico** Ángel María Garibay".

No. Don Ángel María Garibay Kintana no fue un "nahuatlaco", sino un sacerdote católico (esto es, un "canónigo", sinónimo de "sacerdote", y no un "canónico", adjetivo que se aplica a lo que está de acuerdo con los cánones establecidos por la Iglesia), filólogo, historiador y sabio "nahuatlato", porque a su lengua materna, el español o castellano, le añadió el náhuatl, además del latín, griego, hebreo, inglés, francés y alemán. Habló y estudió el náhuatl y la cultura mexica, pero no fue nahua de nacimiento. La *Gaceta Universitaria* de la Universidad de Guadalajara debió referirse, correctamente, al

⌂ **nahuatlato** y **canónigo** Ángel María Garibay.

✐ Rémi Siméon fue un "nahuatlato" francés. En cambio, Hernando de Alvarado Tezozómoc, historiador tenochca (puesto que nació en Tenochtitlan) descendiente de Motecuhzoma y Axayácatl, fue "nahuatlaca" (nacido del pueblo nahua) y al mismo tiempo "nahuatlato" (estudioso de la lengua y la cultura nahuas): autor de la *Crónica Mexicana* y la *Crónica Mexicáyotl*. Miguel León-Portilla es uno de los más grandes "nahuatlatos", pero no es "nahuatlaca". Por ello, quien lo denominó, con motivo de sus 90 años, "el **nahuatlaco** por excelencia", cometió un desliz. En realidad, es "el **nahuatlato** por excelencia". He aquí otros ejemplos de este yerro erudito: "Francisco del Paso y Troncoso, escritor, historiador, **nahuatlaco**", "además de historiador, antropólogo, sociólogo y **nahuatlaco**, Alfredo López Austin es un científico", "un fraile franciscano, excelente **nahuatlaco**", "el historiador **nahuatlaco** Ángel María Garibay", "el maestro y docto **nahuatlaco**, Dr. Ángel María Garibay Kintana", "Dávila Garibi, insigne **nahuatlaco**", "las distintas facetas de León-Portilla, desde historiador a **nahuatlaco**", "León-Portilla, gran filólogo **nahuatlaco**", etcétera.

☞ Google: 1030 resultados de "León-Portilla, nahuatlaco"; 1000 de "Garibay, nahuatlaco". ☒

221. negra, negras, negrita, negritas, negrito, negritos, negro, negros

En su tratado *Del abuso de las palabras*, John Locke ya nos había advertido acerca de la subjetividad del idioma. Escribió: "Aunque los nombres *gloria* y *gratitud* sean los mismos en boca de todas las personas en un país entero, la idea compleja colectiva en la que todo el mundo piensa o que quiere transmitir con ese nombre parece ser muy diferente para todos los que usan el mismo idioma". Hoy, cientos de millones de seres humanos no han comprendido ni a Locke ni a Séneca, pues éste, al referirse a las acciones y a las palabras sentenció que "por la intención deben juzgarse los favores y las injurias". El conservadurismo, los prejuicios y los mantras políticos de la nueva inquisición moral nos han conducido a situaciones absurdas, y lo que tenía que ocurrir, ocurrió: el lenguaje ideológico de la corrección política, que es una de las mayores tonterías de nuestro tiempo, se metió, como era de esperarse, al callejón sin salida; y ahí está tirando golpes, escudándose en la necedad y la sinrazón, contra la lógica, la inteligencia y el análisis crítico. Y esto lo detonó, en Inglaterra, un inocente, simple y cariñoso "Gracias **negrito**" del futbolista uruguayo Edison Cavani. Pero vayamos despacio para comprender lo que parece a todas luces incomprensible. Bien sabemos que los extremos se tocan, y hoy esto ya se hizo más que proverbial. Casi no hay modo de diferenciar, ni política ni culturalmente, a la izquierda de la derecha, al progresismo de la moralina, sobre todo cuando se trata (y éste es el caso) de formas autoritarias de conducta que, desde un sector social empoderado de "buena conciencia", exige la sumisión acrítica de los demás, tal si fuéramos corderos. Se trata de una inquisición moral, esencialmente puritana, que, en otro tiempo, hubiera sido cuestionada, examinada, pasada por el tamiz de la razón no sólo en las universidades y en los diversos ámbitos culturales, sino en cualquier espacio donde el pensar sea tarea, o así se supone, de todos los días. Pero vivimos en una sociedad de dobleces, en la que la moral se confunde con la ética, y el motivo "reivindicatorio" jamás se pone en duda. Una noticia preocupante se dio en los primeros días de 2021, y sería cómica y tendría que mover a risas y a carcajadas de no ser tan peligrosa por lo que corresponde a los derechos individuales y, especialmente, a la libertad de expresión, en una sociedad regida, cada vez más, por esos dobleces de la corrección política. La noticia es que el futbolista uruguayo Edison Cavani, quien jugaba entonces en Inglaterra, en un equipo de la Premier League, fue suspendido y multado por responder, en Instagram, a un amigo que lo felicitó: "Gracias **negrito**". Dos palabras nada más, pero la segunda escandalizó a quienes no saben distinguir, a causa de la ideología radical "reivindicatoria" (fanática y fundamentalista), un cariño de un insulto. Censuran el "abuso de las palabras" del que hablaba Locke y no saben distinguir las intenciones de lo dicho o escrito; así de necios son. He aquí la noticia, divulgada en internet y en las diversas publicaciones impresas: "El futbolista del Manchester United, Edison Cavani, recibió una suspensión de tres partidos y una multa de 100,000 libras (unos 135,000 dólares), tras publicar el mensaje el 29 de noviembre que decía: 'Gracias **negrito**'. Con estas palabras, el delantero, de 33 años, quería agradecerle a un amigo que lo felicitó por haber marcado ese día el gol de la victoria ante el Southampton". Con toda razón, en un comunicado, el 3 de enero, compartido en Twitter por el capitán de la selección uruguaya, Diego Godín, la AFU (Asociación de Futbolistas del Uruguay) acusó a la FA (Asociación de Futbol de Inglaterra) de cometer "un acto discriminatorio contra la cultura y la forma de vida de los uruguayos", pues "la sanción revela una visión sesgada, dogmática y etnocentrista que no admite más que la lectura que se quiere imponer desde su particular y excluyente interpretación subjetiva, por más equivocada que sea". El comunicado de la AFU enfatiza: "Edison Cavani no ha cometido nunca un solo acto que pueda ser interpretado como racista. Simplemente ha utilizado una forma de expresión habitual para referirse cariñosamente a un ser querido, a un estimado amigo". Y concluye: "Pedimos a la Asociación de Futbol de Inglaterra que proceda de forma inmediata a levantar la sanción impuesta a Edison Cavani y restaure frente al mundo su buen nombre y su honor, injustamente mancillado con esta reprochable decisión". Y, sin embargo, pese a estas razones, la sinrazón inglesa mantuvo las sanciones al futbolista y, por si fuera poco, lo mandó a tomar un curso para que se "empape" del lenguaje y la cultura de Inglaterra. Es de locos. Queda claro que, en la cultura uruguaya, al igual que en la cultura de otros países de Hispanoamérica, "los apodos *negro/a* o *negrito/a* se utilizan asiduamente como expresión de amistad, afecto, cercanía y confianza, y de ningún modo se refieren despectiva o discriminatoriamente a la raza o color de la piel de quien es aludido". Pero hay algo más: en varios países americanos de lengua española, las formas familiares "negro", "negra", "negrito", "negrita" se utilizan también, y sin ninguna intención de racismo o discriminación, sino todo lo contrario, para referirnos afectuosa y amorosamente a las personas morenas que muchas veces tienen más de inga que de mandinga. No se les ofende, no se les insulta, ni se les *inferioriza* cuando, cariñosamente, nos referimos a ellas como "negrito" o "negrita". Si quien esto escribe hubiera sido llamado a declarar, cual testigo de descargo, en esta idiota acusación por "racismo", ejemplificaría con la forma familiar con la que su padre, un hombre de tez morena, se refería a sus hijos, ya fueran blanquinosos o morenos como él: "Negro", "Negra", "Negrito", "Negrita". Y mi madre, que es blanca, y bastante blanca, siempre le dijo a su esposo, cariñosamente, "Negro" o "Negrito". Durante toda mi infancia, yo fui el "Negro" de mi padre, a pesar de tener yo el color de la piel de mi madre. Es una idiotez pensar que en ello había insulto o racismo. Pero la idiotez, en este tipo de casos, corresponde a una ideología autoritaria de corrección política que surgió en los ámbitos del poder y de las instituciones que pretenden dictar las formas políticas de conducta. De ahí se ha extendido a las universidades, el deporte, la cultura, el periodismo e incluso ¡la literatura!, en la que, no pocas veces, hemos aceptado la memez y la ñoñez en el idioma sin oponer resistencia. ¡Memos y ñoños!, porque así lo ordenan las "buenas conciencias" en una sociedad acrítica, obnubilada en "reivindicaciones" que no lo son. Por fortuna, el *Diccionario de mexicanismos*, de la Academia Mexicana de la Lengua, recoge en sus páginas el uso coloquial y afectivo de "negrito", "negrita" como "fórmula cariñosa de trato entre novios o esposos". Por desgracia, estamos haciendo del uso del idioma un asunto de carácter judicial, a partir de la imposición de ideologías retrógradas que se ostentan como progresistas, pero que pretenden sumirnos en el oscurantismo. Hay que reiterar que el denominado "piadosismo" en la lengua (no confundir con la piedad, que es un sentimiento noble; en tanto que el piadosismo es una hipocresía) es un extremo peligroso del eufemismo que socava el idioma con formas imprecisas, además de hipócritas y convenencieras para el poder. Con el piadosismo los ancianos dejaron de ser ancianos. Cuando a quienes dictan las conductas les estorba la realidad, optan por el disimulo o la negación, y recurren a vergonzantes perífrasis que no poseen ni la exactitud expresiva del término original ni mucho menos la lógica de la economía idiomática. Que el anciano o viejo sea ahora "adulto mayor", "persona en plenitud" o "de la tercera edad" es tan vago y tonto que primero movió a risa, pero que luego mucha gente acabó por aceptar, y acatar, con tal de no ser condenado por una sociedad que exige corrección política en lugar de precisión idiomática. ¿Y qué dice el DRAE en la entrada correspondiente al adjetivo y sustantivo "negro, negra" (del latín *niger, nigri*)? En su cuarta acepción leemos: "Dicho de una persona o de la raza a la que pertenece: de piel oscura o negra". Y también admite que, en el ámbito hispanohablante, suele decírsele "negro" al "moreno" y también al "mulato". Ejemplo: *Ignacio Jacinto Villa Fernández, más conocido por su nombre artístico* Bola de Nieve, *fue un extraordinario cantante, compositor y pianista de raza negra nacido en Cuba.* Recoge también el DRAE el sustantivo masculino "negrismo" ("movimiento literario antillano de los primeros decenios del siglo xx caracterizado por el interés en las manifestaciones culturales de la raza negra"), así como el sustantivo femenino "negritud" (del francés *négritude*), con dos acepciones para el caso: "conjunto de características sociales y culturales atribuidas a la raza negra" y "movimiento literario en lengua francesa, desarrollado a partir del segundo tercio del siglo xx, que exalta los valores africanos". ¿Por qué tendría que ser ofensivo o discriminatorio hablar y escribir de la "música negra" o referirnos a Louis Armstrong, Aretha Franklin, Ella Fitzgerald, Ray Charles y Stevie Wonder como geniales músicos negros? Y en cuanto a los diminutivos "negrita" y "negrito", son en nuestros países hispanohablantes formas afectuosas de tratamiento. La culta Europa ha sufrido una regresión y ha renunciado a la inteligencia a cambio de adoptar la corrección política, que es una de las formas de la hipocresía y de la negación de la realidad. Pensando en México, ¿qué pasará con "Toña **la Negra**", la gran intérprete veracruzana de las canciones de Agustín Lara?, ¿y qué con "**El Negrito** del Batey" y con "**La Prieta** Linda"? ¿Y cómo nombraremos a "**la negra** Tomasa" (de la que estamos muy enamorados) y, sobre todo, ¡a "**la negra** Soledad"!, que no es otra que "la que goza mi cumbia"? ¿De veras somos tan estúpidos? Si son imbéciles en Europa, no permitamos que nos vuelvan imbéciles. El adjetivo y sustantivo "negra", "negro", para referirnos a las personas de raza negra, y aun a los morenos, nada tiene de injurioso ni discriminatorio. Por cierto, en la capital de México, el uso del idioma produjo un fenómeno inverso: a cualquier mujer que va de compras a los tianguis y a los mercados se le dice "güerita". Y nadie se enoja por esta forma sutil de gentileza que algunos tontos denominan racismo inverso. No hay tal cosa: es una cortesía popular de quienes saben usar el idioma mucho mejor que los emperrados (muchos de ellos universitarios, académicos) en encontrar racismo donde no lo hay. ¡Exijamos corrección idiomática, no corrección política!

☞ Google: 1 660 000 000 de resultados de "negro"; 579 000 000 de resultados de "negra"; 244 000 000 de "negras"; 184 000 000 de "negros"; 23 900 000 de "negrita"; 13 500 000 de "negrito"; 5 900 000 de "negritas"; 2 850 000 de "negritos". ☑

222. nini, ninis

El adjetivo y sustantivo "nini" no está incluido en la última edición del DRAE, porque a la Real Academia Española le parecieron más trascendentes, socialmente, los sustantivos "amigovio" y "papichulo", y hasta sacó bombos y platillos cuando anunció que incluiría tales terminajos. El *Diccionario panhispánico de dudas* tampoco dice nada de él, y el *Diccionario de mexicanismos* de la AML, que incluyó en sus páginas cuanta peregrina cosa se le atravesó (bautizándola como "mexicanismo"), igualmente lo omite. Pero el adjetivo y sustantivo "nini" (formado con las conjunciones copulativas de la expresión "**ni** estudia **ni** trabaja") tiene demasiada presencia en nuestra lengua como para que se le ignore, y se aplica a las personas (en especial, los jóvenes) que, ya sea por decisión propia o por obstáculos en el sistema educativo y en el ámbito laboral, "**ni** estudian **ni** trabajan". Ejemplo: *La* OCDE *advierte del riesgo de exclusión social que corren 40 millones de* **ninis**". Tiene uso coloquial, y a veces despectivo, pero su origen es más bien técnico, pues con este vocablo, que ya se ha extendido en nuestra lengua, no somos muy originales como muchos suponen. En realidad, este adjetivo ("las mujeres **ninis**") y sustantivo ("el **nini**") es una adaptación del anglicismo *neet*, acrónimo de *not in education, employement or training* ("**ni** estudian **ni** trabajan **ni** reciben formación"). De acuerdo con la *Wikipedia*, este acrónimo, que en español convertimos en "nini" (plural: "ninis"), surgió en 1999 en el título y contenido de un informe que se hizo en el Reino Unido en relación con la situación escolar y laboral de los jóvenes que habían abandonado los estudios sin incorporarse a un oficio remunerado. Jóvenes "parados", dicen en España; jóvenes "desempleados", decimos en México. Pero, además, "sin oficio ni beneficio", de acuerdo con el adagio. De ese informe de 1999 nació el acrónimo inglés *neet* que pronto se adaptaría o traduciría en español como "nini". En dicho informe, no sólo se señalaban las causas económicas y los motivos sociales que obligaban a los jóvenes a dejar la escuela sin encontrar empleo, sino también un cierto desencanto generacional y una actitud de época de quienes sólo desean estar en los videojuegos, las redes sociales y, en general, en internet. Ser "nini" es también una decisión colectiva que va más allá de los obstáculos escolares y laborales. Los "ninis" surgen también en las generaciones de los hijos de familia que se quedan en casa, frente a las pantallas, luego de llegar a la edad adulta y no tienen ganas "**ni** de estudiar **ni** de trabajar". Ejemplo: *México, entre los países con más* **ninis**. Además de los motivos sociales, económicos, educativos y laborales, hay también un componente de irresponsabilidad y holgazanería que algunos llaman, elegantemente, "apatía social" o

"frustración generacional" y otros, con menos elegancia, "güeva". Con bastante corrección política, el *Compendio ilustrado y azaroso de todo lo que siempre quiso saber sobre la
lengua española*, de la Fundación del Español Urgente (y a veces más bien Turgente),
informa: "El neologismo *nini* procede de la expresión 'ni estudia ni trabaja' y, a partir
de ella, se utilizaba para aludir a jóvenes que, por decisión propia, ni estudiaban ni
trabajaban. Sin embargo, actualmente también se emplea para referirse a quien ya ha
finalizado sus estudios y no encuentra trabajo por falta de oportunidades laborales. Se
escribe en una sola palabra, sin espacio ni guion, y no es necesario resaltarlo con comillas ni cursiva". Dado que el término surgió para definir a un sector juvenil, podría
pensarse que las expresiones "joven nini" y "jóvenes ninis" son redundantes, pero lo
cierto es que hoy hay muchos "ninis" que no son exactamente jóvenes, y no porque
tengan cerradas, permanentemente, las puertas de las universidades y de los centros
laborales, sino porque han decidido echarse a la hamaca en compañía de su *smartpho-
ne*. Hay "ninis" de más de 35 años: una edad que ni siquiera alcanzó el gran poeta
mexicano Ramón López Velarde. En 2010 se dijo en diversos medios impresos y electrónicos que el DRAE incorporaría el término "nini" en sus páginas, pero ello no ocurrió en su edición de 2014, pues, como ya advertimos, a la Real Academia Española le
pareció más importante incluir las voces coloquiales faranduleras "amigovio" y "papichulo". Sea como fuere, y aunque no esté registrado en las páginas del DRAE, el adjetivo y sustantivo "nini" es del todo correcto en nuestra lengua. Lo incorrecto es usarlo
como término invariable en número, pues su plural es "ninis". He aquí algunos ejemplos de su perfecto uso: "Pros y contras de ser **nini**", "recomendaciones para dejar de
ser **nini**" (¿y a qué **nini** le importan estas recomendaciones?), "**nini** de 30 años es de-
mandado por sus padres", "ideas para no convertirte en un **nini**", "mi hijo es un **nini**"
(pero también hay **padres ninis**: que **ni** educan **ni** son responsables de sus engendros), "¡quiero ser **nini**!" (grito de batalla de un montón de holgazanes), "de **nini** a los
negocios internacionales", "la apatía de un **nini**", "**ninis**: problema creciente en México", "¿quiénes son los **ninis** y cómo combatir el fenómeno?", "**ninis** en México", "lo
que nadie se atreve a decir de los **ninis**", "México, país con más **ninis** y más desigual",
"la epidemia de los **ninis** amenaza a todos los hogares", "los **ninis** también reflejan la
quiebra del sistema capitalista", "apatía y falta de oportunidades laborales, problemá-
tica de los **ninis**", "**ninis**, en riesgo de exclusión laboral", "becar a **ninis**, plan más am-
bicioso de López Obrador", "AMLO y CCE pactan programa para **ninis**", etcétera.

☞ Google: 57 800 resultados de "los nini"; 16 100 de "son nini". ☒
☞ Google: 83 000 000 de resultados de "nini"; 2 750 000 de "ninis". ☑

O

223. ¿*ojeis*?, ojéis, ojete, ojo, ojo del culo

Es grande la incapacidad fonética de los hacedores del *Diccionario de mexicanismos* de la AML, tanto como la incapacidad de la mayor parte de los mexicanos para utilizar, correctamente, los acentos y las tildes en nuestro idioma. El DM recoge en sus páginas el término "ojeis", palabra llana o grave (con acento prosódico en la penúltima sílaba), pero lo correcto es "ojéis", palabra aguda, con tilde en la última sílaba. Si la mayor parte de los mexicanos no sabe acentuar las palabras, el *Diccionario de mexicanismos* agrava las cosas al reforzar esta ignorancia. No decimos *ójeis*, decimos (y deberíamos escribir) "ojéis", adjetivo y sustantivo coloquial y vulgar que deriva de "ojete" ("despreciable, egoísta, malintencionado, traidor, hijo de la chingada", DM). Ejemplifica el DM de la siguiente manera: *No seas **ojeis**, préstame dinero para comer.* Pero lo correcto es: *No seas **ojéis**, préstame dinero*, lo cual ya incluye un albur (pues "ojéis" y "ojete" son palabras que sirven también para nombrar el ano), pero tal es el creativo ejemplo del DM. En la página *silabasnet* se dice, con precisión, lo que no dice el DM de la AML: "**ojéis** tiene dos sílabas y es una palabra aguda o también denominada oxítona". Que una gran cantidad de personas no sepa utilizar las tildes, no quiere decir que la tendencia fonética mayoritaria sea utilizar como palabra llana o grave el adjetivo y sustantivo "ojéis": palabra indudablemente aguda, que siempre debe llevar tilde en la última sílaba, como en *Son unos **ojéis** de los peor, Todo esto lleva al grado más **ojéis** de la locura humana* y *Cabaret visionario para ojos y **ojéis***. Es, además, forma invariable para el singular y para el plural, aunque algunos, innecesariamente, pluralizan "ojeises". Ejemplos: *Es un **ojéis**, Pinches **ojéis***. José Agustín, maestro de su idioma, lo sabe muy bien y así lo escribe en su libro *El Hotel de los Corazones Solitarios y otros (muchos) textos sobre rock*: "[Alfonso] Castro, que además de pelón era un verdadero **ojéis**, primero nos pidió que reemplazáramos a la Sicardi, y después nos dio el dinero que nos enviaba el Programa Cultural de las Fronteras". Lo que pasa es que los hacedores del *Diccionario de mexicanismos* de la Academia Mexicana de la Lengua, en lugar de tener, como fuente bibliográfica, a José Agustín, tienen a Eugenio Derbez, alias *Armando Hoyos*. Y así está tal diccionario: lleno de hoyos. ¡No hay que ser **ojéis**!

☞ Google: 64 resultados de "ojeis". ☒
☞ Google: 1 570 resultados de "ojéis". ☑

224. operancia

¿Por qué en las páginas del DRAE no se incluye el sustantivo "operancia", pero sí su contrario, "inoperancia"? Muy simple: porque en la Real Academia Española sus miembros son inoperantes. En español, el adjetivo "operante" (participio activo de "operar") significa "que opera" (DRAE) o, mucho mejor, "aplicable al que opera" y "que produce el efecto que está destinado a producir" (DUE). Ejemplo: *Un buen equipo de investigación debe ser siempre **operante***. De ahí su antónimo "inoperante" que el diccionario académico define así: "no operante, ineficaz". Ejemplo: *Las academias de la lengua han demostrado ser **inoperantes***. De ahí el sustantivo femenino "inoperancia", que el DRAE define así: "Falta de eficacia en la consecución de un propósito o fin". Ejemplo: *Las academias de la lengua han demostrado **inoperancia***. El verbo transitivo "operar" (del latín *operāri*) significa, en su más amplia acepción, realizar o llevar a cabo algo. Ejemplo: *Hay que **operar** esta negociación con mucho tiento diplomático*. De ahí el sustantivo femenino "operación" (del latín *operatio, operatiōnis*): acción y efecto de operar y ejecución de algo. Ejemplo: *Esta **operación** negociadora hay que llevarla con mucho tiento diplomático*. Ahora bien, ¿cómo es posible que un diccionario incluya en sus páginas el sentido negativo de un nombre ("inoperancia"), pero no el sentido recto que le dio origen ("operancia")? La respuesta es que todo es posible en el DRAE. En sus páginas admite el sustantivo femenino "operatividad" y lo define como "capacidad para realizar una función", con su respectivo antónimo "inoperatividad" que define como "inoperancia", pero no hay huella alguna de la "operancia", cuyo significado exacto es el mismo que atribuye a "operatividad": capacidad, eficacia para realizar o llevar a cabo algo. A la Real Academia Española y a sus hermanastras de América y Filipinas, la "operancia" les tiene sin cuidado. ¡Y todo sea por los "amigovios" y "papichulos" que ornan el mamotreto! Lo cierto es que "operancia" es un término tan válido como "inoperancia", "inoperatividad" e "inoperancia", como en los siguientes ejemplos: "**operancia** de las actuaciones de los órganos jurisdiccionales", "**operancia** y aplicabilidad de la legislación ambiental", "la **operancia** del aislamiento", "**operancia** de las sociedades de convivencia", "demostrar nuestra **operancia** en la práctica", "dicho razonamiento no demuestra tener mucha **operancia**", "decretar la **operancia** de dicha institución", "la **operancia** jurídica tiene grados", "establece la forma de acreditar su **operancia**", "la **operancia** de los mecanismos". En conclusión, utilicemos el sustantivo femenino "operancia", que es un perfecto antónimo de "inoperancia", y que esto nos sirva para recordar que una academia de la lengua, puesto que existe, debe al menos tener "operancia".

☞ Google: 50 400 resultados de "operancia". ☑

225. opima, opimas, ¿ópima?, ¿ópimas?, opimo, opimos, ¿ópimo?, ¿ópimos?

Seguramente por la influencia del término esdrújulo "óptimo", no pocos autores escriben "ópimo" en lugar del correcto "opimo". No es lo mismo. "Opimo" es una palabra llana o grave, jamás esdrújula. Dado que es un término culto, especialmente literario, no usado jamás en el ámbito popular, la errónea forma esdrújula es propia de personas ilustradas, cultas o de alto nivel educativo que, sin embargo, no consultan el diccionario. El adjetivo "opimo" (del latín *opīmus*) significa "rico, fértil, abundante" (DRAE). Ejemplo: *Los frutos **opimos** de la cultura.* Escritores que quieren mostrar su estilo "clásico", utilizan este adjetivo cultísimo en lugar de los varios sinónimos mucho más comunes (rico, fértil, abundante, feraz, pródigo, copioso, próspero, cuantioso, etcétera), pero, frecuentemente, la cagan, y por influencia del adjetivo "óptimo" (del latín *optĭmus*), "sumamente bueno, que no puede ser mejor", le confieren a "opimo" pronunciación esdrújula, dando lugar al disparate "ópimo". ¡Y todo por la pereza de abrir el diccionario!

En un libro leemos lo siguiente:

🜪 "Floro da el nombre de botín **ópimo** al que hizo Escipión Emiliano siendo subalterno cuando mató al rey de los Túrdulos o Vasceos de España".

En realidad, no. Floro dijo de ese botín (abundante) que era

👌 un botín **opimo**.

🖉 En lugar de andar utilizando términos cultísimos de los que desconocen su ortografía, bien harían los escritores perezosos, y a la vez pretenciosos, en abandonar sus ínfulas y hablar y escribir en cristiano: abundante, rico, fértil, copioso, etcétera. He aquí algunos ejemplos de este desbarre: "Ha dado ya frutos **ópimos** y promete darlos más **ópimos** aun en adelante", "los frutos **ópimos** que en el trabajo siempre ofrecen la constancia y aplicación", "la semilla echó hondas raíces y produjo **ópimos** frutos", "los despojos **ópimos** de la victoria", "presagio de venideros y quizás **ópimos** frutos", "¿cómo obtener de la organización social tan preciado, tan **ópimo** fruto?", "algunas ramas se han transplantado a este **ópimo** suelo", "obra monumental del esclarecido Obispo de León que estuvo a punto de saborear este **ópimo** fruto", "productos naturales provenientes del **ópimo** suelo", "se hicieron a lo largo de la mar con su **ópima** carga", "mucho se ha roturado y la cosecha ha sido **ópima**", "los verdes campos de la mies **ópima**", "sólo aceptan ofrendas **ópimas**", "**ópimas** espigas".

☞ Google: 19 500 resultados de "ópimos"; 9 670 de "ópimo"; 6 880 de "ópima"; 4 150 de "ópimas". ☒

☞ Google: 271 000 resultados de "opimo"; 262 000 de "opima"; 61 400 de "opimas"; 59 000 de "opimos". ☑

226. otra, otras, otras tres, otras tres cosas, otras tres personas, otro, otros, otros tres,
¿tres otras?, ¿tres otras cosas?, ¿tres otras personas?, ¿tres otros?

Lo normal en la sintaxis española es la expresión "otras tres" y no "tres otras". En el
primer caso, el adjetivo y sustantivo "otro", que se usa también como pronombre
(del latín *alter, altĕra*), que significa "dicho de una persona o de una cosa: distinta de
aquella de que se habla", precede al adjetivo y sustantivo "tres" (del latín *tres*): cantidad precisa de dos más uno. Ejemplo: *Estaban tan ricos los tacos que me comí **otros tres***
(y aquí "otros" cumple función pronominal para referirse a "tacos). Pero ¿a quién se
le ocurriría decirle al taquero: "deme **tres otros tacos**"? Es un enunciado que suena
tan horrible en nuestra lengua que el taquero bien tendría derecho a no servirle nada
a semejante mamón. Pese a todo, en especial en el mundo académico e intelectual,
se comenzó a filtrar, como la humedad, la horrible expresión "tres otras" (o "tres
otros") que es un galicismo o anglicismo, o las dos cosas juntas. Es probable que
quienes hayan tenido estancias académicas en Francia, Inglaterra o Estados Unidos
la trajeran de allá y la incrustaran, erróneamente, en nuestra lengua, porque en francés "**trois autres** personnes" no se traduce al español como "**tres otras** personas", sino
como "**otras tres** personas", y es lo mismo en el inglés, pues "**three other** persons" no
se traduce al español como "**tres otras** personas", sino, exactamente, como "**otras tres**
personas". Ejemplos: *Les **trois autres** personnes mentionnées* (*Las **otras tres** personas mencionadas*); *Shot along with **three other** unidentified persons* (*Fusilado con **otras tres** personas no identificadas*). Lo que está sucediendo en los medios profesionales mexicanos
es que algunos que viajan con frecuencia al extranjero, y particularmente a Europa y
a Estados Unidos, no sólo se olvidan, cuando retornan, del sabor de la comida criolla,
sino también de la rica expresión de su lengua nativa. Y es sobre todo por esta causa
que se está alterando, en no pocos casos, la sintaxis del español —con los vicios gali-
cistas y anglicistas—, sin que, por lo demás, la gente se entere. Muchos escritos así lo
prueban, lo mismo en el ambiente profesional que en el ámbito inculto de la lengua.

En una página de internet de una instancia de las Naciones Unidas leemos que

♀ "**tres otras** mujeres fueron asesinadas".

Con una correcta sintaxis española debió escribirse que

♂ **otras tres** mujeres fueron asesinadas.

🖉 He aquí unos pocos ejemplos de estos yerros sintácticos que ya están haciendo escuela
en los países hispanohablantes: "**Tres otras cosas** que odias que pasen", "hay **tres otras cosas**
a tener en cuenta", "**tres otras cosas** que debe tener en mente", "**tres otras cosas** en las que
estamos trabajando", "hay **tres otras cosas** que no quiero hacer", "con **dos o tres otras cosas**
agregadas", "lo envió a **tres otras personas** en la clase", "fue asesinado junto a **tres otras personas**", "Kobe Bryant y **tres otras personas** murieron", "parado en un podio junto a **tres otras**

personas", "**tres otras personas** con quien comparte apartamento", "**tres otras personas** fueron llevadas a centros de salud", "fiscales de defensa llamaron a **tres otros hombres**", "fueron arrestados junto con **tres otros hombres**", "trabaja en la oficina de Santa Fe con **tres otros hombres**", "**tres otros hombres** que bailan en la calle", "vivía con **tres otras mujeres**", "**tres otras mujeres** transgénero fueron asesinadas", "había **tres otras niñas**", "**tres otras niñas** se presentaron", "**tres otras** transformaciones". ¡Y basta!

☞ Google: 7 020 resultados de "tres otras cosas"; 5 400 de "tres otras personas"; 4 520 de "tres otros hombres"; 3 450 de "tres otras palabras"; 1 370 de "tres otros jóvenes"; 1 260 de "tres otros partidos"; 1 140 de "tres otros idiomas"; 1 130 de "tres otros libros"; 1 090 de "tres otras mujeres"; 1 000 de "tres otras casas". ☒

☞ Google: 642 000 resultados de "otras tres personas"; 251 000 de "otros tres hombres"; 242 000 de "otras tres mujeres"; 58 300 de "otras tres cosas"; 34 700 de "otros tres estudiantes"; 15 500 de "otros tres profesores"; 6 030 de "otros tres deseos"; 2 480 de "otros tres tragos"; 1 450 de "otros tres besos"; 1 000 de "otros tres tacos". ☑

P

227. peda, pedas, pedo, pedos, problema, susto

Yerra el DRAE cuando considera que el sustantivo "pedo" (del latín *pedĭtum*) sólo posee género masculino en las acepciones secundarias que incluye en sus páginas después de la principal ("ventosidad que se expele del vientre por el ano"): "borrachera (efecto de emborracharse)" y, como salvadoreñismo y mexicanismo (según afirma), "fiesta (reunión para divertirse)". Ejemplos: *Joe Biden se tiró un largo y sonoro **pedo** cerca de Camilla Parker y ella no para de hablar de eso; En la fiesta, Fulano agarró un buen **pedo** y quedó bajo la mesa; Organizaron un **pedo** de órdago*. Todo esto está bien, pero el DRAE no registra el femenino ni para el sustantivo ¡ni para el adjetivo!, como si los "pedos", es decir, los "borrachos", los "ebrios", únicamente fuesen varones. Así, al definir el adjetivo vulgar "pedo", sentencia: "Ebrio, bajo los efectos del alcohol o de otra droga", y pone un ejemplo: *Volvió de la fiesta **pedo** perdido*. En esta definición y hasta en el ejemplo hay equívocos. No es cierto que ponerse "pedo" sea embriagarse con una droga diferente al alcohol (¡esto es drogarse, no ponerse pedo!), y no hay únicamente ebrios (esto es, varones), sino también ebrias (es decir, mujeres): pedos y pedas. Se olvidan los hacedores del DRAE que, en la página correspondiente de su mamotreto, admiten el verbo pronominal y coloquial "empedarse" (de *en-* y *pedo*), que definen del siguiente modo: "emborracharse, embriagarse", y cuyo uso atribuyen a Argentina, México y Uruguay, ¡pero, asombrosamente, no a El Salvador ni a otro país de Centroamérica donde también utilizan el sustantivo y el adjetivo "pedo" para referirse a la borrachera etílica! El DRAE define el verbo pronominal "embriagarse" como "perder el dominio de sí por beber en exceso vino o licor" y el sustantivo femenino "embriaguez" como "perturbación pasajera producida por la ingestión excesiva de bebidas alcohólicas". Asimismo, define el verbo pronominal "emborracharse" (sinónimo de "embriagarse") como "beber vino u otra bebida alcohólica hasta trastornarse los sentidos y las potencias". De ahí que el sustantivo y adjetivo "borracho" (y aquí sí admite el DRAE el femenino "borracha") equivalga a "ebrio" y al "que se embriaga habitualmente". Y si vamos a la entrada correspondiente al adjetivo y sustantivo "ebrio", para el que sí acepta el femenino "ebria", la definición del diccionario académico es la siguiente: "Dicho de una persona: embriagada por la bebida". Y para el sustantivo femenino "ebriedad" (del latín *ebriĕtas, ebrietātis*), nos remite a "embriaguez". De ahí el adjetivo "embriago, ga" (del latín *ebriācus*, "ebrio"), literalmente, "ebrio", "ebria", de poco uso, pero que en México convertimos en el acortamiento "briago", "briaga", de uso frecuente, y que se aplica a la persona "embriagada por la bebida", pero también (y esto no lo registran ni el DRAE ni el DM de la AML) a la "borrachera", la "embriaguez", la "peda". Ejemplo: *Se pusieron una tremenda **briaga** como para quedar ciegos.* En conclusión, el sustantivo femenino coloquial "peda", además de utilizarse para la mujer ebria", se utiliza en México y otros países de América como sinónimo de "borrachera". El DM de la AML ofrece un ejemplo: *Manuel se pudo una buena **peda** anoche.* Cabe decir que calificar de "buena" a la "peda" no hace referencia al "valor positivo" que registra la acepción principal del adjetivo "bueno", sino a la cuarta acepción de dicho adjetivo que equivale a "grande" o "que supera a lo común". Una "buena peda" no es otra cosa que una "gran peda": en otras palabras, "una peda de órdago", como para sentir al otro día los pasos cercanos de la muerte. Pero, además, como ya advertimos, en su calidad de adjetivo, el femenino de "pedo" es "peda", que se aplica a la mujer que se embriaga. Ejemplo: *No seré la más bonita de la **peda**, pero sí soy la más **peda**.* Y de ninguna manera el adjetivo "pedo", sinónimo de "borracho", "ebrio", "briago" se aplica a quien está bajo los efectos de otra droga diferente al alcohol, como asegura doña RAE. Una cosa es estar "pedo" o "peda" y otra cosa es estar "drogado" o "drogada". Los académicos de Madrid creen que ponerse hasta las chanclas con cocaína, mariguana, morfina, crack y otras drogas es "empedarse", "ponerse pedo", "embriagarse", "ponerse una gran peda", etcétera; pese a que ellos mismos al definir la "embriaguez", "ebriedad" o "borrachera", acepten que estos sinónimos se aplican exclusivamente a la ingesta excesiva de bebidas alcohólicas. Quizá cuando los académicos se emborrachan no lo hacen con tintos riojanos ni con brandis ni con anises del mono ni con jereces ni cervezas ni con blancos espumosos, sino con mota y piedra, y a eso le llaman "ponerse pedos". Algo más hay que decir sobre "pedos" y "pedas", que no dice el DRAE, pero que, por lo menos, sí contiene el DM de la AML, porque ni el *Panhispánico* se detiene en esto. En términos de borrachera o de "peda", en México, hay buenos y malos "pedos". Un "buen pedo" es que el que bebe tranquilo y sin dar guerra a los demás; un "mal pedo" es el que se trastorna y se transforma a tal grado con la borrachera que discute o pelea con los demás, es decir, "la hace de pedo", y en nuestro país "hacerla de pedo" es buscar y encontrar dificultades, echar bronca a los demás y, muchas veces, por nada, simplemente por el gusto de "hacerla de pedo". De ahí el adjetivo y sustantivo "pedero" (femenino: "pedera"): persona que, "peda" o no, crea problemas, provoca pleitos, busca discusiones y siempre está inconforme con los demás y con el mundo haciéndoselo saber de la peor manera. Ejemplo del DM de la AML: *Es un tipo bien **pedero**, cuídate de él.* Una "mala peda", además de ser una mujer que, ya "ebria", la hace de pedo por todo, es también una horrible borrachera (destructiva o suicida) con una espantosa cruda física y moral de ciertas personas (hombres y mujeres por igual) que "agarran un mal pedo". Y más allá de los contextos de la ebriedad, "pedo" es un sustantivo masculino, obviamente vulgar y coloquial, para referirse a un problema. He aquí el ejemplo que ofrece el *Diccionario de mexicanismos* de la AML: *Traigo un **pedo** con mi jefe*. También se aplica a una contrariedad o a un susto. Ejemplo: *¡Ay, cabrón, no me des esas noticias: me sacaste un pinche **pedo**!* Entre las locuciones y expresiones con el término "pedo", ajenas por completo a la "borrachera" o "ebriedad", consignamos las que recoge el DM de la AML: "**al pedo**: locución adjetival. Referido a alguien o algo, en perfecto estado, en buenas condiciones o de gran calidad" (ejemplo: *Me encontré un reloj de bolsillo que estaba **al pedo***); "**¡¿qué pedo?!**": expresión que "se usa como forma de saludo entre amigos cercanos" (ejemplo: *¡¿**Qué pedo**?!, ¿cómo has estado?*); en su forma interjectiva, "se usa para expresar admiración o sorpresa" (ejemplo: *¡¿**Qué pedo**?!, ¿de dónde salió la ñora?*), y, finalmente, "**ya ni pedo**": expresión que "se usa para mostrar resignación ante un objetivo no logrado o un hecho negativo" (ejemplo: *Jaime se enojó, **ya ni pedo***). Le falta al DM de la AML la expresión interjectiva "¡qué mal pedo!", que se usa ante una contrariedad o una dificultad. Ejemplo: *Me quedé sin señal de internet, **¡qué mal pedo!*** Hay quienes ironizan al respecto y se preguntan si puede haber un pedo que sea bueno. Todo lo ya expuesto responde a esta pregunta: sí, hay buenos y malos pedos, del mismo modo que hay buenos y malos borrachos y buenas y malas pedas; dependen del contexto y de las circunstancias. Lo cierto es que no es lo mismo "chupar tranquilo o tranquila" que "agarrar un mal pedo" en "una peda horrible". Quien lo vivió, lo sabe, con excepción de los que nunca se han empedado.

☞ Google: 30 000 000 de resultados de "pedas"; 23 300 000 de "pedo"; 15 000 000 de "peda"; 8 520 000 de "pedos"; 1 320 000 de "al pedo"; 564 000 de "qué pedo"; 320 000 de "ni pedo"; 294 000 de "briagas"; 248 000 de "pedera"; 115 000 de "mal pedo"; 72 500 de "briago"; 70 300 de "pedero"; 39 500 de "briaga"; 31 000 de "briagos"; 14 600 de "pederos". ☑

228. pelota, *¿pelota base?*
Únicamente los españoles, que no saben jugar béisbol o beisbol son capaces de llamarle a este deporte "pelota base", en traducción literal, pero literalmente absurda. El béisbol o beisbol se llama así en todo el mundo, y esto de decir y escribir "pelota base" seguramente lo hacen, además, para distinguir este deporte del denominado "pelota vasca" (obviamente español). ¡Pero nada tiene que ver una cosa con otra! El béisbol es béisbol del mismo modo que el fútbol es fútbol.

En un libro de la Universidad de Oviedo (*Actividad física y deporte durante el crecimiento*) leemos la siguiente joya:

♀ "En los Estados Unidos de América, los niños se ven involucrados en la competición a los 3 años en natación y gimnasia, a los 5 en atletismo, lucha y **pelota base** y a los 6 en el fútbol".

Bien que escribe "fútbol" el autor de este texto, pero le cuesta trabajo entender que así como "fútbol" no es "pelota pie", "béisbol" o "beisbol" no es "pelota base", sino

⌀ **béisbol** o **beisbol**, y punto.

✎ Otras publicaciones españolas también se esmeran con su "pelota base". He aquí unos pocos ejemplos: "primer vídeo televisado de **pelota base** en España" (a lo mejor fue en 2022), "reglamento oficial de **pelota base**", "el toque femenino de la **pelota base**", "primer partido de **pelota base** en España" (debe ser el mismo del "primer vídeo televisado"), "acuerdo para relanzar la **pelota base** en Euskadi", "sin aportar un euro a la **pelota base**", "jugadores de **pelota base**", "bajo su mandato se crearon las secciones de **pelota base**, ciclismo y balonmano", etcétera.

☞ Google: 27 900 resultados de "pelota base".

☞ Google: 69 200 000 resultados de "béisbol". ☑

229. perpetuar, perpetuo, perpetúo

El adjetivo "perpetuo" (del latín *perpetuus*) tiene tres acepciones en el DRAE: "Que dura y permanece para siempre", "dicho de ciertos cargos, ya se obtengan por herencia, ya por elección: vitalicios (que duran hasta el fin de la vida)", "dicho de ciertos cargos o puestos: que no están sujetos a reelección". Ejemplos: *Vivimos en un presente* ***perpetuo***; *Le dieron el Premio Nacional de Letras y, con ello, una beca* ***perpetua***. Es una palabra llana o grave, porque su acento prosódico lo lleva en la penúltima de sus tres sílabas: *per-pe-tuo, per-pe-tuos, per-pe-tua, per-pe-tuas*. De ahí los sustantivos femeninos "perpetuación" ("acción de perpetuar algo") y "perpetuidad" ("duración sin fin", "duración muy larga o incesante"). Ejemplos: *Sufrimos la* ***perpetuación*** *de un sistema político de hampones*; *Sufrimos la* ***perpetuidad*** *de la kakistocracia*. De ahí también el adverbio "perpetuamente" ("de manera perpetua") y la locución adverbial "a perpetuidad" ("para siempre"). Ejemplos: *La humanidad está condenada a sufrir a los políticos ladrones* ***perpetuamente***; *Estamos condenados* ***a perpetuidad***. En el DRAE se incluye también el sustantivo masculino "perpetuán", que se aplica a la "tela de lana, basta y muy tupida y duradera". Lo que no dice el DRAE es que se trata de un arcaísmo. Ejemplo: "Es a cuenta de un deudo que le suplica en un papel le regale con no sé qué alcorzas, en cambio de ocho varas de un picotillo famoso o perpetuán vareteado que le envía" (Alonso Fernández de Avellaneda, *Don Quijote, segundo tomo*, 1614). Derivado es, asimismo, el verbo transitivo "perpetuar" (del latín *perpetuāre*) con dos acepciones en el diccionario académico: "Hacer perpetuo o perdurable algo" y "dar a las cosas una larga duración". Se usa también como pronominal, "perpetuarse". Ejemplo: *Los políticos* *ladrones quieren* **perpetuar** *la kakistocracia para* **perpetuarse** *en el poder*. El problema es que son muchísimos los hablantes y escribientes del español que no saben que el verbo "perpetuar" se conjuga con el modelo del verbo "actuar", y que, por tanto, es un desbarre fonético y escrito decir y escribir, por ejemplo, "**se perpetuan** en el poder" en lugar de la correcta expresión "**se perpetúan** en el poder". He aquí el presente de indicativo del verbo "actuar": *yo actúo, tú actúas, él actúa, nosotros actuamos, ustedes actúan, ellos actúan*. En consecuencia, el presente de indicativo del verbo "perpetuar" es el siguiente: *yo perpetúo, tú perpetúas, él perpetúa, nosotros perpetuamos, ustedes perpetúan, ellos perpetúan*. No hay modo de equivocarse, con esto, si se conoce el modelo de conjugación y, para ello, es suficiente consultar el diccionario de la lengua española, ese diccionario que muy pocos consultan, incluso en las redacciones de los diarios y las revistas, y, en general, en las empresas editoriales (por ello hasta los escritores de mucho éxito escriben "perpetuan" en lugar de "perpetúan".

En el diario mexicano *La Jornada* leemos el siguiente encabezado:

♀ "**Se perpetuan** desventajas en niños indígenas: Unesco".

No, no "se perpetuan". El encabezado debió informar lo siguiente:

☝ "**Se perpetúan** desventajas en niños indígenas: Unesco".

✍ Correcto es hablar y escribir de "las damas de la vela perpetua"; incorrecto es creer que esas damas "**se perpetuan**" junto con la vela. He aquí otros ejemplos de este desbarre fonético y ortográfico, todos ellos reproducidos de publicaciones impresas, resultado de ignorar el modelo de conjugación del verbo "perpetuar": "La muestra **se perpetua**", "Merkel **se perpetua** en el poder", "el favorito del morenovallismo **se perpetua** en la dirigencia del PAN", "Chespirito **se perpetua** en el mercado", "al dar monedas **se perpetua** la estadía de los niños en las calles", "Deportivo Pereira **se perpetua** en la cima del torneo", "como **se perpetuan** las especies", "¿cómo **se perpetuan** los seres vivos?", "los seres vivos **se perpetuan**", "los comunistas **se perpetuan** en el poder", "los hombres no mueren, **se perpetuan** en los corazones" y, claro, por culpa de no consultar el diccionario, las barrabasadas se perpetúan en nuestro idioma.

☞ Google: 477 000 resultados de "se perpetua"; 241 000 de "se perpetuan". ☒
☞ Google: 619 000 resultados de "se perpetúa"; 256 000 de "se perpetúan". ☑

230. pita, pital, piteado, pitear, ¿pitiado?, ¿pitiados?

Es increíble que el *Diccionario de mexicanismos*, de la Academia Mexicana de la Lengua, incluya en sus páginas el adjetivo "pitiado" (que es una vacilada) y omita los sustantivos "pita" y "pital", el adjetivo "piteado" y el verbo "pitear", referidos a una forma del arte popular, que tampoco recogen ni el DRAE ni el rascuache *Panhispánico de dudas*. Decir que es increíble es poca cosa, porque el DM, de la AML, siempre tiene en sus páginas algo peor que lo que ya considerábamos lo más absurdo entre lo absurdo. De esta manera define el adjetivo ("popular", dice) "pitiado": "*En Yucatán, referido a ropa interior inferior* [por Dios santo que así dice], que está manchada debido a una ventosidad". Y pone el siguiente ejemplo: *Tuve que lavar a mano unos calzones **pitiados** cuando me enfermé de la panza.* Esto es un chiste, aunque sea muy malo. La "ropa interior inferior" no puede ser otra cosa que los calzones, sobre todo si tomamos en cuenta que han sido manchados "debido a una ventosidad". O, para decirlo con palabras más elegantes y precisas, del académico Álex Lora, se trata de "un soplao que sale con premio", pero con algo más que fantasía, con locura, tendríamos que imaginar que alguien se tira un pedo (pues no otra cosa es "una ventosidad") con expulsión no precisamente de dulce de papaya y en vez de salpicarse los calzones (si los lleva puestos), ¡se pringa la camiseta! Eso ocurre en Yucatán, dice el DM. ¿Y cuántos resultados nos da el motor de búsqueda de Google si escribimos "calzones pitiados"? ¡La enorme cantidad de cuatro! Y, según el DM, esto es un mexicanismo mucho más importante que los omitidos "pita", "pital", "piteado" y "pitear". En cuanto al sustantivo femenino "pita", Francisco J. Santamaría ya lo registra en su *Diccionario de americanismos* con la siguiente y amplia definición: "Voz quichua que significa *hilo fino*. Planta vivaz, oriunda de Méjico, de la familia de las amarilidáceas, con pencas radicales, carnosas, con espinas en el margen y en la punta; flores amarillentas, en ramilletes sobre un bohordo central que no se desarrolla hasta que la planta tiene veinte o treinta años, pero entonces se eleva en pocos días a la altura de seis o siete metros. Es muy útil para hacer setos vivos; se ha naturalizado en las costas del Mediterráneo; de sus hojas se saca buena hilaza y una variedad de esta planta produce, por incisiones del tronco, un líquido azucarado de que se hace el pulque. En México y las Antillas se conoce más con el nombre genérico de *maguey*. La fibra producida por las plantas amarilídeas, *Fourcraea* y *Agaves*, blanca, suave, resistente, muy usada en cordelería fina. Voz genérica, como *cabuya*. En Méjico, se aplica la denominación a las plantas amarilídeas que se explotan por su fibra, excepto algunas que llevan nombre específico, como el henequén". Y nos regala Santamaría un ejemplo que es, a la vez, un refrán: *La **pita** revienta por lo más delgado.* Esta definición se la fusila descaradamente, con sólo algunas omisiones, el DRAE, además de añadir que es una voz "de origen incierto" (¡la salida más fácil cuando no se quiere hacer el trabajo de investigar!). En su *Diccionario breve de mexicanismos*, Guido Gómez de Silva consigna también el sustantivo femenino "pita" y sólo discrepa de Santamaría en cuanto a la etimología que él estima "quizá de origen taíno"; y agrega el sustantivo masculino "pital": "Plantío de pitas". El *Diccionario del español usual en México* incluye también el sustantivo femenino "pita" con dos acepciones: "Fibra de varias plantas de las familias amarilidáceas y bromeliáceas, de la que se hacen cuerdas o cordeles" y "cuerda, mecate o cordel delgado elaborado con esta fibra". Esto coincide con lo que expone, muy ampliamente, Marcos E. Becerra, en sus *Rectificaciones i adiciones al Diccionario de la Real Academia Española*. Afirma: "En México llamamos 'pita' a las fibras de las hojas de cualquiera planta del género *Agave*. [...] La acepción principal que le damos a 'pita' es la de 'filamento'". Y añade que, a su parecer, 'pita' es una voz de procedencia europea. ¿Y qué dice al respecto el *Panhispánico de dudas*? ¡Nada, absolutamente! A diferencia del *Clave*, que sí incluye la voz "pita" y la define breve pero perfectamente. Y bien: pues de un pésimo chiste, sobre unos calzones cagados, del *Diccionario de mexicanismos* de la Academia Mexicana de la Lengua, tenemos toda una rica información para ahora abordar los derivados "piteado" y "pitear". Comencemos con el verbo transitivo "pitear", que el *Diccionario abierto y colaborativo*, en línea, define como "decorar" [sí, pero con "pita", con la fibra que producen las plantas de las familias amarilidáceas y bromeliáceas] prendas como cinturones, bolsas, botas, chamarras, etcétera, todas de piel o de cuero. Y es, en efecto, y sin duda, un mexicanismo. Ejemplo: *Quiero que **me piteen** un cinto de poca madre*. De ahí el adjetivo y sustantivo "piteado" que la *Wikipedia* (¿por qué en lugar de consultar los libros de Eugenio Derbez los académicos mexicanos de la lengua no consultan al menos la *Wikipedia*?) define del siguiente modo: "El 'piteado' es una técnica artesanal ejecutada actualmente en algunos pueblos de América, donde la fibra de pita o ixtle (hilo trenzado hecho de la fibra del maguey, el *agave americano*) es bordado sobre el cuero en patrones decorativos. La técnica se utiliza para hacer correas de cinturones, sandalias, diademas, calzado, sillas de montar y otros accesorios de piel, de cualquier tipo, bordada con este material. Los diseños típicos incluyen flores, animales, charreada y símbolos prehispánicos o grecorromanos. Tradicionalmente, cada taller de talabartería emplea tres tipos de trabajadores, cada uno dedicado a una tarea especializada: talabartero, bordador y 'punteadores'". Ejemplos: *Me compré un cinturón **piteado** de poca madre*; *Este **piteado** no quedó muy bien*. Informa la *Wikipedia* que el "piteado" en México se trabaja en Hidalgo, Guerrero, Estado de México, Zacatecas, Michoacán y Jalisco, pero que la capital mundial del "piteado" es el municipio de Colotlán, en Jalisco. Esta manifestación de arte popular, para nada reciente, está asociada a la charrería, al mariachi y a la canción ranchera. No es por nada que en las Memorias 2018 (tomo XLIV) de la Academia Mexicana de la Lengua, en su discurso de ingreso intitulado "La palabra *charro*", José María Murià advierta lo siguiente acerca del ajuar charro: "no es casual que en Teocaltiche, tierra alteña, se haya desarrollado la industria del repujado y de las sillas de montar, así como en Colotlán, la del *pitiado* de los correajes y otros artículos de cuero como *fajos* y cartucheras". Ignoramos por qué José María Murià escribió "pitiado" en vez del correcto "piteado" (puesto que el verbo es "pitear" y no "pitiar"), y además no sabemos por qué marcó el término en cursivas. ¿Sería, acaso, porque mientras escribía su discurso, consultó el DM y se enteró, no sin sorpresa, que "pitiado" es un calzón con huellas visibles de frenón de bicicleta? Dios lo sabrá. Un dato más de la *Wikipedia*, digno de ser mencionado: bordar un cinturón con ixtle o con "pita" puede requerir hasta más de un mes de trabajo manual, y el material que se requiere, para un "piteado" auténtico, no son los calzones pringados de un yucateco, como creen los redactores del DM, sino la fibra que se obtiene de la planta *Aechmea magdalenae*. ¡Cómo se ve que quienes hicieron el DM de la AML jamás han visto un cinto piteado o una montura piteada sobre cuero de vacuno! A lo más que han llegado algunos (no más de cuatro, al parecer) es a contemplar, según se entiende en el DM, un "calzón pitiado", esto es, decorado, por el accidente artístico de una ventosidad, con grecas mayas. ¡Y habrán quedado fascinados!

☞ Google: 41 resultados de "pitiado" (y todos son errores ortográficos, en lugar del correcto "piteado" referido al bordado con ixtle); 4 de "calzones pitiados". ☒

☞ Google: 3 660 000 resultados de "pita" (planta); 1 240 000 de "pita" (fibra); 922 000 de "pita" (hilo); 98 300 de "piteado"; 60 700 de "piteados"; 52 100 de "piteadas"; 41 300 de "correa piteada"; 36 800 de "cintos piteados"; 24 700 de "cinto piteado"; 18 900 de "piteada"; 7 020 de "cinturones piteados"; 6 260 de "pitear" (México); 4 660 de "cinturón piteado"; 4 420 de "el piteado"; 3 610 de "monturas piteadas"; 2 690 de "montura piteada"; 1 870 de "piteados de Colotlán"; 1 190 de "silla de montar piteada". ☑

231. porril, porrismo, porro, porros (mexicanismos ignorados por el DM)

El *Diccionario de mexicanismos*, de la Academia Mexicana de la Lengua, tan laxo, tan guango, tan lleno de vocablos muy distantes de ser mexicanismos, no incluye en sus páginas el adjetivo y sustantivo "porro", éste sí mexicanismo sin duda, cuyo exacto significado registra incluso la *Wikipedia* y, con algo de inexactitud, el *Clave: diccionario de uso del español actual*. En éste leemos: "**porro**. coloquial. En zonas del español meridional, persona a la que se paga para provocar un desorden público". Y hasta pone un ejemplo: *Los **porros** golpearon a varios estudiantes en el mitin, pero en el noticiero no lo dijeron*. La definición es correcta, pero el origen y el uso más extendido de esta voz no se dan "en zonas del español meridional" (¿en Andalucía, en Sudamérica?), sino en México. Aquí tenemos la amplia y bien documentada definición de la *Wikipedia*, que puede servir muy bien a los académicos mexicanos, y a los demás, para que vayan haciendo la tarea: "En México es denominado **porro** al integrante de una organización que persigue distintos intereses particulares, ya sean estos políticos o económicos, basados en la violencia organizada, en el asilarse en instituciones estudiantiles y en fungir como grupo de choque mercenario. Realizan o rompen huelgas estudiantiles. Generalmente son elementos que tienen matrícula de inscripción universitaria, pero que nunca pasan de año, 'fósiles' en el argot universitario, pero listos para actuar cuando se les requiere". Acerca de sus orígenes, la *Wikipedia* informa que "el fenómeno del "porrismo" se remite a la década de los cuarenta en la UNAM, al promoverse desde las autoridades de la misma la intervención de pistoleros como contención a las corrientes estudiantiles opositoras de izquierda gestadas dentro de la institución. Es a partir de la década de los cincuenta en que dichos grupos inician una etapa de expansión en la UNAM y el IPN, adquiriendo apoyos y estructuras semejantes al sindicalismo oficial bajo la denominación de federaciones universitarias. En esta fase de expansión y consolidación de la educación superior, de corte liberal, convergen la tradición de violencia y pandillerismo universitario de los grupos conservadores tradicionales, con las formas corporativas y autoritarias del Estado mexicano". Dice dos cosas más la *Wikipedia*, muy importantes de consignar: en primer término, "estos grupos están vinculados hasta la fecha al Partido Revolucionario Institucional (PRI), como parte de un plan de contrainsurgencia hacia los movimientos sociales urbanos que tienen demandas hacia el Estado", y, en segundo lugar, "los grupos porriles se amparan en la protección o fomento de determinadas administraciones estudiantiles que desean cotos de poder o mantener el control de un bloque de escuelas". Por todo lo anterior, cualquier autoridad universitaria, desde el más alto al más bajo escalafón, desde el rector hasta el vigilante, que diga no saber de dónde salen los porros, y a qué se dedican, o miente con todos los dientes o de veras no tiene idea de nada, ni siquiera del suelo que pisa, lo cual también es una vergüenza, pues, justamente, dos de las primeras demandas del pliego petitorio del movimiento estudiantil del 68, desde sus inicios, es decir, desde las primeras agresiones porriles, fueron "la desaparición de la FNET [Federación Nacional de Estudiantes Técnicos], de la 'porra universitaria' y del MURO [Movimiento Universitario de Renovadora Orientación, organización radical de derecha]" y "la expulsión de los alumnos miembros de estas agrupaciones y del PRI" (domingo 28 de julio de 1968, según queda consignado en la cronología que Elena Poniatowska incluye al final de su célebre libro *La noche de Tlatelolco*). Ha transcurrido más de medio siglo de esta demanda, y los porros siguen ahí. ¿Pero a qué se referían los estudiantes del 68 con la denominación "porra universitaria"? Jesús Ramírez Cuevas (cuando todavía era periodista) nos dio la respuesta el domingo 15 de agosto de 2004 en la sección "El Sonoro Rugir" del ya desaparecido suplemento *Masiosare* (1997-2006) del diario *La Jornada*. Ramírez Cuevas entrevistó al profesor e investigador de la ENEP Aragón y de la Facultad de Ciencias Políticas de la UNAM Hugo Sánchez Gudiño, a propósito de su investigación *Génesis, desarrollo y consolidación de los grupos estudiantiles de choque de la UNAM (1930-1990)*. Esta investigación se publicaría en 2006 bajo el sello de la Editorial Miguel Ángel Porrúa. Informa Ramírez Cuevas: "Siguiendo una bitácora basada en libros, testimonios y publicaciones de época, el catedrático de la UNAM recuerda que 'en 1922 el barrio

universitario estaba en el centro de la ciudad y es cuando surgen las primeras sociedades de alumnos, consideradas el primer germen de los grupos de choque y de porros'. En 1928, el rector Alfonso Pruneda fue el primer funcionario universitario que
contrató un grupo de prefectos que los estudiantes apodan los gorilas. 'Esa camarilla
disciplinaria fue integrada con estudiantes y jóvenes de colonias pobres', dice". Añade Ramírez Cuevas (siempre a partir de la entrevista con el doctor Sánchez Gudiño):
"En el primer congreso universitario de 1933 se da el famoso debate entre Vicente
Lombardo y Antonio Caso; uno a favor de la educación socialista, y el segundo, de la
liberal. Lombardo gana la polémica y, en respuesta, Caso usa un grupo de choque de
la Unión Nacional de Estudiantes Católicos [UNEC] para expulsarlo de la Universidad
junto con sus seguidores. El grupo se llamaba *Los Conejos* y estaba dirigido por Manuel Gómez Morin (rector en 1933-34) y por Rodulfo Brito Foucher (rector en 1942-
44), que como rectores promovieron a grupos de derecha". "En 1935 —refiere Hugo
Sánchez Gudiño—, Luis Chico Goerne fue el primer rector con una política institucional apoyada en guardaespaldas, contratados por Aurelio Vallado *El Fóforo*. Salvador Novo escribió entonces que este personaje fue el primer porro que recibió salario
de investigador en la Universidad. *El Fóforo* reclutó a jóvenes destacados en el futbol
americano, el box y la lucha libre, de escuelas universitarias y barrios del centro. Forma el grupo *Los Pistoleros de la Rectoría*". Algo más: Sánchez Gudiño le refiere a Ramírez Cuevas que Gustavo Díaz Ordaz utilizó a los porros "para sacar a golpes al
rector Ignacio Chávez, con quien estaba enemistado". Por otra parte, en una conferencia en la FES Aragón, el investigador sustentó la conferencia "El lucrativo negocio
mediático de los Ultras y Radicales del futbol mexicano", y ahí señala que los gobiernos en nuestro país suelen destinar una buena cantidad de dinero público "para apoyar a algunos equipos profesionales de futbol que, a su vez, financian a grupos de
choque" conocidos como barras bravas, a imitación de las existentes en el futbol
sudamericano, caracterizadas por su extrema violencia. Si todo esto que ha investiga-
do el doctor Hugo Sánchez Gudiño es verdad, resulta extraño que las autoridades
universitarias no sepan de la existencia y la función de los porros. Y nada de ello parece ser mentira, porque el investigador ofrece importantes fuentes bibliográficas y
hemerográficas. Es más: lo que no se dice en el *Diccionario de mexicanismos* (porque no se consigna ahí ni el adjetivo y sustantivo "porro" ni el sustantivo "porrismo"
ni el adjetivo "porril"), lo dice también Sánchez Gudiño: el "porrismo" es un fenómeno que tiene más de 90 años "y es inherente a la historia de la Universidad Nacional [Autónoma de México]". La institucionalización de la "porra universitaria" se
remonta a la inauguración del estadio de la Ciudad Universitaria (en diciembre de
1952), aunque la C.U. haya sido abierta dos años más tarde. Entonces, le dice Sánchez Gudiño a Ramírez Cuevas, "aparece Luis Rodríguez *Palillo*, capitán de la porra

universitaria. *Palillo* tenía amistad con Miguel Alemán, que le daba apoyo económico y protección policiaca a su grupo". El famoso canto de guerra de la UNAM ("¡Goya!") tiene orígenes porriles. Refiere el investigador: "*Palillo* crea la 'Goya'. Los estudiantes acostumbraban a irse de pinta a los cines Venus, Río y Goya, que estaban en el centro. Luis Rodríguez llamaba a los alumnos a matar clases al grito de '¡Goya!' por los pasillos. El *cachún* deriva del futbol americano (del inglés *catch on*, término de ese deporte) y se asoció al *cachondeo* con las muchachas en el cine. Rodríguez convierte el estribillo en himno de guerra de los equipos de futbol y después en el grito universitario por excelencia". He ahí la denominada "porra universitaria", cuya desaparición exigieron los estudiantes del movimiento del 68, porque siempre ha estado asociada a la violencia, pues como bien lo documenta Sánchez Gudiño (que, de paso, le hace la tarea al *Diccionario de mexicanismos*, de la AML), "la definición de 'porro' proviene del que echa porras, aunque también de cachiporra en su doble sentido: el garrote de la policía y el más osado del barrio". No es tampoco extraño que el mambo del Politécnico (de Pérez Prado) repita sin cesar "¡A la cachi cachiporra, porra!", pues el duelo de "porras" entre la UNAM y el IPN nunca ha sido apacible, sino todo lo contrario. En los partidos de futbol americano, llamados "clásicos", entre la UNAM y el Politécnico, la historia de enfrentamientos violentos abunda, del mismo modo que abundan las noticias de estos enfrentamientos en los diarios y otros medios. El 3 de septiembre de 2000, en *El Universal*, leemos: "Chocan **porros** de Poli y UNAM; 20 heridos". En YouTube hay videos, como el de la "Batalla campal entre **porros** de la UNAM y el IPN", ocurrida en la autopista México-Pachuca en 2016, "previo al encuentro que ambos equipos de futbol americano disputaron". En la historia universitaria de México, tal como lo documenta Sánchez Gudiño, ha habido incluso rectores que fueron porros (antes de ser rectores, por supuesto), y otros que apoyaron a grupos porriles. En uno de los ensayos de su libro *De los libros al poder*, Gabriel Zaid advierte que en esto no hay cinismo, sino lógica. "Sin embargo —precisa—, véase a dónde conduce esta lógica: a excluir, por principio, toda posibilidad de que un campesino como Zapata pueda ser secretario de la Reforma Agraria, y a construir, en cambio, la posibilidad de que un perfecto bandido pueda llegar a serlo, siempre y cuando: a) Haya pasado por la universidad, así sea como porro; b) Hable en favor de Emiliano Zapata". Si en la galería de la Presidencia de la República y en la de rectores de la UNAM están las fotos de más de uno que ha prohijado a los porros y se ha servido de ellos para sus fines de poder, que nadie venga a decir que no sabe de dónde surge el porrismo y la violencia porril. La porra y el porrismo, en su peor sentido, son enfermedades endémicas de los gobiernos priistas y de las universidades públicas y, en particular, de la UNAM y el IPN. Y así como los porros son útiles para quien los patrocina, se convierten siempre en un problema cuando se salen de control, y ya sabemos que incluso al doctor Frankenstein se le salió de control su monstruosa criatura. Que individuos que no estudian, *inscritos en principio en la universidad,* se la pasen por muchos años en el campus *incluso cuando ya no están inscritos,* volviéndose abuelos peligrosos que hacen de la universidad *su casa,* únicamente revela el acertado diagnóstico de Juan José Arreola, el autodidacto que fue profesor en la UNAM. Dijo Arreola (con pleno conocimiento de causa, pues desde el "aeropuerto" y desde las aulas de la Facultad de Filosofía y Letras orientadas hacia la Biblioteca Central pudo ver el espectáculo de las "islas" bulliciosas): "La universidad no atrae solamente a los que quieren 'ennoblecerse' con un título profesional, sino a una multitud de ociosos que vienen a divertirse en el más grande y barato lugar de esparcimiento del país" (*La palabra educación,* SEP, 1973). De acuerdo con el DRAE, el sustantivo femenino "porra" significa, en su primera acepción, "instrumento o arma alargada, usada como maza, especialmente por algunos cuerpos encargados de vigilancia, de regulación del tráfico, etc.". La acepción secundaria no dista mucho de la principal: "Palo toscamente labrado, como de un metro de largo, que va aumentando de diámetro desde la empuñadura hasta el extremo opuesto, y que se usaba como arma". (La descripción es, exactamente, la del "basto" de la baraja española: "leño en forma de porra tosca".) Sin embargo, hay que corregir al DRAE: no "se usaba" (en pasado), "se usa" (en presente). Los "porros" mexicanos, generalmente llevan "porras", independientemente del tamaño o de la forma de ellas. En su sexta acepción, el DRAE incluye el mexicanismo "porra" con el siguiente significado: "Grupo de partidarios que en actos públicos apoyan ruidosamente a los suyos o rechazan a los contrarios". (Literalmente, la misma definición que incluye el *Diccionario de mexicanismos,* con la única diferencia de los verbos en singular: "apoya" y "rechaza".) En este sentido, no se habla de violencia física, sino de escándalo verbal y acciones ruidosas; por ejemplo, las "porras" matraqueras con las que primero el PRI y luego todos los partidos políticos en México hacen sentir su "músculo popular". También es "porra", como mexicanismo, el "conjunto de gritos de una porra" (DRAE), justamente como el "¡Goya!" de la UNAM y el "¡Huélum!" (derivado de **huel**ga") del Politécnico. Si observamos bien, tanto el grito "¡Goya!" como el grito "¡Huélum!" están asociados a "matar clases", a "irse de pinta", a echar desmadre, a no estudiar, y es que justamente los porros, aunque estén inscritos en la escuela, no son estudiantes. Informa el DRAE que el sustantivo "porra" proviene del latín *porrum:* "puerro", por la forma de esta planta. Y de "porra" deriva el verbo transitivo "porracear": "aporrear, dar porrazos", y también el sustantivo femenino "porrada": "golpe que se da con la porra". Asimismo, el sustantivo masculino "porrazo" que, además de llamarse así el golpe que se recibe producto de una caída, es, por principio, "golpe que se da con la porra o con otro instrumento". Cabe decir que el "porro" mexicano no es lo mismo que el "porro" español. Se le llama "porro" al "puerro", pero también, según informa el DRAE, a la "persona torpe, ruda y necia", pero sobre todo al "cigarrillo liado, de marihuana, o de hachís mezclado con tabaco". Y en España a la persona habituada a fumar porros se le llama "porrera" o "porrero", según sea su sexo. El "porro" mexicano (ignorado por el *Diccionario de mexicanismos*) puede fumarse uno o más "porros" antes de tundir a "porrazos" a los estudiantes o a los "porros" adversarios. María Moliner, en el *Diccionario de uso del español* (el mejor diccionario que existe en nuestro idioma), informa que "¡porra!" y "¡porras!" son exclamaciones con que se manifiesta enfado o disgusto. Por ello, "irse a la porra" es malograrse o fracasar algo, y "mandar a la porra" a alguien es echarlo porque no se desea su compañía. "¡Vete a la porra!" o "¡váyase usted a la porra!" son exclamaciones para rechazar a alguien con enfado y mandarlo, literalmente, al carajo, a la verga, pues no es por nada que los sustantivos malsonantes "carajo" y "verga" sean sinónimos para referirse al "pene" o "miembro viril", ¡al igual que "porra"!, tal como lo documenta Antonio Tello en su *Gran diccionario erótico de voces de España e Hispanoamérica*, y tal como lo sabía (y lo sabía usar) Félix María de Samaniego, el gran fabulista español, al describir al dios griego Príapo: "De esta deidad potente el atributo/ con que hace cunda el genitario fruto,/ es que todo varón que esté a su vista/ siempre tenga la **porra** tiesa y lista". ¿Y qué dice el *Diccionario panhispánico de dudas*, de la Real Academia Española y la Asociación de Academias de la Lengua Española, de los mexicanismos "porra", "porro", "porrismo" y "porril"? ¡Nada, absolutamente!, a pesar de que estos vocablos posean el uso más amplio y la mayor divulgación en los medios impresos y audiovisuales. Que las autoridades, a lo largo ya de casi un siglo, se hayan hecho de la vista gorda en relación con los "porros", el "porrismo" y la violencia "porril" en las universidades, preparatorias y demás centros de estudios de los niveles medio superior y superior, no debe asombrarnos, pues, como afirma el investigador universitario Hugo Sánchez Gudiño, el "porrismo" es un fenómeno inherente a los grupos de poder y a los partidos políticos, fuera y dentro de las universidades. Lo que sí sorprende, aunque no debería, dadas su chambonería y sus chambonadas, es que el *Diccionario de mexicanismos*, de la Academia Mexicana de la Lengua, que incluye "mexicanismos" tan trascendentes como "**popotín**" (M. pop/obsc/euf/fest. Pene de pequeño tamaño en un adulto" (con apenas 70 resultados en Google, ¡y ninguno referido a esta acepción!), nada diga del adjetivo y sustantivo "porro" (sinónimo de "vándalo"), el sustantivo "porrismo" (sinónimo de "vandalismo") y el adjetivo "porril" (perteneciente o relativo a los porros y al porrismo). Quienes hicieron este diccionario han de creer que la "porra", cuando significa "de pequeño tamaño en un adulto", no es otra cosa que un "popotín". ¡Que Dios los perdone! Transcribimos aquí unos pocos ejemplos del perfecto uso de estos mexicanismos que el DM, de la AML, se pasa por la porra o por el popotín: "Caso de **porros** en la UNAM", "identifican a 40 grupos de **porros** en la UNAM", "estudiante atacado por **porros** en la UNAM", "cómo operan los **porros** en la UNAM", "alumnos de la UNAM gritan ¡Fuera **porros**!", "¡Fuera **porros** de la UNAM!", "chocan **porros** y estudiantes del CCH Vallejo", "chocan **porros** tras la elección en la UABJO", "estos son los grupos **porriles** que operan en la UNAM", "hay más de 40 grupos **porriles** en planteles de la UNAM", "detienen a otro involucrado en agresión **porril**", "la UNAM expulsa a un alumno más por agresión **porril**", "suman 12 detenidos por **porrismo** en la UNAM", "la lucha contra el **porrismo** en la UNAM", "arremete el rector **porro** de la UAT contra maestros que apoyaron a Cabeza de Vaca en campaña", "tenemos rector **porro** y televiso", "en Ecatepec, **porros** de Morena golpean a candidatos de Antorcha", "denuncia diputado del PAN a **porros** de Morena", "**porros** de Morena agreden conferencia sobre violencia digital", "ayer **porros** del PRI nos lanzaron piedras", "denuncia José Narro agresión de **porros** del PRI".

☞ Google: 53 800 resultados de "grupo de porros"; 39 400 de "fuera porros"; 38 700 de "grupos de porros"; 35 300 de "grupos porriles"; 31 600 de "porros de la UNAM"; 16 900 de "porros en la UNAM"; 9 410 de "grupo porril"; 8 500 de "porros de Morena"; 6 970 de "contra el porrismo"; 6 820 de "quienes son los porros"; 4 520 de "porro de Morena"; 4 340 de "porros del PRI"; 3 950 de "porros de la Delegación"; 3 840 de "porros del gobierno"; 3 340 de "grupos porriles en la UNAM"; 3 170 de "porros en las universidades"; 2 890 de "porrismo en la UNAM"; 2 720 de "actos porriles"; 2 060 de "porros del PRD"; 2 040 de "agresiones porriles"; 2 040 de "porros del PAN"; 2 020 de "porrismo en las universidades"; 2 000 de "porros agreden"; 1 920 de "agresión porril"; 1 840 de "porros atacan"; 1 680 de "porros contra estudiantes"; 1 450 de "violencia porril"; 1 180 de "porros priistas"; 1 170 de "porrismo y violencia"; 1 030 de "porros del Politécnico"; 1 000 de "violencia y porrismo". ☑

232. praxis, ¿*práxis*?

¿Para qué demonios el acento gráfico en "práxis" si, de cualquier forma, únicamente puede leerse como "praxis"? No hay otra forma de lectura sino como palabra llana o grave terminada en "s"; a menos, por supuesto, que le pongamos acento en la "i" y la leamos como palabra aguda: "praxís". El sustantivo femenino "praxis" (del griego *prâxis*) significa "práctica", en oposición a "teoría". Ejemplo: *Teoría y **praxis** de la moral*. Dado que se trata de una palabra llana o grave terminada en "is" no debe llevar tilde, al igual que "brindis", "crisis", "dermis", "ibis", "pubis", "tenis", "tesis", etcétera. La gente pone tildes donde no son necesarias y las elimina donde son indispensables. Cabe decir que tampoco se trata de un extranjerismo que deba escribirse en *cursivas*. Su origen es el griego, pero el término está perfectamente castellanizado desde hace muchos años.

El término "praxis" es de carácter erudito, y son precisamente las personas del ámbito culto las que cometen el disparate de tildar esta palabra llana o grave, lo cual revela que, a pesar de su cultura, ignoran las reglas básicas de la ortografía y la acentuación. Diarios, revistas, libros y textos académicos y literarios, en publicaciones impresas y en internet, están llenos de esta horrorosa "práxis". El dislate aparece incluso en las cubiertas de libros, como en el volumen español que lleva por título

♀ *"**Práxis** participativas desde el medio rural".*

Quisieron escribir los coordinadores y coautores (todos ellos universitarios):

☝ ***Praxis** participativas desde el medio rural.*

✐ He aquí más ejemplos de este dislate culto: "filosofía de la **práxis**", "la **práxis** financiera", "**práxis** revolucionaria", "**práxis** académica y método jurídico", "la **práxis** educativa institucional", "las **práxis** comunicativas", "la distancia entre teoría y **práxis**", "mala **práxis** y mentiras médicas", "mala **práxis** profesional", "conviene instar a una buena **práxis**", "la **práxis** del arte del lenguaje", "**práxis** colectiva en busca de calidad".

☞ Google: 339 000 resultados (sólo en español) de "práxis". ☒

233. ¿*prebístero*?, presbítero, sacerdote

El término "prebístero" carece de significado en nuestra lengua. Lo correcto es "presbítero". Y podríamos pensar que no se trata de un error muy frecuente y que sólo por excepción (porque a alguien se le trabe la lengua o por desafortunada errata) escucharemos y leeremos "prebístero" en lugar del correcto "presbítero". Pero el conductor de un programa de radio con gran audiencia en México dice y repite (suponemos que sin parpadear) "prebístero" cada vez que quiere decir "presbítero". La conclusión es que no sabe cómo se dice y cómo se escribe la palabra y que, obviamente, jamás ha acudido al diccionario para saberlo. Al revisar las publicaciones impresas y las páginas de internet nos damos cuenta de que el yerro es más frecuente de lo que puede suponerse. Es un barbarismo del habla y de la escritura incluso en personas con buena escolaridad. El sustantivo masculino "presbítero" (del latín tardío *presbyter, presbĭtĕri*, y éste del griego *presbýteros*: literalmente, el más viejo, el más anciano) tiene la siguiente definición en el DRAE: "Eclesiástico al que se le ha conferido la orden sagrada cuyo ministerio principal es celebrar la misa". Ejemplo: *El **presbítero** ofició la misa y casó a los novios.* María Moliner precisa en el DUE que su sinónimo es "sacerdote" (del latín *sacerdos, sacerdōtis*), sustantivo masculino que, en una de sus acepciones, se aplica, "en la religión católica [al] hombre que ha recibido las órdenes requeridas para celebrar la misa". Ejemplo: *El **sacerdote** ofició la misa y casó a los novios.* Existen los sacerdotes y los presbíteros, pero no los "prebísteros", pues éste es un disparate de quienes o no saben pronunciar o jamás han visto el término en el diccionario.

Este dislate del habla se ha extendido a las publicaciones impresas y ha hecho su reino en internet. En el diario mexicano *La Voz de Michoacán* leemos el siguiente encabezado:

♀ "Presentan 'La vida y obra del **Prebístero** Samuel Bernardo Lemus'".

Quiso informar el diario que una compañía teatral puso en escena

☝ La vida y obra del **presbítero** Samuel Bernardo Lemus.

✐ He aquí otros ejemplos de este desbarre: "**prebístero** diocesano secular", "el **prebístero** Cayetano de Cabrera", "Plazoleta **Prebístero** Juan Manresa", "obispo Torrada acompañó al **prebístero**", "Colegio **Prebístero** Juan Marsiglio", "calle **Prebístero** Alfonso Antolín", "el **prebístero** subía las escalinatas", "era **prebístero** y catedrático de la Universidad", "Joaquín Hernández Sifuentes, vicario y **prebístero**", "los derechos del estado clerical del **prebístero**", "estadio **Prebístero** Bartolomé Grella", "el **prebístero** Manuel Belda y Belda", "ameno desayuno presidió el **prebístero** Romeo Sánchez", "condenan a **prebísteros** a 23 años de prisión por abusar de menor", "sacerdocio de los **prebísteros**", "nuncio y Monseñor de la Rosa ordenan **prebísteros**", "**prebísteros** naturales de Madrid".

☞ Google: 19 500 resultados de "prebístero"; 2 520 de "prebísteros". ☒

☞ Google: 3 580 000 resultados de "presbítero"; 1 440 000 de "presbíteros". ☑

234. ¿precalentamiento?, ¿precalentar?

¿Precalentamiento? Aunque el DRAE lo incluya en sus páginas, se trata de un pendejismo al relacionarlo con el deporte y el ejercicio físico. Lo es doblemente porque el diccionario académico tiene entradas lo mismo para "calentamiento" que para "precalentamiento", y según los académicos madrileños, el sustantivo masculino "precalentamiento", significa, en primer término, "ejercicio que efectúa el deportista como preparación para el esfuerzo que posteriormente ha de realizar", y, en una segunda acepción, "calentamiento de un motor, aparato, etc., antes de someterlo a la función que debe desempeñar". En cuanto al sustantivo masculino "calentamiento", el DRAE informa que, además de la acción de calentar y del concepto específico "calentamiento global" ("incremento de la temperatura de la atmósfera terrestre asociado en parte a la emisión de gases de efecto invernadero"), es la "serie de ejercicios que hacen los deportistas antes de una competición o de un entrenamiento para desentumecer los músculos y entrar en calor". Pero a ver, a ver, a ver, ¿cuál es la diferencia entre el "calentamiento" y el "precalentamiento", según estos regios señores? En términos estrictos, lo que nos dicen es que el "precalentamiento" es un "ejercicio" y el "calentamiento", una "serie de ejercicios", y dado que el prefijo "pre-" indica anterioridad local o temporal, como en "**pre**ceder" (ir delante en tiempo, orden o lugar) y en "**pre**parar" (prevenir, disponer o hacer algo con alguna finalidad), resulta verdad de Perogrullo que el "precalentamiento" (literalmente, *antes del calentamiento*) es primero que el "calentamiento". Pero lo absurdo de esta perogrullada es que, de acuerdo con los académicos madrileños, en la acción del "calentamiento", los deportistas hacen una serie de ejercicios "para desentumecer los músculos y entrar en calor", con lo que afirman implícitamente que tales músculos no fueron desentumecidos en el "precalentamiento". Siendo así, si un deportista hace "precalentamiento" y, después de ello, todavía sigue con los músculos entumecidos, ¿entonces para qué demonios "precalentó"? Lo lógico sería que, en ese tal "precalentamiento", el "precalentador" llegara algo "calientito" a la competición: desentumecido, al menos. Lo que ocurre es que, para los efectos del deporte y la ejercitación física, no hay tal cosa llamada "precalentamiento": el deportista, el atleta, el individuo que se ejercita practica "calentamiento" y punto. Ejemplo: *Fulano realiza ejercicios de **calentamiento** porque sustituirá al jugador lesionado.* Esto es tan obvio que el DRAE no recoge el verbo "precalentar" y sí, en cambio, "calentar", verbo transitivo e intransitivo que significa, entre otras acepciones, "desentumecer los músculos antes de practicar un ejercicio físico" (DRAE). Ejemplo: *Le ordenaron **calentar** porque sustituirá al jugador lesionado.* En inglés, "calentamiento" es *heating*, aplicado al deporte y al ejercicio físico, en tanto que "precalentamiento" es *preheating*, pero aplicado no al deporte, sino a la tecnología, la mecánica y la industria, tal como de hecho se usa también en español. Ejemplo: *Una bujía de **precalentamiento** es un dispositivo usado para ayudar a los motores diésel a arrancar.* También en inglés, para ese mismo ámbito, está el verbo *to overheat*, equivalente a nuestro "sobrecalentar", verbo transitivo y pronominal ("sobrecalentarse") que significa "calentar algo en exceso". Ejemplo del propio DRAE: *Se **sobrecalentó** el motor.* De ahí el sustantivo masculino "sobrecalentamiento", que el diccionario académico define del siguiente modo: "Calentamiento excesivo de un sistema, aparato, motor o dispositivo, que puede producir su deterioro o avería". Ejemplo: *El **sobrecalentamiento** del motor produjo que se quemara.* En conclusión, son los motores y las máquinas, los aparatos y sistemas mecánicos movidos por electricidad o combustibles los que se "precalientan" y "sobrecalientan", pero no por supuesto las personas ni sus organismos. A menos que los académicos de Madrid le llamen "sobrecalentamiento" a la fiebre. ¡Son capaces! Que en el ámbito deportivo usen el idioma con las patas, no obliga a los autores de un diccionario a incluir las aberraciones idiomáticas que ahí se generan. Basta decir "calentamiento", y punto. Hoy hasta personas de cierta seriedad científica hablan y escriben de "precalentamiento global", seguramente porque nuestro planeta se desentumecerá cuando llegue al "calentamiento". Con la venia de la Real Academia Española, las páginas de internet y las publicaciones impresas están llenas de "precalentamientos" deportivos que no son otra cosa que "calentamientos".

En el portal electrónico de la Federación Internacional de Taekwon-do, leemos el artículo

♀ "El **Precalentamiento**", y bajo el subtítulo "¿Qué es el **Precalentamiento?**" nos enteramos de lo siguiente: "El **Calentamiento** (sic) es el conjunto de ejercicios físicos especialmente relacionados, que son realizados a fin de preparar al organismo para determinado trabajo, permite incrementar la excitabilidad y la labilidad de los centros nerviosos [...] Con el empleo de los medios del **calentamiento** se logra incrementar la actividad de los fermentos, la velocidad de las reacciones bioquímicas a escala muscular y la excitabilidad y la labilidad de los mismos".

O sea que lo que describe este texto es justamente

♢ el **calentamiento**, y punto, porque acerca del "precalentamiento" no dice nada, ya que, como es obvio, en términos deportivos no existe.

✐ He aquí más ejemplos de esta barbaridad avalada por la despistada y envejecida RAE que a veces se las quiere dar de moderna con terminajos carentes del más elemental sentido común: "**precalentamiento** individual", "el **precalentamiento** y los estiramientos, claves del éxito en la práctica deportiva" (pero, como es de esperarse, de lo que trata el artículo es del "calentamiento": "sería aconsejable incluir en las actividades diarias unos sencillos ejercicios de calentamiento y estiramientos"), "**precalentamiento** del equipo de futbol", "la importancia del **precalentamiento**", "el **precalentamiento** del equipo y el aliento de la hinchada", "lanzándome la pelota en el **precalentamiento** del partido", "el **precalentamiento** de los deportistas juveniles reduce las lesiones", "ejercicios de **precalentamiento**", "a través de los ejercicios de **precalentamiento** se van 'aceitando' las distintas partes del cuerpo", "diferentes ejercicios de **precalentamiento**", "**precalentamiento** de un atleta", "ejercicios de **precalentamiento** para boxeo", "ejercicios de **precalentamiento** o acondicionamiento físico", "realiza una rutina de **precalentamiento**", "rutina de **precalentamiento** deportivo", "realizar rutinas de **precalentamiento** en forma", "no fue la superpoblación ni el **precalentamiento** global", "un experto en ecología sobre el **precalentamiento** global" y, como siempre hay algo peor: "se trata del **inicio del precalentamiento global**".

☞ Google: 96 300 resultados de "precalentamiento en el futbol"; 11 100 de "ejercicios de precalentamiento"; 9 590 de "rutina de precalentamiento"; 4 710 de "rutinas de precalentamiento"; 1 000 de "precalentamiento global". ☒

235. predicamento, problema

El *Diccionario breve de mexicanismos*, de Guido Gómez de Silva, recoge y define el anglicismo "predicamento" (del inglés *predicament*), sustantivo masculino que se aplica a una "situación difícil en que alguien tiene que escoger entre varias opciones". Ejemplos: *Me pusieron en un **predicamento***; *Estoy en un **predicamento***. También está consignado en el DM de la AML, con la acepción "disyuntiva, dificultad" y el siguiente ejemplo: *Estoy en el **predicamento** de quedarme a cuidar a mis hijos o ponerme a trabajar* (¡como si cuidar a los hijos no fuese trabajar!). No está incluido en el *Diccionario del español usual en México*, y tampoco dice nada de él el *Panhispánico de dudas*. Como puede verse, este uso es un anglicismo servil, pues, literalmente, se traduce la voz inglesa *predicament* por "predicamento". Pero, en español, el sustantivo masculino "predicamento" (del latín tardío *praedicamentum*) únicamente tiene dos acepciones, de acuerdo con el DRAE: "Dignidad, opinión, lugar o grado de estimación en que se halla alguien y que ha merecido por sus obras" y, en filosofía, "cada una de las clases o categorías a que se reducen todas las cosas y entidades físicas. Regularmente se dividen en diez, que son sustancia, cantidad, cualidad, relación, acción, pasión, lugar, tiempo, situación y hábito". María Moliner, en el DUE, relaciona el término con las voces afines "autoridad", "influencia" y "prestigio", y ofrece un ejemplo: *Goza de gran **predicamento** en el partido*. Muy parecida es la definición del *Clave*: "prestigio o estimación", con el siguiente ejemplo: *Esta científica tiene gran **predicamento** entre los investigadores actuales*. En inglés, el sustantivo *predicament* significa "apuro" o "situación difícil", como en el siguiente ejemplo: *What a predicament to be in!*, cuya traducción coloquial es "¡Menudo lío!", pero no, por cierto, en estricto sentido, "¡Menudo predicamento!", porque en inglés, la voz *predicament* no se traduce como "predicamento", sino como "apuro", "situación difícil", "lío" o "complicación". Más que un mexicanismo, "predicamento", en el español de México, es un pochismo. A algún listillo se le ocurrió traducir servilmente *predicament* como "predicamento" y ahí la puerca torció el rabo. Lo cierto es que, si tenemos en español los sustantivos "apuro", "problema", "lío", "complicación", "dificultad", "contrariedad", "inconveniente" y otros más, ¿por qué habríamos de utilizar el pochismo "predicamento", que es la representación gráfica y fonética de un anglicismo crudo del que no tenemos ninguna necesidad? Debe quedar claro que, en el diccionario académico, en el DUE y en los demás diccionarios generales de la lengua española, "predicamento", con el uso que se le da en México en algunos sectores cultos o ilustrados, y sobre todo en la burocracia, es un sustantivo que no está aceptado. La solución a esto es muy simple: digamos y escribamos lío, digamos dificultad, digamos inconveniente, complicación, apuro, contrariedad, problema, aprieto, dilema, etcétera (¡hay tantos sinónimos para ello) y abandonemos ese pochismo, esa forma agringada de hablar y escribir para decir o dar a entender gringadas y gringaderas.

En el diario mexicano *Reforma*, leemos lo siguiente en la columna editorial "Templo Mayor":

♀ "El que está metido en un **predicamento** es el fiscal Alejandro Gertz Manero".

En español, sin pochismos, el diario debió informar que

⊘ el fiscal Alejandro Gerz Manero está metido en una **difícil situación** o en un **aprieto** o en un **apuro**, en un **lío** o en un **problema**.

✐ ¡Tantas formas que hay para decirlo en español castizo, como para usar ese pochismo! He aquí algunos ejemplos del uso, en su mayor parte periodístico, de este pochismo innecesario: "El portero aceptó **estar en un predicamento**", "pareces **estar en un predicamento**", "un hombre puede llegar a **estar en un predicamento**", "admitió **estar en un predicamento**", "otras dependencias podrían **estar en un predicamento** ante la falta de recursos", "los bancos también van a **estar en un predicamento**", "Águilas de Filadelfia **están en un predicamento**", "no son privilegiados y **están en un predicamento**", "saludos, **estoy en un predicamento**" (saludos, que te vaya bien ahí), "que onda banda espartana, **estoy en un predicamento**" (la banda espartana te desea que lo pases muy bien ahí), "**estoy en un predicamento** de que sólo tenemos una computadora", "amigos de foro les escribo para pedir su ayuda pues **estoy en un predicamento**" (tus amigos del foro te responden que no entienden lo que dices), "fracasó y **ha metido en un predicamento** a su jefe AMLO" (¡no me digan!), "ha desquiciado la marcha del ayuntamiento y **ha metido en un predicamento** a su cuñada alcaldesa", "**me he metido en un predicamento** y estoy atascado", "se limitó a decir que el gobernador **lo había metido en un predicamento**" (seguramente para que predicara).

☞ Google: 8210 resultados de "estar en un predicamento"; 7260 de "están en un predicamento"; 4870 de "estoy en un predicamento"; 1890 de "metido en un predicamento". ☒

☞ Google: 855000000 de resultados de "problema"; 10300000 de "lío"; 6580000 de "apuro"; 6250000 de "dificultad"; 6250000 de "complicación"; 3940000 de "difícil situación"; 2490000 de "aprieto"; 2240000 de "situación difícil"; 1490000 de "contrariedad". ☑

236. presidenta, presidente

Internet sirve, marginalmente, para lo bueno y, las más de las veces, para lo malo y para lo peor. Lo que se divulga, difunde y generaliza en internet es sobre todo charlatanería, superstición, teorías conspirativas, incultura, necedad y mucho humo convertido en mercancía. Los vendedores de humo han encontrado en internet el paraíso para sus supercherías en medio de un mar de creyentes y clientes dispuestos a ser convencidos y convertidos. Es por ello que consiguen aceptación, por ejemplo, los sabihondos que necean con tonterías ideológicas y léxicas, como los que aseguran que no se debe decir ni escribir "**la presidenta**", sino "**la presidente**". Arguyen, con torpeza idiomática y sin mucho conocimiento de la lengua, el *uso* del *ya desusado* participio activo del verbo "presidir": "presidente", *el que preside, la que preside*. Pero yerran por muchas razones, pues es verdad que el femenino de "sobreviviente" no es "sobrevivienta", ni el de "remitente" "remitenta", pero la construcción de los femeninos que el uso ha validado no es excepcional con el caso de "presidenta". Están también "asistenta" (de "asistente"), "clienta" (de "cliente"), "dependienta" (de "dependiente"), "parienta" (de "pariente"), "pretendienta" ("de "pretendiente") y "sirvienta" (de "sirviente"), entre otros, y resulta obvio que únicamente existe el femenino en "parturienta" ("dicho de una mujer: que está de parto o recién parida") porque, al menos hasta ahora, sólo las mujeres y las hembras paren. No es excepcional, entonces, el caso de "presidenta" y hay que decirles a los necios que insisten en no admitir el femenino "presidenta" que se dediquen a otra cosa que no sea la "corrección" del idioma. En internet hay muchísima memez en la que pueden ocuparse, sin confundir, con sus "conocimientos lingüísticos", directamente a los hablantes y escribientes del español. Del mismo modo que hay "gobernadoras", "arquitectas", "ingenieras", "abogadas", "rectoras", "consejeras" y "obispas" inclusive entre los anglicanos de Canadá, Nueva Zelanda, Australia y otros países. No nos andemos por las ramas: "presidenta" es un perfecto sustantivo femenino, correspondiente del masculino "presidente". Y no hay que olvidar que el desusado participio activo de los verbos siempre ha dado lugar a un adjetivo o a un sustantivo. No suele decirse ni escribirse "confidenta", sino "la confidente", pero sí se dice y se escribe "gobernadora" y "ministra", y del mismo modo que es una aberración gramatical e ideológica decir y escribir "la gobernador" y "la ministro", así también es una grandísima pendejada decir y escribir "la presidente" en lugar del correcto "la presidenta", lo mismo si la mujer, que tal cargo posee, preside un país, una compañía o una asociación. Desde hace muchísimo tiempo, en su *Diccionario de dudas y dificultades de la lengua española*, Manuel Seco estableció, enfático: "**presidente**. El femenino de este nombre es *presidenta*". Como siempre, ese bote de cascajo llamado *Diccionario panhispánico de dudas* en lugar de orientar desorienta, en lugar de precisar, desvaría. ¿Qué necesidad había de meter la cuchara para decir lo siguiente?: "**presidente**. 'Persona que preside algo' y, en una república, 'jefe del Estado'. Por su terminación, puede funcionar como común en cuanto al género (*el/la presidente*); pero el uso mayoritario ha consolidado el femenino específico *presidenta*". Que en Argentina, con necedad, el diario *Clarín* informe acerca de "la designación de **la presidente**" es una burrada que va contra el uso generalizado que ha hecho siempre la norma en nuestro idioma y que la hace en todos los idiomas. Por supuesto, el *Panhispánico* deriva su "explicación" de la "explicación" no menos confusa y torpe del DRAE, pues esto es lo que leemos en el mamotreto académico: "**presidente, ta**. (Del ant. part. act. de *presidir*; lat. *praesĭdens, praesidentis*. En acep. 1, u. solo la forma *presidente*; para el f., u. algunas veces *presidente* en aceps. 2 y 3)". Y la acepción 1, corresponde al adjetivo cuyo significado es "que preside", pero antecedido de las abreviaturas "p. us." que debemos interpretar como "poco usado", ya que esto significa "p. us." en la tabla de "Abreviaturas y signos empleados" del DRAE. Queda claro que el adjetivo "presidente" ("que preside") no es usual, que es lo mismo que

decir que casi no se usa. Y en cuanto a las acepciones 2 y 3 del mamotreto académico, éstas corresponden al sustantivo: "Persona que preside un Gobierno, consejo,
tribunal, junta, sociedad, acto, etc." y "en los regímenes republicanos, jefe del Estado
normalmente elegido por un plazo fijo". Pero, en relación con el femenino de estas
acepciones nominativas, el DRAE ya advirtió que es "usado algunas veces *presidente*",
y, siendo así, este "algunas veces" debe interpretarse como "excepcionalmente" o
"por excepción". Todo este enredo hubiera podido evitarse diciendo claramente que
la forma femenina del sustantivo "presidente" es "presidenta" y punto; sin toda esa
monserga de lo "poco usado" y lo "usado algunas veces". En cuanto al adjetivo, vale
un cacahuate si, en realidad, es "poco usado", casi tan poco usado como el cerebro
de quienes redactaron esa entrada en el DRAE. José Martínez de Sousa, en su *Diccionario de usos y dudas del español actual*, reafirma lo que enfatiza Manuel Seco: "**presidente**. Persona que preside. Femenino: *presidenta*". Como reacción a la barbaridad
que circula en internet y que confunde a los hablantes y escribientes del español
en relación con el femenino del sustantivo "presidente", la Fundéu BBVA se puso las
pilas y explicó, largamente y con claridad, también en internet, esto que hace trizas
la "argumentación" pseudogramatical del errado y herrado internauta engañabobos,
argentino para más señas, y cuyo nombre no viene al caso (dejémoslo en legión):

"**1. El participio activo del verbo *ser* no es *ente*.** El único participio que actualmente
tienen, de forma general, los verbos españoles, es el de perfecto (por ejemplo *sido*,
para el verbo *ser*, o *comido* para *comer*). Solo algunos verbos tienen entre sus derivados los llamados participios activos, que hoy se consideran sustantivos (como
presidente) o adjetivos (como *atacante* o *cantante*). El verbo *ser* tuvo en el pasado
una forma de participio activo hoy perdida, pero no era *ente* sino *eseyente*.

"**2. La terminación -*nte* no procede de *ente*.** Nuestro sustantivo *ente* (que, como se
ha dicho, no es el participio del verbo *ser*) sí que deriva, sin embargo, de *ens, entis*,
participio de presente del verbo latino *esse* ('ser', estar'). Pero el hecho crucial no es
que el participio del verbo *ser* en latín tuviera esta forma *entis*, sino que todos los
participios de presente del latín tenían esta misma forma: *e-ntis, ama-ntis, lege-ntis,
capie-ntis*, etc. Obviando la raíz verbal y la vocal temática que quedan a la izquierda
del guion, en todas estas formas lo que encontramos es la secuencia -*nt*- y la terminación -*is*, desinencia de caso genitivo.

"Esta secuencia -*nt*- es un infijo, un elemento que se inserta en el interior de
una palabra, y es una marca morfológica que indica un subtipo concreto de declinación por el que se guían algunas de las palabras que forman parte de la tercera
declinación latina. Este mismo infijo, y este mismo submodelo de declinación
(llamado precisamente temas en -*nt*-), está presente también en otras lenguas,

como el griego clásico. Aunque por este modelo de temas en -nt- se declinan solo unos pocos sustantivos y adjetivos, en la práctica es muy productivo, porque es el modelo por el que se declinan todos los participios de presente activos de todos los verbos latinos y varios de los participios del griego clásico.

"**3. La terminación -nte no se toma de ente porque este denote al ser.** El hecho de que esta secuencia -nt- aparezca no solo en *ente*, sino en todos los participios de los verbos latinos e incluso en otros adjetivos (como *prudentis*, 'prudente'), sustantivos (como /leontos/, 'león' en griego) y determinantes (como /panta/, 'todo' en griego) prueba que esa -nt- no ha sido nunca, a lo largo de su historia, marca de entidad o de existencia. Nunca, por sí sola, ha denotado al *ser*, al *ente*. Llegó a denotar, en latín, al *ente* al entrar en interacción con el verbo *ser*, pero entró en contacto con este verbo, como con todos los demás verbos latinos, pues no es más que una marca morfológica de la que los verbos se sirven para declinar una de sus formas no personales, el participio.

"Lo que históricamente existe es este infijo -nt- y no la terminación -nte. Recordemos que en las formas *amantis* o *legentis* la terminación -is es marca de genitivo, pero este es solo uno de los seis casos que tienen las declinaciones latinas. Estas declinaciones establecen distintas terminaciones en función del caso, del género y del número: un participio como *entis* puede tener potencialmente hasta 24 desinencias, es decir, 24 terminaciones después del infijo -nt- (*entem, entis, enti, entium, entia*, etc.) que se encargan precisamente de marcar el caso, el número y el género. Nada, por tanto, en la morfología histórica de este elemento -nt- impide que las palabras que se forman con él tengan una forma distinta para el género femenino; es más, históricamente este infijo ha formado parte de palabras que explícitamente diferenciaban el género.

"**Por último.** Es cierto que el español conserva este infijo fundamentalmente en la terminación -nte, y es fácil caer en el error de creer que la emplea solo para referirse a la persona que realiza la acción del verbo (*presidente* el que preside, *cantante* el que canta, *atacante* el que ataca). Sin embargo esto no es una verdad absoluta: ni todos los verbos se refieren al agente con esta terminación, ni siempre que esta terminación aparece se asocia a la persona que lleva a cabo la acción del verbo.

"Los que luchan, los que inventan, los que trabajan, los que corren, etc. no son los *luchantes*, los *inventantes*, los *trabajantes*, etc. sino el *luchador* y la *luchadora*, el *inventor* y la *inventora*, el *trabajador* y la *trabajadora*. El español actual conserva, además, casos en los que este infijo es más una mera marca gramatical (heredera de un antiguo participio que hoy ya no se siente como tal): *mediante*, de mediar; *durante*, de durar; o *bastante*, de bastar. Y de hecho, en el español de otras épocas estas palabras tenían forma en plural (era, por ejemplo, posible decir *ellas durantes*).

"**Nada en la morfología histórica de nuestra lengua,** ni en la de las lenguas de las que la nuestra procede, **impide que las palabras que se forman con este componente tengan una forma para el género femenino.** Las lenguas evolucionan y en esa evolución se transforman. Estos cambios se deben a muchas causas, algunas son causas internas (evoluciones fonéticas, por ejemplo); otras son externas, el contacto con otras lenguas o el cambio en las sociedades que las hablan. **Para que una lengua tenga voces como** *presidenta*, **solo hacen falta dos cosas: que haya mujeres que presidan y que haya hablantes que quieran explícitamente expresar que las mujeres presiden.** Si esas dos circunstancias se dan, ninguna supuesta terminación, por muy histórica que sea su huella, frenará el uso de la forma femenina (pregúntese el lector por qué no se han levantado voces contra el uso del femenino *sirvienta*). Pero es que, además, en el caso de este infijo concreto, la historia de nuestra lengua y la de las lenguas que la precedieron pueden llegar a avalar el uso de voces como *presidenta*, pues al hilo de esta explicación parecen ser menos conservadoras que la variedad actual."

Lo más absurdo del caso es que incluso las mujeres que tanto insisten en los desdoblamientos y las duplicaciones de género, acaben convencidas de que se dice y se escribe "**el/la** presidente", "**los/las** presiden**tes**", como si se tratara de un nombre epiceno modificado con el artículo "la" por el feminismo. (En realidad, los epicenos son invariables, como en el caso de "víctima", y hasta ahora ningún varón ha exigido que se le diga "víctimo".) En el diario mexicano *Milenio*, en la columna de la coordinadora de la sección de espectáculos, leemos el siguiente encabezado:

♀ "Habló **la próxima presidente**".

Por supuesto que no. Si es mujer y es actriz y caracterizará al personaje de un jefe de Estado, debe usarse el género femenino, y por ello, en el diario debió escribirse, con corrección, lo siguiente:

♂ Habló **la próxima presidenta**.

✎ No cabe duda de que lo peor de internet ha dañado y sigue dañando el idioma. Otro argentino, que no consulta el diccionario, necea también en internet del siguiente modo: "En la Constitución Nacional, en su artículo 87, leemos: 'El Poder Ejecutivo de la Nación será desempeñado por **un ciudadano** con el título de '**Presidente** de la Nación Argentina'. Es decir, no existe el cargo de 'presidenta' para el Poder Ejecutivo de la Nación". Lo que no entiende este señor (quien, además, asegura barbáricamente que el femenino "jueza" es incorrecto) es que, como lo señala la Real Academia Española, "en los sustantivos que designan seres animados existe la posibilidad del uso genérico del masculino para designar la clase, es decir a todos los individuos de la especie, sin distinción: *Todos* **los ciudadanos** *mayores de edad tienen derecho a voto*. La mención explícita del femenino sólo se justifica cuando la oposición de sexos es relevante en el contexto: *El desarrollo evolutivo es similar en **los niños y las niñas** de esa edad*". Que la Constitución argentina se refiera a "un ciudadano" para ejercer la presidencia de la república no quiere decir que tenga que ser forzosamente un varón: si es una mujer (parte integrante de los "ciudadanos" o de la "ciudadanía") será "**la** president**a**" y no "**la** presidente". Que eso no le guste a este señor (quizá porque le gusten más los señores que las señoras) es otra cosa, pero que no reparta ni comparta su ignorancia. Por lo demás, los extremos de necedad se tocan: no deja de ser paradójico que esta falta de comprensión sea la misma que exhiben muchas mujeres y algunos hombres (especialmente en los ámbitos político, administrativo y académico) que, en un afán reivindicativo por la igualdad sexual, necean con los desdoblamientos o duplicaciones de género "las/los" casi inconscientes de estar metiendo la pata (y el pato), complicando innecesariamente un idioma tan preciso como el español o castellano. He aquí sólo algunos ejemplos entresacados de los millones de personas que no distinguen entre un hombre y una mujer y, para el caso del idioma, entre el género masculino y el femenino: "**la presidente** del Consejo Nacional Electoral de Venezuela", "las fotos en bikini de **la presidente** de Croacia" (tan falsas las fotos como este falso femenino), "**la presidente** de Brain", "**la presidente** de la Asociación de Usuarios", "**la presidente** de Swanton fue premiada", "declaración de **la presidente** de la JEP", "visita de **la presidente** suiza Doris Leuthard", "mensaje de **la presidente**", "¿por qué no **una presidente** Oprah?" (por una sencilla razón: porque si se llama Oprah, sería presidenta y no presidente), "**una presidente** en apuros", "¿México está preparado para tener **una presidente mujer**?" (esto ya es colmo de la idiotez: mejor prepararse para tener "**una presidente hombre**"), "**una presidente** fingió tener influenza", "¿**una presidente** feminista?" (¡pues no sería feminista si es "**una presidente**"!; ¡sería machista!), "asume **una presidente** interina" ("interina" es un adjetivo femenino que no concuerda con el sustantivo masculino "presidente"), "seré **una presidente** de mando vigilante", "el libro trata sobre **una presidente** de Estados Unidos", "**las presidentes mujeres**" (si son "las" son "mujeres", y si son "mujeres" son "presidentas"), "**las presidentes** de América Latina", "**las presidentes** de los consejos de estudiantes", "**las presidentes** de las principales empresas eléctricas", "de **las presidentes mujeres**, ¿cuál es la más linda o sexy?" (¡joder!: justamente la que no es **presidente**, sino **presidenta**), "**las presidentes mujeres** se siguen oponiendo a la legalización del aborto" (¡es que, si son **presidentes**, no son **mujeres**!).

☞ Google: 7 160 000 resultados de "la presidente"; 172 000 de "una presidente"; 17 800 de "las presidentes". ☒

☞ Google: 37 400 000 resultados de "la presidenta"; 478 000 de "una presidenta"; 177 000 de "las presidentas". ☑

237. priismo, *¿priísmo?*, priista, *¿priísta?*
Por ignorancia de las reglas ortográficas y de acentuación, muchos periodistas y escritores suelen tildar el adjetivo y sustantivo "priista" (perteneciente o relativo al Partido

Revolucionario Institucional, PRI, de México) de la siguiente manera: "priísta". Se trata obviamente de un error, aunque el corrector ortográfico del programa de Windows lo dé por bueno (del mismo modo que da por buenas otras tantas tonterías y marca como erróneas grafías correctas). Por regla ortográfica, las palabras llanas o graves terminadas en vocal no llevan tilde, es decir no se acentúan ortográficamente. Esto debería bastar para zanjar cualquier discusión o duda al respecto, pero se puede decir algo más: deben saber los hablantes y escribientes del español, en México, que "priista" es una palabra trisílaba debido al hiato en el que dos vocales contiguas iguales se pronuncian, cada una, en sílabas diferentes, con la siguiente representación gráfica: *pri-is-ta*. Siendo así, está de más la tilde, sale sobrando, pues el hiato, es decir la separación, marca el acento prosódico en la segunda "i", que es la vocal tónica. Ejemplos: *No puede ocultar su origen **priista***; *Aborrece todo lo que sea **priista***; *Aunque se dice de izquierda es más **priista** que nadie*. Es el mismo caso del sustantivo masculino "priismo" (conjunto de principios y doctrinas del PRI). Ejemplos: *Historia del **priismo*** (una historia, sin duda, de pillerías y bribonadas); *El **priismo** en el siglo XXI* (que es como decir el **priismo** en la época de las cavernas). Debe saberse, también, que, en español, dos vocales idénticas consecutivas nunca forman un diptongo, esto es, no se pronuncian en una sola sílaba. No hay diptongos en "aa", "ee", "ii", "oo" y "uu", pues éstos sólo se producen con vocales contiguas diferentes y sólo en catorce combinaciones, a saber: "ua", "ue", "uo", "ia", "ie", "io", "ai", "ei", "oi", "au", "eu", "ou", "iu" y "ui". De tal forma que no existe diptongo que romper en "priismo" ni en "priista", como tampoco lo hay en "contraalmirante", "contraataque", "afee", "airee", "cree", "desee", "lee", "mee", "antiinflación", "chiita", "cooperar", "coordinar", "duunvirato" y "duunviro". Las tildes en dos vocales idénticas contiguas únicamente se utilizan en palabras agudas o, mejor dicho, cuando las formas llanas o graves adquieren el carácter agudo, generalmente en conjugaciones de la primera persona del singular del pretérito de indicativo, como en "afeé", "aireé", "creé" (del verbo "crear"), "deseé" y "meé". Por lo visto, ya nada de esto se enseña en la escuela y como la gente escolarizada no suele consultar el diccionario puede llegar a la universidad y egresar de los posgrados sin tener la más remota idea de los diptongos, las tildes, los tiempos verbales y otras cosas que no sean picardías.

Lo cierto es que, con estos términos erróneamente tildados, el error se está haciendo norma. Los diarios, las revistas, los libros y las páginas de internet están llenas de acentuados "priísmos" y "priístas" a los que deberíamos mandar al bote de la basura de la historia. En el diario mexicano *El Universal* leemos el siguiente encabezado:

♀ "En Guerrero blindan funeral de candidato **priísta**".

Con corrección ortográfica debió informarse que:

☽ En Guerrero blindan funeral de candidato **priista**.

🖉 Tan abundante es el error ortográfico en estos términos que ya a nadie le importa acudir al diccionario o a la gramática y la ortografía del español para, por simple regla, aprender que las palabras llanas o graves terminadas en vocal no llevan nunca tilde, y si ello no fuera suficiente para convencer a los necios, que aprendan también que dos vocales contiguas iguales no forman jamás diptongo, sino, por el contrario, hiato. He aquí unos pocos ejemplos de esta barrabasada ortográfica, abundante en el periodismo y en los libros académicos, que delata lo mal que está la educación de la lengua española en las escuelas mexicanas donde se pretende que todos hablen y escriban en inglés, sin antes saber bien el español: "Sale del penal el **priísta** Alejandro Gutiérrez", "restauración **priísta**", "la pax **priísta**", "dirigencia **priísta**", "El Bronco es más **priísta** que muchos", "despiden al Profe Moy, **priísta** de hueso colorado" (de veras que hay gente con orgullos muy raros), "**priístas** exigen nueva dirigencia", "gobernadores **priístas** se oponen a los delegados estatales de AMLO", "declinarán 25 mil **priístas** en Coyoacán", "reclaman a AMLO amor a **priístas**", "el voto duro del **priísmo**", "89 años de **priísmo** en México", "el **priísmo** y sus temores", etcétera.

☞ Google: 799 000 resultados de "priísta"; 554 000 de "priístas"; 169 000 de "priísmo". ☒

☞ Google: 2 350 000 resultados de "priista"; 1 180 000 de "priistas"; 307 000 de "priismo"; 1 240 de "priistas morenistas". ☑

238. profilaxis: *¿preservación de la enfermedad?*, prevención de la enfermedad

No hay nada peor, en el idioma, que un diccionario que define un término con ambigüedad o con anfibología, pues confunde y desorienta al hablante y escribiente que, con el fin de resolver una duda, tuvo la mala fortuna de consultar el lexicón equivocado. Y esto es lo que pasa con el sustantivo femenino "profilaxis" en el *Diccionario de la lengua española* de la RAE. Su definición es equívoca y, además, incompleta: "**profilaxis**" (del griego *prophýlaxis*: "prevenir, precaver"). Preservación de la enfermedad". El sustantivo "preservación" es la acción y efecto de preservar y, de acuerdo con el DRAE, el verbo transitivo y pronominal "preservar", "preservarse" (del latín *praservāre*) significa "proteger, resguardar anticipadamente a alguien o algo de algún daño o peligro". En cuanto al adjetivo "profiláctico", el DRAE explica: "Dicho de una persona o de una cosa: Que puede preservar de la enfermedad". Es cierto que el verbo transitivo "preservar" (del latín *praeservāre*) significa "proteger, resguardar anticipadamente a alguien o algo, de algún daño o peligro" (DRAE), y que el sustantivo femenino "preservación" es la acción y el efecto de preservar. (De ahí el adjetivo "preservativo": "que tiene virtud o eficacia de preservar".) Pero si la etimología griega *prophýlaxis* lleva directamente a los verbos "prevenir" y "precaver" (Corominas traduce del griego: "yo tomo precauciones, prevengo" y "yo guardo"), ¿por qué elegir el verbo "preservar" y el sustantivo "preservación" por encima de los términos directos de la etimología? Lo lógico sería, para evitar la anfibología, "prevención de la enfermedad", pues el verbo transitivo "prevenir" (del latín *praevenīre*) tiene dos acepciones para el caso: "Prever, ver, conocer de antemano o con anticipación un daño o perjuicio" y "precaver, evitar, estorbar o impedir algo" (DRAE). De ahí el sustantivo "prevención" (del latín *praeventio, praeventiōnis*): "acción y efecto de prevenir", el adjetivo "prevenible": "que se puede prevenir o evitar", y el adverbio "prevenidamente": "anticipadamente, de antemano, con prevención" (DRAE). Parecido es el caso del verbo transitivo "precaver", con su pronominal "precaverse" (del latín *praecavēre*), que el diccionario académico define como "prevenir un riesgo, daño o peligro, para guardarse de él y evitarlo". El problema con la definición académica de "profilaxis" ("preservación de la enfermedad") es que presenta una anfibología, pues puede interpretarse como "protección de la enfermedad", esto es, ambiguamente, proteger, resguardar la enfermedad, del mismo modo que se dice "preservación de la cultura", "preservación de la fauna", "preservación de la flora", "preservación de la naturaleza", "preservación de la salud", "preservación de la vida", etcétera, en todos los casos con el sentido de "protección", "resguardo". Es por esto que María Moliner, en el DUE, echa mano de los verbos "evitar" y "prevenir" cuando define los sustantivos "profiláctica" y "profilaxis", y el adjetivo "profiláctico". Más lista que los académicos de Madrid, define del siguiente modo el sustantivo femenino "profilaxis" (del latín moderno *prophylaxis*): "Conjunto de medidas que se toman para evitar algo; particularmente, las enfermedades o cierta enfermedad". Ejemplo: *La **profilaxis** dental previene la caries*. Del mismo modo, la definición del adjetivo "profiláctico" (del griego *prophylaktikós*) es mucho más completa y mejor en el DUE que en el DRAE, y es la siguiente: "Hecho para prevenir una enfermedad o un daño moral". Ejemplos: *Tratamiento **profiláctico** de la migraña; Medidas **profilácticas** contra el delito*. Esta última acepción del adjetivo "profiláctico", que incluye el "daño moral", ¡ni siquiera se menciona en el DRAE! Y, en cuanto al sustantivo femenino "profiláctica" ("parte de la medicina que se ocupa de la prevención de las enfermedades"), la definición del DUE es mucho más clara y precisa que la del DRAE, que insiste en la anfibología "preservación de la enfermedad": "Parte de la medicina que tiene por objeto la conservación de la salud y la preservación de la enfermedad". En conclusión, las definiciones en el DRAE de los sustantivos "profiláctica" y "profilaxis" son equívocas por anfibológicas y ambiguas, en tanto que la del adjetivo "profiláctico" no sólo es ambigua sino también incompleta, pues únicamente se refiere a la enfermedad. Esto demuestra que el *Diccionario de la lengua española* de la RAE no es exactamente una obra muy seria, y en cada edición son más las barbaridades que las mejoras. Una prueba de que la expresión "preservación de la enfermedad" es equívoca la hallamos en la cantidad menor de resultados que tiene en el motor de búsqueda de Google, frente a expresiones mucho más lógicas como "prevención de la enfermedad" y "preservación de la salud".

☞ Google: 791 000 resultados de "preservación de la enfermedad".

☞ Google: 20 800 000 resultados de "evitar la enfermedad"; 20 800 000 de "prevención de la enfermedad"; 10 800 000 de "prevenir la enfermedad"; 7 810 000 de "preservar la salud"; 7 260 000 de "preservación de la salud". ☑

239. propositiva, propositivo

El término "propositivo" no está incluido en las páginas del DRAE, lo cual no deja de ser sorprendente, dado que los académicos españoles son muy afectos a los anglicismos y muy especialmente a los anglicismos de la autoayuda y la tecnocracia administrativa y política. Más temprano que tarde será aceptado por la Real Academia Española, porque más allá de que sea un comodín léxico, posee un sentido negativo, en su uso, opuesto al adjetivo "asertivo" ("dicho de una persona: que expresa su opinión de manera firme", DRAE). Hoy, el significado del neologismo "propositivo" (adjetivo y sustantivo), posee, de acuerdo con su utilización general, un significado un tanto difuso, pero también un tanto cercano a los adjetivos "conciliador" (que concilia), "componedor" (que compone) e incluso "apaciguador" de ánimos, no sin cierta hipocresía por lo que respecta al cálculo de lo que se conseguirá cediendo en un "arreglo" que puede ser incluso una componenda (acuerdo inmoral). Esto último, por supuesto, que es un elemento negativo, no lo admiten ni lo formulan quienes usan el término "propositivo" con particular entusiasmo, dándole más bien el significado de tener, además de iniciativa, "buena actitud" para ser convencido de lo contrario mediante la conciliación convenenciera. Es un término de la tecnocracia, el liderazgo y la autoayuda, donde los líderes y gallones son siempre "asertivos" y aprueban el comportamiento de los demás en tanto éstos se asuman como "propositivos", esto es, como receptivos y dispuestos a aceptar el liderazgo y la asertividad de los mandones y cabecillas. En un texto tecnocrático y revelador que circula en internet se nos asegura que "una persona **propositiva** es alguien cuya vocación está dirigida hacia la acción, pero no de manera precipitada sino luego de la necesaria reflexión para llegar a conclusiones correctas o soluciones viables". En realidad, en nuestro idioma, el término "propositivo" se usa más en su negatividad que en su sentido positivo: por lo general, para descalificar cualquier razón o actitud o a cualquier persona que ponga dificultades para darle la razón a otra u a otras. Se dice, entonces, con el fácil y difuso recurso sofístico, que *Fulano de tal **no es propositivo***, y con ello se indica que es problemático, en gran medida porque no es fácil de convencer (independientemente de que también pueda ser necio). En español, los adjetivos derivados de los sustantivos "proposición" y "propuesta" (idea que se ofrece a alguien para un fin) son "proponedor" y "proponente", pero no "propositivo". Con un sentido virtuoso, el neologismo "propositivo" tendría que ser sustituido por el adjetivo "proponedor", que sí es español y está perfectamente definido. Pero será muy difícil que quienes utilizan con especial entusiasmo el término "propositivo", en vez de "proponedor", renuncien a él. El verbo transitivo "proponer" significa "manifestar con razones algo para conocimiento de alguien, o para inducirle a adoptarlo". Y quien hace tal cosa es un "proponente" o un "proponedor" que, por cierto, puede ser también bastante "asertivo". En conclusión, el término "propositivo" es un calco del inglés, del verbo *propose* (*to propose*) y ya está aclimatado en el español, así que difícilmente saldrá de nuestro idioma. Hay que resignarnos a él, pero hay que utilizarlo con propiedad, pues, en la generalidad de los casos, significa todo y nada. Es un término sin orillas que cada cual acomoda a su mejor y soberano entender, según su conveniencia. Así, una persona "propositiva" puede ser alguien que se adapta a las circunstancias de la mayoría o del mandón y repite (sumisamente) lo que de él se quiere oír, aunque renuncie a sus razones o argumentos, en tanto que una persona "no propositiva", puede ser aquella que no accede a someterse y pelea por sus razones y argumentos, aunque se quede en la marginalidad o en la minoría. Tal parece que el adjetivo y sustantivo "propositivo", más allá de que sea calco del inglés, se concibe como término compuesto del prefijo latino *pro-* ("en favor de", "partidario de") y el adjetivo "positivo" (del latín *positīvus*), en su tercera y quinta acepción en el DRAE: "Afirmativo o que expresa afirmación o aceptación" y "dicho de una persona: Optimista, inclinada a ver el aspecto favorable de las cosas". Ejemplos del diccionario académico: *Respuesta **positiva** a la oferta*; *Es muy **positiva** en sus juicios*. Concebido así, el adjetivo y sustantivo "propositivo" significa "en favor de lo positivo" y "partidario del optimismo". Ejemplos: *Fulano de Tal se comportó muy **propositivo** durante el acuerdo*; *Perengano nunca se mostró **propositivo***.

Tal como se utiliza hoy dicho término, alguien "propositivo" es quien prefiere la comodidad más que la verdad, aunque renuncie a su "asertividad" convirtiéndose en un acomodaticio. Así, en el diario mexicano *La Crónica* leemos el siguiente encabezado:

♀ "Plantean partidos debate energético **propositivo**".

En realidad, lo que los partidos plantean es

♂ un debate **timorato e hipócrita, componedor**, sobre el tema energético.

✎ Mal negocio: lo que proponen los partidos es lo que han venido haciendo desde hace muchos años: mentir, para que todo se vea con el color rosa del optimismo y el eufemismo. No hacen otra cosa, según su conveniencia, los partidos y los políticos cuando utilizan el comodín léxico "propositivo" que, sorprendentemente, como ya hemos dicho, no ha legitimado la Real Academia Española, pues éste es un término anglófilo de los que gusta avalar con muchísimo optimismo propositivo. He aquí unos pocos ejemplos de cómo se usa, con un sentido

negativo, este terminajo: "interesante el comentario, lástima que **no es propositivo**", "tu en-
foque **no es propositivo**", "no estamos distraídos con ningún comentario que no sea de otra
índole **si no es propositivo**" (esto lo dijo un candidato del PRI, con lo cual dio a entender que
todo aquello que no sea favorable a él no es **propositivo**; queda muy claro), "es bonito el diseño
pero no es propositivo", "la investigación es analítica **pero no es propositiva**", "la película **no
es propositiva** artísticamente", "tu crítica es destructiva, **no es propositiva**" (si fuera una crítica
favorable, elogiosa e incluso zalamera, sería muy **propositiva**, como es obvio), "mis opositores **no son propositivos**" (justamente porque son sus opositores; si fueran sus seguidores y
simpatizantes serían muy **propositivos**), "los alumnos están bien integrados en el trabajo,
pero no son propositivos" (¿por qué será?: ¡porque no le dan la razón al maestro!), "señala el
gobernador que en la oposición hay personas que **no son propositivas**" (pero las que están con
él y en su gobierno son **propositivas** a morir), "esas buenas ideas **no son propositivas** sino de
protesta" (¡coño, carajo, caballero, hay que tener buenas ideas en las que no se proteste por
nada y todo se celebre y festeje para que sean **propositivas**!), "no son oposición porque **no son
propositivos** ni tienen plan; son criticones nada más", "los del 'no' **no son propositivos**" (¡claro!: siendo así, los únicos "propositivos" son los del "sí") y, lo peor de todo, "¡a la mierda, **eso
no es propositivo**!" (sí, así lo escribió alguien, obviamente, muy **propositivo**).

☞ Google: 12 700 resultados de "no es propositivo"; 10 200 de "no es propositiva"; 3 050
de "no son propositivos"; 2 970 de "no son propositivas". ☒

☞ Google: 2 400 000 resultados de "propositiva"; 2 000 000 de "propositivo"; 387 000 de
"propositivos"; 317 000 de "propositivas". ☑

Q

240. *¿quinta columna?, ¿quinta columnas?, ¿quinta columnismo?, ¿quinta columnista?*, quintacolumna, quintacolumnas, quintacolumnismo, quintacolumnista, *¿quinta esencia?, ¿quinta esencias?*, quintaesencia, quintaesencial, quintaeseciales, quintaesenciar, quintaesencias, *¿quintas columnas?, ¿quintas esencias?*

Con la dignísima excepción del *Diccionario de dudas y usos del español actual*, de José Martínez de Sousa, yerran prácticamente todos los diccionarios (incluidos el DRAE, el DUE, el *Clave*, etcétera) al admitir como aceptables las dos formas de los sustantivos femeninos "quinta esencia" y "quintaesencia" y "quinta columna" y "quintacolumna". Lo correcto es, para ambos sustantivos compuestos, "quintacolumna" y "quintaesencia", con grafías simples, pues ¡son palabras compuestas! Y, en nuestro idioma, todas las palabras compuestas se escriben con grafías simples, como "cortaúñas", "lamebotas", "lameculos", "pisapapeles", "portapapeles", etcétera. En su diccionario citado, Martínez de Sousa explica lo siguiente respecto a "quintacolumna": "La Academia admite la grafía *quinta columna*, 'conjunto de partidarios de una causa introducidos en el seno de sus contrarios', y *quintacolumnista*, 'persona perteneciente a una quinta columna', pero no el sustantivo *quintacolumna* en un solo término. Sin embargo, sería admisible". Bueno, no sólo sería admisible, sino obligatorio por corrección gramatical, pero lo cierto es que el concepto "quinta columna" no lo hallamos en el DRAE en la entrada "quinta", sino en la entrada "columna", y, para ser más pesados en su necedad los académicos del DRAE, en la edición de 2014, agregan el sustantivo masculino "quintacolumnismo" ("condición o actitud de quintacolumnista") y el sustantivo masculino y femenino "quintacolumnista" ("persona implicada en la quinta columna de un país"), cuya definición la escribió un loco, pues un "quintacolumnista" es, literalmente, un "traidor" (el que quebranta la lealtad o fidelidad) y casi siempre un "infiltrado", sustantivo y adjetivo cuya definición en el DRAE no puede ser más clara: "Persona introducida subrepticiamente en un grupo adversario, en territorio enemigo, etc." Y, aun así, siguen necios los académicos de Madrid y sus hermanastros de América y Filipinas en no aceptar "quintacolumna", cuyo correcto plural es "quintacolumnas" y no, por supuesto, "quinta columnas" ni "quintas columnas". El muy confiable *Libro de estilo* del diario *El País* corrige a los académicos madrileños: "**quintacolumna, quintacolumnista.** Grupo que coopera con acciones de sabotaje, intoxicación o resistencia en los objetivos de un agresor exterior. Se escribe en minúsculas, todo junto y en redonda". Por lo que respecta a "quintaesencia", Martínez de Sousa define este sustantivo femenino de la siguiente manera: "refinamiento, último extracto de algo". Y pone un ejemplo: *Es la quintaesencia del bien hacer.* Añade que "en esta acepción se escribe siempre en una sola palabra" y advierte que debe distinguirse de la secuencia "quinta esencia". El DRAE, con sus incongruencias, autoriza a que se escriba lo mismo "quintaesencia" que "quinta esencia", pero ni siquiera se percata de que esto choca con el verbo "quintaesenciar", que significa "refinar", y pone a los lectores a rebotar, en sus páginas, mandándonos a la entrada "esencia", en la cual define "quinta esencia" (del latín *essentĭa*, y éste calco del griego *ousía*) del siguiente modo: "quinto elemento que consideraba la filosofía antigua en la composición del universo, especie de éter sutil y purísimo, cuyo movimiento propio era el circular y del cual estaban formados los cuerpos celestes", y añade que, "entre los alquimistas, principio fundamental de la composición de los cuerpos, por cuyo medio esperaban operar la transmutación de los metales". ¡No se dan cuenta los hacedores del burdo DRAE que eso que definen es lo mismo que "quintaesencia"! Y, por si fuera poco, ni siquiera incluyen el adjetivo "quintaesencial", que no es otra cosa que lo perteneciente a la "quintaesencia". Por estas burradas del DRAE y los demás diccionarios que lo imitan y lo copian sin oponer dudas, los libros, revistas y periódicos y todo el ancho mundo de internet están llenos de "quinta columnas", "quintas columnas", "quinta esencias", "quintas esencias" y "quinta esenciales", secuencias gramaticales obviamente erróneas, pues lo correcto es "quintacolumnas", "quintaesencias" y "quintaesenciales", que corresponden a los plurales de "quintacolumna", "quintaesencia" y "quintaesencial". No entienden en la Real Academia Española (¡que es la institución que avala como correctas las formas erróneas en estos casos), que es el contexto lo que diferencia una "quinta columna" de una "quintacolumna", una "quinta esencia" de una "quintaesencia". No es lo mismo decir que *La quinta columna del batallón atacó por el flanco izquierdo*, a decir que *La **quintacolumna** era un enemigo invisible en el batallón*. Tampoco es lo mismo decir que *La **quinta** esencia que olió le pareció la mejor de todas*, a decir que *La **quintaesencia** del idioma es la poesía*. En este caso hasta los que hicieron el guango *Diccionario panhispánico de dudas* lo saben, al definir "quintaesencia" de la siguiente manera: "Última esencia de una cosa, lo más puro y acendrado de ella", y cita, como ejemplo, la cursilada de una señora española, autora del libro *La moda, sus secretos y su poder* (1997): *Sus corbatas de seda, la **quintaesencia** de la elegancia masculina*. Pero, olvidándonos de este ejemplo tan bruto, el *Panhispánico* advierte que "es preferible esta forma (*quintaesencia*), hoy mayoritaria, a la grafía en dos palabras *quinta esencia*", y enfatiza que "su plural es *quintaesencias*", y pone otro ejemplo, también español: *Los que se creen destiladores de **quintaesencias**, solo* (sic) *buscan lo nuevo*.

Dejémonos de necedades y corrijamos a la RAE y al DRAE: en nuestra lengua, por regla gramatical, las palabras compuestas (con excepción de las que llevan guión intermedio, que indica oposición o complementariedad) deben escribirse con grafía simple. Lo que ocurre es que en la Real Academia Española son capaces incluso de ignorar las normas del idioma. Escríbase siempre: "quintacolumna" y "quintaesencia", más sus derivados, con grafía simple; jamás en dos palabras.

☞ Google: 359 000 resultados de "quinta columna"; 239 000 de "quinta esencia"; 11 400 de "quintas columnas"; 10 500 de "quintas esencias"; 6 960 de "quinta columnas". ☒

☞ Google: 701 000 resultados de "quintaesencia"; 41 100 de "quintacolumnistas"; 20 500 de "quintacolumnista"; 18 500 de "quintacolumna"; 15 700 de "quintaesencial"; 15 600 de "quintaesenciar"; 14 200 de "quintaesencias"; 7 490 de "quintacolumnismo"; 3 890 de "quintaesenciales". ☑

R

241. *¿radizonato?, ¿radizonato de sodio?*, rodizonato, rodizonato de sodio

No existe el "**radizonato**" ni tampoco el "**radizonato** de sodio"; lo que existe es el "**rodizonato**" y, en consecuencia, el "**rodizonato** de sodio". Sin embargo, una gran cantidad de periodistas, especialmente los que cubren la fuente de nota roja, se refieren, con la mayor seguridad que les da la ignorancia, a la prueba de "**radizonato** de sodio" que se practica a los sospechosos de un asesinato para saber si han disparado un arma de fuego. "Rodizonato" es vocablo que no registran ni el DRAE ni el DUE, mucho menos el *Panhispánico de dudas*. Pero en el sitio de internet *Criminalistica.mx*, "dedicado a promover la investigación forense", se informa sobre la denominada "prueba de **rodizonato** de sodio" que se practica para saber si una persona disparó un arma de fuego o si estuvo en contacto con ella. Se trata de una prueba de laboratorio con procedimientos químicos reactivos. Se usa desde 1954 y, a decir del especialista W. W. Turner, "la prueba de **rodizonato** de sodio se ha revelado satisfactoria para la detección tanto de bario como de plomo, incluso cuando dichos elementos se encuentran juntos el uno con el otro, o juntos con otros constitutivos de los residuos de la descarga del arma de fuego". Cuando se habla de la "prueba modificada de **rodizonato** de sodio", se hace referencia a la que, a partir de 1959, además de detectar plomo y bario, detecta antimonio, lo que la vuelve más efectiva y confiable, pues hay personas que, por su oficio (según explica la Federación Internacional de Criminología y Criminalística), pueden dar falsos positivos a la prueba simple por mantener "contacto con sustancias que contienen plomo, como gasolineros, plomeros, torneros, mecánicos, etcétera". En otras palabras, de acuerdo con el sitio de internet *Criminociencia*, la prueba del **rodizonato** de sodio detecta la huella que delata a quien ha disparado un arma de fuego y que "se compone de diversos elementos, siendo los más comunes los nitritos y nitratos de la pólvora y el plomo, el bario y el antimonio, integrantes de fulminantes de los cartuchos". El procedimiento, resumido, es el siguiente: con una tela de algodón, a la que se ha puesto ácido clorhídrico, se frota el dorso y la palma de la mano del sospechoso; a esa misma tela se añade **rodizonato** de sodio y se observa en el microscopio; "si al desaparecer la coloración amarilla del **rodizonato** de sodio en el trozo de tela, se ve rosa marrón, será positivo para bario; si se ve en el trozo de tela un color rojo escarlata, será positivo para plomo; si se ve una mezcla de los dos colores, será positivo para plomo y bario [y se concluirá que el sospechoso ha disparado un arma de fuego], y si no se ve ninguna de estas coloraciones [sino tan sólo el amarillo original del **rodizonato** de sodio], la prueba es negativa". Pero el nombre correcto del reactivo químico es "**rodizonato**" y no "**radizonato**" y, en consecuencia, "**rodizonato** de sodio" o "**rodizonato** sódico" y no "**radizonato** de sodio" ni "**radizonato** sódico". Que sirva esta explicación, de fuentes plenamente confiables, para que los periodistas dejen de decir y escribir "**radizonato**" y digan y escriban, correctamente, "**rodizonato**".

En el sitio digital noticioso *Quinto Poder*, leemos lo siguiente:

♀ "La sangre que tenía en las manos el actor Octavio Ocaña afectó la prueba de **radizonato** de sodio para determinar si él había disparado su arma".

Lo correcto:

♂ La sangre que tenía en las manos el actor Octavio Ocaña afectó la prueba de **rodizonato** de sodio, etcétera.

✎ He aquí otros ejemplos de este yerro del periodismo impreso y digital: "Prueba de **radizonato** de sodio de Octavio Ocaña salió negativa", "un reactivo a base de **radizonato** de sodio", "pruebas de **radizonato**", "sale negativa prueba de **radizonato** de sodio", "aplicaron pruebas de **radizonato** para determinar si accionaron recientemente armas de fuego", "dio positivo a las pruebas de **radizonato**", "ordenó que le practicaran la prueba de **radizonato** de sodio", "dictamen de **radizonato** de sodio", "su cliente sale negativo al **radizonato** de sodio", "las muestras de **radizonato** de sodio se alteraron, etcétera.

☞ Google: 23 200 resultados de "radizonato"; 14 000 de "radizonato de sodio". ☒

☞ Google: 23 500 resultados de "rodizonato"; 14 100 de "rodizonato de sodio". ☑

242. ranqueada, ranqueado, ranquear, ranquin, ránquines, ¿*ranking*?

De acuerdo con el *Diccionario panhispánico de dudas*, que es algo así como la pista de pruebas de las palabras que la RAE tiene en su observatorio, debemos olvidarnos, para siempre, de la voz inglesa *ranking*, que, aún hoy, se escribe en cursivas para distinguirla como un extranjerismo en nuestro idioma. Expone el *Panhispánico* que ya no tiene sentido utilizarla como un anglicismo crudo, pues está perfectamente castellanizada en la representación gráfica "ranquin": sustantivo masculino. Informa este lexicón publicado en 2005: "**ranquin**. Adaptación gráfica propuesta para la voz inglesa *ranking*, 'clasificación jerarquizada de personas o cosas'. Su plural en español debe ser *ránquines*. Aunque por su extensión, se admite el uso del anglicismo adaptado, se recomienda emplear con preferencia las expresiones españolas *lista*, *tabla clasificatoria*, *clasificación* o *escalafón*, según convenga". Como el *Panhispánico de dudas* es el hermano pobre, y obviamente plebeyo, del DRAE, ¡ni quien lo pele!, porque, aunque se publicó en 2005, y está avalado por la misma Real Academia Española, ni ella misma le hace caso al *Panhispánico*, y en la edición de 2014 el malhadado DRAE todavía recoge, con las cursivas de rigor, la voz inglesa *ranking* que define del siguiente modo: "Clasificación de mayor a menor, útil para establecer criterios de valoración". Tacaño como es, desordenado y falto de estandarización, no ofrece ningún ejemplo, pero aquí tenemos uno: **Ranking** *de las universidades españolas*, que se podría o debería escribir, de acuerdo con el criterio del *Panhispánico*, **Ranquin** *de las universidades españolas*. Aunque no esté en el DRAE, lo cierto es que "ranquin" es la forma adecuada de castellanización o españolización de la voz inglesa *ranking*, cuyo plural es "ránquines". Pese a lo que quiere mostrarse como un elemento de modernidad y actualización del idioma, lo que sorprende (aunque ya nada debería sorprendernos de la Real Academia Española) es que ni siquiera el *Panhispánico*, no digamos ya el DRAE, hace mención alguna del verbo "ranquear" y del adjetivo participio "ranqueado", y esto es más que absurdo, pues si se acepta la castellanización de la voz inglesa *ranking* en la representación gráfica "ranquin", algo tendría que decir el pobrecillo *Panhispánico* acerca de los términos "ranquear" (verbo transitivo derivado de *ranking*) y "ranqueado" (participio adjetivo de "ranquear"), cuyo uso ya es más que amplio entre los hispanohablantes. Si "ranquear" es sinónimo de "clasificar", el significado del primero sería ordenar o disponer algo por clases o jerarquías. Ejemplo: *Con su triunfo conseguirá que* **lo ranqueen** *entre los diez primeros*. De ahí el adjetivo participio "ranqueado": que tiene una posición dentro un ranquin. Ejemplo: *Es el primer* **ranqueado** *en la categoría de los pesos completos del boxeo*. Si hemos de hacerle caso por una vez en la vida al *Diccionario panhispánico de dudas*, tan despreciado hasta por su madre, aceptemos que es correcta la representación gráfica del sustantivo masculino "ranquin", derivada de la voz inglesa *ranking*. Pero, por congruencia, legitimemos también (con el uso) el verbo transitivo "ranquear" y el adjetivo "ranqueado". En conclusión, en lugar de *ranking*, digamos y escribamos "ranquin" para el singular y "ránquines" para el plural, con sus derivados "ranquear" y "ranqueado", como en los siguientes ejemplos: "La firma mejor **ranqueada** en comercio internacional", "la segunda jugadora mejor **ranqueada**", "por octavo año **ranqueada** entre las mejores del país", "una selección muy bien **ranqueada** y con grandes jugadores", "en el 2007 fue **ranqueada** como la quinta mejor universidad del Perú", "el restaurante mejor **ranqueado** en CDMX", "no entiendo cómo está tan bien **ranqueado**", "somos el instituto público mejor **ranqueado** en investigación", "el mejor **ranqueado** es Santiago González", "al momento de su retiro, estaba **ranqueado** en el quinto lugar de todos los tiempos", "los 10 mejores **ranqueados**", "los 3 prospectos dominicanos mejor **ranqueados**", "los 24 tenistas mexicanos mejor **ranqueados**", "estamos **ranqueadas** entre lo mejor", "las universidades mejor **ranqueadas** de Latinoamérica", "Tec de Monterrey de las mejores **ranqueadas** de América", "**ranquear** los restaurantes me parece un ejercicio limitante e injusto", "la idea no sería **ranquear** escuelas o estudiantes", "el **ranquin** de los resultados ofrecidos por buscadores", "así le fue a Colombia en el **ranquin** FIFA", "el **ranquin** de la Universidad de Stanford", "Canarias gana un puesto en el **ranquin** nacional", "**ranquin** de Shanghái 2020", "la UCR destaca en el **ranquin** mundial", "Dubái asciende hasta el puesto 15 en el **ranquin** mundial", "**ranquin** de los modelos más vendidos", "**ranquin** mundial de entrenadores", "los **ránquines** son importantes", "los **ránquines** de ciudades mundiales", "destacan a Bogotá en tres **ránquines** internacionales", etcétera.

☞ Google: 12 200 000 resultados de "el *ranking*". ☑

☞ Google: 394 000 resultados de "ranqueada"; 241 000 de "ranqueado"; 216 000 de "ranquin"; 165 000 de "ranqueados"; 150 000 de "ranqueadas"; 85 000 de "ranquear"; 23 000 de "ránquines". ☑☑

243. refractario

Hay adjetivos que se sustantivan y pasan a nombrar un objeto que posee las características o la materia de dicho adjetivo. Es el caso de "impermeable" que, en su calidad adjetival, significa "impenetrable al agua o a otro fluido" (DRAE). Ejemplo: *El material de esta prenda es* **impermeable**. En su calidad de sustantivo masculino, "impermeable" nombra al "sobretodo hecho con tela impermeable" (DRAE). Ejemplo: *Cayó un aguacero, pero afortunadamente llevaba mi* **impermeable**. El *Diccionario de mexicanismos* de la AML, que aloja cientos de tonterías en sus páginas a las que bautiza como "mexicanismos", no tiene lugar para un sustantivo que sí es un mexicanismo y, además, de amplio uso en el país. Se trata del sustantivo masculino "refractario" (acortamiento y adaptación de "fuente refractaria", "molde refractario" o "recipiente refractario"): recipiente generalmente de vidrio, porcelana o cerámica, que sirve para hornear o calentar alimentos a muy altas temperaturas, lo mismo en el horno de la estufa de gas que en el de microondas. Ejemplo: ***Refractarios*** *de vidrio ideales para horno de microondas*. Se trata de un sustantivo, derivado de un adjetivo, que se formó de la misma manera que el mexicanismo "espectacular", que nombra la parte por el todo, la materia o el uso por el objeto ("refractario" por "recipiente refractario", "espectacular" por "anuncio espectacular"), pues el sustantivo masculino "espectacular", que sí recoge y define, de un modo horroroso, el DM, significa, según éste, "estructura de grandes dimensiones que sirve para soporte publicitario en la vía pública o en el tejado de un edificio". ¿En el "tejado" de un edificio? ¿No será más bien en la azotea o, simplemente, pero ni más ni menos, en la parte superior de un edificio? Ponga usted un "anuncio espectacular" sobre el "tejado de un edificio" (de un edificio rematado con "tejas"), y verá cómo se viene abajo junto con el tejado y, muy probablemente, con todo el

edificio, pues "tejado", según lo define el DRAE, es la "parte superior del edificio, cubierta comúnmente por tejas". ¿Algún académico mexicano o alguno de los redactores del DM han visto acaso un "espectacular", esto es, un "anuncio espectacular",
digamos en un edificio a un lado del Anillo Periférico de la capital del país, sobre un
"tejado"? Desde hace muchos años los anuncios espectaculares, denominados en
México, simplemente "espectaculares", están colocados, en su mayoría, sobre gruesas y elevadas columnas de hierro o acero y, los menos, en estructuras que soportan
las azoteas de edificios no muy altos. Esto es lo malo de no salir a la calle y vivir en la
oficina o en el cubículo. El DRAE, en su tercera acepción del adjetivo "refractario" (del
latín *refractarius*), informa: "Dicho de un material: que resiste la acción del fuego sin
alterarse". Ejemplo: *Fuente **refractaria** de vidrio de la más alta calidad*. Le falta incluir
al DRAE (¡pero también al DM!) el sustantivo "refractario": Recipiente de vidrio, porcelana o cerámica que resiste altas temperaturas sin alterarse. Dicha forma sustantivada
no está siquiera en las páginas del guango *Diccionario panhispánico de dudas*, depósito que la RAE utiliza para arrojar el cascajo, el sobrante y las rebabas del DRAE: ¡todo lo
que no quiere justamente en el DRAE! Para acabarla de chingar ("chingar" es un
mexicanismo equivalente a "estropear", como podemos ver en el DM), el *Diccionario
de mexicanismos* de la Academia Mexicana de la Lengua asegura que un "mexicanismo supranacional" (es decir, una voz "empleada también en alguna otra variante del
español hispanoamericano") es el sustantivo masculino "pyrex" (de marca registrada) que, según el DM, utilizamos los mexicanos (Dios sabe de qué geografía y de qué
época) y otros hispanoamericanos para nombrar el "recipiente hecho de vidrio refractario para hornear alimentos". ¡Y hasta pone un ejemplo, con falta de ortografía
en el verbo, y acota que se pronuncia *páireks*!: *Hornée* (sic) *el pescado en el **pyrex** que
nos regalaron*. ¡No mameyes!: a eso se le llama "refractario" (incluso si es marca registrada Pyrex) en la mayor parte del país o, sin acortamiento ni adaptación, "molde
refractario", "recipiente refractario", como muy bien se evidencia en los siguiente
ejemplos tomados de publicaciones impresas y de internet: "Llévate un **refractario**
Pyrex desde 9.90", "¿se puede meter un **refractario** de vidrio al horno?", "engrase un
refractario de 8x8 pulgadas", "engrasa y enharina un **refractario** de vidrio", "untamos
un molde, de preferencia un **refractario**", "**refractario** de vidrio con tapa", "**refractario**
de vidrio rectangular Pyrex tamaño chico", "**refractario** Pyrex Basic rectangular", "**refractario** de vidrio para el pavo", "**refractario** de vidrio marca Anchor", "**refractario** de
vidrio original Pyr-O-Rey", "**refractario** de vidrio tamaño Jumbo", "**refractarios** de
porcelana Corningware", "set de **refractarios** de porcelana Unicornio", "juego de cuatro **refractarios** de porcelana", "**refractarios** de porcelana importados", "el **refractario**
medidor Anchor Hocking es tu mejor elección a la hora de preparar recetas", "usando el **refractario** Pyrex Basic redondo de 24 centímetros", "no introducir el **refractario**

con tapa en horno convencional o eléctrico, sólo microondas y refrigerador", "**refractarios** de cerámica para horno", "juego de **refractarios** de cerámica", "juego de **refractarios** de cerámica con asas de silicón negro", "**molde refractario** redondo Pyrex", "**molde refractario** para tartaleta", "**molde refractario** para lasaña", "engrasar un **recipiente refractario** con mantequilla", etcétera. Quizá la mayoría de los integrantes de la Academia Mexicana de la Lengua, y especialmente los redactores del DM, le digan "pyrex" (pronunciado *páireks*) al "refractario" o al "molde refractario", pero la mayor parte de los mortales en México, por falta de caché y originalidad, le decimos simplemente "refractario".

☞ Google: 170 000 resultados de "un refractario"; 55 500 de "refractario de vidrio"; 44 700 de "refractario de porcelana"; 44 700 de "refractarios de vidrio"; 37 500 de "refractarios de porcelana"; 37 200 de "el refractario"; 31 800 de "molde refractario"; 24 700 de "refractarios de cerámica"; 24 200 de "refractario de cerámica"; 24 000 de "refractario de cristal"; 14 700 de "refractario con tapa"; 12 400 de "refractario rectangular"; 12 000 de "refractarios de cristal"; 10 000 de "refractario redondo"; 8 280 de "recipiente refractario"; 8 140 de "moldes refractarios"; 6 900 de "refractario cuadrado"; 5 360 de "refractario grande"; 3 140 de "recipientes refractarios"; 1 780 de "refractario ovalado". ☑

244. regresar, ¿regresar al útero materno?, retornar, ¿retornar al útero materno?, volver, ¿volver al útero materno?

Únicamente podemos "regresar", "retornar" o "volver" a sitios, lugares o ámbitos donde ya hemos estado, pues el verbo intransitivo "regresar" (de *regreso*) significa "volver al lugar de donde se partió" (DRAE). Ejemplo: *Regresó a su lugar natal*. Asimismo, como intransitivo y pronominal, el verbo "volver", "volverse" (del latín *volvĕre*: "voltear") significa "ir al lugar de donde se partió" (DRAE). Ejemplo: *Quiero* **volver** *a mi pueblo*. Es el mismo caso de "retornar", "retornarse", verbo intransitivo y pronominal cuyo significado es "volver al lugar o a la situación en que se estuvo" (DRAE). Ejemplo: *Ya en la vejez,* **retornó** *a su pueblo*. Sabido esto, vayamos ahora al sustantivo femenino "útero" (del latín *utĕrus*) que designa al "órgano muscular hueco de las hembras de los mamíferos, situado en el interior de la pelvis, donde se produce la hemorragia menstrual y se desarrolla el feto hasta el parto" (DRAE). María Moliner, en el DUE, nos remite a "matriz" (del latín *matrix, matricĭs*), sustantivo femenino que es sinónimo de "útero", pues significa "órgano femenino en cuyo interior se desarrolla el feto". Ejemplos: *Cáncer de cuello de* **útero**; *"Matriz" es el término común para denominar el "útero"*. En cuanto al adjetivo "materno" (del latín *maternus*), significa "perteneciente o relativo a la madre" (DRAE). Ejemplo: *Amor* **materno**. El sustantivo femenino "madre" (del latín *mater, matris*) tiene dos significados principales en el diccionario académico: "Mujer o animal hembra que ha parido a otro ser de su misma especie" y "mujer o animal hembra que ha concebido". El verbo transitivo e intransitivo "parir" (del latín *parĕre*) significa "dicho de una hembra de cualquier especie vivípara: expeler en tiempo oportuno el feto que tenía concebido" (DRAE). El verbo transitivo e intransitivo "concebir" (del latín *concipĕre*) significa "dicho de una hembra: empezar a tener un hijo en su útero" (DRAE). Ejemplos: *Mi **madre parió** a mi hermano cuando yo tenía cinco años*; *En las mujeres, la edad ideal para **concebir** está entre los 20 y los 25 años*. Si, como ya advertimos, sólo podemos "regresar", "retornar" o "volver" a sitios, lugares o ámbitos donde ya hemos estado, queda claro que las expresiones "regresar al útero materno", "retornar al útero materno" y "volver al útero materno", siempre en un sentido figurado, en psicología o filosofía, son sin duda redundantes, pues el adjetivo "materno" está de más, sobra, no hace falta. Lo correcto es "regresar al útero", "retornar al útero" y "volver al útero", pues, cuando fuimos fetos, estuvimos en el útero, obviamente, de nuestra madre. Cuando, de manera simbólica, sobre todo en psicología, se habla o se escribe de retornar a ese ámbito primigenio, donde teníamos protección, suele decirse y escribirse, con redundancia casi siempre inadvertida, "regresar al útero materno", "retornar al útero materno" y "volver al útero materno". Pero ¿a qué otro útero podríamos regresar, retornar o volver, sino al "materno"? ¡No al paterno, por cierto! Por ello, basta decir "regresar al útero", "retornar al útero" y "volver al útero", pues es obvio que no hay otro, que no sea el materno (en el que ya estuvimos), adonde podamos regresar, retornar o volver, así sea simbólicamente: en particular, al de nuestra respectiva madre.

Esta redundancia, con sus variantes, pertenece a los ámbitos de la psicología, la filosofía y el discurso de la autoayuda. Está en internet lo mismo que en las publicaciones impresas (incluidos libros). En el sitio de internet de *rtve* (Radio y Televisión Españolas) leemos el siguiente titular:

♀ "Ana Belén: 'Cantar con Rosa al piano es como **volver al útero materno**'".

El entrecomillado indica que la cantante Ana Belén así lo dijo. Pero lo correcto, sin redundancia, es lo siguiente:

☝ Cantar con Rosa [Torres-Pardo] al piano es como **volver al útero**.

✎ En pleonasmos y redundancias, España manda, aunque los demás países hispanohablantes también tengan lo suyo. He aquí unos pocos ejemplos de esta redundancia casi siempre inadvertida por quienes la cometen y por quienes la oyen o la leen: "Sumergirme en el agua es como **volver al útero materno**", "es lo más parecido a **volver al útero materno**" (lo gracioso es que, de la estancia en el útero de su madre, ¡nadie recuerda nada!), "**volver al útero materno** para disolver bloqueos generados durante nuestra gestación" (ciencia ficción o autoayuda), "cada cierto tiempo tengo la necesidad de **volver al útero materno**", "**volver al útero materno** como lugar de protección feliz", "releer lo escrito es como **volver al útero materno**, un ejercicio de vulnerabilidad" (este paralelismo tan "literario" no funciona, pues, en el útero, el feto no está vulnerable, precisamente, sino, al contrario, protegido), "a medio camino entre **volver al útero materno** o explorar uno diferente" (ésta sí que es una tontería), "complejo de culpa y ansias de **volver al útero materno**" (para entender esto se necesita un curso de psicoanálisis), "el temazcal es **regresar al útero materno**" (¡ay, cuánta exageración!), "representa el deseo de **regresar al útero materno**", "aquello era el antojo no de una embarazada, sino del feto a punto de **regresar al útero materno**" (¡vaya cosa!), "quiero **regresar al útero materno**, empaparme en ese líquido reconfortante", "es mágico **regresar al útero materno** de cuando en cuando", "este deseo de **regresar al útero materno** explica la desorientación que sufre el personaje", "la flotación, el **regreso al útero materno**", "es una experiencia que se puede comparar con el **regreso al útero materno**", "navegando de **regreso al útero materno**", "cuevas que evocan **el retorno al útero materno**", "ya estás **regresando al útero materno**", "**retornar al útero materno** donde piensa que se hallará más seguro" y, como siempre hay algo peor: "no hago sino **volver a la entraña, al útero materno de mi madre**" (¡ni modo que al útero materno de su padre!).

☞ Google: 6 530 resultados de "volver al útero materno"; 3 460 de "regresar al útero materno"; 1 990 de "regreso al útero materno"; 1 860 de "retorno al útero materno"; 1 000 de "regresando al útero materno"; 1 000 de "retornar al útero materno". ☒

☞ Google: 33 100 resultados de "volver al útero"; 15 600 de "regreso al útero"; 15 500 de "regresar al útero"; 6 900 de "volviendo al útero"; 2 360 de "retornar al útero"; 1 640 de "regresando al útero". ☑

245. ¿*renova?*, renovar, ¿*renovas?*, ¿*renove?*, ¿*renoven?*, ¿*renoves?*, ¿*renovo?*, renueva, renuevas, renueve, renueven, renueves, renuevo

El uso de la lógica no es frecuente entre quienes yerran una y otra vez en el idioma. La mayor parte de las personas, aunque no haya estudiado, sabe muy bien que uno de los derivados del adjetivo "nuevo" (del latín *novus*), cuyo significado es "recién hecho o fabricado" (DRAE) es el sustantivo masculino "renuevo" (de *renovar*), con dos acepciones en el diccionario académico: "Vástago que echan el árbol o la planta después de podados o cortados" y "acción y efecto de renovar". Ejemplos: *Tiene un auto nuevo*; *El árbol que podé ya tienes renuevos*. En español, nadie le dice "novo" a lo "nuevo" ni "renovo" al "renuevo". Entonces, ¿por qué demonios la gente no sabe conjugar el presente de indicativo y el presente de subjuntivo del verbo transitivo "renovar" (del latín *renovāre*): "hacer como de nuevo algo, o volverlo a su primer estado" (DRAE)? Por una muy sencilla razón: porque no usa la lógica. El verbo "renovar" se conjuga exactamente con las mismas irregularidades del verbo "contar", y así como nadie dice o escribe (salvo quizá un niño que está aprendiendo a hablar) "yo conto, tú contas, él conta, ellos contan", siguiendo la lógica, nadie debería decir y escribir "yo renovo, tú renovas, él renova, ellos renovan", sino "yo cuento, tú cuentas, él cuenta, ellos cuentan", y "yo renuevo, tú renuevas, él renueva, ellos renuevan". Y, también, "que yo renueve, que tú renueves, que él renueve, que ellos renueven", pero no "que yo renove, que tú renoves, que él renove, que ellos renoven". El imperativo de este verbo es "renueva, renueve, renueven, renueves", pero nunca "renova, renove, renoven, renoves". La falta de lógica hace estragos en el idioma, porque tal parece que la gente ni siquiera tiene una noción de la lógica ("dicho de una consecuencia: natural y legítima", DRAE). Si la consecuencia lógica de "cuento" es "recuento", la consecuencia lógica de "nuevo" es "renuevo". Y esta lógica rige en las conjugaciones de los verbos "contar", "recontar" y "renovar". Ejemplos: *Ya saben que **cuentan** conmigo; **Recuento** el dinero para que no haya duda; Si van a viajar al extranjero **renueven** su pasaporte si vence en un plazo de tres meses.* Una buena cantidad de hablantes y escribientes encalla en las formas irregulares del verbo "renovar", y lo hace sin darse cuenta (¿o sin darse *conta?*) en absoluto. Diferente es el caso del verbo "innovar" (del latín *innovāre*): "mudar o alterar algo, introduciendo novedades" (DRAE). A diferencia de "renovar", que es un verbo irregular, "innovar" es regular; de ahí que su conjugación de presente de indicativo sea "yo innovo, tú innovas, él innova, nosotros innovamos, ustedes innovan, ellos innovan", y no, por supuesto, "yo innuevo, tú innuevas, él innueva, ellos innuevan".

En el habla y en la escritura informal, pero también en las publicaciones impresas (incluidos libros, periódicos y revistas) son abundantes estos barbarismos cuyo reino es internet. En el diario paraguayo *Hoy* leemos la siguiente información:

♀ "Buffon y Chiellini **renovan** contrato con Juventus".

Debió informar el diario a sus lectores, en buen español, que

♻ Buffon y Chiellini **renuevan** contrato con el equipo Juventus.

✍ He aquí algunos pocos ejemplos de estos barbarismos: "Yadier Molina **renova** contrato con San Luis", "Zidane no **renova** contrato con el Madrid", "**renova** tu casa reciclando", "**renova** tu casa o local", "**renova** tu hogar", "Micro Pisos **renova** tu hogar", "**renova** tu armario, anímate a mezclar", "**renova** tu armario esta temporada", "**renova** tu vida, **renova** tu auto", "**renova** tu auto con la mejor limpieza", "los que confían en el Señor **renovan** sus fuerzas", "todo para que **renoves** tu hogar", "habría que ver qué **renove** fue el que hizo", "me recomiendan que **renove**", "para que **renoves** tu sala", "para que **renoves** tu fuerza", "inmenso abanico de posibilidades para que **renoves** tus outfits" (ojalá renovaran su cabeza con un buen diccionario).

☞ Google: 1 190 000 resultados de "renova contrato"; 71 000 de "renova tu casa"; 45 400 de "que renove"; 9 810 de "tú renovas"; 7 380 de "renova tu armario"; 6 710 de "renovo"; 5 060 de "renova tu auto"; 4 230 de "que renoven"; 4 170 de "renovan sus fuerzas"; 3 390 de "que renoves"; 1 920 de "para que renoves"; 1 420 de "lo renova". ⊠

246. repechaje, repesca, repescar

Dice el DRAE que "repechaje" es un salvadoreñismo que, en el futbol, significa "la última oportunidad que se da a un equipo para que continúe en una competición". Son tontos en la RAE. El sustantivo masculino "repechaje" no sólo se utiliza en El Salvador, sino en gran parte de los países de América, y en México por supuesto. ¿Qué dicen de esto en la Academia Mexicana de la Lengua? No dicen ni mu, aunque incluyan el término, con carácter de supranacional, en su *Diccionario de mexicanismos*, e incluyan también como un mexicanismo el sustantivo femenino "repesca" con la siguiente definición: "En el futbol, último intento que realiza un equipo para continuar en una competición", y hasta ponen un ejemplo: *Este fin de semana son los partidos de **repesca***. Y, sin embargo, el DM, de la AML, no incluye en sus páginas el verbo transitivo "repescar", que sí incluye en sus marchitas páginas el DRAE, con la siguiente definición (seguramente sólo para entendederas españolas): "Admitir nuevamente a quien ha sido eliminado en un examen, en una competición, etcétera". ¡Pero no! ¡Claro que no! Repescar no es esto que dice el DRAE: no se admite nuevamente, así como así, a quien ha sido eliminado en una competición; en realidad, nunca ha sido eliminado: quienes entran a las competiciones o partidos de repesca son los equipos o los participantes que, de acuerdo con ciertas reglas y con cierta puntuación mínima, ¡no son eliminados!, sino que tienen una última oportunidad ¡para no ser eliminados! Son brutos de veras en la Real Academia Española y en las famosas academias hermanas hay gente que se da, con ellos, el quién vive. "Repechaje" y "repesca" son sustantivos equivalentes o sinónimos, y el primero no se usa únicamente en El Salvador, sino en muchos países de América, lo mismo que "repesca". En la política y, específicamente, en los procesos electorales, el repechaje y la repesca de los deportes tienen su equivalente en el "balotaje" o la "segunda vuelta": no es que se admita nuevamente a quien ha sido eliminado en una competición, como mentirosamente dice el DRAE, sino que se acepta que un participante (en este caso, un candidato) siga compitiendo en tanto obtenga cierto porcentaje de votación no muy lejano al porcentaje del primer lugar. He aquí unos pocos ejemplos de los sustantivos "repechaje" y "repesca", sinónimos, como ya dijimos, de amplio uso en América: "Dónde ver los juegos de **repechaje**", "así quedaron las fechas y horarios para la ronda de **repechaje**", "así quedó el **repechaje** europeo", "Portugal e Italia en el mismo grupo de **repechaje** para Qatar", "así se jugará la **repesca** rumbo a Qatar 2222", "**repesca** para el Mundial 2022", "los sorteos de **repesca** para Qatar 2222", "Italia y Portugal se cruzan en la **repesca** y al menos una de las dos no estará en el Mundial", "definen duelos de **repesca** intercontinental para Qatar 2022".

☞ Google: 4 760 000 resultados de "repechaje"; 1 400 000 de "repesca"; 243 000 de "repechajes"; 196 000 de "repescar"; 78 500 de "repescas". ☑

S

247. ¿*sargaso?*, ¿*sargasos?*, sargazo, sargazos

El sustantivo masculino "sargazo" (del portugués *sargaço*, y éste derivado del latín *salix, salĭcis*, "sauce") tiene una de las definiciones más pormenorizadas en el DRAE: "Alga marina, en la que el talo está diferenciado en una parte que tiene aspecto de raíz y otra que se asemeja a un tallo. De esta última arrancan órganos laminares parecidos por su forma y disposición a hojas de plantas fanerógamas, con un nervio central saliente y vesículas axilares, aeríferas, a modo de flotadores que sirven para sostener la planta dentro o en la superficie del agua". No debemos quejarnos por tan detallada definición que, en todo caso, el DUE, de María Moliner, complementa espléndidamente: "Nombre común de diversas algas del género *Sargassum*, como *Sargassum vulgare*, de hasta 30 cm de longitud, que vive sobre fondos de sustratos duros hasta los 30 m de profundidad en el Mediterráneo. Algunas especies se desprenden del fondo y quedan libres en el agua constituyendo grandes masas flotantes que se desplazan, como en el llamado 'mar de los sargazos', en el Atlántico norte". En los últimos años, en México, se ha hablado y escrito mucho acerca del "sargazo", porque se convirtió en un problema para ciertas playas turísticas (especialmente, en Cancún, Quintana Roo) que han sufrido el arribo, en gran cantidad, de este tipo de alga que ha invadido los espacios de los bañistas. Pero, así como antes se hablaba muy poco o prácticamente nada del "sargazo", ahora que se comenzó a hablar y escribir mucho acerca de él, la gente y especialmente los periodistas no acudieron al diccionario, sino a su ignorancia, y se extendió no sólo el problema del "sargazo" en las playas, sino también el problema ortográfico que convirtió el "sargazo" en "sargaso", probablemente también por influencia anglicista, ya que, en inglés, el sustantivo "sargazo" se escribe *sargasso*.

En la revista *Forbes México*, en un pie de foto leemos:

♀ "**Sargaso** en Puerto Morelos, en las cercanías de Cancún. Foto/Reuters".

Lo correcto:

♂ **sargazo** en Puerto Morelos, etcétera.

✒ He aquí unos pocos ejemplos de este yerro que arriba por toneladas al idioma, de la misma manera que se acumula, en grandes cantidades, el **sargazo** en las playas turísticas del sureste de México: "El **sargaso** es hábitat para muchas criaturas" (y esto lo leemos en el sitio de internet *mexiconservacion.org*), "el **sargaso** en Playa del Carmen, México", "el **sargaso** es la oportunidad de recuperar las playas perdidas", "la floración del **sargaso** es principalmente una preocupación para los bañistas", "montañas de **sargaso**", "quiero llevar a mis hijos a una playa con la que cuente con poco **sargaso**", "cómo afecta el **sargaso** al turismo en Quintana Roo", "mar del **sargaso**", "desafortunadamente, el mar tenía **sargasos**" (y muchas veces también gargajos, y a montones), "playa de los **sargasos**", "arribazones de **sargasos**", etcétera.

☞ Google: 28 300 resultados de "sargaso"; 7 310 de "sargasos". ☒

248. ¿*sarpar?*, ¿*sarpaso?*, ¿*sarpasos?*, ¿*sarpazo?*, ¿*sarpazos?*, zarpar, zarpazo, zarpazos
El significado del sustantivo masculino "zarpazo" es "golpe dado con la "zarpa" (DRAE) y, como muchos saben y otros muchos ignoran, el sustantivo "zarpa" se aplica a la "mano de ciertos animales cuyos dedos no se mueven con independencia unos de otros, como en el león y el tigre" (DRAE). Pero lo más importante de la "zarpa" no lo dice el DRAE, sino el DUE, de María Moliner: "Mano o pie de algunos animales, por ejemplo el gato y el león, con dedos provistos de uñas y aptos para agarrar y herir". Estas uñas a las que se refiere Moliner se llaman "garras" y, por extensión, "garra" (del árabe andalusí *ǧarfa*) es también sinónimo de "zarpa", que Moliner define del siguiente modo: "Mano o pie de un animal cuando está provisto de uñas fuertes y agudas, aptas para apresar y desgarrar; como los del león o el águila". Siendo así, la definición del DRAE para el sustantivo "zarpa" no sólo es incompleta, sino que pone énfasis en lo menos importante. Lo que debemos saber, además de lo que ya nos informa el DUE acerca de los sustantivos "zarpa" y "zarpazo", es que éste se escribe con "z" en la última sílaba, como corresponde a un golpe dado con lo que se nombra: de "bate", "batazo"; de "cabeza", "cabezazo"; de "látigo", "latigazo"; de "mano", "manazo"; de "zarpa", "zarpazo". Es una regla en nuestro idioma. Nada de "sarpaso" ni de "sarpasos", que son horribles faltas ortográficas. En cuanto al verbo transitivo e intransitivo "zarpar", que nada tiene que ver con "zarpazo", su etimología pertenece al italiano antiguo *sarpare*, y éste de *serpe* ("espacio de la proa donde se ponía el ancla al zarpar") y éste del latín *serpens* ("serpiente"), "por los maderos en forma de serpentina que delimitaban ese espacio" (DRAE). Posee dos acepciones: "Desprender el ancla del fondeadero" y "dicho de un barco o de un conjunto de ellos: salir del lugar en que estaban fondeados o atracados". Pero, otra vez, hay que decir que la grafía correcta en español es "zarpar" y no "sarpar", perteneciente esta última al portugués.

En un blog leemos este titular:

♀ "Listo para **sarpar**".

Pero el autor de este blog no es portugués, sino tan sólo un hispanohablante que comete faltas de ortografía hasta cuando piensa. Debió escribir:

♂ listo para **zarpar**.

🖊 Van aquí algunos ejemplos de estos yerros ortográficos que, con las herramientas de internet, se van extendiendo cada vez más en nuestro idioma: "Si te gusta el mar, este es un buen lugar para **sarpar**", "este navío ya va a **sarpar**", "¡todos a bordo, que ya vamos a **sarpar**!", "¿ya vamos a **sarpar**?", "¡preparados para **sarpar**!", "estando preparados para **sarpar**", "Tigres da el primer **sarpazo** a León", "un **sarpazo** tan cruel y brutal", "esquivo el **sarpazo**", "fue el primer equipo en dar el **sarpazo** y ponerse arriba", "arrancarte de un **sarpaso**", "le dio un **sarpaso** al rostro", "los **sarpazos** del puma", "y esquivo los **sarpazos** que me tira el dolor", "**sarpasos** al corazón", "los últimos **sarpasos** de una época". ¡Y basta!

☞ Google: 24 800 resultados de "sarpar"; 10 300 de "sarpazo"; 9 000 de "sarpaso"; 1 580 de "sarpazos"; 1 360 de "sarpasos". ⊠

249. ¿*secundón?*, ¿*secundona?*, ¿*secundonas?*, ¿*secundones?*, segundón, segundona, segundonas, segundones

Poco a poco se va colando en el español el incorrecto sustantivo y adjetivo "secundón" (plural: "secundones"), en lugar del correcto uso coloquial "segundón" (plural: "segundones"): "persona que ocupa un puesto o cargo inferior al más importante o de mayor categoría" (DRAE). Mucho mejor es la definición de María Moliner en el DUE: "Persona que ocupa un puesto de categoría inmediatamente inferior a la categoría máxima". Y a ambos diccionarios les hace falta agregar que dicho término posee carácter despectivo o estigmatizado, como bien lo señala el *Clave*, que hasta pone un ejemplo con este sentido: *Es un **segundón** y nunca conseguirá ser director de la empresa*. Un subdirector, en relación con el director, no necesariamente es un "segundón", a menos que sea un "incapaz" a quien, por sus pobres oficios, le esté impedido aspirar al puesto de director. Pero lo correcto es "segundón" y no "secundón". Ejemplo incorrecto: *Nos atendió un **secundón** que no nos resolvió nada*. Ejemplo correcto: *Fulano de tal es un **segundón** que no resuelve nada*. Hasta en esto somos víctimas del anglicismo. El buscador urgente de dudas de la Fundéu RAE, que presume orgullosamente la asesoría de la Real Academia Española, dice, tímidamente, que "**segundón**, no **secundón**, es el término más adecuado para aludir a una persona que ocupa un puesto menos destacado que el de otra". En realidad, no: no es que "segundón" sea "el término más adecuado", sino que ¡es el correcto! En cambio, "secundón" es un palabro que se ha ido colando en el periodismo "segundón", ese periodismo realizado por personas que no consultan el diccionario de la lengua española y que utilizan el disparate "secundón" no tanto por el cruce de palabras emparentadas con "secundario", sino por el bárbaro anglicismo español que deriva de la voz inglesa *second* (literalmente, "segundo", "segunda") su horroroso "secundón". El periodismo en España es el causante de este disparate.

En el diario español *El Mundo* leemos lo siguiente:

♀ "¿y si el **secundón** protagonizara un juego?".

Lo correcto:

⟳ ¿y si el **segundón** protagonizara un juego?

✐ Cabe aclarar que un actor "secundario" (esto es, de segundo grado) no es necesariamente un actor "segundón", pues hay actores secundarios, en relación con el actor "protagónico" o principal, que a veces hacen mucho mejor su trabajo que los que llevan el papel principal. Por supuesto, se puede ser "secundario" y "segundón", y también ser un "segundón" representando un papel protagónico. Lo importante en este caso es la calidad del actor. Y lo que no debemos olvidar es que lo correcto es "segundón" y no "secundón". He aquí algunos ejemplos de esta cacografía tan española que ya es producto de exportación: "Un **secundón** que se había convertido en todo un protagonista", "era un **secundón** de lujo", "ha mantenido a la mujer en un plano **secundón** frente a los hombres", "cansado con su papel de **secundón** en la escudería italiana", "en un papel subordinado de **secundón**", "no se adaptan al rol **secundón**", "siempre le otorgamos un papel **secundón**", "formaron una nobleza **secundona**", "por la cuota la mujer se rebaja a ser **secundona**", "fui una estrella **secundona** de películas mudas en Hollywood", "la eterna **secundona**", "es apenas una **secundona** del médico", "desterrado en la fila de los **secundones**", "uno de los tantos hijos **secundones**", "los eternos **secundones** del circo", "se les impone un estatuto de **secundonas**", "son estrellas **secundonas**" (entonces no son estrellas), "hacer mierdecillas **secundonas**" (entonces ni a segundonas llegan) y, como siempre hay algo peor: ¡"una puerta **secundona**"!

☞ Google: 25 200 resultados de "secundona"; 6 630 de "secundones"; 5 800 de "secundón"; 1 170 de "secundonas". ☒

☞ Google: 1 130 000 resultados de "segundona"; 283 000 resultados de "segundón"; 229 000 de "segundones"; 30 700 de "segundonas". ☑

250. septiembre, séptimo, ¿*setiembre*?, ¿*sétimo*?

Si la Real Academia Española acepta las grafías "setiembre" y "sétimo", muy frecuentes en las faltas de ortoepía de los españoles y de algunos hablantes de países sudamericanos, pronto tendrá que admitir las barrabasadas "seto" y "otavo", en lugar de "sexto" y "octavo" y, ya encarrerados, estaremos hablando y escribiendo del primer emperador de Roma Cayo Julio César **Otavio** Augusto, así como de otro emperador romano llamado Lucio **Setimio** Severo, y hasta de un escritor mexicano llamado **Otavio** Paz. En realidad, "setiembre" y "sétimo" son anacronismos que provienen de la mala pronunciación, semejantes a "eruto", en vez del correcto "eructo", asunto que corresponde a la ortología y a la ortofonía. Refiere Adolfo Bioy Casares que cuando Borges decía "setiembre", él, para hacerlo rabiar, le replicaba: "otubre". Desde 1739, en el tomo sexto del *Diccionario de Autoridades*, el término aceptado es "septiembre", sustantivo masculino con el siguiente significado: "El séptimo mes en el primer reglamento del año Romano, y noveno en el que hoy se usa. Tiene treinta días, y viene del Latino *September*". En cuanto al adjetivo numeral de orden "séptimo", en ese mismo tomo del *Diccionario de Autoridades* leemos: "Lo que constituye, ò cumple el número de siete. Latín: *Septimus*". Cabe decir que el *Diccionario de Autoridades* no registra las variantes "setiembre" y "sétimo" ni el tal "otubre" que el DRAE todavía recoge en sus marchitas páginas con la acotación de "desusado" para referirse a "octubre". En el malhadado diccionario académico, al definir el sustantivo masculino "septiembre" se acepta "también **setiembre**", y se afirma que corresponde al noveno mes del año cuya etimología latina es *September, septembris*, derivado de *septem*, "siete". Similar es el caso del adjetivo "séptimo" (también **sétimo**, acota el DRAE), que define del siguiente modo: "que sigue inmediatamente en orden al o a lo sexto" (¡qué preciosura de redacción!), pero (un pero importantísimo) advierte que su etimología latina es *septĭmus*. Esa "p" de "septiembre" y de "séptimo" que, al hablar, se comen los españoles y algunos millones de sudamericanos, hace trizas la etimología al igual que cuando se comían la "c" de "octubre", cuya raíz latina es *Octōber, octobris*, derivado de *octo*, "ocho" y de la misma manera en que nos comeríamos la "c" de "octavo", si dijéramos y escribiéramos "otavo", adjetivo cuya raíz latina es *octāvus*. Dejémonos de jaladas: lo correcto es "septiembre", lo correcto es "séptimo". Apeguémonos a la ortografía, pero también a la ortoepía. Escribir bien y pronunciar bien. La adecuada fonética también es parte importante de nuestra lengua y, al igual que la gramática y la ortografía, también se aprende. Aprendamos a pronunciar de la misma manera que debemos aprender a escribir correctamente.

☞ Google: 33 400 000 resultados de "setiembre"; 9 590 000 de "sétimo". ☑
☞ Google: 570 000 000 de resultados de "septiembre"; 35 900 000 de "séptimo". ☑☑

251. silicio, silicón, Silicon Valley, silicona, Valle del Silicio, ¿*Valle de la Silicona?*, *Valle del Silicón*?

"Silicón" es un barbarismo por "silicona", aunque ya puede considerarse un mexicanismo. El diccionario de la RAE no registra este sustantivo masculino que se usa casi exclusivamente en México y Centroamérica. Ejemplo: *Se inyectó silicón en las nalgas*. Para España y para casi todos los demás países de lengua española, lo correcto es el sustantivo femenino "silicona" (del inglés *silicone*), que designa al "polímero químicamente inerte, utilizado en la construcción, en la fabricación de prótesis y en otras aplicaciones" (DRAE). Ejemplo: *Indujo a su mujer a ponerse tetas de silicona*. Lo cierto es que "silicón", aunque sea prácticamente irreversible en su calidad de mexicanismo, partió sin duda de un barbarismo. En inglés, como ya vimos, "silicona", el polímero, se escribe *silicone* y se pronuncia aproximadamente como *silikeun*. Pero, en inglés existe también el sustantivo *silicon* (que se pronuncia más o menos como *silikén*), que designa al "silicio" (del latín *silicium*), elemento químico (de símbolo Si) que "constituye más de la cuarta parte de la corteza terrestre, donde está presente en forma de sílice, como en el granito y en el cuarzo, y de silicatos, como en la mica, el feldespato y la arcilla, que, por sus propiedades semiconductoras, tiene gran aplicación en la industria electrónica para la fabricaciones de transistores y células solares, y cuyos derivados presentan gran variedad de usos, desde las industrias del vidrio a las de los polímeros artificiales, como las siliconas" (DRAE). Por tanto, el barbarismo-mexicanismo "silicón" es un calco del inglés, introducido al español en México por gringófilos analfabetos. Más aún si tomamos en cuenta que, en Estados Unidos, la zona sur de la bahía de San Francisco, en el norte de California, tiene por nombre *Silicon Valley*, que debe traducirse como Valle del Silicio, pero no como **Valle del Silicón** ni **Valle de la Silicona**, como algunos suelen creer. En conclusión, aunque ya tenga carta de mexicanismo, "silicón" no deja de ser un barbarismo.

Un barbarismo, por cierto, del que los mexicanos ya no podemos desprendernos, pues está lo mismo en el español cotidiano que en las publicaciones impresas, en internet y en la propia industria que produce, según esto,

♀ "**el** más efectivo **silicón** multiusos".

Pero más bien lo que produce esta industria en México es (si así fuera)

☝ **la** más efectiva **silicona** multiusos.

✐ He aquí algunos ejemplos tomados de publicaciones impresas y de internet que se refieren en realidad a la "silicona" aunque utilicen la errónea grafía "silicón": "Cómo hacer moldes flexibles de **silicón**", "selladores se **silicón**", "lubricante de **silicón**", "chichis de **silicón**", "peligros del **silicón** en el cuerpo", "implantes de **silicón**", "pulseras de **silicón**", "lubricantes de **silicón**", "a Yuri se le explotó una prótesis de **silicón**", "muñecas sexuales hechas de **silicón** de alta calidad", "Ninel **Silicon**de", "llama Niurka a Ninel costal de **silicón**", "le responde a Niurka el **Silicón** Asesino", "implantes de **silicón** para busto", "implantes de **silicón** de buena calidad", "implantes de **silicón** son seguros", "los implantes de **silicón** de PIP nunca estuvieron autorizados para su uso en Estados Unidos", "muñecas de **silicón** reborn de cuerpo completo", "la casa de citas de muñecas de **silicón**", "penes de **silicón** en diferentes colores", etcétera.

☞ Google: 6 470 000 resultados de "silicón"; 85 500 de "tetas de silicón"; 40 000 de "silicón líquido"; 35 600 de "silicón frío"; 34 900 de "pene de silicón"; 33 900 de "muñecas de silicón"; 19 700 de "prótesis de silicón"; 14 900 de "implantes de silicón"; 7 600 de "silicón en las tetas"; 7 300 de "senos de silicón"; 3 850 de "nalgas de silicón"; 2 690 de "silicón en las nalgas"; 1 490 de "silicón para senos". ☑

☞ Google: 89 900 000 resultados de "silicona"; 49 600 000 de "Silicon Valley"; 2 840 000 de "muñeca de silicona"; 1 880 000 de "tetas de silicona"; 1 470 000 de "muñecas de silicona";

1 090 000 de "culo de silicona"; 738 000 de "pene de silicona"; 195 000 de "penes de silicona"; 188 000 de "senos de silicona"; 180 000 de "implantes de silicona"; 180 000 de "prótesis de silicona"; 111 000 de "nalgas de silicona"; 67 000 de "Valle del Silicio"; 52 000 de "culos de silicona"; 46 900 de "silicona en el culo"; 16 800 de "silicona en las tetas"; 10 200 de "silicona en las nalgas". ☑☑

252. soja, soya

El DRAE define del siguiente modo el sustantivo femenino "soja" (del japonés *shoyu*): "Planta leguminosa procedente de Asia" y "fruto de la soja, comestible y muy nutritivo". Admite la grafía "soya" como sinónimo de "soja", pero señala que este uso es de Guatemala, Honduras y Nicaragua. Como esto es inexacto, porque no únicamente en estos países de América se utiliza mayoritariamente el término "soya", le deja la chamba sucia, como siempre, al misérrimo *Diccionario panhispánico de dudas* en cuyas páginas leemos lo que sigue: "La voz japonesa *shoyu* ('planta leguminosa procedente de Asia' y 'fruto comestible de esta planta') se introdujo en Europa a través del neerlandés con dos grafías, *soya* y *soja*, usadas ambas en español e igualmente válidas. En casi toda América se usa preferente o exclusivamente la forma *soya* (*La producción de soya en Guatemala atraviesa problemas*); mientras que en España y en el área del Río de la Plata se ha generalizado la forma *soja* (*La cotización de la soja pegó ayer un nuevo salto*)". En conclusión, ambas grafías son correctas y, como ya advertimos, y lo confirma el *Panhispánico*, no sólo en Guatemala, Honduras y Nicaragua se usa la grafía "soya", sino también en México y en casi toda Hispanoamérica. Lo que no deja de ser gracioso es que el *Panhispánico* entrecomille las acepciones del DRAE como si el *Panhispánico* no fuese también una obra negra de la RAE. He ahí la prueba de que el pregonado panhispanismo de la Real Academia Española es puro cuento, y, además (otro además), el DRAE y el *Panhispánico* no cruzan información, no se ponen de acuerdo: uno dice una cosa y el otro la contradice. Los sustantivos femeninos "soja" y "soya" se refieren a lo mismo, pero que el DRAE asegure que "soya" únicamente se use en Guatemala, Honduras y Nicaragua es decir pendejadas con el propósito no declarado de menospreciar el uso americano y privilegiar la grafía más utilizada en España. ¡Ah!, pero eso sí, los madrileños se las dan de muy panhispánicos. En México, un país de 130 millones de habitantes, decimos y escribimos "soya", y en España, una nación de menos de 50 millones de habitantes, dicen y escriben "soja", ¿y en qué entrada define el DRAE a esta leguminosa? ¡Obviamente, en la entrada correspondiente a "soja"!, y trece páginas más adelante, en la entrada "soya" nos rebota a la entrada donde definió a la "soja". ¡Qué hermoso panhispanismo! He aquí algunos ejemplos mexicanos: "La historia del uso de la **soya** en México", "la **soya**, una alternativa al pescado en esta cuaresma", "**soya**: 5 beneficios de su consumo", "la

soya, ¿alimento del futuro o de hoy?", "México importa 95% de la **soya** consumida en el país", "nuevas variedades de **soya** mejorada", "bebida de **soya**", etcétera.

☞ Google: 82 700 000 resultados de "soja"; 55 100 000 de "soya". ☑

253. sorete, soretes

A partir del franquismo, un puritanismo inquisitorial se apoderó de la Real Academia Española, sobre todo en relación con las, equívocamente, denominadas "malas palabras" o "palabrotas" o lo que los españoles llaman "tacos", cuando blasfeman y maldicen. El caso es que, en las páginas del DRAE, no hay lugar para "sorete", sustantivo masculino que el *Wikcionario* define como "trozo sólido de excremento" (o pedazo de mierda), del ser humano hay que añadir, ya que no de los animales. "Sorete" proviene del lunfardo (Argentina y Uruguay) y se ha extendido a gran parte de los países hispanohablantes de América y ya es abundante en gran medida porque no existía un término tan categórico y popular para nombrar una realidad tan precisa. No es sinónimo del término médico "excremento" ni del académico "defecación", pues el primero es un sustantivo masculino (del latín *excrementum*) que el DRAE define así: "Residuos del alimento que, después de hecha la digestión, despide el cuerpo por el ano", en tanto que el segundo es la "acción y efecto de defecar", esto es de "expeler los excrementos" (DRAE). Y cabe acotar que los "excrementos" pueden presentar diversas formas y consistencias no siempre sólidas. En esta categoría de la indefinición (inservible para nombrar al "trozo sólido de excremento") están, también, los sustantivos "defecación", "deposición", "deyección" y "evacuación". Igualmente, muy lejos de la precisión de "sorete", están los eufemismos y coloquialismos "caca", "cagada", "plasta", "popó" y, más ridículos aún, "popis" o "popocita" (mexicanismos ñoños por el que merecemos azotes y no felicitaciones). Ni siquiera el sustantivo "mierda" ("excremento", "residuos del alimento") equivale a "sorete", porque la "mierda", al igual que el "excremento", puede presentar consistencias y formas acuosas, espesas, pulverizadas, pero no necesariamente sólidas. En cuanto a "cagajón" y "cagarruta", estos sustantivos se emplean para nombrar el "excremento de las caballerías" (DUE), el primero, y "la porción de excremento de animal, especialmente de ganado menor" (DRAE), el segundo. Cabe señalar que el DRAE tampoco incluye en sus páginas los sustantivos masculinos, de carácter científico, "bolo fecal" y "fecaloma", con los que se designa a la "acumulación de heces en forma de piedra en el colon o en el recto, de varios tamaños, que obstruyen o taponan el flujo normal del tracto intestinal" (*Wikipedia*). Eso sí, sus páginas están llenas de deyecciones y cagarrutas que no vienen ni al caso. Entre los muchos nombres aplicados al "excremento", los únicos verdaderos sinónimos de "sorete" son "cerote", "mojón" y "zurullo" (aunque únicamente en acepciones secundarias y malsonantes), pero perfectamente válidos para decir, con exactitud, lo que representan; veamos sus definiciones. En su acepción principal el sustantivo masculino "cerote" (de *cera*) significa "mezcla de pez y cera, o pez y aceite, que usan los zapateros para encerrar los hilos con que cosen el calzado" (DRAE). Sí, pero en la época del *Lazarillo de Tormes*, que es donde se quedaron estacionados los académicos madrileños. En su tercera acepción, el DRAE lo da como americanismo (de Costa Rica, El Salvador, Guatemala y Nicaragua) y lo manda a la mierda en tan sólo dos palabras: "Excremento sólido". El *Diccionario de mexicanismos* de la AML que, patéticamente, no reivindica en el DRAE el uso de este término para México, lo da como "mexicanismo supranacional, popular, coloquial, obsceno y eufemístico" (eufemístico, ¡pura madre!; en todo caso es vulgar), y lo define del siguiente modo: "Porción de excremento sólida y de forma cilíndrica, especialmente de humanos o de perros". No, ¡por supuesto que no!, no de perros (pues suele decirse "caca de perro", "mierda de perro" y "cagada de perro", pero no "cerote de perro"), sino exclusivamente de humanos, como ya lo definía Francisco J. Santamaría en su *Diccionario general de americanismos* desde 1942: "En Méjico y Centro América, zurullo, mojón de excremento humano, ceroso, compacto y duro". Y en cuanto a que su forma sea cilíndrica tampoco es verdad, pues hay cerotes tan lisos, brillantes y casi redondeados como piedras de río, y tan compactas como éstas. Ejemplo: *Produjo un tremendo* **cerote** *en la taza del escusado, que por más que le bajaba, una y otra vez, a la palanca del agua, no se iba por el caño.* Nótese que "cerote" y "sorete" son casi homófonos, más aún cuando existe la variante "serote" que puede llevar a la fundada sospecha de que "sorete" (que no recoge Santamaría en el DGA) sea una deformación de "cerote", aunque el *Wikcionario* informe que su etimología es incierta. Quizá estamos ante lo que Fernando Lázaro Carreter señala como "el fenómeno de la *etimología popular*, por el cual se modifica un vocablo incomprensible en todo o en parte, aproximándolo a otro parecido, con el que no tiene parentesco genético". En cuanto al sustantivo masculino "mojón" (del latín hispánico *mutŭlo, mutŭlōnis*: "madero hincado en un muro"), su acepción principal en el DRAE es "señal permanente que se pone para fijar los linderos de heredades, términos y fronteras". De ahí, el también sustantivo femenino "mojonera": "lugar o sitio donde se ponen mojones (señales para fijar los linderos)". Y en su cuarta acepción, de carácter coloquial, "mojón" es "porción compacta de excremento". Ejemplo: *Produjo un tremendo* **mojón** *que tapó el desagüe de la taza del escusado, semejante a una piedra como para romperle la crisma a cualquiera.* En internet circula un chiste: "Había una vez dos mojones de mierda jugando fútbol. Y la diarrea les dice: '¿Puedo jugar?'. Y los mojones responden: '¡Noooooo!... ¡Esto es pa' los duros!'". En cuanto al sustantivo masculino coloquial "zurullo" (de origen incierto, dice el DRAE), su acepción principal es "pedazo rollizo de materia blanda" y la secundaria "mojón, porción compacta de excremento". Ejemplo: *Cagó un tremendo **zurullo** en la taza del baño y con él atascó el desagüe del escusado*. Aunque en el DRAE no haya lugar para el sustantivo "sorete", pero sí para otras muchas mierdas, el término se ha ido imponiendo con el uso, extendiéndose a los más diversos países hispanohablantes, por su indudable precisión para lo que designa: un trozo compacto, sólido, de excremento humano. El *Panhispánico* nada sabe ni quiere saber de "cerotes" y "soretes"; no les concede ningún lugar en sus páginas, y esto demuestra para qué sirve su panhispanismo; en muchísimos momentos no es otra cosa que un diccionario de mierda. Por cierto, del mismo modo que de una persona vil, despreciable, innoble y estúpida se llega a decir que "es una mierda", con este mismo sentido se afirma de alguien que "es un sorete". En internet hay cientos de miles de resultados de este sustantivo de tanta precisión. He aquí algunos: "el **sorete** más viejo y grande de la historia", "¡por fin! llega el emoji con cara de **sorete** fruncido", "enterate: ¿sos un **sorete** de persona?", "el emoji de **sorete** fue primero un helado de chocolate, por eso está sonriendo", "está dando vueltas como **sorete** en llanta", "**sorete** de plástico: mucho brillo pero poca mosca", "anda a cagar en la arena que el **sorete** no hace ruido" "mi vecino es un **sorete**", "ese tipo es un **sorete** mal cagado", "cayeron **soretes** de punta" (así se dice cuando la lluvia es muy intensa y las gotas muy gruesa), "los **soretes** son como las nubes: siempre tienen una forma diferente", "lluvia de **soretes**: llueve caca en Francia", "la forma de los **soretes**", "se me tapa el inodoro por **soretes** grandes", "hace unos **soretes** gigantes con un olor espantoso", "dime cuántos **soretes** descomunales firman en tu contra y te diré cuán reivindicable eres", "se las dan de humildes y son tremendos **soretes**", "los políticos, esos sí que son tremendos **soretes**", "dedicado a los **soretes de mierda** de la infectocracia: Javier Milei". Milei es un hombre inteligente, pero aquí cometió una redundancia, pues no hay "sorete" que no sea de "mierda". En cuanto a la "infectocracia" (estupendo neologismo), hay que decir que no sólo en Argentina la padecen; también aquí en México la sufrimos a causa de "soretes mal cagados".

☞ Google: 652 000 resultados de "cerotes"; 604 000 de "cerote"; 472 000 de "sorete"; 244 000 de "soretes"; 55 200 de "zurullo"; 38 000 de "zurullos"; 21 200 de "mojón de mierda"; 4 060 de "mojones de mierda"; 3 740 de "soretes de punta" (ya dijimos que, en Argentina, suele decirse que caen o llueven "soretes de punta" cuando se trata de una lluvia torrencial). ☑

254. sorpresa, sorpresas, *¿sorpresa imprevista?*, *¿sorpresa sorprendente?*, *¿sorpresa sorpresiva?*

Al parecer, lo malo de las sorpresas es que te agarran por sorpresa. Una sorpresa puede ser agradable o desagradable, feliz o desdichada, maravillosa o amarga, entre otros adjetivos con los que admite ser calificada, pero son redundancias gruesas decir y escribir "sorpresa imprevista" y, peor aún, "sorpresa sorprendente" y "sorpresa sorpresiva", pues todas las sorpresas tienen la característica de ser "imprevistas" (por eso se llaman "sorpresas"), y que sean "sorprendentes", o "sorpresivas", esto ya constituye una redundancia tan bruta que parece impensable, de no ser porque hay miles de ejemplos que confirman su uso. El sustantivo femenino "sorpresa" posee dos acepciones en el diccionario académico: "Acción y efecto de sorprender" y "cosa que produce sorpresa". Ejemplos: *¡Se llevó una sorpresa!*, *En el armario había una sorpresa.* De ahí el adjetivo "sorpresivo": "Que sorprende, que se produce por sorpresa" (DRAE). Ejemplo: *Su aparición fue sorpresiva.* De ahí también el adjetivo "sorprendente" (del antiguo participio activo de "sorprender"): "Que sorprende o admira" y "peregrino, raro, desusado, extraordinario" (DRAE). Ejemplo: *El parecido entre ellos era sorprendente*. El verbo transitivo "sorprender" (del francés *surprendre*; de *sur-*, "sobre" y *prendre*, "prender") posee tres acepciones en el diccionario académico: "Pillar desprevenido", "conmover, suspender o maravillar con algo imprevisto, raro o incomprensible" y "descubrir lo que alguien ocultaba o disimulaba". Ejemplos: *Lo sorprendieron mientras hurtaba*; *Quedaron sorprendidos por su talento.* También tiene uso pronominal ("sorprenderse"). Ejemplo: *Se sorprendió de su propia habilidad.* Y, como americanismo, posee también la acepción de "engañar a alguien aprovechando su buena fe" (DRAE). Ejemplo: *Lo sorprendieron y lo timaron.* Están también las locuciones verbales "coger a alguien de sorpresa" o "tomar a alguien por sorpresa", equivalentes de "sorprender", cuyo significado es "pillar desprevenido". Ejemplo: *Lo tomaron por sorpresa y le robaron lo que llevaba.* Por todo lo anterior, queda claro que toda "sorpresa" es "imprevista" ("no prevista", "que no se puede prever") no ya digamos "sorprendente" o "sorpresiva". Por lo tanto, evitemos dichas redundancias.

Internet es el reino de estos desbarres que tampoco son raros en publicaciones impresas. En un libro (*El descendiente de la piedra*), leemos lo siguiente:

♀ "La **sorpresa imprevista** que le cambió el alma para siempre".

Con corrección, debió escribir el autor:

♂ La **sorpresa** que le cambió el alma para siempre.

✎ He aquí otros ejemplos de estos desbarres redundantes: "Una **sorpresa imprevista**", "Vaticano: relevo en el clero, **sorpresa imprevista**", "el esperado encuentro de Cepeda y Aitana deja una **sorpresa imprevista**", "esta **sorpresa imprevista** plantea a los teóricos e intelectuales en general una nueva cuestión", "las consecuencias de una **sorpresa imprevista**", "sé que la noticia ha sido una **sorpresa imprevista** para ambos", "fue una **sorpresa sorprendente**", "las 23 mejores imágenes de **sorpresas sorprendentes**", "la vida es una pequeña caja de **sorpresas sorprendentes**", "las **sorpresas imprevistas**", "se están produciendo **sorpresas imprevistas**" (hay que hacer algo para que no nos agarren de sorpresa), "evita **sorpresas imprevistas**" (anótalas en tu agenda) y, como siempre hay cosas peores, "**sorpresas sorpresivas** que roban sonrisas", "**sorpresa sorprendente y sorpresiva**", "**sorprendente sorpresa sorpresiva**" y "**sorpresa sorpresiva que sorprende**".

☞ Google: 17 900 resultados de "sorpresa imprevista"; 6 390 de "sorpresa sorprendente"; 4 940 de "sorpresas sorprendentes"; 3 860 de "sorpresas imprevistas"; 3 690 de "sorpresa sorpresiva"; 1 610 de "sorpresas sorpresivas". ☒

255. ¿*sospechosismo?*, suspicacia

De pocas personas se puede decir que inventaron una palabra, en español, para mejorar el idioma. Algunos han sido grandes escritores, como César Vallejo (que inventó "trilce"), Octavio Paz (que inventó "polhumo"), Julio Cortázar (que inventó "cronopio"). Son ilustres neologismos del español. Gabriel Zaid, en *Mil palabras*, se refiere a "insumo", "palabra inventada por los economistas Javier Márquez y Víctor L. Urquidi para traducir *input* en el Fondo de Cultura Económica", que fue tan buena solución que "se adoptó en todos los países de habla española". Zaid mismo es inventor de las palabras "millardo" ("mil millones") y "factoraje" (en lugar de la voz inglesa *factoring*). Hay casos menos honrosos o, más bien vergonzosos: son aquellos en que los inventores de palabrejas corrompen el idioma. Estos inventores están lo mismo en la política que en los deportes y en los espectáculos. Muchos de ellos hablan nada más porque tienen boca. Y fue así como un político, en México, inventó la palabreja "sospechosismo", cuya acta de nacimiento, muy precisa, data del lunes 20 de septiembre de 2004 en la capital mexicana. Ese día, el entonces secretario de Gobernación, Santiago Creel Miranda, cantinflesco, ante los periodistas que lo entrevistaron, grabadoras en mano, dijo lo siguiente, no en español, sino en galimatías, de acuerdo con lo que entrecomilla el diario *La Jornada* en su edición del 21 de septiembre: "Creo que, para ser justo en esto, y para no estar poniendo sospecha en todo y que la cultura del **sospechosismo** se acabe, que hay que ser parejo y medir con la misma regla". Santiago Creel ignoraba el término "suspicacia". Muy pronto surgieron las burlas, en el mismo periodismo político, y los que sabían hicieron notar que "sospechosismo" era una jalada en lugar del correcto sustantivo femenino "suspicacia": "Cualidad de suspicaz" y "especie o idea sugerida por la sospecha o desconfianza" (DRAE). Quiso decir el cantinflesco político, en buen cristiano, que *No había que poner sospecha en todo, para acabar con la costumbre de la* **suspicacia**. Pero si primero fueron bromas y sarcasmos, pronto hasta los analistas políticos y dizque politólogos abandonaron la ironía y adoptaron, sin la menor intención satírica, la palabreja que salió de la boca de Santiago Creel Miranda el lunes 20 de septiembre de 2004. La palabreja cayó en un medio muy fértil para las pendejadas (el periodismo político) y por ello pronto fue asimilada por quienes digieren cualquier cosa, y de ahí pasó al vergonzoso *Diccionario de mexicanismos*, de la AML, que la define como sustantivo masculino popular y coloquial para referirse al "ambiente que se percibe lleno de suspicacias". Y hasta nos regala un ejemplo: *Hay mucho **sospechosismo** en torno a los intereses del gobierno por construir ese nuevo puerto*. Y también hay mucha tontería en el bárbaro DM que incluye en sus páginas la jalada "sospechosismo" sin siquiera mencionar, así sea de paso, que su único uso válido tendría que ser con un sentido jocoso, burlesco y cantinflesco y no con la seriedad e ignorancia con que la pronunció su inventor. En múltiples páginas de internet y en libros y en artículos impresos, "sospechosismo" está en la lista de las idioteces y ridiculeces, desatinos y pendejismos de la mal denominada "clase política mexicana", junto a "ni nos perjudican ni nos benefician, sino todo lo contrario", "la pobreza es un mito genial", "los acercamientos ayudan a estar más cerca", "haiga sido como haiga sido", "estamos ambos cuatro", "el poder es para poder, no para no poder", "no es falso pero tampoco es verdadero" entre otros. Pero a la Academia Mexicana de la Lengua, estas burradas y otras más le hacen el día porque así reúne más "mexicanismos". En 2005 el diario *La Crónica* pidió formalmente información a la Comisión de Consultas de la Academia Mexicana de la Lengua, y obtuvo un documento con la siguiente respuesta: "**Sospechosismo**: puede ser una voz acomodada del idioma inglés *suspiciousness*, 'lo que es o puede ser sospechoso', pero en el uso que se le ha dado en México la voz expresa una 'atmósfera o ambiente preñado o impregnado de suspicacias y sospechas'". ¡Cuán rápida fue la Academia Mexicana de la Lengua para justificar una jalada de un político ajeno a la consulta del diccionario! Esta cacografía no está registrada, por supuesto, en el diccionario de la Real Academia Española. Pero tal es el precedente de la definición que, en 2010, en el DM y en un tiempo récord, la avalaría la AML. Apenas había pasado un año de haber salido la palabreja de la boca de Santiago Creel Miranda cuando ya la Academia Mexicana de la Lengua la había definido ¡en serio! Queda claro que, para los académicos mexicanos de la lengua, la política es más importante que el idioma y, por cierto, la canción escrita por Mark James, en 1968, y uno de los grandes éxitos de Elvis Presley, a partir de 1969, "*Suspicious Minds*", de acuerdo con la lógica de la AML, dejará de traducirse en México como "Mentes **suspicaces**" y pasará a conocerse como "Mentes **sospechosistas**". ¡Quién lo imaginaría! ¡Para zurrarse de risa o de vergüenza!

Hoy, en las publicaciones impresas y en internet, podemos ver miles de usos del ridículo "sospechosismo", en sustitución de "suspicacia" y, en la mayoría de los casos, de acuerdo con el contexto y la intención, sin ironía ninguna, tal como la "entienden" quienes la incluyeron en el inepto *Diccionario de mexicanismos*. En un programa de radio, con la bendición del DM de la AML, un analista político habla de:

　♀ "**despresionar** el ambiente político lleno de **sospechosismo**".

Se da el lujo también de inventar su palabreja ("despresionar" por "quitar presión"), pero en buen español quiso decir que:

✎ hay que **quitar presión** al ambiente político lleno de **suspicacia**.

✏ He aquí otros ejemplos de este disparate que ya tiene categoría de "mexicanismo": "Pide Creel terminar con la cultura del '**sospechosismo**'", "el yerno de la Casa Blanca y el **sospechosismo**", "para fundamentar nuestro '**sospechosismo**'", "el **sospechosismo** del voto útil está en el aire", "en defensa del **sospechosismo**", "**sospechosismo** o teoría de la conspiración", "**sospechosismo** en Los Pinos", "**sospechosismo** en cancillería", "niños, bajo el **sospechosismo** militar", "**sospechosismo** en las encuestas del *Reforma*", "el **sospechosismo** de la prisión domiciliaria de Elba Esther", "**sospechosismo** en Oaxaca durante el año electoral", "los hechos y los '**sospechosismos**'", "**sospechosismos** electorales", "**sospechosismos** políticos en Querétaro", "negocios y **sospechosismos**", "Mancera sin **sospechosismos**", "de **sospechosismos** a simulaciones", etcétera.

☞ Google: 61 400 resultados de "sospechosismo"; 3 200 de "sospechosismos"; 9 de "mentes sospechosistas". ☒

☞ Google: 1 010 000 resultados de "suspicacia"; 806 000 de "suspicacias"; 472 000 de "suspicaz"; 285 000 de "suspicaces"; 3 720 de "mentes suspicaces". ☑

256. ¿*super venta?*, ¿*super ventas?*, superventas

Con el elemento compositivo, a manera de prefijo, "super-" (del latín *super-*), que significa "encima de" (ejemplo: "superestructura"), preeminencia o excelencia (ejemplos: "superintendente", "superhombre"), "en grado sumo" (ejemplo: "superfino") y "exceso" (ejemplo: "superproducción") se forman, en español, términos compuestos: adjetivos y sustantivos, como los ya mencionados, pero también verbos: "superabundar", "superpoblar", "superponer", "supervivir", etcétera. También, "superabundancia", "superconductividad", "supermercado", "supernova", "superpoblado", "superpotencia", "supersónico", "superviviente" y, entre otros más, "superventas" (de *super-* y *venta*), adjetivo y sustantivo que el DRAE define incompletamente: "Dicho de un libro, de un disco, etc.: Que ha alcanzado un extraordinario número de ejemplares vendidos". Ejemplo: *Harry Potter es el libro* **superventas** *de mayor éxito en el mundo*. Lo que le falta a la definición del diccionario académico, y también al DUE, de María Moliner, es este mismo concepto aplicado no a las obras sino al autor de las obras, pues el adjetivo y sustantivo "superventas" se aplica también, y especialmente, al autor de libros cuyas obras alcanzan, siempre, grandes tiradas y cientos de miles o millones de ejemplares vendidos. Ejemplos: *El escritor* **superventas** *estadounidense Dan Brown presentó en Barcelona su nueva novela,* Origen; *Stephen King, todo un* **superventas**. El sustantivo femenino "venta" (del latín *vendĭta*, plural de *vendĭtum*) se aplica a la acción y efecto de vender. Ejemplo: *La venta fue muy buena*. Como bien se señala en el buscador urgente de dudas Fundéu BBVA, "se recomienda utilizar el término *superventas* en lugar del extranjerismo *best seller*", pues, de hecho, el adjetivo y sustantivo "superventas" es la traducción más aproximada en español del anglicismo *best seller*. Pero, como toda palabra compuesta en nuestro idioma, debe escribirse con grafía simple: "superventas" y no "super ventas"; además, como ya advertimos, no únicamente es aplicable al objeto (libro, disco, etcétera) que se vende por cientos de miles o millones de ejemplares, sino también al autor de las obras que merecen tal demanda por parte del público. Por cierto, un término compuesto, del todo legítimo, que no recogen ni el DRAE ni el DUE es el sustantivo en su forma singular, "superventa", que se aplica, en los grandes almacenes o en la industria mercantil en general, a la venta excepcional de temporada, con grandes descuentos y ofertas especiales. Ejemplo: *Superventa de primavera*. Ni siquiera el guango *Diccionario de mexicanismos* de la AML, que incluye cualquier cosa que da por "mexicanismo", registra esta voz en sus páginas, a pesar de que su uso en México está bastante difundido. Por supuesto, con este término, suele cometerse el error de escribirlo en dos palabras "super venta". El sustantivo exige la grafía simple, pues se trata de una palabra compuesta: "superventa", al igual que "superoferta"; en el primer caso, una venta que se sale de lo ordinario, y, en el segundo, una oferta excepcional. La mayor parte de las personas no sabe construir palabras compuestas, porque ignora la regla de que un término compuesto, en español, ya sea con un prefijo o con un sufijo, debe escribirse siempre con grafía simple, esto es con una sola palabra. Por ello, aunque "superventa" y "superventas" son términos del todo correctos, no lo son "super venta" ni "super ventas" y ni siquiera "super-venta" (con guión intermedio). Las páginas de internet y de las publicaciones impresas (incluidos libros) están repletas de estos usos incorrectos.

En la revista *Vanity Fair* en español leemos que

♀ "En esta ocasión, el autor **súper ventas** Ken Follett llenará los *ebooks* y las estanterías de su legión de lectores con *El umbral de la eternidad*, la última entrega de la trilogía *The Century*".

Debió referirse la revista, en correcto español, al

♂ autor **superventas** Ken Follett.

🖉 He aquí otros ejemplos de estas formas erróneas que son consecuencia de no saber construir palabras compuestas, las cuales deben ir siempre con grafía simple: "**super venta** de hidrolavadoras", "**super venta** de minifaldas", "prepárate para la **súper venta** Santander", "**mega oferta** de **super venta** 50% de descuento", "**super venta** de autos seminuevos" (sorprendentemente, alguien que es capaz de escribir correctamente el adjetivo compuesto "seminuevos", ignora la forma de escribir el sustantivo compuesto "superventa"), "**super venta** navideña

Suburbia", "**super venta** de verano", "**super venta** zapatos Gino Rossi", "**super venta** Lacoste", "**super venta** Adidas", "**super ventas** y gangas", "el **super ventas** Stephen King vuelve a sus orígenes", "el **super ventas** John Green está de regreso", "el **súper ventas** y taquillero escritor peruano Jaime Bayly estremeció a la ciudadanía limeña" (si es "superventas" pero, además, "taquillero", será porque vende boletos en la taquilla de algún cine), "el autor **super ventas** Vicente García", "el autor **super ventas** Ken Follett", "el autor **súper ventas** de libros de fantasía", "Sparks es el autor **súper ventas** de títulos tan memorables *The Notebook, Message in a Bottle* y *A Walk to Remember*", "con el autor **super-ventas** Pérez Reverte", "el escritor **súper ventas** y director del *New Yorker*, David Remnick", "el escritor **súper ventas** Malcolm Gladwell", "el escritor **súper ventas** Paulo Coelho lanza en Brasil su nueva novela", "el escritor **super ventas** Joe Vitale", "la identidad de la escritora **super ventas** Elena Ferrante", "la escritora **super ventas** Blanca Miosi", "la escritora **súper ventas** Megan Maxwell", "la escritora **super ventas** J. K. Rowling".

☞ Google: 480 000 resultados de "super-venta"; 477 000 de "super venta"; 147 000 de "super-ventas"; 146 000 de "super ventas". ☒

☞ Google: 11 100 000 resultados de "superventas"; 208 000 de "superventa". ☑

257. suponer, *¿supongando?*, *¿suponido?*, suponiendo, supuesto, *¿un supongando?*

El verbo transitivo "suponer" (del latín *supponĕre*) posee cinco acepciones en el diccionario académico, de las cuales reproducimos las tres más importantes: "Considerar como cierto o real algo a partir de los indicios que se tienen", "considerar como cierto o real algo que no lo es o no tiene por qué serlo" y "considerar, a partir de los indicios que se tienen, que alguien o algo es de una determinada manera, o está en el estado o situación que se expresa". Ejemplos del DRAE: *La vi con paraguas y **supuse** que llovía*; ***Supongamos** que se llega a Júpiter*; *Lo **suponía** más inteligente*. Cabe señalar que este verbo que se conjuga como "poner", posee un participio irregular: "supuesto", adjetivo que significa "considerado real o verdadero sin la seguridad de que lo sea" (ejemplo: *La **supuesta** autora del anónimo*), y sustantivo masculino que significa "suposición o hipótesis" (ejemplo: *Tendrá muchos problemas en el **supuesto** de que sea culpable*). Así como del verbo "poner", únicamente los analfabetos culturales dicen y escriben "ponido", en lugar del correcto "puesto", de esta misma manera, en el caso del verbo "suponer", sólo los muy lerdos dirán y escribirán "suponido"; por optimismo, tendemos a suponer que son muy poquitos, pero en el motor de búsqueda de Google hay más de veinte mil resultados de este horrible palabro de quienes también deben decir y escribir "devolvido" y "volvido" sin ser hablantes del portugués. Ahora bien: así como el gerundio de "poner" es "poniendo", por obvias razones el gerundio de "suponer" es "suponiendo". Ejemplos: ***Poniendo** la mano sobre el corazón quisiera decirte al compás de un son* (Agustín Lara); ***Suponiendo** que viajes muy temprano el lunes, de todos modos, llegarás muy tarde para la cita de trabajo; así que, mejor, viaja el domingo.*

Por alguna extraña razón, algunas personas también se equivocan con el gerundio del verbo "suponer" y, en lugar de "suponiendo", se han inventado la cacografía "supongando", quizá por influencia de *Cantinflas*, a quien se atribuye la frase: "vamos, por ejemplo, supongando y, claro, desde luego, puestos en el caso", etcétera. Ejemplo: *Supongando que te voy a comprar un regalo el 14 de febrero.* Y, peor aún, cuando este gerundio posee uso sustantivado y se convierte en "un supongando". Ejemplo: *Un supongando es cuando supones algo que no ha pasado.* Desde luego, para quienes dicen y escriben esto, "un supongando" equivale a "un supuesto". Tendemos a suponer, con más que excesivo optimismo, que nadie comete estas tropelías con el idioma, pero el ejemplo anterior está tomado de un libro que se puede conseguir en Amazon. Esto demuestra que nuestras más esperanzadas suposiciones chocan con la realidad. Estos palabros, estas cacografías son abundantes en el habla cotidiana y en internet, pero ya suelen colarse en las publicaciones impresas.

En la publicación española *El Periódico* leemos esta joya que debemos atesorar:

♀ "Teresa Rodríguez, la líder de Adelante Andalucía, la coalición de Podemos e IU en el sur de España, ha asegurado que su intención de tener más autonomía dentro de Unidas Podemos no ha **suponido** nunca un intento de competir electoralmente con los morados".

Para el contexto nacional mexicano, esto lo pudo haber declarado alguien de Morena, por ejemplo, la secretaria de Educación Pública u otro de mayor rango. Pero lo correcto es:

✍ no ha **supuesto** nunca un intento de competir electoralmente, etcétera.

🖋 Van aquí unos pocos ejemplos de estas barbaridades que resultan tan increíbles: "La señal tiene características ampliamente consistentes con lo que se había **suponido**", "debí haber **suponido** que te ibas", "como habíamos **suponido**", "crecimiento acumulado **suponido**", "hubiera **suponido** una pérdida de 20% del negocio", "los duros meses de ansiedad y estrés que ha **suponido** su última y gran polémica", "debe haber **suponido** un fuerte shock", "el desastre que esto ha **suponido** para ella", "no podía quedarme el tiempo que había **suponido**", "lo que no hay y lo **suponido**", "sigamos **supongando**", "lo que digo es **un supongando** sin condescender", "**supongando** que estás viendo porno", "**supongando** que yo", "si los tres tuvieran, en **un supongando**, el mismo poder", "**supongando** que es uno de tus mejores amigos", "**supongando** debe ser, seguramente, el gerundio del verbo **supongar**" (y este sarcasmo de un internauta merece de veras la mayor felicitación).

☞ Google: 24 300 resultados de "suponido"; 2 820 de "supongando"; 1 000 de "un supongando". ☒

☞ Google: 155 000 000 de resultados de "supuesto"; 21 600 000 de "suponer"; 8 350 000 de "suponiendo". ☑

T

258. ¿*talentismo?*, talento

En el diario mexicano *Milenio* leemos un anuncio pagado por la empresa Pepsico Latinoamérica que invita a la conferencia internacional "La importancia de una marca de empleador en la era del talentismo", impartida por Gabriela García Cortés, vicepresidenta de Recursos Humanos. ¡Todos iremos corriendo atraídos por tema tan seductor! El término "talentismo" es un anglicismo crudo al que, recientemente, le han dado vuelo los gurús empresariales, del liderazgo, el *coaching* (¡¡joder!) y la autoayuda, además de otros vendedores de humo a los cuales les va muy bien gracias a su talento para marear a los pasmarotes. Según los entendidos, "talentismo" es un término que se creó para oponerlo a "capitalismo", pues si antes el factor clave para alcanzar el éxito en una compañía era el aumento de capital, hoy ese factor está siendo sustituido por el talento. ¡Qué bella cosa! Proviene del neologismo inglés *talentism*, y ya hay más de un libro en inglés que sirve como biblia a los devotos de esta doctrina; por ejemplo, *From Capitalism to Talentism* y *Talentism: Unlocking the Power of the New Human Ecosystem*, en cuyas páginas podemos leer cosas como la siguiente: "Creemos que para ganar en la jungla económica actual se necesita dar forma a su negocio alrededor de su talento". La divisa de esta ideología denominada "talentismo" es "el ser humano talentoso como eje de la empresa". Por supuesto, cuando se habla de "talento" (inteligencia, aptitud), todo el mundo supone tenerlo, ¡nadie va a decir que no! Tan pronto como se acuñó el anglicismo *talentism*, los gurús hispanohablantes del liderazgo lo calcaron crudamente y también pronto imitaron, con la misma "originalidad" que les caracteriza, los títulos de los libros en inglés, como *Del capitalismo al talentismo: Claves para triunfar en la nueva era*, del español Juan Carlos Cubeiro Villar, a quien los editores presentan del siguiente modo: "uno de los mayores gurús del país y destacado experto en talento, liderazgo y gestión de equipos". No es para menos: el señor es "Presidente de Honor de AECOP (Asociación Española de Coaching y Consultoría de Procesos)". Siendo la Real Academia Española tan anglicista, es de suponer que pronto tendremos el "talentismo" en sus páginas, para sumarlo al sustantivo masculino "talento" (inteligencia: capacidad de entender, y aptitud: capacidad para el desempeño de algo) y el adjetivo "talentoso", aplicado a quien tiene talento, ingenio, capacidad y entendimiento. Lo increíble de todo es que, en el motor de búsqueda de Google, no hay mucha diferencia en el número de resultados entre "talentismo" y el original *"talentism"*, lo cual demuestra lo rápidos que somos, en la lengua española, para imitar, adoptar y darle vuelo a cualquier cosa del inglés. ¡Y a qué grado lo somos que "el talentismo" hace parecer chiquitito a *the talentism*!

☞ Google: 11 800 resultados de "talentismo"; 3 370 de "el talentismo". ☒
☞ Google: 16 300 resultados de *talentism*; 266 de *the talentism*. ☒

259. tamal, tamales, tamales yucatecos, vaporcito, vaporcitos, vaporcitos yucatecos
La Academia Mexicana de la Lengua traslada su desinformación, su alarmante ignorancia y su más grave falta de investigación, junto con sus incapacidades léxicas y lexicográficas, a la desdeñosa y no menos holgazana Real Academia Española. Así, con la mayor tranquilidad que les da esa arrogante ignorancia a sus especialistas, tal como escriben en el *Diccionario de mexicanismos*, le trasmiten al DRAE que el mexicanismo "vaporcito", sustantivo masculino y localismo de Yucatán, se aplica al "rollo de carne de pollo, de cerdo o de cazón" (DM). Los nativos de la península de Yucatán (Campeche, Quintana Roo y Yucatán) deberíamos hacer una demanda colectiva contra la doctora Company & Company y sus colaboradores por todas las, más que inexactitudes, mentiras que estamparon en el malhadado DM, y que el DRAE reprodujo campantemente en sus páginas, donde leemos: "**vaporcito** (De *vapor* y -*cito*). m. *Méx.* Rollo de carne de gallina [¡ojo!: el pollo se convirtió en gallina], de cerdo o de cazón, típico de la comida yucateca". ¿Típico? ¡Pura madre! Lo que sí es típico en la maravillosa y rica comida yucateca es el delicioso tamal llamado "vaporcito", y no los rollos dizque de pollo, gallina, cerdo o cazón que se sacaron de las polainas los académicos mexicanos de la lengua, los informantes y los ayudantes a quien nadie supervisó. Yuri de Gortari y Edmundo Escamilla, en su libro *Viaje por la gastronomía de Yucatán* (2015) escriben lo cierto: "Los **vaporcitos** son unos ricos tamales de Yucatán, que se han vuelto muy populares para el Día de la Candelaria, pero se comen para distintas ocasiones, y pueden encontrarse hasta altas horas de la noche en el mercado de Santa Ana en Mérida". Como su propio nombre lo indica, los "vaporcitos" se cocinan al vapor y son, por lo general, de carne de cerdo, deshebrada y, entre otros ingredientes para sazonar, llevan achiote, jitomate, epazote y chile habanero, y a veces integran a la masa el *espelón* (del maya *x'pelón*): frijol negro tierno que es una delicia. Luego de poner la masa de maíz sobre un trozo de hoja de plátano, se agrega el relleno, se envuelven los tamales y se ponen a fuego alto, dentro de una vaporera, durante poco más de una hora o hasta que se evapore toda el agua. Estos son los sublimes "vaporcitos" no sólo del estado de Yucatán, sino también de Quintana Roo y de algunas zonas de Campeche. ¡Cómo voy a olvidar los "vaporcitos" que preparaba mi madre para la familia!, y todo para que luego vengan unos chambones a decir que se trata

de "rollos de carne de pollo, de cerdo o de cazón". ¿Quién demonios le da esta información a la Academia Mexicana de la Lengua que luego ella, a su vez, envía a la Real Academia Española? O es un enemigo o es un bromista (o las dos cosas a la vez) o es alguien que no tiene ni la más remota idea de la cocina indígena y popular de la península de Yucatán, pero llegó a la Academia Mexicana de la Lengua y hace como que hace algo, a sabiendas de que ahí no verifican nada: lo mismo puede tomarles el pelo con el frijol colado que con el frijol con *joroches* o la chaya sancochada. Definitivamente, no es cierto, es una mentira que los "vaporcitos" yucatecos sean esas cosas que definen y describen tanto el DM de la AML como el DRAE. No saben de lo que hablan y escriben, porque simple y sencillamente no investigan y, por lo visto, jamás han tenido en su plato (¡ninguno de ellos!) un "vaporcito" yucateco. ¡Pero que por lo menos vean las fotografías, y hasta las recetas, en internet! Tan perezosos son que ni eso hacen. No se confíen los lectores de ese lexicón tan chapucero.

☞ Google: 3040 resultados de "vaporcitos, tamales yucatecos"; 1000 de "tamales vaporcitos"; 831 de "vaporcitos yucatecos"; 222 de "cómo preparar vaporcitos yucatecos"; 186 de "receta de vaporcitos yucatecos"; 50 de "vaporcito yucateco" ☑

260. táper, tóper, ¿*tóper de plástico?*, *Tupperware*®

Si el DRAE no fuese normativo (y hay incluso académicos que creen que no lo es, o que no debería serlo, y que únicamente "recoge" los usos lingüísticos) no tendría en sus páginas el sustantivo masculino "clínex", adaptación gráfica de la marca registrada Kleenex, con el significado de "pañuelo desechable de papel". Ejemplo: *Se limpió los mocos con un clínex*. Esta adaptación gráfica al español, validada por la Real Academia Española, es una transcripción fonética del anglicismo crudo (que se pronuncia *klíneks*) pero modificada y adaptada a las reglas del español con una "c" inicial en lugar de "k", "i" en lugar de "ee" y con tilde en la penúltima sílaba (como corresponde a una palabra llana o grave que termina con consonante distinta de "n" o "s"): "clínex", no "kleenex" ni "klinex" y ni siquiera "klínex". Al estar en las páginas del DRAE, el término "correcto" es "clínex"; los otros son incorrectos, aunque los escribientes que no consultan el diccionario insistan en "kleenex", "klinex" y "klínex". En Google hay 127 000 resultados de "un kleenex", 32 300 de "los kleenex", 245 000 de "klinex" (sin tilde) y 23 800 de "klínex" (con tilde). Estas grafías son erróneas en todos estos resultados, frente a la correcta "clínex", que ha fijado el DRAE, y que tiene 74 000 resultados en Google. Fijar una grafía, para dar unidad a la lengua, es tarea importante de una academia de la lengua. Esta labor ayuda y guía al hablante y al escribiente que busca precisión. Que haya académicos que pretendan escurrir el bulto, afirmando que ellos sólo "recogen" los usos lingüísticos (igualándose con los que recogen la basura, ¡pero ni siquiera separándola!), es parte de la holgazanería de quienes no saben ni por qué están donde están. Si quienes hacen el DRAE procedieran siempre con los extranjerismos como lo hicieron con el vocablo "clínex" (y como lo han hecho con otros vocablos: "cuadrivio", "quiosco", "yonqui", "yóquey", "yudo" y otras más) tendríamos una lengua limpia, ordenada, armónica, con gran unidad y con reglas muy claras y precisas. Pero esto no siempre es así. Ahí tenemos, por ejemplo, las ausencias en el DRAE de "omelet" (del francés *omelette*) y "quiche" (del francés *quiche*) y la presencia de la voz inglesa *spa* que los académicos no han sido capaces de adaptar en "espá" como lo hicieron, adecuadamente, con "espray" (del inglés *spray*), con "esprint" (del inglés *sprint*) y con "estand" (del inglés *stand*). Pereza, incoherencia e incongruencia se juntan en esta institución, y sus hermanastras correspondientes de América y Filipinas las adoptan como si fueran mandatos. Y a tal grado lo hacen que, por ejemplo, el *Diccionario de mexicanismos* de la Academia Mexicana de la Lengua incluye extranjerismos y marcas registradas extranjeras, que bautiza como "mexicanismos" con la mayor caradura, entre ellos "diurex" ("cinta, generalmente transparente, con adhesivo por uno de sus lados"), "kiss" ("bombón pequeño de chocolate en forma de pera"; ¡pero no tiene forma de pera, sino cónica!), "kótex" ("toalla higiénica femenina"; ¡con anómalo acento, pues la marca no lleva tilde!), "pritt" ("lápiz adhesivo") y "pyrex" ("recipiente hecho de vidrio refractario para hornear alimentos"). En todo caso, para ser "mexicanismos", tendrían que estar adaptados al idioma: "diúrex", "quis", "cótex", "prit", "páirex"; y en tanto eso no sea así son simplemente extranjerismos que se usan en México, aunque es obvio, como podemos ver en Google, que el hablante y escribiente ya está haciendo la adaptación tanto en "diurex" como en "prit", por ejemplo, sin que la AML se dé por enterada. Ejemplos: "La pasión, en mi humilde opinión, es como el **diúrex**" (Héctor Manjarrez, *El otro amor de su vida*, Era, 1999); "Chiste: Un **prit** iba caminando y se cayó, pero no se pegó porque tenía tapita". Asombrosamente, entre estos supuestos "mexicanismos supranacionales" no se incluye la apócope "tóper", éste sí mexicanismo sin duda, de la marca registrada *Tupperware*, sustantivo que puede definirse como recipiente de plástico para transportar alimentos herméticamente. Su equivalente es fiambrera, pero también se usa para designar botes o botellas de esta marca que sirven para transportar líquidos y para beber directamente de ellos. Ejemplos: *Tu madre te puede desheredar si le quedas a deber un **tóper**; Un Godínez perdió su **tóper** y así le contestó Tupperware México.* La empresa *Tupperware*, fundada por Earl Silas Tupper (1907-1983) en Estados Unidos, fabrica y vende diversos recipientes y utensilios de plástico especialmente para la cocina. Según su página de internet, tiene más de medio siglo de presencia en México y, de hecho, México es el tercer país que más consume sus productos, sólo después de Alemania y Estados Unidos. En España, país de una proverbial falta de ortoepía no sólo para el español, sino también para otras lenguas, se han ido abriendo paso las apócopes "táper" y "túper" (términos aún no incluidos en el DRAE y ni siquiera mencionados en el *Panhispánico*), aunque incluso en el inglés británico *Tupperware* se pronuncie, aproximadamente, *toperwér* y no *taperwér* ni mucho menos *tuperwér*. En México pronunciamos *toperwér* (como corresponde a la fonética estadounidense e inglesa), y por ello apocopamos "tóper", pero con un anómalo plural, "tópers" (por regla, debería ser "tóperes", pero este uso correcto actualmente es minoritario y más bien marginal), que ya se habría corregido si la Academia Mexicana de la Lengua hubiese hecho su chamba. Sea como fuere, "tóper" es, sin duda, un "mexicanismo" (perfectamente adaptado y aclimatado, al igual que "dona" y "bísquet"), aunque el DM de la AML no tenga ni idea de esto. Es más frecuente en el habla que en la escritura, pero existen miles de evidencias escritas, lo mismo en publicaciones impresas que en internet. Obviamente, es falta ortográfica escribir la apócope sin la tilde ("toper"), pues al ser palabra llana o grave terminada en consonante que no es "n" ni "s", la regla exige dicho acento ortográfico. Por desgracia, esta forma incorrecta es la más utilizada en la escritura en México, y en parte se debe a que, para este vocablo, no hay un diccionario (¡ni siquiera el de mexicanismos de la AML!) que guíe a los hablantes y escribientes. (¡Ah!, pero eso sí, el DM incluye el adjetivo y sustantivo "popof" que ya no utilizan ni los tatarabuelitos porque suena a "popó".) Por cierto, "tóper de plástico" es una redundancia, pues todos los productos Tupperware son de plástico, y este yerro del habla y la escritura también es frecuente. He aquí algunos pocos ejemplos de la forma en que se usa la grafía apocopada "tóper" en México que la vuelve, sin duda, un mexicanismo, aunque el DM de la AML se la pase por el arco del triunfo: "Te traes tu **tóper** porque te voy a dar hasta para llevar", "siempre quedará un **tóper** en el fondo del refrigerador", "el **tóper**, un clásico de las cocinas", "no volver a comer de un **tóper**", "la venganza es un plato que se sirve en **tóper**", "¡escápate a Plaza Sendero con tu **tóper**!", "alimentos para llevar en **tóper** a la oficina", "¿te enojas si se te pierde un **tóper**?", "desde la cocina escucho el silbido y corro a la calle con un **tóper**", "¡y nada más donde no me devuelvas mi **tóper**!", "no te lleves mis **tópers**", "dime qué **tópers** usas y te diré cómo eres", "regla Godínez número 1: No robarás los **tópers**", "¡trae tus **tópers** si te quedas a comer!", "llevar **tópers** a la oficina para comer bien y sano", "ten listos tus **tópers**, aquí está la guía de supervivencia", "los **tópers** son la criptomoneda de las mamás", "si quieres hacer enojar a tu madre, llévate sus **tópers**", "si te prestan los **tópers**, ¡devuélvelos!", "la colección de **tóperes** de comida", "no siempre es posible cargar con **tóperes**", "yo llevo mis **tóperes** y traigo para mis niños", "regaló a las señoras que acudieron a su evento **tóperes** y recipientes de cristal", etcétera.

☞ Google: 4 060 000 resultados de "toper"; 22 000 de "un toper"; 5 630 de "tóper de plástico"; 3 840 de "toper de plástico"; 2 330 de "topers de plástico"; 1 850 de "tópers". ☒

☞ Google: 6 790 resultados de "tóper"; 5 950 de "tóper grande"; 4 770 de "su tóper"; 3 640 de "mi tóper"; 1,000 de "tóperes". ☑

261. tipazo

En España llaman "tipazo" (sustantivo masculino coloquial) al "cuerpo muy atractivo de una persona" y a la "persona muy atractiva por sus rasgos corporales". Ejemplo del DRAE: *Aquella mujer tiene un* **tipazo**. Lo que no dice el DRAE, ni tampoco lo incluye en su blandengue suplemento que es el *Diccionario panhispánico de dudas*, que en Hispanoamérica el uso más general del sustantivo masculino "tipazo" (aumentativo coloquial del sustantivo "tipo": individuo, persona) nada tiene que ver con el cuerpo ni con los atributos corporales, sino con el buen carácter de alguien, con su don de gentes y su simpatía. Un "tipazo", en este sentido, es un "buen tipo", una "buena persona", y cabe decir que se usa, con la indispensable concordancia en masculino, es decir, para el varón y no para la mujer. El femenino "tipaza" (muy minoritario) tiene una connotación antónima, prácticamente peyorativa. Ejemplos: *Ese señor es un* **tipazo** (en un sentido admirativo; su contrario o antónimo sería "tipejo"); ¡*Esa pinche* **tipaza** *(o tipeja) qué se cree; vergüenza debería darle comportarse así!* Cuando el papa Francisco visitó México, uno de los gritos rimados que corearon los feligreses fue el siguiente: "¡Arroz!, ¡pambazo!/ El Papa es un **tipazo**". Por supuesto, no se lo dijeron por su "cuerpo muy atractivo" o por ser una "persona muy atractiva por sus rasgos corporales", sino por su gentileza, su simpatía y su humildad. Es obvio que los académicos de Madrid y sus hermanastros de América y Filipinas andan en las nubes: la acepción más utilizada por los hispanohablantes para el sustantivo coloquial "tipazo" (excelente persona, maravilloso ser humano) ¡no está incluida en el DRAE!, y en cambio sí se esmeran en la minoritaria, y todo porque los académicos de Madrid andan con los ojos saltones de ver tanto "tipazo", tanto cuerpo atractivo, en la farándula. Sólo así se entiende que les parezca algo muy importante incluir en su mamotreto las zarandajas "amigovio" y "papichulo".

☞ En Google: 955 000 resultados de "tipazo"; 235 000 de "un tipazo"; 152 000 de "¡es un tipazo!"; 3 070 de "un gran tipazo". ☑

262. ¿*toilet?*, ¿*toilette?*, ¿*tualet?*

En 1859, en su artículo "Neologismo y arcaísmo", publicado en el *Boletín de la Real Academia Española*, el académico Antonio María Segovia escribió, con severidad: "Toda voz bárbara, y que por su estructura repugna a la índole de nuestra lengua, debe omitirse inexorablemente. Ejemplos: *Début, confort, toilette, soirée, galop, schotish, doublé, cabas, rails, ténder, raout, buffet, clown*. Siempre ha habido modo de decir que un actor se ha mostrado en público por primera vez sin necesidad de decir que *ha hecho su début*. De 'nuevo en esta plaza' calificaban los carteles al torero no ejercitado antes en ella. ¿Qué dificultad hay en llamar a un 'actor nuevo en este teatro'? Ni en referir que 'fulano cantó anoche por primera vez'; que 'zutana se presentó por primera vez al público de esta capital'. Para hablar de comodidad y regalo, aunque rayen en el refinamiento y la molicie, nunca hemos necesitado acudir a Inglaterra por palabras duras y además de impropia acepción allí mismo. *Toilette* es tocador y tocado, y *galop* significa lo mismo en la equitación que en el baile, o es una voz tomada de aquélla por éste en Francia; ¿por qué no habíamos de hacer en España otro tanto? Para *soirée* tenemos la *velada* y a veces la *tertulia*; y si llega a ser *sarao*, ya está de antiguo adoptada esta palabra. *Doublé* es 'similor', ni más ni menos que *corbeille* es una cestita o canastillo; *clown* es y ha sido siempre un 'payaso', y, finalmente, si alguna cosa nueva nos viene de país extranjero, pongámosle nombre nuevo, como hemos hecho con el *ferrocarril*, que es propio y adecuado; o traduzcamos la palabra extraña, como hemos hecho con *estación*, pero que no autorice la Academia barbarismos inútiles ni galicismos o anglicismos perniciosos. Sin embargo, cuando la necesidad sea indisputable y el uso predomine notoriamente, inclúyase la voz en el *Diccionario* calificándola de *nueva*, y aun indicando la manera en que se la podría substituir". Esta lógica incontestable de Segovia es la que, en las últimas décadas, ha extraviado la Real Academia Española, sustituyéndola por caprichos, ocurrencias y desatinos. Dado que el idioma es un ente vivo, con el tiempo se impusieron, en función del uso, las adaptaciones gráficas "bufé", "bufet", "bufete", "cabás", "chotis" (que muchos escriben, equivocadamente, como "chotís"), "confort", "debut", "galop", "raíl" y "ténder", pero no *clown* ni *raout* ni *soirée* ni *toilette*, términos estos tres últimos que ni siquiera figuran en el DRAE como palabras extranjeras de uso en español. Y sin embargo, no son pocos los cursis y afectados que dicen y escriben "voy al toilette o a la toilette" (pronunciado en francés, *tualét*) en lugar de decir y escribir "voy al tocador, al baño, al lavabo, al retrete, al sanitario", porque piensan (¡qué ingenua necedad!) que si dicen "toilette" nadie imaginará que van a mear o a cagar. Quizá ni siquiera saben que el sustantivo francés *eau de toilette* (ó *de tualét*) significa, literalmente, "agua de tocador" y que *toilette* es un sustantivo femenino y no masculino. ¡Ésas tenemos! Quienes desean adornarse con el francés, llaman *toilette* al baño o al retrete, aunque lo que hacen ahí (por ejemplo, "pujar") lo hagan en español. Se pensaría que este uso lo adquirimos del francés, pero en realidad es otro anglicismo: en inglés se escribe *toilet* ("tocador", "arreglo", "aseo", "lavabo", "retrete") y su pronunciación es casi equivalente a su representación gráfica: *tóailet*, y no *tualét*, como en francés. Si en español no queremos decir, tan refinadamente, "cagadero" o "retrete", digamos entonces, en buen cristiano, "baño", "sanitario", "lavabo" o, simplemente, "tocador" y mandemos al escusado el *toilet* y la *toilette*, que nada tienen que hacer en nuestro idioma.

Escritores incluso, en textos nada irónicos o sin ningún sentido cáustico, usan este sustantivo como si nada, es decir, en serio. Tal es el caso de un poeta de quien leemos lo siguiente:

♀ "La poesía frecuenta los burdeles/ escribe cantos silba danza mientras se mira/ ociosamente en la **toilette**/ y ha conocido el sabor dulzón del amor/ en los parquecitos de crepé/ bajo la luna/ de los mostradores".

Cualquier sinónimo, en español, es mejor que *toilette* en un poema, por demás escrito con vocablos castizos con excepción de "crepé" que, sin embargo, aunque proviene del francés *crêpe*, tiene su origen en la etimología latina *crispus* ("crespo"). Bien pudo escribir el poeta:

♂ mientras se mira/ ociosamente en el **tocador**, etcétera.

✐ En francés, ni siquiera Sade utiliza el sustantivo *toilette* para dar título a una de sus más célebres obras: *La philosophie dans le **boudoir***, que se conoce en español como *La filosofía en el **tocador***, porque *boudoir* es un sustantivo más preciso que *toilette* para referirse al "tocador", sustantivo masculino que en una de sus acepciones significa "aposento destinado al aseo y peinado de una persona" (DRAE). He aquí algunos pocos ejemplos del uso de esta forma afectada de hablar y escribir en nuestro idioma: "Un agua de **toilette** para mujer chispeante, transparente y cristalina" (¿todo esto es la mujer: chispeante, transparente y cristalina?), "compra agua de **toilette** en Amazon", "bellísimas cerámicas en el **toilette**", "casting en el **toilette**", "gel para manos en el **toilette** de damas", "lavabos del **toilette** de damas", "lo mejor para la **toilette** de damas y niños", "entrada al **toilette**", "se dirigía al **toilette**", "algunos fueron al **toilette**", "lo mejor es ir al **toilette** antes" (¿antes de qué?; antes de mearse en los pantalones), "así que decidí ir al **toilette**", "fue al **toilette**, se repuso, se peinó y salió más tranquila", "ella fue al **toilette** y cuando volvió él ya estaba sacudiendo las sábanas y poniendo en orden el cuarto", "la mujer de García se disculpó y fue al **toilette**" (si es la mujer de García y no de Depardieu, ¡entonces fue al baño y no al **toilette**!), "yo me levanté y fui al **toilette** de mujeres", "fui al **toilette** para lavarme las manos" (sí, a donde fue Pilatos: ¡al **toilette**!), "debiste hacerlo cuando fui al **toilette**", "Anouk seguía en la **toilette**", "en la **toilette** tropecé con el padre de la novia" y, como siempre hay algo peor: "**toilette** apestoso" (los cursis son capaces de llamar *toilette*, con fonética francesa, *tualét*, a un asqueroso retrete público de terminal camionera de tercera clase; ¡no tienen remedio!).

☞ Google: 2 410 000 resultados de "agua de toilette"; 160 000 de "en el toilette"; 81 700 de "toilette de damas"; 53 400 de "al toilette"; 6 130 de "ir al toilette"; 1 500 de "fue al toilette"; 1 170 de "fui al toilette"; 1 000 de "en la toilette". ☒

263. Toluca, ¿*tolucano?*, tolucense, toluco, toluquense, toluqueño

Por algún extraño motivo a algunos "toluqueños" (naturales o habitantes de Toluca, capital del Estado de México) les disgusta el gentilicio "toluqueño", pero, aunque lo quieran o no, son "toluqueños", del mismo modo que otros son "chetumaleños" (de Chetumal, capital de Quintana Roo), "chilpancingueños" (de Chilpancingo, capital de Guerrero), "jalapeños" (de Xalapa, capital de Veracruz), "oaxaqueños" (del estado y la capital de Oaxaca), "paceños" (de La Paz, capital de Baja California Sur), "tampiqueños" (de Tampico, Tamaulipas) y "tepiqueños" (de Tepic, capital de Nayarit). Esto, para no hablar de los "tuleños", naturales o habitantes de Tula, Hidalgo, donde no faltan los orgullosos machistas que afirman muy sonrientes, y conscientes de su albur: "Yo soy tuleño". ¿Cuál es el problema de decir o escribir "soy toluqueño"? El DRAE define con precisión el adjetivo y sustantivo "toluqueño": "Natural de Toluca, capital del estado mexicano de México" y "perteneciente o relativo a Toluca o a los toluqueños". Ejemplos: *Centro **Toluqueño** de Escritores*; *Chilaquiles **toluqueños***. Como siempre, el *Diccionario de mexicanismos*, de la AML, que recoge todas las barbaridades posibles y hasta las imposibles, registra en sus páginas el adjetivo y sustantivo "tolucano", como sinónimo de "toluqueño", pero esta variante es tan minoritaria que apenas rebasa un millar de resultados en internet (en cambio, el femenino *tolucana* tiene casi diez mil resultados en internet, pero estos resultados siempre corresponden a nombres científicos de la botánica regional, como *Illex tolucana* o aceitunillo y *Cuphea tolucana* o hierba de la calavera.) Habrá que darle un premio a quien nos diga haber escuchado a alguien decir, con orgullo nativo: "Yo soy **tolucano**". Probablemente, algunos pocos "toluqueños", que se quisieron sentir vascos o franceses, derivaron el "tolucano" de "tolosano", gentilicio que se aplica a los naturales o habitantes de Tolosa (Guipúzcoa), España, y de Tolouse, Francia, también conocida como la Tolosa francesa. Y quienes les siguieron la corriente fueron nada más los académicos mexicanos de la lengua de trapo. Otros "toluqueños" más avezados en el idioma, usan también el gentilicio "tolucense" (con su variante minoritaria "toluquense"), término que no recoge, por cierto, ese depósito de ocurrencias y chistes eugenioderbecianos denominado *Diccionario de mexicanismos*, de la AML, aunque en internet tenga seis veces más resultados que "tolucano". Además, el adjetivo y sustantivo "tolucense" está perfectamente derivado en nuestro idioma: basta con mencionar que el gentilicio de Cuernavaca es "cuernavaquense" y que, en los casos de Chetumal y de Durango son admisibles tanto las grafías "durangueño" y "chetumaleño", como "duranguense" y "chetumalense". Pero, al respecto, hay algo más entre las torpezas del inefable DM: este mismo diccionario que recoge en sus páginas el adjetivo y sustantivo popular y despectivo "oaxaco" (referido, como es obvio, a los oaxaqueños), se pasa por el arco del triunfo la variante coloquial y familiar (sólo despectiva por excepción), "toluco", pese a los 132 000 resultados que arroja el motor de búsqueda de Google, y a pesar del muy famoso e idolatrado boxeador mexiquense José López (1932-1972), mejor conocido por su sobrenombre de batalla: "El Toluco". Esto demuestra que el DM de la AML prefirió llenar de tonterías sus páginas antes que hacer una investigación seria sobre cada término incluido, y pasando por alto términos indispensables, como el señalado. Así, el minoritario "tolucano" es sólo una ocurrencia que no toman en serio ni los propios "toluqueños". En cambio, "tolucense" posee no sólo antecedentes entre nuestros gentilicios con doble grafía, sino que, además, es usual en ciertos sectores de la sociedad mexiquense, como en los siguientes ejemplos: "Características del mercado **tolucense**", "sumaria **tolucense**, siglo y medio", "las familias de la comunidad **tolucense** estaban encantadas", "propagación de un símbolo **tolucense**: el legendario árbol de las manitas", "amanecer **tolucense**", "vida y obra de este **tolucense**", "diversos temas que construyen la identidad **tolucense**", "es una traición a la identidad **tolucense**", "interés de que la comunidad **tolucense** se sume a las campañas", "clientes potenciales de la zona metropolitana **tolucence**", "rompiendo la tradición **tolucense**", "presidida por el alcalde **tolucense**", "Caravana Artística **Tolucense**", "errores que cuestan caro a la sociedad **tolucense**", "**tolucense** es un gentilicio correcto para alguien oriundo de Toluca", "abogados **tolucenses** proponen nomenclatura para Toluca", "urge generar mejores condiciones de vida para los **tolucenses**", "escuchan **tolucenses** voces del mar en el Museo de la Acuarela", etcétera.

☞ Google: 1180 resultados de "tolucano"; 1100 de "tolucanos"; 97 de "tolucanas". ☒
☞ Google: 181000 resultados de "toluqueña"; 132000 de "toluco"; 109000 de "toluqueños"; 79300 de "toluqueño"; 37000 de "toluqueñas"; 20200 de "tolucos"; 6380 de "tolucense"; 5020 de "Toluco López"; 1160 de "toluquense"; 1070 de "toluquenses"; 722 de "tolucenses". ☑

264. tonicidad, tónico, tonificación, tonificada, tonificado, tonificador, tonificante, tonificar, tono muscular

"Tonificado" (con su femenino y los plurales) es un adjetivo generalmente mal empleado que se popularizó en el ámbito de la farándula. En español existe el adjetivo y sustantivo "tónico" (que entona o vigoriza), sinónimo de "reconstituyente". También el sustantivo "tonicidad" que el DRAE define como "grado de tensión de los órganos del cuerpo vivo". El verbo transitivo "tonificar" equivale a entonar o fortalecer el organismo. De ahí los adjetivos "tonificante" y "tonificador" (que tonifica), el sustantivo femenino "tonificación", acción y efecto de tonificar, y el adjetivo participio "tonificado": que tiene vigoroso tono muscular. A muchos brutos de la farándula se les ocurrió decir para esto y para lo otro que Fulana y Mengano están muy "tonificados", que tienen, por ejemplo, unas piernas y unas nalgas muy "tonificadas", un vientre perfectamente "tonificado", etcétera, y todos los demás los imitaron. Para ellos "tonificado" es estar delgado, flaco, con pocas carnes. Así, en la página electrónica de Univisión se incluyen varias fotografías bajo el siguiente título:

♀ "Sarah Jessica Parker presume su cuerpo **tonificado** en la playa".

Pero lo que vemos en las fotografías es a una mujer flaca, casi en los huesos, con una cara cadavérica y una clavícula a punto de escaparse de la piel. Por lo que la información correcta debió ser que

♂ a Sarah Jessica Parker se le vio, **muy delgada**, en la playa.

✐ Las secciones de espectáculos de los diarios, las revistas faranduleras y los programas de radio y televisión sobre chismes repiten como loros el inexacto adjetivo "tonificado" para aplicárselo a cualquier mortal que no exceda los 45 kilogramos de peso y, además de ello, producto de cirugías y dietas de hambre. Estar flaco, estar flaca, estar en los huesos, etcétera, no es estar "tonificado"; "tonificada" es la persona que muestra un aspecto físico vigoroso, casi "atlético", pues el adjetivo "atlético" se aplica a una persona "que tiene una constitución física fuerte y musculosa", es decir "tonificada", puesto que tienen excelente "tono muscular".

☞ Google: 4 850 000 resultados de "tónico"; 2 460 000 de "tonificada"; 2 320 000 de "tonificado"; 1 530 000 de "tono muscular"; 975 000 de "tonificadas"; 790 000 de "tonificador"; 481 000 de "tonificados"; 1 310 de "tonificante". ☑

265. torticolis, tortícolis, ¿*torticulis*?

Uso muy español, al igual que "diabetis", "tortículis" es un barbarismo en lugar del correcto "tortícolis". El sustantivo masculino o femenino, según acepta el DRAE, "tortícolis" (del francés *torticolis*) posee la siguiente definición en el diccionario académico: "Espasmo doloroso, de origen inflamatorio o nervioso, de los músculos del cuello, que obliga a tener este torcido con la cabeza inmóvil". Acota el DRAE dos cosas: que también es válida la grafía "torticolis" (palabra llana o grave), aunque sea poco usada, y que se utiliza más en femenino que en masculino. Como la definición parece redactada por el nieto o el biznieto más listo de alguno de los académicos recurrimos al DUE que, por principio, nos dice que se trata de un sustantivo exclusivamente femenino ("la tortícolis" y no "el tortícolis") y la definición de María Moliner es, con mucho, un portento de sencilla precisión, comparada con la discapacidad sintáctica del DRAE. Para Moliner, "la tortícolis" es el "dolor de los músculos del cuello que impide moverlo u obliga a mantenerlo torcido". El *Panhispánico* se siente obligado a citar entre comillas un fragmento de la definición de su pariente rico el DRAE y agrega lo siguiente: "Aunque procede del francés *torticolis* (pronunciación: *tortikolí*), en español es voz esdrújula. Debe evitarse el uso de la grafía original francesa, escrita sin tilde, por corresponder a una pronunciación llana (*tortikólis*), inusitada en nuestro idioma". Esto último a pesar de que el DRAE da como válida la grafía llana o grave. ¡Ni en esto se ponen de acuerdo los académicos madrileños y sus hermanastros! Hace dos acotaciones el pobre *Panhispánico*: la primera, que es errónea la forma "tortículis", y la segunda, que "en el español general actual es femenino", pero que "no obstante, en obras especializadas se emplea aún a veces con el género masculino etimológico", y, para probar esto, cita la frase de un libro ¡de 1966! A veces es bromista este *Panhispánico*, intitulado "de dudas" porque más que solucionarlas se ocupa de enredarlas. El *Clave* añade información respecto de la etimología: del francés *torticolis*, explica, y éste quizá del italiano *torti colli* ("cuellos torcidos"). En cuanto a su morfología, señala que "es invariable en número" ("la tortícolis", "las tortícolis"). Y nos regala un ejemplo: *Tengo tal* **tortícolis** *que no puedo hacer ni el más ligero movimiento con la cabeza.* Que la RAE considere este sustantivo como de género ambiguo no es otra cosa que un anacronismo. El uso general lo ha hecho un sustantivo femenino, y ya es hora de mandar a paseo al horrible (aunque etimológico) masculino. Y comprendido todo lo anterior, el elemento indispensable que no debemos olvidar es que es una barrabasada decir y escribir "tortículis" en lugar del correcto "tortícolis". Y este disparate no es exclusivo del habla, sino también de la escritura, especialmente en España.

La Clínica de Osteopatía de Barcelona publica un artículo médico de la osteópata pediátrica Maria Zaietta con el siguiente titular:

♀ "Plagiocefalia y **tortículis** en bebés".

Y en el cuerpo del artículo siempre aparece el término "tortículis" en lugar del correcto

☝ **tortícolis**.

✐ He aquí unos pocos ejemplos de este barbarismo: "**Tortículis** muscular congénita", "¿qué es la **tortículis** y cómo se previene?" (muy simple: consultando el diccionario), "formas de aliviar la **tortículis**", "¿lleva tilde **tortículis**?" (si escribes **tortículis** ni te preocupes por la tilde), "¿Robaxisal compuesto sirve para la **tortículis**?" (respuesta: es un medicamento que ayuda a aliviar los dolores de la "tortícolis", pero no hay evidencias médicas de que sirva para eso que llaman la "tortículis"), "tampoco fue convocado para el partido contra el Rayo Vallecano por una **tortículis** aguda", "se llama distonía cervical o más conocida como **tortículis**" (más conocida como ignorancia del idioma), "la **tortículis** se trata de una contracción muscular del cuello prolongada" (más bien de una prolongada contracción muscular del cuello), "tratamiento de la **tortículis**", "dormir a pierna suelta y evitar la **tortículis**", "**tortículis** congénita o adquirida" (sí, adquirida en la escuela y como consecuencia de no consultar jamás el diccionario), "diagnosticado como una **tortículis**", "todavía tengo **tortículis** de dormir tan mal" y, como siempre hay algo peor: "la mejor terapia para curar las **tortículis** del cuello".

☞ Google: 12100 resultados de "tortículis"; 4070 de "la tortículis"; 2710 de "una tortículis". ☒

☞ Google: 7530 resultados de "el torticolis"; 7130 de "el tortícolis". ☑

☞ Google: 384000 de "tortícolis"; 65000 de "la tortícolis"; 2550 de "las tortícolis"; 1150 de "mi tortícolis". ☑☑

266. trabajal, trabajo, trabajo arduo y fatigoso

Ocupados en zarandajas, tonterías y chistoretes (mexicanismo éste que, como ya vimos, desconocen en la Academia Mexicana de la Lengua), los redactores del *Diccionario de mexicanismos* de la AML no incluyeron en las páginas de su paupérrimo lexicón el mexicanismo "trabajal" (derivado de "trabajo"), sustantivo masculino que significa "mucho trabajo, ardua labor", cuya construcción es similar al sustantivo masculino "dineral" (derivado de "dinero") y a su sinónimo sudamericano "platal" (derivado de "plata", a su vez sinónimo de "dinero"). El sufijo "-al", lo mismo en España que en América, sirve para denotar abundancia o exceso y crear aumentativos menos frecuentes que los más convencionales del castellano: "-ón", "-ona", "-azo", "-aza", "-acho", "-acha", "-ote", "-ota". Así, de "trabajo", se dice y se escribe "trabaj**al**", no sólo por un paralelismo con "dine**ral**", sino también y seguramente, en el caso de México, por influencia de "titipuchal", sustantivo masculino, supranacional y coloquial que el DM define como "número considerable de algo: *Maté un **titipuchal** de cucarachas que estaban bajo el sillón*". Según el DRAE, el sufijo "-al" (del latín *-alis*), "en adjetivos, indica generalmente relación o pertenencia. *Ferrovial. Cultural*", y "en sustantivos, indica el lugar en que abunda el primitivo. *Arrozal. Peñascal*". Esta definición del diccionario académico es incompleta y equívoca. Por supuesto, el prefijo "-al" posee sentido de "abundancia", pero no en los casos de "arrozal" ni de "peñascal", cuya connotación exacta no es tanto de abundancia como de "nombres de lugar en que hay cierta cosa, o de plantación", como bien lo señala María Moliner en el DUE con ejemplos inequívocos: "arenal" y "pedregal"; "maizal" y "robledal"; que abunden o no la arena, las piedras, el maíz y los robles, es otra cosa; lo realmente importante es que el "arenal" está constituido de "arena"; el "pedregal", de "piedras"; el "maizal", de plantas de "maíz", y el "robledal", de "robles". Puede tratarse incluso de un "maizal" ralo, pero "maizal" al fin, puesto que el propio DRAE ofrece la siguiente definición del sustantivo masculino "maizal": "Tierra sembrada de maíz", del mismo modo que define el sustantivo masculino "arrozal" como "tierra sembrada de arroz". En cuanto a "peñascal", también sustantivo masculino, es el "sitio cubierto de peñascos" ("peñas grandes y elevadas"). El sufijo también puede denotar "conjunto", como en "instrumental" y "matorral": "conjunto de instrumentos destinados a determinado fin" y "conjunto de matas intrincadas y espesas", respectivamente. Y si denota abundancia, el ejemplo perfecto es "dineral": "Cantidad grande de dinero", como lo define el propio DRAE. Ejemplo: *Fulano es riquísimo: tiene un **dineral***. El sufijo "-al" no es mencionado entre los "aumentativos", pero con este último sentido, ya ejemplificado, es uno de ellos, y habría que incorporarlo, para que no se quede únicamente entre las generalidades, vaguedades y equívocos de la definición académica exclusiva para la entrada "-al" del DRAE; veamos por qué es esto necesario. El diccionario académico define el adjetivo "aumentativo" del siguiente modo: "Dicho de un sufijo: Que expresa aumento, intensidad o exceso de lo denotado por el vocablo al que se une". Como sustantivo significa "palabra formada con uno o más sufijos aumentativos". Falto de didáctica, el DRAE no pone ningún ejemplo y ni siquiera consigna en esta entrada cuáles son esos sufijos de carácter aumentativo. En el apéndice II ("Desarrollos gramaticales") del DUE, María Moliner dice lo necesario sobre el tema y, de paso, le enmienda la plana al DRAE: "Pueden transformarse en aumentativos los nombres y los adjetivos, y excepcionalmente, algunos adverbios: 'much**azo**', 'arrib**ota**'. La idea que comportan estos sufijos no es siempre o sólo de aumento de tamaño o intensidad. Muchas veces son despectivos: 'ric**acho**', 'palab**rota**'; otras, atenuativos: 'cobard**ón**'; afectuosos: 'picar**ón**'; otras, ponderativos: 'coch**azo**', 'nobl**ote**'. Y, en muchos casos, tienen valor diminutivo: 'camar**ote**', 'isl**ote**', 'limp**ión**', 'perdig**ón**'; en especial, los adjetivos con sufijo aumentativo rara vez tienen un significado propio o puramente aumentativo. Aunque, a veces, la idea comportada por el sufijo se refiere a la intensidad de la cualidad expresada por el adjetivo, como 'fe**ote**', la mayor parte de las veces la idea de aumento se refiere realmente al nombre: 'Un niño colorad**ote**'. El sufijo aumentativo por excelencia es '**azo**, -a': 'car**aza**', 'perr**azo**'. Éste es aplicable a cualquier nombre o adjetivo; pero existen otros: '**ón**, -ona; **acho**, -acha; **ote**, -a', que se aplican a ciertas palabras con preferencia a aquél: 'tabl**ón**', 'cas**ona**', 'ric**acho**', 'grand**ote**', 'cabez**ota**'. Para los adjetivos, la verdadera terminación aumentativa es '**ísimo**, -a', o, en algunos adjetivos cultos que han pasado ya formados del latín, '**érrimo**, -a' ('celebérrimo', 'pulquérrimo'). Pero a los adjetivos que llevan estas terminaciones no se les llama en gramática aumentativos, sino 'superlativos'". Más claro no puede ser. En su *Índice gramatical*, Félix Fano agrega un matiz: el de burla (más enfático que el de carácter despectivo), y pone un ejemplo: "pobr**etón**". Con tal sentido de burla, censura y desprecio, un ejemplo de nuestro tiempo sería "mam**ón**", es decir "engreído", con su respectivo femenino: "mam**ona**", que también admite mayores grados de intensidad: "mam**onsote**" y, superlativamente, "mam**onsísimo**", pero también características atenuantes o diminutivas: "mam**ilas**", "mam**oncete**", "mam**oncito**". Otro dato que ofrece Fano en su libro es que, a veces, el sufijo aumentativo cambia el género primitivo del término, como en "caser**ón**" (masculino), de "casa" (femenino). Lo grave es que el *Diccionario de mexicanismos* de la AML pasa de noche junto al aumentativo

"trabajal", mexicanismo utilizado ya no sólo en el ámbito popular, pero de ahí surgido. Ejemplo de una crónica de Cristina Pacheco en el diario *La Jornada*: "Dios te
oiga. Tengo un **trabajal** espantoso porque va a ser quincena". El DM incluye en sus
páginas jaladas como "trabafat", variante marginalísima del marginal "tramafat" ("epi-
sodio de histeria que puede llegar al desmayo"), pero ignora el sustantivo "trabajal",
porque resulta obvio que la hechura de ese libraco no les significó a sus redactores
un "trabajal". Por definición, un "trabajal" no se hace con las patas. Otros aumentativos mexicanos, de ponderación, exceso de cantidad o aumento de intensidad, que
se construyen con el sufijo "-al", son "carajal", "chingamadral", "madral" y "putama-
dral" ("gran cantidad de algo"), que sí incluye el DM, y el sinónimo de los anteriores,
"putal", que no incluye. Parecido es el aumentativo "borrachal", con su variante de
mayor intensidad "borrachales" ("el borrachales", "los borrachales"), cuyo significado
es muy borracho o que se emborracha frecuentemente o, tal como lo define el DRAE,
para el primer caso, "borrachín", eufemismo para calificar al "que tiene el hábito de
embriagarse", pero no como dice, con torpeza, el DM, para el segundo caso, simplemente, "borracho", pues "borrachales" es un aumentativo que significa "muy borracho", "bien borracho" o, superlativamente, "borrachísimo". Ejemplo: *¿Te acuerdas del
Pantera? Ya se murió de cirrosis. ¡Es que ése sí era un borrachales!* "Borrachal", que no
recoge el DM, y "borrachales", que sí recoge pero que define inexactamente, son sinónimos (y, por tanto, aumentativos) de "borrachazo", "borrachón" y "borrachote". Hay
que ser de veras muy chambones (así se dice de los "que trabajan sin esmero y cuidado", según la definición del DM) para definir el sustantivo y adjetivo "borrachales"
simplemente como "borracho", tal como lo hicieron los encargados del *Diccionario de
mexicanismos* de la Academia Mexicana de la Lengua. "Trabajal" no está registrado en
el *Índice de mexicanismos* preparado por la Academia Mexicana; tampoco lo recoge
Guido Gómez de Silva en su *Diccionario breve de mexicanismos*, coeditado también
por la Academia Mexicana. Pero su uso está cada vez más extendido y, como ya advertimos, pasó del habla popular a la escritura culta y literaria. He aquí unos pocos
ejemplos de los miles que podemos encontrar en publicaciones impresas y en internet: "cuando investigué vi que tenía un **trabajal** tremendo", "luego es un **trabajal** ren-
tarlas", "abrirlos, destriparlos y quitarles las agallas fue un **trabajal**", "es un **trabajal**
desencantar gente", "es un **trabajal** el que tengo", "el llevar un diario virtual es un
trabajal del demonio", "abatir pobreza requiere de un **trabajal**: Fox", "no sólo es un **trabajal**, como dije", "es un **trabajal** de locos", "es un **trabajal** no sólo para una persona
sino para varias", "al INE le ha costado un **trabajal** fiscalizar", "en media hora habrá
un **trabajal**", "a Calderón le costó un **trabajal** anular nuestro voto en el 2006", "va a ser
un **trabajal** para todos", "señaló que tiene un **trabajal**", "es un **trabajal** esto, es muchísimo trabajo", "un **trabajal** por delante", "el proyecto va caminando bien, aunque ha

sido un **trabajal**", "autenticar las firmas de los aspirantes independientes será un **trabajal**", "el INE tiene un **trabajal** que en momentos pudiera pensarse que está rebasado", "no voy a mentir: ¡esto es un **trabajal**!", "te imaginarás que fue un **trabajal** enorme", "realmente para mí es un **trabajal**", "pero para llegar a ese momento es un **trabajal** de la chingada", "ese desafío me costó un **trabajal**", etcétera.

☞ Google: 18 800 resultados de "trabajal"; 6 280 de "un trabajal"; 2 220 de "el trabajal". ☑

267. ¿*transtornar?*, ¿*transtornarse?*, ¿*transtorno?*, ¿*transtornos?*, trastornar, trastornarse, trastorno, trastornos

Si estamos comunicándonos en la lengua portuguesa, aunque no sea nuestra lengua nativa, decir y escribir el verbo transitivo "transtornar" y el sustantivo masculino "transtorno" es del todo correcto, pero si nuestro idioma (adoptado o nativo) es el español, "transtornar" y "transtorno" son disparates o barbaridades, pues a la lengua española dichos términos le son ajenos: lo correcto es decir y escribir "trastornar" y "trastorno". Ya desde 1739, en el tomo sexto del *Diccionario de Autoridades* se recogen y definen el verbo "trastornar" ("volver alguna cosa lo de abaxo arriba, ò de un lado à otro, haciéndola dar vuelta. Es compuesto de la preposición Tras, y el verbo Tornar") y el sustantivo masculino "trastorno" ("la acción de trastornar"). De modo que quien, creyendo que está hablando en español, dice y escribe "transtornar" y "transtorno" tiene un atraso lingüístico de casi tres siglos. ¡Y todo por la pereza de consultar el diccionario! Hay también hispanohablantes que dicen y escriben "transladar" y "translado"; quizá sean los mismos que suponen que lo correcto es "transtornar" y "transtorno". ¡Vaya si estamos "transtornados"! Estos yerros no ameritan mayores explicaciones. Baste decir que en el idioma español lo correcto es decir y escribir "trastornar", "trastornarse", "trastorno" y "trastornos", del mismo modo que lo correcto es "trasladar" y "traslado". Desgraciadamente, son muchísimas las personas que utilizan mal estos términos debido a que jamás consultan el diccionario. Hay abundantes evidencias lo mismo en publicaciones impresas que en internet.

En el diario mexicano *La Jornada* leemos que el director general de una empresa de ciberseguridad

♀ "explicó que además de los *hackeos* que tienen un fin económico, existe otro tipo que se denominan de 'misión crítica', cuyo objetivo es perjudicar y **transtornar** la operación de gobiernos o entidades".

Quisieron decir y escribir, el especialista en ciberseguridad y el periodista que recogió sus declaraciones, que el objetivo de cierto tipo de ataques cibernéticos es

☝ perjudicar y **trastornar**.

✐ Van aquí algunos pocos ejemplos de estos yerros tan comunes en todos los países hispanohablantes: "**Transtorno** límite de personalidad", "**transtorno** bipolar", "**transtorno** obsesivo-compulsivo", "salud, malestar y **transtorno**", "**transtorno** de conducta", "¿qué es un **transtorno** depresivo?", "valoración del **transtorno** hipercinético", "signos tempranos de **transtorno** autista", "**transtorno** generalizado del desarrollo no específico", "**transtornos** mentales y del comportamiento", "diagnóstico y tratamiento de **transtornos** del aprendizaje", "guía de **transtornos** alimentarios", "**transtornos** del olfato y el gusto", "**transtornos** de alimentación en adolescentes", "mi hijo padece **transtornos** del desarrollo", "estrés y **transtornos** mentales durante la pandemia del covid", "la ingesta de Neobes puede **transtornar** la menstruación", "**transtornar** el buen orden del Estado", "¿puede el covid-19 **transtornar** tu mente?", "un sistema susceptible de **transtornarse** fácilmente", "al **transtornarse** el orden constitucional", "zonas que no deban **transtornarse** ni alterarse", "nuestras emociones tienden a **transtornarse**", "hasta **transtornarse** los sentidos", "todo puede **transtornarse** en la vida".

☞ Google: 679 000 resultados de "transtornos" (sólo en español); 622 000 de "transtorno" (sólo en español); 19 400 de "transtornar" (sólo en español). ☒

☞ Google: 49 800 000 resultados de "trastorno"; 34 000 000 de "trastornos"; 491 000 de "trastornar"; 35 000 de "trastornarse". ☑

268. trigeminal, trigémino

El DRAE ha tenido más de un siglo para incluir en sus páginas el adjetivo y sustantivo "trigémino" (del latín *trigeminus*: literalmente, "tres veces gemelo"), y no lo ha hecho porque no se le ha pegado la gana a la Real Academia Española. María Moliner, en el DUE, ofrece dos acepciones: "adj. Se aplica a los hermanos nacidos en un parto de tres; adj. y n. m. Nervio sensitivo y motor del cráneo, que comunica sensibilidad a la mayor parte de la cara y el cuero cabelludo y anima los músculos de la masticación". No nos da ejemplos. Pero bien podemos recordar la letra del inolvidable son cubano "El paralítico", compuesto por Miguel Matamoros e interpretado por el Trío Matamoros, fundado en 1925. En la primera cuarteta leemos o escuchamos: "Veinte años en mi término/ me encontraba paralítico/ y me dijo un hombre místico/ que me extirpara el **trigémino**". La composición data de 1930, lo cual demuestra que, ya para entonces, era un término usado en el ámbito popular, tan popular como el del son cubano. Hoy es utilizado ampliamente por médicos y fisioterapeutas y, sin embargo, la Real Academia Española sigue sin incluirlo en el DRAE. ¡Es necia la señora, a pesar de que existe, incluso, el Día Internacional de la Neuralgia del Trigémino, que se celebra el 7 de octubre! Pero, ella, ni en cuenta. Supondrán algunos optimistas que, aunque el término esté ausente en el DRAE, algo se dirá de él en el *Diccionario panhispánico de dudas*. ¡Pues no; ahí tampoco se dice nada del "trigémino"! Y si tiene usted dudas al respecto, tanto la Real Academia Española como la Asociación de Academias de la Lengua

Española lo mandan de paseo, pues ni siquiera en la entrada del DRAE correspondiente al sustantivo masculino "nervio" (del latín vulgar *nervium*) hay mención alguna sobre el "trigémino". Ahí sabremos del nervio "auditivo" y también del "ciático" y el "óptico", ¡y hasta del nervio "de buey", sinónimo de "vergajo", pero no del "trigémino"! Por cierto, quien dio pie a la popularización del término "trigémino" en América fue un médico y charlatán español, de nombre Fernando Asuero, que aparece mencionado en el son de Miguel Matamoros, en la cuarteta siguiente: "Dice un doctor farolero/ mucho más bueno que el pan:/ 'Anda, ve a San Sebastián/ para que te opere Asuero'". El autor de este inolvidable y maravilloso son refirió esto en 1930: "'El paralítico' lo compuse allá en La Habana en 1930. Lo hice porque en ese tiempo no se hablaba en Cuba de otra cosa que de un médico español llamado Fernando Asuero, que curaba la parálisis. El procedimiento que él usaba era inyectar un nervio que tenemos aquí en la nariz, que se llama trigémino, extirpándolo, y decían que con ese tratamiento se curaba la persona que estaba paralítica. Pero resulta que yo conocía a un billetero de la Plaza del Vapor, llamado Raúl Núñez, que era paralítico y que se trató con el doctor Asuero y no se había curado. Pensé entonces que eso de la cura era un truco, y compuse el son". El estupendo son de Miguel Matamoros concluye, no sin ironía, que es más fácil curarse de la parálisis con la música, al escuchar el ritmo del son cubano, que con el tratamiento bárbaro del tal doctor Asuero. De ahí el estribillo: "Bota la muleta y el bastón/ y podrás bailar el son". Del mismo modo, es más fácil enterarse del "trigémino" por medio del son cubano que por medio de la Real Academia Española y de sus hermanastras de América. También podemos recurrir al *Clave*, en cuyas páginas leemos lo siguiente: "Nervio craneal que sensibiliza la mayor parte de la cara y actúa sobre los músculos masticadores". He aquí su ejemplo: *Tiene parálisis de* **trigémino** *y no puede mover la mandíbula*. De ahí el adjetivo "trigeminal" (correspondiente o relativo al nervio trigémino) que, por supuesto, tampoco está incluido en el DRAE. Ejemplo: *Neuralgia del* **trigémino** *o neuralgia* **trigeminal**. Hoy, el uso de estos términos es amplísimo, pero la Real Academia Española prefiere llenar el DRAE de "amigovios", "papichulos" y otras zarandajas, antes que aportar conocimientos útiles y términos indispensables a los hablantes y escribientes del español. He aquí sólo unos pocos ejemplos de los millones de resultados que se encuentran en internet: "Neuralgia **trigeminal**", "celebramos el Día Internacional de la Neuralgia **Trigeminal**", "neuralgia **trigeminal** desde la infancia", "tratamiento homeopático en la neuralgia **trigeminal**", "neuralgia del **trigémino**", "nervio **trigémino**", "cómo relajar el nervio **trigémino**", "remedios para desinflamar el nervio **trigémino**", "el dolor de muela se confunde con neuralgia del **trigémino**", "neuralgia del **trigémino** por estrés", "el nervio **trigémino** y la migraña", "anestesia del nervio **trigémino**", "enfermedades del nervio **trigémino**", etcétera.

☞ Google: 8 940 000 resultados de "trigeminal"; 1 810 000 de "trigémino"; 1 520 000 de "neuralgia del trigémino"; 220 000 de "nervio trigémino"; 115 000 de "neuralgia trigeminal"; 48 700 de "neuralgia del nervio trigémino"; 25 100 de "el trigémino"; 4 920 de "trigéminos"; 1 780 de "nervios trigéminos". ☑

269. trol, trolear, troleo, ¿*troll*?, ¿*trolls*?

En su última edición impresa (2014), el DRAE no incluye ni los sustantivos "trol" y "troleo" ni el verbo "trolear", pertenecientes al ámbito de internet. Ya los aceptó en su diccionario en línea, pero debió incluirlos desde el momento en que aceptó en sus páginas las voces "tuit", "tuitear", "tuiteo" y "tuitero". Si abrimos el diccionario académico en la entrada correspondiente al sustantivo masculino "trol" (del noruego *troll*: "ser sobrenatural") leemos lo siguiente: "En la mitología escandinava, monstruo maligno que habita en bosques o grutas". Ello es correcto, pero falta la segunda acepción, derivada de esta misma, que surgió en el ámbito de internet. Pero vayamos por partes. En su monumental *Diccionario ilustrado de los monstruos*, Massimo Izzi escribe lo siguiente sobre el "troll": "Es el nombre genérico del pueblo encantado y de los duendes en los países escandinavos. La palabra significa sencillamente 'espíritu malvado, demonio o monstruo'. Viven dentro de las colinas, a veces en solitario, a veces en sociedades organizadas bajo el mandato de un rey. Son muy ricos, y sus habitaciones del interior de las colinas son asombrosamente lujosas. Se trata de seres bastante benévolos, que no obstante pueden raptar mujeres o niños. Sobre todo, odian el ruido: tienen el poder de hacerse invisibles o de adoptar cualquier forma, y conocen el futuro. Su aspecto a menudo es poco agraciado: las más de las veces son enanos, con joroba y la nariz larga; visten de gris, con la clásica gorra roja de los seres encantados. Sin embargo, en los mitos más antiguos los mismos seres eran, en cambio, gigantes; el hecho no debe sorprender, porque Leucoueux (1988) ha demostrado claramente cómo estas dos categorías de seres (enanos-gigantes) están estrechamente emparentadas y con frecuencia son intercambiables. Pertenecen, en efecto, a un nivel de estructura simbólica en el que la fluctuación dimensional es simplemente indicativa de un estatus extrahumano y espiritual". Pero el concepto actual de la criatura "trol" no llegó hasta nosotros a través de la mitología escandinava, sino mediante las novelas de J. R. R. Tolkien y, en especial, de *El Señor de los Anillos* que, al adaptarse a la pantalla cinematográfica, expandió en el uso cotidiano ya no sólo el término, sino también la imagen. En su *Guía completa de la Tierra Media*, Robert Foster dice acerca de los "trolls" que constituyen una "raza maligna de la Tierra Media. Originalmente los trolls fueron concebidos por Morgoth en la Primera Edad a partir de un linaje desconocido, quizás a imitación de los Ents. [...] Los trolls eran muy grandes (tal vez tanto como los Ents), fuertes, feos y estúpidos. Tenían la piel gruesa y la sangre negra, y la mayoría (excepto los Oloh-hai) se volvían de piedra cuando se exponían a la luz del sol. Acumulaban tesoros, mataban por placer y comían carne cruda de todo tipo. Aunque nunca desarrollaron una verdadera inteligencia, Sauron incrementó su agudeza con la perversidad, y a finales de la Tercera Edad había algunos trolls bastante peligrosos". La voz inglesa *troll* significa, entre otras cosas, "gnomo" o "duendecillo", y si partimos del hecho de que en *El Señor de los Anillos* estos seres "nunca desarrollaron una verdadera inteligencia", como dice Foster, pero podían ser malvados, perversos y peligrosos, se entiende por qué en el ámbito de internet se popularizó el término "trol" (adaptación gráfica en español de la voz inglesa *troll*) para designar, escribe Helena Ramírez ("*Trolls* en internet"), a la "persona que aprovecha cualquier lugar en la red en el que se puedan hacer comentarios para crear controversia y fomentar el enfrentamiento entre otros usuarios. Su objetivo es llamar la atención y molestar" (casi siempre en el anonimato). Dicho de otro modo, y citando a la misma autora, "el objetivo del *troll* en internet es sembrar la discordia, crear enfrentamientos y, en general, molestar desviando la conversación del resto de usuarios y atrayendo la atención hacia él". Y a esto se le conoce como "trolear", adaptación gráfica al español del verbo transitivo que significa molestar, incordiar, fastidiar, irritar, chingar, etcétera, y nada más por el puro gusto de hacerlo, así como los otros trols matan por simple placer de matar. Por ello, cuando un "troleo" (acción y efecto de trolear), que es un sustantivo masculino, no contiene perversidad ni ganas de chingar es porque se practica entre amigos a manera de broma. Si queremos que la gente deje de usar el anglicismo crudo *troll* (*trolls*), la RAE ya debería publicar la vigesimocuarta edición de su mamotreto, con los sustantivos "trol" y "troleo" y el verbo "trolear", con las acepciones correspondientes al ámbito de internet.

☞ Google: 939 000 resultados de "troleo"; 309 000 de "trolear"; 298 000 de "troleando"; 125 000 de "troleado"; 114 000 de "troleos"; 87 000 de "trol de las redes"; 63 800 de "trol de internet". ☑

U

270. una de las, uno de los (singular y plural)

Es necesario diferenciar el singular y el plural en las secuencias "una de las" y "uno de los". Son muchos los hispanohablantes que se enfrentan a este problema y que, por desatender la concordancia gramatical de número, incurren en formas sintácticas desafortunadas. Sin embargo, desde hace más de siete décadas, Félix Fano, en su *Índice gramatical*, atinadamente, explicó: "**Uno de los** va en singular si es **uno solo** el que ejecuta la acción, **y en plural si son más**". Y ofrece dos ejemplos para despejar toda duda: *Uno de los niños fracasó en el examen*; Éste es *uno de los jóvenes que aprobaron el curso*. Después de esta explicación, y de estos ejemplos tan precisos, no deberíamos equivocarnos; mas, con todo, hay gente capaz de decir y escribir: *Uno de los niños fracasaron en el examen* y *Él está entre los jóvenes que aprobó el curso*. El diccionario académico define el sustantivo femenino "concordancia", por lo que respecta a la gramática, como la "congruencia formal que se establece entre las informaciones flexivas [esto es, que presentan cambios en la raíz o en la terminación] de dos o más palabras relacionadas sintácticamente". Las concordancias de la lengua española son de género (masculino y femenino) y de número (singular y plural). Del mismo modo que, en cuanto al género, es erróneo decir y escribir "**la** licencia**do**" o "**la** doc**tor**" (aunque, sorprendentemente, haya mujeres que así lo acepten), puesto que el artículo "la" es femenino y los adjetivos y sustantivos "licencia**do**" y "doc**tor**" son masculinos, asimismo, es erróneo decir y escribir "**las** licencia**da**", dado que el artículo está en plural y el adjetivo o sustantivo está en singular. La concordancia gramatical obedece a la lógica y es indispensable para la comunicación, y las dos concordancias más importantes de nuestra lengua son la "nominal" y la "verbal". Podemos decir y escribir correctamente: "es**os** libr**os** espantos**os**", pero no "es**as** libr**os** espantos**as**" (con sus excepciones, en español, la marca del masculino es la desinencia "o", en tanto que la del femenino la desinencia "a".) Es correcto decir y escribir "tus **hijos lo hicieron** muy bien", pero es incorrecto decir y escribir "tus **hijos lo hizo** muy bien". Esto es tan básico que, sin necesidad de ir a la escuela, los niños lo aprenden en el habla y lo aplican perfectamente, aunque todavía haya muchos adultos, y entre ellos profesores, que no entienden que es erróneo decir y escribir *Le dije a los alumnos que estaban muy atrasados*, en lugar del correcto *Les dije a los alumnos que estaban muy atrasados*, pues, en la construcción errónea, el pronombre neutro "le" está en singular, en tanto que "los alumnos" está en plural.

He aquí un ejemplo correcto del DRAE: *Le pedí dinero a un amigo* ("le" y "amigo" están en singular), del mismo modo que es también correcto decir y escribir *Les pedí a mis hijos que guardaran silencio*, pues "les" e "hijos" están en plural. Dicho y comprendido lo anterior, y volviendo a nuestros ejemplos iniciales, las secuencias "una de las" y "uno de los" admiten lo mismo el singular que el plural, de acuerdo con los contextos, y con el uso de la lógica. En el ejemplo *Una de las niñas fracasaron en el examen*, la construcción sintáctica es errónea porque "una" es singular ("una" entre otros **niños o niñas**, en el que "niños" o "niñas" es plural), y siendo así, lo correcto es decir y escribir *Una de las niñas fracasó en el examen*. En el ejemplo *Ella está entre las jóvenes que aprobó el curso*, la construcción sintáctica es también errónea, pues lo correcto es *Ella está entre las jóvenes que aprobaron el curso*. El pronombre personal "ella" está en singular y denota "una joven", pero "una joven" que forma parte de "**los jóvenes**" o "**las jóvenes**" (plural) "que **aprobaron** (plural) el curso". La lógica se impone, en tanto se le use.

En el diario dominicano *La Hora* leemos que

♀ "Jonathan Rodríguez fue **uno de los jóvenes que aprobó** el curso".

Quiso informar el diario, con concordancia, que

♂ Jonathan Rodríguez fue **uno de los jóvenes que aprobaron** el curso. (Es decir, **uno entre otros.**)

✎ He aquí algunos ejemplos de estos yerros sintácticos que son consecuencia de no atender a la concordancia gramatical de número: "**Uno de los alumnos que aprobó** los exámenes bajo sospecha", "**uno de los alumnos que aprobó** todas las materias", "**uno de los alumnos que aprobó** los dos primeros trimestres", "**uno de los jóvenes detenido** era Walter Bulacio", "es considerado **una de las personas más rica** del mundo", "**uno de los hombres más rico** del mundo", "**uno de los hombres más decente y preparado** que conozco", "**una de las personas más odiosa y desagradable**", "la dueña es **una de las personas más simpática**", "**una de las personas más simpática** del mundo de la moda", "Gareth Bale **uno de los futbolistas más rico** del mundo", "detienen en Viña del Mar a **uno de los delincuentes más buscado**", "implicado en robo es **uno de los delincuentes más buscado**", "**una de las mujeres más bella** del mundo", "tu madre fue **una de las mujeres más bella** de todos los tiempos", "era según sus maestros **uno de los estudiantes más brillante**", "fue **uno de los criminales más sanguinario**", "él fue **uno de los gobernantes más déspota**", "fue **uno de los artistas más querido** del pueblo", "es **una de las mujeres más inteligente** de Hollywood", "eres **una de las mujeres más inteligente**", "es **uno de los deportistas más famoso** del planeta", etcétera.

☞ Google: 131000 resultados de "uno de los hombres más rico"; 85800 de "una de las mujeres más bella"; 32200 de "una de las mujeres más inteligente"; 6160 de "uno de los artistas más querido"; 6960 de "uno de los delincuentes más buscado"; 2710 de "uno de los jóvenes detenido"; 2480 de "uno de los deportistas más famoso". ☒

☞ Google: 681 000 000 de resultados de "uno de los"; 505 000 000 de "una de las"; 2 460 000 de "uno de los más ricos"; 1 500 000 de "una de las más famosas"; 336 000 de "una de las mujeres más bellas"; 61 200 de "uno de los delincuentes más buscados"; 55 400 de "uno de los artistas más queridos". ☑

V

271. venida, venidas, venir, venirse, ¿veniste?, ¿venistes?, viniste, ¿vinistes?

El verbo intransitivo e irregular "venir" (del latín *venīre*) les da problemas a muchísimos hispanohablantes en algunos tiempos de su conjugación; especialmente en la primera persona del plural del presente de indicativo ("**venimos**") y en la primera persona del plural del pretérito de indicativo ("**vinimos**"), que no suelen diferenciar y que, por lo mismo, utilizan equivocadamente "**venimos**" para referirse al pasado. También es el caso de la segunda persona del singular del pretérito de indicativo ("**viniste**") que muchísimo hablantes y escribientes representan con la cacografía "**veniste**" y, peor aún, con el palabro "**venistes**", que no pertenecen a la conjugación del verbo "venir", cuyo uso pronominal es "venirse", y que sigue, exactamente, el modelo de "venir". Las tres primeras acepciones del intransitivo "venir", en el diccionario académico, son las siguientes: "Dicho de una persona: caminar"; "dicho de una cosa: moverse de allá hacia acá" y "dicho de una persona o de una cosa: llegar a donde está quien habla". Ejemplos: *Seguramente está borracho, pues **viene** a trompicones*; *¡Cuidado con ese puto ciclista que **viene** conduciendo sobre la banqueta!*; ***Vine** tan pronto como pude*. Como verbo pronominal, entre sus varios significados, el DRAE no incluye la connotación sexual de alcanzar el orgasmo ("venirse") porque éste es un americanismo que pese a equivaler al pronominal "correrse", netamente español ("eyacular o experimentar el orgasmo": DRAE), obviamente, no se usa en España, y hasta incluye en sus páginas la acepción "orgasmo (culminación del placer sexual)" como definición de la entrada correspondiente al sustantivo femenino "corrida". El cacareado panhispanismo de la Real Academia Española no llega a tanto como para admitir que si en España "se folla" o "se jode" (practicar el coito) y se llega a la "corrida" cuando se alcanza el clímax, en América, en cambio, "se coge" o "se chinga" (que es lo mismo que "follar", "joder" o practicar el coito), y que quienes "cogen" o "chingan" en América (entre otros verbos similares para el caso) y alcanzan el clímax, no "se corren", sino que "se vienen". Esto a la RAE se la trae floja, y a tal grado su panhispanismo es una vacilada que ni siquiera el *Diccionario panhispánico de dudas* (este bote en el que echa su basura la realeza) incluye la connotación sexual americana en la amplia entrada que dedica (para informar tonterías) al verbo "venir(se)", además de que del sustantivo femenino "venida" no dice ni mu. Pero volvamos a los problemas que tienen los hispanohablantes con el intransitivo "venir" y el pronominal "venirse". Por principio de cuentas hay que distinguir que la conjugación "**venimos**" pertenece al presente de indicativo, en tanto que "**vinimos**" corresponde al pretérito o pasado. Y de acuerdo con los contextos en que los usemos es muy fácil distinguir una forma de la otra. Ejemplos: *Venimos de inmediato al saber la noticia*; *Hace un año **vinimos** a México y hoy **venimos** otra vez.* El presente es hoy (*venimos*); el pasado es ayer (*vinimos*). Por ello es incorrecto decir y escribir *Hace diez años **venimos** a Oaxaca*. Si fue hace una década, lo correcto es decir y escribir: *Hace diez años **vinimos** a Oaxaca*. Similar es el caso del pronominal "venirse". Ejemplo: *Ayer **nos vinimos** al mismo tiempo, y hoy ni siquiera **nos venimos***. Reiterémoslo, para que no se le olvide a nadie: el presente es hoy ("**venimos**"), el pasado es ayer ("**vinimos**"). Resuelto y comprendido lo anterior, pasemos al segundo problema con este verbo. La segunda persona del singular del presente de indicativo del verbo "venir" es "vienes", en tanto que la segunda persona del singular del pretérito de indicativo es "viniste": *tú **vienes*** (hoy, ahora; en el presente), y *tú **viniste*** (ayer, antes; en el pasado). En cuanto al pronominal "venirse", a decir de María Moliner, en el DUE, "es la forma empleada en vez de 'venir' cuando al significado de 'llegar' se añade el de 'dejar' el lugar de donde se parte", y pone el siguiente ejemplo: *Se ha **venido** de su tierra con toda su familia*. Pero la forma más deliciosa de "venirse" no la registran en sus páginas ni el DRAE ni su basurero el *Panhispánico*, y es la que, incompleta y machistamente, nos ofrece el DM de la AML: "Eyacular, expulsar un hombre semen", con el siguiente ejemplo: *Mi exmarido **se venía** muy rápido*. En primer término, en el coito, en el acto sexual, no sólo los hombres "se vienen", del mismo modo que en la follada y el folleteo de los españoles no "se corren" únicamente los hombres al eyacular o expulsar el semen, sino también las mujeres al experimentar el orgasmo. El mismo derecho tiene a decir "me vengo" un hombre que eyacula o que expulsa semen, que la mujer que dice "me vengo" o "me vine" o "ya me estoy viniendo" al alcanzar el clímax sexual. (¿Qué burro redactó esta entrada en el DM y qué jumentos la aprobaron? Es como para venirse de risa.) Otra broma del DM es no incluir en sus páginas el sustantivo femenino "venida", sinónimo de orgasmo en México y en otros países de América o de "corrida" (y no precisamente de toros) en el español madrileño. A cambio de eso incluye el sustantivo femenino en plural "venidas" que, según ese lexicón de aprendices no supervisados, es el "juego de muchachos en el que gana quien eyacule y lance más lejos el semen". Perdonen los señores y las señoras de la Academia Mexicana de la Lengua, perdonen, perdonen, pero a ese juego se le llama competencia de chaquetas o de puñetas. (¡Como para hacerse una de puro coraje!) Volviendo a las cosas realmente serias, los amantes pueden preguntarse uno al otro: "¿ya te **viniste?**", con la mayor corrección idiomática, aunque esto no importe mucho durante la cogedera, pero, desafortunadamente, aunque el coito haya sido todo un éxito, son incorrectas las formas verbales "veniste", "venistes" y "vinistes", que no pertenecen a las conjugaciones del intransitivo "venir" ni del pronominal "venirse" y que, peor aún, no pertenecen en absoluto al idioma español. "Veniste", "venistes" y "vinistes" son cacografías y palabros abundantísimos que debemos evitar incluso en el momento de la frustración o el entusiasmo: ¿*Te veniste*?; ¿*Ya te venistes*?; ¿*No te vinistes*? Desgraciadamente, los mexicanos y otros hispanohablantes de América tenemos esas tres formas incorrectas de expresarnos en el coito, a cambio de una sola de los españoles: ¿*No te corristes*? Y aunque sabemos que a nadie le importa el vocabulario en estas lides, por lo menos sepamos lo que está bien y lo que está mal dicho y escrito... después de la gimnasia sexual.

☞ Google: 427 000 resultados de "veniste"; 117 000 de "vinistes"; 65 000 de "venistes". ☒
☞ Google: 325 000 000 de resultados de "venir"; 17 700 000 de "venida"; 6 470 000 de "venirse"; 3 090 000 de "viniste". ☑

272. versus, ¿*versus*?, ¿*vs*? ¿*vs.*?

La Real Academia Española admitió en la vigesimotercera edición de su diccionario (2014) el uso, ya aclimatado en nuestro idioma, de la voz inglesa *versus*, con el significado de "frente a, contra" que no posee en latín. Ejemplo del propio DRAE: *Occidente versus Oriente*. De este modo quedó legitimada la preposición "versus" (del inglés *versus*, y éste del latín *versus*) con el sentido de "oposición" o "enfrentamiento", muy utilizada en nuestro idioma y con gran preferencia en el ámbito deportivo. Ejemplo: *Barcelona versus Real Madrid*. En latín, *versus*, como adverbio o preposición de acusativo, significa "hacia" o "en la dirección de" y no "contra" o "frente a". Por ello, en la vigésima segunda edición (2001) del DRAE, este término no está incluido ni siquiera en su forma latina, que es inusual en español. Manuel Seco, en su *Diccionario de dudas y dificultades de la lengua española*, advertía: "El uso de la preposición latina *versus*, 'contra', entre dos nombres de personas, colectividades o cosas (por ejemplo, *ciudad versus campo*), es copia del inglés debida a esnobismo. En español se dice *frente a*". En español, la expresión del inglés *Spain versus France* se traduce literalmente como *España contra Francia*. El uso determinó que este anglicismo prosperara en nuestra lengua, a pesar de que, como bien señaló Manuel Seco, equivale a "frente a". Ejemplo: *España frente a Francia*, es decir España y Francia "enfrentadas": en contra, en pugna, pues el verbo transitivo "enfrentar" es sinónimo de "afrontar" o "poner frente a frente", en rivalidad, en lucha, en competencia. El problema es que cuando la Real Academia Española admitió en su diccionario la preposición "versus" con el significado que tiene en inglés, ya también se había propagado en nuestro idioma la abreviatura "vs.", especialmente en la anglicista España, desde donde se extendió a los demás países que ahora ya no quieren vivir sin su "vs." que también suelen representar gráficamente sin punto ("vs"). Ejemplo de un titular del diario deportivo *Marca*: "El uno a uno del Real Madrid **vs** Celta" (así, sin punto en la abreviatura). La verdad es que cuando la RAE decide intentar arreglar algo es porque ya prácticamente se jodió y no tiene remedio. A ver ahora cómo se le quita al escribiente del español la mala costumbre de la abreviatura "vs." o "vs" en lugar del "versus", que ya forma parte del español y que, por lo mismo, tampoco necesita distinguirse con cursivas o itálicas: *versus*. Por otra parte, el horrible "vs." que mutó en "vs" (sin punto) ha llevado a creer a mucha gente que su significado es "va sobre". Así, una expresión como *Pumas **vs** América* propicia la lectura *Pumas **va sobre** América* o *Pumas **va sobre** el América*. A los muchos hablantes y escribientes que aún no lo saben, porque no suelen consultar el diccionario, hay que avisarles que "versus" ya es un adverbio admitido en español con el sentido de oposición o enfrentamiento, que ya no es necesario representarlo gráficamente en cursivas (*versus*) y, especialmente, que es una pendejada horripilante abreviarlo en "vs." y peor aún en "vs". Digamos y escribamos "versus", como decimos y escribimos "contra", pues hasta ahora a nadie se le ha ocurrido abreviar esta preposición en "**ct.**" o "**ct**", y ojalá a nadie se le ocurra (no hay que darles ideas a los pendejos).

☞ Google: 165 000 resultados de "cerebro vs corazón"; 11 400 de "Oriente vs Occidente"; 11 300 de "Oriente vs. Occidente"; 4 310 de "libertad vs. libertinaje". ☒

☞ Google: 18 300 resultados de "ciencia versus religión"; 11 500 de "Real Madrid versus Barcelona"; 4 320 de "mujeres versus hombres"; 4 220 de "civilización versus barbarie". ☑

273. vía crucis, ¿*vía crusis*?, viacrucis, ¿*viacrucis*?, ¿*viacrusis*?, ¿*víacrusis*?

"Viacrucis" (con grafía simple), y también "vía crucis" (en dos palabras y con tilde en la primera), del latín *via crucis*: "camino de la cruz") es un sustantivo masculino que equivale a "calvario" ("camino señalado con cruces o altares") y es también el "rezo con que los cristianos conmemoran los pasos del Calvario" (DRAE), esto es, la representación de los pasos de Jesús hacia el monte Calvario. Por ello, en un sentido figurado, tanto "viacrucis" como "calvario" significan "sucesión de adversidades y pesadumbres" (DRAE). Ejemplos: *Se llevó a cabo en el pueblo la representación del **viacrucis**, Su vida fue un verdadero **viacrucis**, Su existencia fue un **calvario***. Varios errores suelen cometerse con este sustantivo: trocar la "c" por "s" y escribir "vía crusis" o "viacrusis", o tildar la primera "i" en la palabra compuesta "viacrucis" (así: "víacrucis"), a pesar de que se trata de una palabra llana o grave con acento prosódico en la penúltima sílaba; otro error es imponerle género femenino al término: "**la** viacrucis", "**una** viacrucis". Debemos saber, en conclusión, que tanto la "s" en vez de "c", como la tilde en la grafía simple y el género femenino son faltas ortográficas. Sólo hay dos formas correctas para este sustantivo: "vía crucis" y "viacrucis", y su género es siempre masculino: "**el** vía crucis", "**un** viacrucis".

En internet es penosísimo que el Equipo de Apoyo Pastoral Juvenil Ntra. Señora de Fátima publique un

♀ "Guión para **Vía Crusis** Viviente".

Y más penoso aún es que lo escriban así no una, sino tres veces, cuando lo que debieron escribir es:

♂ **vía crucis** o **viacrucis**.

✐ Van aquí otros ejemplos de estas faltas ortográficas: "**Víacrusis** por las almas del purgatorio", "**víacrusis**, Papa Francisco desde el Vaticano", "las estaciones del **víacrusis**", "el **víacrusis** meditado", "más de 30 representaciones del **víacrusis** en Coahuila", "preparan el **víacrucis**", "**víacrucis** en Filipinas", "**víacrusis** del migrante", "**víacrusis** y procesión del silencio", "**víacrusis** viviente 2018", "**víacrusis** de la pasión y muerte de Jesús en la cruz", "**víacrusis** Boca del Río Veracruz", "el **víacrusis** del futbol chapín", "llega a Puebla **víacrusis** migrante", "escenas de **la viacrucis** en calles de Tenosique", "la crucifixión de Jesús y **la viacrucis**", "**la viacrucis** a través de los ojos de las víctimas", "son estaciones de **una viacrucis**", "**una viacrucis** viviente bajo el ardiente sol" y, como siempre hay algo peor: "la factura es **una víacrusis**".

☞ Google: 116 000 resultados de "viacrusis"; 42 400 de "víacrucis"; 25 200 de "vía crusis"; 5 740 de "la viacrucis"; 3 220 de "víacrusis"; 1 240 de "una viacrucis". ☒

☞ Google: 2 040 000 resultados de "vía crucis"; 1 560 000 de "viacrucis"; 335 000 de "el viacrucis"; 157 000 de "un viacrucis". ☑

274. videoblog, vlog, ¿*vlogger*?, ¿*vloggers*?, vlóguer, ¿*vloguero*?, ¿*vlogueros*?, vlógueres, *vlóguers*, YouTube®, ¿*youtuber*?, ¿*youtubero*?, ¿*youtuberos*?, ¿*youtubers*?, yutúber, ¿*yutubero*?, ¿*yutuberos*?, yutúberes, ¿*yutúbers*?

Se tarda una eternidad la Real Academia Española en fijar grafías adecuadas en nuestra lengua para los neologismos provenientes generalmente del inglés y de las tecnologías de la información, y a causa de esta tardanza, que no es otra cosa que pereza, cuando quiere componer las cosas que ya están mal las empeora con sus remedios. Son los casos de *vlogger* y *youtuber*, que en español se castellanizan fonéticamente como "vlóguer" y "yutúber" (tal como suenan en inglés), pero que carecen de representación gráfica castellanizada. Del sustantivo "blog", admitido ya por el DRAE, se derivó el adjetivo y sustantivo "bloguero", pero ya no resulta tan lógico derivar "vloguero" de "vlog" o "videoblog", cuando el mundo hispanohablante usa en general el anglicismo crudo *vlogger*. Asimismo (y siguiendo la lógica mediante la cual se produjo "bloguero"), "yutubero" resulta una adaptación gráfica más que ridícula si tomamos en cuenta que todo el mundo hispanohablante dice y escribe *youtuber*.

Aquí lo importante, y que no hace la Real Academia Española, es fijar las grafías lógicas de castellanización, para que estos neologismos no se utilicen crudamente sin
corresponder a una adaptación en nuestra lengua. Dado que pronunciamos mayoritariamente "vlóguer" y "yutúber" (que corresponde, además, a la fonética inglesa)
es así como deben escribirse estos anglicismos (como palabras llanas o graves, con
tilde) de los que ya no podremos escapar. En España se han propuesto los términos "videobloguero" y "videobloguear"; siguiendo esta lógica, los denominados y
autodenominados *vloggers* serían, en todo caso, "vlogueros", pero esto, en cuanto a
la fonética, presenta un inconveniente: se presta a confusión por la homofonía con
"blogueros". En *LinkedIn*, Gianco Briceño distingue a un "bloguero" de un *vlogger*.
Explica que los "blogueros" usan un "blog", que es un sitio en el que escriben sobre
el tema que les plazca, y donde suelen escribir de sí mismos; "los *vloggers*, en cambio,
son personas con un videoblog, que en lugar de escribir se lo dicen a la cámara, lo
hacen en diferentes partes y allí van contando sus ideas y opiniones sobre cualquier
tema que se les ocurra, haciendo varios videos cronológicamente [...] al estilo de
cine". Y, en cuanto al *youtuber*, éste "se para ante la cámara y te cuenta un tema, sea
gracioso o no. Regularmente no sale de esa misma habitación" y, como es obvio, utiliza el sitio web YouTube, que es marca registrada. Pero ya es hora de que la anciana
Real Academia Española se ponga las pilas y, con la ayuda de sus hermanastras de
América y Filipinas, fije las representaciones gráficas de estos adjetivos y sustantivos
para nuestra lengua, de modo que dejemos de utilizar los anglicismos crudos y las
adaptaciones gráficas francamente desatinadas. Siguiendo la lógica y las reglas de-
rivativas fonéticas y gramaticales del español, lo pertinente sería "vlóguer" (plural:
"vlógueres") y "yutúber" (plural: "yutúberes"), lo mismo para el masculino que para
el femenino: "el vlóguer", "la vlóguer"; "el yutúber", "la yutúber", con sus respectivos
plurales. Por lo pronto, sería importante comenzar a utilizarlos en lugar de las voces
inglesas cuya pronunciación queda perfectamente representada en esas adaptaciones gráficas sugeridas.

☞ Google: 1 800 000 resultados de "el youtuber"; 1 190 000 de "un youtuber"; 1 010 000
de "los youtubers"; 102 000 de "un vlogger"; 20 700 de "los vloggers"; 15 000 de "el vlogger";
11 500 de "unos youtubers". ☒

☞ Google: 2 640 000 resultados de "videoblog"; 310 000 de "el vlog"; 79 700 de "mi vlog";
49 000 de "vloguero"; 24 100 de "vloguera"; 13 700 de "vlogueros"; 8 480 de "videobloguera";
7 730 de "videoblogueros"; 6 820 de "videobloguero"; 5 760 de "vlogueras"; 1 360 de "videoblo-
gueras"; 260 de "videobloguear". ☑

☞ Google: 3 500 de "yutúber"; 432 de "yutúberes"; 4 de "vlóguer"; 1 de "vlógueres". ☑☑

W

275. web, ¿*Web*?, wifi, ¿*Wifi*?, Wi-Fi®

Así como el sustantivo masculino o femenino "internet" es un nombre común que debe escribirse con minúscula inicial, de esta misma manera, otros sustantivos comunes que exigen esta regla son "web" y "wifi", aunque todavía existan muchísimos hispanohablantes que escriben "Internet", "Web" y "Wifi" con mayúscula inicial. Esto es comprensible porque se trata de palabras que, relativamente, ingresaron no hace mucho en nuestro idioma como préstamos del inglés, que se ha convertido en lengua franca de las tecnologías de la información. Vale recordar que "internet" (que comenzó escribiéndose con mayúscula inicial) es el nombre que se aplica a la "red informática mundial, descentralizada, formada por la conexión directa entre computadoras mediante un protocolo especial de comunicación" (DRAE). Con el uso, este sustantivo común ha ido perdiendo la mayúscula inicial, aunque, por otra parte, siga sin definirse plenamente su género. Por etimología nos obligaría al femenino ("**la** internet"), pero es válido también el masculino: "**el** internet". Ejemplos: *La internet lo absorbe todo*; *Odio cuando falla **el** puto **internet***. En el caso del sustantivo femenino y adjetivo "web" (del inglés *web*, "red, malla"), el término se usa para nombrar, dice el DRAE, la "red informática". Y también es un sustantivo común que no debe llevar mayúscula inicial. En su libro *Internet*, Angus J. Kennedy amplía esta tacaña información del diccionario académico y explica que la "**World Wide Web** (literalmente, "red mundial") es mejor conocida como la web", y que contiene "documentos de texto y gráficos publicados en internet que están interconectados mediante enlaces". Y precisa: "una página web es un solo documento; un sitio web es un conjunto de documentos relacionados". Comprendido lo anterior, escríbase "web" y no "Web". Ejemplos: *Todo eso lo encontrarás en la **web***; *Lo subió a su sitio **web**, que es francamente de hueva*. En cuanto al sustantivo masculino "wifi" (del inglés *Wi-Fi*®, marca registrada cuya pronunciación es *waifái*), el DRAE informa que designa al "sistema de conexión inalámbrica, dentro de un área determinada, entre dispositivos electrónicos, y frecuentemente para acceso a internet". El *Libro de estilo*, del diario español *El País*, aporta los siguientes datos: "es el acrónimo de **Wi**reless **Fi**delity", literalmente "fidelidad inalámbrica", pues tal es su tecnología de conexión. Lo cierto es que también, como el sustantivo común que es, debe escribirse sin mayúscula inicial: "wifi" y no "Wifi", y admite lo mismo el género masculino que el femenino: "**el** wifi", "**la** wifi", y su pronunciación correcta es *wifi* y no el *güifi* de la España que, por sus incapacidades fonéticas, también pronuncia *güisqui*. Ejemplos: *Tengo muchísimas fallas en **el wifi**; ¿Me podría proporcionar la clave de **la wifi**?* En cuanto al número, el plural de "web" es "webs", y el plural de "wifi" es "wifis", y de ningún modo "**las** web" ni "**las** wifi" o "**los** wifi". Leído y comprendido todo lo anterior (aunque todavía el uso de las mayúsculas iniciales en estos nombres comunes es abundante), lo correcto es escribirlos siempre en minúsculas: "internet", "web" y "wifi". En este último caso, peor aún es escribir **WiFi**, que nada tiene que ver con nuestro idioma. Por lo demás, mil gracias debemos darle a Dios por el hecho de que la Real Academia Española no haya adaptado gráficamente estos términos como "güev" y como "güifi", tal como lo hizo con "güisqui" (en lugar de "wiski") con el único argumento de que es así como se pronuncia "whisky" o "whiskey" en la madre patria. Lo dijo muy bien Borges y hay que remarcarlo: "El español es un idioma arduo, en especial para los españoles".

☞ Google: 21 900 000 resultados de "Web" (con mayúscula inicial); 891 000 de "las Web"; 427 000 de "Wifi (con mayúscula inicial); 29 100 de "las Wifi". ☒
☞ Google: 3 100 000 resultados de "las webs"; 587 000 resultados de "web" (con minúscula inicial); 147 000 de "wifi" (con minúscula inicial); 110 000 de "el wifi" (con minúscula inicial); 13 300 de "las wifis"; 9 630 de "los "wifis". ☑

Y

276. ¿yo-yo?, ¿yo-yó?, yoyo, yoyó, yoyos, yoyós

En nuestro idioma, los términos, ya sean simples o compuestos, no requieren de guión intermedio. Es una tontería escribir "cha-cha-cha" para referirse al baile y al ritmo de origen cubano cuyo nombre correcto es "chachachá". Otra tontería es escribir "zig-zag" en lugar del correcto "zigzag" ("línea que en su desarrollo forma ángulos alternativos, entrantes y salientes": DRAE). En español, el guión corto (y siempre corto) entre palabras, es decir, intermedio, se usa para asociar, en adjetivos y sustantivos, entidades o conceptos que no necesariamente se fusionan o que, de plano, se repelen, como en "escritor peruano-español" (puesto que tiene la dos nacionalidades) o "guerra ruso-japonesa" (puesto que se trata de un conflicto bélico, es decir de una evidente oposición); a veces en topónimos, como en "Castilla-La Mancha" (una región del centro de España); también en apellidos compuestos, como en "Pérez-Reverte" y "Sánchez-Cano", y, asimismo, en adjetivos relacionales contrarios u opuestos cuando se aplican a un mismo sustantivo, como en "curso teórico-práctico" (y cada término, además, conserva su propia acentuación), pero no, por ejemplo, y desde hace mucho, en conceptos complementarios más que opuestos, como en "sadomasoquista" (no "sado-masoquista"), "espaciotemporal" (no "espacio-temporal") e "italoamericano" (no "ítalo-americano"). Dicho todo lo anterior, otra tontería en nuestro idioma es escribir "yo-yo" y "yo-yó", "yo-yos" y "yo-yós", para referirse al "yoyo" o "yoyó" (plurales: "yoyos" y "yoyós"): "juguete de origen chino que consiste en dos discos pequeños unidos por un eje en torno al cual se ata y enrolla una cuerda por la que se lo hace subir y bajar de manera sucesiva a impulsos de la mano" (DRAE). Ejemplo: *Richard Nixon fue un gran aficionado al pasatiempo del **yoyo***. El diccionario académico acepta las dos grafías: "yoyo" y "yoyó"; como palabra llana o grave y como palabra aguda, pero absurdamente define el término en la entrada "yoyó" pese a que esta grafía es menos utilizada que "yoyo". Lo cierto es que, ya sea como palabra llana o grave o como palabra aguda, "yoyo" y su variante "yoyó" (con sus respectivos plurales "yoyos" y "yoyós") deben escribirse, siempre, con grafía simple, como "chachachá" y como "zigzag". Imponerles el guión intermedio es una tontería que imita, servilmente, la grafía inglesa *yo-yo*. Sepamos, de una vez por todas, que en nuestro idioma los términos, simples o compuestos, se escriben siempre sin ningún signo intermedio (como el guión), a menos que se trate de alguna de las excepciones ya mencionadas y explicadas. Por otra parte, el pavoroso, infundado y desfondado *Diccionario de mexicanismos* de la AML asegura que en México le llamamos "yoyo" al "ano", ¡y lo presumen como acepción principal! (popular, coloquial, obscena y eufemística). Pues eso será allá en la Academia, donde seguramente confunden el "yoyo" con el "hoyo" y hasta con el "tlacoyo". Pero ni siquiera en internet, que es fiel reflejo de los albures, las chocarrerías y las picardías de la vida cotidiana en México, el "ano" es equiparado, principalmente, con un "yoyo". Si el lector curioso guglea "presta el yoyo", únicamente aparecen tres tristes resultados, de los cuales únicamente uno (seguramente de quien incluyó esta acepción en el DM) es una referencia alburera al "ano" ("¿quién me presta el yoyo?") y, peor aún, a manera de troleo, en una serie de comentarios en Facebook relacionados con un pan llamado "yoyo". Si el mismo lector curioso guglea "me prestas el yoyo", aparece un solo resultado que nada tiene que ver con el doble sentido, sino con referencia directa al juguete (en el libro *Manual para la rehabilitación de niños con implante coclear*). Pero con estos míseros resultados, la Academia Mexicana de la Lengua se siente no sólo motivada sino obligada a poner en su *Diccionario de mexicanismos*, como acepción obscena y principal de "yoyo", el sustantivo "ano". ¡Ya ni la burla perdonan ni permiten el albur!: no se les puede pedir que presten más atención.

Por lo demás, la *Wikipedia*, al igual que múltiples publicaciones electrónicas e impresas, se refiere al "yo-yo" y no al "yoyo", y ofrece la siguiente información:

♀ "El *Webster's collegiate dictionary* afirma que la palabra **yo-yo** deriva de la palabra *yóyo* en idioma ilocano, del norte de Filipinas. Muchas otras fuentes, incluido el *Extraordinary Origins of Yesterday's Things*, de Panati, afirman que el **yo-yo** era un término tagalo, que significa 'viene-viene'".

Si esto es verdad, entonces ni siquiera el término de origen (*yóyo*, ya sea en ilocano o en tagalo) tenía el guión intermedio que se le impuso en la voz inglesa. Entonces, con mayor razón, tanto la *Wikipedia* como todos los que usan el español deben siempre escribir

☝ "**yoyo**".

🖉 Van unos pocos ejemplos del amplio uso del pochismo "yo-yo": "Mi **yo-yo** es grande" (¡felicidades!, de parte de la Academia Mexicana de la Lengua), "jugando con mi **yo-yo**", "mi Tintín, mi **yo-yó**, mi azulete, mi siete de copas" (Joaquín Sabina), "usted no puede jugar con mi **yo-yo**", "el **yo-yo** es un juguete", "6 de junio, día del **yo-yo**", "la búsqueda de la legitimidad del **yo-yo** como deporte", "juegos tradicionales mexicanos: el **yo-yo**", "el **yo-yo** era utilizado como arma", "reglas del **yo-yo**", "¿cómo funciona el **yo-yo**?", "conocé la historia del **yo-yo** Coca-Cola", "el **yo-yo** en México" (de acuerdo con la definición del *Diccionario de mexicanismos*, este artículo se refiere al ano en México), "reglamento del juego del **yo-yo**", "yo no quiero ser un **yo-yo**", "un ruso haciendo maravillas con un **yo-yo**", "los pingüinos de un zoo quedaron hipnotizados con un **yo-yo**", "la historia de los **yo-yos**", "el precio de los **yo-yos**", "Duncan llevó los **yo-yos** a todo el mundo", "el señor de los **yo-yos**", etcétera.

☞ Google: 231 000 resultados de "mi yo-yo"; 175 000 de "el yo-yo"; 98 200 de "un yo-yo"; 18 100 de "los yo-yos"; 3 430 de "el yo-yó"; 2 500 de "un yo-yó". ☒

☞ Google: 482 000 resultados de "de yoyo"; 422 000 de "de yoyó"; 153 000 de "el yoyo"; 145 000 de "el yoyó"; 82 800 de "un yoyo"; 80 400 de "un yoyó"; 60 300 de "con el yoyó"; 55 800 de "de yoyos"; 55 700 de "los yoyos"; 54 100 de "los yoyós"; 46 300 de "con yoyos"; 21 100 de "concurso de yoyó"; 20 100 de "yoyos de madera"; 17 900 de "yoyós de madera"; 9 940 de "concursos de yoyó"; 9 890 de "concursos de yoyo"; 9 570 de "jugando con el yoyó"; 9 530 de "jugando con el yoyo"; 8 720 de "mi yoyo"; 7 550 de "concurso de yoyo"; 6 050 de "historia del yoyo"; 5 940 de "jugando con yoyo"; 3 080 de "trucos con el yoyo"; 3 040 de "trucos con el yoyó"; 1 080 de "historia del yoyó". ☑

Z

277. ¿*zoom*?, Zoom, Zoom Video Communications, zum, zums

Ya es del todo innecesario utilizar el anglicismo *zoom* para referirnos al "objetivo de distancia focal variable, que modifica el ámbito de visión con el efecto de acercar o alejar la imagen" (DRAE). Esta definición corresponde al sustantivo masculino "zum", representación gráfica en nuestra lengua de la voz inglesa *zoom*, para el cual el diccionario académico ofrece una segunda acepción: "Efecto de acercamiento o alejamiento de la imagen obtenido con el zum". Ejemplos: *El **zum** digital suele ser un recorte de la fotografía por medio de la computadora*; *El **zum** óptico es un dispositivo que está integrado a la cámara fotográfica o de video*. Poco después de esta adaptación gráfica, en enero de 2013, de acuerdo con la *Wikipedia*, surgió el programa de software de videochat denominado Zoom, de la autoría de Eric Yuan, cuya empresa desarrolladora es Zoom Video Communications Inc. La *Wikipedia* lo describe del siguiente modo: "El plan gratuito ofrece un servicio de videochat que permite hasta cien participantes al mismo tiempo, con una restricción de 40 minutos. Los usuarios tienen la opción de mejorar estas prestaciones suscribiéndose a un plan de pago, y el más alto permite mil participantes al mismo tiempo, con una restricción de 30 horas". Explicado lo anterior, no es lo mismo el sustantivo común "zum" (representación gráfica a partir de la voz inglesa *zoom*), que el programa de software Zoom, que es una marca registrada de Zoom Video Communications Inc. Por lo tanto, cuando nos refiramos al objetivo de distancia focal en cámaras fotográficas y de video, el sustantivo correcto es "zum", cuyo plural es "zums", pero cuando hablemos o escribamos a propósito del programa de software desarrollado por la empresa Zoom Video Communications es indispensable usar la voz inglesa con la mayúscula inicial de rigor: "Zoom". Ejemplos: *¡Ya estoy harto de tantas reuniones por **Zoom**!*; *Ya no te quiero ver ni en **Zoom**.*

☞ Google: 5 980 000 resultados de "zoom digital"; 5 970 000 de "zoom óptico". ☒

☞ Google: 1 710 000 000 de resultados de "zum"; 3 480 000 de vía Zoom"; 3 350 000 de "a través de Zoom"; 1 010 000 de "mediante Zoom"; 541 000 de "zums"; 421 000 de "plataforma de Zoom". ☑

OBRAS CONSULTADAS Y CITADAS

Academia Mexicana, *Índice de mexicanismos. Registrados en 138 listas publicadas desde 1761. Preparado por la Academia Mexicana*, 3ª edición, Academia Mexicana / Consejo Nacional para la Cultura y las Artes / Fondo de Cultura Económica, México, 2000.

Agencia EFE, *Diccionario de español urgente*, Ediciones SM, Madrid, 2000.

Albaigès, Josep M., *Diccionario de palabras afines*, Espasa Calpe, Madrid, 2001.

Alsina, Ramón, *Todos los verbos castellanos conjugados*, 2ª edición, Teide, México, 1984.

Alvar Ezquerra, Manuel, director, *Diccionario ideológico de la lengua española*, Biblograf, Barcelona, 1998.

Arreola, Juan José, *Inventario*, 3ª edición, Grijalbo, México, 1977.

Barthes, Roland, *Sade, Fourier, Loyola*, traducción de Alicia Martorell, Cátedra, Madrid, 1997.

Basulto, Hilda, *Nuevo diccionario de términos comerciales y financieros*, 2ª edición, corregida y aumentada, Diana, México, 1991.

Becerra, Marcos E., *Rectificaciones i adiciones al Diccionario de la Real Academia Española*, 3ª edición, México, Secretaría de Educación Pública, 1984.

Bioy Casares, Adolfo, *Borges*, Destino, Barcelona, 2006.

Blas Arroyo, José Luis, Manuela Casanova Ávalos, Mónica Velando Casanova (editores), *Discurso y sociedad: contribuciones al estudio de la lengua en contexto social*, Universitat Jaume I, 2006.

Blecua, José Manuel (director), *Diccionario general de sinónimos y antónimos de la lengua española*, Biblograf, Barcelona, 1999.

Bosque, Ignacio y Manuel Pérez Fernández, *Diccionario inverso de la lengua española*, Gredos, Madrid, 1987.

Buitrago, Alberto y J. Agustín Torijano, *Diccionario del origen de las palabras*, Espasa Calpe, Madrid, 1998.

Bulfinch, Thomas, *Historia de dioses y héroes*, prólogo de Carlos García Gual, traducción de Daniela Stein, Montesinos, Barcelona, 1990.

Carnicer, Ramón, *Sobre ortografía española*, Visor Libros, Madrid, 1992.

Carreter, Fernando Lázaro, *El dardo en la palabra*, Galaxia Gutenberg/Círculo de Lectores, Barcelona, 1998.

_____, *El nuevo dardo en la palabra*, Aguilar, Madrid, 2003.

Celdrán Gomáriz, Pancracio, *Creencias populares (Costumbres, manías y rarezas: con su explicación, historia y origen)*, Ediciones y Distribuciones Mateos, Madrid, 2000.

Cervantes Saavedra, Miguel de, *Don Quijote de la Mancha*, 2ª edición, edición de Florencio Sevilla Arroyo, Castalia, Madrid, 2002.

Chéjov, Antón P., *Sobre literatura y vida [Cartas, pensamientos y opiniones]*, edición, traducción y prólogo de Jesús García Gabaldón, Páginas de Espuma, Madrid, 2019.

Clément, Catherine y Julia Kristeva, *Lo femenino y lo sagrado*, traducción de Maribel García Sánchez, Cátedra / Universitat de València / Instituto de la Mujer, Madrid, 2000.

Company Company, Concepción, directora, *Diccionario de mexicanismos*, 4ª reimpresión, Academia Mexicana de la Lengua / Siglo XXI, México, 2014.

Corripio, Fernando, *Gran diccionario de sinónimos, voces afines e incorrecciones*, 3ª edición, Bruguera, Barcelona, 1979.

_____, *Diccionario de ideas afines*, 7ª edición, Herder, Barcelona, 2000.

De Lucas, Carmen, *Diccionario de dudas*, Edaf, Madrid, 1994.

Del Hoyo, Arturo, *Diccionario de palabras y frases extranjeras en el español moderno*, Aguilar, Madrid, 1990; 3ª edición, corregida y aumentada, Santillana, Madrid, 2002.

Deneb, León, *Diccionario de equívocos*, Biblioteca Nueva, Madrid, 1997.

Diccionario de sinónimos y antónimos, Santillana, Madrid, 2000.

Diccionario de dificultades de la lengua española, Santillana, Madrid, 2002.

Diccionario enciclopédico de las ciencias médicas, McGraw-Hill, México, 1985.

Diccionario general de la lengua española, 2ª edición, Biblograf, Barcelona, 2002.

Diccionario ilustrado latino-español, español-latino, 10ª edición, Biblograf, Barcelona, 1973.

Eco, Umberto, *De la estupidez a la locura. Cómo vivir en un mundo sin rumbo*, traducción de Helena Lozano Miralles y Maria Pons Irazazábal, Lumen, México, 2016.

El País, *Libro de estilo*, 16ª edición, Ediciones El País, Madrid, 2002; 22ª edición, Aguilar, México, 2014.

Fano, Félix, Índice gramatical, 2ª edición, reformada, Ediciones Botas, México, 1947.

Fernández Fernández, Antonio, *Diccionario de dudas*, Ediciones Nobel / Ediciones de la Universidad de Oviedo, Asturias, 2007.

Foster, Robert, *Guía completa de la Tierra Media (H-Z)*, traducción de Elías Sarhan, Planeta / Minotauro, Barcelona, 2002.

Fundación del Español Urgente, *Compendio ilustrado y azaroso de todo lo que siempre quiso saber sobre la lengua española*, Debate, México, 2014.

Garibay, Ángel María, *En torno al español hablado en México*, estudio introductorio, selección y notas de Pilar Máynez Vidal, Universidad Nacional Autónoma de México, México, 1997.

Gómez de Silva, Guido, *Breve diccionario etimológico de la lengua española*, 5ª reimpresión, El Colegio de México/Fondo de Cultura Económica, México, 1996.

_____, *Diccionario internacional de literatura y gramática*, Fondo de Cultura Económica, México, 1999.

_____, *Diccionario breve de mexicanismos*, Academia Mexicana/Fondo de Cultura Económica, México, 2001.

Gómez Navarrete, Javier Abelardo, *Diccionario introductorio español-maya, maya-español*, Universidad de Quintana Roo, Chetumal, 2009.

Góngora, Luis de, *Antología poética*, edición, introducción y notas de Ana Suárez Miramón, RBA Ediciones, Barcelona, 1994.

Gortari, Eli, *Silabario de palabrejas*, Plaza y Valdés, México, 1988.

Gran diccionario Larousse español-inglés, english-spanish, 16ª reimpresión, Larousse, México, 2002.

Grijelmo, Álex, *El estilo del periodista*, Taurus, Madrid, 1997.

Gringoire, Pedro, *Repertorio de disparates*, 3ª edición aumentada, Drago, México, 1982.

Hartmann-Petersen, P. y J. N. Pigford, *Diccionario de las ciencias*, español-inglés, inglés-español, traducción de Ana María Rubio, Paraninfo, Madrid, 1991.

Hernández Velasco, Irene, "La corrección política es una forma perversa de censura: Darío Villanueva, director de la RAE", *El Mundo*, Madrid, 28 de agosto de 2018.

Izzi, Massimo, *Diccionario ilustrado de los monstruos*, traducción de Marcel Lí Salat y Borja Folch, José G. de Olañeta, Editor, Barcelona, 1996.

Kennedy, Angus J., *Internet*, traducción de Javier Guerrero, Ediciones B, Barcelona, 2000.

Laporte, Dominique, *Historia de la mierda*, traducción de Nuria Pérez de Lara, 2ª edición, Pre-Textos, Valencia, 1989.

Lara, Luis Fernando, director, *Diccionario del español usual en México*, 2ª edición, corregida y aumentada, El Colegio de México, México, 2009.

León, Víctor, *Diccionario del argot español*, Alianza / Ediciones del Prado, Madrid, 1994.

Locke, John, *Del abuso de las palabras*, traducción de Martín Schifino, Taurus, México, 2014.

Marcos González, Blanca y Covadonga Llorente Vigil, *Los verbos españoles*, 3ª edición, Ediciones del Colegio de España, Salamanca, 1999.

Martínez de Sousa, José, *Diccionario de tipografía y del libro*, 4ª edición, Paraninfo, Madrid, 1995.

_____, *Diccionario de usos y dudas del español actual*, Biblograf, Barcelona, 1996.

Moliner, María, *Diccionario de uso del español*, 2ª edición, Gredos, Madrid, 1999.

Montemayor, Carlos, coordinador, *Diccionario del náhuatl en el español de México*, UNAM, México, 2007.

Moreno de Alba, José G., *Minucias del lenguaje*, Fondo de Cultura Económica, México, 1992.

_____, *Minucias lexicográficas*, Instituto Mexiquense de Cultura, Toluca, 1995.

_____, *Nuevas minucias del lenguaje*, Fondo de Cultura Económica, México, 1996.

Muchnik, Mario, *Lo peor no son los autores. Autobiografía editorial 1966-1997*, 3ª edición, del Taller de Marcio Muchnik, Madrid, 1999.

Nietzsche, Friedrich, *Sobre el porvenir de nuestras escuelas*, traducción de Carlos Manzano, 2ª edición, Tusquets, Barcelona, 1980.

Olsen de Serrano Redonnet, María Luisa y Alicia María Zorrilla de Rodríguez, *Diccionario de los usos correctos del español*, 2ª edición, Ángel Estrada y Compañía, Buenos Aires, 1997.

Ortiz de Burgos, José, *Diccionario italiano-español, spagnolo-italiano*, 17ª edición, Ediciones Hymsa, Barcelona, 1979.

Quevedo, Francisco de, *Obra completas, I, Poesía original*, 3ª edición, edición, introducción, bibliografía y notas de José Manuel Blecua, Planeta, Barcelona, 1971.

Ramos, Alicia y Ana Serradilla, *Diccionario del español coloquial*, Akal, Madrid, 2000.

Real Academia Española, *Diccionario de Autoridades (1726-1739)*, en línea, sección Diccionario Histórico de la Lengua Española.

_____, *Diccionario de la lengua española*, 21ª edición, Espasa Calpe, Madrid, 1992.

_____, *Diccionario de la lengua española*, 22ª edición, Espasa Calpe, Madrid, 2001.

_____, *Diccionario de la lengua española*, 23ª edición, Espasa Libros/Editorial Planeta Mexicana, 2014.

_____, *Ortografía de la lengua española*, edición revisada por las Academias de la Lengua Española, Espasa Calpe, Madrid, 1999.

Real Academia Española y Asociación de Academias de la Lengua Española, *Diccionario panhispánico de dudas*, Santillana, Bogotá, 2005.

_____, *Ortografía básica de la lengua española*, Espasa, México, 2012.

Riemen, Rob, *Para combatir esta era. Consideraciones urgentes sobre el fascismo y el humanismo*, traducción de Romeo Tello A., Taurus, México, 2017.

Robelo, Cecilio A., *Diccionario de aztequismos*, 3ª edición considerablemente aumentada, Librería Navarro, México, s/f, c. 1950.

Santamaría, Andrés *et al.*, *Diccionario de incorrecciones, particularidades y curiosidades del lenguaje*, 5ª edición, actualizada y ampliada, Paraninfo, Madrid, 1989.

Santamaría, Francisco J., *Diccionario general de americanismos*, tres volúmenes, 2ª edición, Gobierno del Estado de Tabasco, Villahermosa, 1988.

Seco, Manuel, *Diccionario de dudas y dificultades de la lengua española*, 8ª edición, Aguilar, Madrid, 1982, y novena edición renovada, Espasa Calpe, Madrid, 1991.

Serres, Michel, *Los cinco sentidos. Ciencia, poesía y filosofía del cuerpo*, traducción de María Cecilia Gómez B., Taurus, México, 2002.

Siméon, Rémi, *Diccionario de la lengua náhuatl o mexicana*, 2ª edición, traducción de Josefina Oliva de Coll, México, Siglo XXI, 1981.

Suazo Pascual, Guillermo, *Abecedario de dichos y frases hechas*, Edaf, Madrid, 1999.

Tello, Antonio, *Gran diccionario erótico de voces de España e Hispanoamérica*, Ediciones Temas de Hoy, Madrid, 1992.

Zaid, Gabriel, *El secreto de la fama*, Lumen, México, 2009.

_____, *Mil palabras*, Debate, México, 2018.

ÍNDICE ALFABÉTICO DE VOCES, EXPRESIONES Y TEMAS

[Se distinguen en *cursivas* las formas incorrectas]

opima, opimas, 394
ópima, ópimas, 394
opimo, opimos, 394
ópimo, ópimos, 394
otra, otras, 395, 396
otras tres, 395, 396
otras tres cosas, 395, 396
otras tres personas, 395, 396
otro, otros, 395, 396
otros tres, 395, 396
ovino, ovinos, 320, 322

P
padecimiento, padecimientos, 238-240
padecimiento crónico-degenerativo, 238-240
padecimiento crónico permanente, 238-240
pantalón de mezclilla, 155-157
pantalón vaquero, 155-157
panteón, panteones, 182, 183
papel film, 283-285
pasable, 143-145
pasar por alto, 332-335
patrocinador, 292-294
pausa, 170, 171
peda, pedas, 397-399
pedo, pedos, 397-399
Pekín, 146, 147
pekinés, pekinesa, 146, 147
película estirable, 283-285
película para emplayar, 283-285
película plástica *stretch*, 283-285
película *stretch*, 283-285
pelota, pelotas, 399, 400
pelota base, 399, 400
pequeño bonsái, 159, 160
pericia, 301-303
perpetuar, 400, 401
perpetuo, 400, 401
perpetúo, 400, 401
personalisar, 232-235
personalizado, 232-235
personalizar, 232-235
pin, pines, 79-81
pista, pistas, 79-81
pita, 401-404
pital, 401-404
piteado, 401-404
pitear, 401-404

pitiado, pitiados, 401-404
playo, 283-285
plazo, plazos, 231, 232
polhumo, 452
polvo, 363-365
popular, populares, 299-301
poquitito, 381-383
poquito, 381-383
por, 58-60, 306-308
por favor, 306-308
porcino, porcinos, 320, 322
porril, porrismo, porro, porros (mexicanismos ignorados por el DM), 404-410
portagafete, portagafetes, 319, 320
posponer, 215, 216
potable, 143-145
practicar el coito, 141-143
praxis, 410, 411
práxis, 410, 411
prebístero, 411, 412
precalentamiento, 412-414
precalentamiento del motor, 412-414
precalentar, 412-414
predicamento, predicamentos, 414-416
preñada, 279-282
preñar, 279-282
preñez, 279-282
presbítero, presbíteros, 411, 412
presente, 76, 77
preservación, 423-425
preservación de la salud, 423-425
preservar, 423-425
preservar la salud, 423-425
presidenta, presidente, 416-421
prestación, prestaciones, 226, 227
presupuesto,
prevención, 423-425
prevenir, 423-425
priismo, 421-423
priísmo, 421-423
priista, priistas, 421-423
priísta, priístas, 421-423
principiar, 215, 216
problema, problemas, 397-399, 414-416
profilaxis, 423-425
profilaxis: ¿*preservación de la enfermedad?*, 423-425
progre, progres, 196-198

JUAN DOMINGO ARGÜELLES

LAS MALAS LENGUAS

Barbarismos, desbarres, palabros, redundancias,
sinsentidos y demás barrabasadas

OCEANO

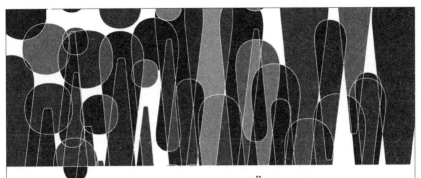

JUAN DOMINGO ARGÜELLES

¡NO VALGA LA REDUNDANCIA!

Pleonasmos, redundancias, sinsentidos, anfibologías y
ultracorrecciones que decimos y escribimos en español

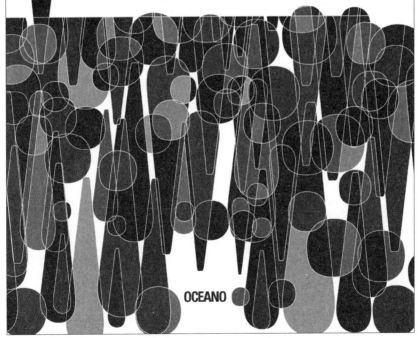

OCEANO

Esta obra se imprimió y encuadernó
en el mes de septiembre de 2023,
en los talleres de Litográfica Ingramex,
Centeno 195, colonia Valle del Sur, Iztapalapa,
C.P. 09819, Ciudad de México.